高等学校土木工程专业系列规划教材

钢结构基本原理

（第 2 版）

《钢结构设计标准》(GB 50017—2017)

主编　邵永松　夏军武

WUHAN UNIVERSITY PRESS
武汉大学出版社

图书在版编目(CIP)数据

钢结构基本原理/邵永松,夏军武主编．—2版.—武汉:武汉大学出版社,2019.6
(2022.7重印)
高等学校土木工程专业系列规划教材
ISBN 978-7-307-20854-4

Ⅰ.钢…　Ⅱ.①邵…　②夏…　Ⅲ.钢结构—高等学校—教材　Ⅳ.TU391

中国版本图书馆CIP数据核字(2019)第070261号

责任编辑:路亚妮　方竞男　　　责任校对:杨赛君　　　装帧设计:吴　极

出版发行:**武汉大学出版社**　(430072　武昌　珞珈山)
(电子邮箱:whu_publish@163.com　网址:www.stmpress.cn)
印刷:武汉图物印刷有限公司
开本:880×1230　1/16　印张:18.5　字数:595千字
版次:2015年8月第1版　　2019年6月第2版
2022年7月第2版第5次印刷
ISBN 978-7-307-20854-4　　定价:47.00元

高等学校土木工程专业系列规划教材

特别提示

教学实践表明，有效地利用数字化教学资源，对于学生学习能力以及问题意识的培养乃至怀疑精神的塑造具有重要意义。

通过对数字化教学资源的选取与利用，学生的学习从以教师主讲的单向指导模式转变为建设性、发现性的学习，从被动学习转变为主动学习，由教师传播知识到学生自己重新创造知识。这无疑是锻炼和提高学生的信息素养的大好机会，也是检验其学习能力、学习收获的最佳方式和途径之一。

本系列教材在相关编写人员的配合下，逐步配备基本数字教学资源，主要内容包括：

文本：课程重难点、思考题与习题参考答案、知识拓展等。

图片：课程教学外观图、原理图、设计图等。

视频：课程讲述对象展示视频、模拟动画，课程实验视频，工程实例视频等。

音频：课程讲述对象解说音频、录音材料等。

数字资源获取方法：

① 打开微信，点击“扫一扫”。

② 将扫描框对准书中所附的二维码。

③ 扫描完毕，即可查看文件。

更多数字教学资源共享、图书购买及读者互动敬请关注“开动传媒”微信公众号！

丛书序

土木工程涉及国家的基础设施建设，投入大，带动的行业多。改革开放后，我国国民经济持续稳定增长，其中土建行业的贡献率达到1/3。随着城市化的发展，这一趋势还将继续呈现增长势头。土木工程行业的发展，极大地推动了土木工程专业教育的发展。目前，我国有500余所大学开设土木工程专业，在校生达40余万人。

2010年6月，中国工程院和教育部牵头，联合有关部门和行业协(学)会，启动实施“卓越工程师教育培养计划”，以促进我国高等工程教育的改革。其中，“高等学校土木工程专业卓越工程师教育培养计划”由住房和城乡建设部与教育部组织实施。

2011年9月，住房和城乡建设部人事司和高等学校土建学科教学指导委员会颁布《高等学校土木工程本科指导性专业规范》，对土木工程专业的学科基础、培养目标、培养规格、教学内容、课程体系及教学基本条件等提出了指导性要求。

在上述背景下，为满足国家建设对土木工程卓越人才的迫切需求，有效推动各高校土木工程专业卓越工程师教育培养计划的实施，促进高等学校土木工程专业教育改革，2013年住房和城乡建设部高等学校土木工程学科专业指导委员会启动了“高等教育教学改革土木工程专业卓越计划专项”，支持并资助有关高校结合当前土木工程专业高等教育的实际，围绕卓越人才培养目标及模式、实践教学环节、校企合作、课程建设、教学资源建设、师资培养等专业建设中的重点、亟待解决的问题开展研究，以对土木工程专业教育起到引导和示范作用。

为配合土木工程专业实施卓越工程师教育培养计划的教学改革及教学资源建设，由武汉大学发起，联合国内部分土木工程教育专家和企业工程专家，启动了“高等学校土木工程专业系列规划教材”建设项目。该系列教材贯彻落实《高等学校土木工程本科指导性专业规范》《卓越工程师教育培养计划通用标准》和《土木工程卓越工程师教育培养计划专业标准》，力图以工程实际为背景，以工程技术为主线，着力提升学生的工程素养，培养学生的工程实践能力和工程创新能力。该系列教材的编写人员，大多主持或参加了住房和城乡建设部高等学校土木工程学科专业指导委员会的“土木工程专业卓越计划专项”教改项目，因此该系列教材也是“土木工程专业卓越计划专项”的教改成果。

土木工程专业卓越工程师教育培养计划的实施，需要校企合作，期望土木工程专业教育专家与工程专家一道，共同为土木工程专业卓越工程师的培养作出贡献！

是以为序。

2014年3月于同济大学四平路校区

目 录

数字资源目录

1 绪　　论

课前导读

内容提要

本章介绍了钢结构的发展现状及分类，详细讲述了钢结构的特点及应用范围，重点阐述了钢结构的设计方法，并分析了钢结构的发展趋势。

能力要求

通过本章的学习，学生应了解钢结构的发展现状及分类，掌握钢结构的特点及应用范围，熟悉钢结构的设计方法，了解钢结构的发展趋势。

数字资源

重难点

1.1 钢结构在我国的发展概况

钢结构的优点及发展前景

钢结构应用图

在钢结构的应用和发展方面,我们的祖先曾经取得了辉煌的成就。据记载,早在一世纪五六十年代,我们的祖先为了与西方国家通商和进行文化交流,在我国西南地区通往南亚诸国的通道上,跨越激流深谷,成功地建造了一些铁索桥。例如,我国云南省景东地区澜沧江上的兰津桥建于 58—75 年,是世界上最早的一座铁索桥,它的建造时间比欧洲最早出现的铁索桥要早 70 年。随后陆续建造的有云南省的沅江桥(建于 400 多年前)、贵州省的盘江桥(建于 300 多年前)以及四川省的大渡河铁链桥等。无论在工程规模上还是在建造技术上,它们当时都处于世界领先水平。

我国著名的四川省泸定县大渡河铁链桥建于 1696 年,比英国 1779 年用铸铁建造的第一座 31 m 跨度的拱桥早 83 年,比美洲 1801 年建造的 21.34 m 跨度的第一座铁索桥早 105 年。大渡河桥由九根桥面铁链、四根桥栏铁链构成,净长 100 m,桥宽 2.8 m,可同时通行两辆马车。桥下是奔腾的激流,两岸是陡峭的山崖,铁链锚定在直径为 20 cm、长 4 m 的锚桩上,每根铁链重达 1.5 t。很难想象在当时没有现代化起重设备的技术条件下该桥是如何架成的。

此外,我国古代在各地还建造了不少铁塔,如湖北当阳的玉泉寺铁塔,共计 13 层,高 17.5 m,建于 1061 年;江苏镇江的甘露寺铁塔,原为 9 层,现存 4 层,建于 1078 年;山东济宁的铁塔寺铁塔,建于 1105 年。

我国古代采用钢铁结构的光辉史绩,充分说明了我国古代在冶金技术方面的水平是领先的。但是,18 世纪欧洲兴起工业革命以后,由于其钢铁冶炼技术的迅速发展,钢结构在欧美一些国家应用较广泛,不断地出现采用钢结构的工业与民用建筑物。可是,在那一时期,我国则长期处于落后状态。特别是 1840 年鸦片战争以后,我国沦为半封建半殖民地国家,备受帝国主义、封建主义和官僚资本主义的压迫和剥削,生产十分落后。那一时期,全国只建造了少量的民用与工业建筑物和一些公路与铁路钢桥,远远落后于一些工业国家。值得一提的是,1937 年建成的杭州钱塘江大桥是我国自行设计和建造的第一座公路铁路两用钢桥,安全使用到现在。

中华人民共和国成立后,生产力获得解放,各项建设事业都有了飞速的发展。冶金工业的发展和钢铁产量的增长,为我国钢结构的发展创造了条件。第一个五年计划期间,我国筹建了各类工业企业,包括冶金、重型机械制造、航空、汽车制造、动力设备制造、造船和一些轻化工业企业等。在这一伟大的社会主义建设事业中,钢结构的采用起了很大作用。在短短几年时间内,建造了大批钢结构厂房和矿场,其中主要有太原和富拉尔基重型机器制造厂、哈尔滨三大动力厂、长春第一汽车制造厂、洛阳拖拉机厂、沈阳和哈尔滨的一些飞机制造厂等;扩建和恢复的有鞍山钢铁公司、武汉钢铁公司和大连造船厂等。此外,还新建了汉阳铁路桥和武汉长江大桥等。这一时期可称为我国钢结构的发展时期。

钢结构的应用和钢产量有关。中华人民共和国成立后,我国的冶金工业虽有了较大发展,但钢产量并不高,钢结构的建造主要依靠进口钢材。因此,到了 20 世纪 60 年代,受到客观条件的限制,我国不得不控制钢结构的采用,而多采用钢筋混凝土结构。国家做出明确规定,为了节约钢材,严格限制建筑中采用钢结构,只在必须采用钢结构的重要或重型工程中才能采用。例如,1959 年建成的人民大会堂,采用了跨度达 60.9 m、高达 7 m 的钢屋架和分别挑出 15.5 m 和 16.4 m 的看台箱形钢梁;1961 年建成的北京工人体育馆,屋盖采用了直径为 94 m 的车辐式悬索结构,能容纳观众 15000 人;1965 年在广州建成的第一座高 200 m 的电视塔，截面为八角形，八根立柱各由三根圆钢组成，缀条也采用了圆钢组合截面，采用了国产 16Mn 钢（现 Q345 钢），全部为焊接结构。由于其采用了圆钢组合杆件，减小了风荷载，用钢量不到 600 t，在世界同类结构中是用钢量较少的。1967 年建成的首都体育馆，屋盖采用了平板网架结构，跨度达 99 m，可容纳观众 15000 人。

随后，在“文化大革命”时期，我国的基础建设几乎陷于完全停滞状态。这期间，只建成了少数几个钢结构工程。如 1968 年建成的南京长江大桥采用了三跨连续桁架，并适当降低了中间支座，调整桁架内力，取得了节约钢材 10%的经济效果；1973 年建成的上海万人体育馆，屋盖采用了直径达 110 m 的圆形平板网架；1978 年建成的武汉钢铁公司一米七轧钢厂，采用的钢结构用钢量达 5 万吨。在这十年间，我国无论是钢结构的理论研究还是工程应用，基本上均处于停滞状态，进展缓慢。

1978 年党的十一届三中全会召开后，国家工作的重点转到了经济建设方面。从此，我国的社会主义建设步入了一个新的发展时期。各行各业都出现了蓬勃发展的新态势，对钢结构的需求量不断增加。特别是钢产量的逐年增长，从 1985 年的 4666 万吨、1987 年的 5602 万吨，到 1997 年的 1 亿吨，更促进了钢结构的应用和发展。从 20 世纪 80 年代起，建成的主要大型钢结构工程：1985 年完成第一期工程的上海宝山钢铁公司，1986 年建成的北京香格里拉饭店（高 82.75 m），1987 年完工的深圳发展中心大厦（高 160 m），以及 1996 年竣工的九江长江大桥等。

当前，我国正处在改革开放、生产和建设迅速发展的新时期，人民生活水平不断提高，基础设施的建设快速发展，这一大好形势同样反映在钢结构的大量应用上。首先是高层建筑和大型公共建筑物大量兴建，如图 1-1 所示。其中主要有北京京广大厦（高 208 m）、北京京城大厦（高 182.8 m）、上海锦江饭店分馆（高 153.2 m）、深圳赛格广场大厦（高 291.6 m）以及上海浦东的金茂大厦（高达 420 m，1998 年完工）。据不完全统计，自 20 世纪 80 年代迄今，全国各地兴建的百米以上的高层建筑已有数十座之多，其中大都采用钢结构。上海浦东环球金融中心共 95 层，高达 460 m；广州新电视塔塔身主体高 450 m（塔顶观光平台最高处 454 m），天线桅杆 150 m，总高度为 600 m；北京“中国尊”摩天大楼 2018 年竣工，设计高度为 528 m，地上 108 层，地下 7 层。

(a)

(b)

图 1-1 高层建筑

(a) 广州新电视塔(Canton Tower)；(b) 北京“中国尊”摩天大楼

1.2 钢结构的分类 >>>

1.2.1 依据构件受力性能分类

钢材是一种强度高、延性好的建筑材料。根据受力性能的不同，钢构件可以分为受压构件、受拉构件、受弯构件、压弯构件及拉弯构件。

(1) 受压构件

在竖向荷载作用下,建筑结构中的柱子、桁架中的部分弦杆处于受压状态,但理想的轴心受压构件是不存在的,只在分析过程中假定柱子处于理想轴压状态,忽略微小初始偏心的影响。由于钢材的强度较高,故对于细长构件和宽厚比较大的板件,在压力作用下往往是整体稳定性或局部稳定性起控制作用。为防止钢构件出现整体失稳和局部失稳,在设计中需限制构件的长细比和板件的宽厚比。典型受压构件的截面形式如图 1-2 所示。轴心受压构件可以是轧制构件,也可以是焊接组合截面,其设计方法将在后续章节中详细介绍。

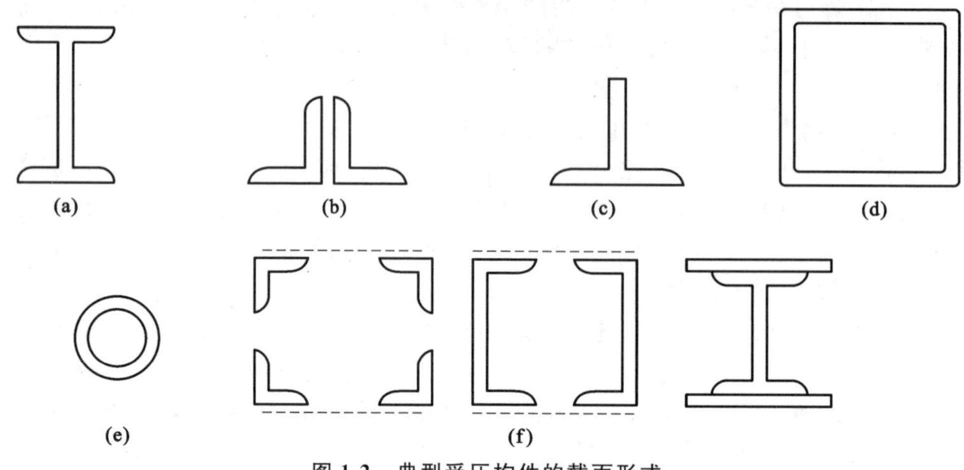

图 1-2 典型受压构件的截面形式

(a) 热轧工字形截面;(b) 双角钢;(c) T 型钢;(d) 方钢管;(e) 圆钢管;(f) 格构式构件

(2) 受拉构件

受拉构件常出现在桁架的弦杆、结构的支撑及桥梁和建筑结构的悬索中。典型受拉构件的截面形式如图 1-3 所示。受拉构件能充分利用钢材抗拉强度高、延性好的优点,能使钢材达到其设计强度,从而充分发挥钢材的材性。

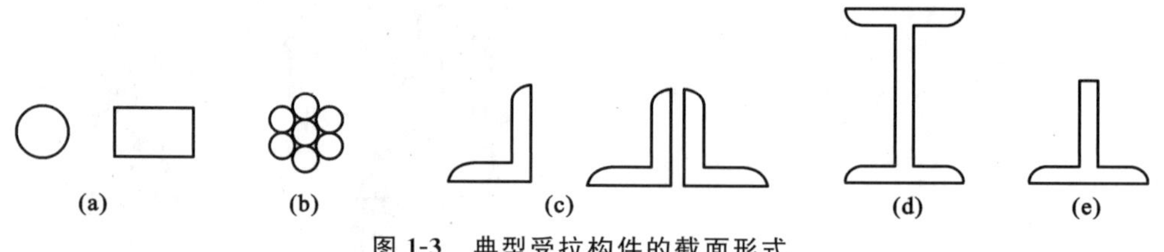

图 1-3 典型受拉构件的截面形式

(a) 圆管或矩形管;(b) 索;(c) 单角钢或双角钢;(d) 轧制工字形钢;(e) T 型钢

(3) 受弯构件

梁是建筑结构中较为常见的一种受弯构件,在结构中作为水平构件承受竖向荷载。当截面分布远离中和轴时,梁的截面相对开展,截面抵抗矩较大,抗弯能力较强。钢结构中常用的梁截面形式为轧制工字形钢截面,也可根据承载力要求设计钢梁。钢梁可以做成焊接工字形钢梁、箱形截面梁或空腹式梁。在钢结构框架中,钢梁通常和混凝土板通过剪力连接件组成钢-混凝土组合梁,能有效降低梁高,提高梁的抗弯承载力。结构中采用的钢梁截面形式如图 1-4 所示。

(4) 压弯构件

建筑结构中的柱子承受竖向恒荷载和活荷载,同时在水平地震荷载或风荷载的作用下处于受弯状态。建筑结构中几乎所有的柱子都处于压弯受力状态,因此压弯构件是建筑结构中最为常见的一种构件。压弯构件的截面形式和轴压构件的截面形式类似。

(5) 拉弯构件

同时承受轴心拉力和绕截面形心主轴弯矩作用的构件,称为拉弯构件。弯矩可能由轴向拉力的偏心作用、端部弯矩作用或横向荷载作用等因素形成。在钢结构中,拉弯构件的应用十分广泛,例如有节间荷载作用的桁架下弦杆大多是拉弯构件。

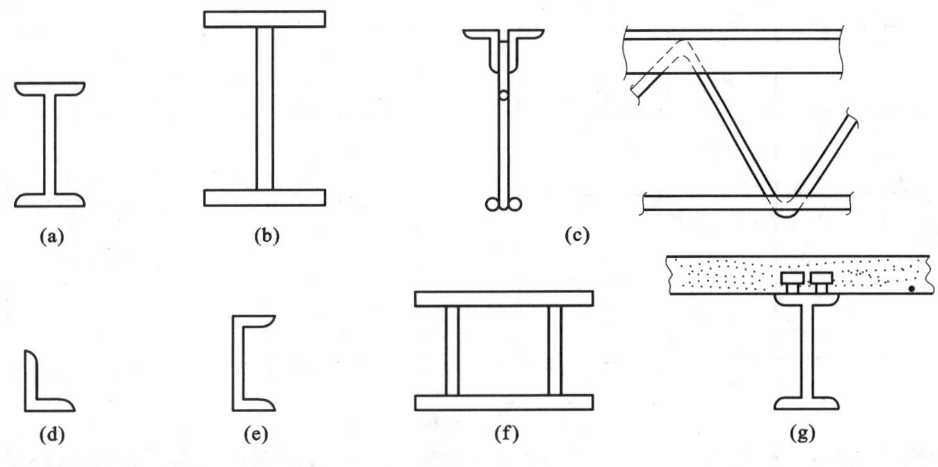

图 1-4 钢梁截面形式

(a) 热轧工字钢;(b) 焊接工字钢;(c) 桁架;(d) 单角钢;(e) 槽钢;(f) 焊接箱形截面;(g) 组合梁

1.2.2 依据结构体系分类

建筑结构中依据结构体系的不同,钢结构可以分为高层钢结构、组合结构、轻钢结构、空间结构、多层钢结构等。

1.2.2.1 高层钢结构

高层钢结构是指框架采用钢结构,梁、柱均为钢构件的建筑结构。当层数较低时,框架本身即能满足承载力要求;随着层数的增多,结构承受的水平风荷载和地震荷载迅速增大,此时若仅靠框架本身承担侧向力,结构的设计将非常不经济。在框架结构体系中增设水平抗侧力构件斜向支撑,就构成了框架-支撑体系。当斜向支撑构件的两端均位于梁柱相交处,或一端位于梁柱相交处,另一端在另一支撑与梁相交处同梁相连,则构成框架-中心支撑体系。与纯框架相比,框架-中心支撑体系在弹性变形阶段具有较大的刚度,容易满足规范对结构层间位移限值的要求。但在强震作用下,支撑中的受压杆件易受压屈曲,导致整个结构体系的承载力下降,并引起较大的侧向变形。高层钢结构中的中心支撑宜采用十字交叉斜杆支撑、单斜杆支撑、人字形斜杆支撑或 V 形斜杆支撑,如图 1-5 所示。

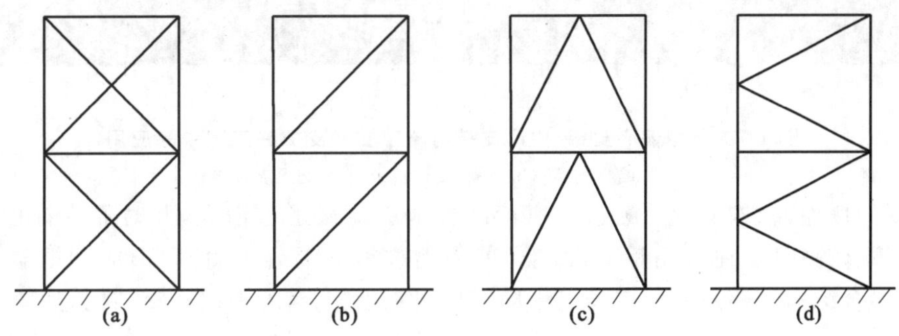

图 1-5 中心支撑框架的类型

(a) 十字交叉斜杆支撑;(b) 单斜杆支撑;(c) 人字形斜杆支撑;(d) V 形斜杆支撑

框架-中心支撑体系在强震作用下易造成受压杆件受压屈曲,采用框架-偏心支撑体系可以很好地解决此问题。框架-偏心支撑体系中的支撑斜杆应至少在一端与梁相连(不在柱节点处),另一端可连接在梁与柱相交处,或在偏离另一支撑的节点处与梁连接,并在支撑与柱之间或在支撑与支撑之间形成耗能梁段。在这种结构体系中,耗能梁段在正常使用或小震情况下保持在弹性变形阶段,而在强震作用下,通过非弹性变形,在耗能梁段中产生塑性铰耗能,从而具有较好的抗震能力。目前,防屈曲支撑作为一种新型的抗侧力构件在工程中得到了推广和应用。防屈曲支撑通过在钢支撑外部增设防屈曲构件,有效避免了普通支撑受压失稳的问题,使支撑的拉压性能接近,提高了结构体系的抗震性能。图 1-6 中给出了几种常见的偏心支撑,图 1-7 中给出了典型偏心支撑、中心支撑与十字交叉支撑在工程中的应用。

图 1-6　偏心支撑的类型

图 1-7　典型偏心支撑、中心支撑与十字交叉支撑在工程中的应用

(a) 偏心支撑;(b) 中心支撑;(c) 十字交叉支撑

随着结构高度的增加,结构需承受的水平风荷载或地震荷载迅速增大,此时靠支撑已经不能满足结构的抗侧力要求。层数较高时往往采用钢筋混凝土剪力墙或钢筋混凝土筒,即形成钢框架-混凝土核心筒结构,该结构也称为混合结构。郑州绿地广场工程即采用了钢框架-混凝土核心筒结构,如图 1-8 所示。

1.2.2.2　组合结构

钢与混凝土通过某种方式结合,能充分发挥钢材受拉性能好和混凝土抗压强度高的优点。组合结构体系是结构体系中采用组合构件形成的体系。组合结构体系中的柱子可以采用钢管混凝土柱、型钢混凝土柱、钢管约束混凝土柱,梁可以采用钢-混凝土组合梁、型钢混凝土组合梁,楼板可以采用压型钢板组合楼板。抗侧力构件可以采用新型的防屈曲支撑(其拉、压力学性能相似,避免了支撑在压力作用下的失稳)、钢板剪力墙和钢板混凝土组合剪力墙等新型高效抗侧力构件。目前应用较多的是钢骨混凝土柱和钢管混凝土柱,前者主要用于高层建筑下部楼层和高层钢结构的地下部分,后者已较多用于高层建筑的局部和整体。组合构件相对于传统的钢筋混凝土构件,能有效减小构件的截面尺寸,增加使用空间;相对于钢筋混凝土柱,组合柱的施工精度高、施工速度快,抗震性能也明显优越;相对于纯钢构件,能够提高结构的抗火性能,降低用钢量,从而降低造价。

(a) (b)

图 1-8 郑州绿地广场工程

(a) 建筑效果图；(b) 混凝土核心筒施工图

1999 年建成的深圳赛格广场大厦[图 1-9(a)]高达 291.6 m，为全部采用组合结构的超高层建筑，是我国自行设计、自行加工制造、自行施工并全部采用国产钢材、自行投资的第一栋高层建筑。深圳赛格广场大厦采用框筒结构体系，框架柱和抗震内筒均采用钢管高强度混凝土柱，柱子的最大压力为 90000 kN，最大尺寸为 ϕ1600 mm×28 mm。如采用钢筋混凝土柱，柱子截面尺寸应为 2.4 m×2.2 m，采用钢管混凝土柱时的截面面积比钢筋混凝土柱小 62%，整栋建筑一共增加使用面积约 3000 m^2。同时，由于全部柱子皆为钢管混凝土柱，为采用逆作法施工提供了条件，建造速度达到一周两层。1999 年建成的维也纳千年大厦[图 1-9(b)]坐落于奥地利的维也纳，高 202 m，结构体系为框筒结构，外框架采用钢管混凝土柱，内筒为钢筋混凝土筒体，梁采用钢-混凝土组合扁梁。该结构施工速度非常快，平均每周施工速度为 2～3 层，采用组合结构体系后缩短了工期，降低了施工费用，且能够更早投入使用、收回成本。

(a) (b)

图 1-9 国内外典型的组合结构工程

(a) 深圳赛格广场大厦；(b) 维也纳千年大厦

1.2.2.3 轻钢结构

轻钢结构主要是指轻型板作围护的门式钢架，结构中采用冷弯薄壁构件，轻型房屋钢结构和压型钢板、拱壳屋盖。这种结构近年来发展迅速，主要应用在工业厂房、机库等建筑中。这种结构的主要优点是可充分发挥构件的强度，结构比较轻盈，用钢量省，施工速度快。图 1-10 所示为某三层钢结构厂房。

图 1-10 某三层钢结构厂房

1.2.2.4 空间结构

空间结构与平面结构相比具有很多独特的优点，特别是应用于大跨度建筑结构领域时，空间结构能充分发挥其受力合理、造型优美、用料经济、施工快捷的优点。近十几年来，随着我国经济实力的增强和人民生活水平的不断提高，大大增加了社会对空间结构尤其是大跨度高性能空间结构的需求，国家体育场“鸟巢”、国家体育馆等典型建筑(图 1-11)均采用了空间结构。

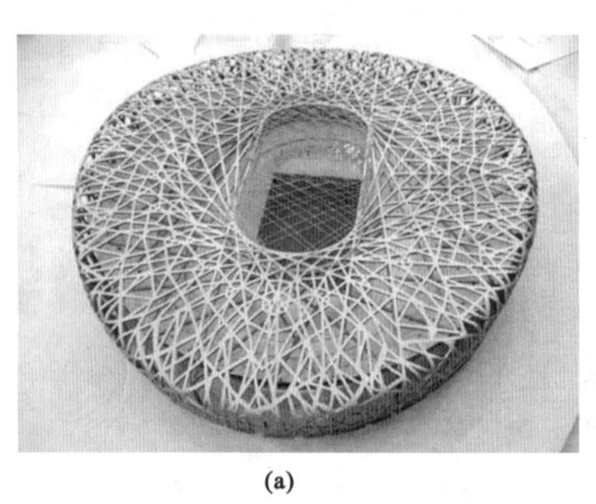

(a)

(b)

图 1-11 空间结构

(a) 国家体育场“鸟巢”；(b) 国家体育馆

空间结构体系的形式很多，分类方法也较多。例如，按照刚性差异及不同组合可以分成三类，即刚性空间结构、柔性空间结构和杂交空间结构；按照具体结构形式和受力特点可分为轻钢结构(门式刚架结构、屋架结构等)、薄壳结构、空间网格结构(网架、网壳、桁架)、悬索结构、薄膜结构、张弦结构、张拉整体结构等；同时，又存在由以上某种结构为主体，几类结构形式组合的混合结构体系。

1.2.2.5 多层钢结构

多层钢结构一般为钢框架多层住宅(图 1-12)，房屋外形美观，室内空间大，施工周期短，自重轻，抗震性能好。这种结构体系配合轻质高效保温墙体使用，能明显减轻结构的自重、有效降低建筑地基要求、减少建设成本和施工时间。采用钢结构体系比传统的建筑方式施工速度提高 30%，钢构件可以在工厂中预制生产，加工精度高，可提高施工速度和施工质量，使开发商能更快收回成本。目前，多层钢结构建筑符合我国发展绿色建筑的理念，是我国大力推广的一种绿色结构体系。

(a)

(b)

图 1-12　钢框架多层住宅

1.3　钢结构的特点

钢结构的主要特点和应用视频

钢结构作为一种具有广泛应用前景的结构，具有如下特点：

(1) 轻质高强

与传统的建筑结构材料(混凝土和木材)相比，钢材虽然密度较大，但其强度明显高于混凝土和木材，特别是弥补了混凝土抗拉强度低、受拉易开裂的缺点。其密度与强度的比值较小，当承受同等荷载时，钢结构自重要明显低于其他结构自重。

(2) 质地均匀，塑性、韧性好

钢材与砖石、混凝土相比，在生产过程中严格控制质量，材料较为均匀，有稳定的力学性能，接近各向同性，在正常使用条件下具有良好的延性，可简化为理想弹塑性体，符合目前采用的计算方法和基本理论。钢结构具有良好的塑性和韧性，在地震荷载作用下具有良好的吸能、耗能能力，能有效减弱结构在地震荷载作用下的反应，防止结构在地震作用下出现倒塌破坏现象。

(3) 良好的加工性能和焊接性能

钢材具有良好的冷、热加工性能和焊接性能，便于在专业化的工厂大批量生产精度较高的定型构件，构件的加工精度较高。钢构件在工厂预制，然后运输到现场，在现场采用螺栓或焊接的方式进行组装，施工方便快捷，是目前国内大力提倡的一种绿色施工方式。

(4) 密封性好

采用焊缝连接的构件具有良好的密闭性，焊接部位可以做到和母材等强。钢材可用于大型压力容器、管道等钢结构构件或设备。

(5) 绿色环保

在国家大力倡导绿色节能的背景下，废弃或破坏的钢结构构件可回炉重新冶炼使用。钢材作为一种绿色可再利用的材料在建筑结构中得到了大力的推广和应用。

(6) 耐火性能差

钢结构的缺点是耐火性能差，钢材的强度和弹性模量随着温度的升高而降低，且在高温下钢材的力学性能会发生明显变化。当温度为 400 ℃时，钢材的屈服强度降低一半；温度为 600 ℃时，钢材基本丧失其承载力。目前，国内已研发出高性能耐火、耐候建筑用钢，能保证在 600 ℃高温下其屈服强度不低于标准温度下屈服强度的2/3，这也是保证建筑结构用钢安全性的一个必要指标。

1.4 钢结构的设计方法 >>>

在进行钢结构设计时,必须在满足使用功能要求的基础上,做到技术先进、经济合理、使用安全和确保质量。众所周知,结构设计中采用的各种数据常和实际情况有出入。例如,各种荷载值和设计采用值不可能完全一致,钢材强度(屈服点 f_y)和设计强度不可能正好相同,构件的截面尺寸、长度和材料的容重等都和设计采用值会有或多或少的差异。所有这些区别和差异统称为变异性。因而,设计中的数据,如各种荷载值和材料强度等,都是随机变量,即量的大小有随机性。为了满足设计安全适用、质量可靠而又经济合理的要求,必须充分而又合理地考虑这些实际变化情况与设计条件之间的差别,也就是要求所设计的结构具有一定的可靠度。

结构可靠度是指结构在规定的时间内、规定的条件下(正常设计、正常施工、正常使用和正常维护)完成预定功能的概率,是结构安全性、适用性和耐久性的统称,它比安全度的概念更为广泛。《钢结构设计标准》(GB 50017—2017)采用了以概率理论为基础的极限状态设计法,它是从结构可靠度设计法转变而来的,根据结构或构件能否满足预定功能要求来确定它的极限状态。一般规定有两种极限状态,一种是结构或构件(包括连接)的承载能力极限状态,包括静力强度、动力强度和稳定等的计算;另一种是结构或构件的正常使用极限状态,是对应于结构或构件达到正常使用或耐久性的某项规定限值。达到承载能力极限状态时,结构或构件达到了最大承载力而发生破坏(如构件的稳定达到临界应力),或达到了不适于继续承受荷载的巨大变形(如构件强度达到屈服点而发生很大的塑性变形);达到正常使用极限状态时,结构或构件虽仍可保持承载力,但在正常荷载作用下产生的变形已经不能使结构或构件满足正常使用要求,包括静力荷载作用下产生的巨大变形和动力荷载作用下产生的剧烈振动等。各种承重结构都应按照上述两种极限状态进行设计。极限状态设计法的基本内容如下。

设结构或构件的承载力(又称抗力)为 R,它取决于材料的强度(或构件的稳定临界应力)、构件的截面面积或截面模量等几何因素。如前所述,这些参数都是独立的随机变量,并非确定值,应根据它们各自的统计数值运用概率法来确定它们的设计值。这些设计值确定后,结构或构件的抗力 R 也就确定了。

作用是荷载、温度变化、基础不均匀沉降和地震等的统称。它对结构或构件产生的效应就是施加于结构或构件上的若干种作用力在结构或构件中产生的内力,这些内力的总和称为作用效应,一般习惯称为荷载效应,用 S 来表示。当然,各种作用也都是随机变量,并非确定值。同理,应根据它们各自的统计数值运用概率法来确定它们各自的设计值。当这些设计值选定后,总作用效应 S 也就确定了。

根据极限状态的定义,当结构或构件的抗力等于各作用引起的作用效应时,此结构或构件即达到极限状态。极限状态方程可写成:

$$Z = g(R,S) = R - S = 0 \tag{1-1}$$

当 $R>S$ 时,结构或构件处于可靠状态,即设计有效;当 $R<S$ 时,结构或构件处于失效状态;当 $R=S$ 时,结构或构件处于极限状态,如图 1-13 所示。

根据实际结构或构件的统计资料,可得到极限状态方程 $Z=R-S$ 的统计结果,绝大多数的 Z 值都大于 0($R>S$),也有少数的 Z 值小于 0。计算出各种 Z 值所占全部统计值的百分率后,以 Z 值为横坐标,各 Z 值所占的百分率(即 Z 值的统计频率)为纵坐标,就可画出这类结构的统计频率曲线,如图 1-14 所示。通常此频率曲线为正态分布(具有对称轴的频率曲线称为正态分布)。根据概率论,统计频率曲线和横坐标所围成图形的面积为 1。由图 1-14 可见,$Z<0$ 时结构失效,这部分面积(图中阴影部分)占全部面积的百分率称为失效概率 P_f;而 $Z>0$ 的部分占全部面积的百分率称为可靠概率 P_r。两者有下列关系:

$$P_r = 1 - P_f \tag{1-2}$$

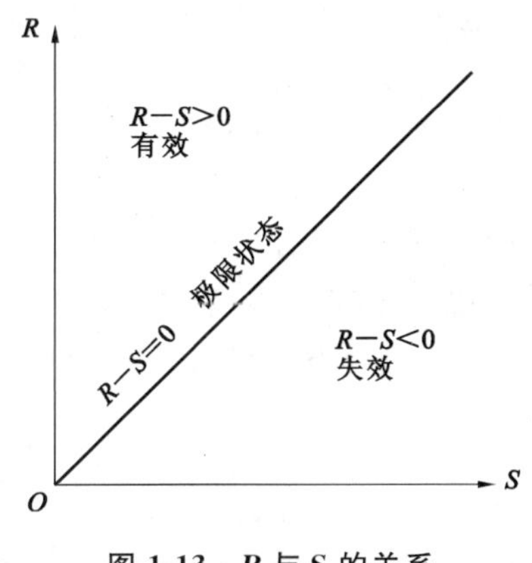

图 1-13 R 与 S 的关系

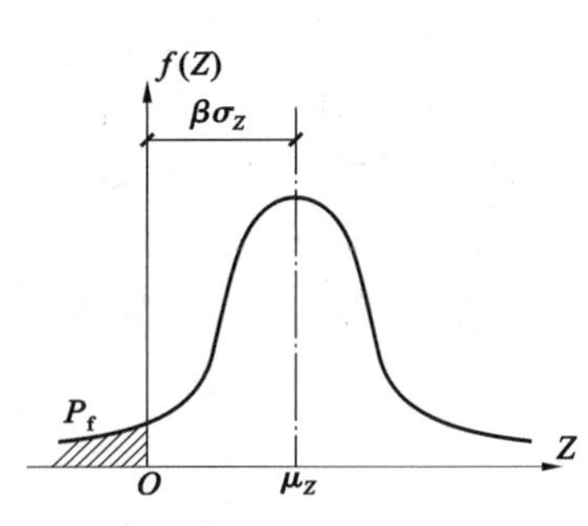

图 1-14 Z=R−S 的统计频率曲线

P_f 越小，结构或构件的可靠度越大。例如，要求失效概率为 7×10^{-4}，则可靠概率为 0.9993。也就是说，10000 个设计中，在规定的时期内、规定的条件下，能满足预定功能且有效的设计为 9993 个，不能满足预定功能而可能失效的设计只有 7 个。

由图 1-14 可见，失效概率和平均值及标准差之间存在下列关系：

$$\beta\sigma_Z = \mu_Z \tag{1-3}$$

$$\beta = \frac{\mu_Z}{\sigma_Z} \tag{1-4}$$

有了 Z 值的全部统计值，就能算出它的平均值 μ_Z 及标准差 σ_Z。由图 1-14 可知，增大 β 值时，失效概率 P_f 就减小（因纵坐标向左移）；反之，P_f 就增大。这表明 β 值与 P_f 之间有对应关系，确定了 β 值，失效概率 P_f 也就确定了，其数值列入表 1-1 中。

表 1-1 β 值与 P_f 的对应关系

β	2.0	2.5	3.0	3.2	3.5	4.0
P_f	2.28×10^{-2}	6.2×10^{-3}	1.35×10^{-3}	6.9×10^{-4}	2.33×10^{-4}	3.17×10^{-5}

选定了失效概率，可靠概率就确定了，β 值也就确定了。β 值称为结构或构件的可靠度指标，它和失效概率是对应的。计算 β 值远比直接计算 P_f 值简单，因此我们可以用 β 值的计算来确定结构或构件的可靠度，所以这种设计方法又称为可靠度设计。钢结构设计要求满足可靠度指标 $\beta=3.2$，即设计出来结构的失效概率为 6.9×10^{-4}。

这种运用概率理论的极限状态设计法称为概率极限状态设计法，是一种较先进的设计方法。但是，采用概率极限状态设计法时，必须拥有各个随机变量的统计数值，但迄今为止我们掌握的统计资料还不完整，只掌握了钢材的屈服点、风荷载、雪荷载和一些活荷载等，还存在不足之处。《钢结构设计标准》(GB 50017—2017)采用的设计方法可称为近似概率极限状态设计法。

同时，直接按照可靠度指标进行结构和构件设计，对很多设计工作者来说还不习惯，也不易掌握。因为《钢结构设计标准》(GB 50017—2017)将极限状态设计公式等效转化为大家熟悉的分项系数设计公式。

由极限状态方程[式(1-1)]，将作用效应 S 分为永久荷载引起的效应 G 和可变荷载引起的效应 Q，则式(1-1)可写成：

$$Z = R - G - Q = 0 \tag{1-5}$$

令 $R=R_k/\gamma_R=f_yA/\gamma_R$；$G=\gamma_G C_G G_k$，$Q=\gamma_Q C_Q Q_k$，代入式(1-5)，得：

$$\gamma_G C_G G_k + \gamma_Q C_Q Q_k = \frac{f_y A}{\gamma_R} \tag{1-6}$$

式中 f_y——钢材的强度标准值；

R_k——结构或构件的抗力标准值；

A——截面的几何因素，如轴心受压构件的截面面积、受弯构件的截面模量；

C_G, C_Q——永久荷载和可变荷载的荷载效应系数,即各单位荷载作用下引起的构件或连接中的内力,按一般力学方法确定;

G_k, Q_k——永久荷载和可变荷载的标准值,可从《建筑结构荷载规范》(GB 50009—2012)中查得;

$\gamma_R, \gamma_G, \gamma_Q$——钢材抗力、永久荷载和可变荷载的分项系数。

如果我们恰当地选定式中的各分项系数值,同时考虑多种可变荷载组合后概率的变化,使运算的结果和规定可靠度指标值后直接用概率法运算的结果相同,那么就可以应用式(1-6)来进行结构设计了。

根据这一原则,进行了大量的对比计算,确定了恰当的分项系数值。最后可将式(1-6)写成通用的设计表达式:

$$\gamma_0 \gamma_G C_G G_k + \gamma_{Q1} C_{Q1} Q_{k1} + \sum_{i=2}^{n} \psi_i \gamma_{Qi} C_{Qi} Q_{ki} \leqslant fA \tag{1-7}$$

式中,$f = f_y / \gamma_R$,是钢材的强度设计值或构件的临界应力设计值。钢材的强度设计值就是钢材的标准屈服点除以其分项系数。

经过对比计算,确定各分项系数如下:对于 Q235 钢,其分项系数 $\gamma_R = 1.090$,则其强度设计值 $f = 235/1.090 = 215$ (N/mm^2)(取整数,为第一组钢材);对于 Q390 钢,其分项系数 $\gamma_R = 1.125$,则其强度设计值 $f = 390/1.125 = 345$ (N/mm^2)。

永久荷载的分项系数 γ_G 一般取为 1.3,但当永久荷载效应对结构或构件的承载力有利时,应采用 1.0。γ_{Q1} 和 γ_{Qi} 是指第一个荷载效应最大的可变荷载的分项系数和第 i 个可变荷载的分项系数,一般取 1.5。ψ_i 是第 i 个可变荷载的组合值系数,取 0.6,只有一个可变荷载时,ψ_i 取为 1.0。

对于一些构件和连接,如施工条件较差的高空安装焊缝和铆钉连接,考虑它们的特殊条件,较难保证质量,对其强度设计值应再乘以调整系数 0.9。又如单面连接的单个角钢实际是偏心受力,允许按轴心受力计算其强度和连接,但应将强度设计值再乘以小于 1 的调整系数。

式(1-7)中增加了一个结构重要性系数 γ_0。这是考虑结构发生破坏时可能产生后果的严重程度,把结构分为一、二、三 3 个安全等级后分别规定的不同可靠度指标,分别取 1.1、1.0 和 0.9。一般工业与民用建筑钢结构可取为二级。

式中,Q_{k1} 是所有可变荷载中引起构件或连接产生最大荷载效应的可变荷载。但对于一般的排架和框架结构很难区分产生最大荷载效应时的可变荷载,这时可按下式计算:

$$\gamma_0 \left(\gamma_G C_G G_k + \psi \sum_{i=1}^{n} \gamma_{Qi} C_{Qi} Q_{ki} \right) \leqslant fA \tag{1-8}$$

式中,荷载组合值系数 ψ 取 0.85。

如果把式(1-7)或式(1-8)中的截面几何因素 A 移动到不等式左侧,则得:

$$\sigma = \frac{N(\text{或 } M \text{ 或 } V)}{A} \tag{1-9}$$

式中,N、M 和 V 是考虑了荷载分项系数、组合值系数和结构重要性系数后得到的全部计算内力值。设计时,各种荷载的标准值按现行《建筑结构荷载规范》(GB 50009—2012)中的规定采用。

结构和构件的第二种极限状态是正常使用极限状态,即在正常使用荷载(不乘以荷载分项系数)作用下产生的变形值不得超过保证结构或构件满足正常使用要求的规定值。根据不同的使用要求,分别采用短期效应组合和长期效应组合进行设计。

短期效应组合:

$$\nu = \nu_{Gk} + \nu_{Q1k} + \sum_{i=2}^{n} \psi_{Qi} \nu_{Qik} \leqslant [\nu] \tag{1-10a}$$

长期效应组合:

$$\nu = \nu_{Gk} + \sum_{i=1}^{n} \nu_{Qik} \leqslant [\nu] \tag{1-10b}$$

式中 ν_{Gk}——永久荷载标准值引起的结构或构件的变形值。

ν_{Qik}——第 i 个可变荷载标准值引起的结构或构件变形值。

ν_{Q1k}——产生最大荷载效应的可变荷载标准值引起的结构或构件变形值。

ψ_{Qi}——第 i 个可变荷载组合值系数，当有风荷载参与组合时，取 0.6；当无风荷载时，取 1.0；一般框架、排架，当有两种或两种以上荷载参与组合且有风荷载时，取 0.85；其他情况下取 1.0。

$[\nu]$——结构或构件的容许变形值，按相关规范规定采用。

当只有一个可变荷载 Q_1 时：

$$\nu = \nu_{Gk} + \nu_{Q1k} \leqslant [\nu] \tag{1-11}$$

有时只需保证结构或构件在可变荷载作用下产生的变形满足正常使用要求，此时式(1-10)和式(1-11)中的 ν_{Gk} 可不计入。

对于轴心和偏心受力构件，正常使用极限状态用构件的长细比 $\lambda = l_0/i$ 来保证，以免构件过于纤细，易于弯曲和颤动，对构件和连接的工作不利。其验算公式为：

$$\lambda = \frac{l_0}{i}$$

$$\lambda \leqslant [\lambda] \tag{1-12}$$

式中 $[\lambda]$——构件的容许长细比，按规范规定采用；

l_0——构件的计算长度；

i——构件的截面回转半径，$i = \sqrt{I/A}$，I、A 分别为截面惯性矩和截面面积。

1.5 钢结构的研究工作展望 >>>

随着我国钢材产量的逐年增长，政府对建筑钢结构的应用给予了鼓励和扶持。特别是我国经济持续高速增长，大批工程建设项目待建，为建筑钢结构的应用和发展提供了广阔的天地和持续增长的空间。钢结构未来的研究应着重于以下几个方面。

(1) 高性能钢材的研发和利用

结构构件的性能在很大程度上取决于构件的材性。随着科技的发展，我国高性能钢材研究取得了一些进展，如对低合金钢，国标中增加了 500 MPa、620 MPa、690 MPa 等级别的高强度钢与 TMCP 钢；对冷弯型钢，国标中增加了 390 MPa 的高强度钢；对耐候钢，国标中增加了 550 MPa 的高强度钢。《钢结构设计标准》(GB 50017—2017)计划列入关于高性能钢材的指导性条文。高性能钢材具有良好的应用前景，应该进行高性能钢应用的合理条件、抗力分项系数等设计指标的合理取值，Z 向性能、屈强比、伸长率、断面收缩率的合理选用，抗震钢结构材料的性能与选材要求等研究，同时对采用高性能钢材的构件受力机理与设计方法进行研究。

(2) 新型建筑结构体系的研发和应用

目前国家支持节能省地型建筑的研发工作，大力发展高层和超高层建筑，提高建筑的容积率，以缓解用地紧缺和建筑面积需求不断增长的矛盾。新型结构构件通过不同形式的组合形成受力合理、抗震性能优越的结构体系，对新型结构体系的研究是未来钢结构发展的重要基础之一。大型复杂建筑的设计都应基于系统的理论研究，通过选择合理的结构体系，在满足建筑使用功能要求的基础上做到结构经济合理、安全适用。

(3) 新型设计方法的提出和相应规程的修订

随着技术的不断进步，计算机计算能力的大幅度提高，高等分析和设计是一种正在发展和完善的新设计方法，也是一种较为精确的设计方法。通过研究可提出用于工程设计的计算方法，并在实际应用过程中对设计方法进行改进，同时不断更新设计规程，为现有的工程设计提供指导，以使我国的钢结构设计能够跟上时代发展的步伐。

2

钢结构的材料及性能

课前导读

内容提要

本章简要介绍了钢材的生产、构造及加工方法，重点阐述了建筑用钢材的力学性能及其影响因素。此外，本章还介绍了建筑用钢的种类、规格和选用原则。

能力要求

通过本章的学习，学生应了解钢材的生产过程，掌握钢材在单向拉伸下的工作性能和其他性能，掌握钢材在复杂应力下的屈服条件，了解影响建筑钢材的各种因素及其对钢材性能的影响，了解疲劳破坏的原因及影响疲劳强度的因素，熟悉疲劳破坏的特征，熟悉常幅疲劳和变幅疲劳的计算，掌握建筑用钢的种类、规格和选用原则。

数字资源

重难点

2.1 概 述

国民经济各部门几乎都需要钢材,但由于各自用途不同,所需钢材的性能各异。钢是以铁和碳为主要成分的合金,其中铁是最基本的元素,碳和其他元素所占比例很小,但左右着钢材的物理和化学性能。目前,碳素结构钢有100多种,合金结构钢有300多种,但符合钢结构性能要求的钢材只有碳素结构钢和合金结构钢中的少数几种。承重钢结构中要求钢材具有较高的强度,良好的塑性、韧性及加工性能。我国《碳素结构钢》(GB/T 700—2006)推荐碳素结构钢中的Q235和低合金高强度结构钢中的Q345、Q390、Q420和Q460等牌号的钢材作为承重钢结构用钢。

本章主要介绍钢材的生产过程和组织构造、钢结构所用钢材的力学性能、各种因素对钢材性能的影响及钢材的疲劳,同时简要介绍钢材的种类、规格及选用原则。

2.2 钢材的生产

2.2.1 钢材的冶炼

生产钢材的主要原料是铁矿石,其生产流程如图2-1所示。生产流程可分为炼铁、炼钢和轧制三道工序。

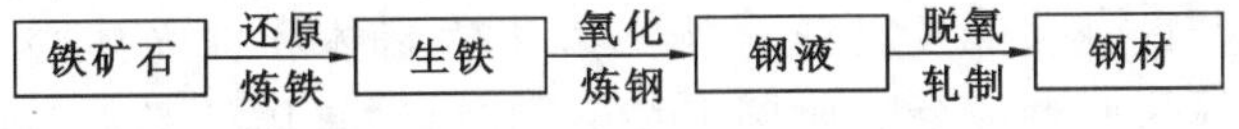

图2-1 钢材的生产流程

(1) 炼铁

铁元素以化合物的形式存在于自然界中,其存在形式以氧化铁为主。矿石中的铁也是以氧化铁的形式存在的,因此要从矿石中得到铁,就要用与氧亲和力比铁更强的物质从矿石中还原出铁。除氧时常用碳作为还原剂,同时为了使砂质和黏土质的杂质易于熔化为熔渣,常采用石灰石作为熔剂。以上化学反应只有在足够高的温度下才能发生,因此在炼铁过程中会用到燃料,常用的燃料为焦炭。将铁矿石、焦炭、石灰石和少量的锰矿石放入高炉内,在鼓入的热风内发生反应,在高温下生成熔融的生铁和漂浮其上的熔渣。生铁是指含碳量超过2.06%的铁碳合金,也称为铸铁。常温下生铁坚硬但容易发生脆性破坏,其熔化温度较低,在熔融状态下具有流动性;其价格低廉,在机械铸造业的铸件中得到了广泛应用。

(2) 炼钢

含碳量低于2.06%的铁碳合金称为碳素结构钢,因此用生铁炼钢的过程中必须去掉生铁中过多的碳和其他杂质。炼钢是根据所炼钢种的要求把生铁中的含碳量去除到规定范围,并使其他元素的含量减少或增加到规定范围的过程。简单地说,炼钢是对生铁降碳、去硫磷、调硅锰含量的过程。这一过程基本上是一个氧化过程,是用不同来源的氧(如空气中的氧、纯氧气、铁矿石中的氧)来氧化铁液中的碳、硅、锰等元素。

炼钢通常在炼钢炉中进行。根据工作原理不同,炼钢通常分为平炉炼钢、转炉炼钢和电炉炼钢三种。平炉炼钢的主要特点是可搭用较多的废钢(可搭用钢铁料20%～50%的废钢),原料适应性强,但冶炼时间长。转炉炼钢以铁液、废钢、铁合金为主要原料,不借助外加能源,靠铁液本身的物理热和铁液组分间化学反应产生的热量在转炉中完成炼钢过程。转炉按耐火材料分为酸性转炉和碱性转炉,按气体吹入炉内的部位分为顶吹转炉、底吹转炉和侧吹转炉,按气体种类分为空气转炉和氧气转炉。碱性氧气顶吹和顶底复吹转炉由于其生产速度快、产量大、单炉产量高、成本低、投资少,为目前使用最普遍的炼钢设备。转炉主要用于生产碳素钢、合金钢及进行铜和镍的冶炼。电炉炼钢是用电能作为热源进行冶炼,可以炼制化学工业需要的不锈耐酸钢,电子工业需要的高牌号硅钢、纯铁,航空工业需要的滚珠钢、耐热钢,机械工业需要的轴承钢、高速切削工具钢,仪表工业需要的精密合金等。

(3) 钢材的浇注和脱氧

炼钢过程中会使钢液中含有大量的氧气,氧元素过多会降低钢材的性能,因此必须对钢液进行脱氧。按钢液脱氧方法和程度的不同,碳素结构钢可分为沸腾钢、镇静钢、半镇静钢和特殊镇静钢四类。炼钢时仅加入锰铁进行脱氧,脱氧不完全,这种钢液铸锭时有大量的一氧化碳气体逸出,钢液呈沸腾状,故称为沸腾钢,代号为F。沸腾钢组织不够细致,成分不均匀,硫、磷等杂质偏析较严重,故质量较差。但因其成本低、产量高,故被广泛应用于一般工程。炼钢时采用锰铁、硅铁和铝锭等作为脱氧剂,脱氧完全,这种钢液铸锭时能平静地充满锭模并冷却凝固,故称为镇静钢,代号为Z。镇静钢虽然成本较高,但其组织致密、成分均匀、含硫量少、性能稳定,故质量好,适用于重要的结构工程。脱氧程度介于沸腾钢和镇静钢之间的称为半镇静钢,代号为b,半镇静钢是质量较好的钢。比镇静钢脱氧程度更充分、彻底的钢称为特殊镇静钢,代号为TZ。特殊镇静钢质量最好,适用于特别重要的结构工程。

2.2.2 钢材的组织构造和铸造缺陷

(1) 钢材的组织构造

碳素结构钢是通过在强度较低而塑性较好的纯铁中加入适量碳元素来提高其强度的一种钢材,一般常用的低碳钢含碳量不超过0.25%。低合金结构钢则是在碳素结构钢的基础上适当添加总量不超过5%的其他合金元素,以改善钢材的性能。

碳素结构钢在常温下主要由铁素体和渗碳体(Fe_3C)组成。铁素体与纯铁的显微组织没有明显区别,其强度、硬度较低,而塑性、韧性良好。铁素体在钢中形成不同取向的结晶群(晶粒),是钢的主要成分,约占质量的99%。渗碳体是铁碳化合物,含碳量为6.67%。其熔点高,硬度大,几乎没有塑性,在钢中其与铁素体晶粒形成机械混合物——珠光体,填充在铁素体晶粒的空隙中,形成网状间层。珠光体强度很高,坚硬而富有弹性。另外,还有少量的锰、硅、硫、磷及其化合物溶解于铁素体和珠光体中。碳素结构钢的力学性能在很大程度上与铁素体和珠光体这两种成分的比例有关。同时,铁素体的晶粒越细小,珠光体的分布越均匀,钢的性能就越好。

低合金结构钢是在低碳钢中加入少量的锰、硅、钒、铌、钛、铝、铬、镍、铜、氮、稀土等合金元素炼成的钢材,其组织结构与碳素结构钢类似。合金元素及其化合物溶解于铁素体和珠光体中,形成新的固溶体——合金铁素体和新的合金渗碳体组成的珠光体类网状间层,使钢材的强度得到提高,而塑性、韧性和焊接性能并不减弱。

(2) 钢材的铸造缺陷

钢材的组织构造和缺陷均会对钢材的力学性能产生重要的影响。钢材在冶炼和浇铸过程中会产生组织结构不均匀、偏析、非金属夹杂、气孔、缩孔和裂纹等冶金缺陷。组织结构不均匀是由于各部分冷却不均匀造成的;偏析是化学成分在钢内分布不均匀,特别是有害杂质在钢材局部聚集的现象;非金属夹杂是指钢中含有硫化物与氧化物等杂质;气孔是指氧化铁与碳作用生成的一氧化碳气体,在浇注时不能充分逸出而留在钢锭中形成的微小孔洞;缩孔是因钢液在钢锭模中由外向内、自下而上凝固时发生体积收缩,液面下降,最后凝固部位得不到钢液补充而形成的。钢液在凝固过程中因先后次序的不同会引起内应力,拉力较大的部位可能会出现裂纹。

2.2.3 钢材的加工

钢材的加工分为热加工、冷加工和热处理三种。将钢坯加热至塑性状态,依靠外力改变其形状,生产出各种厚度的钢板和型钢,称为热加工。在常温下对钢材进行加工称为冷加工。通过加热、保温、冷却的操作方法,钢的组织结构发生变化,以获得所需性能的加工工艺称为热处理。

(1) 热加工

热加工是指将钢锭或钢坯加热至一定温度后再进行加工,通常有轧制和锻压等加工方式。热轧型钢在建筑工程中应用较多。钢材的轧制是通过一系列轧辊,使钢坯逐渐辊轧成所需厚度的钢板或型钢。钢材的锻压是将加热了的钢坯用锤击或模压的方法加工成所需的形状。钢结构中的某些连接零件常采用此种方法制造。

热加工可破坏钢锭的铸造组织，使金属的晶粒变细，还可在高温和压力下压合钢坯中的气孔、裂纹等缺陷，改善钢材的力学性能。热轧薄板和壁厚较小的热轧型钢，因辊轧次数较多，轧制的压缩比大，钢材的性能改善明显，其强度、塑性、韧性和焊接性能均优于厚板和厚壁型钢。钢材的强度按板厚分组就是这个缘故。

热加工使金属晶粒沿变形方向形成纤维组织，使钢材沿轧制方向（纵向）的性能优于垂直于轧制方向（横向）的性能，即使其各向异性增大。因此，对于钢板部件，应沿其横向切取试件进行拉伸和冷弯试验。钢中的硫化物和氧化物等非金属夹杂经轧制之后被压成薄片，对轧制压缩比较小的厚钢板来说，该薄片无法被焊合，会出现分层现象。分层使钢板沿厚度方向的受拉性能恶化。在焊接连接处，沿板厚方向有拉力作用（包括焊接产生的约束拉应力作用）时，可能会出现层状撕裂现象，应引起重视。

（2）冷加工

钢材的冷加工是指在常温下通过机械加工使钢材达到变形、拉直、除锈等效果的一种加工方式。与热加工相对应，冷加工是指在低于再结晶温度下使金属产生塑性变形的加工工艺，如冷轧、冷拔、冷锻、冲压、冷挤压等。冷加工变形抗力大，在使金属成形的同时，可以利用加工硬化提高工件的硬度和强度。图 2-2 所示为矩形钢管冷轧示意图。

(a)

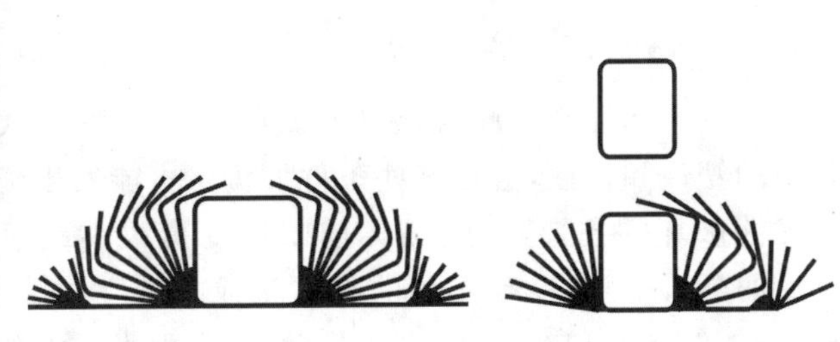

(b)

图 2-2 矩形钢管冷轧示意图

经过冷加工的钢材均产生了不同程度的塑性变形，金属晶粒沿变形方向被拉长，局部晶粒破碎，位错密度增加，并使残余应力增加。钢材经冷加工后会产生局部或整体硬化，即在局部或整体上提高了钢材的强度和硬度，但减弱了其塑性和韧性，这种现象称为冷作硬化（或应变硬化）。冷拔高强度钢丝充分利用了冷作硬化现象，在悬索结构中有广泛的应用。

（3）热处理

钢的热处理是将钢在固态范围内施以不同的加热、保温和冷却措施，以改变其内部组织构造，达到改善钢材性能的一种加工工艺。钢材的普通热处理包括淬火、回火、退火、正火四种基本工艺。

钢材的淬火视频

淬火是将钢件加热到奥氏体化温度并保持一定时间，然后以大于临界冷却速度的速度使其冷却的工艺。淬火可以提高金属工件的硬度及耐磨性，因而广泛用于各种工、模、量具及要求表面耐磨的零件（如齿轮、轧辊、渗碳零件等）。淬火与不同温度的回火配合，可以大幅度提高金属的强度、韧性及疲劳强度，并可获得这些性能之间的配合（综合力学性能），以满足不同的使用要求。另外，淬火还可使一些特殊性能的钢材获得一定的物理、化学性能，如淬火可增强永磁钢的铁磁性，提高不锈钢的耐蚀性等。

钢材的回火视频

回火是将淬火后的钢材加热到某一温度进行保温，而后在空气中冷却的工艺。回火能减小或消除淬火内应力，防止工件变形或开裂，使钢材获得工艺要求的力学性能，稳定工件尺寸。对于某些高淬透性的钢，在空气中冷却即可淬火，如采用退火则软化周期太长，而采用回火则既能降低硬度，又能缩短软化周期。

钢材的
退火视频

退火是将金属构件加热到高于或低于结晶温度临界点,保持一定时间后缓慢冷却,从而获得接近平衡状态的组织与性能的金属热处理工艺。它可使经过铸造、锻轧、焊接或切削加工的材料或工件软化,改善塑性和韧性,使化学成分均匀化,去除残余应力,或可得到预期的物理性能。退火工艺根据目的不同而有多种,如等温退火、均匀化退火、球化退火、去除应力退火、再结晶退火及稳定化退火、磁场退火等。

钢材的
正火视频

正火是指将钢件加热到临界点以上40～60 ℃或更高的温度,保温使其完全奥氏体化后,在空气中冷却的简便、经济的热处理工艺。正火与退火的不同点是正火冷却速度比退火冷却速度稍快,因而正火组织要比退火组织更细一些,其力学性能也有所提高。正火的目的是使晶粒细化和碳化物分布均匀化,去除材料的内应力,降低材料的硬度。

通常称淬火加高温回火的工艺为调质处理。强度较高的钢材,如Q420中的C、D、E级钢和高强度螺栓用钢材都要经过调质处理。

2.3 钢结构所用钢材的力学性能

2.3.1 钢材的破坏形式

钢材的破坏通常有脆性破坏和塑性破坏两种形式。钢材在正常使用条件下虽然具有较高的塑性和韧性,但在某些条件下仍然可能发生脆性破坏。

脆性破坏的主要特征:破坏前塑性变形很小或根本没有塑性变形,突然迅速断裂。破坏后的断口平直,呈有光泽的晶粒状或有人字纹。由于破坏前没有任何预兆,破坏速度极快,无法察觉和补救,而且一旦发生,常引发整个结构的破坏,后果非常严重,因此在钢结构的设计、施工和使用过程中,要特别注意防止这种破坏的发生。

塑性破坏的主要特征:破坏前具有较大的塑性变形,常在钢材表面出现明显的相互垂直交错的锈迹剥落线。只有当构件中的应力达到抗拉强度后才会发生塑性破坏,破坏后的断口呈纤维状,色泽发暗。钢结构的塑性破坏不仅体现在变形上,还体现在破坏延迟上,即在承载力不降低或不明显降低的前提下产生较明显的变形,即发生屈服。这种破坏的延迟效应可以为逃生或者建筑物的修补提供宝贵时间。

2.3.2 常温下钢材的应力-应变关系

钢材的多项性能指标可通过单向拉伸试验得到。试验按照相关规范或规程的规定进行,把钢材加工成标准的拉伸试件,在室温为20 ℃左右时,荷载分级逐步施加,直至试件破坏为止。碳素结构钢、热处理低合金钢和低合金高强度结构钢的典型应力-应变关系曲线如图2-3所示。从图2-3中可以看出,钢材存在明显的弹性段、塑性平台和强化段。试件破坏时的残余延伸率表示钢材的塑性性能,残余延伸率越大,钢材的塑性越好,即变形能力越好。调质处理后的低合金钢没有明显的屈服点和塑性平台,屈服点取卸载后残余应变为0.2%时所对应的应力,该屈服点也称为名义屈服点,表示为$f_{0.2}$。碳素结构钢各受力阶段的性能如下:

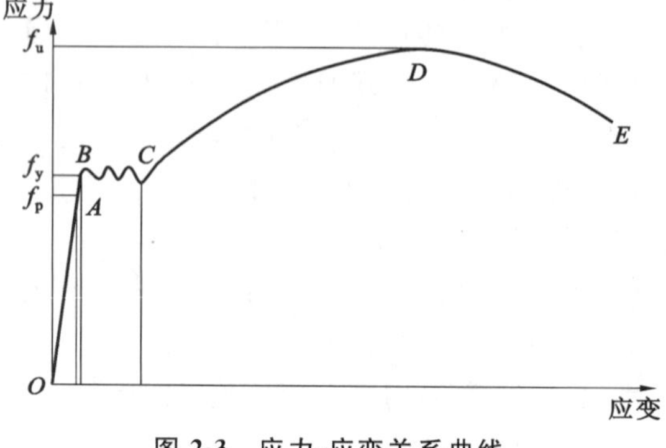

图2-3 应力-应变关系曲线

(1) 弹性阶段(OA)

当应力小于钢材的比例极限 f_p 时,应力与应变呈线性关系,对应的斜率为钢材的弹性模量,理想钢材的弹性模量为 2.06×10^5 MPa。通常 $f_p=0.8f_y$,f_y 为钢材的屈服强度。

(2) 弹塑性阶段(AB)

此时,应力与应变的关系开始表现为非线性。随着应变的增加,应力的增大速度逐渐降低。曲线上各点的切线模量随应力的增加逐渐降低。当应力达到钢材的屈服强度时,切线模量降低为 0。对于低碳钢,f_y 对应的应变约为 0.15%。高碳钢没有明显的屈服平台,取卸载后残余应变为 0.2%时所对应的应力为钢材的屈服强度 f_y。

(3) 塑性阶段(BC)

当应力超过钢材的屈服强度后,随着变形的逐渐增加,应变逐渐变大,应力基本处于定值。此时钢材处于流塑阶段,可视为理想的弹塑性体。

(4) 强化阶段(CD)

此阶段钢材内部组织得到调整,钢材的强度逐渐提高,塑性变形继续增加,对应的应力逐渐增大,最终达到钢材的极限抗拉强度 f_u。

(5) 颈缩阶段(DE)

当应力达到 f_u 后,试件局部出现横向收缩,即颈缩,随后变形加剧,荷载下降,直至试件断裂。钢材达到 f_u 时对应的塑性变形已非常大,设计时仅作为钢材的强度储备考虑。

从图 2-3 中可以看出,屈服点以前的应变很小。如把钢材的弹性工作段提高到屈服点,同时考虑钢材的塑性水平段和强化段,钢材的应力-应变关系曲线可简化成图 2-4(a)所示的四折线模型。通常塑性水平段结束点对应的应变为 $10\varepsilon_y$(ε_y 为屈服应变,$\varepsilon_y=f_y/E_s$),强化段结束时对应的应变为 $100\varepsilon_y$,当有具体试验数据时可根据材性试验结果确定。若在分析中不考虑钢材的强化段,则钢材的应力与应变的关系可简化成两折线的理想弹塑性模型。它表示在屈服点以前应力与应变的关系服从胡克定律,此时钢材的泊松比通常取 0.3;屈服点以后的塑性平台阶段接近于理想的塑性体工作段,对应的泊松比为 0.5。

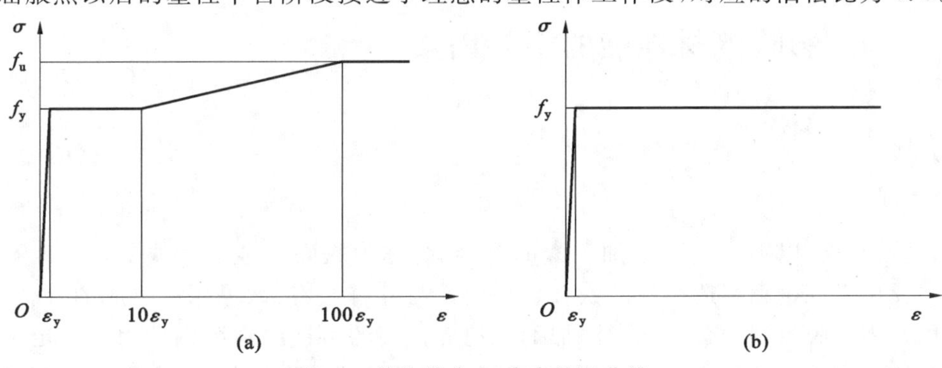

图 2-4 简化的应力-应变关系曲线

(a) 考虑强化段的简化模型;(b) 理想弹塑性模型

2.3.3 钢材的冷弯性能

钢材的塑性是指钢材破坏前产生塑性变形的能力。冷弯性能是衡量钢材塑性的一项重要力学性能指标。冷弯试验可用来检测钢材的冷弯性能,即检验钢材在常温下承受规定弯曲程度弯曲变形的能力。试验时,根据钢材的牌号和厚度不同,按国家相关标准规定的弯心直径,在试验机上把试件弯曲成 180°(图 2-5),以试件表面和侧面不出现裂纹和分层为合格。工程中常需对钢材进行冷加工,冷弯试验就是模拟钢材的弯曲加工。通过冷弯试验不但能检验钢材适应冷加工的能力,显示钢材内部缺陷(如起层、非金属夹杂等)状况,而且由于冷弯时试件中部受弯部位受到冲头挤压以及弯曲、剪切的复杂作用,其也是考察钢材在复杂应力状态下塑性变形能力的一项指标。影响冷弯性能的因素很多,主要有钢的化

冷弯实验视频

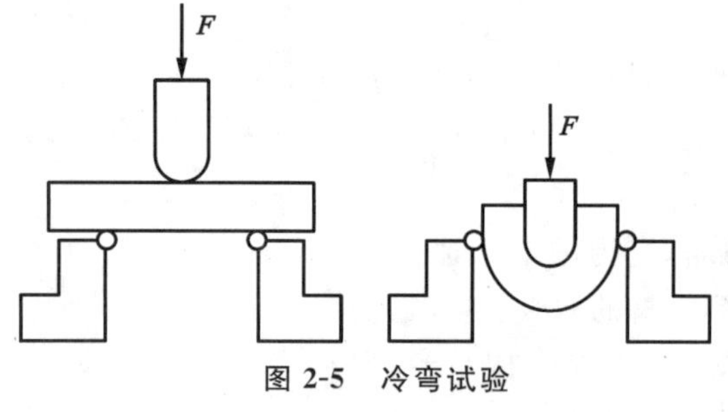

图 2-5 冷弯试验

学成分,纯净度,夹杂物的类型、数量、分布形态,金相组织及钢材表面缺陷,轧制工艺等。

2.3.4 钢材的冲击韧性

冲击韧性是指材料在断裂前单位体积所吸收的总能量,反映了钢材的塑性变形能力。冲击韧性可反映出钢材抵抗冲击荷载的能力,钢材强度越高,韧性越差,则脆性越强。承受冲击的钢结构,如桥梁、船壳等,在冲击力的作用下可能发生突然的脆性破坏,所以必须检查钢材承受冲击的能力。

冲击试验是将规定尺寸和形状的标准试样放在冲击试验机的支座上[图 2-6(a)],然后将扬起到规定位置的重锤释放,将试样击断。击断试样所消耗的总功 A_K(计量单位为 J),称为冲击功。国家标准规定,标准试样尺寸为 10 mm×10 mm×55 mm[图 2-6(b)],并且试样中间带 U 形或 V 形刻槽。

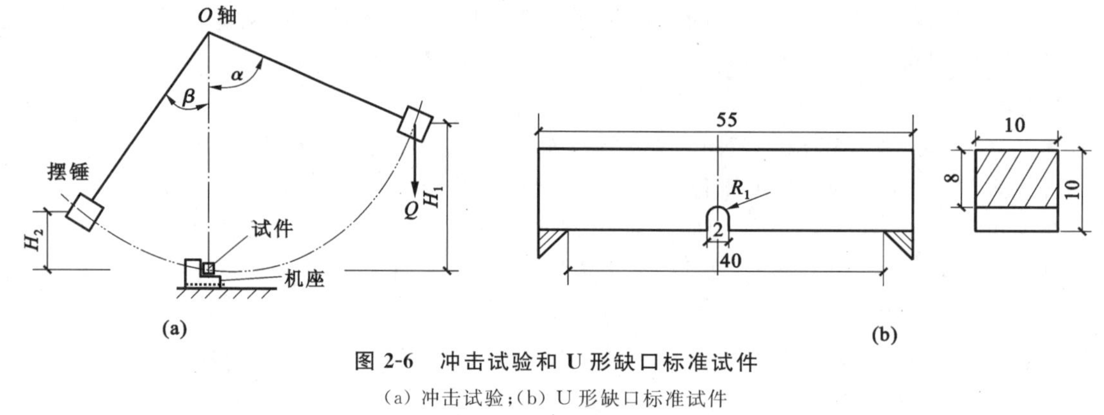

图 2-6 冲击试验和 U 形缺口标准试件

(a) 冲击试验;(b) U 形缺口标准试件

2.4 影响钢材性能的主要因素

2.4.1 化学成分的影响

钢和生铁都是以铁为基本元素,以碳为主要添加元素的合金,统称为铁碳合金。生铁是把铁矿石放到高炉中冶炼而成的产品,主要用来炼钢和制造铸件。铁合金是由铁与硅、锰、铬、钛等元素组成的合金,是炼钢的原料之一,在炼钢时用作钢的脱氧剂和合金元素添加剂。把炼钢用的生铁放到炼钢炉内按一定工艺熔炼就可得到钢。钢是含碳量在 0.04%~2.3%之间的铁碳合金。为了保证其韧性与塑性,钢的含碳量一般不超过 1.7%。钢的主要元素除铁、碳外,还有硅、锰、硫、磷等。

碳是钢的重要元素之一,在碳素结构钢中是除铁以外的最主要元素。碳对钢材的强度影响较大,含碳量越高,钢材强度越高,但其塑性和韧性减弱,冷弯性能、焊接性能及抗锈蚀能力也随之减弱,因此钢中的含碳量不能过高,以保证其他的优良性能。碳素钢按含碳量可以分为:低碳钢(含碳量低于 0.25%)、中碳钢(含碳量为 0.25%~0.6%)、高碳钢(含碳量高于 0.6%)。含碳量高于 0.3%的钢材具有很高的抗拉强度,但没有明显屈服点,塑性差;含碳量高于 0.2%时钢材焊接性能变差。因此,规范推荐钢材的含碳量不超过 0.22%,焊接钢结构的含碳量要控制在 0.2%以内。

硅的存在有益于钢材性能的改善,是一种强效脱氧剂,常与锰共同除氧,生产镇静钢。适量的硅可以细化晶粒,提高钢的强度,而对塑性、韧性、冷弯性能和焊接性能无明显不良影响。镇静钢中硅的含量为 0.12%~0.30%,在低合金钢中为 0.2%~0.55%。硅过量会恶化钢材的焊接性能和抗锈蚀能力。

锰对钢材也是有益的,它也是一种脱氧剂,可提高钢材强度,消除硫对钢材的热脆影响,改善钢材的性能，对塑性和韧性无明显影响。锰也是我国低合金钢的主要元素，含量为0.8%～1.8%，可使钢材的焊接性能变差，因此含量不宜过多。

磷能提高钢材的强度和抗锈蚀能力，明显减弱钢材的塑性、韧性、冷弯性能和焊接性能。特别是在温度较低时，其促使钢材变脆，称为冷脆。磷的含量要严格控制，随着钢材质量等级的提高，磷含量逐渐减少。

硫对钢材来说是一种有害元素，常以硫化铁的形式存在于钢材中。当温度达到800～1000 ℃时，硫化铁会熔化而使钢材变脆，因而在焊接或热加工时，有可能出现裂纹，这种现象称为热脆。同时，硫还会降低钢材的冲击韧性、疲劳强度、抗锈蚀性能和焊接性能等。非金属硫化物夹杂经热轧加工后会使厚钢板出现层状撕裂现象。因此，需要严格控制钢材中的硫含量。随着钢材等级的提高，含硫量的限值由0.05%逐步降低到0.025%，需要抗层状撕裂的厚钢板含硫量应低于0.01%。

铝是强脱氧剂，能细化晶粒，提高钢材的强度和低温冲击韧性。对低温冲击韧性有特殊要求的钢材，其含量不应低于0.015%。

钒、铌、钛等元素在钢中形成微细碳化物，适量加入能起到细化晶粒和弥散强化的作用。作为锰以外的元素，其能提高钢材的强度和韧性，同时保持良好的塑性。

氧、氢、氮都属于有害元素，其含量都应加以控制。氧能使钢材热脆；氮的影响和磷类似，但当采用特殊的合金组分匹配时，氮可以作为一种合金元素用以提高低合金钢的强度和抗腐蚀性；氢呈极不稳定的原子状态溶解在钢中，常在结构疏松区域、孔洞、晶格错位和晶界处富集，生成氢分子，产生巨大的压力，使钢材开裂，称为氢脆。强度越高的钢材对氢脆越敏感。

铜、铬、镍、钼等合金元素可在金属表面形成保护层，提高钢材的抗腐蚀性能，同时使钢材具有良好的焊接性能。在我国焊接结构用的耐候钢中，铜的含量为0.2%～0.4%。

2.4.2 焊接对钢材的影响

当含碳量在0.12%～0.20%范围内时，碳素结构钢的焊接性能最好；当含碳量超过0.2%时，焊缝及热影响区的钢材容易变脆。一般Q235A的含碳量较高，这一牌号的钢材不能用于焊接构件；Q235B、Q235C、Q235D的含碳量控制在上述适宜范围之内，是适合焊接使用的普通碳素结构钢牌号。在高强度低合金钢中，低合金元素大多对焊接性能有不利影响。《钢结构焊接规范》(GB 50661—2011)中推荐使用碳当量C_E来衡量低合金高强度钢的焊接性能，计算公式如下：

$$C_E = C + \frac{Mn}{6} + \frac{Cr + Mo + V}{5} + \frac{Ni + Cu}{15}$$

式中，C、Mn、Cr、Mo、V、Ni、Cu分别为碳、锰、铬、钼、钒、镍、铜的百分含量。当C_E不超过0.38%时，钢材的焊接性能很好，可以不采取措施直接施焊；当C_E在0.38%～0.45%范围内时，钢材呈现淬硬倾向，施焊时需要控制焊接工艺，采用预热措施并使热影响区缓慢冷却，以免发生淬硬开裂；当C_E大于0.45%时，钢材的淬硬倾向更加明显，需严格控制焊接工艺和预热温度才能获得合格的焊缝。

由此可见，钢材的焊接性能受含碳量和合金元素含量的影响。对于碳素结构钢，用含碳量来衡量钢材的焊接性能；对于高强度低合金钢，用碳当量来衡量钢材的焊接性能。钢材焊接性能除了与钢材的碳当量有直接关系之外，还与母材厚度、焊接方法、焊接工艺参数及结构形式等条件有关。

2.4.3 应力集中的影响

应力集中是指受力构件由于外界因素或自身因素、几何形状、外形尺寸发生突变而引起局部范围内应力显著增大的现象。应力集中现象还可能由内应力产生。内应力的特点是力在钢材内自相平衡，而与外力无关。其在浇注、轧制和焊接加工过程中，因不同部位钢材的冷却速度不同，或因不均匀加热和冷却而产生。其中，焊接残余应力的量值往往很高，在焊缝附近的残余拉应力常达到钢材的屈服强度，而且在焊缝交叉处经常出现双向甚至三向残余拉应力场，使钢材局部变脆。当外力引起的应力与内应力处于不利组合时，会引发脆性破坏。因此，在进行钢结构设计时，应尽量使构件和连接节点的形状和构造合理，防止截面的突然改变；在进行钢结构的焊接构造设计和施工时，应尽量减小焊接残余应力。

2.4.4 温度的影响

钢结构防火措施图

温度对钢材的影响十分明显,图2-7给出了低碳钢在不同温度下的单调拉伸试验结果。可以看出,在150 ℃以内,钢材的强度、弹性模量和塑性均与常温相近,变化不大;但在250 ℃左右,抗拉强度有局部提高,伸长率和断面收缩率均降至最低,出现了所谓的蓝脆现象(钢材表面氧化膜呈蓝色),因此钢材的热加工应避开这一温度区段;在300 ℃以后,强度和弹性模量均开始显著下降,塑性显著上升;达到600 ℃时,强度已经非常低,塑性急剧上升;钢材处于热塑性状态。由上述分析可以看出,钢材具有一定的抗热性能,但不耐火。一旦钢结构温度达600 ℃及600 ℃以上时,如果应力较高,则高温软化可以导致压杆屈曲和拉杆出现颈缩,需要修复、加固或更换。如果火灾后构件没有出现新的变形,则一般可以继续安全承载。实际工程中,防止钢结构火灾损伤的途径有两种:其一是用防火材料加以保护;其二是开发和应用耐火钢材。

当温度低于常温时,随着温度的降低,钢材的强度提高,而塑性和韧性减弱,钢材逐渐变脆,这种现象称为低温冷脆。钢材的冲击韧性对温度十分敏感,图2-8给出了冲击韧性与温度间的关系。图中实线为冲击功随温度的变化曲线,虚线为试件断口中晶粒状区面积所占比例随温度变化的曲线。温度 T_1 称为脆性转变温度或零塑性转变温度。在该温度以下,冲击试件断口由100%晶粒状组成,表现为完全的脆性破坏。温度 T_2 为全塑性转变温度,在该温度以上,冲击试件断口由100%纤维状组成,表现为完全的塑性破坏。温度由 T_2 向 T_1 降低的过程中,钢材的冲击功急剧下降,试件的破坏性质也从韧性变为脆性,故称该温度区间为脆性转变温度区。冲击功曲线的反弯点(或最陡点)对应的温度 T_0 称为转变温度。不同牌号和等级的钢材具有不同的转变温度区和转变温度,均应通过试验来确定。

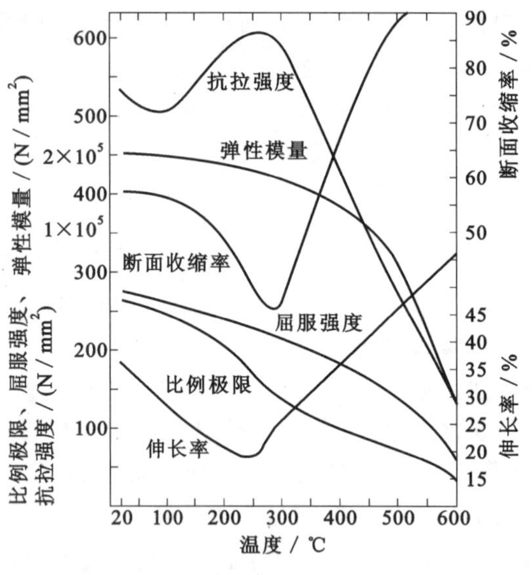

图2-7 温度对低碳钢性能的影响

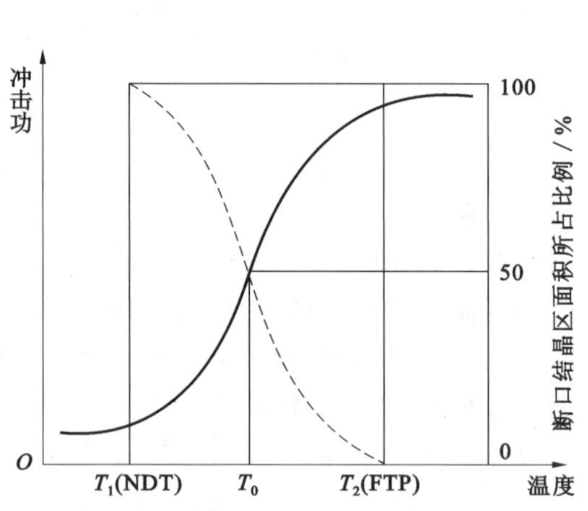

图2-8 冲击韧性与工作温度间的关系

2.4.5 荷载类型的影响

(1) 加载速率的影响

结构在动力作用下,加载速率有时很高。例如,在强烈地震作用下,钢框架构件的最大应变速率可能达到$1.6\times10^{-2}\sim1\times10^{-1}\ s^{-1}$。在20 ℃左右的室温环境下,钢材的屈服强度 f_y 和极限抗拉强度 f_u 虽然随应变速率的增大而提高,但塑性变形能力并未下降,反而和强度一样有所提高。

应变速率在温度较低时对钢材性能的影响要比常温下大得多，加载速率越高，试件断裂时吸收的能量越低，变得越脆。因此在钢结构防止低温脆性破坏设计中，应考虑加载速率的影响。

(2) 循环荷载的影响

钢材或钢构件在经受冷拉产生塑性变形后，再使之受压，则压缩应力 σ 与应变 ε 间的关系与未预拉过的压杆有很大不同。其 σ-ε 曲线很早就不再是直线，以致变形模量成为变化着的切线模量 E_t（图 2-9），其值小于原材料的弹性模量 E_s。σ ε 曲线没有屈服平台，按残余应变为 0.2%确定的屈服强度比受拉时的屈服强度要低。这种预拉后抗压性能有所退化的现象称为包辛格(Bauschinger)效应。先压后拉也会产生类似的退化现象，但在工程中的影响不如先拉后压的大。在交变荷载作用下，随着应变幅值的增加，钢材的 σ-ε 曲线将形成滞回环线，如图 2-9(b)所示。低碳钢的滞回环丰满而稳定，滞回环所围的面积代表荷载循环一次单位体积的钢材所吸收的能量。在多次循环荷载作用下，其将吸收大量的能量，十分有利于抗震。

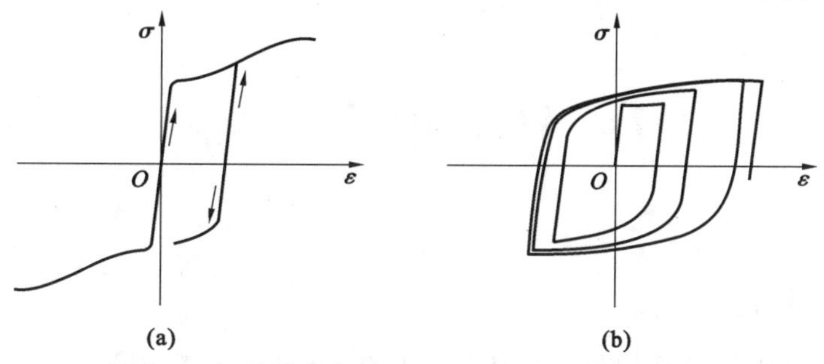

图 2-9　钢材的包辛格(Bauschinger)效应和滞回环

通过上面的介绍可以看出，钢材虽然是一种延性材料，但在某些工况下（如应力集中、低温等）会出现脆性破坏，应在钢结构设计、制造和使用过程中避免出现脆性破坏，防止其对结构造成不利影响。

2.5　复杂应力状态下钢材的屈服条件

钢材材性试验（即拉伸试验）表现出的是单向受力状态下的性能，钢材会经历弹性阶段、弹塑性阶段及塑性强化阶段。在复杂应力状态（如平面应力状态或空间应力状态）作用下（图 2-10），判断钢材是否由弹性状态转入塑性状态的依据是按照能量强度理论计算的钢材等效应力与单向受力状态下钢材的应力进行对比，以确定钢材所处的应力水平。

$$\sigma = \sqrt{\sigma_x^2 + \sigma_y^2 + \sigma_z^2 - (\sigma_x\sigma_y + \sigma_x\sigma_z + \sigma_y\sigma_z) + 3(\tau_{xy}^2 + \tau_{yz}^2 + \tau_{zx}^2)} \tag{2-1}$$

当 $\sigma < f_y$ 时，钢材处于弹性受力状态；当 $\sigma \geqslant f_y$ 时，钢材已经屈服或处于强化受力阶段。

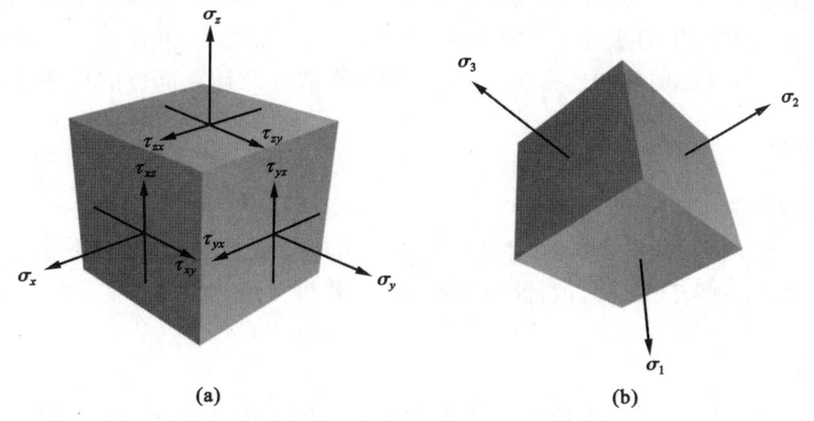

图 2-10　钢材单元体的复杂应力状态

(a) 一般应力状态；(b) 主应力状态

如果钢材处于平面应力状态,即其中一个方向的应力很小(如薄板)或为0的受力状态,则此时钢材的等效应力为:

$$\sigma = \sqrt{\sigma_x^2 + \sigma_y^2 - \sigma_x\sigma_y + 3\tau_{xy}^2} \tag{2-2}$$

当钢构件中只存在剪应力时,则

$$\sigma = \sqrt{3}\,\tau$$

当钢材达到屈服强度 f_y 时,对应的抗剪强度 τ_y 为:

$$\tau_y = \frac{f_y}{\sqrt{3}} = 0.577f_y \tag{2-3}$$

当钢材处于各向受拉状态时,材料破坏没有明显的塑性变形,钢材最终表现为脆性破坏。

2.6 钢材的疲劳 >>>

2.6.1 疲劳破坏的特征

钢结构构件在使用过程中所承受的荷载往往是变化的,如工业厂房中吊车梁及桥梁结构中的构件等都承受着变化的荷载,构件承受变化荷载时截面上对应的应力也是变化的。材料在交变荷载(或应变应力)作用下发生的破损断裂称为疲劳破坏。所谓交变荷载(或交变应力),是指大小、方向随时间作周期性或不规则改变的荷载(或应力)。这种交变荷载(或交变应力)称为疲劳荷载(或疲劳应力),把应力随时间变化的历程称为应力谱。应力谱一般是随机的,但也可能表现出一定的规律性,如按正弦半波曲线的规律变化。

钢材的疲劳破坏特征和静力破坏特征有着本质的不同,主要有以下特征:

① 在交变荷载作用下,在构件中的交变应力远小于钢材屈服强度的情况下,可能发生破坏。

② 钢材的疲劳断裂在宏观上表现为无明显塑性变形的突然断裂,故疲劳断裂常表现为低应力类脆性断裂。这一特征使疲劳破坏具有更大的危险性。

③ 疲劳破坏常具有局部性质,往往不牵涉整个结构的所有材料。改变局部细节设计或工艺措施,可明显增加构件的疲劳寿命。

④ 疲劳破坏是一个累积损伤的过程,要经历一定的时间。已有的研究结果表明,疲劳裂纹的形成分三个过程,即裂纹形成、裂纹扩展、断裂。

目前,我国对基于可靠度理论的疲劳极限状态设计方法还缺乏基础性研究,对不同类型构件连接的裂纹形成、扩展以致断裂这一全过程的极限状态,包括其严格的定义和影响发展过程的有关因素都还未明确,掌握的疲劳强度数据只是结构抗力表达式中的材料强度部分。因此,疲劳计算应采用容许应力幅法,应力按弹性状态计算,容许应力幅按构件和连接类别、应力循环次数以及计算部位的板件厚度确定。

2.6.2 常幅疲劳

(1) 非焊接结构的疲劳

大量的研究表明,非焊接结构的疲劳强度除与主体金属和连接类型有关外,还与循环应力的应力比 ρ 和循环次数 n 有关。应力比 ρ 等于按绝对值计算的最小应力和最大应力之比,即 $\rho=\sigma_{min}/\sigma_{max}$(拉应力取正值,压应力取负值)。

(2) 焊接结构的疲劳

多年来,国内外大量的试验研究和理论分析证实:对于焊接钢结构,疲劳强度起控制作用的是应力幅 $\Delta\sigma$,而几乎与最大应力、最小应力及应力比这些参量无关。这是因为焊接及其随后的冷却构成不均匀热循环过程,使焊接结构内部产生自相平衡的内应力,在焊缝附近出现局部的残余拉应力高峰,横截面其余部分则形成残余压应力与之平衡。焊接残余拉应力的峰值往往可达到钢材的屈服强度。此外，焊接连接部位因为截面原状的改变，总会产生不同程度的应力集中现象。残余应力和应力集中两个因素的同时存在，使疲劳裂纹发生于焊接熔合线的表面缺陷处或焊缝内部缺陷处，然后沿垂直于外力作用方向扩展，直到最后发生断裂。下面以图 2-11 中的焊接板件承受纵向拉压循环荷载为例来说明焊接构件的疲劳强度取决于应力幅。当名义循环应力为拉力时，因焊缝附近的残余拉应力已达到钢材的屈服强度，所以实际应力不再增加，仍保持为 f_y；当名义循环应力减小到最小值时，焊缝附近的实际应力将降至 $f_y-\Delta\sigma=f_y-(\sigma_{max}-\sigma_{min})$。显然，焊缝附近的真实应力比为 $\rho=(f_y-\Delta\sigma)/f_y$，而不是名义应力比 $\rho=\sigma_{min}/\sigma_{max}$。因此，只要应力幅 $\Delta\sigma$ 为常数，不管循环荷载作用下的名义应力比如何变化，焊缝附近的真实应力比就为常数。由此可见，焊接结构中焊缝附近的疲劳寿命主要与应力幅 $\Delta\sigma$ 有关。

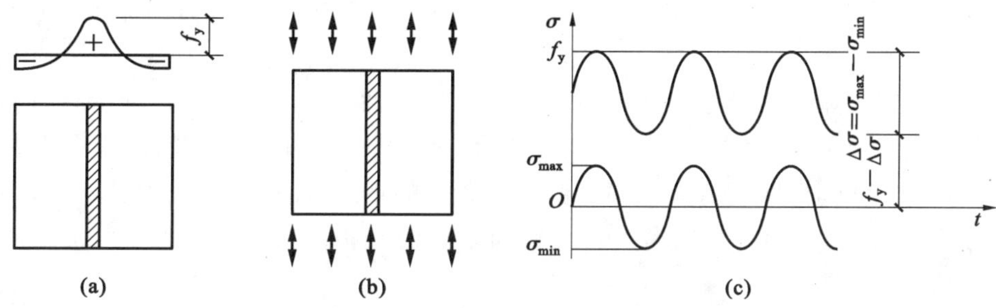

图 2-11 焊缝附近的真实循环应力

(a) 残余应力分布；(b) 拉压循环荷载；(c) 应力变化曲线

国内外的大量疲劳试验表明，构件或连接的应力幅 $\Delta\sigma$ 与疲劳寿命 n 之间呈指数为负数的幂函数关系，如图 2-12(a) 所示。某一循环寿命(也称疲劳寿命)n_1 有一个应力幅 $\Delta\sigma_1$ 与之相对应，说明在该应力幅值下循环 n_1 次，构件或连接就会发生疲劳破坏。为了便于分析，可对该曲线关系取对数，则 $\lg\Delta\sigma$ 和 $\lg n$ 之间在双对数坐标系中呈直线关系，如图 2-12(b) 所示。考虑 $\Delta\sigma$ 与 n 之间的关系曲线系试验回归方程，反映了平均值之间的关系，同时考虑试验数据的离散性，取平均值减去 2 倍 $\lg n$ 的标准差$(2\Delta\sigma)$作为疲劳强度的下限值，如图 2-12(b) 中的虚线所示。如 $\lg n$ 符合正态分布，则构件或连接疲劳强度的保证率为97.7%，称该虚线上的应力幅为对应某疲劳寿命的容许应力幅$[\Delta\sigma]$。

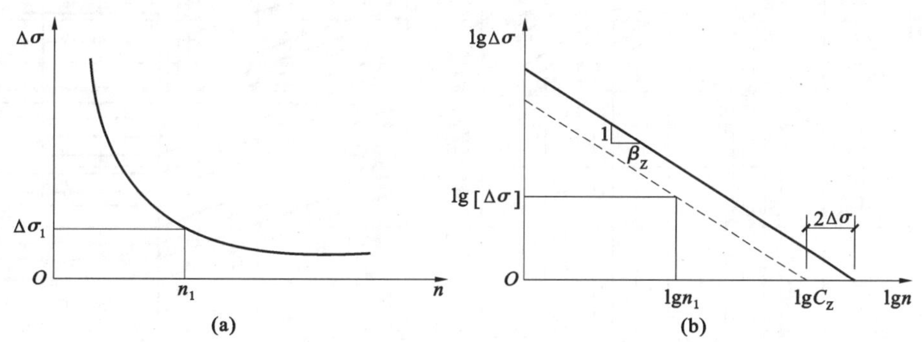

图 2-12 应力幅与疲劳寿命的关系

将图 2-12(b)中的虚线延长，与横坐标交于 $\lg C_Z$ 点。设该线对纵坐标的斜率为 $1/\beta_Z$，则对应疲劳寿命 n 的容许应力幅可由两个相似三角形的关系求出。

$$\frac{1}{\beta_Z}=\frac{\lg[\Delta\sigma]}{\lg C_Z-\lg n}=\frac{\lg[\Delta\sigma]}{\lg\dfrac{C_Z}{n}} \quad 或 \quad n[\Delta\sigma]^{\beta_Z}=C_Z$$

可求得容许应力幅的表达式为：

$$[\Delta\sigma]=\left(\frac{C_Z}{n}\right)^{\frac{1}{\beta_Z}}$$

式中 C_Z,β_Z——不同构件和连接类别的试验参数。

（3）常幅疲劳验算

对不同的构件和连接类型，由于实验数据回归的直线方程各异，故其斜率不尽相同。为了设计方便，规范将各类型的构件和连接按连接方式、受力特点、疲劳容许应力幅进行归类，并适当照顾$[\Delta\sigma]$-n 曲线簇的等间隔设置。

目前，钢结构的疲劳计算采用传统的基于名义应力幅的构造分类法。分类法的基本思路是以名义应力幅作为衡量疲劳性能的指标，通过大量试验得到各种构件和连接构造的疲劳性能统计数据，将疲劳性能相近的构件和连接构造归为一类，同一类构件和连接构造具有相同的计算曲线。设计时，根据构件和连接构造形式找到相应的类别，即可确定其疲劳强度。连接构造形式是影响疲劳强度的主要因素之一，主要是因为它将引起不同的应力集中(包括连接的外形变化和内在缺陷的影响)。参考欧洲规范 EC 3，针对构造细节，受剪应力幅的疲劳强度计算，对于正应力幅计算时归纳为 14 类，对于剪应力幅计算时归纳为 3 类。构件和连接的分类见附录 7。

关于正应力幅及剪应力幅的疲劳强度 S-N 曲线如图 2-13、图 2-14 所示。针对正应力幅疲劳强度计算的 S-N 曲线，在 $N=5\times10^6$ 次之前的斜率为 β_Z，在 N 为 $5\times10^6\sim1\times10^8$ 次之间的斜率为 β_Z+2。但是，在 N 为 $5\times10^6\sim1\times10^8$ 次之间时，针对剪应力幅疲劳强度计算的 S-N 曲线斜率仍保持不变，为 β_Z。无论是正应力幅还是剪应力幅，均取 $N=5\times10^6$ 次时的应力幅为常幅疲劳极限，取 $N=1\times10^8$ 次时的应力幅为变幅疲劳截止限。

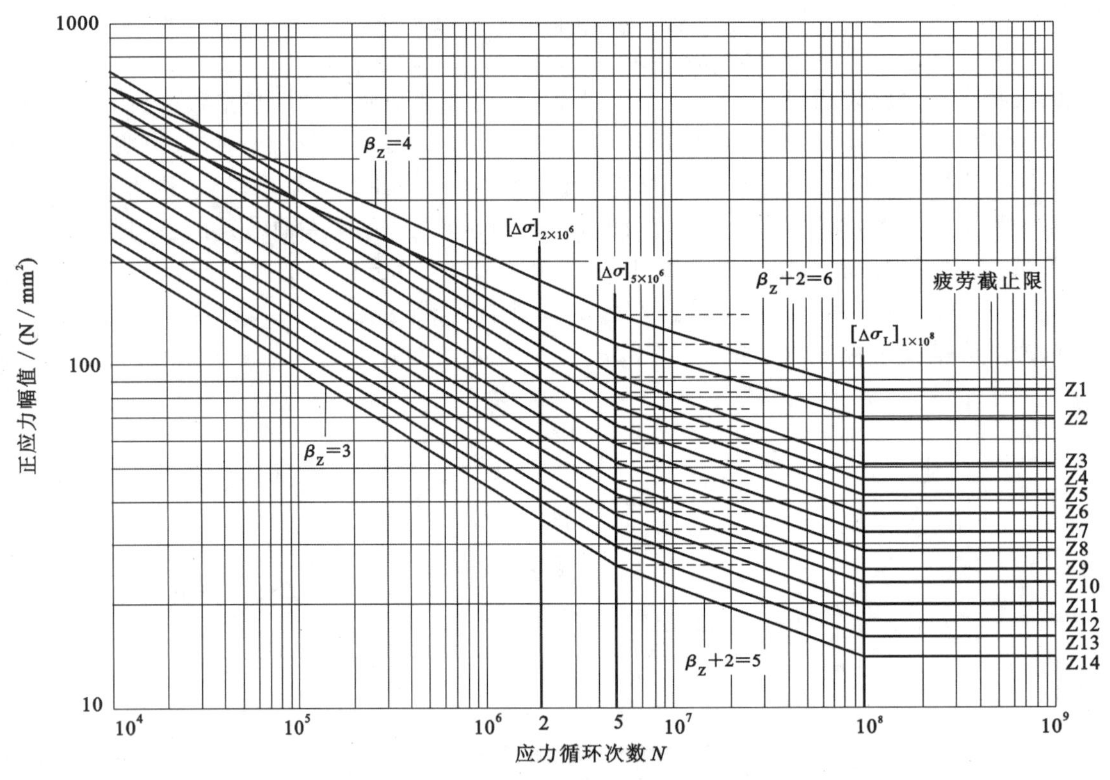

图 2-13 关于正应力幅的疲劳强度 S-N 曲线

对正应力幅和剪应力幅的疲劳强度计算，引入板厚修正系数 γ_t 来考虑壁厚效应对横向受力焊缝疲劳强度的影响。国内外大量的疲劳试验采用的试件钢板厚度一般小于 25 mm。对于板厚大于 25 mm 的构件和连接，主要是横向角焊缝和对接焊缝等横向传力焊缝。试验和理论分析表明，由于板厚引起焊趾位置的应力集中或应力梯度变化，疲劳强度随着板厚的增加有一定程度的降低，因此需要针对具体的板厚对容许应力幅进行修正。板厚修正系数 γ_t 的计算公式参考了国际上的钢结构疲劳设计规范，如日本规范 JSSC、欧洲规范 EC 3。

国际上的试验研究表明，低于疲劳极限(对常幅疲劳问题)或截止限(对变幅疲劳问题)的应力幅一般不会导致疲劳破坏。为此，提出式(2-4)、式(2-5)进行常幅疲劳强度的验算。常幅疲劳条件下，构件及其连接

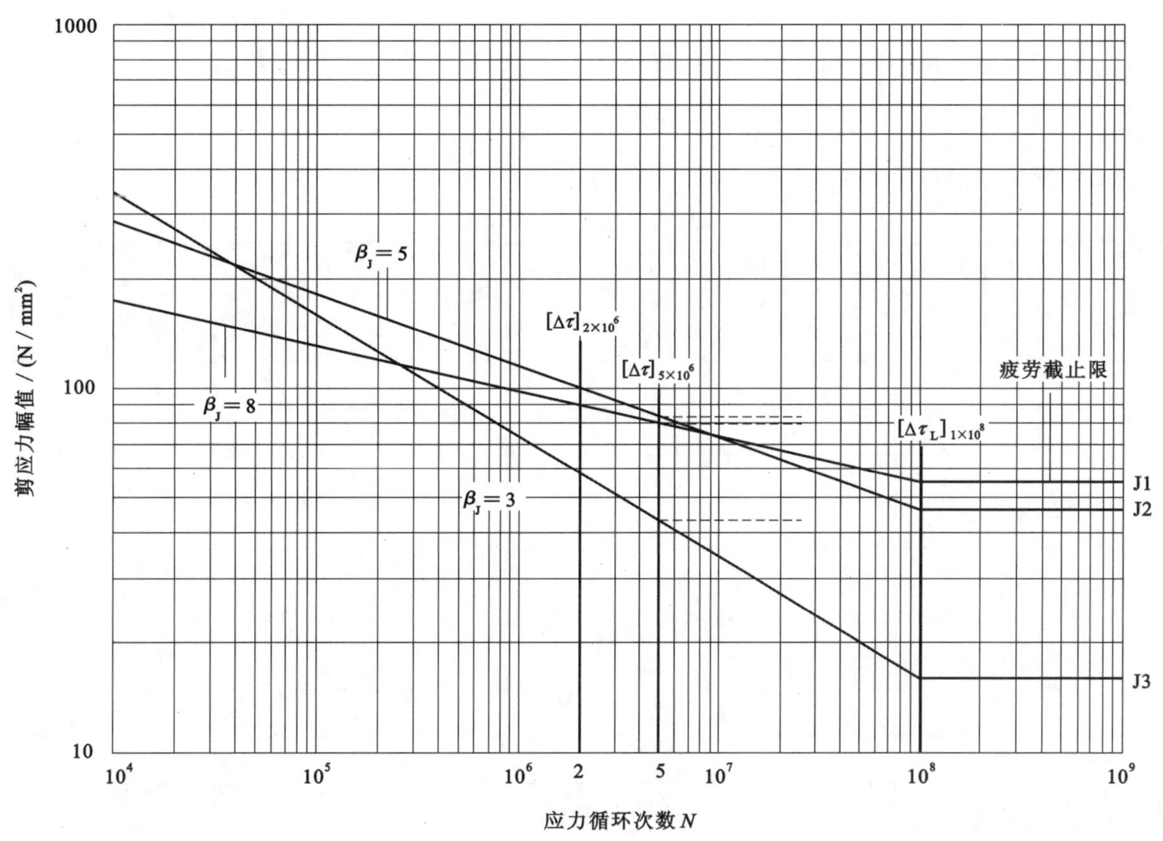

图 2-14 关于剪应力幅的疲劳强度 *S-N* 双对数曲线

的名义正应力幅或剪应力幅应符合下列公式的要求：

$$\Delta\sigma < \gamma_t [\Delta\sigma_L]_{1\times10^8} \tag{2-4}$$

$$\Delta\tau < [\Delta\tau_L]_{1\times10^8} \tag{2-5}$$

对焊接部位：

$$\Delta\sigma = \sigma_{max} - \sigma_{min} \tag{2-6}$$

$$\Delta\tau < \tau_{max} - \tau_{min} \tag{2-7}$$

考虑非焊接与焊接构件连接方式的不同，即前者一般不存在很高的残余应力，其疲劳寿命不仅与应力幅有关，也与名义最大应力有关，为了使疲劳强度计算统一采用应力幅的形式，对非焊接构件引入折算应力幅，以考虑 σ_{max} 的影响。折算应力幅的表达式为：

$$\Delta\sigma = \sigma_{max} - 0.7\sigma_{min} \tag{2-8}$$

式中 $\Delta\sigma$——构件验算部位的名义正应力幅。

σ_{max}——计算部位应力循环中的最大名义拉应力（取正值）。

σ_{min}——计算部位应力循环中的最小名义拉应力或压应力（拉应力取正值，压应力取负值）。

$\Delta\tau$——构件验算部位的名义剪应力幅。

τ_{max}——计算部位应力循环中的最大名义剪应力。

τ_{min}——计算部位应力循环中的最小名义剪应力。

$[\Delta\sigma_L]_{1\times10^8}$——正应力常幅疲劳截止限，N/mm²，根据附录 7 规定的构件和连接类别按表 2-1 采用。

$[\Delta\tau_L]_{1\times10^8}$——剪应力常幅疲劳截止限，N/mm²，根据附录 7 规定的构件和连接类别按表 2-2 采用。

t——连接板厚度，mm。

γ_t——板厚（或直径）修正系数，应按下列规定采用：

① 对于横向角焊缝连接和对接焊缝连接，当连接板厚度超过 25 mm 时，应按下式计算：

$$\gamma_t = \left(\frac{25}{t}\right)^{0.25} \tag{2-9}$$

② 对于螺栓轴向受拉连接，当螺栓的公称直径 d 大于 30 mm 时，应按下式计算；

$$\gamma_t = \left(\frac{30}{d}\right)^{0.25} \tag{2-10}$$

③ 其余情况取 $\gamma_t = 1.0$。

表 2-1　　正应力幅的疲劳计算参数

构件与连接类别	构件与连接相关系数		循环次数 n 为 2×10^6 次的容许正应力幅 $[\Delta\sigma]_{2\times10^6}$ /(N/mm²)	循环次数 n 为 5×10^6 次的容许正应力幅 $[\Delta\sigma]_{5\times10^6}$ /(N/mm²)	疲劳截止限 $[\Delta\sigma_L]_{1\times10^8}$ /(N/mm²)
	C_Z	β_Z			
Z1	1920×10^{12}	4	176	140	85
Z2	861×10^{12}	4	144	115	70
Z3	3.91×10^{12}	3	125	92	51
Z4	2.81×10^{12}	3	112	83	46
Z5	2.00×10^{12}	3	100	74	41
Z6	1.46×10^{12}	3	90	66	36
Z7	1.02×10^{12}	3	80	59	32
Z8	0.72×10^{12}	3	71	52	29
Z9	0.50×10^{12}	3	63	46	25
Z10	0.35×10^{12}	3	56	41	23
Z11	0.25×10^{12}	3	50	37	20
Z12	0.18×10^{12}	3	45	33	18
Z13	0.13×10^{12}	3	40	29	16
Z14	0.09×10^{12}	3	36	26	14

表 2-2　　剪应力幅的疲劳计算参数

构件与连接类别	构件与连接相关系数		循环次数 n 为 2×10^6 次的容许剪应力幅 $[\Delta\tau]_{2\times10^6}$ /(N/mm²)	疲劳截止限 $[\Delta\tau_L]_{1\times10^8}$ /(N/mm²)
	C_J	β_J		
J1	4.10×10^{11}	3	59	16
J2	2.00×10^{16}	5	100	46
J3	8.61×10^{21}	8	90	55

当构件或连接的常幅疲劳计算不满足式(2-4)与式(2-5)的要求时，《钢结构设计标准》(GB 50017—2017)提供了按照预期使用寿命的疲劳强度计算方法，应按下列规定进行疲劳计算。

① 正应力常幅疲劳应符合下列要求：

$$\Delta\sigma \leqslant \gamma_t[\Delta\sigma] \tag{2-11}$$

当 $n \leqslant 5\times10^6$ 时，

$$[\Delta\sigma] = \left(\frac{C_Z}{n}\right)^{1/\beta_Z} \tag{2-12a}$$

当 $5\times10^6 < n \leqslant 1\times10^8$ 时，

$$[\Delta\sigma] = \left[([\Delta\sigma])_{5\times10^6}\,\frac{C_Z}{n}\right]^{1/(\beta_Z+2)} \tag{2-12b}$$

当 $n>1\times10^8$ 时，

$$[\Delta\sigma]=[\Delta\sigma_L]_{1\times10^8} \tag{2-12c}$$

式中 $[\Delta\sigma]$——常幅疲劳的容许正应力幅，N/mm^2；

n——应力循环次数；

C_Z，β_Z——构件和连接相关系数，按表 2-1 取用。

② 剪应力常幅疲劳应符合下列要求：

$$\Delta\tau\leqslant[\Delta\tau] \tag{2-13}$$

当 $n\leqslant1\times10^8$ 时，

$$[\Delta\tau]=\left(\frac{C_J}{n}\right)^{1/\beta_J} \tag{2-14a}$$

当 $n>1\times10^8$ 时，

$$[\Delta\tau]=[\Delta\tau_L]_{1\times10^8} \tag{2-14b}$$

式中 $[\Delta\tau]$——常幅疲劳的容许剪应力幅，N/mm^2；

C_J，β_J——构件和连接相关系数，按表 2-2 取用。

2.6.3 变幅疲劳

(1) 变幅疲劳的一般计算方法

实际结构中重复作用的荷载一般不是固定值，若能根据结构实际的应力状况（应力的测定资料），并按雨流法或泄水法等计数方法进行应力幅频次统计，预测或估算得到结构的设计应力谱，则可将变幅疲劳转换为应力循环 200 万次的常幅疲劳计算。

假设设计应力谱包括应力幅水平 $\Delta\sigma_1$，$\Delta\sigma_2$，…，$\Delta\sigma_i$，…及对应的循环次数 n_1，n_2，…，n_i，…，之后按目前国际上通用的 Miner 线性累积损伤定律进行计算。其原理如下。

计算部位在某应力幅水平 $\Delta\sigma_i$ 上作用有 n_i 次循环，查 S-N 曲线得 $\Delta\sigma_i$ 对应的疲劳寿命为 N_i，则 $\Delta\sigma_i$ 应力幅所占损伤率为 n_i/N_i。对设计应力谱内的所有应力幅均做类似的损伤计算，则得：

$$\sum\frac{n_i}{N_i}=\frac{n_1}{N_1}+\frac{n_2}{N_2}+\cdots+\frac{n_i}{N_i}+\cdots \tag{2-15}$$

从工程应用的角度，可粗略地认为当 $\sum\frac{n_i}{N_i}=1$ 时产生疲劳破坏。

计算累积损伤时还应涉及 S-N 曲线斜率的变化和截止应力问题。国际上的研究表明：对变幅疲劳问题，常幅疲劳的疲劳极限并不适用；随着疲劳裂纹的扩展，一些低于疲劳极限的低应力幅将成为裂纹扩展的应力幅而加速疲劳累积损伤；低应力幅比高应力幅的疲劳损伤作用要弱，并且不是任何小的低应力幅都有疲劳损伤作用，小到一定程度就没有损伤作用了。《钢结构设计标准》(GB 50017—2017)采用最简单的损伤处理方式，即保持 S-N 曲线的斜率不变，认为高应力幅与低应力幅具有相同的损伤效应，且无论多么小的应力幅始终存在损伤作用。这是过于保守的做法，不切合实际。为此，作规范修订时，采用欧洲规范 EC 3 中国际公认的做法。国际上研究表明，对变幅疲劳问题，低应力幅在高周循环阶段的疲劳损伤程度有所降低，且存在一个不会疲劳损伤的截止限。为此，针对正应力幅疲劳强度计算的 S-N 曲线，在 $N=5\times10^6$ 次之前的斜率为 β_Z，在 $N=5\times10^6\sim1\times10^8$ 次之间的斜率为 β_Z+2（图 2-13）。但是，针对剪应力幅疲劳强度计算的 S-N 曲线，斜率保持不变，仍为 β_J（图 2-14）。无论是正应力幅还是剪应力幅，均取 $N=5\times10^6$ 次时的应力幅为常幅疲劳极限，取 $N=1\times10^8$ 次时的应力幅为变幅疲劳截止限。

依据图 2-13、图 2-14 及 Miner 线性累积损伤定律，可将变幅疲劳问题换算成应力循环 200 万次的等效的常幅疲劳问题进行计算。下面以变幅疲劳的等效正应力幅为例（图 2-15）进行说明，推导过程如下。

设有一常幅疲劳，其应力谱由 $(\Delta\sigma_i, n_i)$ 和 $(\Delta\sigma_j, n_j)$ 两部分组成，应力循环 $\sum n_i+\sum n_j$ 次后产生疲劳破坏。

对每一级应力幅水平，有：

$$N_i(\Delta\sigma_i)^{\beta_Z}=C_Z \tag{2-16}$$

$$N_j(\Delta\sigma_j)^{\beta_Z+2} = C_Z' \tag{2-17}$$

式中 C_Z'——斜率在 β_Z+2 范围内的 S-N 曲线的参数。

由于斜率为 β_Z 与斜率为 β_Z+2 的两条 S-N 曲线在 $N=5\times10^6$ 次处交汇，则需满足：

$$\frac{(\Delta\sigma_{5\times10^6})^{\beta_Z}}{C_Z} = \frac{(\Delta\sigma_{5\times10^6})^{\beta_Z+2}}{C_Z'}$$

即

$$C_Z' = C_Z(\Delta\sigma_{5\times10^6})^2$$

设想上述变幅疲劳破坏与一常幅疲劳(应力幅为 $\Delta\sigma_e$，循环 200 万次)的疲劳破坏具有等效的疲劳损伤效应，则：

$$C_Z = 2\times10^6(\Delta\sigma_e)\beta_Z \tag{2-18}$$

代入

$$\sum\frac{n_i}{N_i} + \sum\frac{n_j}{N_j} = 1$$

即可得到常幅疲劳 200 万次的等效应力幅的表达式为：

$$\Delta\sigma_e = \left[\frac{\sum n_i(\Delta\sigma_i)^{\beta_Z} + ([\Delta\sigma]_{5\times10^6})^{-2}\sum n_j(\Delta\sigma_j)^{\beta_Z+2}}{2\times10^6}\right]^{1/\beta_Z} \tag{2-19}$$

式中 $\Delta\sigma_e$——由变幅疲劳预期使用寿命(总循环次数 $n=\sum n_i+\sum n_j$)折算成循环次数 n 为 2×10^6 次的等效正应力幅，N/mm²；

n_i——与名义正应力幅 $\Delta\sigma_i$($\Delta\sigma_i\geqslant[\Delta\sigma]_{5\times10^6}$)对应的应力循环次数；

n_j——与名义正应力幅 $\Delta\sigma_j$($[\Delta\sigma_L]_{1\times10^8}\leqslant\Delta\sigma_j\leqslant[\Delta\sigma]_{5\times10^6}$)对应的应力循环次数。

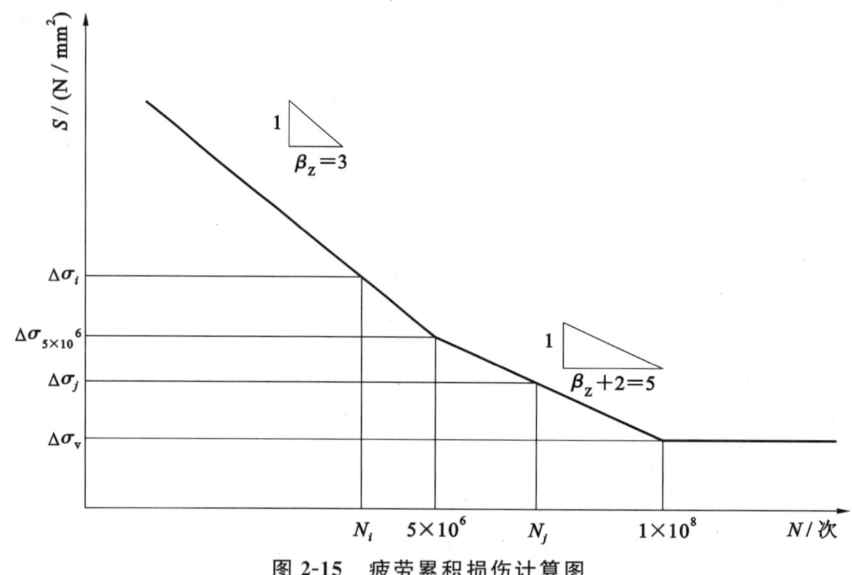

图 2-15 疲劳累积损伤计算图

变幅疲劳条件下构件的最大正应力幅或最大剪应力幅应按式(2-4)、式(2-5)验算。

当构件或连接的变幅疲劳计算不能满足式(2-4)、式(2-5)的要求，并能预测结构在使用寿命期间各种荷载的频率分布、应力幅水平以及频次分布总和所构成的设计应力谱时，可将其折算为循环次数 200 万次的等效常幅疲劳，按下列规定计算。

① 正应力变幅疲劳应符合式(2-19)及下式要求：

$$\Delta\sigma_e \leqslant \gamma_t[\Delta\sigma]_{2\times10^5} \tag{2-20}$$

② 剪应力变幅疲劳应符合下式要求：

$$\Delta\tau_e \leqslant [\Delta\tau]_{2\times10^6} \tag{2-21}$$

$$\Delta\tau_e = \left[\frac{\sum n_i(\Delta\tau_i)^{\beta_J}}{2\times10^6}\right]^{1/\beta_J} \tag{2-22}$$

式中 $\Delta\tau_e$——由变幅疲劳预期使用寿命(总循环次数 $n=\sum n_i$)折算成循环次数 n 为 2×10^6 次常幅疲劳的等效剪应力幅,N/mm^2;

n_i——与名义剪应力幅 $\Delta\tau_i$($\Delta\tau_i\geqslant[\Delta\tau_L]_{1\times10^8}$)对应的应力循环次数。

(2) 吊车梁的疲劳验算

为掌握吊车梁的实际应力情况,实测了 20 世纪 70 年代一些有代表性的车间吊车梁。根据吊车梁应力测定资料,按雨流法进行应力幅频次统计,得到了几种主要车间吊车梁的设计应力谱及用应力循环次数表示的结构设计寿命,并推导了各类车间实测吊车梁的等效应力幅 $\alpha_f\Delta\sigma$。$\Delta\sigma$ 为设计应力谱中最大的应力幅,α_f 为变幅荷载的欠载效应系数。不同车间实测的应力循环次数不同,为便于比较,统一以 $n=2\times10^6$ 次的疲劳强度为基准,进一步折算出相对应的欠载效应等效系数 α_f,结果如表 2-3 所示。

表 2-3 **不同车间的欠载效应等效系数**

车间名称	推算的 50 年内的应力循环次数	欠载效应系数 α_1	以 $n=2\times10^6$ 为基准的欠载效应等效系数 α_f
某钢厂 850 车间(第一次测)	9.68×10^6	0.56	0.94
某钢厂 850 车间(第二次测)	1.24×10^7	0.48	0.88
某钢厂炼钢车间 1	6.81×10^6	0.42	0.64
某钢厂炼钢车间 2	4.83×10^6	0.60	0.81
某重机厂水压机车间	9.90×10^6	0.40	0.68

重级工作制吊车梁和重级、中级工作制吊车桁架的疲劳可简化为常幅疲劳,按下式计算:

① 正应力常幅疲劳。

$$\alpha_f\Delta\sigma\leqslant\gamma_t[\Delta\sigma]_{2\times10^6} \tag{2-23}$$

式中 α_f——欠载效应等效系数,按表 2-4 采用;

$\Delta\sigma$——设计应力谱中的最大正应力幅;

$[\Delta\sigma]_{2\times10^6}$——循环次数 n 为 2×10^6 次时的容许正应力幅,按表 2-1 采用。

其他符号意义同前。

② 剪应力常幅疲劳。

$$\alpha_f\Delta\tau\leqslant[\Delta\tau]_{2\times10^6} \tag{2-24}$$

式中 $\Delta\tau$——设计应力谱中的最大剪应力幅;

$[\Delta\tau]_{2\times10^6}$——循环次数 n 为 2×10^6 次时的容许剪应力幅,按表 2-2 采用。

表 2-4 **吊车梁和吊车桁架欠载效应等效系数 α_f**

吊车类别	α_f
A6、A7、A8 工作级别(重级)的硬钩吊车(如均热炉车间夹钳吊车)	1.0
A6、A7 工作级别(重级)的软钩吊车	0.8
A4、A5 工作级别(中级)的吊车	0.5

2.6.4 疲劳计算中应注意的问题

疲劳验算仍采用容许应力设计法,而不采用以概率理论为基础的设计方法。也就是采用标准荷载进行弹性分析求内力(并不采用任何动力系数),用容许应力幅作为疲劳强度。直接承受动力荷载重复作用的钢结构构件及其连接,当应力循环次数 n 大于或等于 5×10^4 次时,应进行疲劳计算。对非焊接的构件和连接,其应力循环中不出现拉应力的部位可不计算疲劳强度。

容许应力幅根据疲劳试验数据进行统计分析而得，在试验结果中包括局部应力集中可能产生屈服区的影响，因而整个构件可按弹性工作进行计算。连接形式本身的应力集中不予以考虑，其他因断面突变等构造产生的应力集中则应另行计算。

按应力幅概念计算，承受压应力循环与承受拉应力循环是完全相同的，在国内外焊接结构的试验资料中也有压应力区出现疲劳开裂的现象。焊接结构的疲劳强度之所以与应力幅密切相关，本质上是由于焊接部位存在较大的残余拉应力，造成名义上承受压应力的部位仍旧会疲劳开裂。只是裂纹扩展的速度比较缓慢，裂纹扩展的长度有限，当裂纹扩展到残余拉应力释放后便会停止。考虑疲劳破坏通常发生在焊接部位，而钢结构因连接节点的重要性和受力的复杂性一般不容许开裂，因此规范规定仅在非焊接构件和连接的条件下，在应力循环中不出现拉应力的部位可不计算疲劳。

试验证明，即使钢材静力强度不同，对大多数焊接连接类别的疲劳强度也并无显著区别，仅在少数连接类别(如轧制钢材的主体金属、经切割加工的钢材和对接焊缝经严密检验和细致的表面加工时)中的疲劳强度有随钢材强度的提高稍微增加的趋势，而这些连接类别一般不在构件疲劳计算中起控制作用。因此，为简化表达式，可认为所有类别的容许应力幅都与钢材的静力强度无关，即由疲劳强度控制的构件采用强度较高的钢材是不经济的。

海水腐蚀环境、低周-高应变疲劳等特殊使用条件下疲劳的破坏机理与表达式各有特点，分别另属专门范畴。在高温下使用和焊接经回火消除残余应力的结构构件及其连接则有不同于本章中讲述的疲劳强度值，均应另行考虑。

2.7 钢的种类和钢材规格 >>>

2.7.1 钢的种类

钢的种类图

按冶炼方法，钢可分为转炉钢和平炉钢。转炉钢是主要采用氧气顶吹使生铁中的杂质被氧化去除而炼成的钢。平炉钢质量好，但冶炼时间长，成本高。氧气顶吹转炉钢的质量与平炉钢相当，但成本较低。按脱氧方法，钢可分为沸腾钢(F)、半镇静钢(b)、镇静钢(Z)和特殊镇静钢(TZ)，镇静钢和特殊镇静钢的代号可以省去。镇静钢脱氧充分，沸腾钢脱氧较不充分，半镇静钢的脱氧程度介于镇静钢和沸腾钢之间。结构中一般采用镇静钢。

按化学成分，钢可分为碳素钢和合金钢。

在建筑工程中，采用的是碳素结构钢、低合金高强度结构钢和优质碳素结构钢。

(1) 碳素结构钢

碳素结构钢按质量等级分为 A、B、C、D 四级。A 级钢只保证抗拉强度、屈服点、伸长率，必要时可附加冷弯试验的要求，化学成分中碳、锰可以不作为交货条件。B、C、D 级钢保证抗拉强度、屈服点、伸长率、冷弯和冲击韧性(分别为 20 ℃、0 ℃、−20 ℃)等力学性能，以及化学成分中碳、硫、磷的极限含量。碳素结构钢的牌号由代表屈服点的字母 Q、屈服点数值、质量等级符号(A、B、C、D)、脱氧方法符号四个部分按顺序组成。根据钢材厚度(直径)小于 16 mm 时的屈服点数值，其分为 Q195、Q215、Q235、Q255、Q275。钢结构一般常用 Q235，钢的牌号根据需要可为 Q235A、Q235B、Q235C、Q235D 等。冶炼方法一般由供货方自行决定，设计者不再另行提出，如需方有特殊要求可在合同中加以注明。例如，

Q235B代表屈服点为235 N/mm² 的B级镇静钢。规范中将Q235钢选为承重结构用钢，Q235钢的拉伸和冲击试验以及冷弯试验结果应符合表2-5和表2-6中的要求。

表2-5 **Q235钢拉伸试验和冲击试验要求(GB/T 700—2006)**

牌号	等级	拉伸试验														冲击试验	
		屈服点 σ_s/MPa						抗拉强度 σ_b/(N/mm²)	伸长率 δ_s/%						温度/℃	V形冲击功(纵向)/J
		钢板厚度(直径)/mm							钢板厚度(直径)/mm							
		≤16	>16～40	>40～60	>60～100	>100～150	>150		≤16	>16～40	>40～60	>60～100	>100～150	>150		
		不小于							不小于							不小于
Q235	A	235	225	215	205	195	185	375～460	26	25	24	23	22	21	—	—
	B														20	27
	C														0	
	D														−20	

表2-6 **Q235钢冷弯试验要求(GB/T 700—2006)**

牌号	试验方向	冷弯试验($B=2a$,180°)		
		钢板厚度(直径)a/mm		
		60	>60～100	>100～200
		弯心直径 d		
Q235	纵向	a	$2a$	$2.5a$
	横向	$1.5a$	$2.5a$	$3a$

注：B为试样宽度。

(2) 低合金高强度结构钢

低合金高强度结构钢采用与碳素结构钢相同的表示方法，仍然根据钢材厚度(直径)小于16 mm时的屈服点大小分为Q295、Q355、Q390、Q420、Q460。钢的质量等级有A、B、C、D、E五个等级，E级要求−40 ℃时的冲击韧性。低合金高强度结构钢一般为镇静钢，钢的牌号中不注明脱氧方法。部分低合金高强度结构钢的力学性能如表2-7所示。其冶炼方法也由供货方自行选择。A级钢应进行冷弯试验，其他质量等级钢如供货方能保证冷弯试验结果符合规定要求，可不做检验。

表2-7 **部分低合金高强度结构钢的力学性能要求(GB/T 1591—2018)**

牌号	质量等级	屈服点 σ_s/(N/mm²)				抗拉强度 σ_b/MPa	伸长率 δ_s/%	冲击功 A_{kV}(纵向)/J			180°弯曲试验[d为弯心直径，a为试验厚度(直径)]	
		钢板厚度(直径)/mm						20 ℃	0 ℃	−20 ℃	钢板厚度(直径)/mm	
		≤16	>16～40	>40～63	>63～80		不小于				≤16	>16～100
		不小于										
Q355	B	355	345	335	325	470～630	22	34			$d=2a$	$d=3a$
	C	355	345	335	325	470～630	22		34		$d=2a$	$d=3a$
	D	355	345	335	325	470～630	22			34	$d=2a$	$d=3a$
Q390	B	390	380	360	340	490～650	19	34			$d=2a$	$d=3a$
	C	390	380	360	340	490～650	20		34		$d=2a$	$d=3a$
	D	390	380	360	340	490～650	20			34	$d=2a$	$d=3a$

(3) 优质碳素结构钢

优质碳素结构钢(quality carbon structure steel)与碳素结构钢的主要区别在于钢中含杂质元素较少,磷、硫等有害元素的含量均不大于0.035%,其他缺陷的限制也较严格,具有较好的综合性能。可按不热处理或热处理(退火、正火或高温回火)状态交货,要求热处理状态交货的应在合同中注明,未注明者按不热处理交货。

(4) 其他建筑用钢

在某些情况下,采用一些有别于上述牌号的钢材时,其材质应符合国家相关标准。例如,当焊接承重结构为防止钢材的层状撕裂而采用Z向钢时,应符合《厚度方向性能钢板》(GB/T 5313—2010)的规定;钢材对环境有特殊要求的,如耐腐蚀等性能,应符合《耐候结构钢》(GB/T 4171—2008)的规定。

2.7.2 钢材的规格

(1) 钢板

钢材的规格图

钢板有厚钢板(厚度为4.5～60 mm)、薄钢板(厚度为0.35～4 mm)和扁钢(厚度为4～60 mm,宽度为30～200 mm)。厚钢板常用作大型梁、柱等实腹式构件的翼缘、腹板及节点板,薄钢板主要用来制造冷弯薄壁型钢,扁钢可用作焊接组合梁、柱的翼缘板、加劲肋等。钢板的表示方法为在符号"—"后加"长度×宽度×厚度",如—100×100×10。其中,长度、宽度、厚度的单位均为mm。

(2) 热轧型钢

常见的热轧型钢主要有工字钢、角钢、槽钢、钢管等(图2-16)。工字钢有普通工字钢、轻型工字钢和H型钢三种。普通工字钢和轻型工字钢两个主轴方向的惯性矩相差较大,不宜用于受压构件,宜作为受弯构件。宽翼缘的H型钢平面外和平面内的惯性矩较为接近,宜作为受压构件使用,可用于建筑结构中的柱子和支撑等构件。普通工字钢用符号"I"后加截面高度的厘米数表示,高度大于200 mm的工字钢根据钢板厚度不同又分为a、b或a、b、c等类别。H型钢的基本类型可以分为宽翼缘(HW)、中翼缘(HM)及窄翼缘(HN)三类。宽翼缘的H型钢可用于受压构件,窄翼缘的H型钢则适用于钢梁等受弯构件。

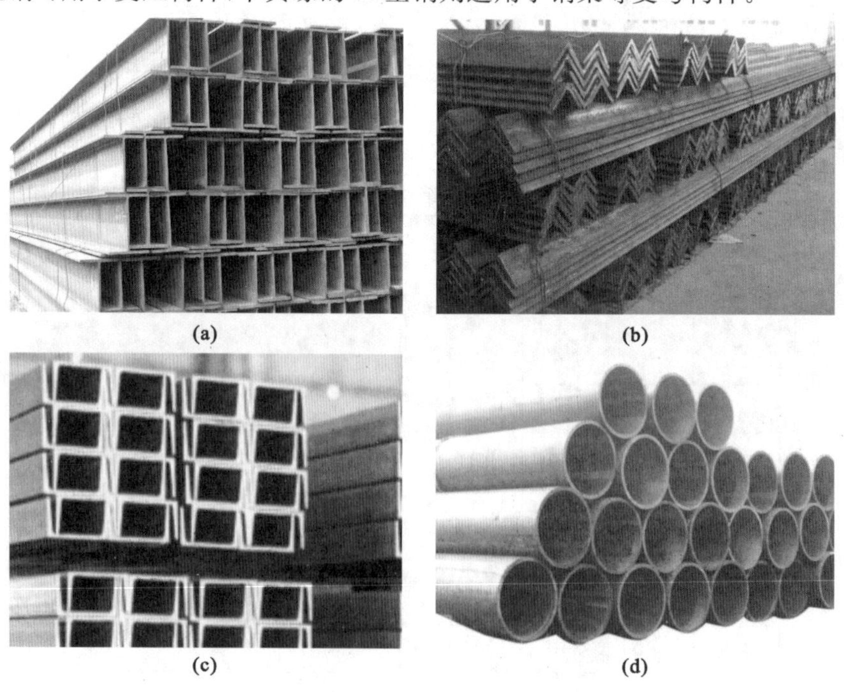

(a) (b) (c) (d)

图2-16 热轧型钢

(a) 轧制型钢;(b) 角钢;(c) 槽钢;(d) 钢管

角钢分为等边和不等边两种，主要用于制作桁架等格构式构件的杆件或支撑等构件。不等边角钢的表示方法为在符号“L”后加注“长边宽度×短边宽度×厚度”，如L 100×80×10；等边角钢的表示方法为在符号“L”后加注“边长×厚度”。其中，长边宽度、短边宽度、厚度、边长的单位均为 mm。

槽钢分为普通槽钢和轻型槽钢，用作檩条等双向受弯构件。槽钢用符号“[”后加注截面高度的厘米数表示，如[32a 是指截面高度为 320 mm、腹板较薄的槽钢。钢管可分为无缝钢管和焊接钢管两种。钢管的回转半径较大，常用作桁架、网架、网壳等平面和空间格构式结构的杆件。

(3) 冷弯薄壁型钢

冷弯薄壁型钢用薄钢板(一般采用 Q235 钢或 Q345 钢)经模压或弯曲制成(图 2-17)，其壁厚一般为 1.5～5 mm。有防锈涂层的彩色压型钢板所用钢板厚度为 0.4～1.6 mm，用作轻型屋面及墙面等构件。冷弯薄壁型钢的截面形式和尺寸根据其受力特点合理设计后，能充分利用钢材的强度，节约钢材，在国内外轻钢结构中被广泛应用。

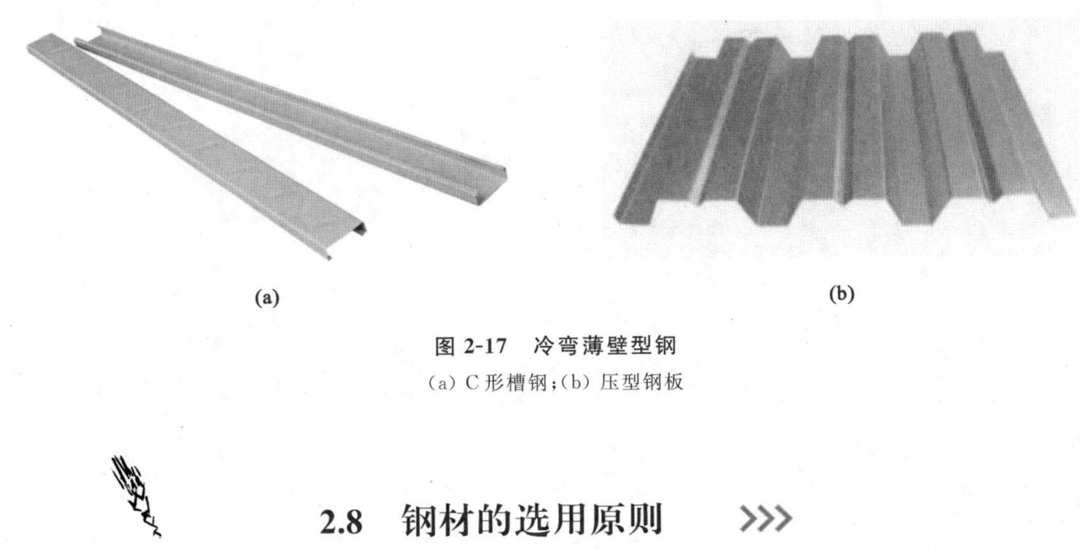

(a) (b)

图 2-17 冷弯薄壁型钢

(a) C 形槽钢；(b) 压型钢板

2.8 钢材的选用原则

选用钢材时考虑的因素有如下几种。

(1) 结构的重要性

重型工业建筑结构、大跨度结构、高层或超高层民用建筑结构或构筑物等重要结构，应考虑选用质量好的钢材；对一般工业与民用建筑结构，可按工作性质分别选用普通质量的钢材。

(2) 荷载情况

直接承受动力荷载和强烈地震区的结构，应选用综合性能好的钢材；承受一般静力荷载的结构，则可选用价格较低的 Q235 钢。

(3) 连接方法

焊接过程中会产生焊接变形、焊接应力及其他焊接缺陷，存在导致结构产生裂缝或脆性断裂的危险。因此，焊接结构对材质的要求应严格一些。

(4) 结构所处的温度和环境

钢材处于低温时容易冷脆，因此在低温条件下工作的结构，尤其是焊接结构，应选用具有良好抗低温脆断性能的镇静钢。此外，露天环境中的钢材容易产生时效，有害介质作用的钢材容易发生腐蚀、疲劳和断裂，也应加以区别地选择不同材质。

(5) 钢材厚度

薄钢材辊轧次数多，轧制的压缩比大，厚度大的钢材压缩比小，所以厚度大的钢材不但强度较小，而且塑性、冲击韧性和焊接性能较差。因此，厚度大的焊接结构应选用材质较好的钢材。

独立思考

2-1 简述钢材的主要性能指标及其测试方法。
2-2 对钢材性能有影响的主要化学成分有哪些？各有什么影响？
2-3 什么是钢材的疲劳断裂？影响钢材疲劳强度的因素有哪些？
2-4 钢材发生脆性破坏的主要影响因素有哪些？如何避免钢结构构件出现脆性破坏？
2-5 选用钢材时主要考虑哪些因素？
2-6 钢板厚度对钢材强度有何影响？试解释其原因。

3 钢结构的连接

课前导读

内容提要

本章介绍了钢结构的连接方法和特点，重点讲述了对接焊缝和角焊缝连接的构造与计算，详细阐述了普通螺栓及高强度螺栓摩擦型连接和承压型连接的构造、工作性能及计算方法。

能力要求

通过本章的学习，学生应掌握各种连接的特点和性能，熟练掌握对接焊缝和直角角焊缝的构造和计算，熟悉焊接残余应力和焊接残余变形产生的原因及减少残余应力和残余变形的措施，掌握普通螺栓和高强度螺栓的构造和计算，重点掌握高强度螺栓摩擦型连接的计算。

数字资源

重难点

3.1 钢结构的连接方法

钢结构的连接方法图

钢结构的连接方法有焊接连接、螺栓连接和铆钉连接,如图3-1所示。焊接连接是目前应用最多的连接方法;螺栓连接在实际工程中应用也较多,而且呈现出逐步增长的趋势;铆钉连接目前应用相对较少。通常,焊接连接在钢结构加工厂进行,螺栓连接在钢结构施工现场进行。但高层、超高层建筑中的板件厚度较大,为了保证连接具有足够的强度,在现场设备齐全的情况下,一些构件也采用焊接连接。

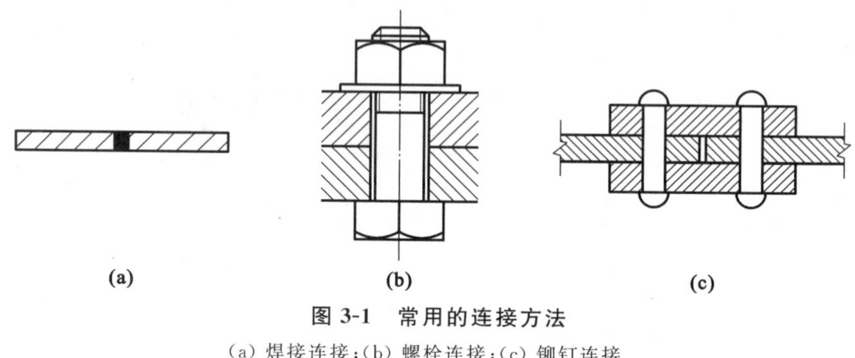

图3-1 常用的连接方法
(a) 焊接连接;(b) 螺栓连接;(c) 铆钉连接

3.2 焊接连接概述

钢筋的连接视频

3.2.1 焊接方法

焊接连接是现代钢结构中最主要的连接方法,有如下优点:① 构造简单,加工方便;② 用料经济,不削弱截面;③ 密闭性好;④ 便于实现自动化操作,以保证构件的连接质量。但焊接连接也有不可避免的缺点:① 高温下焊缝附近钢材的金相组织发生改变,导致钢材局部变脆;② 焊接构件通常会存在残余应力和残余变形,影响结构的受力性能;③ 焊接结构对裂纹敏感;④ 焊接结构的低温冷脆问题比较突出。

目前,焊接连接中常用的方法有电弧焊(包括手工电弧焊)、自动(半自动)埋弧焊和气体保护焊等。

(1) 手工电弧焊

手工电弧焊采用电焊机进行(图3-2),电焊机端部连有电焊钳。其工作原理是用电弧产生的热量把金属熔合在一起。电焊机上有两根电缆,一根称为接地电缆,另一根电缆和电焊钳相连。焊条夹在电焊钳上,当焊条和焊件接触时,电弧即在焊条端部产生。电弧产生的强大热量会将钢材熔化,冷却后焊条中熔化的钢材便和焊件连接在一起。因此,焊缝实际上是焊条和焊件的金属混合物。同时,焊条的药皮在焊接过程中会产生气体,可保护电弧和熔化金属,并形成熔渣覆盖焊缝,防止空气中的氧、氮等有害气体与熔化的金属接触后形成脆性化合物。

手工电弧焊是一种最简单、常见的焊接方式。其优点是设备简单,操作方便,特别适合在高空和野外作业;缺点是质量波动大,要求焊工等级高,劳动强度大,效率低。

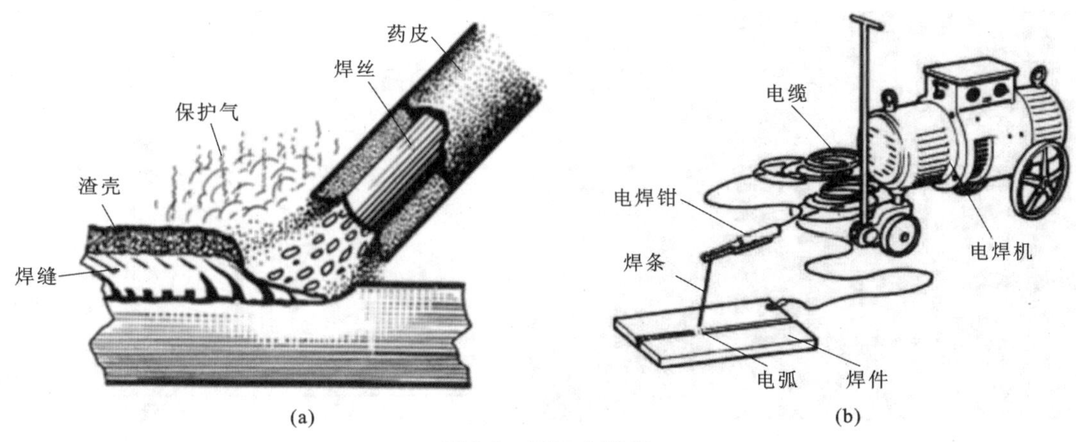

图 3-2 手工电弧焊

为了保证连接具有足够的强度，手工电弧焊中所用焊条要与焊件钢材相适应。常用的焊条有 E43、E50 和 E55 三种。其中，符号 E 是 electrode(焊条)的首字母，表示焊条，其后两位数字为熔敷金属的最小抗拉强度(单位为 kgf/mm^2)，如 E43 表示熔敷金属最小抗拉强度为 43 kgf/mm^2(421 N/mm^2)的焊条。焊条熔敷金属的最小抗拉强度要高于钢材的屈服强度标准值。相关规范规定：Q235 钢材采用 E43 焊条，Q345 钢材采用 E50 焊条，Q390 钢材和 Q420 钢材采用 E55 焊条；不同钢种的钢材焊接时，宜采用与低强度钢相适应的焊条，如 Q390 钢材和 Q345 钢材焊接连接时，宜采用 E50 焊条。

(2) 自动(半自动)埋弧焊

半自动埋弧焊和自动埋弧焊的主要区别在于前者的焊接设备沿焊接方向的移动靠手工操作完成。半自动埋弧焊焊接设备及焊接方法如图 3-3 所示。埋弧焊的主要设备是电焊机，它可沿轨道按照设定的速度前进；焊丝由卷盘自动提供；焊剂在重力作用下从焊剂漏斗中自动落到工作区域，在前移焊条之前足以把电弧彻底埋住。通电引弧后，电弧使埋于焊剂下的焊丝和附近的焊剂熔化，熔渣浮在熔化的焊缝金属表面，使熔化的金属不与空气接触，保证焊缝质量。

埋弧焊工艺通常在平焊和横焊位置使用。其优点是焊接质量好、效率高，特别适用于长焊缝的焊接；其缺点是需要专门的焊接设备。

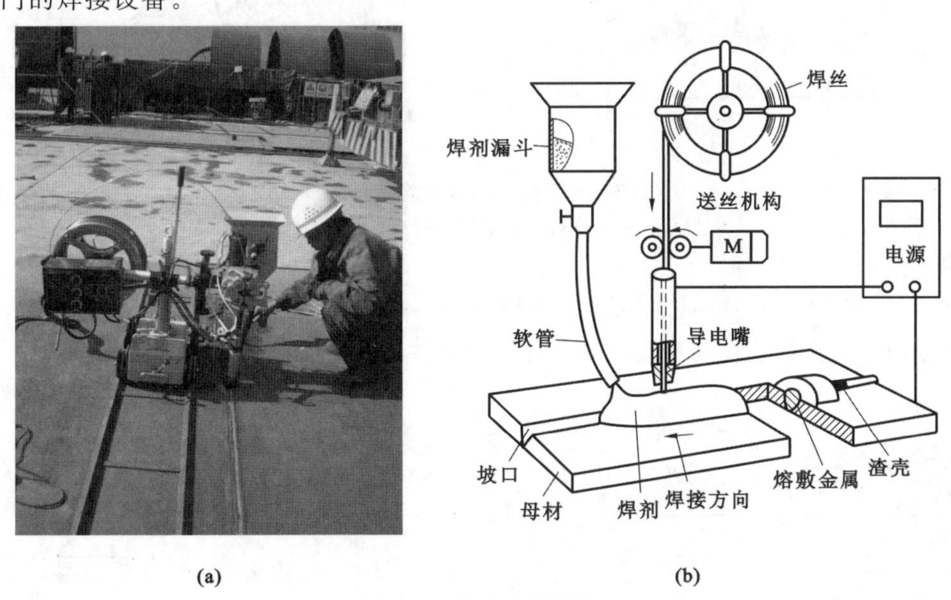

图 3-3 半自动埋弧焊

(3) 气体保护焊

气体保护焊(图 3-4)是利用焊枪中喷出的二氧化碳气体或其他惰性气体代替焊剂作为保护介质的一种焊接方法。惰性气体作为保护气体使熔化的金属不与空气接触，电弧加热集中，熔化深度大，焊接速度快，焊缝强度高，塑性好。气体保护焊对环境要求高，焊接时应采取避风措施，否则容易出现焊坑、气孔等缺陷。

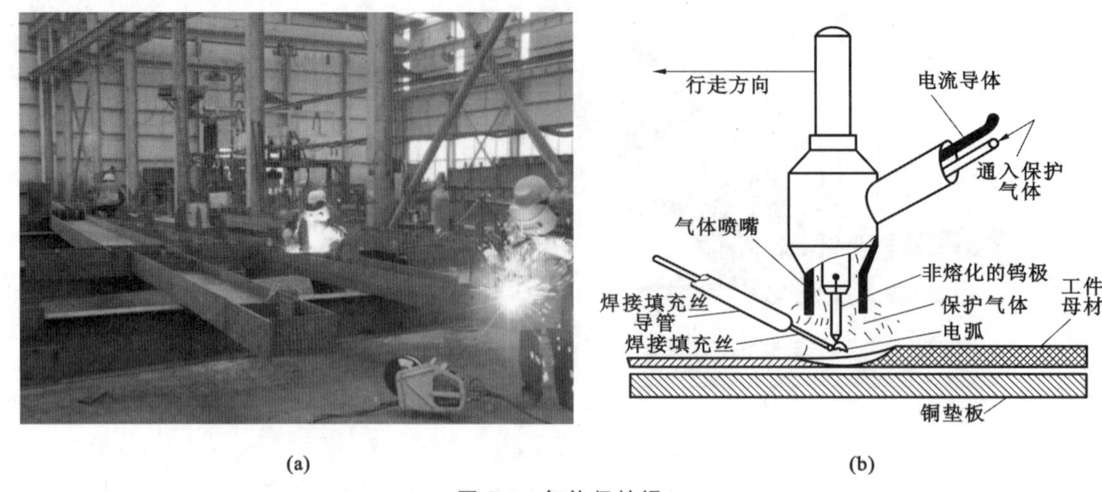

(a) (b)

图 3-4 气体保护焊

3.2.2 焊缝形式和焊缝连接形式

3.2.2.1 焊缝形式

根据形式的不同,焊缝可分为角焊缝、对接焊缝、塞焊缝和槽焊缝。在钢结构的焊接连接中,75%左右的焊缝采用角焊缝连接,20%左右的焊缝采用对接焊缝连接,5%左右的焊缝采用塞焊缝或槽焊缝连接。本章主要介绍角焊缝和对接焊缝。

(1) 角焊缝

角焊缝是在构件搭接或十字形构件交叉连接时形成的,其横截面可近似看作三角形。按其截面形式,角焊缝可分为直角角焊缝和斜角角焊缝,如图 3-5 所示。

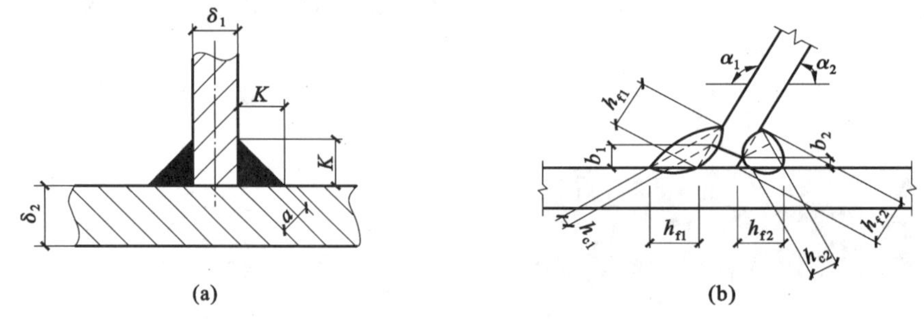

(a) (b)

图 3-5 直角角焊缝和斜角角焊缝

(a) 直角角焊缝;(b) 斜角角焊缝

(2) 对接焊缝

对接焊缝(图 3-6)位于坡口内,或者被连接构件的相邻端部、边缘或表面之间的缝隙内,通常用于两块板的对接,有时也用于丁字形连接和角接。对接焊缝的板件接头处要用机械或火焰切割成适合焊接的形状。

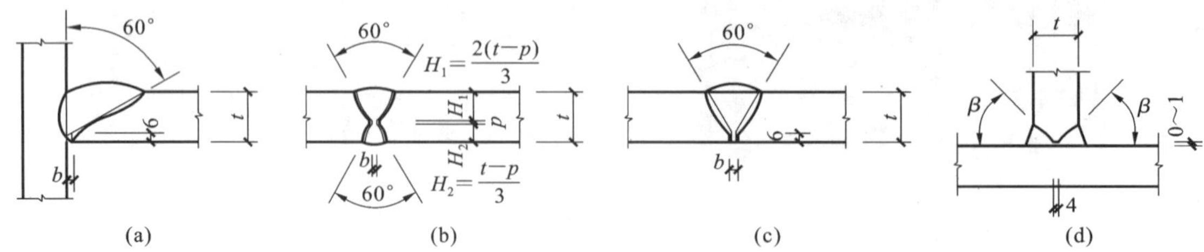

(a) (b) (c) (d)

图 3-6 对接焊缝

3.2.2.2 焊缝连接形式

按被连接构件的相互位置,焊缝连接形式可分为对接连接、搭接连接、T 形连接和角部连接四种(图 3-7)。这些连接形式可采用角焊缝,也可采用对接焊缝。

对接连接主要用于厚度相同或相近两构件的相互连接。图 3-7(a) 所示为采用对接焊缝的对接连接。由于相互连接的两构件在同一平面内,因此连接传力均匀、平缓,没有明显的应力集中,但焊件边缘需要加工,同时对两板件间的间隙和坡口尺寸有严格的要求。

图 3-7(b)所示为两块板采用双层盖板通过角焊缝连接。这种连接传力不均匀,费料,但施工方便,构造简单,目前仍广泛应用。图 3-7(c)～(g)分别为搭接连接、T 形连接和角部连接的连接方式。

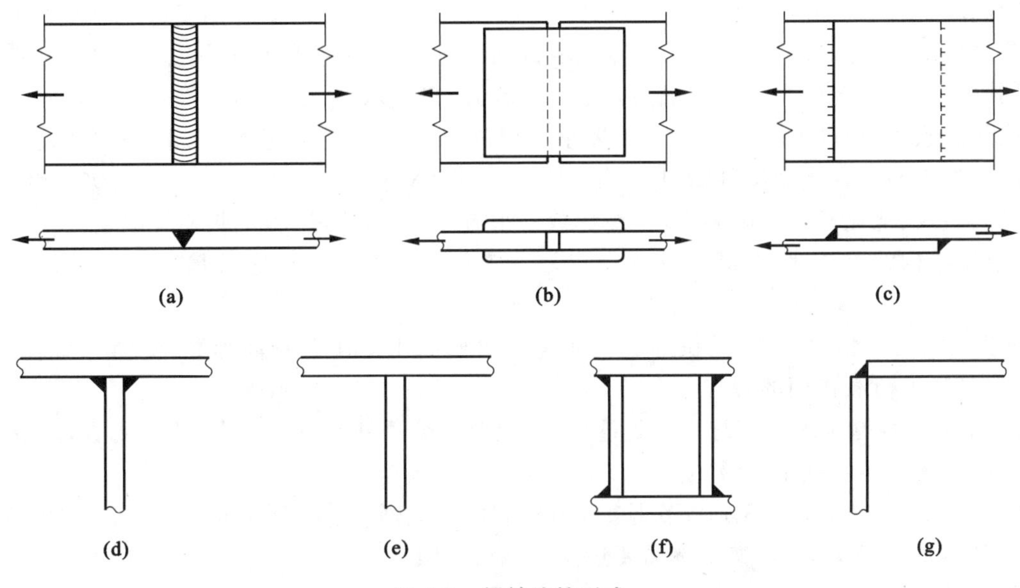

图 3-7　焊缝连接形式

(a) 对接连接;(b) 采用盖板的对接连接;(c) 搭接连接;(d)、(e) T 形连接;(f)、(g) 角部连接

3.2.3　焊缝施焊位置

焊接过程中,焊条相对于焊缝的位置影响施焊的难易程度。根据焊缝施焊位置的不同,焊接可分为平焊、横焊、立焊和仰焊,如图 3-8 所示。平焊时焊缝表面几乎水平,焊接在接头的正上方进行;横焊时焊接表面近似垂直;立焊时焊缝通常是竖直的,焊条在竖直方向移动形成焊缝;仰焊时焊缝的纵向轴线是水平的,焊接在接头的下方进行。平焊操作最为方便;横焊和立焊对焊工的焊接水平要求较高;仰焊时操作条件最差,焊缝质量不易保证,要尽量避免。

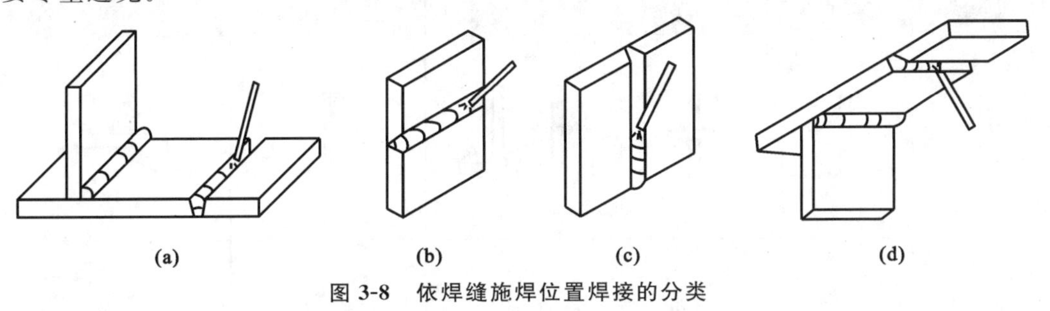

图 3-8　依焊缝施焊位置焊接的分类

(a) 平焊;(b) 横焊;(c) 立焊;(d) 仰焊

3.2.4　焊缝缺陷和质量检验

(1) 焊缝缺陷

焊接过程中有时会在焊缝金属或热影响区钢材表面或内部产生缺陷,称为焊缝缺陷。常见的焊缝缺陷主要有裂纹、焊瘤、烧穿、弧坑、气孔、夹渣、咬边、未熔合、未焊透,以及焊缝尺寸不符合要求等。其中,裂纹是焊缝连接中最危险的缺陷,容易产生应力集中而使裂纹

迅速扩展,导致构件过早破坏。

(2) 焊缝质量检验

焊缝缺陷会降低连接的承载力,造成构件的过早破坏,因此焊缝的质量检验尤为重要。焊缝的质量检验分为外观检验和内部无损检验。外观检验主要观察焊缝是否存在可见外观缺陷及焊缝几何尺寸是否满足要求,内部无损检验用以检查焊缝的内部缺陷。内部缺陷通常采用超声波检测仪检验,具有灵活、方便、经济、能确定缺陷的位置等优点,但不易识别缺陷的类型。若想进一步确定缺陷的类型,可采用 X 射线或 γ 射线进行探伤检测。

《钢结构工程施工质量验收规范》(GB 50205—2020)规定钢结构的焊缝质量等级分为三级:一级焊缝、二级焊缝和三级焊缝。其中,一级焊缝的质量要求最高,三级焊缝的质量要求最低。

《钢结构工程施工质量验收规范》(GB 50205—2020)要求全焊透的一、二级焊缝应采用超声波探伤进行内部缺陷的检验,超声波探伤不能对缺陷做出判断时,应采用射线探伤(X 射线或 γ 射线)。一、二级焊缝不得有表面气孔、夹渣、弧坑、裂纹、电弧擦伤等缺陷,且一级焊缝不得有咬边、未焊满、根部收缩等缺陷。

焊缝的质量等级应根据结构的重要性、荷载特性、焊缝形式、工作环境及应力状态等情况,按下列原则选用:

① 焊缝质量等级主要与其受力情况有关,受拉焊缝的质量等级要高于受压或受剪焊缝,受动力荷载作用的焊缝质量等级要高于受静力荷载作用的焊缝。

② 凡对接焊缝,除非作为角焊缝考虑的部分熔透焊缝外,一般要求熔透并与母材等强,故需要进行无损探伤。因此,对接焊缝的质量等级不宜低于二级。

③ 在建筑钢结构中,角焊缝一般不进行无损探伤检验,但外观缺陷的等级[见现行国家标准《钢结构工程施工质量验收规范》(GB 50205—2020)]可按实际需要选用二级或三级。

(3) 焊缝符号

《焊缝符号表示法》(GB/T 324—2008)中专门给出了钢结构中焊缝代号的表示方法。焊缝代号由引出线、图形符号和辅助符号三部分组成。引出线由横线和带箭头的斜线组成(表 3-1),箭头指在焊缝处,横线上用来标注图形符号和焊缝尺寸。当引出线的箭头指向焊缝所在的一面时,应将图形符号和焊缝尺寸等标注在水平横线的上面;当引出线的箭头指向焊缝所在的另一面时,则应将图形符号和焊缝尺寸等标注在水平横线的下面。图形符号表示焊缝的基本形式,如用 ◺ 表示角焊缝,用 ∨ 表示 V 形坡口的对接焊缝。辅助符号表示辅助要求,如用 ▶ 表示现场安装焊缝等。表 3-1 列出了一些常用的焊缝符号。

表 3-1 焊缝符号

	角焊缝				对接焊缝	塞焊缝	三面围焊
	单面焊缝	双面焊缝	安装焊缝	相同焊缝			
形式					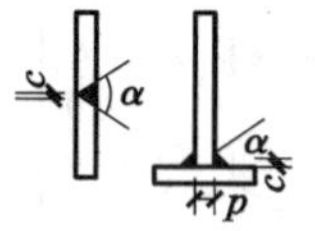 c α α c p		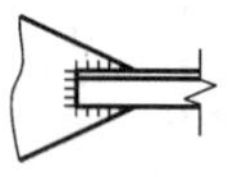
标注方法	 h_f	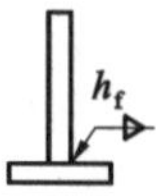 h_f	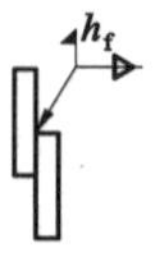 h_f	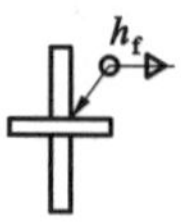 h_f	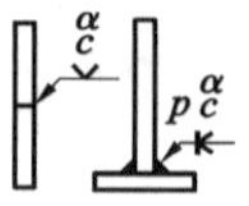 α c p α c	 h_f	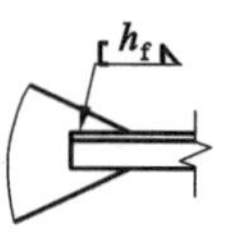 h_f

3.3 角焊缝的构造与计算 >>>

角焊缝根据截面形式分为直角角焊缝和斜角角焊缝，其中直角角焊缝的截面是一个等腰直角三角形。角焊缝表面通常微凸或者微凹，此时焊接尺寸由焊缝内最大直角三角形的尺寸确定，如图 3-9 所示。图中 h_f 为焊脚尺寸，两焊脚交汇处称为焊根。

斜角角焊缝两焊脚边夹角大于或小于 90°，斜角角焊缝通常用于管结构的连接中。对于夹角大于 135°或小于 60°的斜角角焊缝，除钢管结构外，不宜用作受力焊缝。图 3-10 给出了矩形管直接焊接示意图，图中部分焊缝为斜角角焊缝。

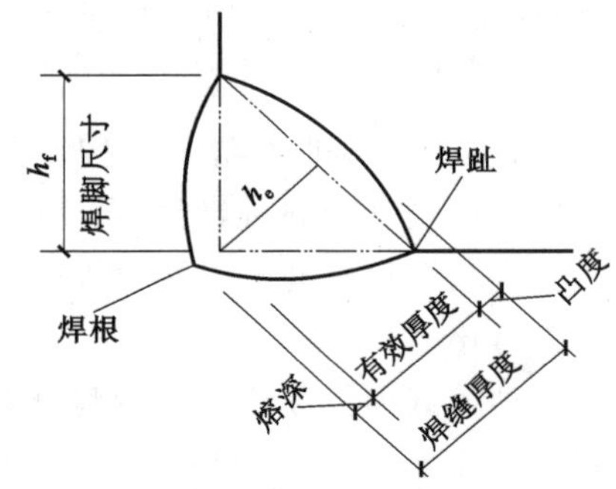

图 3-9 直角角焊缝截面

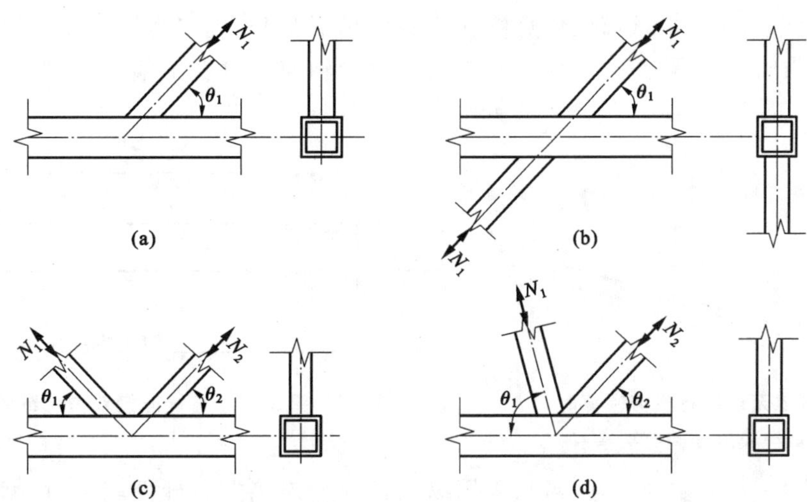

图 3-10 矩形管直接焊接平面节点

(a) T、Y 形节点；(b) X 形节点；(c) 有间隙的 K、N 形节点；(d) 搭接的 K、N 形节点

3.3.1 角焊缝的构造要求

(1) 角焊缝的尺寸要求

为了防止因热输入量过小而使母材热影响区冷却速度过快从而形成硬化组织，角焊缝最小焊脚尺寸宜按照表 3-2 取值，最小计算长度应为 $8h_f$，且不得小于 40 mm，焊缝计算长度应为扣除引弧、收弧长度后的焊缝长度。在角焊缝的搭接焊缝连接中，当焊缝计算长度 l_w 超过 $60h_f$ 时，焊缝的承载力设计值应乘以折减系数 α_f，$\alpha_f = 1.5 - \frac{l_w}{120h_f}$，且不小于 0.5。

表 3-2 角焊缝最小焊脚尺寸

母材厚度 t①/mm	角焊缝最小焊脚尺寸②
$t \leqslant 6$	3③
$6 < t \leqslant 12$	5

续表

母材厚度 t[①]/mm	角焊缝最小焊脚尺寸[②]
$12<t\leqslant20$	6
$t>20$	8

注：① 采用不预热的非低氢焊接方法进行焊接时，t 等于焊接接头中较厚件厚度，应使用单道焊；采用预热的非低氢焊接方法或低氢焊接方法进行焊接时，t 等于焊接接头中较薄件厚度。
② 焊缝尺寸无须超过焊接接头中较薄件厚度的情况除外。
③ 承受动荷载的角焊缝最小焊脚尺寸为 5 mm。

(2) 承受动荷载时角焊缝的构造要求

当构件承受动荷载时，严禁采用断续的角焊缝且焊脚尺寸不应小于 5 mm；对接与角接组合焊缝和 T 形连接的全焊透坡口焊缝应采用角焊缝加强，加强焊脚尺寸不应大于连接部位较薄件厚度的 1/2，但最大值不得超过 10 mm。

承受动荷载但无须进行疲劳验算的构件，构件端部搭接连接的纵向角焊缝长度不应小于两侧焊缝间的垂直间距 a，且在无塞焊、槽焊等其他措施时，间距 a 不应大于较薄件厚度 t 的 16 倍(图 3-11)。

(3) 搭接连接角焊缝的构造要求

传递轴向力的部件，为防止搭接部位角焊缝在荷载作用下张开，规定搭接连接角焊缝在传递部件受轴向力时应施焊纵向或横向双角焊缝；同时为防止搭接部位受轴向力时发生偏转，其搭接连接最小搭接长度不应小于较薄件厚度 t 的 5 倍，且不应小于 25 mm(图 3-12)。

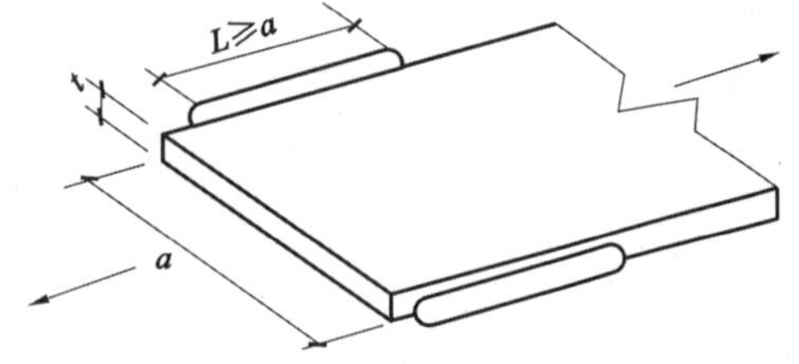

图 3-11 承受动荷载但无须进行疲劳验算时构件端部纵向角焊缝长度及间距要求

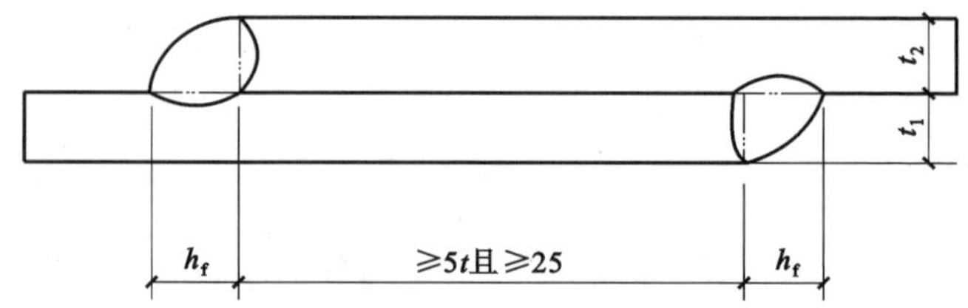

图 3-12 搭接连接双角焊缝的要求

为防止构件因翘曲一致而贴合不好，当只采用纵向角焊缝连接型钢杆件端部时，型钢杆件的宽度不应大于 200 mm，当宽度大于 200 mm 时，应加横向角焊缝或中间塞焊，型钢杆件每一侧纵向角焊缝的长度不应小于型钢杆件的宽度。

型钢杆件搭接连接采用围焊时，为了避免起落弧的缺陷发生在应力集中较大处，施焊时必须在转角处连续焊，不能断弧。杆件端部搭接角焊缝做绕焊时，绕焊长度不应小于 $2h_f$，并应连续施焊。

为防止焊接时材料棱边熔塌，搭接焊缝沿母材棱边的最大焊脚尺寸：当板厚不大于 6 mm 时，应为母材厚度；当板厚大于 6 mm 时，应为母材厚度减去 1～2 mm(图 3-13)。

用搭接焊缝传递荷载的套管连接可只焊一条角焊缝，其管材搭接长度 L 不应小于 $5(t_1+t_2)$，且不应小于 25 mm，搭接焊缝焊脚尺寸应符合设计要求(图 3-14)。

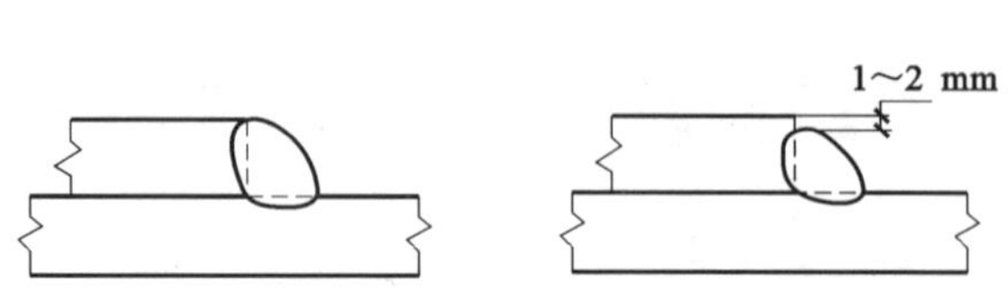

图 3-13 搭接焊缝沿母材棱边的最大焊脚尺寸

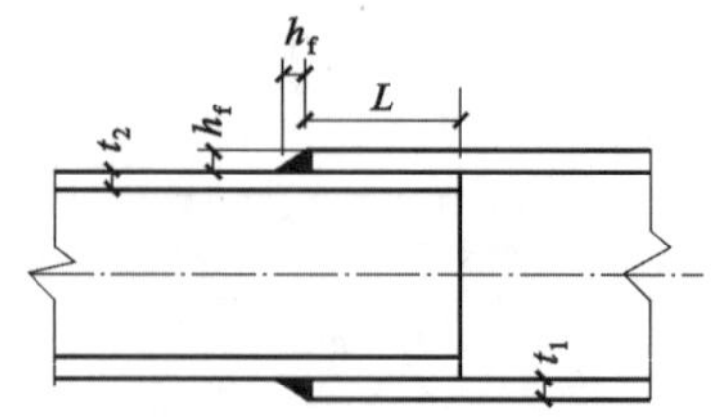

图 3-14 管材套管连接的搭接焊缝最小长度

(4) 角焊缝的其他要求

采用角焊缝焊接连接,不宜将厚板焊接到较薄板上。被焊构件中较薄板厚度不小于 25 mm 时,宜采用开局部坡口的角焊缝。

断续角焊缝是应力集中的根源,故不宜用于重要结构或重要的焊接连接,且不宜用于腐蚀环境中。在次要构件或次要焊接连接中,可采用断续角焊缝。为保证构件受拉时有效传递荷载,受压时保持稳定,断续角焊缝焊段的净距不应大于 $15t$(对受压构件)或 $30t$(对受拉构件),其中 t 为较薄焊件厚度,其焊段长度不得小于 $10h_f$ 或 50 mm。

3.3.2 直角角焊缝的计算方法

(1) 直角角焊缝的强度

直角角焊缝为焊缝截面为近似直角三角形的焊缝,按其与外力方向的不同可分为侧面角焊缝、正面角焊缝、斜向角焊缝及由它们组合而成的围焊缝(图 3-15)。侧面角焊缝是指焊缝长度方向与作用力方向平行的焊缝,正面角焊缝为焊缝长度方向与作用力方向垂直的焊缝,斜向角焊缝的焊缝受力方向与作用力方向呈大于或小于 90°的关系。

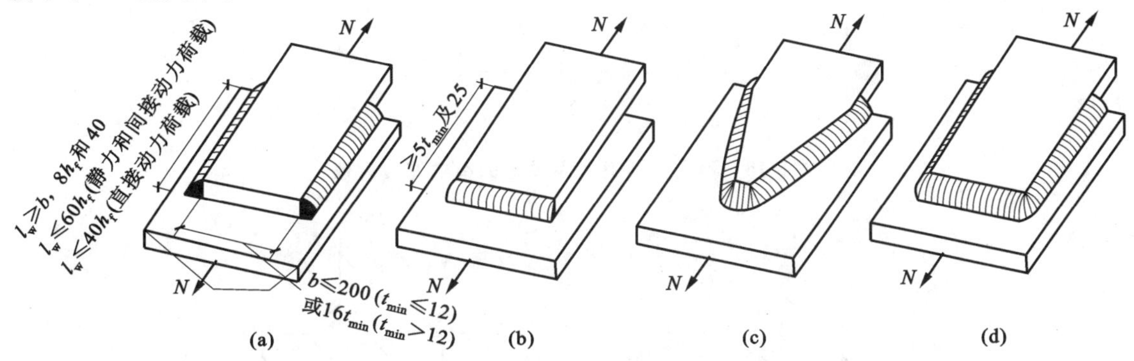

图 3-15 直角角焊缝的形式

角焊缝的应力状态极为复杂,因而建立角焊缝计算公式要靠试验分析。国内外的大量试验结果证明,角焊缝的强度和外力作用方向有直接关系。侧面角焊缝主要承受剪应力,塑性较好,强度较低,传力线通过角焊缝时产生弯折,剪应力沿长度方向分布不均匀,呈现两端大、中间小的受力状态,但后期进入塑性状态后能进行应力重分布,使应力不均匀的现象逐渐减少,如图 3-16 所示。

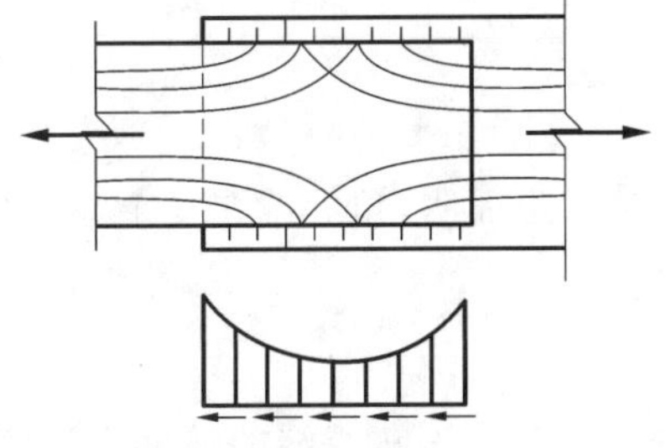

图 3-16 侧面角焊缝的应力沿长度方向的分布

正面角焊缝连接中传力线有较剧烈的弯折,应力状态也较复杂,如图 3-17 所示。正面角焊缝沿焊缝长度方向的应力分布比较均匀,但在两个焊脚 AB、BC 和 45°有效厚度 BD 面上有复杂和不均匀的正应力和剪应力,应力集中严重,尤其在焊缝根部 B 处有很大的高峰正应力。正面角焊缝的破坏可能发生在焊脚 AB、BC 或有效厚度 BD 面,属于正应力和剪应力综合作用下的破坏模式。

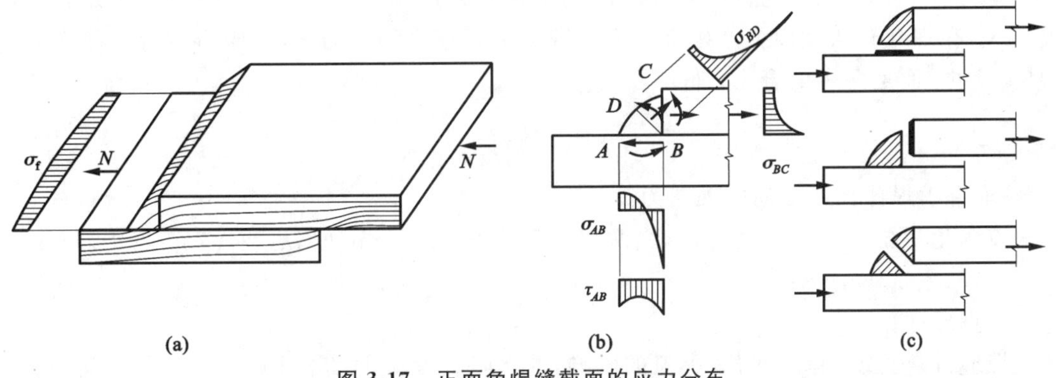

图 3-17 正面角焊缝截面的应力分布

试验结果表明,如果用焊缝有效厚度 h_e 乘以焊缝计算长度 l_w 的焊缝有效截面来计算焊缝应力,即 $\sigma_f=N/(h_e l_w)$,则正面角焊缝的平均破坏强度比侧面角焊缝要高出 35%以上。低合金钢的试验结果也有类似结果,但正面角焊缝的刚度较大,变形较小,塑性较差,破坏比较突然,呈现脆性破坏现象。

(2) 直角角焊缝计算的基本公式

直角角焊缝的破坏通常发生在喉部。直角角焊缝是以 45°方向的最小截面作为有效计算截面的,角焊缝的有效截面为焊缝有效厚度与焊缝计算长度的乘积,焊缝有效厚度 h_e 为焊缝横截面内接等腰三角形内的最短距离,计算时不考虑熔深和凸度的距离,取 $h_e=0.7h_f$。不同截面直角角焊缝的 h_e 取值如图 3-18 所示。作用在焊缝有效截面上的应力包括垂直于焊缝有效截面的正应力 $\sigma_\perp$,垂直于焊缝长度方向的剪应力 $\tau_\perp$ 及沿焊接长度方向的剪应力 $\tau_{//}$。应力分布如图 3-19 所示。

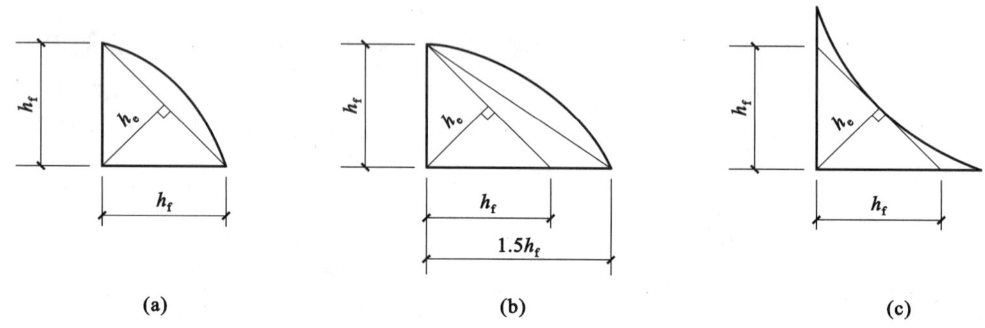

图 3-18 不同截面直角角焊缝的有效厚度取值

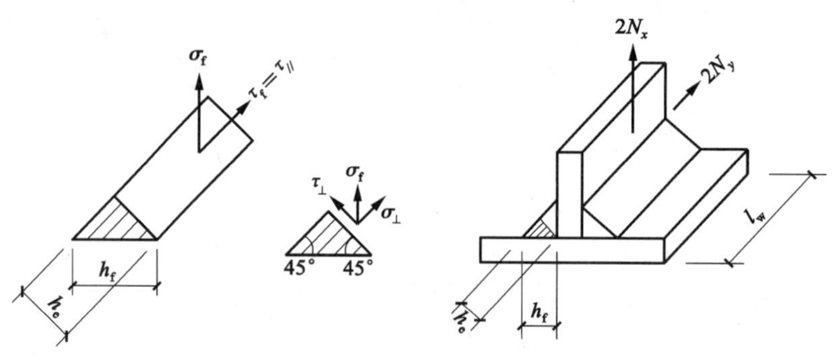

图 3-19 角焊缝有效截面上的应力分布

试验证明,角焊缝在复杂应力作用下的强度条件和母材一样,同样服从 Mises 屈服准则,因此可用下式计算:

$$\sqrt{\sigma_\perp^2+3(\tau_{//}^2+\tau_\perp^2)}\leqslant\sqrt{3}f_f^w \tag{3-1}$$

式中 f_f^w——角焊缝的强度设计值,把它看作剪切屈服强度,因而乘以$\sqrt{3}$。

采用式(3-1)验算焊缝的承载力,即使在简单外力作用下,都要花费很长时间去求有效截面上的各应力分量,计算过程太过烦琐。《钢结构设计标准》(GB 50017—2017)根据受力情况进行了适当的简化。

现以图 3-19 所示承受互相垂直的 N_x 和 N_y 两个轴心力作用的直角角焊缝为例,说明角焊缝计算公式的推导过程。N_x 在焊缝有效截面上产生垂直于焊缝一个直角边的应力 σ_f,该应力对有效截面来说既不是正应力,又不是剪应力,而是两者的合力,即:

$$\sigma_f=\frac{N_x}{h_e l_w} \tag{3-2}$$

式中 N_x——垂直于焊缝长度方向的轴向力。

h_e——直角角焊缝的有效厚度,mm,当两焊件间隙 $b\leqslant1.5$ mm 时,$h_e=0.7h_f$;当 1.5 mm$<b\leqslant5$ mm 时,$h_e=0.7(h_f-b)$。

h_f——焊脚尺寸。

l_w——焊缝计算长度,考虑起弧、灭弧的影响,取实际长度减去 $2h_f$ 计算。

对于直角角焊缝，有：

$$\sigma_{\perp}=\tau_{\perp}=\frac{\sigma_f}{\sqrt{2}} \tag{3-3}$$

沿焊缝长度方向的分力 N_y 在焊缝有效截面上产生平行于焊缝长度方向的剪应力，即：

$$\tau_f=\tau_{/\!/}=\frac{N_y}{h_e l_w} \tag{3-4}$$

通过上述公式可得在各种应力的综合作用下，σ_f 和 τ_f 共同作用下的计算公式为：

$$\sqrt{4\left(\frac{\sigma_f}{\sqrt{2}}\right)^2+3\tau_f^2}\leqslant\sqrt{3}f_f^w$$

或

$$\sqrt{\left(\frac{\sigma_f}{\beta_f}\right)^2+\tau_f^2}\leqslant f_f^w \tag{3-5}$$

式中 β_f——正面角焊缝的强度增大系数，$\beta_f=\sqrt{\frac{3}{2}}=1.22$。

对于正面角焊缝(作用力方向垂直于焊缝长度方向)，$\tau_f=0$，得：

$$\sigma_f=\frac{N}{h_e l_w}\leqslant\beta_f f_f^w \tag{3-6}$$

对于侧面角焊缝(作用力方向平行于焊缝长度方向)，$\sigma_f=0$，得：

$$\tau_f=\frac{N}{h_e l_w}\leqslant f_f^w \tag{3-7}$$

式(3-5)～式(3-7)为角焊缝的基本计算公式。只要将焊缝上的应力分解为垂直于焊缝长度方向的应力 σ_f 和平行于焊缝长度方向的应力 τ_f，上述公式就可适用于任何受力状态的直角角焊缝。

对于直接承受动力荷载结构中的焊缝，由于正面角焊缝刚度大、韧性差，故应将其强度降低，取 $\beta_f=1.0$。

3.3.3 直角角焊缝的计算

(1) 受轴力作用时的拼接板连接

当焊件受轴力作用且轴力通过连接焊缝群的形心时，可认为焊缝应力是均匀分布的，拼接板将两焊件连成整体，需要计算拼接板强度和连接一侧的角焊缝强度。拼接板的连接可以采用四种连接方式来实现(图 3-15)：① 侧面角焊缝连接；② 正面角焊缝连接；③ 采用矩形盖板的三面围焊缝连接，连接焊缝中包括正面角焊缝和侧面角焊缝；④ 采用菱形盖板的三面围焊缝连接，连接焊缝包括正面角焊缝、侧面角焊缝和斜向角焊缝。

① 采用图 3-15(a) 中的矩形拼接板连接时，外力与焊缝的长度方向平行，焊缝为侧面角焊缝，可按式(3-8)计算：

$$\tau_f=\frac{N}{h_e\sum l_w}\leqslant f_f^w \tag{3-8}$$

式中 f_f^w——角焊缝强度设计值，由附表 1-3 查得。

$\sum l_w$——连接一侧角焊缝的计算长度之和。对于图 3-15(a) 中角焊缝的计算长度要考虑起弧和灭弧的影响，同时注意连接一侧正反面共有 4 条焊缝，焊缝长度不能超过规定的最大计算长度。

其余符号意义同前。

② 采用图 3-15(b) 中的矩形拼接板连接时，角焊缝的长度方向和受力方向垂直，此时为正面角焊缝，按式(3-6)计算。

③ 当采用图 3-15(d)所示三面围焊的矩形拼接板连接时，可按式(3-6)计算正面角焊缝承担的内力 N_1，再由 $N-N_1$ 得到侧面角焊缝承担的荷载，利用式(3-7)计算侧面角焊缝的连接长度。

④ 为了减小应力集中,使传力线平缓过渡,可改用菱形拼接板代替矩形拼接板。先算出正面角焊缝承担的荷载和斜向角焊缝承担的荷载,而后计算侧面角焊缝承担的荷载。对于斜向角焊缝,可以采用合力法计算其承担的荷载。

如图3-20所示,将斜向角焊缝承担的轴向力 N 分解为垂直于焊缝长度方向的分力 $N_x=N\sin\theta$ 和沿焊缝长度方向的分力 $N_y=N\cos\theta$,则:

$$\sigma_f=\frac{N\sin\theta}{h_e\sum l_w},\quad \tau_f=\frac{N\cos\theta}{h_e\sum l_w} \tag{3-9}$$

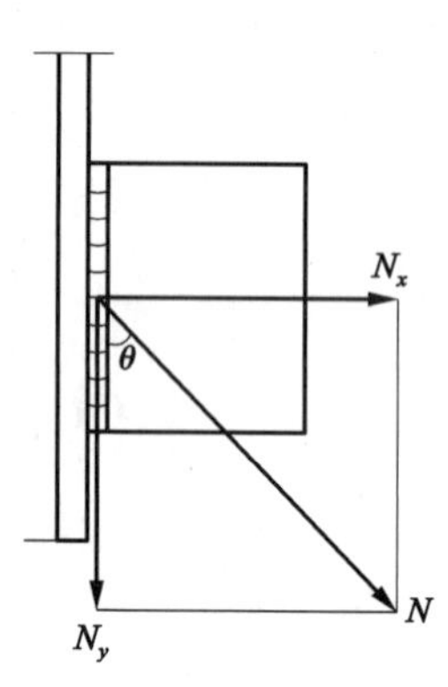

图3-20 斜焊缝的受力情况

将式(3-9)中的 σ_f 和 τ_f 代入式(3-5)中,有:

$$\sqrt{\left(\frac{N\sin\theta}{\beta_f h_e\sum l_w}\right)^2+\left(\frac{N\cos\theta}{h_e\sum l_w}\right)^2}\leqslant f_f^w$$

取 $\beta_f^2=1.22^2\approx1.5$,得:

$$\frac{N}{h_e\sum l_w}\sqrt{\frac{\sin^2\theta}{1.5}+\cos^2\theta}=\frac{N}{h_e\sum l_w}\sqrt{1-\frac{\sin^2\theta}{3}}\leqslant f_f^w$$

令 $\beta_{f\theta}=\dfrac{1}{\sqrt{1-\dfrac{\sin^2\theta}{3}}}$,则斜焊缝的承载力为:

$$N\leqslant\beta_{f\theta}f_f^w h_e\sum l_w \tag{3-10}$$

【例3-1】 试设计拼接盖板的对接连接(图3-21)。已知钢板跨度 $B=300$ mm,厚度 $t_1=20$ mm,拼接盖板厚度 $t_2=14$ mm,连接承受轴向拉力 N 的作用,$N=1200$ kN,荷载为静荷载,钢材为Q235B,采用手工电弧焊,采用E43型焊条。

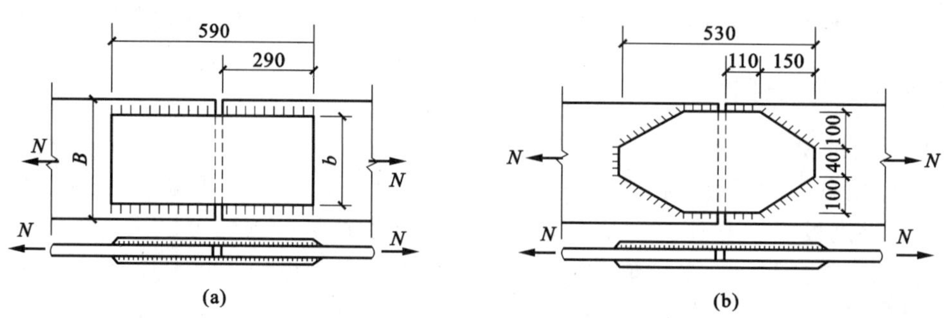

图3-21 例3-1图

【解】 设计拼接盖板的对接连接有两种方法:一种方法是假定焊脚尺寸求得焊缝长度,再由焊缝长度确定拼接盖板尺寸;另一种方法是先假定焊脚尺寸和拼接盖板的尺寸,然后验算焊缝的承载力。如果假定的焊缝尺寸不能满足承载力要求,则调整焊脚尺寸后再进行验算,直到承载力满足要求为止。

角焊缝的焊脚尺寸 h_f 应根据板件厚度确定。

由于此处的焊缝在板件边缘施焊,且拼接盖板厚度 $t_2=14$ mm>6 mm,$t_2<t_1$,故:

$$h_{fmax}=t-(1\sim2)=14-(1\sim2)=12\sim13(\text{mm})$$

由《钢结构设计标准》(GB 50017—2017)中表11.3.5确定最小焊脚尺寸 $h_{fmin}=6$ mm。

取 $h_f=10$ mm,查附表1-3得角焊缝强度 $f_f^w=160$ N/mm²。

(1) 采用双面侧焊缝连接时[图3-21(a)]

连接一侧所需焊缝的总长度可按式(3-6)算得,即:

$$\sum l_w=\frac{N}{h_e f_f^w}=\frac{1200\times10^3}{0.7\times10\times160}=1072(\text{mm})$$

该连接采用了上下两块拼接盖板,共设有4条侧焊缝,同时考虑起弧和灭弧的影响,一条侧焊缝的长度为:

$$l'_w = \frac{\sum l_w}{4} + 2h_f = \frac{1072}{4} + 20 = 288(\text{mm}) < 60h_f = 60 \times 10 = 600(\text{mm})$$

因此不用考虑折减。

同时，$l'_w > \max\{8h_f, 40\ \text{mm}\}$。

所需拼接盖板长度：

$$L = 2l'_w + 10 = 2 \times 288 + 10 = 586(\text{mm})$$

取 590 mm。

式中，10 mm 为两块被连接钢板间的间隙。

拼接盖板的宽度 b 就是两条侧面角焊缝之间的距离，应根据强度条件和构造要求确定。

选定拼接盖板宽度 $b=220$ mm，则拼接盖板的截面面积 A' 为：

$$A' = 220 \times 2 \times 14 = 6160(\text{mm}^2) > A = 300 \times 20 = 6000(\text{mm}^2)$$

由附表 1-1 知盖板的强度设计值 $f=215\ \text{N/mm}^2$ ($t_2=14$ mm)，而被连接钢板板厚 $t_1=20$ mm$>$16 mm，其强度设计值 $f=205\ \text{N/mm}^2$，故满足强度要求。

根据构造要求，应满足：

$$b = 220\ \text{mm} < l'_w = 288\ \text{mm}$$

且

$$b < 16t = 16 \times 14 = 224(\text{mm})$$

满足要求，故选定拼接盖板尺寸为 590 mm×220 mm×14 mm。

(2) 采用菱形拼接盖板时[图 3-21(b)]

当拼接盖板宽度较大时，采用菱形拼接盖板可减小角部的应力集中，从而使连接的工作性能得以改善。菱形拼接盖板的连接焊缝由正面角焊缝、侧面角焊缝等组成。设计时，一般先假定拼接盖板的尺寸再进行验算。拼接盖板尺寸如图 3-21(b)所示，仍取 $h_f=10$ mm，则各部分焊缝的承载力分别如下。

正面角焊缝：

$$N_1 = 2h_e l_{w1} \beta_f f_f^w = 2 \times 0.7 \times 10 \times 40 \times 1.22 \times 160 = 109.3(\text{kN})$$

侧面角焊缝：

$$N_2 = 4h_e l_{w2} f_f^w = 4 \times 0.7 \times 10 \times (110 - 10) \times 160 = 448.0(\text{kN})$$

对于斜焊缝，其与作用力夹角 $\theta=\arctan\frac{100}{150}=33.7°$，得 $\beta_{f\theta}=1\Big/\sqrt{1-\frac{\sin^2 33.7°}{3}}=1.06$。

由式(3-10)，有：

$$N_3 = 4h_e l_{w3} \beta_{f\theta} f_f^w = 4 \times 0.7 \times 10 \times 180 \times 1.06 \times 160 = 854.8(\text{kN})$$

连接一侧焊缝所能承受的内力为：

$$N = N_1 + N_2 + N_3 = 109.3 + 448.0 + 854.8 = 1412(\text{kN}) > N = 1200\ \text{kN}$$

满足要求。

(2) 受轴力作用的角钢与节点板的连接

钢屋架中的腹杆通常采用双角钢，角钢通过节点板和屋架的上、下弦相连。角钢腹杆与节点板一般采用侧焊缝连接，有时也采用三面围焊，特殊情况下也允许采用 L 形围焊，如图 3-22 所示。腹杆受轴心荷载作用，为避免焊缝偏心受力，焊缝所传递合力的作用线应与角钢轴线重合。

对于三面围焊情况[图 3-22(b)]，可先根据构造假定正面角焊缝的焊接尺寸 h_{f3}，求出正面角焊缝所分担的轴力 N_3。当腹杆为双角钢组成的 T 形截面，且肢宽为 b 时(图 3-23)，有：

$$N_3 = 2 \times 0.7 h_{f3} b \beta_f f_f^w \tag{3-11}$$

对角钢的形心取矩，由于角钢轴心受力，由平衡条件 $\sum M = 0$，可得：

$$N_1 = \frac{N(b-e)}{b} - \frac{N_3}{2} = K_1 N - \frac{N_3}{2} \tag{3-12}$$

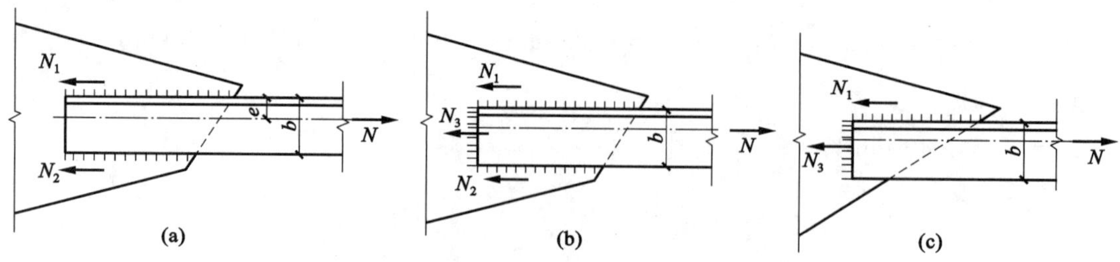

图 3-22 桁架腹板节点板的连接

$$N_2 = \frac{Ne}{b} - \frac{N_3}{2} = K_2 N - \frac{N_3}{2} \tag{3-13}$$

式中 N_1, N_2——角钢肢背和肢尖上侧面角焊缝所分担的轴力；

e——肢背到形心的距离；

K_1, K_2——角钢肢背和肢尖焊缝的内力分配系数，可按表 3-3 查用。

由于肢背离截面的形心较近，因此肢背的内力分配系数要大于肢尖的内力分配系数。对于三面连续围焊的连接方式，每条侧焊缝的计算长度加上起、灭弧影响的 h_f 后为实际连接长度。

对于仅采用两面侧焊缝连接的情况[图 3-22(a)]，则式(3-12)和式(3-13)中 $N_3=0$，则由肢尖和肢背承担的荷载分别为：

$$N_1 = K_1 N \tag{3-14}$$

$$N_2 = K_2 N \tag{3-15}$$

在求得各条焊缝所受的内力后，按照构造要求假定肢尖和肢背的焊缝尺寸，求出侧焊缝的计算长度。考虑每条焊缝两端起、灭弧的影响，对于两面侧焊缝连接的情况，实际焊缝长度为计算长度加 $2h_f$。

表 3-3 角钢角焊缝内力分配系数

角钢类型	连接形式	肢背 K_1	肢尖 K_2
a 等边角钢		0.7	0.3
b 不等边角钢	长肢水平	0.75	0.25
c 不等边角钢	长肢垂直	0.65	0.35

当杆件的受力较小时，可采用 L 形围焊[图 3-22(c)]。由于只有正面角焊缝和角钢肢背上的侧面角焊缝，故令式(3-13)中的 $N_2=0$，得：

$$N_3 = 2K_2 N \tag{3-16}$$

$$N_1 = N - N_3 \tag{3-17}$$

【例 3-2】 图 3-23 所示为双角钢和节点板的连接，双角钢承受静荷载，轴心拉力 $N=900$ kN，已知角钢截面为 2∟125×10，节点板厚度为 10 mm，节点板和角钢采用三面围焊缝连接，钢材为 Q235B，采用手工电弧焊，焊条为 E43 型，试确定焊脚尺寸和焊缝长度。

【解】 角焊缝的焊脚尺寸 h_f 应根据板件厚度确定。

由于焊缝在板件边缘施焊，且角钢的厚度和节点板厚度相同，均为 10 mm，故：

$$h_{f\max} = t - (1 \sim 2\ \text{mm}) = 10 - (1 \sim 2) = 8 \sim 9(\text{mm})$$

由《钢结构设计标准》(GB 50017—2017)中表 11.3.5 确定最小焊脚尺寸 $h_{f\min}=5$ mm。

取 $h_f=8$ mm，查附表 1-3 得角焊缝强度 $f_f^w=160\ \text{N/mm}^2$。

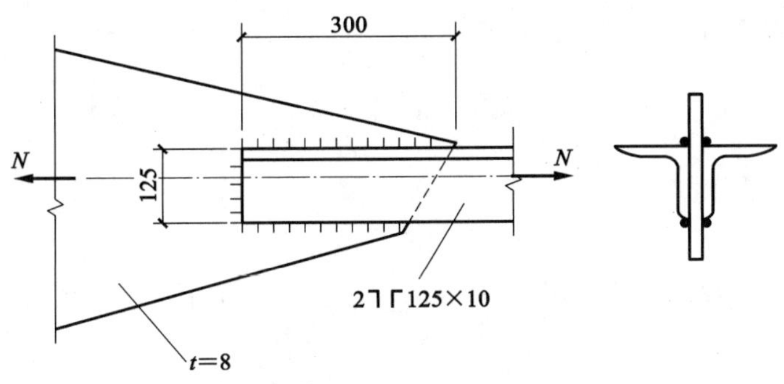

图 3-23 例 3-2 图

由表 3-3 知焊缝内力分配系数 $K_1=0.70$，$K_2=0.30$。正面角焊缝的长度等于相连角钢肢的宽度，即 $l_{w3}=b=125$ mm，则正面角焊缝所能承受的内力 N_3 为：

$$N_3=2h_e l_{w3}\beta_f f_f^w=2\times0.7\times8\times125\times1.22\times160=273.3(\text{kN})$$

肢背角焊缝所需承受的内力 N_1 为：

$$N_1=0.7N-0.5N_3=0.7\times900-0.5\times273.3=493.4(\text{kN})$$

焊缝长度：

$$l_{w1}=\frac{N_1}{2h_e f_f^w}+h_f=\frac{493.4\times10^3}{2\times0.7\times8\times160}+8=283.3(\text{mm})<60h_f=480\text{ mm}$$

取 290 mm。

肢尖角焊缝所需承受的内力 N_2 为：

$$N_2=0.3N-0.5N_3=0.3\times900-0.5\times273.3=133.4(\text{kN})$$

焊缝长度：

$$l_{w2}=\frac{N_2}{2h_e f_f^w}+h_f=\frac{133.4\times10^3}{2\times0.7\times8\times160}+8=82.4(\text{mm})$$

取 90 mm。

(3) 复杂受力时角焊缝连接计算

当焊缝非轴心受力时，可以将作用在焊缝上的外力分解为轴力、弯矩、剪力、扭矩等简单受力情况，分别求出各自的焊缝应力，然后利用叠加原理找出焊缝中受力最大点，进行承载力验算。

① 焊缝群承受弯矩、剪力和轴力工况。

图 3-24 所示的双面角焊缝承受偏心拉力 N 作用，计算时将作用力简化到焊缝群的形心，N 分解为 N_x 和 N_y 两个分力，同时焊缝群承受弯矩 M 的作用，$M=N_x e$，N_x 为轴心拉力，N_y 为剪力。焊缝截面上的应力分布如图 3-24(b)所示，在轴力、剪力和弯矩的共同作用下，图中 A 点应力最大，为控制设计点。此处垂直于焊缝长度方向的应力由两部分组成。

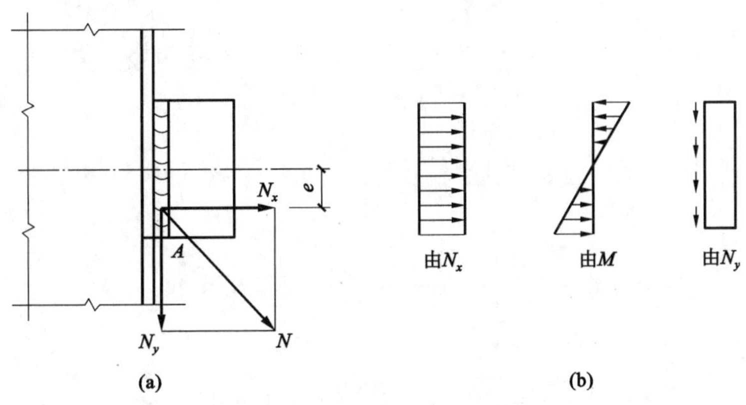

图 3-24 承受偏心拉力的角焊缝

轴心拉力 N_x 产生垂直于焊缝长度方向的应力：

$$\sigma_N = \frac{N_x}{A_e} = \frac{N_x}{2h_e l_w} \tag{3-18}$$

弯矩 M 产生的应力为：

$$\sigma_M = \frac{M}{W_e} = \frac{6M}{2h_e l_w^2} \tag{3-19}$$

这两部分应力由于在 A 点处的方向相同，可直接叠加，故 A 点处垂直于焊缝长度方向的应力为：

$$\sigma_x = \frac{N_x}{2h_e l_w} + \frac{6M}{2h_e l_w^2} \tag{3-20}$$

剪力 N_y 在 A 点处产生平行于焊缝长度方向的应力：

$$\tau_y = \frac{N_y}{A_e} = \frac{N_y}{2h_e l_w} \tag{3-21}$$

式中 l_w——焊缝的计算长度，考虑起弧和灭弧的影响，为实际长度减去 $2h_f$。

由于 A 点所受的应力水平最高，故只需使 A 点处的应力满足要求即可。焊缝的强度计算公式为：

$$\sqrt{\left(\frac{\sigma_f}{\beta_f}\right)^2 + \tau_f^2} \leqslant f_f^w \tag{3-22}$$

当连接承受动力荷载作用时，取 $\beta_f = 1.0$。

【例 3-3】 图 3-25 所示的钢板与工字形柱采用双面角焊缝 T 形连接，$h_f = 8$ mm，其他尺寸已在图中给出。钢板承受一个斜向拉力 $F = 500$ kN 的作用(静力荷载)，钢材采用 Q235B，焊条采用 E43 型，$f_f^w = 160$ N/mm²，试验算此连接强度是否满足要求。

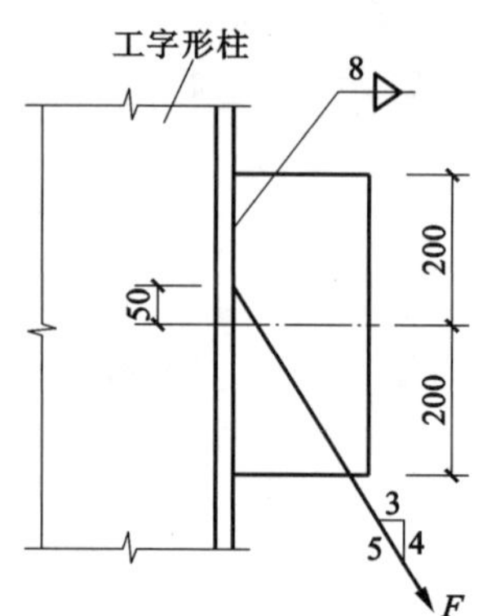

图 3-25 例 3-3 图

【解】 首先将力 F 分解为水平轴力和竖向剪力。水平轴力为：

$$N = F\sin\theta = 500 \times \frac{3}{5} = 300(\text{kN})$$

剪力：

$$V = F\cos\theta = 500 \times \frac{4}{5} = 400(\text{kN})$$

弯矩：

$$M = Fe\sin\theta = 500 \times \frac{3}{5} \times 50 = 15000(\text{kN} \cdot \text{mm})$$

角焊缝有效截面的几何特性计算如下。

面积：

$$A = \sum 0.7h_f l_w = 2 \times 0.7 \times 8 \times (200 \times 2 - 2 \times 8) = 4300.8(\text{mm}^2)$$

惯性矩：

$$I = 2 \times \frac{1}{12} \times 0.7 \times 8 \times (200 \times 2 - 2 \times 8)^3 = 5.2848 \times 10^7(\text{mm}^4)$$

抵抗矩：

$$W = \frac{I}{200 - 8} = \frac{5.2848 \times 10^7}{192} = 2.7525 \times 10^5(\text{mm}^3)$$

在水平轴力作用下：

$$\sigma_f^N = \frac{N}{A} = \frac{300000}{4300.8} = 69.75(\text{N/mm}^2)$$

在弯矩作用下：

$$\sigma_f^M = \frac{M}{W} = \frac{15000 \times 1000}{2.7525 \times 10^5} = 54.50(\text{N/mm}^2)$$

在剪力作用下：

$$\tau_f^V = \frac{V}{A} = \frac{400000}{4300.8} = 93.00(\text{N/mm}^2)$$

验算 A 点处的承载力：

$$\sqrt{\left(\frac{\sigma_f^N + \sigma_f^M}{\beta_f}\right)^2 + (\tau_f^V)^2} = \sqrt{\left(\frac{69.75 + 54.50}{1.22}\right)^2 + 93.00^2} = 137.9(\text{N/mm}^2) < f_f^w = 160\ \text{N/mm}^2$$

在多、高层钢结构中，工字形截面柱和工字形梁（或牛腿）常采用焊接连接方式连接（图 3-26），梁端承受弯矩 M 和剪力 V 的共同作用。翼缘竖向刚度较差，在剪力作用下，若无腹板的存在，翼缘将产生明显的挠曲变形，这说明翼缘的抗剪能力极差。因此，在焊接连接中假设腹板焊缝承受全部剪力，而弯矩则由全部焊缝承担。

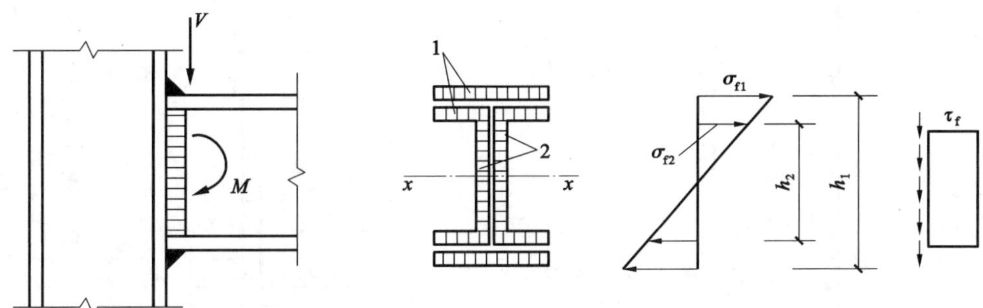

图 3-26 工字形梁（或牛腿）与工字形柱的角焊缝连接

为使焊缝分布合理，宜在每个翼缘的上、下两侧均布置焊缝，弯曲应力沿梁高呈三角形分布，最大应力出现在翼缘焊缝的最外纤维处。由于翼缘焊缝只承受垂直于焊缝长度方向的弯曲应力，故为了保证此焊缝正常工作，应使翼缘焊缝最外纤维处的应力满足角焊缝的强度条件，即翼缘焊缝在正应力作用下应满足：

$$\sigma_{f1} = \frac{M}{I_w}\frac{h_1}{2} \leqslant \beta_f f_f^w \tag{3-23}$$

式中 M——全部焊缝所承受的弯矩；

I_w——全部焊缝有效截面对中和轴的惯性矩；

h_1——翼缘焊缝有效截面最外纤维之间的距离。

腹板上的焊缝承受弯矩和剪力的联合作用。弯矩使焊缝中产生垂直于焊缝长度方向且沿梁高呈三角形分布的弯曲应力和平行于焊缝长度方向且沿焊缝截面均匀分布的剪应力。设计控制点为翼缘焊缝和腹板焊缝 2 的交点，此处弯曲应力和剪应力分别按下式计算：

$$\sigma_{f2} = \frac{M}{I_w}\frac{h_2}{2} \tag{3-24}$$

$$\tau_{f2} = \frac{V}{\sum h_{e2} l_{w2}} \tag{3-25}$$

式中 $\sum h_{e2} l_{w2}$ ——腹板焊缝的有效截面面积之和；

h_{e2}——腹板焊缝的有效厚度。

腹板焊缝中应力最大点 2 点强度按下式验算：

$$\sqrt{\left(\frac{\sigma_{f2}}{\beta_f}\right)^2 + \tau_{f2}^2} \leqslant f_f^w \tag{3-26}$$

还有一种计算工字梁（或牛腿）与钢柱翼缘角焊缝连接强度的简便方法，受力中假设腹板只承受剪力，翼缘承担全部弯矩，并将弯矩 M 化为一对水平力 $H = M/h_1$。这种简化计算方法得到的翼缘焊缝应力略大，腹板焊缝的应力略有降低。采用这种方法计算时，翼缘焊缝的强度计算公式为：

$$\sigma_f = \frac{H}{\sum h_{e1} l_{w1}} \leqslant \beta_f f_f^w \tag{3-27}$$

式中　$\sum h_{e1}l_{w1}$——一个翼缘上角焊缝的有效截面面积之和。

腹板焊缝的强度计算公式为：

$$\tau_f=\frac{V}{2h_{e2}l_{w2}}\leqslant f_f^w \tag{3-28}$$

式中　$2h_{e2}l_{w2}$——两条腹板焊缝的有效截面面积之和。

【例3-4】　试验算图3-27所示牛腿与钢柱连接角焊缝强度，采用Q345钢，焊条为E50型，采用手工电弧焊。荷载设计值N=450 kN，偏心距e=360 mm，焊脚尺寸h_{f1}=8 mm，h_{f2}=6 mm，图3-28(b)所示为焊缝的有效截面。

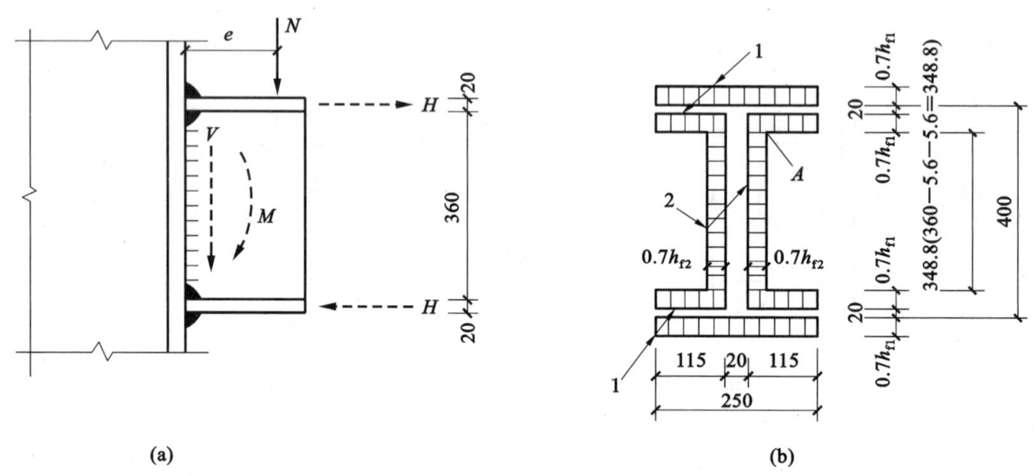

图3-27　例3-4图

【解】　N在角焊缝形心处引起剪力$V=N$=450 kN和弯矩$M=Ne$=450×0.36=162(kN·m)。

(1) 考虑腹板焊缝参与传递弯矩的计算方法

为使计算方便，将图中尺寸尽可能取为整数。

全部焊缝有效截面对中和轴的惯性矩：

$$I_w=2\times\frac{0.42\times34^3}{12}+2\times25\times0.56\times20.28^2+4\times11.5\times0.56\times17.28^2=21959(\text{cm}^4)$$

翼缘焊缝的最大应力：

$$\sigma_{f1}=\frac{M}{I_w}\frac{h}{2}=\frac{162\times10^6}{21959\times10^4}\times205.6=151.7(\text{N/mm}^2)<\beta_f f_f^w=1.22\times200=244(\text{N/mm}^2)$$

腹板焊缝中由弯矩M产生的弯曲应力：

$$\sigma_{f2}=151.7\times\frac{170}{205.6}=125.4(\text{N/mm}^2)$$

剪力V在腹板焊缝中产生的平均剪应力：

$$\tau_f=\frac{V}{\sum h_{e2}l_{w2}}=\frac{450\times10^3}{2\times0.7\times6\times340}=157.6(\text{N/mm}^2)$$

则腹板焊缝的强度(A点为设计控制点)：

$$\sqrt{\left(\frac{\sigma_{f2}}{\beta_f}\right)+\tau_f^2}=\sqrt{\left(\frac{125.4}{1.22}\right)^2+157.6^2}=188(\text{N/mm}^2)<f_f^w=200\ \text{N/mm}^2$$

故满足强度要求。

(2) 不考虑腹板焊缝传递弯矩的计算方法

翼缘焊缝所承受的水平力：

$$H=\frac{M}{h}=\frac{162\times10^6}{380}=426.3(\text{kN})\quad(h\text{ 值近似取为翼缘中线间距离})$$

翼缘焊缝强度：

$$\sigma_f=\frac{H}{h_{e1}l_{w1}}=\frac{426.3\times10^3}{0.7\times8\times(250+2\times115)}=158.6(\text{N/mm}^2)<\beta_f f_f^w=244\ \text{N/mm}^2$$

腹板焊缝强度：

$$\tau_f=\frac{H}{h_{e2}l_{w2}}=\frac{450\times10^3}{2\times0.7\times6\times340}=157.6(\text{N/mm}^2)<f_f^w=200\ \text{N/mm}^2$$

故均满足强度要求。

② 三面围焊缝受扭矩和剪力共同作用的工况。

图 3-28 所示为三面围焊缝承受竖向偏心力 V 和水平拉力 N 的共同作用，首先将偏心力简化至焊缝有效截面的形心 O，此偏心力产生竖向力 F 和扭矩 $T=F(e+a)$。在扭矩作用下，焊缝群计算遵循弹性理论假定：a. 被连接板件是绝对刚性的，它有绕焊缝形心 O 转动的趋势；b. 在扭矩作用下，焊缝群上任一点的应力方向垂直于该点与形心的连线，且应力大小与该点到形心的距离成正比。在图 3-28 中，A 点与 A_1 点距离形心 O 最远，故在扭矩作用下 A 点和 A_1 点产生的剪应力最大，该两点为控制点。

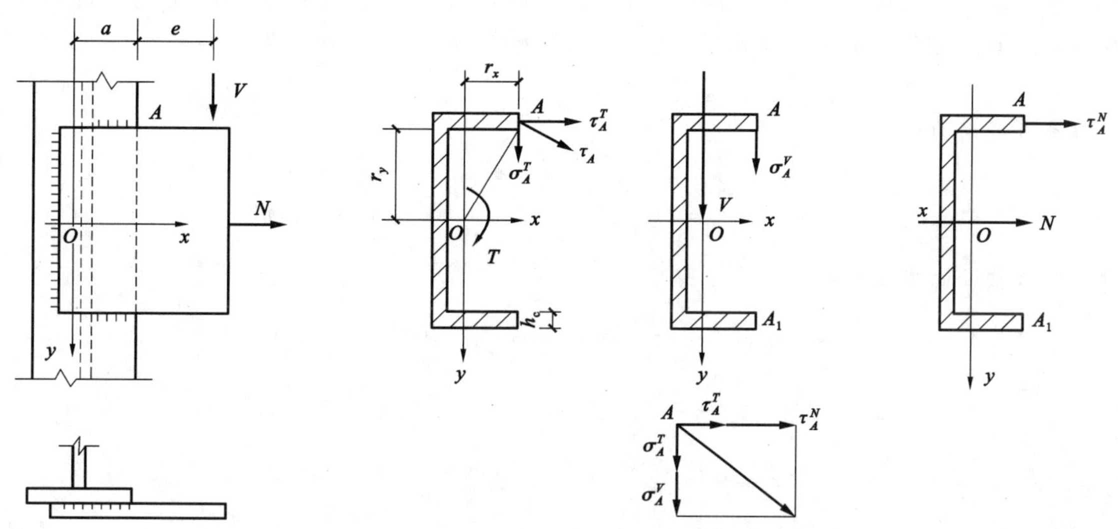

图 3-28 受扭、受剪、受轴力作用的角焊缝应力

计算出在扭矩 T、竖向力 V 和水平力 N 各自单独作用下最危险点 A 点或 A_1 点的应力。竖向力 V 作用下产生的应力：

$$\sigma_A^V=\frac{V}{\sum h_e l_w} \tag{3-29}$$

水平力 N 作用下产生的应力：

$$\tau_A^N=\frac{N}{\sum h_e l_w} \tag{3-30}$$

扭矩 T 作用下产生的竖直方向应力：

$$\tau_A^T=\frac{Tr_y}{I_p} \tag{3-31}$$

扭矩 T 作用下产生的水平方向应力：

$$\sigma_A^T=\frac{Tr_x}{I_p} \tag{3-32}$$

式中，$I_p=I_x+I_y$，为有效焊缝截面对其形心的极惯性矩。

最危险点 A 点按下式验算焊缝强度：

$$\sqrt{\left(\frac{\sigma_A^T+\sigma_A^V}{\beta_f}\right)^2+(\tau_A^T+\tau_A^V)^2}\leqslant f_f^w \tag{3-33}$$

【例 3-5】 图 3-29 所示为一支托与柱的搭接连接，$l_1=350$ mm，$l_2=400$ mm，作用力设计值 $V=200$ kN，钢材为 Q345B，采用 E50 型焊条的手工电弧焊，作用力距柱边缘距离 $e=350$ mm，支托板厚 12 mm，试设计此角焊缝。

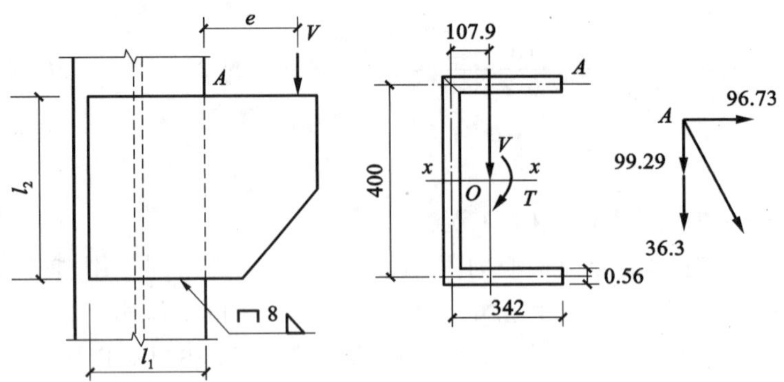

图 3-29 例 3-5 图

【解】 设三边焊脚尺寸 h_f 相同，取 8 mm，并近似地按支托与柱的搭接长度来计算角焊缝的有效截面。因水平焊缝和竖向焊缝在转角处连续施焊，故在计算焊缝长度时，仅在水平焊缝端部减去 h_f，竖焊缝则不减少。

角焊缝有效截面的形心位置：

$$x=\frac{2\times0.7\times0.8\times\frac{34.2^2}{2}}{0.7\times0.8\times(2\times34.2+40)}=10.79(\text{cm})$$

角焊缝有效截面的惯性矩：

$$I_{wx}=0.7\times0.8\times\left(\frac{40^3}{12}+2\times34.2\times20^2\right)=18308(\text{cm}^4)$$

$$I_{wy}=0.7\times0.8\times\left[40\times10.79^2+\frac{2\times34.2^3}{12}+2\times34.2\times\left(\frac{34.2}{2}-10.79\right)^2\right]=7866(\text{cm}^4)$$

$$J=I_{wx}+I_{wy}=18308+7866=26174(\text{cm}^4)$$

扭矩：

$$T=V(e+l_1-x)=200\times(35+35-10.79)=11842(\text{kN}\cdot\text{cm})$$

角焊缝有效截面上 A 点处应力：

$$\tau_A^T=\frac{Tr_y}{J}=\frac{11842\times10^4\times200}{26174\times10^4}=90.5(\text{N/mm}^2)$$

$$\sigma_A^T=\frac{Tr_x}{J}=\frac{11842\times10^4\times(342-107.9)}{26174\times10^4}=105.9(\text{N/mm}^2)$$

$$\sigma_A^V=\frac{V}{A_w}=\frac{200\times10^3}{0.7\times1.0\times(40+34.2\times2)\times10^2}=26.3(\text{N/mm}^2)$$

$$\sqrt{\left(\frac{\sigma_A^T+\sigma_A^V}{\beta_f}\right)^2+(\tau_A^T)^2}=\sqrt{\left(\frac{105.9+26.3}{1.22}\right)^2+90.5^2}=141.2(\text{N/mm}^2)<f_f^w=200\ \text{N/mm}^2$$

故强度满足要求。

3.3.4 斜角角焊缝的计算

斜角角焊缝是指两焊脚边夹角 $60°\leqslant\alpha\leqslant135°$ 且不等于 90°的 T 形接头的斜角角焊缝(图 3-30)。其强度应按式(3-5)～式(3-7)计算，但取 $\beta_f=1.0$，其计算厚度为：

$$h_e=h_f\cos\frac{\alpha}{2}\quad(\text{根部间隙 } b、b_1 \text{ 或 } b_2\leqslant1.5\ \text{mm})$$

或

$$h_e = \left[h_f - \frac{b(\text{或 } b_1、b_2)}{\sin\alpha}\right]\cos\frac{\alpha}{2} \quad (b、b_1 \text{ 或 } b_2 > 1.5\ \text{mm}，\text{但不大于 } 5\ \text{mm})$$

T 形接头角焊缝的计算厚度应按图 3-30 中的 h_{e1} 或 h_{e2} 取用。

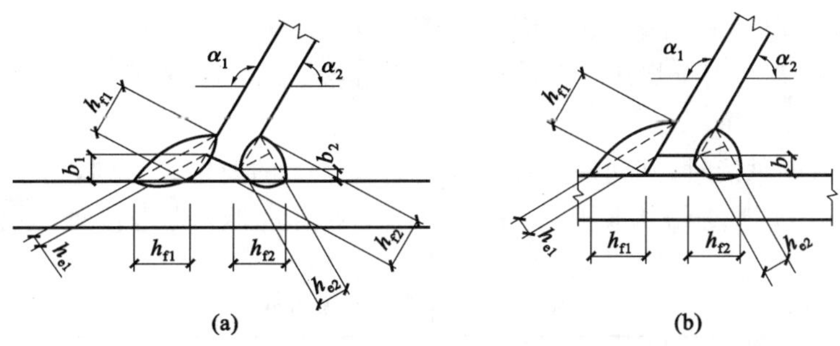

图 3-30 T 形接头的根部间隙和焊缝截面

b—根部间隙；h_f—焊脚尺寸；h_e—焊缝计算厚度

由图 3-30 中的几何关系可知，在锐角 α_2 一侧，有：

$$h_{e2} = \left[h_{f2} - \frac{b(\text{或 } b_2)}{\sin\alpha_2}\right]\frac{\cos\alpha_2}{2} \tag{3-34}$$

在钝角 α_1 一侧，有：

$$h_{e1} = \left[h_{f1} - \frac{b(\text{或 } b_1)}{\sin\alpha_1}\right]\frac{\cos\alpha_1}{2} \tag{3-35}$$

由此可得斜角角焊缝计算厚度 h_{ei} 的通式：

$$h_{ei} = \left[h_{fi} - \frac{b(\text{或 } b_1、b_2)}{\sin\alpha_i}\right]\frac{\cos\alpha_i}{2} \tag{3-36}$$

当 $b_i \leqslant 1.5$ mm 时，可取 $b_i = 0$，代入式(3-36)后，得 $h_{ei} = h_{fi}\cos\alpha_i/2$。

当 $b_i \geqslant 5$ mm 时，焊缝质量不能保证，应采取专门措施解决。一般是图 3-30(a)中的 b_1 大于 5 mm，此时可将板边切成图 3-30(b)所示的形式，并使 $b \leqslant 5$ mm。

3.4 对接焊缝的构造与计算

对接焊缝包括焊透的对接焊缝、部分焊透的对接焊缝、T 形对接与角接组合焊缝、部分焊透的 T 形对接与角接焊缝等。部分焊透的对接焊缝和角接组合焊缝受力类似。对接焊缝按照坡口形式分为 I 形缝、V 形缝、带钝边的单边 V 形缝、带钝边的 V 形缝（也叫 Y 形缝）。当板件厚度较厚时，可采用双面带坡口的 K 形缝或者 X 形缝，不同坡口形式的焊缝如图 3-31 所示。

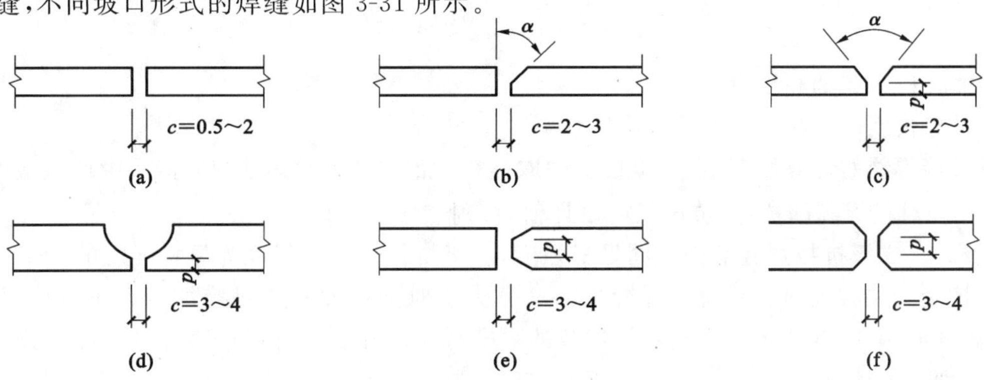

图 3-31 对接焊缝的坡口形式

(a) 直边缝；(b) 单边 V 形坡口；(c) V 形坡口；(d) U 形坡口；(e) K 形坡口；(f) X 形坡口

3.4.1 对接焊缝的构造要求

重要连接或有等强要求的对接焊缝应为熔透焊缝，较厚板件或无须焊透时可采用部分熔透焊缝。对接焊缝的坡口形式，应根据板厚和施工条件按《钢结构焊接规范》(GB 50661—2011)附录B的要求选用。例如，当板厚为3～6 mm时，若采用全焊透焊条电弧焊双面焊接，无衬垫，则可选择I形坡口(即不开坡口)，坡口尺寸为$b=t/2$，如图3-32所示。

不同厚度和宽度的钢板对接时，其允许厚度差应符合表3-4的要求。否则，为了减小材料因截面及外形突变造成的局部应力集中，提高结构使用安全性，应做平缓过渡，其连接处坡度值不宜大于1∶2.5(图3-33)。

表3-4 不同厚度钢材对接的允许厚度差 (单位：mm)

较薄钢材厚度 t_2	≥5～9	10～12	>12
允许厚度差 t_1-t_2	2	3	4

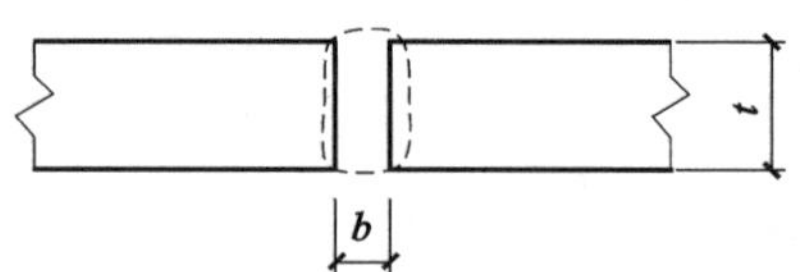

图3-32 全焊透焊条电弧焊双面焊接I形坡口

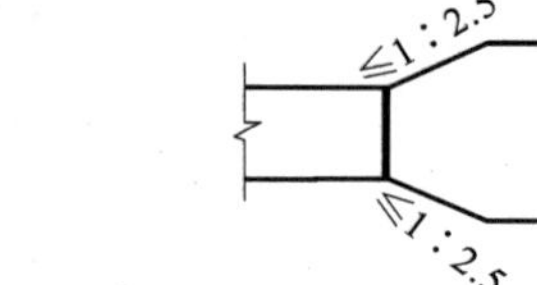

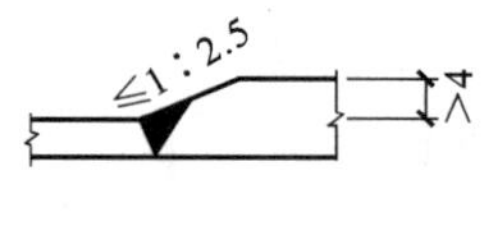

图3-33 不同宽度或厚度钢板的拼接

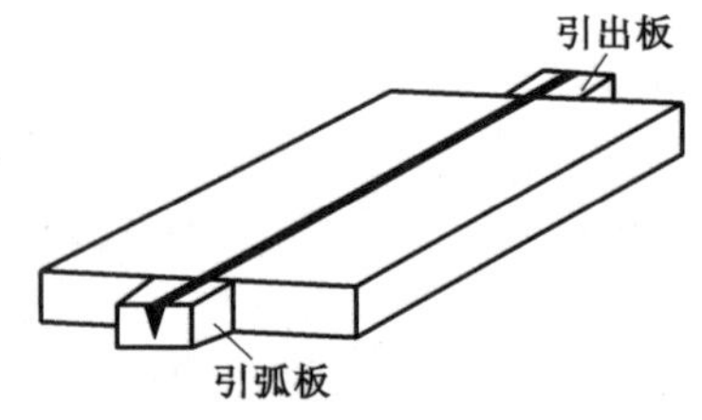

图3-34 用引弧板(引出板)焊接

承受动荷载需经疲劳验算的连接，当垂直于焊缝长度方向受力时，若采用部分焊透对接焊缝，未焊透处的应力集中会产生不利的影响，因此严禁采用。

凡要求等强的对接焊缝施焊，均应采用引弧板和引出板，如图3-34所示，以避免焊缝两端的起、落弧缺陷。在某些特殊情况下无法采用引弧板和引出板时，焊缝计算长度为实际焊缝长度减去$2t$(t为焊件的较小厚度)。

3.4.2 对接焊缝的计算

对接焊缝的应力分布基本上与连接件的应力分布相似。对于重要的构件。按一、二级标准检验焊缝质量，此时可认为焊缝和构件等强，不必另行计算。

(1) 轴心受力的对接焊缝

在对接接头和T形接头中，垂直于轴心拉力或轴心压力的对接焊缝或对接与角接组合焊缝的强度应按下式计算：

$$\sigma=\frac{N}{l_w h_e}\leqslant f_t^w \text{ 或 } f_c^w \tag{3-37}$$

式中 N——轴心拉力或轴心压力；

l_w——焊缝长度；

h_e——对接焊缝的计算厚度，在对接接头中取连接件的较小厚度，在T形接头中取腹板的厚度；

f_t^w，f_c^w——对接焊缝的抗拉、抗压强度设计值，按附表1-3取值。

抗压焊缝和一、二级抗拉焊缝的强度同母材强度，三级抗拉焊缝的强度为母材强度的85%。

对接焊缝按受力的方向是否垂直于焊缝方向又分为正对接焊缝和斜对接焊缝。正对接焊缝如图3-35所示，斜对接焊缝如图3-36所示。当正对接焊缝的强度低于焊件强度时，为了提高连接的承载力，可改用斜对接焊缝，按下列公式计算：

$$\sigma=\frac{N\sin\theta}{l_w t}\leqslant f_t^w \tag{3-38}$$

$$\tau=\frac{N\cos\theta}{l_{w}t}\leqslant f_{v}^{w} \tag{3-39}$$

式中 l_w——焊缝的计算长度，加引弧板时，$l_w=b/\sin\theta$；不加引弧板时，$l_w=b/\sin\theta-2t$。

f_v^w——对接焊缝的抗剪强度设计值，按附表 1-3 取值。

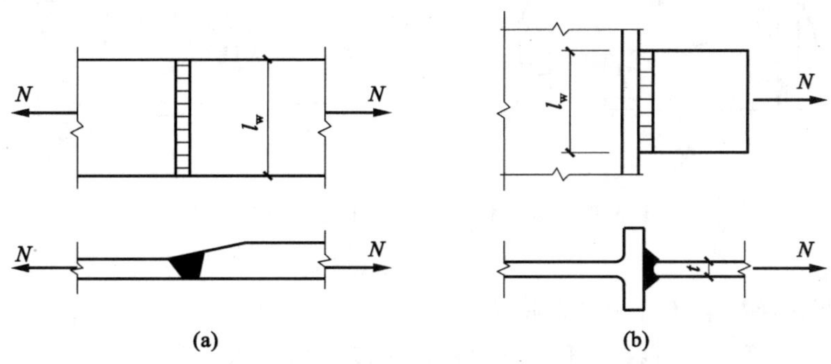

图 3-35 正对接焊缝

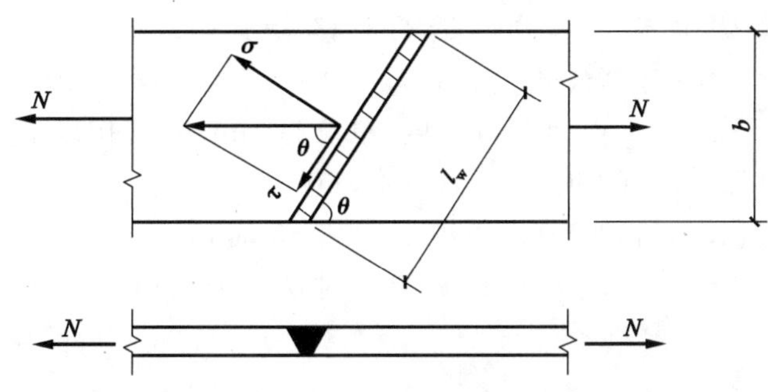

图 3-36 斜对接焊缝

随着斜对接焊缝倾角的增加，焊缝长度逐渐增大，承载力逐渐提高。当斜焊缝倾角 $\theta<56.3°$，即 $\tan\theta\leqslant 1.5$ 时，可认为与母材等强，不用计算。采用斜对接焊缝时，施工比较费时。

(2) 弯矩和剪力共同作用的对接焊缝

对于受弯矩和剪力共同作用的对接焊缝(图 3-37)，弯矩作用下截面上的正应力呈三角形分布，两端最大、中间最小，截面上的剪应力呈抛物线形分布，应分别计算正应力和剪应力。

截面上的正应力：

$$\sigma=\frac{M}{W_{w}}\leqslant f_{t}^{w} \tag{3-40}$$

式中 σ——焊缝截面上产生的最大正应力；

M——焊缝截面上作用的弯矩；

W_w——焊缝截面的截面模量；

f_t^w——焊缝的抗拉强度设计值。

截面上的剪应力：

$$\tau=\frac{VS_{w}}{I_{w}t}\leqslant f_{v}^{w} \tag{3-41}$$

式中 τ——剪力在焊缝截面上产生的最大剪应力；

V——焊缝截面上作用的剪力；

S_w——焊缝截面在计算剪应力处以上部分对中和轴的面积矩；

I_w——焊缝截面对中和轴的惯性矩；

f_v^w——对接焊缝抗剪强度设计值。

对于工字形、箱形、T 形截面构件，采用对接焊缝连接时，在腹板和翼缘相交处存在很大的正应力和剪应力。对此类截面的构件，除分别验算焊缝截面的最大正应力和剪应力外，还应按下式验算折算应力是否满足要求：

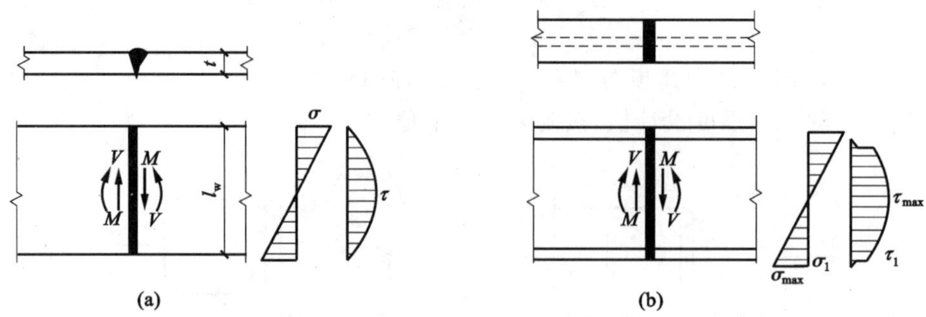

图 3-37 弯矩和剪力共同作用的对接焊缝

$$\sqrt{\sigma_1^2+3\tau_1^2}\leqslant 1.1f_t^w \tag{3-42}$$

式中 σ_1,τ_1——验算点处焊缝的正应力和剪应力;

1.1——考虑最大折算应力只在局部出现而将强度设计值适当提高的系数。

(3) 部分焊透的对接焊缝计算

T 形接头的根部间隙和焊缝截面部分熔透的对接焊缝(图 3-38)、T 形对接与角接组合焊缝[图 3-38(c)]的强度,应按角焊缝的计算公式[式(3-5)～式(3-7)]计算。在垂直于焊缝长度方向的压力作用下,取 $\beta_f=1.22$,其他情况下取 $\beta_f=1.0$,其计算厚度(单位为 mm)h_e 应按以下规定取值。

① V 形坡口[图 3-38(a)]:当 $\alpha\geqslant 60°$时,$h_e=s$;当 $\alpha<60°$时,$h_e=0.75s$。

② 单边 V 形和 K 形坡口[图 3-38(b)、(c)]:当 $\alpha=45°\pm 5°$时,$h_e=s-3$。

③ U 形和 J 形坡口[图 3-38(d)、(e)]:当 $\alpha=45°\pm 5°$时,$h_e=s$。

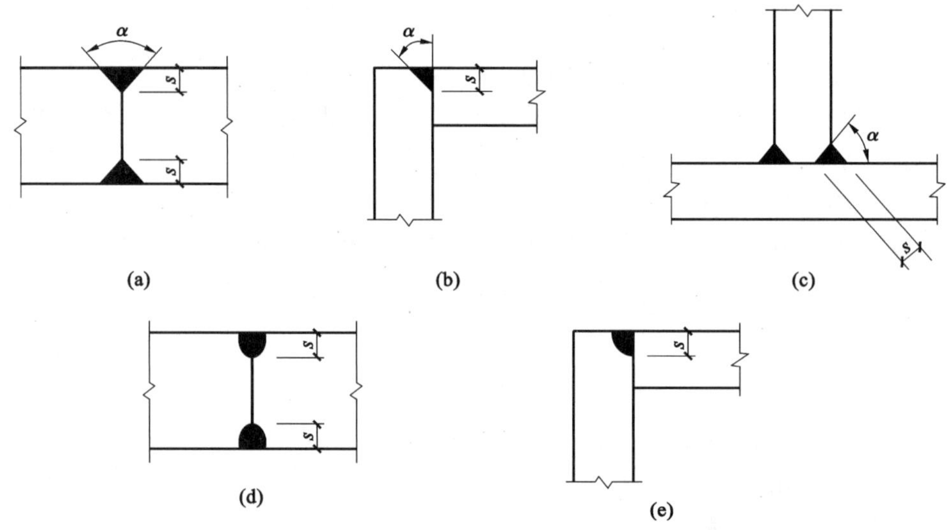

图 3-38 部分焊透的对接焊缝和其与角接焊缝的组合焊缝截面

值得注意的是:

a. s 为坡口深度,即根部至焊缝表面(不考虑余高)的最短距离(单位为 mm);α 为 V 形、单边 V 形或 K 形坡口的角度。

b. 当熔合线处焊缝截面边长等于或接近于最短距离 s 时,抗剪强度设计值应按角焊缝的强度设计值乘以 0.9 计算。

《钢结构设计标准》(GB 50017—2017)中规定:部分焊透的对接焊缝包括部分焊透的对接与角接组合焊缝,其工作情况与角焊缝类似,取 $\beta_f=1.0$,即不考虑应力方向。

考虑 $\alpha\geqslant 60°$的 V 形坡口焊缝根部可以焊满,故取 $h_e=s$;当 $\alpha<60°$时,取 $h_e=0.75s$,这是在考虑了焊缝根部不易焊满和在熔合线上强度较低的情况后得出的。

3.5 焊接残余应力和焊接残余变形

3.5.1 焊接残余应力的分布

焊接残余应力是焊接过程中由于构件不均匀加热和冷却而在钢材内部产生的一种自相平衡的应力。焊接残余应力有沿焊缝长度方向的纵向焊接残余应力、垂直于焊缝长度方向的横向焊接残余应力和沿厚度方向的焊接残余应力。

(1) 纵向焊接残余应力

在焊接过程中,焊件上产生不均匀的温度场。焊缝附近温度最高,在1600 ℃以上,而临近区域温度急剧下降,不均匀的温度场产生不均匀的膨胀。高温处钢材膨胀量最大,由于两侧温度较低,膨胀量较小钢材的变形会受到限制,从而产生了热塑性压缩。焊缝冷却时,被塑性压缩的焊缝区趋向收缩得比原来长度略短,这种缩短变形受到两侧钢材的限制,使焊缝区产生纵向拉应力。在低碳钢和低合金钢中,最大拉应力往往能达到钢材的屈服强度。焊接残余应力是一种自相平衡的内力,必然在截面上距离焊缝稍远区段内产生压应力。图3-39中给出了焊接板件纵向残余应力分布。

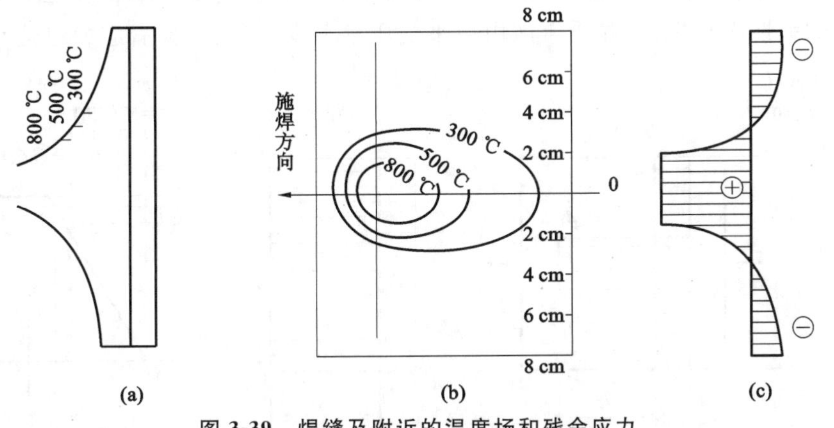

图3-39 焊缝及附近的温度场和残余应力

(a),(b) 施焊时焊缝及附近的温度场;(c) 钢板上的纵向焊接应力

(2) 横向焊接残余应力

产生横向焊接残余应力的原因主要有:① 焊缝纵向收缩时,使焊接在一起的两块板趋于形成相反方向的弯曲变形,但实际上焊缝已将两块板焊接在一起,不能分开,于是两块板之间产生横向的拉应力,而两端则产生横向压应力[图3-40(b)]。② 先焊的焊缝已经凝固,会阻止后焊焊缝在横向自由膨胀,使其发生横向塑性压缩变形。当焊缝冷却时,后焊焊缝的收缩受到已经凝固焊缝的限制而产生横向拉应力,而先焊部分则产生横向压应力,在最后施焊端的焊缝中必然产生拉应力[图3-40(c)]。因此,焊缝的横向焊接残余应力的大小和分布与焊缝的焊接顺序有一定关系,焊缝的横向焊接残余应力是上述两种应力的合力。

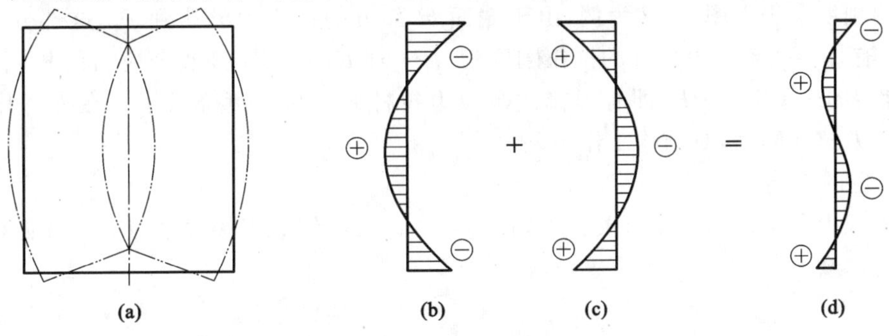

图3-40 焊缝的横向焊接残余应力

(3) 沿厚度方向的焊接残余应力

在厚钢板的焊接过程中,焊缝需要在厚度方向多层施焊,因此除纵向和横向焊接残余应力外,还存在沿钢板厚度方向的焊接残余应力(图 3-41)。在最后冷却的焊缝中部,这三种应力形成同号三向拉应力,将显著降低焊缝连接的塑性性能。

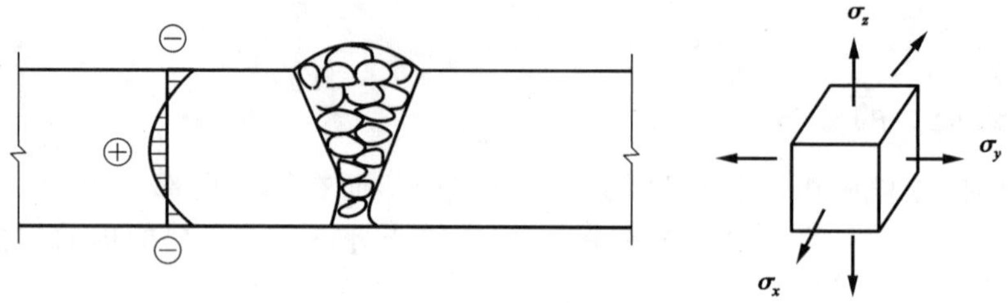

图 3-41 厚板中厚度方向的焊接残余应力

3.5.2 焊接残余应力的影响

(1) 对结构静力强度的影响

钢材是一种塑性材料,当变形达到一定幅值后,钢材中的应力均能达到其屈服强度,因此焊接残余应力不会影响钢材的静力强度。假定钢板上的初始残余应力分布如图 3-42 所示,截面上残余压应力和残余拉应力呈矩形分布,在轴力 N 的作用下,截面 b 部分的焊接残余拉应力已达到钢材屈服强度 f_y,应力不再增加,拉力 N 仅由受压区的弹性区承担;两侧受压区由原来受压逐渐变为受拉,最后应力也达到屈服强度 f_y,这时全截面的应力都达到了 f_y。

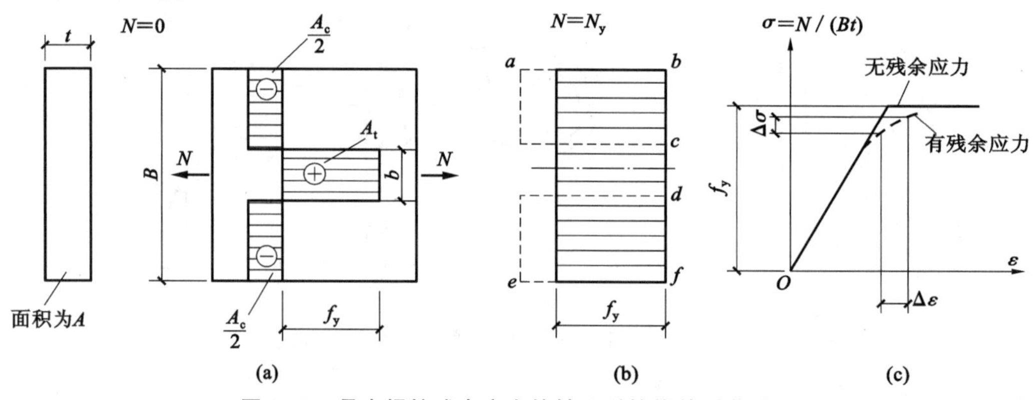

图 3-42 具有焊接残余应力的轴心受拉构件受荷过程

由于焊接残余应力自相平衡,故受拉区应力面积 A_t(实际为总残余拉力)必然和受压区应力面积 A_c(总残余压力)相等,即 $A_t = A_c = btf_y$,则构件全截面达到屈服强度 f_y 时所承受的外力 $N_y = [A_c + (B-b)t]f_y = Btf_y$。而 Btf_y 是无焊接残余应力且无应力集中现象时的轴心受拉构件强度。由此可知,有焊接残余应力构件的承载能力和无焊接残余应力构件的完全相同,即焊接残余应力不影响结构的强度。

(2) 对结构刚度的影响

结构刚度是指引起单位位移所需的力。引起单位位移所需的力越大,说明结构的刚度越高。焊接残余应力会降低构件的刚度。仍以图 3-42 为例,由于截面 bt 部分的拉应力已达到 f_y,这部分的刚度为 0,则具有图 3-42(a)所示有焊接残余应力拉杆的抗拉刚度为 $(B-b)tE$,而无焊接残余应力的相同截面拉杆的抗拉刚度为 BtE。显然 $BtE > (B-b)tE$,即有焊接残余应力拉杆的抗拉刚度降低了。在外力作用下,其变形将会较无焊接残余应力拉杆的大,对结构工作不利。

(3) 对压杆稳定的影响

压杆的稳定承载力和构件的刚度有关,这将在第 4 章详细介绍。焊接残余应力会降低构件的刚度,从而会降低构件的稳定承载力。

(4) 对低温冷脆的影响

在厚板和有三向交叉焊缝的情况下，将产生三向焊接残余应力，阻碍塑性变形，在低温下会使裂纹容易产生和发展，加速构件的脆性破坏。

(5) 对疲劳强度的影响

焊接残余应力对疲劳强度有不利的影响，原因在于焊缝及其附近区域存在应力水平很高的残余拉应力，通常达到钢材的屈服强度。此部位是形成和发展裂纹最为敏感的区域，因此焊接残余应力会降低构件的疲劳强度。

3.5.3 焊接残余变形及应对措施

焊接过程中由于焊缝的纵向和横向受到热塑性压缩，会使构件产生残余变形，如纵向缩短、横向缩短、弯曲变形、角变形和扭曲变形等(图 3-43)。焊接残余变形过大会对构件的连接和受力带来很大影响，因此我国《钢结构工程施工质量验收规程》(GB 50205—2020)规定了焊接残余变形的最大限值。若超出该规程的规定，则必须加以矫正，使其不致影响构件的使用和承载能力。

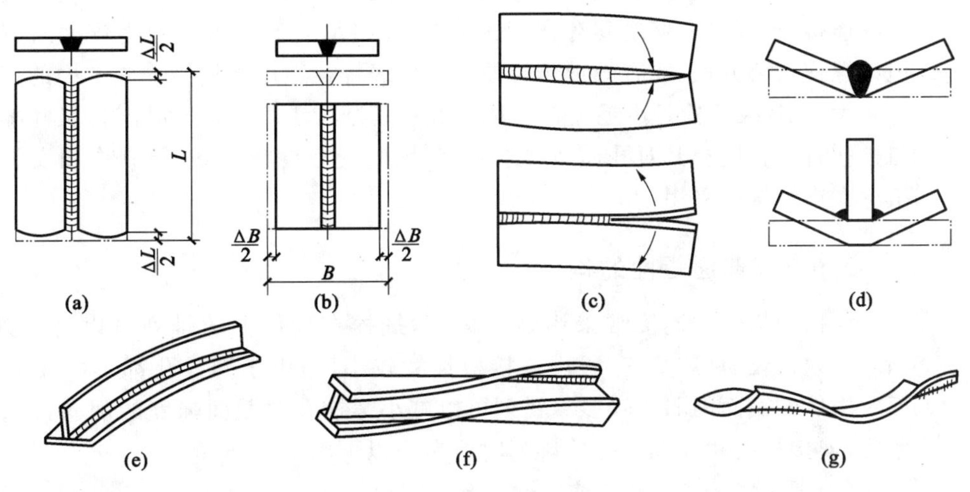

图 3-43 焊接残余变形

(a)、(b) 纵、横向收缩；(c) 面内弯曲变形；(d) 角变形；(e) 弯曲变形；(f) 扭曲变形；(g) 薄板失稳翘曲变形

在工程中，可通过合理的焊缝设计和焊接工艺措施来控制焊接残余应力和焊接残余变形。

(1) 合理的焊缝设计

① 焊接位置合理。焊缝的布置尽可能对称于构件的形心，以减小焊接残余变形。

② 焊缝尺寸合理。在保证连接具有足够承载力的情况下，设计时尽量减小焊脚尺寸，并加大焊缝长度，使需要的焊缝总面积不变，以免因焊脚尺寸过大引起较大残余应力。

③ 尽量避免焊缝三向交叉，焊接时可使次要焊缝中断，主要焊缝通过。

④ 尽量避免母材厚度方向的收缩应力，图 3-44(a)所示的构造措施是正确的，而图 3-44(b)所示的构造常引起板的层状撕裂。

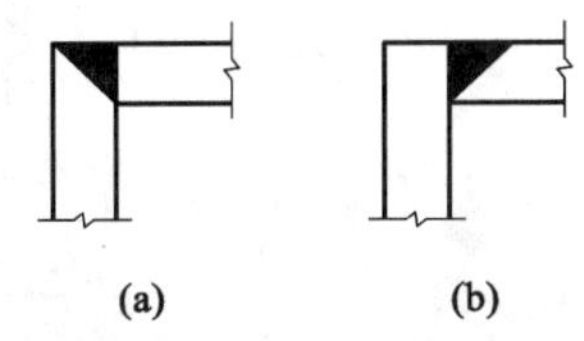

图 3-44 不同焊接方式

(2) 合理的焊接工艺措施

① 采用合理的焊接顺序和方向，尽量使焊缝能自由收缩，先焊工作时受力较大的焊缝或收缩量较大的焊缝。

② 采用反变形法减小焊接残余变形和焊接残余应力。事先估计好结构变形的大小和方向，然后在装配时给予一个相反方向的变形，以与焊接残余变形相抵消，使焊接后的结构变形满足规范要求。

③ 锤击或碾压焊缝，使焊缝得到延伸，从而降低焊接残余应力，减小焊接残余变形。

④ 尺寸较小的构件焊前预热，或焊后回火加热至 600 ℃左右，然后缓慢冷却，可以消除焊接残余应力。

3.6 普通螺栓连接的工作性能与计算

螺栓的规格图

螺栓连接分为普通螺栓连接和高强度螺栓连接，两者的主要区别在于螺栓的强度不同，同时对螺栓孔径精度的要求也不同。普通螺栓分为A级、B级和C级。A级和B级为精制螺栓，C级为粗制螺栓。C级螺栓的材料等级分为4.6级和4.8级，小数点前面的数字表示螺栓的抗拉强度不小于400 N/mm^2，小数点及小数点后的数字表示其屈强比(屈服强度与抗拉强度之比)为0.6和0.8。A级和B级螺栓的材料等级分别为5.6级和8.8级，其抗拉强度分别不小于500 N/mm^2 和800 N/mm^2，屈强比分别为0.6和0.8。

C级螺栓由未加工的圆钢压制而成。由于螺栓表面粗糙，一般采用在单个零件上一次冲成或不用钻模钻成的孔，螺栓孔的直径比栓杆直径大1～1.5 mm。对于采用C级螺栓的连接，栓杆和孔壁之间存在较大缝隙，连接承受剪力时会产生较大的剪切滑移变形。但该螺栓安装方便，能有效地传递拉力。C级螺栓适用于钢结构施工中的安装固定。

A级、B级螺栓是由毛坯在车床上经过切削加工而成，表面光滑，尺寸准确，栓杆直径与栓孔直径相同。其对孔质量要求较高，因此受剪性能较好，但制作和安装费用较高，已很少在钢结构中采用。

3.6.1 普通螺栓的构造

结构中构件的连接常采用多个螺栓，螺栓在构件上的排列可以是并列也可以是错列。并列比较简单、整齐，所用连接板尺寸较小，但由于螺栓孔都集中在一个断面上，因而对构件的截面削弱比较多。错列可以减小螺栓孔对截面强度的削弱，但螺栓孔排列不紧凑，连接板尺寸较大。螺栓排列时应考虑以下因素：

(1) 受力要求

在受力方向，螺栓的端距不能过小，过小时端部钢板容易被剪断。钢板边缘的切割方式不同，规定的最小端距也有所差别，见表3-5。螺栓的间距也不能过小，过小时构件有沿折线或直线破坏的可能，因此规定螺栓间的最小容许距离为 $3d_0$，d_0 为螺栓孔的直径。对于受压构件，沿力方向螺栓的间距也不能过大，过大时连接板件有张口或鼓曲的现象，造成连接的承载力降低，同时潮气会侵入缝隙，造成钢板锈蚀。

(2) 构造要求

若螺栓间距或边距过大，则钢板间不能紧密贴合，潮气容易进入缝隙，造成钢板锈蚀。

(3) 施工要求

要保证足够的施工操作空间，便于安装螺栓。

根据以上要求，螺栓的最大、最小容许间距见表3-5。

表3-5 **螺栓的最大、最小容许间距**

<table>
<tr><th>名称</th><th colspan="3">位置和方向</th><th>最大容许间距
(取两者中的较小值)</th><th>最小容许间距</th></tr>
<tr><td rowspan="4">中心间距</td><td colspan="3">外排(垂直内力方向或顺内力方向)</td><td>$8d_0$ 或 $12t$</td><td rowspan="5">$3d_0$</td></tr>
<tr><td rowspan="3">中间排</td><td colspan="2">垂直内力方向</td><td>$16d_0$ 或 $24t$</td></tr>
<tr><td rowspan="2">顺内力方向</td><td>构件受压力</td><td>$12d_0$ 或 $18t$</td></tr>
<tr><td>构件受拉力</td><td>$16d_0$ 或 $24t$</td></tr>
<tr><td></td><td colspan="3">沿对角线方向</td><td>—</td></tr>
</table>

续表

<table>
<tr><th>名称</th><th colspan="3">位置和方向</th><th>最大容许间距
（取两者中的较小值）</th><th>最小容许
间距</th></tr>
<tr><td rowspan="4">中心至构件
边缘距离</td><td colspan="3">顺内力方向</td><td rowspan="4">$4d_0$ 或 $8t$</td><td>$2d_0$</td></tr>
<tr><td rowspan="3">垂直
内力
方向</td><td colspan="2">剪切边或手工气割边</td><td rowspan="2">$1.5d_0$</td></tr>
<tr><td rowspan="2">轧制边、自动气割
或锯割边</td><td>高强度螺栓</td></tr>
<tr><td>其他螺栓或螺钉</td><td>$1.2d_0$</td></tr>
</table>

注：d_0 为螺栓或螺钉的孔径，t 为外层较薄板件的厚度。

3.6.2 普通螺栓连接的计算

螺栓的连接视频

普通螺栓按照传力方式分为抗剪螺栓和抗拉螺栓。对于抗剪螺栓，由于被拧紧的普通螺栓中拉力很小，因此假定接触面上没有摩阻力，在很小作用力下螺栓和板件即产生相对滑移，剪力依靠栓杆的承压和抗剪来传递；当螺栓用来传递拉力时，通过栓杆的受拉来传递。

（1）单个螺栓的受剪承载力计算

下面以图 3-45 所示的连接来说明抗剪螺栓的受力过程。对图示螺栓连接做抗剪试验，即可得到板件上 a、b 两点相对位移 δ 和作用力 N 的关系曲线。该曲线清楚揭示了抗剪螺栓受力的四个阶段，具体为：① 摩擦传力的弹性阶段（0～1 段），该阶段主要克服板件间的摩擦力，连接处于弹性阶段，由于普通螺栓中预紧力较小，故该阶段较短；② 滑移阶段（1～2 段），克服摩擦力后，板件间突然发生水平滑移，最大滑移量为栓孔和栓杆间的间隙，表现在曲线上为水平段；③ 栓杆传力的弹性阶段（2～3 段），该阶段主要靠栓杆与孔壁的接触传力，栓杆受剪力、拉力和弯矩作用，孔壁受挤压，材料的弹性以及栓杆拉力增大导致板件间摩擦力增大，N-δ 关系曲线以曲线状态上升；④ 弹塑性阶段（3～4 段），达到 3 点后，即使给荷载以很小的增量，连接的剪切变形也会迅速增大，直到连接破坏。4 点（曲线的最高点）即为普通螺栓抗剪连接的极限承载力 N_u。

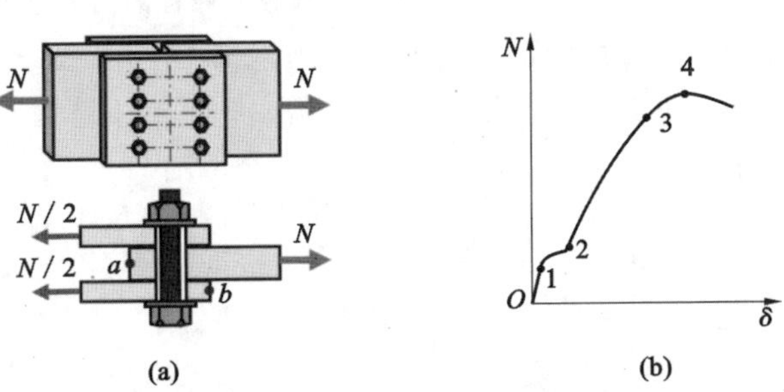

图 3-45 普通螺栓的抗剪连接

普通螺栓的抗剪连接可能出现以下五种破坏形式：① 栓杆剪断[图 3-46(a)]，板件较厚且栓杆较细时出现这种破坏现象；② 孔壁挤压破坏[图 3-46(b)]，板件较薄而栓杆较粗时出现这种破坏现象；③ 板被拉断[图 3-46(c)]，板件截面削弱较多时出现这种破坏现象；④ 钢板端部冲切破坏[图 3-46(d)]，这种破坏模式主要是由端距过小造成的，可通过构造措施即使螺栓端距 $a_1 \geqslant 2d_0$ 来避免；⑤ 栓杆出现弯曲破坏[图 3-46(e)]，这种破坏模式是由螺栓过长造成的，当连接板件的总厚度小于 5 倍螺栓直径时，这种破坏模式可以避免。对于前三种破坏形式，可通过计算予以避免；对于后两种破坏模式，可通过构造措施予以避免。

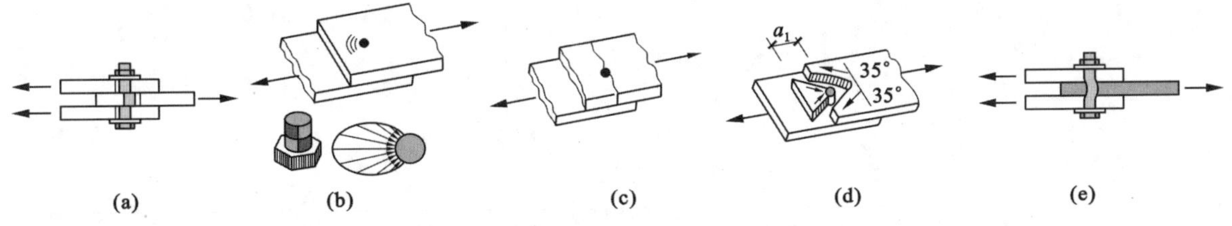

图 3-46 受剪螺栓连接的破坏形式

当采用螺栓群连接板件且连接处于弹性阶段时，沿螺栓受力方向的各螺栓受力不相等，呈现两端大、中间小的受力状态，与侧面角焊缝连接的受力状态相似；当受力进入塑性阶段后，螺栓群会出现内力重分布，使各螺栓受力趋于均匀(图3-47)。但如果连接过长，即一侧的螺栓数目过多，沿受力方向的连接长度 l_1 过大，则端部的螺栓会因受力过大而出现破坏，随后依次向内发展，逐个破坏。因此《钢结构设计标准》(GB 50017—2017)中规定螺栓的最大连接距离 $l_1>15d_0$ 时，单个螺栓的承载力应乘以折减系数 β[见式(3-43)]；当 $l_1>60d_0$ 时，折减系数为常数0.7，d_0 为螺栓孔的直径。

$$\beta=1.1-\frac{l_1}{150d_0} \tag{3-43}$$

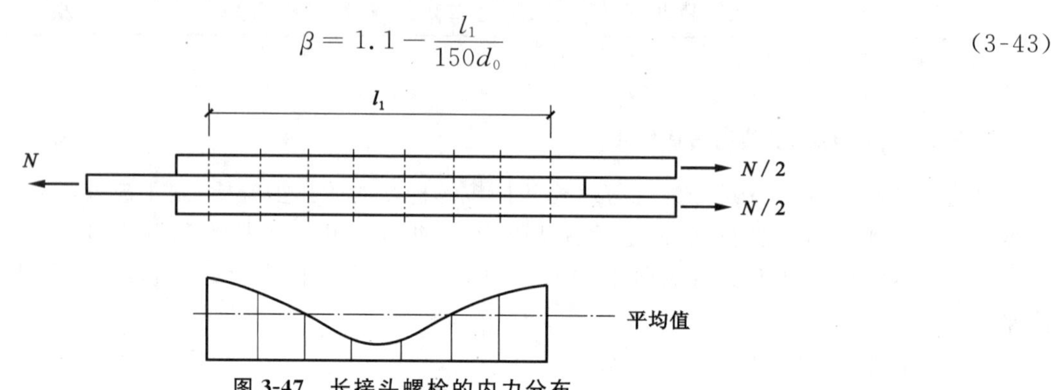

图3-47 长接头螺栓的内力分布

螺栓的抗剪承载力由螺栓断面的抗剪承载力及螺栓与孔壁之间的承压承载力决定，取两者中的较小值。因此，抗剪螺栓的设计承载力按以下两式计算。

抗剪承载力设计值：

$$N_v^b=n_v\frac{\pi d^2}{4}f_v^b \tag{3-44}$$

承压承载力设计值：

$$N_c^b=d\sum tf_c^b \tag{3-45}$$

螺栓的承载力取 N_v^b 和 N_c^b 中的最小值，即

$$N_{min}^b=\min\{N_v^b,N_c^b\} \tag{3-46}$$

式中 n_v——受剪面数目；

d——螺栓杆直径；

d_0——螺栓孔直径；

$\sum t$——在不同受力方向中，一个受力方向承压构件总厚度中的较小值；

f_v^b，f_c^b——螺栓的抗剪和承压强度设计值，查附表1-4。

进行抗剪承载力计算时要注意螺栓连接受剪面 n_v 的取值。图3-48给出了不同连接时受剪面数目和承压板厚度的取值。

(2) 连接板件的承载力计算

下面以图3-49所示连接为例来说明螺栓连接中板件承载力的计算，图中左边的螺栓承担轴力 N，通过左边螺栓群传至两块拼接板，再由两块拼接板通过右边螺栓群传至右边板件。在传力过程中，各部分受力情况如图3-49(c)所示。板件在截面1—1处承受全部的轴力 N，在截面1—1和截面2—2之间承受 $2N/3$ 轴力，因为 $N/3$ 的轴力已经通过第一列螺栓传给连接板。

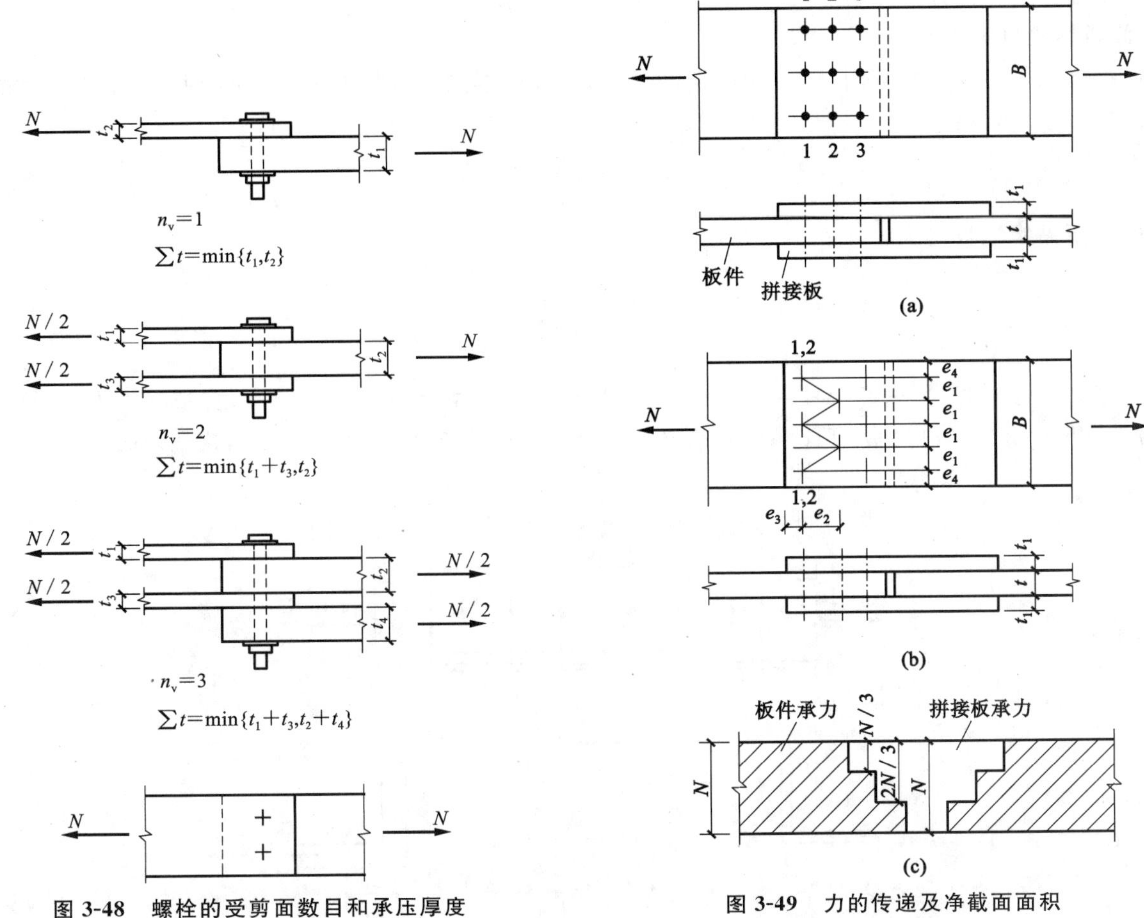

图 3-48 螺栓的受剪面数目和承压厚度

图 3-49 力的传递及净截面面积

螺栓孔削弱了板件的截面，为防止在净截面处被拉断，需要验算净截面的强度：

$$\sigma = \frac{N}{A_n} \leqslant f \tag{3-47}$$

式中 A_n——连接板件或盖板的净截面面积。

图 3-49(a) 所示为并列排列的螺栓，以左半部分连接为例，截面 1—1、截面 2—2、截面 3—3 的净截面面积均相同。相对于板件来说，根据传力情况，截面 1—1 受力大小为 N，截面 2—2 受力大小为 $N-\frac{n_1}{n}N$，截面 3—3 受力大小为 $N-\frac{n_1+n_2}{n}N$。截面 1—1 受力最大，截面 1—1 的净截面面积为：

$$A_n = t(B - n_1 d_0) \tag{3-48}$$

对拼接板来说，截面 3—3 受力最大，其净截面面积：

$$A_n = 2t_1(B - n_3 d_0) \tag{3-49}$$

式中 n——左边部分螺栓总数；

n_1, n_2, n_3——截面 1—1、截面 2—2、截面 3—3 处螺栓数目；

d_0——螺栓孔直径。

对于错列排列的螺栓群[图 3-49(b)]，板件不仅需要考虑沿截面 1—1(正交截面)破坏的可能，还要考虑沿截面 2—2(折线截面)破坏的可能。折线长度虽然增加，但螺栓孔数量也增多，此时折线截面 2—2 的净截面面积为：

$$A_0 = t\left[2e_4 + (n_2 - 1)\sqrt{e_1^2 + e_2^2} - n_2 d_0\right] \tag{3-50}$$

式中 n_2——折线截面 2—2 上的螺栓数目。

(3) 普通螺栓群受剪计算

① 普通螺栓群轴心受剪计算。

普通螺栓群轴心受剪计算时，要注意连接的长度，当螺栓群的连接长度 $l_1 > 15d_0$ 时，应将单个螺栓的承载力乘以折减系数，即：

$$\eta = 1.1 - \frac{l_1}{150d_0} \geqslant 0.7 \tag{3-51}$$

则连接所需螺栓数目为：

$$n = \frac{N}{\eta N_{\min}^{b}} \tag{3-52}$$

【例 3-6】 两角钢用 C 级螺栓拼接连接(图 3-50)，已知角钢型号为∟100×8，承受轴心拉力，设计值 $N=230$ kN，构件中所有钢材均为 Q235B，螺栓直径 $d=20$ mm，螺栓孔直径 $d_0=21.5$ mm，试设计此连接。

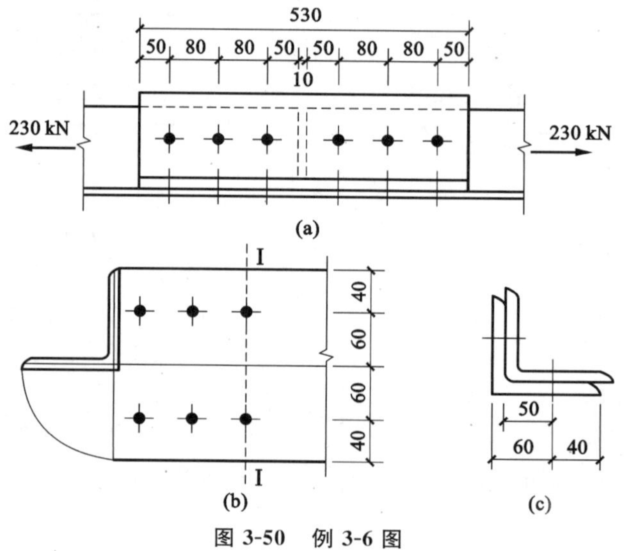

图 3-50 例 3-6 图

【解】 (1) 计算螺栓数量

单个螺栓的抗剪承载力设计值为：

$$N_v^b = n_v \frac{\pi d^2}{4} f_v^b = 1 \times \frac{3.14 \times 20^2}{4} \times 140 \times 10^{-3} = 44.0(\text{kN})$$

单个螺栓的承压承载力设计值为：

$$N_c^b = d \sum t f_c^b = 20 \times 8 \times 305 \times 10^{-3} = 48.8(\text{kN})$$

连接一边所需螺栓数目为：

$$n = \frac{N}{N_{\min}^{b}} = \frac{230}{44.0} = 5.2(\text{个})$$

取 6 个。

连接构造如图 3-50(a) 所示。

(2) 构件净截面强度验算

角钢的毛截面面积 $A=15.64\ \text{cm}^2$。

将角钢按中线展开，如图 3-50(b)所示，截面Ⅰ—Ⅰ的净截面面积：

$$A_n = A - n_1 d_0 t = 15.64 - 2 \times 2.15 \times 0.8 = 12.2(\text{cm}^2)$$

角钢的净截面强度：

$$\sigma = \frac{N}{A_n} = \frac{230 \times 10^3}{1220} = 188.5(\text{N/mm}^2) < f = 215\ \text{N/mm}^2$$

故承载力满足要求。

② 普通螺栓群偏心受剪计算。

图 3-51 所示为一支托与柱搭接连接，支托和柱采用普通螺栓连接，螺栓群承受偏心剪力。将剪力 F 向螺栓群形心简化，形心处作用有轴心竖向剪力 F 和扭矩 $T=Fe$ 两个外力。轴心剪力均匀作用到每个螺栓上，则每个螺栓承受的竖向剪力为：

$$N_{1F}=\frac{F}{n} \tag{3-53}$$

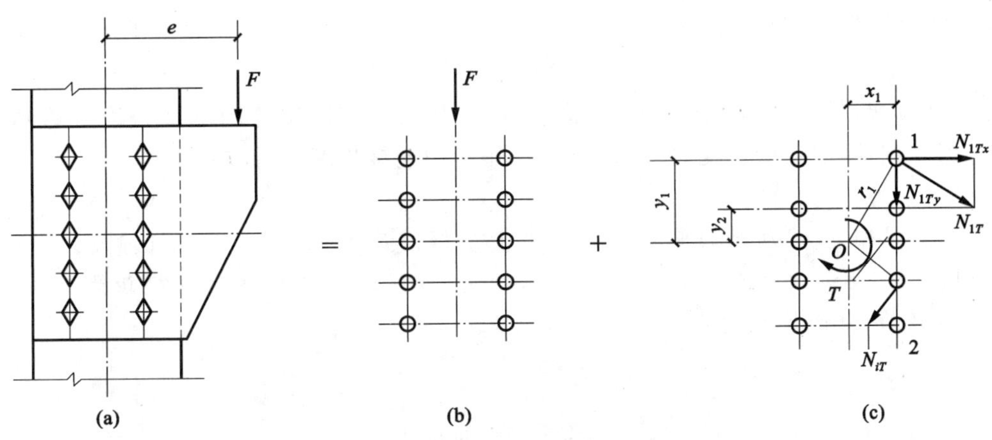

图 3-51 偏心受剪的螺栓群

计算扭矩 T 对螺栓群的作用力时，采用弹性分析。假定连接板的旋转中心在螺栓群的形心，则螺栓承担剪力的大小与该螺栓中心到螺栓群形心的距离 r_i 成正比，方向与螺栓和旋转中心的连线垂直[图 3-51(c)]，由此假定可得：

$$N_{1T}r_1+N_{2T}r_2+\cdots+N_{iT}r_i+\cdots+N_{nT}r_n=T \tag{3-54}$$

式中 N_{iT}——第 i 个螺栓承担的由扭矩产生的剪力；

r_i——第 i 个螺栓中心到螺栓群形心的距离；

n——螺栓群中螺栓的总个数。

由螺栓群扭矩作用下的弹性假定可得：

$$\frac{N_{1T}}{r_1}=\frac{N_{2T}}{r_2}=\cdots=\frac{N_{iT}}{r_i}=\cdots=\frac{N_{nT}}{r_n} \tag{3-55}$$

在扭矩作用下，离形心越远的螺栓承受的荷载越大。由图 3-51 可知，扭矩引起的剪力最大值出现在上下端的 4 个螺栓上，结合轴心剪力的方向，螺栓 1、2 将是最不利位置。由式(3-54)和式(3-55)联合求解，可得到：

$$\frac{N_{1T}}{r_1}(r_1^2+r_2^2+\cdots+r_i^2+\cdots+r_n^2)=\frac{N_{1T}}{r_1}\sum_{i=1}^{n}r_i^2=T \tag{3-56}$$

则扭矩 T 引起的最大剪力：

$$N_{1T}=\frac{Tr_1}{\sum\limits_{i=1}^{n}r_i^2}=\frac{Tr_1}{\sum\limits_{i=1}^{n}x_i^2+\sum\limits_{i=1}^{n}y_i^2} \tag{3-57}$$

N_{1T}的水平分力为：

$$N_{1Tx}=N_{1T}\frac{y_1}{r_1}=\frac{Ty_1}{\sum\limits_{i=1}^{n}x_i^2+\sum\limits_{i=1}^{n}y_i^2} \tag{3-58}$$

N_{1T}的垂直分力为：

$$N_{1Ty}=N_{1T}\frac{x_1}{r_1}=\frac{Tx_1}{\sum\limits_{i=1}^{n}x_i^2+\sum\limits_{i=1}^{n}y_i^2} \tag{3-59}$$

由此可得受力最大螺栓所承受的合力 N_1 的计算式为：

$$N_1 = \sqrt{N_{1Tx}^2 + (N_{1Ty} + N_{1F})^2} \leqslant N_{\min}^b \tag{3-60}$$

当螺栓布置在一个狭长带，即 $y_1 \geqslant 3x_1$ 时，扭矩产生的剪力沿竖直方向的分量很小，可以忽略不计，即假定式(3-58)中的 $x_i=0$，则：

$$N_{1Tx} = \frac{Ty_1}{\sum_{i=1}^{n} y_i^2} \tag{3-61}$$

此时螺栓1承受的剪力为：

$$N_1 = \sqrt{N_{1Tx}^2 + N_{1F}^2} \leqslant N_{\min}^b \tag{3-62}$$

上述螺栓群计算中，只有边缘的个别螺栓受力最大，其余大多数螺栓的承载力均未达到其设计强度。因此，对于此类螺栓群，即使连接长度大于 $15d_0$，也不用考虑连接长度的折减系数。

【例3-7】 试设计图3-52所示的普通螺栓连接，柱翼缘厚度为10 mm，连接板厚度为8 mm，所有钢构件均采用Q235B钢材，荷载设计值 F=180 kN，偏心距 e=200 mm。若螺栓竖向排距为120 mm，竖向行距为80 mm，竖向端距为50 mm，试确定C级螺栓的直径。

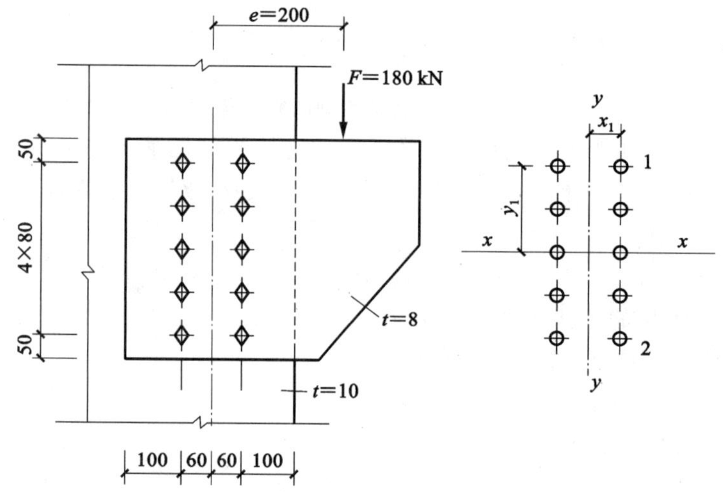

图3-52 例3-7图

【解】 螺栓群中受力最大的为1、2两点处的螺栓，1点螺栓所受到的剪力 N_{1T} 计算如下：

$$T = Fe = 180 \times 0.2 = 36(\text{kN}\cdot\text{m})$$

$$\sum x_i^2 + \sum y_i^2 = 10 \times 6^2 + (4 \times 8^2 + 4 \times 16^2) = 1640(\text{cm}^2)$$

$$N_{1Tx} = \frac{Ty_1}{\sum x_i^2 + \sum y_i^2} = \frac{36 \times 100 \times 16}{1640} = 35.12(\text{kN})$$

$$N_{1Ty} = \frac{Tx_1}{\sum x_i^2 + \sum y_i^2} = \frac{36 \times 100 \times 6}{1640} = 13.17(\text{kN})$$

$$N_{1F} = \frac{F}{n} = \frac{180}{10} = 18(\text{kN})$$

$$N_{1T} = \sqrt{N_{1Tx}^2 + (N_{1Ty} + N_{1F})^2} = \sqrt{35.12^2 + (18 + 13.17)^2} = 46.93(\text{kN})$$

为求所需螺栓直径，首先要确定C级螺栓的抗剪和承压强度设计值。由附表1-4查得：f_v^b=140 N/mm²，f_c^b=305 N/mm²，则可分别根据抗剪和承压强度求出所需螺栓直径。

抗剪所需直径：

$$d_v = \sqrt{\frac{4N_{1T}}{\pi n_v f_v^b}} = \sqrt{\frac{4 \times 46.93 \times 10^3}{3.14 \times 1 \times 140}} = 20.66(\text{mm})$$

承压所需直径：

$$d_c = \frac{N_{1T}}{8f_c^b} = \frac{46.93\times 10^3}{8\times 305} = 19.23(\text{mm})$$

故取 $d=22$ mm 的 C 级螺栓可满足强度要求。图中螺栓排列构造均大于中距 $3d=66$ mm，边距 $2d=44$ mm，符合构造要求。

(4) 单个普通螺栓受拉计算

螺栓沿杆轴方向受拉时，拉力通常不直接作用在螺杆轴线上，而是通过被连接的板件传递。如图 3-53 所示的 T 形连接，与螺栓相连的板件刚度有限，垂直于拉力方向的板件会产生较大的弯曲变形，并起杠杆作用，连接的外侧端部会产生撬力 Q，栓杆受力增加到：

$$N_t = N + Q \tag{3-63}$$

撬力的大小与板件厚度、螺栓直径、螺栓位置及连接总厚度等因素有关，很难精确计算撬力的大小。撬力的存在会增加螺栓的受力，在普通计算中一般不计撬力，而是用降低螺栓强度设计值 20% 的方法来考虑撬力的影响，则抗拉强度设计值为：

$$f_t^b = 0.8f \tag{3-64}$$

在构造上可以采取一些措施减小撬力的影响。如在图 3-53 所示的 T 形连接上焊接加劲肋可有效降低撬力的影响。

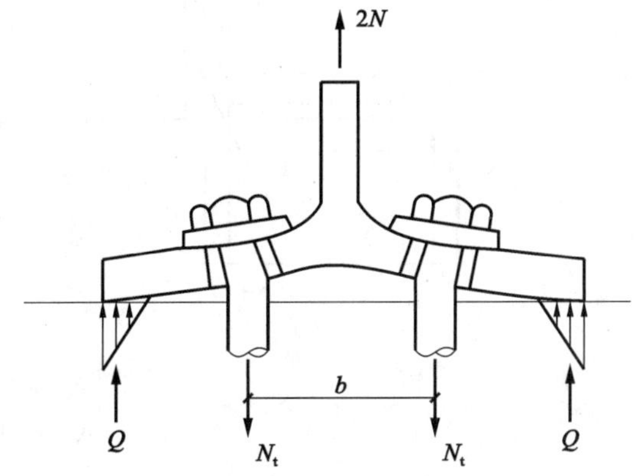

图 3-53　T 形连接中螺栓的撬力

单个普通螺栓受拉承载力的设计值为：

$$N_t^b = \frac{\pi d_e^2}{4} f_t^b \tag{3-65}$$

式中　d_e——螺栓在螺纹处的有效直径；

f_t^b——普通螺栓的抗拉强度设计值，查附表 1-4。

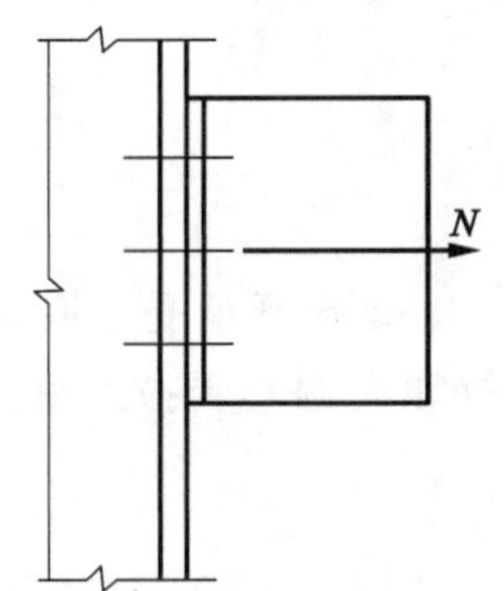

图 3-54　螺栓群承受轴心拉力

(5) 普通螺栓群受拉计算

① 螺栓群轴心受拉计算。

当拉力作用在螺栓群的形心处时（图 3-54），计算中假定各个螺栓均匀受拉，则每个螺栓的受力需满足：

$$N_1 = \frac{N}{n} \leqslant N_t^b \tag{3-66}$$

式中　N_1——单个螺栓承受的拉力；

n——螺栓的总数。

② 螺栓群承受弯矩作用时的计算。

图 3-55 所示为 T 形板和 H 形截面柱通过螺栓连接。T 形板端部承受竖向荷载 V 和 M 的共同作用，在 H 型钢柱与 T 形板底部连接处设置承托板，承托板和 T 形板采用刨平顶紧的连接方式。此时可认为剪力 V 直接传递给承托板，螺栓群仅承受弯矩作用。分析螺栓群在弯矩作用下的受力性能，按照弹性设计方法，在弯矩作用下离中和轴越远的螺栓所受拉力越大，而压力则由部分受压的端板承受。设中和轴至端板受压边缘的距离为 c[图 3-55(a)]。此类连接有如下特点：受拉螺栓只是孤立的几个螺栓，而端板受压区则是宽度较大的实体矩形截面[图 3-55(b)、(c)]。当将其形心位置作为中和轴时，所求得的端板受压区高度 c 总是很小，中和轴通常在受压一侧最外排螺栓附近的某个位置。因此，计算时可近似取中和轴位于最下排螺栓 O 处，即认为连接变形为绕 O 处水平轴的转动，螺栓拉力与从 O 点算起的纵坐标 y 成正比，即：

$$\frac{N_1}{y_1} = \frac{N_2}{y_2} = \cdots = \frac{N_i}{y_i} = \cdots = \frac{N_n}{y_n} \tag{3-67}$$

在对 O 点水平轴列弯矩平衡方程时，偏安全地忽略了力臂很小的端板受压区部分的力矩，则：

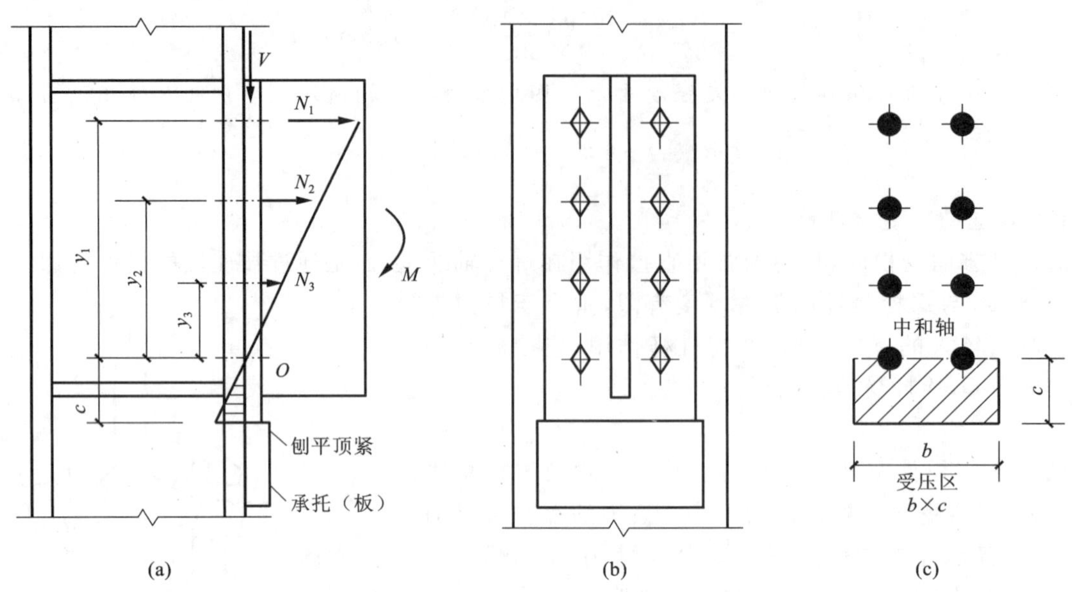

图 3-55 普通螺栓群弯矩作用下受拉

$$
\begin{aligned}
M &= N_1 y_1 + N_2 y_2 + \cdots + N_i y_i + \cdots + N_n y_n \\
&= \frac{N_1}{y_1} y_1^2 + \frac{N_1}{y_1} y_2^2 + \cdots + \frac{N_1}{y_1} y_i^2 + \cdots + \frac{N_1}{y_1} y_n^2 \\
&= \frac{N_1}{y_1} \sum_{i=1}^{n} y_i^2
\end{aligned} \tag{3-68}
$$

第 i 个螺栓的拉力为：

$$N_i = \frac{M y_i}{\sum y_i^2} \tag{3-69}$$

设计时要求受力最大的最外排螺栓1的拉力不超过单个螺栓的抗拉承载力设计值，即：

$$N_1 = \frac{M y_1}{\sum y_i^2} \leqslant N_t^b \tag{3-70}$$

③ 弯矩和拉力共同作用下普通螺栓群的计算。

如图3-56所示，螺栓群连接承受偏心拉力作用，将外力简化至螺栓群的形心，则螺栓群承受轴心拉力和弯矩 $M=Ne$ 的共同作用。按弹性设计法，根据偏心距的大小可能出现小偏心受拉和大偏心受拉两种工况。

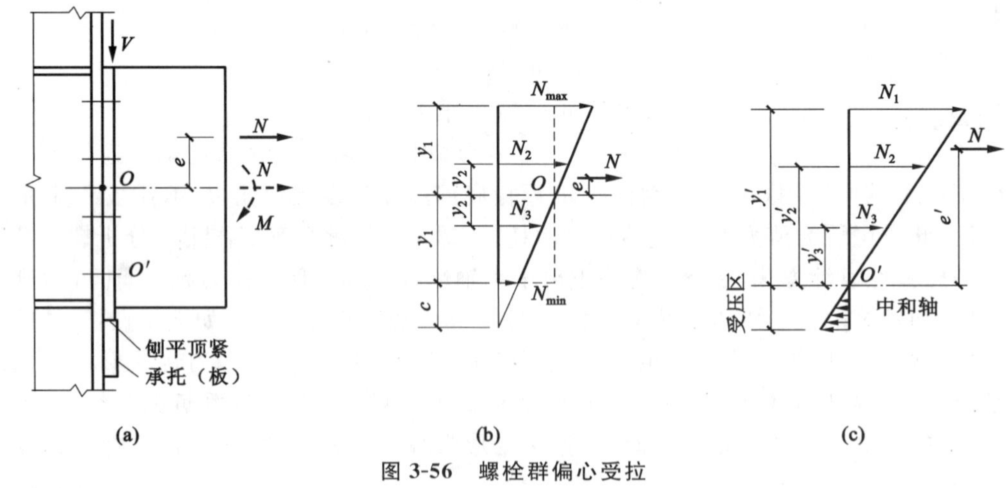

图 3-56 螺栓群偏心受拉

a. 小偏心受拉。

小偏心受拉是指在弯矩和拉力作用下使所有螺栓均受拉，螺栓所受拉力不均匀。轴心拉力 N 由各螺栓均匀承受，弯矩 M 引起以螺栓群形心 O 处水平轴为中和轴的三角形应力分布[图3-56(b)]，叠加后受力最小的螺栓仍承受拉力作用。这样可得受力最大和最小螺栓的拉力满足如下公式：

$$N_{\max} = \frac{N}{n} + \frac{Ney_1}{\sum y_i^2} \leqslant N_t^b \tag{3-71}$$

$$N_{\min} = \frac{N}{n} - \frac{Ney_1}{\sum y_i^2} \geqslant 0 \tag{3-72}$$

式(3-71)表示受力最大螺栓的拉力不超过单个螺栓的承载力设计值；式(3-72)表示全部螺栓受拉，不存在受压区，这是小偏心受拉中和轴位于螺栓群形心的前提。由式(3-72)可得 $N_{\min} \geqslant 0$ 时的偏心距 $e \leqslant \frac{\sum y_i^2}{ny_1}$。

b. 大偏心受拉。

当偏心距较大，即 $e > \frac{\sum y_i^2}{ny_1}$ 时，若仍按小偏心假设计算，则底部的螺栓将承受压力作用，在端板底部将出现受压区[图 3-56(c)]。计算中偏于安全地取中和轴位于最下排螺栓 O' 处，将外力简化至中和轴位置。由于底部受压区面积较大，承受的压力也较大，简化到中和轴处的水平轴力对螺栓的影响相对较小，可以忽略不计，轴向拉力和受压区端板压力相互抵消，故此时作用在螺栓群上的只有弯矩 $M = Ne'$。对 O' 处的水平轴列弯矩平衡方程，得：

$$\frac{N_1}{y_1'} = \frac{N_2}{y_2'} = \cdots = \frac{N_i}{y_i'} = \cdots = \frac{N_n}{y_n'} \tag{3-73}$$

$$\begin{aligned} M &= N_1 y_1' + N_2 y_2' + \cdots + N_i y_i' + \cdots + N_n y_n' \\ &= \frac{N_1}{y_1'} y'^2_1 + \frac{N_1}{y_1'} y'^2_2 + \cdots + \frac{N_1}{y_1'} y'^2_i + \cdots + \frac{N_1}{y_1'} y'^2_n \\ &= \frac{N_1}{y_1'} \sum_{i=1}^{n} y'^2_i \end{aligned} \tag{3-74}$$

则受力最大螺栓所受拉力为：

$$N_1 = \frac{Ne' y_1'}{\sum y'^2_i} \leqslant N_t^b \tag{3-75}$$

【例 3-8】 图 3-57 所示为一刚接屋架下弦节点，竖向力由支托承受，采用 C 级螺栓连接。梁端承受偏心拉力，设 $N = 300$ kN，$e = 50$ mm，螺栓布置如图 3-57(b)所示，试求所需 C 级螺栓规格。

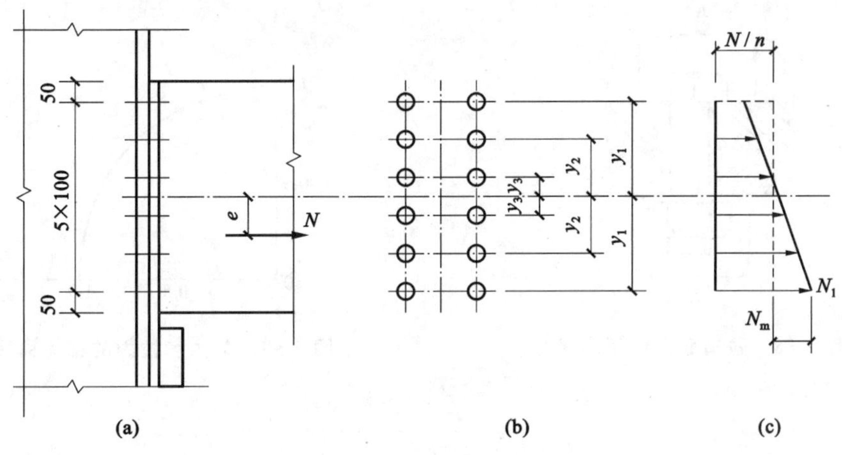

图 3-57 例 3-8 图

【解】 判断螺栓群大小偏心受力的偏心距限值：

$$\rho = \frac{\sum y_i^2}{ny_1} = \frac{4 \times (5^2 + 15^2 + 25^2) \times 10}{12 \times 25} = 117(\text{mm}) > e = 50 \text{ mm}$$

即属于小偏心受拉[图 3-57(c)],应由式(3-71)计算。

$$N_1=\frac{N}{n}+\frac{Ney_1}{\sum y_i^2}=\frac{300}{12}+\frac{300\times 5\times 25}{4\times(5^2+15^2+25^2)}=35.71(\text{kN})$$

需要的有效截面面积:

$$A_e=\frac{35.71\times 10^3}{170}=210(\text{mm}^2)$$

由附表 1-6 查得 M20 螺栓的有效截面面积 $A_e=245\ \text{mm}^2>210\ \text{mm}^2$,故采用 C 级 M20 螺栓,显然连接的布置满足构造要求。

【例 3-9】 若图 3-57 中螺栓为 C 级 M22 螺栓,承受的外力 $N=200$ kN,偏心距 $e=300$ mm,试验算螺栓的承载力是否满足要求。

【解】 判断螺栓群大小偏心受力的偏心距限值:

$$\rho=\frac{\sum y_i^2}{ny_1}=\frac{4\times(5^2+15^2+25^2)\times 10}{12\times 25}=117(\text{mm})<e=300\ \text{mm}$$

即属于大偏心受拉,偏安全地取中和轴位于最上排螺栓处,此时最下排螺栓所受拉力最大,则:

$y_1'=500$ mm, $y_2'=400$ mm, $y_3'=300$ mm, $y_4'=200$ mm, $y_5'=100$ mm, $e'=550$ mm

最下排螺栓所受拉力为:

$$N_1=\frac{Ne'y_1'}{\sum y_i'^2}=\frac{200\times 55\times 50}{2\times(10^2+20^2+30^2+40^2+50^2)}=50(\text{kN})$$

M22 螺栓的抗拉承载力为:

$$N_t^b=f_t^bA_e=170\times 303=51.51(\text{kN})>N_1=50\ \text{kN}$$

故螺栓的承载力满足要求。

(6) 普通螺栓受拉剪联合作用时的计算

实际受力中,螺栓还可能出现同时承受拉力和剪力共同作用的工况(图 3-58)。同时承受拉力和剪力共同作用的螺栓连接可能出现两种破坏:a. 拉剪作用下栓杆出现破坏;b. 孔壁承压破坏。

研究结果表明,拉剪作用下 N_t/N_t^b 和 N_v/N_v^b 相关曲线近似呈圆形(图 3-59)。其中,N_t 为作用在螺栓上的拉力,N_t^b 为单个螺栓的极限抗拉承载力设计值,N_v 为作用在螺栓上的剪力,N_v^b 为单个螺栓的抗剪承载力设计值。因此,规范给出了拉剪共同作用下的普通螺栓承载力计算公式:

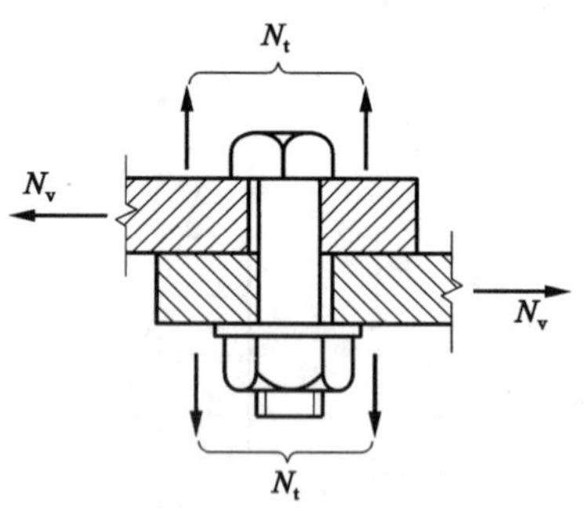

图 3-58 拉剪联合作用的螺栓

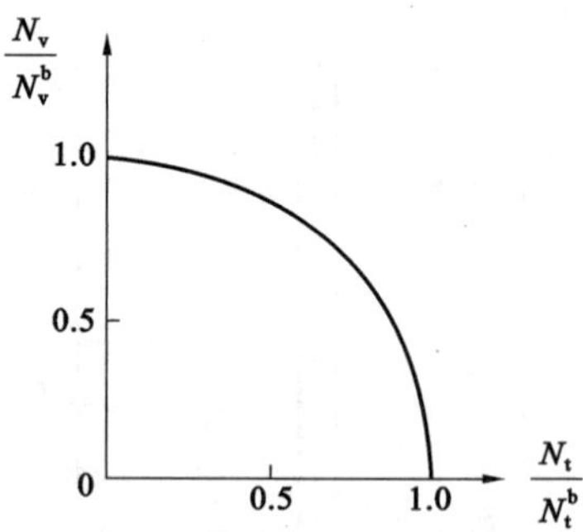

图 3-59 剪力和拉力的相关曲线

$$\sqrt{\left(\frac{N_v}{N_v^b}\right)^2+\left(\frac{N_t}{N_t^b}\right)^2}\leqslant 1.0 \tag{3-76}$$

同时

$$N_v\leqslant N_c^b \tag{3-77}$$

式中 N_v,N_t——某个普通螺栓或锚栓所承受的剪力和拉力;

N_v^b, N_t^b, N_c^b——一个普通螺栓的抗剪、抗拉和承压承载力设计值。

【例 3-10】 图 3-60 所示为一斜拉受力的连接，采用 C 级 M20 螺栓连接。已知被连接板件厚度均为 20 mm，钢材均为 Q235B，竖向力 $V=320$ kN，水平力 $N=220$ kN，水平力对螺栓群形心的偏心距 $e=60$ mm，螺栓等间距布置，行距为 100 mm，端距为 50 mm，共设两排，试验算螺栓的承载力是否满足要求。

【解】 判定螺栓群大小偏心的界限偏心距：

$$\rho=\frac{\sum y_i^2}{ny_1}=\frac{4\times(5^2+15^2+25^2)\times 10}{12\times 25}$$

$$=117(\text{mm})>e=60\text{ mm}$$

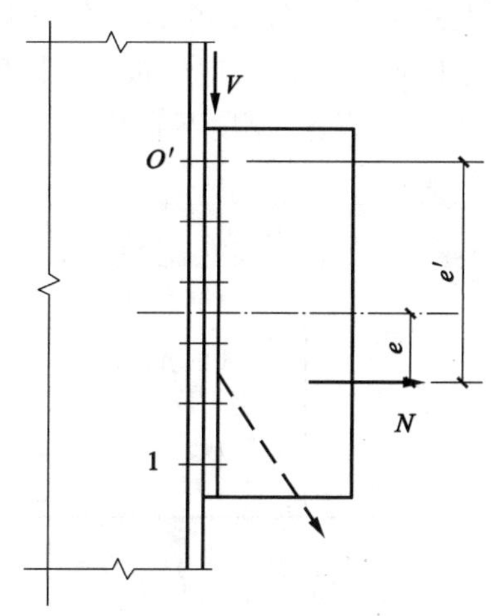

图 3-60 例 3-10 图

即属于小偏心受拉。螺栓 1 所受拉力最大，为：

$$N_t=\frac{N}{n}+\frac{Ney_1}{\sum y_i^2}=\frac{220}{12}+\frac{220\times 6\times 25}{4\times(5^2+15^2+25^2)}$$

$$=27.76(\text{kN})$$

由竖向力引起的螺栓剪力由 12 个螺栓共同承受，则：

$$N_v=\frac{V}{n}=\frac{320}{12}=26.67(\text{kN})$$

查附表 1-6 知，C 级 M20 螺栓有效面积为 $A_e=245\text{ mm}^2$；查附表 1-4 知，$f_t^b=170\text{ N/mm}^2$，$f_v^b=140\text{ N/mm}^2$，$f_c^b=305\text{ N/mm}^2$。

由

$$N_t^b=A_e f_t^b=245\times\frac{170}{1000}=41.7(\text{kN})$$

$$N_v^b=n_v\frac{\pi d^2}{4}f_v^b=1\times\frac{3.14\times 20^2}{4}\times\frac{140}{1000}=44(\text{kN})$$

$$N_c^b=d\sum tf_c^b=20\times 20\times\frac{305}{1000}=122(\text{kN})$$

则

$$\sqrt{\left(\frac{N_v}{N_v^b}\right)^2+\left(\frac{N_t}{N_t^b}\right)^2}=\sqrt{\left(\frac{26.67}{44}\right)^2+\left(\frac{27.76}{41.7}\right)^2}=0.9<1.0$$

$$N_v=26.67\text{ kN}<N_c^b=122\text{ kN}$$

故 C 级 M20 螺栓的承载力满足要求。

3.7 高强度螺栓连接的工作性能和计算 >>>

3.7.1 高强度螺栓连接的构造要求

高强度螺栓的钢材具有很高的强度，一般采用 45 钢、40B 钢、35VB 钢和 20MnTiB 钢等加工制作而成。常用的高强度螺栓有 8.8 级和 10.9 级两种，两者的抗拉强度分别不低于 800 N/mm² 和 1000 N/mm²，屈强比分别为 0.8 和 0.9。

高强度螺栓连接依据受力特性的不同分为高强度螺栓摩擦型连接和高强度螺栓承压型连接。高强度螺栓摩擦型连接单纯依靠构件间的摩阻力传递剪力，以剪力等于摩阻力作为承载力的极限。高强度螺栓承压型连接中，剪力超过摩擦力后，板件间产生相互滑移，螺栓杆和孔壁接触，通过与孔壁的挤压作用承担剪力。高强度螺栓承压型连接是以螺栓被剪断或钢板产生挤压破坏作为承载力极限状态。对于相同类型的螺栓,高强度螺栓承压型连接的抗剪承载力要高于高强度螺栓摩擦型连接的承载力。高强度螺栓承压型连接可能出现的破坏形式与普通螺栓连接相同。

高强度螺栓承压型连接采用标准圆孔时,其孔径 d 可按表 3-6 采用。高强度螺栓摩擦型连接可采用标准孔、大圆孔和槽孔,孔型尺寸可按表 3-6 采用;采用扩大孔连接时,同一连接面只能在盖板和芯板其中之一的板上采用大圆孔或槽孔,其余仍采用标准孔。高强度螺栓摩擦型连接盖板按大圆孔、槽孔制孔时,应增大垫圈厚度或采用连续型垫板,其孔径与标准垫圈相同,对 M24 及 M24 以下的螺栓,厚度不宜小于 8 mm;对 M24 以上的螺栓,厚度不宜小于 10 mm 。

表 3-6 **高强度螺栓连接的孔型尺寸匹配** (单位:mm)

螺栓公称直径			M12	M16	M20	M22	M24	M27	M30
孔型	标准孔	直径	13.5	17.5	22	24	26	30	33
	大圆孔	直径	16	20	24	28	30	35	38
	槽孔	短向	13.5	17.5	22	24	26	30	33
		长向	22	30	37	40	45	50	55

(1) 施加预拉力的方法

高强度螺栓的预拉力是通过拧紧螺母来实现的,通常采用扭矩法、转角法或扭剪法来控制预拉力。

a. 扭矩法。

此法采用可直接显示扭矩的特制扳手,根据实现特制的扭矩和螺栓拉力之间的关系式[式(3-78)]施加扭矩,并计入必要的超张拉值。往往由于螺纹条件、螺母下表面情况及润滑情况等因素的变化,扭矩和拉力之间的关系变化幅度较大。扭矩 T 用下式求得:

$$T = KdP \tag{3-78}$$

式中 K——扭矩系数,由试验测定;

d——螺栓直径;

P——设计时规定的螺栓预拉力。

b. 转角法。

此法分为初拧和终拧两步。初拧时用普通扳手使被连接的构件紧密贴合;终拧是以初拧的位置为起点,根据螺栓直径和板叠厚度所确定的终拧角度,用强有力的扳手拧螺母,拧至预定角度时螺栓的拉力即达到了所需要的预拉力数值。

c. 扭剪法。

扭剪型高强度螺栓的受力特征与一般高强度螺栓相同,只是施加预拉力的方法为用拧断螺栓梅花切口处的截面来控制预拉力数值。这种施加螺栓预拉力的方式简单、精确。

(2) 预拉力值的确定

高强度螺栓的设计预拉力值由材料强度和螺栓有效截面确定,并考虑以下因素:① 扭紧螺栓时扭矩在螺栓中产生的剪力会降低螺栓的承拉能力,故对材料抗拉强度除以系数 1.2;② 施工时为补偿预拉力的松弛要对高强度螺栓超张拉 5%~10%,故乘以系数 0.9;③ 引入材料抗力离散性系数 0.9;④ 由于以抗拉强度为准,故再引入一个附加的安全系数 0.9。这样预拉力的设计值由下式计算:

$$P = 0.9 \times 0.9 \times 0.9 \times \frac{f_u A_e}{1.2} = 0.608 f_u A_e \tag{3-79}$$

式中 f_u——高强度螺栓的抗拉强度;

A_e——高强度螺栓的有效截面面积,具体取值和计算详见附表 1-6。

对于 8.8 级的高强度螺栓,$f_u = 830\ \text{N/mm}^2$;对于 10.9 级螺栓,$f_u = 1040\ \text{N/mm}^2$。各种规格的高强度螺栓预拉力设计值 P 取值见表 3-7。

表 3-7　　一个高强度螺栓的预拉力设计值 P　　（单位：kN）

螺栓的性能等级	螺栓公称直径/mm					
	M16	M20	M22	M24	M27	M30
8.8 级	80	125	150	175	230	280
10.9 级	100	155	190	225	290	355

（3）高强度螺栓摩擦面抗滑移系数

高强度螺栓摩擦面抗滑移系数的大小和连接处构件接触面的处理方法、构件的钢号有关。此系数随着连接构件接触面间压紧力的增加而提高，故与物理学中的摩擦系数有区别。抗滑移系数随着钢材屈服强度的提高有所增大，主要是由于板件在很高压紧力的作用下使被连接构件表面相互啮合，钢材强度和硬度越高，这种啮合面产生滑移的压紧力就越大。在其他条件都相同的情况下，钢材的屈服强度越高，摩擦面抗滑移系数 μ 越大。

我国《钢结构设计标准》(GB 50017—2017)推荐采用的接触面处理方法有喷硬质石英砂或铸钢棱角砂、抛丸（喷砂）、抛丸（喷砂）后生赤锈、钢丝刷清除浮锈或未经处理的干净轧制面等。各种处理方法对应的抗滑移系数值详见表 3-8。

表 3-8　　钢材摩擦面的抗滑移系数 μ

连接处构件接触面的处理方法	构件的钢材牌号		
	Q235 钢	Q345 钢或 Q390 钢	Q420 钢或 Q460 钢
喷硬质石英砂或铸钢棱角砂	0.45	0.45	0.45
抛丸（喷砂）	0.40	0.40	0.40
钢丝刷清除浮锈或未经处理的干净轧制面	0.30	0.35	—

注：1. 钢丝刷除锈方向应与受力方向垂直。
2. 当连接构件采用不同钢材牌号时，μ 按相应较低强度者取值。
3. 采用其他方法处理时，其处理工艺及抗滑移系数值均需经试验确定。

国内外研究和工程实践表明，当连接板件之间设有涂层时，摩擦型连接的摩擦面抗滑移系数 μ 主要与钢材表面处理工艺和涂层厚度有关。《钢结构设计标准》(GB 50017—2017)规定了对应不同接触面处理方法的抗滑移系数值，见表 3-9。

表 3-9　　涂层摩擦面的抗滑移系数 μ

涂层类型	钢材表面处理要求	涂层厚度/μm	抗滑移系数
无机富锌漆	Sa2 $\frac{1}{2}$ 级	60～80	0.40
锌加底漆(ZINGA)			0.45
防滑防锈硅酸锌漆		80～120	0.45
聚氨酯富锌底漆或醇酸铁红底漆	Sa2 级及 Sa2 级以上	60～80	0.15

注：1. 当设计要求使用其他涂层（热喷铝、镀锌等）时，其钢材表面处理要求、涂层厚度以及抗滑移系数均应经试验确定；
2. 当连接板材为 Q235 钢时，对于无机富锌漆涂层，抗滑移系数 μ 值取 0.35；
3. 防滑防锈硅酸锌漆、锌加底漆(ZINGA)不应采用手工涂刷的施工方法。

3.7.2　高强度螺栓的工作性能

（1）高强度螺栓的抗剪性能

下面以图 3-61 所示连接来说明抗剪螺栓的受力过程。对图 3-61 所示螺栓连接做抗剪试验，即可得到

板件上 a、b 两点相对位移 δ 和作用力 N 的关系曲线,同时和普通螺栓抗剪连接的性能进行对比。高强度螺栓与普通螺栓最大的区别在于螺栓本身的强度不同,高强度螺栓具有很高的抗拉强度,因此在施工过程中高强度螺栓可以施加很大的预紧力,使被连接的钢板能够压紧,连接板件间可以产生很大的摩擦力,摩擦力的大小决定了高强度螺栓和普通螺栓受力机理的不同。由于高强度螺栓连接有较大的预紧力,被连接件中有很大的预压力,故当连接受剪时,主要依靠摩擦力传力的高强度螺栓连接的抗剪承载力可达到1点。超过1点后,连接产生了滑移,当栓杆与孔壁接触后,连接又可继续承载直到破坏。对于高强度螺栓摩擦型连接,其破坏准则为板件发生相对滑移,因此其极限状态为1点,1点处的承载力即为一个高强度螺栓摩擦型连接的抗剪承载力。对于高强度螺栓承压型连接,允许接触面发生相对滑移,其破坏准则为连接达到其极限状态4点,破坏形式为栓杆发生剪切破坏或栓杆与钢板接触部位钢板发生挤压破坏,所以高强度螺栓承压型连接的单栓抗剪承载力计算方法与普通螺栓相同。

(2) 高强度螺栓的抗拉性能

图3-62所示为高强度螺栓的抗拉连接。高强度螺栓承受拉力前,螺杆中已有很高的预紧力 P,它与板层之间的总压力 C 相平衡,即

$$C = P \tag{3-80}$$

当对连接施加外拉力 N_t 时,螺栓伸长 Δ_t,被连接板件所受压力减小,变形恢复量为 Δ_e。若螺栓杆中拉力增量为 ΔP,则被连接板所受压力 C 减小 ΔC[图3-62(b)]。

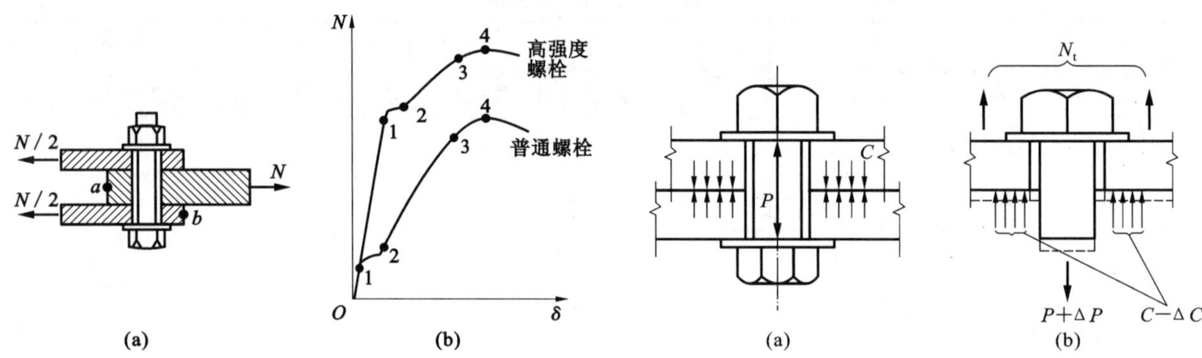

图3-61 高强度螺栓的抗剪性能

图3-62 高强度螺栓抗拉连接

根据平衡条件有:

$$P + \Delta P = N_t + C - \Delta C \tag{3-81}$$

将式(3-80)代入式(3-81),有:

$$\Delta P = N_t - \Delta C \tag{3-82}$$

由于螺栓的伸长量和板件压缩变形恢复量相同,则有:

$$\Delta_t = \Delta_e \tag{3-83}$$

假定螺栓和被连接板件的弹性模量均为 E,有效面积分别为 A_b 和 A_p,被连接板件的厚度为 t,则有:

$$\Delta_t = \frac{\Delta P}{A_b E} t \tag{3-84}$$

$$\Delta_e = \frac{\Delta C}{A_p E} t \tag{3-85}$$

根据式(3-84)和式(3-85),有:

$$\frac{\Delta P}{A_b E} t = \frac{\Delta C}{A_p E} t \tag{3-86}$$

将式(3-86)代入式(3-82),有:

$$\Delta P = \frac{N_t}{1 - \frac{A_p}{A_b}} \tag{3-87}$$

由于板件的接触面积 A_p 远大于螺栓的面积 A_b,取 $A_p = 10A_b$,则有:

$$\Delta P = 0.09N_t \tag{3-88}$$

对 N_t 考虑平均荷载分项系数 1.3，则有：

$$\Delta P = 0.07N_t \tag{3-89}$$

分析结果表明，只要板件间的接触压力没有完全消失，螺栓中的拉力只能增加 5%～10%，所以受拉连接中，外拉力的增加基本上只能使板件间的压力减小，对螺栓杆的预拉力影响不大。但外拉力过大（$N>0.8P$），螺栓将会发生松弛现象，这样就丧失了摩擦型高强度螺栓连接的优越性。为避免螺栓松弛并留有一定的预紧力，相关规范规定每个摩擦型高强度螺栓在其杆轴方向的外拉力不得大于 $0.8P$（图 3-63）。

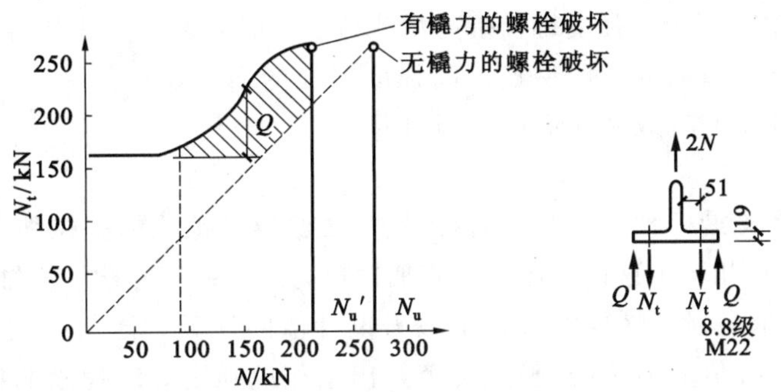

图 3-63 高强度螺栓的撬力影响

3.7.3 高强度螺栓摩擦型连接计算

（1）单个螺栓抗剪连接承载力

高强度螺栓摩擦型连接的承载力取决于构件接触面间的摩擦力。摩擦力的大小与螺栓所受预拉力和摩擦面的抗滑移系数及连接传力摩擦面数有关，还与孔型有关。《钢结构设计标准》（GB 50017—2017）规定，在抗剪连接中，每个高强度螺栓的抗剪承载力设计值按下式计算：

$$N_v^b = 0.9kn_f\mu P \tag{3-90}$$

式中 N_v^b——一个高强度螺栓的抗剪承载力设计值；

k——孔型系数，标准孔取 1.0，大圆孔取 0.85，内力与槽孔长向垂直时取 0.7，内力与槽孔长向平行时取 0.6；

n_f——传力摩擦面数目；

μ——摩擦面的抗滑移系数，依钢材摩擦面与涂层摩擦面的不同分别由表 3-8 和表 3-9 取值；

P——一个高强度螺栓的预拉力设计值，按表 3-7 取值。

（2）单个螺栓抗拉连接承载力

试验证明，当外拉力 N_t 过大时，螺栓将发生松弛现象，这样就丧失了高强度螺栓摩擦型连接的优越性。为避免螺栓松弛并保留一定的余量，相关规范规定每个高强度螺栓在其杆轴方向的外拉力设计值 N_t 不得大于 $0.8P$。在螺栓杆轴方向受拉连接中，每个高强度螺栓的抗拉承载力设计值按下式计算：

$$N_t^b = 0.8P \tag{3-91}$$

（3）拉剪共同作用时的承载力

当螺栓连接受拉时，虽然螺栓杆中的预拉力 P 基本不变，但板件间的预压力将减小，接触面的抗滑移系数也有所降低，因此抗剪承载力会有所降低。试验结果表明：N_v/N_v^b 和 N_t/N_t^b 两者呈线性关系，N_v 为作用在螺栓连接中的剪力，N_t 为作用在螺栓连接中的拉力。相关规范规定，当高强度螺栓摩擦型连接同时承受摩擦面间的剪力和螺栓杆轴方向的外拉力时，所计算螺栓的承载力应符合下式要求：

$$\frac{N_v}{N_v^b} + \frac{N_t}{N_t^b} \leqslant 1 \tag{3-92}$$

式中 N_v，N_t——所计算的某个高强度螺栓所承受的剪力和拉力；

N_v^b，N_t^b——一个高强度螺栓的抗剪、抗拉承载力设计值。

3.7.4 高强度螺栓承压型连接计算

(1) 抗剪连接承载力

高强度螺栓承压型连接以承载力极限状态作为设计准则,其最后破坏形式与普通螺栓相同,即栓杆被剪断或连接板发生挤压破坏,因此其计算方法也与普通螺栓相同。但要注意:当剪切面在螺纹处时,其受剪承载力设计值应按螺栓螺纹处的有效面积计算(普通螺栓的抗剪强度设计值是根据连接的试验数据统计得出的,试验时不分剪切面是否在螺纹处,故普通螺栓不存在此问题)。

高强度螺栓承压型连接中,每个高强度螺栓抗剪承载力设计值的计算方法与普通螺栓相同[式(3-44)],只是式(3-44)中的螺栓强度设计值应取承压型连接高强度螺栓的强度设计值。当计算剪切面在螺纹处时,其抗剪承载力设计值应按螺纹处的有效截面面积进行计算。

(2) 抗拉连接承载力

当承压型连接高强度螺栓沿杆轴方向受拉时,附表1-4给出了螺栓的抗拉强度设计值 $f_t^b \approx 0.48 f_u^b$,抗拉承载力的计算公式与普通螺栓相同。这也适用于未施加预拉力的高强度螺栓沿杆轴方向抗拉连接的计算。

沿杆轴方向受拉时,每个高强度螺栓的抗拉承载力设计值的计算方法与普通螺栓相同[式(3-65)]。只是式(3-65)中的抗拉强度设计值取值不同,相关规范给出了相应强度等级螺栓的抗拉强度设计值 f_t^b 近似等于$0.48 f_u^b$,具体可查附表1-4。

(3) 拉剪共同作用时的承载力

同时承受剪力和杆轴方向拉力的承压型连接中,高强度螺栓的承载力应符合下列公式的要求:

$$\sqrt{\left(\frac{N_v}{N_v^b}\right)^2 + \left(\frac{N_t}{N_t^b}\right)^2} \leqslant 1.0 \tag{3-93}$$

$$N_v \leqslant \frac{N_c^b}{1.2} \tag{3-94}$$

式中 N_v, N_t——所计算的某个高强度螺栓所承受的剪力和拉力;

N_v^b, N_t^b, N_c^b——一个高强度螺栓按普通螺栓计算时的抗剪、抗拉和承压承载力设计值。

式(3-94)是保证连接板件不致因承压强度不足而破坏。只承受剪力的连接中,高强度螺栓对板件有强大的压紧作用,使承压的板件孔前区形成三向压应力场,因而其承压强度设计值比普通螺栓要高得多。但对受有杆轴方向拉力的高强度螺栓,板叠之间的压紧作用随外拉力的增加而减小,因而承压强度设计值随之降低。承压型高强度螺栓的承压强度设计值是随外拉力的变化而变化的。为了计算方便,相关规范规定只要有外拉力作用,就将承压强度设计值除以1.2予以降低。所以式(3-94)中的系数1.2实质上是承压强度设计值的降低系数。计算 N_c^b 时,仍应采用附表1-4中的承压强度设计值。

3.7.5 高强度螺栓群受力计算

(1) 高强度螺栓群受剪计算

① 轴心受剪计算。

高强度螺栓群受轴心剪力作用时,其承载力按下式进行计算:

$$N_1 = \frac{N}{n} \leqslant N_{min}^b \tag{3-95}$$

式中 N——作用在连接上的轴心剪力;

n——连接单侧螺栓的总数;

N_1——单个螺栓承受的剪力;

N_{min}^b——相应连接类型的单个高强度螺栓抗剪承载力最小值,应按相应连接类型进行计算。

对于高强度螺栓摩擦型连接,按式(3-90)进行计算;对于高强度螺栓承压型连接,取式(3-44)和式(3-45)中的最小值。

对于高强度螺栓摩擦型连接,可以认为连接传力所依靠的摩擦力均匀分布于螺栓孔四周,故在孔前接

触面已经传递一半的力(图 3-64)。因此,最外列螺栓处危险截面的净截面强度应按下式计算:

$$\sigma = \frac{N'}{A_n} \leqslant f \tag{3-96}$$

式中,$N' = N\left(1 - \frac{0.5n_1}{n}\right)$,$n$ 为连接一侧的高强度螺栓总数,n_1 为计算截面(最外列螺栓处)上的高强度螺栓数目,0.5 为孔前传力系数。对于高强度螺栓摩擦型连接构件,除按上式验算净截面强度外,还应按式(3-97)验算毛截面强度。

$$\sigma = \frac{N}{A} \leqslant f \tag{3-97}$$

式中 A——毛截面面积。

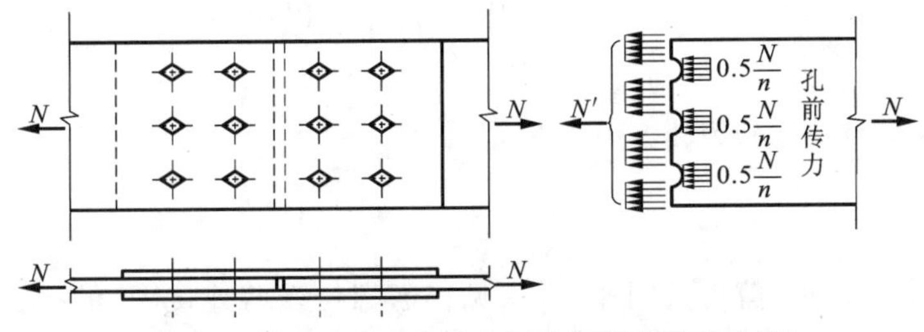

图 3-64 轴心力作用下的高强度螺栓摩擦型连接

【例 3-11】 图 3-65 所示为一摩擦型高强度螺栓连接。孔为标准孔,被连接板厚 14 mm,单块拼接盖板厚 12 mm,钢材为 Q235B,$f = 215\ \text{N/mm}^2$,螺栓规格为 M20、10.9 级,预拉力 $P = 155$ kN,栓孔直径为 22 mm,钢材表面喷砂后涂无机富锌漆,摩擦面的抗滑移系数 $\mu = 0.35$。计算该连接所能承受的最大轴力。

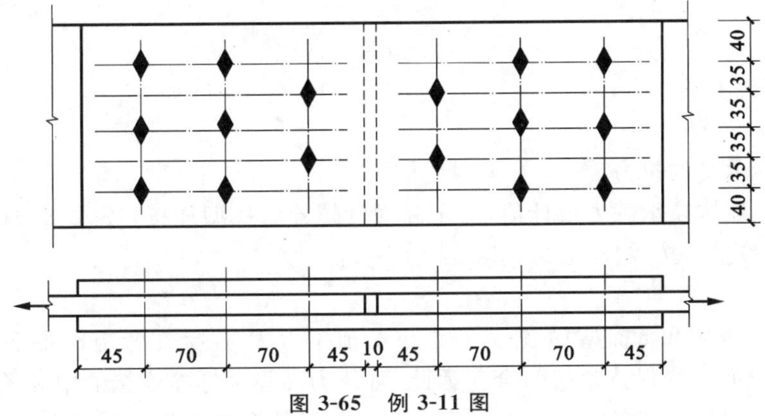

图 3-65 例 3-11 图

【解】 单个螺栓的抗剪承载力设计值为:

$$N_v^b = 0.9kn_f\mu P = 0.9 \times 1 \times 2 \times 0.35 \times 155 = 97.65(\text{kN})$$

焊缝一侧 8 个螺栓所能承担的荷载为:

$$N_1 = 8N_v^b = 8 \times 97.65 = 781.2(\text{kN})$$

第一排螺栓处为危险截面 1—1,如图 3-66 所示。

$$\frac{N'}{A_n} \leqslant f$$

即

$$\frac{\left(1 - 0.5\frac{n_1}{n}\right)N_2}{A_n} \leqslant f$$

$$\frac{\left(1 - 0.5 \times \frac{3}{8}\right)N_2}{14 \times 220 - 3 \times 14 \times 22} \leqslant 215$$

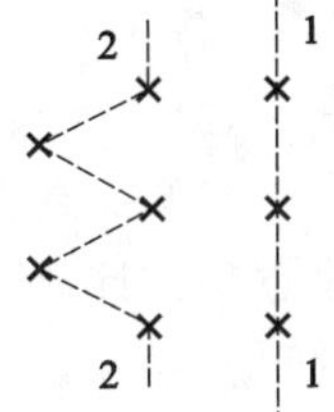

图 3-66 板件可能出现的破坏面

解得：

$$N_2 \leqslant 570510\ \text{N} = 570.5\ \text{kN}$$

对于截面2—2：

$$\frac{0.5\left(N_3 - \frac{3}{8}N_3\right)}{(2\times 40 + 4\times\sqrt{70^2+70^2} - 5\times 22)\times 14} \leqslant f$$

解得：

$$N_3 \leqslant 3525312\ \text{N} = 3525\ \text{kN}$$

全截面所能承担的荷载为：

$$N_4 = 215\times 220\times\frac{14}{1000} = 662(\text{kN})$$

取 $N=\min\{N_1, N_2, N_3, N_4\}$。

因此，该连接所能承受的最大轴力为570.5 kN。

② 非轴心受剪计算。

高强度螺栓群在扭矩或扭矩、剪力共同作用下(见普通螺栓受剪连接图)的抗剪承载力计算方法与普通螺栓群抗剪类似，即计算出受力最大螺栓所承受的荷载，验算其承受的最大荷载是否小于高强度螺栓承载力设计值。

(2) 高强度螺栓群受拉计算

① 轴心受拉计算。

高强度螺栓群轴心受拉时，按照下式进行承载力验算：

$$N_1 = \frac{N}{n} \leqslant N_t^b \tag{3-98}$$

式中 N——作用在连接上的拉力；

n——螺栓总数；

N_1——单个螺栓承受的拉力；

N_t^b——高强度螺栓抗拉承载力设计值，对于高强度螺栓摩擦型连接，按式(3-91)计算，对于高强度螺栓承压型连接，按式(3-65)计算。

② 受弯计算。

高强度螺栓连接(承压型和摩擦型)的外力总是小于预拉力 P，连接在弯矩作用下使螺栓沿栓杆方向受拉，但被连接的构件接触面一直保持紧密贴合。因此，可认为高强度螺栓连接的中和轴在螺栓群的形心轴上(图3-67)，这是其与普通螺栓群受弯连接的最大不同。此时，最外排螺栓受力最大，按下式进行承载力验算：

$$N_{t1} = \frac{My_1}{\sum y_i^2} \leqslant N_t^b \tag{3-99}$$

式中 N_{t1}——边缘受力最大的螺栓所受拉力；

y_1——边缘第一个螺栓到中和轴的距离；

M——作用在连接端部的弯矩；

y_i——第 i 个螺栓到中和轴的距离；

N_t^b——单个高强度螺栓的抗拉承载力。

③ 偏心受拉计算。

高强度螺栓群偏心受拉时，同样由于高强度螺栓具有很高的预紧力，使连接板件在受力过程中始终保持紧密接触，不会产生分离现象，故中和轴始终位于螺栓群的形心。高强度螺栓(摩擦型和承压型)连接均按照普通螺栓的小偏心受拉计算，即受力最大螺栓的承载力应满足下式：

$$N_{t1} = \frac{N}{n} + \frac{My_1}{\sum y_i^2} \leqslant N_t^b \tag{3-100}$$

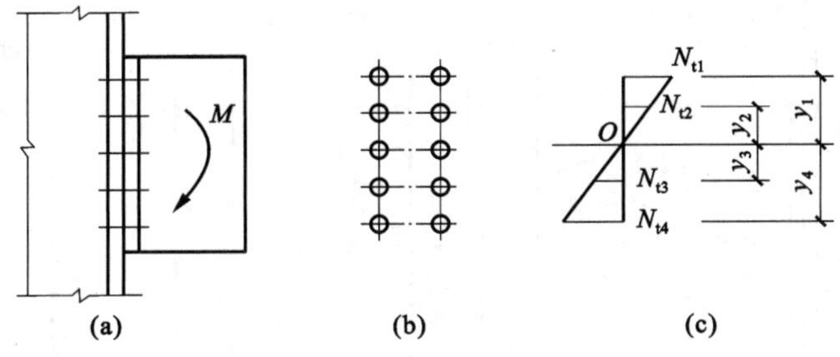

图 3-67 承受弯矩的高强度螺栓连接

(3) 高强度螺栓群受拉力、弯矩和剪力共同作用时的计算

高强度螺栓群受拉力、弯矩和剪力的共同作用时,由于高强度螺栓连接中连接板始终紧密接触,故螺栓群的中和轴位于螺栓群的形心轴上。高强度螺栓摩擦型连接和高强度螺栓承压型连接对应的螺栓承载力不同,以下分别予以说明。

① 高强度螺栓摩擦型连接。

对于高强度螺栓摩擦型连接,螺栓连接板件的压紧力和接触面的抗滑移系数与所承受的拉力有关,且随着拉力的增加而减小。单个螺栓承受拉力和剪力的共同作用时,可采用式(3-92)进行承载力验算,公式可进一步转化成:

$$N_v \leqslant N_v^b\left(1-\frac{N_t}{N_t^b}\right) \tag{3-101}$$

将 $N_v^b=0.9n_f\mu P$, $N_t^b=0.8P$ 代入上式,即可得到考虑拉力作用时高强度螺栓摩擦型连接的抗剪承载力设计公式:

$$N_v \leqslant 0.9n_f\mu(P-1.25N_t) \tag{3-102}$$

在弯矩和拉力的共同作用下,高强度螺栓群中的拉力各不相同,即

$$N_{ti}=\frac{N}{n}\pm\frac{My_i}{\sum y_i^2} \tag{3-103}$$

螺栓离中和轴越远,拉力越大,受拉最大的螺栓出现在最外一排。

拉力的存在也会影响螺栓的抗剪承载力,剪力 V 应满足下式:

$$V \leqslant \sum_{i=1}^{n}0.9n_f\mu(P-1.25N_{ti})$$

或

$$V \leqslant 0.9n_f\mu\left(nP-1.25\sum_{i=1}^{n}N_{ti}\right) \tag{3-104}$$

式中,$N_{ti}<0$ 时取 $N_{ti}=0$。

上式的计算中只考虑螺栓拉力对抗剪承载力的不利影响,未考虑受压区板间压力的增加对抗剪承载力的有利影响,故按上式进行计算是偏安全的。此外,螺栓的最大拉力应满足:

$$N_{ti} \leqslant N_t^b \tag{3-105}$$

【例 3-12】 图 3-68 所示为柱翼缘与 T 形板采用高强度螺栓摩擦型连接,孔为标准孔,被连接板件的钢材为 Q345B,采用 M22 的 10.9 级螺栓,接触面采用喷砂处理。节点承受剪力 $V=800$ kN,$M=120$ kN·m,轴力 $N=400$ kN,试验算此连接的承载力是否满足要求。

【解】 由表 3-7 和表 3-8 查得,预拉力 $P=190$ kN,抗滑移系数 $\mu=0.40$。

受力最大螺栓所受的拉力为:

$$N_{t1}=\frac{N}{n}+\frac{My_1}{m\sum y_i^2}=\frac{400}{16}+\frac{120\times10^2\times35}{2\times2\times(35^2+25^2+15^2+5^2)}$$

$$=25+\frac{120\times10^2\times35}{8400}=75(\text{kN})<0.8P=152\text{ kN}$$

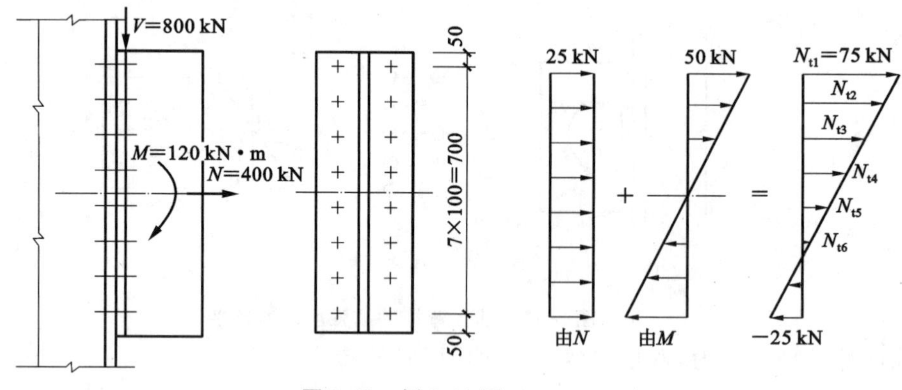

图 3-68 例 3-12 图

按比例关系求得：

$$N_{t2}=25+35.7=60.7(\text{kN})$$
$$N_{t3}=25+21.4=46.4(\text{kN})$$
$$N_{t4}=25+7.1=32.1(\text{kN})$$
$$N_{t5}=25-7.1=17.9(\text{kN})$$
$$N_{t6}=25-21.4=3.6(\text{kN})$$

则有：

$$\sum N_{ti}=(75+60.7+46.4+32.1+17.9+3.6)\times 2=471.4(\text{kN})$$

按式(3-104)验算抗剪承载力设计值：

$$\begin{aligned}\sum N_v^b &= 0.9kn_f\mu(nP-1.25\sum_{i=1}^{n}N_{ti})\\ &= 0.9\times 1\times 1\times 0.40\times(16\times 190-1.25\times 471.4)\\ &= 882.2(\text{kN})>V=800\text{ kN}\end{aligned}$$

故满足强度要求。

② 高强度螺栓承压型连接。

对于高强度螺栓承压型连接，螺栓的极限承载力以螺栓被剪断或钢板发生挤压破坏作为承载力的极限。螺栓群形心处承受拉力、弯矩和剪力的共同作用时，按照普通螺栓的小偏心受拉工况计算出受力最大螺栓所受拉力，利用式(3-93)验算螺栓在剪力和拉力共同作用下的承载力是否满足要求，同时利用式(3-94)避免钢板发生挤压破坏。

【例 3-13】 如图 3-69 所示，两个工字形梁通过端板使用高强度螺栓连接，计算高强度螺栓连接的强度能否满足要求。采用 10.9 级高强度螺栓承压型连接，螺栓直径为 20 mm，有效面积 $A_e=2.45\text{ cm}^2$，$f_v^b=310\text{ N/mm}^2$，$f_t^b=500\text{ N/mm}^2$；端板采用 Q235B 钢，厚度均为 22 mm，$f_c^b=470\text{ N/mm}^2$。已知内力设计值 $V=300$ kN，$M=90$ kN·m。

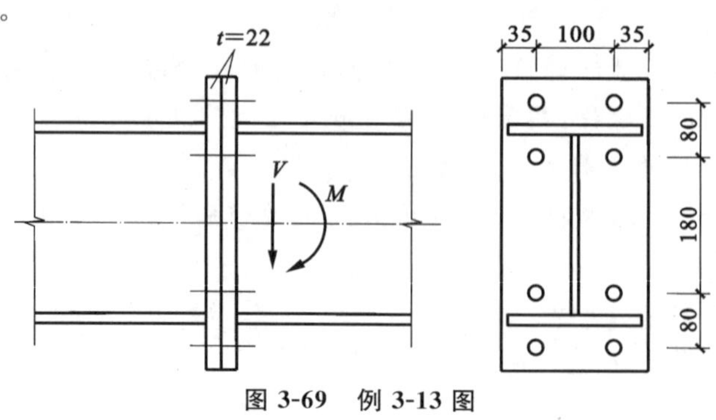

图 3-69 例 3-13 图

【解】 最上排螺栓为受力最大螺栓，所受拉力和剪力分别为：

拉力

$$N_t = \frac{My_1}{\sum y_i^2} = \frac{90\times1000\times170}{2\times2\times(90^2+170^2)} = 103.4(\text{kN})$$

剪力

$$N_v = \frac{V}{n} = \frac{300}{8} = 37.5(\text{kN})$$

$$N_v^b = n_v A_e f_v^b = 1\times245\times310 = 75950(\text{N}) = 75.95\ \text{kN}$$

$$N_t^b = A_e f_t^b = 245\times500 = 122500(\text{N}) = 122.5\ \text{kN}$$

$$N_c^b = d\sum t\cdot f_c^b = 20\times22\times470 = 206800(\text{N}) = 206.8\ \text{kN}$$

所以

$$\sqrt{\left(\frac{N_v}{N_v^b}\right)^2+\left(\frac{N_t}{N_t^b}\right)^2} = \sqrt{\left(\frac{37.5}{75.95}\right)^2+\left(\frac{103.4}{122.5}\right)^2} = 0.98 < 1$$

满足要求。

$$N_v = 37.5\ \text{kN} < \frac{N_c^b}{1.2} = \frac{206.8}{1.2} = 172.3(\text{kN})$$

满足要求。

独立思考

3-1 图 3-70 所示为两块板件通过一条对接焊缝连接，构件冷却后 1—1 截面纵向残余应力的分布模式为(　　)(拉为正，压为负)。

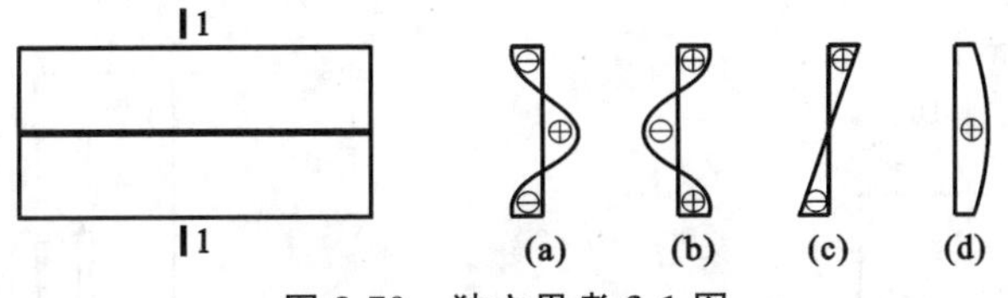

图 3-70 独立思考 3-1 图

A. (a)　　B. (b)　　C. (c)　　D. (d)

3-2 焊接施工过程中，下列(　　)焊缝最难施焊，而且焊缝质量最难以控制。

A. 平焊　　B. 横焊　　C. 仰焊　　D. 立焊

3-3 焊接残余应力不影响构件的(　　)。

A. 整体稳定性　　B. 静力强度　　C. 刚度　　D. 局部稳定性

3-4 焊接结构中的侧面角焊缝长度过长时，在集中外荷载作用下会造成(　　)。

A. 焊缝中间应力可能先达到极限值，从而先发生破坏

B. 焊缝两端应力可能先达到极限值，从而先发生破坏

C. 焊缝内部应力同时达到极限值，从而同时发生脆性破坏

D. 焊缝内部应力同时达到极限值，从而同时发生塑性破坏

3-5 在满足强度的条件下，图 3-71 所示①号和②号焊缝合理的 h_f 值应分别为(　　)。

A. 4 mm，4 mm　　B. 6 mm，8 mm　　C. 8 mm，8 mm　　D. 6 mm，6 mm

3-6 普通螺栓抗剪工作时，要求被连接构件的总厚度小于或等于螺栓直径的 5 倍，是防止(　　)。

A. 螺栓杆发生弯曲破坏　　B. 螺栓杆发生剪切破坏

C. 构件端部发生冲剪破坏　　D. 板件发生挤压破坏

3-7　关于高强度螺栓摩擦型连接、承压型连接、C级螺栓连接,下列说法正确的是(　　)。

A. 摩擦型连接受剪承载力高　　B. 摩擦型连接可以承受动荷载

C. 承压型连接受剪变形小　　D. C级螺栓连接受剪承载力高

3-8　图3-72所示高强度螺栓群受弯后的旋转中心为(　　)。

A. 1点　　B. 2点　　C. 3点　　D. 4点

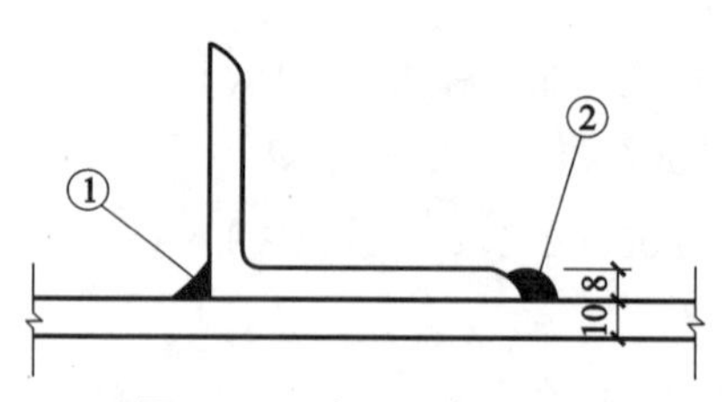

图3-71　独立思考3-5图

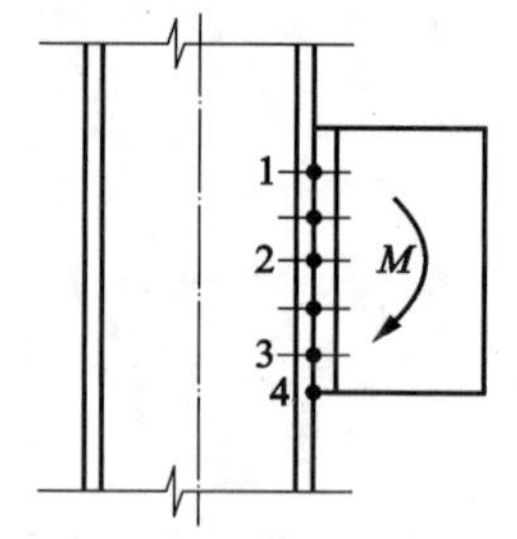

图3-72　独立思考3-8图

3-9　摩擦型高强度螺栓的抗剪连接以(　　)作为承载能力极限状态。

A. 螺杆被拉断　　B. 螺杆被剪断

C. 孔壁被压坏　　D. 连接板件间的摩擦力刚被克服

3-10　试述钢结构焊接残余应力产生的原因以及对结构工作性能的影响。

3-11　普通螺栓受剪连接达到极限承载力时可能的破坏形式有哪些?

3-12　在偏心拉力作用下,普通螺栓连接和高强度螺栓摩擦型连接的计算区别有哪些?

3-13　图3-73所示焊接连接中,肋板与柱翼缘间的焊脚尺寸 $h_f=10$ mm,$f_f^w=160$ N/mm^2,此连接受静荷载 $P=25$ kN作用,P 与 x 轴间夹角为45°。试验算此焊缝是否安全(图中尺寸单位为mm)。

3-14　已知一钢结构节点采用角焊缝连接,如图3-74所示,承受偏心静力荷载 $F=120$ kN(设计值),角焊缝焊脚尺寸 $h_f=10$ mm,钢材采用Q235B,采用手工电弧焊,焊条为E43型,$f_f^w=160$ N/mm^2。验算该焊缝强度。

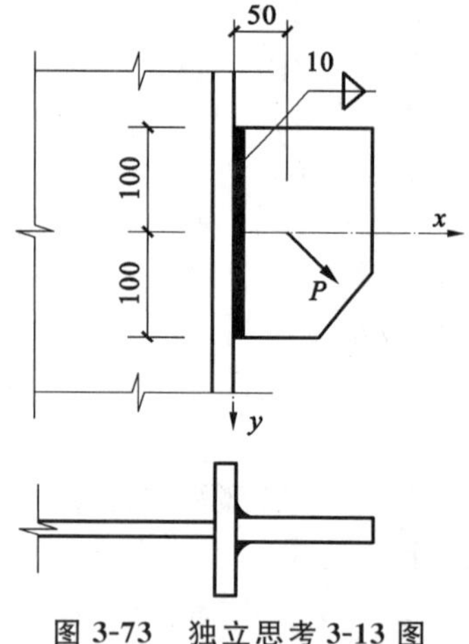

图3-73　独立思考3-13图

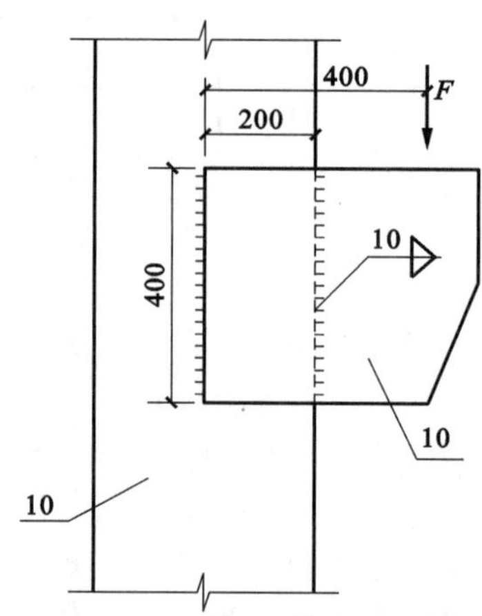

图3-74　独立思考3-14图

3-15　图3-75所示连接中,焊脚尺寸 $h_f=8$ mm,钢材为Q235B,$f=215$ N/mm^2,采用手工电弧焊,焊条为E43型,$f_f^w=160$ N/mm^2,盖板厚10 mm,母材钢板厚18 mm,试计算此连接的承载能力。

3-16　已知螺栓直径 $d=20$ mm,为C级螺栓,螺栓和构件材料为Q235钢,被连接板与柱翼缘的厚度均为 $t=12$ mm。螺栓群所受的荷载设计值为:扭矩 $T=20$ kN·m,剪力 $V=50$ kN。验算图3-76所示的螺栓连接强度。

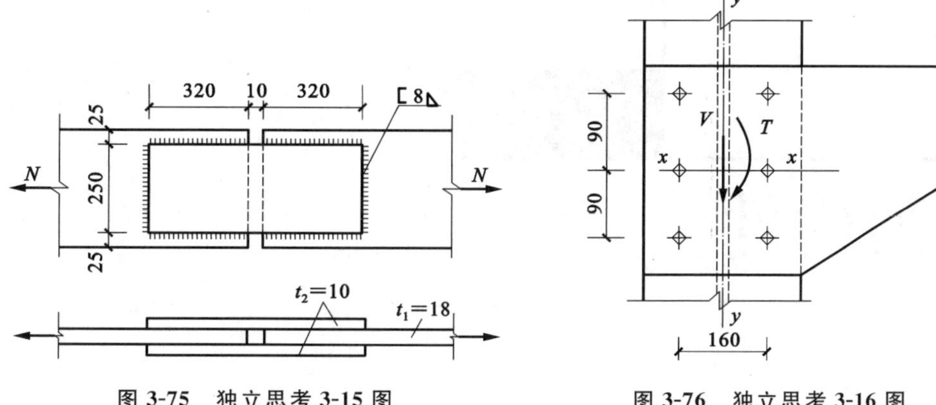

图 3-75 独立思考 3-15 图　　　　图 3-76 独立思考 3-16 图

3-17 如图 3-77 所示，两块钢板截面厚度为 16 mm，宽度为 420 mm，两面用厚 10 mm 的盖板连接，钢材 Q235B 承受轴心力作用，采用 8.8 级螺栓 M20 高强度螺栓摩擦型连接，孔径为 21.5 mm，接触面采用喷砂处理，$f=215\ \mathrm{N/mm^2}$，预拉力 $P=125$ kN，摩擦面的抗滑移系数 $\mu=0.4$，求此连接接头能承受的最大轴心力设计值。

3-18 试计算图 3-78 所示承受静力荷载的连接中双面角焊缝的承载力是否满足要求。已知钢材为 Q235B，采用手工电弧焊，焊条为 E43 型，$f_f^w=160\ \mathrm{N/mm^2}$。

3-19 如图 3-78 所示，已知节点板与连接单板采用 4 个 8.8 级 M16 高强度螺栓的承压型连接，剪切面不在螺纹处，孔径 $d_0=17$ mm，$f_v^b=250\ \mathrm{N/mm^2}$，$f_c^b=470\ \mathrm{N/mm^2}$；8 mm 厚连接单板垂直于受力方向的宽度为 150 mm，其螺栓孔的端距、边距和间距均满足构造要求；节点板与连接板钢材为 Q235B，$f=215\ \mathrm{N/mm^2}$。试验算螺栓连接承载力是否能够满足要求。

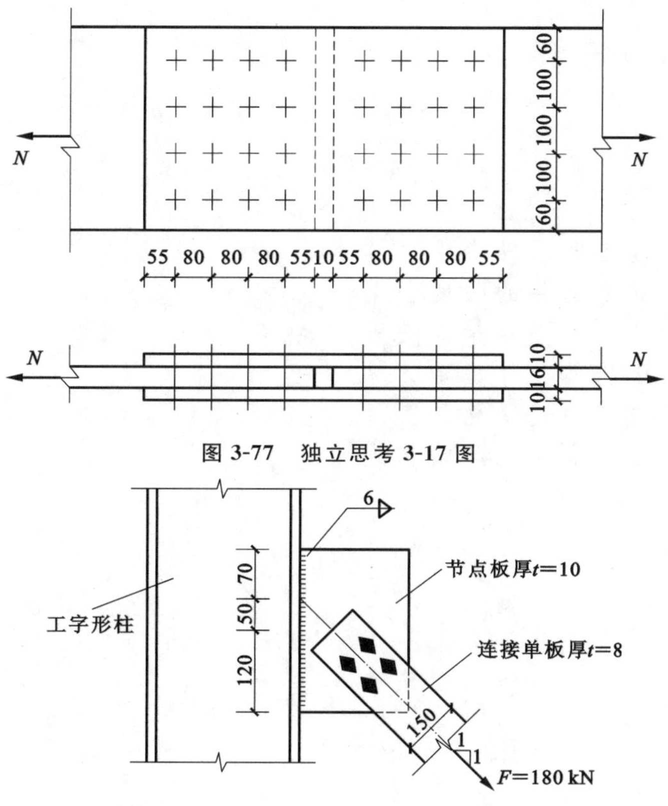

图 3-77 独立思考 3-17 图

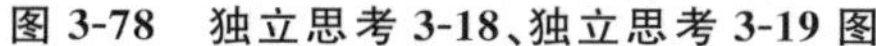
图 3-78 独立思考 3-18、独立思考 3-19 图

思考题答案

4 轴心受力构件

课前导读

内容提要

本章简要介绍了轴心受力构件的截面形式，重点讲述了轴心受力构件强度、刚度、整体稳定和局部稳定的计算内容，并通过例题详细介绍了实腹式和格构式轴心受力构件的设计过程。

能力要求

通过本章的学习，学生应熟悉轴心受力构件的截面形式，掌握轴心受力构件的强度和刚度计算方法，了解力学和几何缺陷对轴心受压构件的影响，掌握轴心受压构件整体稳定计算方法，熟悉轴心受压构件局部稳定，熟悉实腹式和格构式构件的区别，掌握实腹式和格构式构件的设计内容。

数字资源

重难点

4.1 概 述

轴心受力是杆件结构的基本受力形式，是指承受通过截面形心轴的轴向力作用，主要包括轴心受压和轴心受拉两种受力模式。轴心受力在很多杆件结构中都有可能出现，比如桁架、网架及塔架结构在分析过程中可以假定构件连接节点为铰接节点，这样每个杆件均承受轴心拉力或轴心压力。此外，在有些结构中杆件只能承受一种受力作用，如悬索结构只能承受轴心拉力。

钢结构构件的连接设计

轴心受力构件图

轴心受力构件的截面形式通常采用型钢截面或者型钢、钢板组合截面。常用的单型钢截面形式有圆钢、角钢、槽钢、工字钢、H 型钢等，也可采用角钢或钢板形成的组合截面，如图 4-1 所示。

图 4-1 轴心受力构件的截面形式

轴心受力构件根据不同受力状态，在计算过程中涉及的内容有所不同。轴心受压构件的计算内容包括强度、刚度和稳定分析；轴心受拉构件的计算内容包括强度和刚度，此类构件在验算过程中稳定往往不起控制性作用。

4.2 轴心受力构件的验算

4.2.1 强度验算

(1) 轴心受拉构件

当端部连接及中部拼接处组成截面的各板件都由连接件直接传力时，除采用高强度螺栓摩擦型连接外，其截面强度应采用下列公式计算。

毛截面屈服：

$$\sigma = \frac{N}{A} \leqslant f \tag{4-1a}$$

净截面断裂：

$$\sigma = \frac{N}{A_u} \leqslant 0.7 f_u \tag{4-1b}$$

采用高强度螺栓摩擦型连接的构件，其孔前传力示意图如图4-2所示，其毛截面强度应采用式(4-1a)计算，净截面断裂应按下式计算：

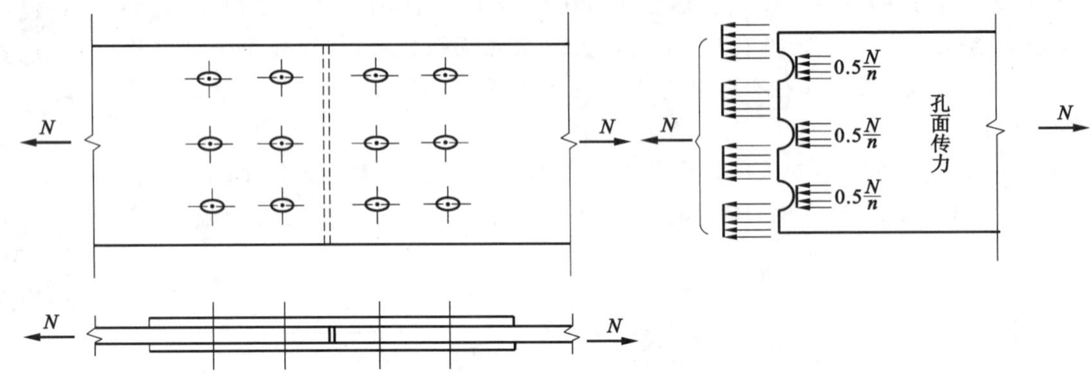

图 4-2　轴力作用下摩擦型高强度螺栓连接

$$\sigma = \left(1 - 0.5\frac{n_1}{n}\right)\frac{N}{A_n} \leqslant 0.7 f_u \tag{4-2}$$

当构件为沿全长都有排列较密螺栓的组合构件时，其截面强度应按下式计算：

$$\frac{N}{A_n} \leqslant f \tag{4-3}$$

式中　N——所计算截面处的拉力设计值，N。

f——钢材抗拉强度设计值，N/mm²。

f_u——钢材的抗拉强度最小值，N/mm²。

n——在节点或拼接处构件一端连接的高强度螺栓数目。

n_1——所计算截面(最外列螺栓处)高强度螺栓数目。

A——构件的毛截面面积，mm²。

A_n——构件的净截面面积，当构件多个截面有孔时，需考虑可能出现的多种破坏截面，取最不利的截面，mm²。

图4-3中，Ⅰ、Ⅱ、Ⅲ断面均为可能的破坏截面，应分别进行计算，计算时应扣除孔洞面积。

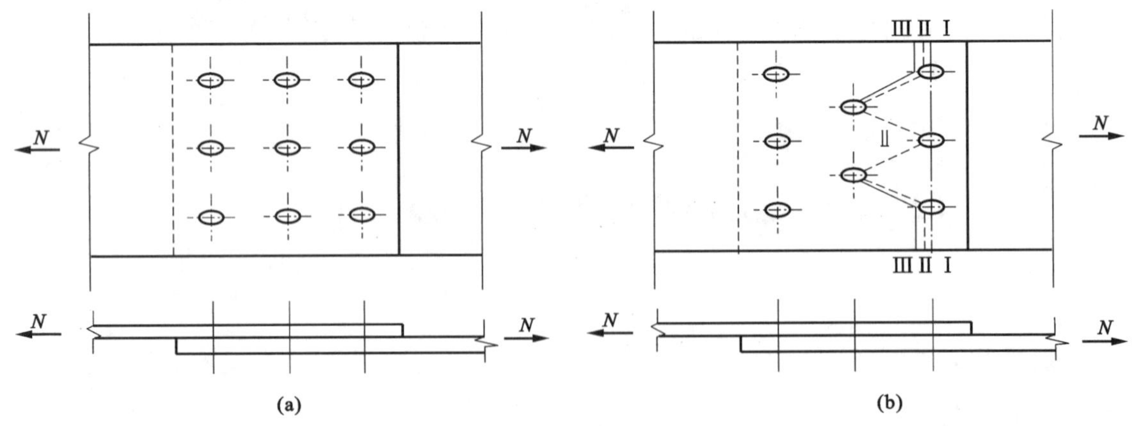

图 4-3　净截面面积的计算

(2) 轴心受压构件

当端部连接及中部拼接处组成截面的各板件都由连接件直接传力时，截面强度应按式(4-1a)计算。但含有虚孔的构件尚需在孔心所在截面按式(4-1b)计算。

轴心受拉构件和轴心受压构件，当其组成板件在节点处或拼接处并非全部直接传力时，应将危险截面的面积乘以有效截面系数 η，不同构件截面形式和连接方式的 η 值应按表 4-1 的规定取用。

表 4-1 轴心受力构件节点处或拼接处危险截面有效截面系数

构件截面形式	连接形式	μ	图例
角钢	单边连接	0.85	
工字形、H 形	翼缘连接	0.90	
	腹板连接	0.70	

4.2.2 刚度验算

对于轴心受力构件，刚度通过构件的长细比 λ 进行控制。

$$\lambda = \frac{l_0}{i} \leqslant [\lambda] \tag{4-4}$$

式中 λ——构件的长细比；

l_0——构件的计算长度；

i——截面的回转半径；

$[\lambda]$——构件的容许长细比。

依据《钢结构设计标准》(GB 50017—2017)相关条款，对受拉构件和受压构件分别给出了不同的长细比容许值。在进行刚度验算过程中，需根据杆件的具体使用功能进行查询。受压构件的长细比不宜超过表 4-2 中的容许值，受拉构件的容许长细比按表 4-3 取用。

表 4-2 受压构件的容许长细比

项次	构件名称	容许值
1	柱、桁架和天窗架构件	150
	柱的缀条、吊车梁或吊车桁架以下的柱间支撑	
2	支撑(吊车梁或吊车桁架以下的柱间支撑除外)	200
	用以减小受压构件长细比的杆件	

注：对于桁架(包括空间桁架)的受压腹杆，当其内力小于或等于承载能力的 50%时，容许长细比的值可取为 200。

表 4-3 受拉构件的容许长细比

构件名称	承受静力荷载或间接承受动力荷载的结构			直接承受动力荷载的结构
	一般建筑结构	对腹杆提供平面外支点的弦杆	有重级工作制起重机的厂房	
桁架的杆件	350	250	250	250

续表

构件名称	承受静力荷载或间接承受动力荷载的结构			直接承受动力荷载的结构
	一般建筑结构	对腹杆提供平面外支点的弦杆	有重级工作制起重机的厂房	
吊车梁或吊车桁架以下的柱间支撑	300	—	200	—
除张紧的圆钢外的其他拉杆、支撑、系杆等	400	—	350	—

4.2.3 整体稳定验算

强度验算是确定构件在稳定平衡状态下由荷载所引起的最大应力(或内力)是否超过建筑材料的极限强度,在分析过程中归结为应力问题。稳定问题与强度问题不同,它主要是找出外荷载与结构内部抵抗力间的不稳定平衡状态,即变形开始急剧增长的状态,稳定问题可归结为变形问题。在稳定分析过程中,侧向挠度使构件中弯矩增大,柱子的破坏荷载可能远远低于其设计强度,因此轴心受压构件的稳定分析非常重要。

(1) 理想轴心受压构件的屈曲形式

理想轴心受压构件存在如下三种屈曲形式(图4-4)。

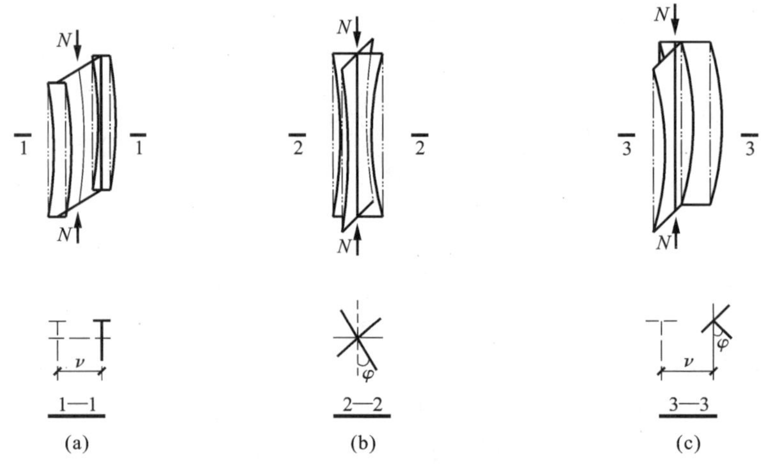

图4-4 轴心压杆的屈曲形式

(a) 弯曲屈曲;(b) 扭转屈曲;(c) 弯扭屈曲

① 弯曲屈曲:构件只绕一个截面主轴旋转,而纵轴由直线变为曲线的一种失稳形式。此类失稳形式是双轴对称构件常见的屈曲形式,如H型钢的屈曲。

② 扭转屈曲:构件各个截面均绕纵轴旋转的一种失稳形式。长度较小的十字形截面构件可能发生扭转屈曲。

③ 弯扭屈曲:构件发生弯曲的同时伴随着截面的扭转。单轴对称截面杆件绕对称轴或无对称轴截面构件屈曲时发生弯扭屈曲。

(2) 理想轴心受压构件整体稳定临界力的确定

理想轴心受压构件整体稳定临界力可按如下三个准则确定。

① 屈曲准则:对理想轴心受压构件进行分析,弹性阶段依据欧拉临界力公式,弹塑性阶段采用考虑切线模量的临界力计算方法,通过提高安全系数来弥补初始缺陷的影响。

② 边缘屈曲准则:对有初始缺陷的轴心受压构件进行分析,将截面边缘应力达到屈曲点作为构件承载力的极限状态来确定临界力。

③ 最大强度准则:考虑轴心受压构件的初始缺陷,以整个截面进入弹塑性状态时能够承受的最大压力值作为压杆的临界力。

4.3 无缺陷轴心受压构件的屈曲

(1) 理想轴心受压构件的弯曲屈曲临界力

对于理想的两端铰接的轴心受压构件，根据计算简图(图 4-5)建立该受压构件呈微弯状态时的平衡微分方程：

$$EI\frac{\mathrm{d}^2y}{\mathrm{d}x^2}+Ny=0 \tag{4-5}$$

对理想轴心受压构件进行弹性分析，若只考虑弯曲变形，则解此方程，可得两端铰接轴心受压构件的临界力和临界应力，即为著名的欧拉临界力公式，表达式为：

$$N_{\mathrm{E}}=\frac{\pi^2EI}{(\mu l)^2}=\frac{\pi^2EI}{l_0^2}=\frac{\pi^2EA}{\lambda^2} \tag{4-6}$$

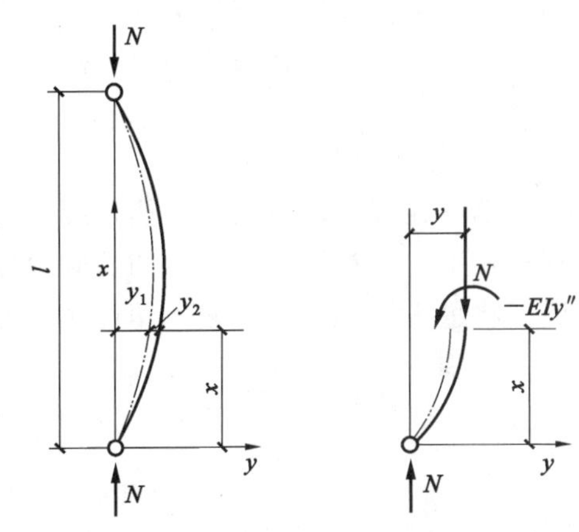

图 4-5 轴心压杆弯曲屈曲

式中 l_0——构件的计算长度，$l_0=\mu l$，其中 l 为构件的几何长度，μ 为构件的计算长度系数，根据构件两端的支承条件确定，常见的几种典型支承情况可以参考表 4-4 直接查取；

λ——构件的长细比，$\lambda=\frac{l_0}{i}$；

i——截面的回转半径，$i=\sqrt{\frac{I}{A}}$；

A——构件的毛截面面积；

I——截面惯性矩；

E——弹性模量。

表 4-4 轴心受压构件计算长度系数表

两端支承情况	两端固定	上端铰接，下端固定	上端可移动但不转动，下端固定	两端铰接	上端自由，下端固定	上端可移动但不转动，下端铰接
构件的屈曲形式						
理论值	0.5	0.7	1.0	1.0	2.0	2.0
建议值	0.65	0.8	1.2	1.0	2.1	2.0

相应的欧拉临界应力为：

$$\sigma_{\mathrm{E}}=\sigma_{\mathrm{cr}}=\frac{N_{\mathrm{cr}}}{A}=\frac{\pi^2E}{\lambda^2} \tag{4-7}$$

从欧拉临界力公式中可以看出，轴心受压构件的弯曲屈曲临界力随抗弯刚度的增加和构件长度的减小而增大。在计算过程中，构件的长细比直接影响构件的弯曲屈曲临界力。

欧拉临界力公式推导中假定材料为无限弹性，符合胡克定律。因此，当截面应力超过钢材的比例极限 f_p 时，构件处于弹塑性阶段，应按弹塑性屈曲计算其临界力，欧拉临界力公式不再适用。依据先前的研究，可以采用如下两种理论进行分析，一种是切线模量理论，另一种是双模量理论。相比而言，用切线模量理论能较好地反映轴心受压构件在弹塑性屈曲时的承载力。因此，理想轴心受压构件的弹塑性屈曲临界力可采用下式计算：

$$N_{cr} = \frac{\pi^2 E_t I}{l_0^2} \tag{4-8}$$

式中　E_t——切线模量。

轴心受压构件的临界力和计算长度系数直接影响稳定承载力的计算结果。

(2) 初始缺陷对轴心受压构件承载力的影响

理想轴心受压构件在实际工程应用中是不存在的。实际工程中的构件不可避免地存在初弯曲、荷载初偏心和残余应力等初始缺陷，这些缺陷会对轴心受压构件的稳定承载力产生影响。下面分别讨论上述因素的影响规律。

① 残余应力的影响。

钢材在焊接时不均匀受热，冷却及冷校正过程中产生的塑性变形，使得杆件受荷前在杆件截面内残存有自相平衡的初始应力。此初始应力称为残余应力。当轴心受压构件截面的平均应力 $\sigma > f_p$ 时，杆件部分截面将进入塑性状态。截面塑性区应力不可能再增加，能够产生抵抗力矩的只有截面的弹性区。此时的临界力和临界应力应为：

$$N_{cr} = \frac{\pi^2 EI_e}{l^2} = \frac{\pi^2 EI}{l^2} \cdot \frac{I_e}{I} \tag{4-9}$$

$$\sigma_{cr} = \frac{\pi^2 E}{\lambda^2} \cdot \frac{I_e}{I} \tag{4-10}$$

式中　I_e——弹性区的截面惯性矩(或有效惯性矩)；

　　I——全截面的惯性矩。

由于 $I_e/I<1$，因此残余应力使轴心受压构件的临界力降低了。I_e/I 的大小取决于构件截面尺寸、残余应力的分布形式和大小以及构件弯曲时的方向。

② 初弯曲的影响。

具有初弯曲的轴心受压构件的承载力有如下特点：

a. 具有初弯曲的压杆，压力一开始作用，杆件就产生挠曲，并随着荷载的增大而增加。开始时挠度增加慢，随后迅速增长。当压力 N 接近欧拉临界力时，中点处挠度趋于无限大。

b. 压杆的初挠度值愈大，相同压力 N 作用下杆的挠度愈大。

c. 初弯曲越大，压杆临界压力越小。初弯曲即使很小，轴心受压构件的承载力也总是低于欧拉临界力。

若以边缘屈曲作为极限状态，根据边缘屈曲准则对无残余应力、只有初弯曲的轴心压杆截面进行屈曲分析，则其临界应力为：

$$\sigma_{cr} = \frac{f_y + (1+\varepsilon_0)\sigma_E}{2} - \sqrt{\left[\frac{f_y + (1+\varepsilon_0)\sigma_E}{2}\right]^2 - f_y\sigma_E} \tag{4-11}$$

式中　ε_0——初始弯曲率；

　　σ_E——欧拉临界应力。

上式称为柏利(Perry)公式，按此式计算出的临界应力 σ_{cr} 均小于 σ_E。相同初弯曲情况下工字形截面杆的 σ_{cr}-λ 曲线如图 4-6 所示。

③ 初偏心的影响。

具有初偏心的轴心受压构件的承载力与初弯曲轴心受压构件的承载力特点相同。初偏心与初弯曲的影响类似，因此在制定设计标准和规范时，通常只考虑其中一个缺陷来模拟两个缺陷的影响。

(3) 实际轴心受压构件的极限承载力

实际轴心受压构件同时存在各种缺陷，在理论分析时通常要考虑残余应力和初弯曲等因素的影响。在分析过程中，构件一开始受压即产生挠度。随着挠度的增加，在轴力和弯矩的共同作用下，柱截面边缘首先开始屈服，由此产生不断增加的塑性区，使压力达到 N_E 之前即破坏。

以轴心受压构件跨中截面边缘屈服时的承载力作为最大承载力，称为边缘纤维屈服准则。实际上压力还可增加，只是压力超过边缘纤维屈服准则中的最大承载力后，构件即进入弹塑性阶段。随着截面塑性区的不断扩展，变形值增加得更快，直至压杆不能维持稳定。此时的承载力才是具有初弯曲压杆真正的极限承载力。此计算压杆稳定的准则为最大强度准则。

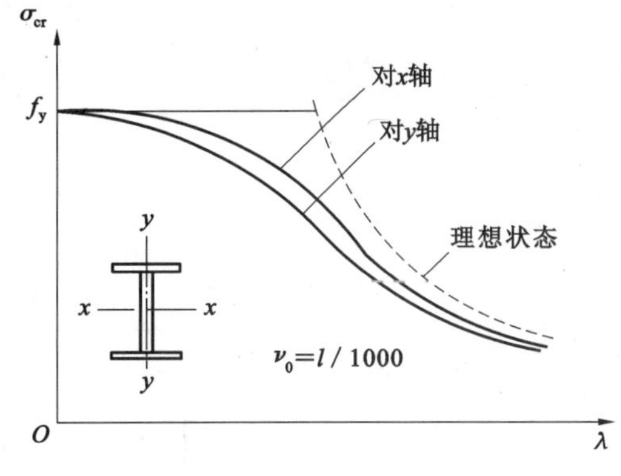

图 4-6　仅考虑初弯曲时 σ_{cr}-λ 曲线

(4) 设计规范中轴心受压构件稳定承载力计算公式

轴心受压构件的极限承载力 N_u 取决于杆件的初始弯曲、荷载的初始偏心、材料的不均匀性、截面形状和尺寸、残余应力等因素。由于上述受压构件承载力的影响因素不会同时出现，故计算中主要考虑初始弯曲和残余应力两个最不利因素，将相对初始弯曲的矢高取杆长的 1/1000 作为换算初始缺陷。按照压弯杆件极限承载力理论，采用数值积分法计算出极限承载力，画出承载力曲线。该受压构件失稳时临界应力 σ_{cr} 与长细比 λ 之间的关系曲线称为柱子曲线。

《钢结构设计标准》(GB 50017—2017)所采用的轴心受压柱子曲线是按最大强度准则确定的。由于构件截面形状、弯曲方向、残余应力等因素导致构件的极限承载力有较大的差异，故计算获得的轴心受压柱子曲线分布在图 4-7 所示的虚线包围的范围内。《钢结构设计标准》(GB 50017—2017)结合工程实际，根据数理统计及可靠度分析，将这些柱子曲线归并为 a、b、c、d 四条曲线。归属于 a、b、c、d 四类曲线的轴心受压构件截面分类详见表 4-5 和表 4-6。

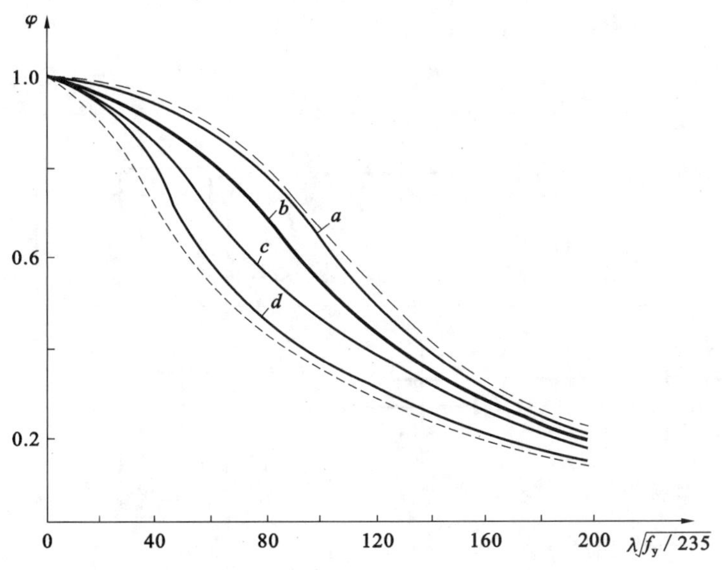

图 4-7　《钢结构设计标准》(GB 50017—2017)中的柱子曲线

表 4-5 **轴心受压构件的截面分类(板厚 $t<40$ mm)**

截面形式		对 x 轴	对 y 轴
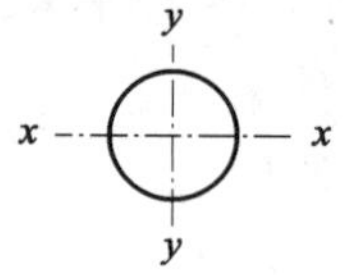 轧制		a 类	a 类
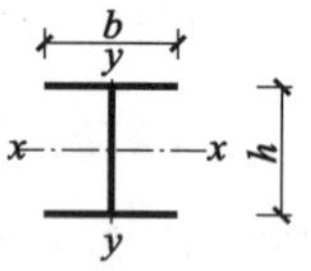 轧制	$b/h\leqslant 0.8$	a 类	b 类
	$b/h>0.8$	a^* 类	b^* 类
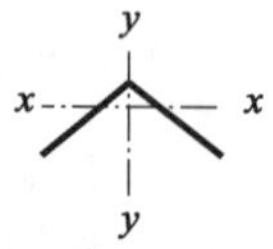 轧制等边角钢		a^* 类	a^* 类
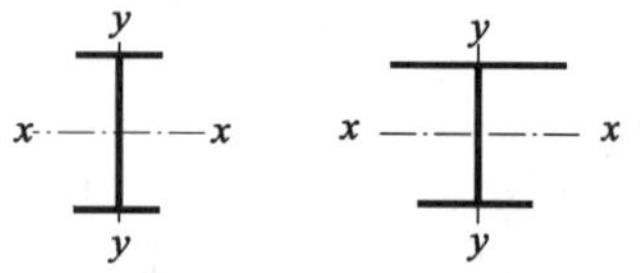 焊接,翼缘为焰切边	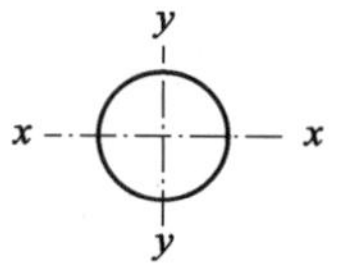 焊接	b 类	b 类
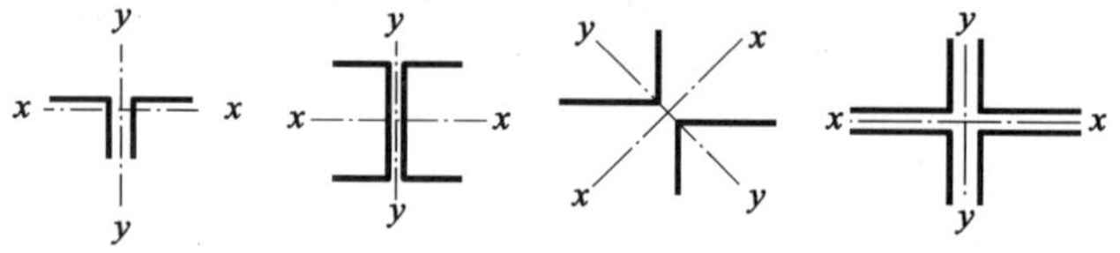 轧制			
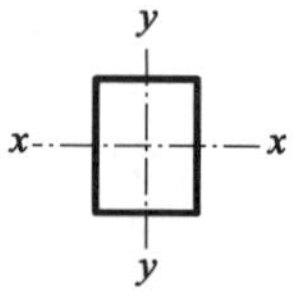 轧制,焊接(板件宽厚比大于 20)	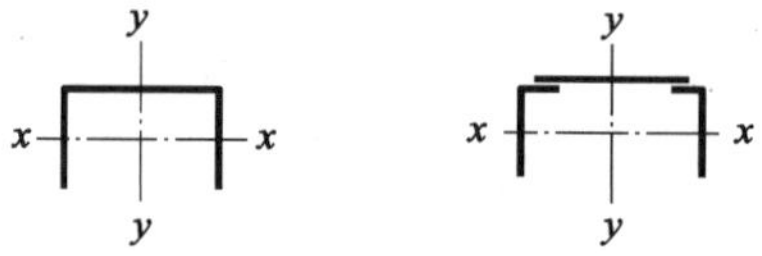 轧制或焊接		
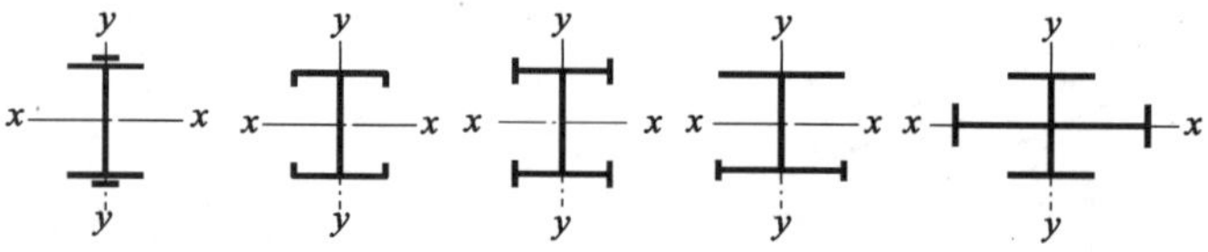 焊接	 轧制截面和翼缘为焰切边的焊接截面		
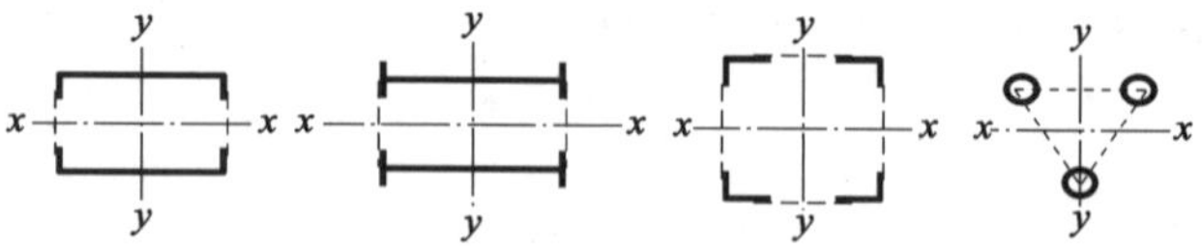 格构式	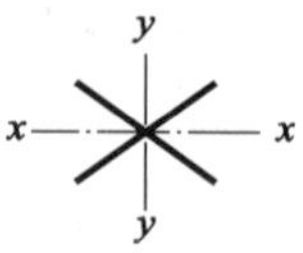 焊接,板件边缘焰切		

续表

截面形式		对 x 轴	对 y 轴
焊接，翼缘为轧制或剪切边		b 类	c 类
焊接，板件边缘轧制或剪切	轧制、焊接(板件宽厚比小于或等于 20)	c 类	c 类

注：1. a* 类含义为 Q235 钢取 b 类，Q345、Q390、Q420 和 Q460 钢取 a 类；b* 类含义为 Q235 钢取 c 类，Q345、Q390、Q420 和 Q460 钢取 b 类。
2. 无对称轴且剪心和形心不重合的截面，其截面分类可按有对称轴的类似截面确定，如不等边角钢采用等边角钢的类别；当无类似截面时，可取 c 类。

表 4-6 **轴心受压构件的截面分类(板厚 $t \geqslant 40$ mm)**

截面形式		对 x 轴	对 y 轴
轧制工字形或 H 形截面	$t<80$ mm	b 类	c 类
	$t \geqslant 80$ mm	c 类	d 类
焊接工字形截面	翼缘为焰切边	b 类	b 类
	翼缘为轧制或剪切边	c 类	d 类
焊接箱形截面	板件宽厚比大于 20 mm	b 类	b 类
	板件宽厚比小于或等于 20 mm	c 类	c 类

(5) 轴心受压构件的整体稳定计算

轴心受压构件所受应力不应大于整体稳定的临界应力。考虑抗力分项系数 γ_R，则：

$$\frac{\sigma}{\sigma_{cr}/\gamma_R}=\frac{N/A}{\dfrac{\sigma_{cr}}{f_y}\cdot\dfrac{f_y}{\gamma_R}}=\frac{N}{\varphi Af}\leqslant 1.0 \tag{4-12}$$

因此，除可考虑屈服后强度的实腹式构件外，轴心受压构件的稳定计算符合下式要求：

$$\frac{N}{\varphi Af}\leqslant 1.0 \tag{4-13}$$

式中 φ——轴心受压构件的整体稳定系数，$\varphi=\dfrac{\sigma_{cr}}{f_y}$，根据构件的长细比 λ、钢材屈服强度和截面分类，查附录 4 可得。

实腹式构件的长细比 λ 的计算方法与其失稳模式有关，各类常见截面的实腹式构件长细比 λ 计算公式如下。

对于计算弯曲屈曲的截面形心与剪心重合的构件，如双轴对称截面的构件：

$$\lambda_x = \frac{l_{0x}}{i_x} \tag{4-14}$$

$$\lambda_y = \frac{l_{0y}}{i_y} \tag{4-15}$$

式中 l_{0x}, l_{0y}——构件对截面主轴 x 和 y 的计算长度，mm；

i_x, i_y——构件截面对主轴 x 和 y 的回转半径，mm。

对于计算扭转屈曲的截面形心与剪心重合的构件：

$$\lambda_z = \sqrt{\frac{I_0}{I_t/25.7 + I_\omega/l_\omega^2}} \tag{4-16}$$

式中 I_0, I_t, I_ω——构件毛截面对剪心的极惯性矩（mm^4）、自由扭转常数（mm^4）和扇性惯性矩（mm^6），对十字形截面可近似取 $I_\omega=0$。

l_ω——扭转屈曲的计算长度，两端铰接且端截面可自由翘曲者，取几何长度 l；两端嵌固且端部截面的翘曲完全受到约束者，取 $0.5l$，mm。

对于双轴对称十字形截面，当板件宽厚比不超过 $15\sqrt{\frac{123}{f_y}}$ 时，可不计算扭转屈曲。

对于截面单轴对称的构件，绕非对称轴屈曲时为弯曲屈曲，此时长细比由式(4-14)和式(4-15)确定。一般情况下，此类构件弯扭屈曲比弯曲屈曲的临界应力要低，绕对称轴屈曲时为弯扭屈曲，此时采用换算长细比，按下式确定：

$$\lambda_{yz} = \left[\frac{(\lambda_y^2+\lambda_z^2)+\sqrt{(\lambda_y^2+\lambda_z^2)^2-4\left(1-\frac{y_s^2}{i_0^2}\right)\lambda_y^2\lambda_z^2}}{2}\right]^{1/2} \tag{4-17}$$

式中 y_s——截面形心至剪心的距离，mm；

I_0——截面对剪心的极回转半径，单轴对称截面，$i_0^2=y_s^2+i_x^2+i_y^2$，mm；

λ_z——扭转屈曲换算长细比，由式(4-16)确定。

等边单角钢轴心受压构件当绕两主轴弯曲的计算长度相等时，可不计算弯扭屈曲。不等边角钢及双角钢组合T形截面构件绕对称轴的换算长细比可按简化方法计算，在本书第7章7.7节中将做详细介绍，此处不再赘述。

4.4 轴心受压构件的局部稳定 >>>

一般组成实腹式轴心受压构件板件的厚度与板的宽度相比都较小。如果这些板件过薄，则在压力作用下板件将离开平面位置而发生凸曲现象，这种现象称为板件丧失局部稳定。板件丧失了局部稳定后还可以继续维持平衡位置，但由于部分板件屈曲而退出工作，构件有效承载力截面减小，提高了整体稳定破坏的可能性。

轧制型钢(如工字钢、槽钢、角钢等)截面的板厚一般较大，局部稳定问题不是很严重，通常都能够满足要求，不需要验算。焊接截面则不同，板件的宽厚比可以很大，局部稳定问题较为突出。

4.4.1 实腹式轴心受压构件的局部稳定

实腹式轴心受压构件在单向压应力作用下，构件屈曲时的临界应力为：

$$\sigma_{cr}=\frac{\sqrt{\eta}\chi\beta\pi^2E}{12(1-\mu^2)}\left(\frac{t}{b_t}\right)^2 \tag{4-18}$$

式中 χ——板边缘的弹性约束系数,对外伸翼缘取1.0;

β——屈曲系数,对外伸翼缘取0.425;

η——弹性模量折减系数,根据试验,$\eta=0.1013\lambda^2(1-0.0248\lambda^2 f_y/E)f_y/E$;

μ——材料的泊松比,取0.3;

b_t——工字形或箱形翼缘板的自由外伸宽度;

t——腹板的厚度。

局部稳定验算时考虑等稳定要求,保证构件的局部失稳临界力不小于构件整体稳定临界应力,即

$$\sqrt{\eta}\chi\beta\frac{\pi^2E}{12(1-\mu^2)}\left(\frac{t}{b_t}\right)^2\geqslant\varphi f_y \tag{4-19}$$

上式中的整体稳定系数 φ 可用柏利公式表达,从而获得构件宽厚比的限制条件。

4.4.2 轴心受压构件局部稳定计算方法

(1) 工字形和H形截面轴心受压构件的局部稳定

其一般通过限制组成截面板件的宽(高)厚比来保证轴心受压构件的局部稳定,如图4-8所示。

① 工字形和H形截面的受压翼缘。

受压翼缘板悬伸部分的宽厚比 b'/t 限值为:

$$\frac{b'}{t}\leqslant(10+0.1\lambda)\sqrt{\frac{235}{f_y}} \tag{4-20}$$

式中 λ——构件两方向长细比中的较大值。当 $\lambda<30$ 时,取 $\lambda=30$;当 $\lambda>100$ 时,取 $\lambda=100$。

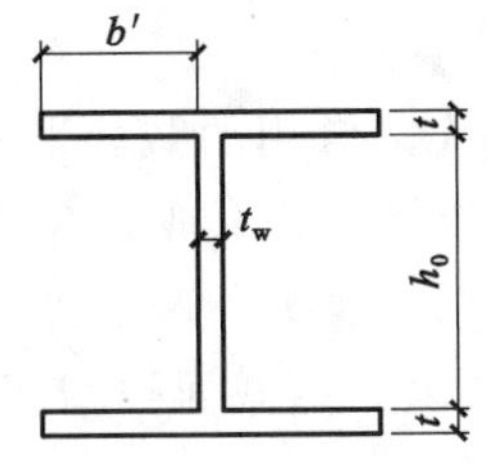

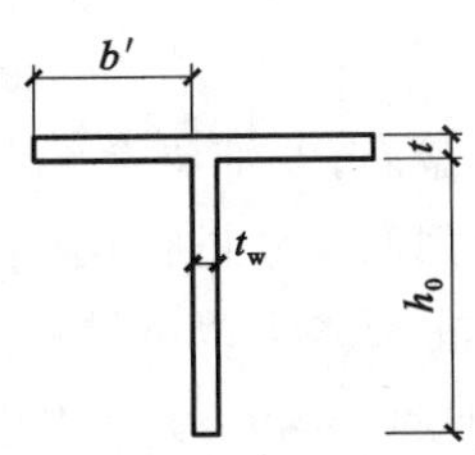

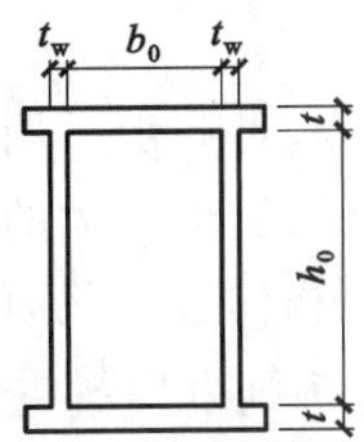

图4-8 轴心受压构件板件尺寸

② 工字形和H形截面的腹板。

腹板高厚比 h_0/t_w 限值为:

$$\frac{h_0}{t_w}\leqslant(25+0.5\lambda)\sqrt{\frac{235}{f_y}} \tag{4-21}$$

式中 h_0,t_w——腹板高度和厚度。

λ——构件两方向长细比中的较大值。当 $\lambda<30$ 时,取 $\lambda=30$;当 $\lambda>100$ 时,取 $\lambda=100$。

③ T形截面。

热轧T型钢:

$$\frac{h_0}{t_w}\leqslant(15+0.2\lambda)\sqrt{\frac{235}{f_y}} \tag{4-22}$$

焊接T型钢:

$$\frac{h_0}{t_w}\leqslant(13+0.17\lambda)\sqrt{\frac{235}{f_y}} \tag{4-23}$$

④ 箱形截面。

箱形截面轴心受压构件的翼缘和腹板均为四边支承板,宽(高)厚比限值如下:

$$\frac{b_0}{t}\text{ 或 }\frac{h_0}{t_w}\leqslant 40\sqrt{\frac{235}{f_y}} \tag{4-24}$$

(2) 腹板的有效截面

当工字形截面的腹板高厚比 h_0/t_w 不满足式(4-21)的要求时,除了加厚腹板外,还可采用有效截面的概念进行计算。计算时腹板截面面积仅考虑两侧宽度各为 $20t_w\sqrt{235/f_y}$ 的部分,如图4-9所示,但计算构件的稳定系数 φ 时仍可用全截面。

当腹板高厚比不满足要求时,亦可在腹板中部设置纵向加劲肋。用纵向加劲肋加强后的腹板仍按式(4-21)计算,但 h_0 应取翼缘与纵向加劲肋之间的距离,如图4-10所示。

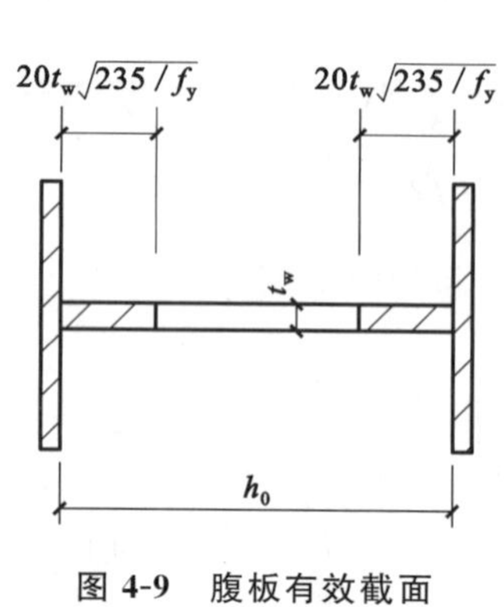

图4-9 腹板有效截面

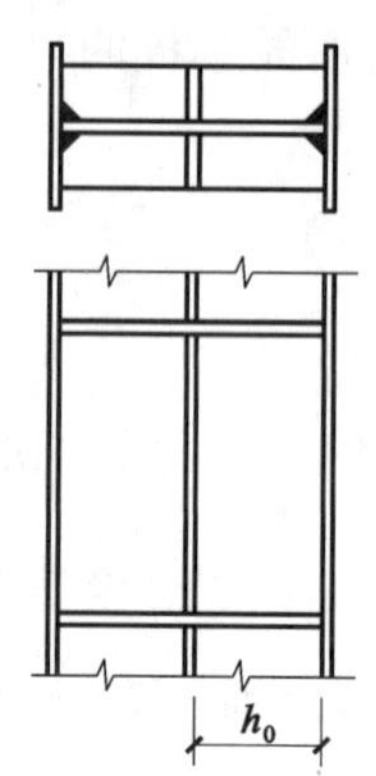

图4-10 腹板纵向加劲肋

4.5 实腹式轴心受压构件的截面设计

实腹式轴心受压构件一般采用双轴对称截面,以避免发生弯扭失稳。常用的截面形式有型钢截面和组合截面两种形式。往往受力较大的构件可对截面尺寸进行设计,采用焊接方式形成组合截面。

实腹式轴心受压构件进行截面选择时应主要考虑以下原则。

① 等稳定:两个主轴方向尽量等稳定,即 $\varphi_x=\varphi_y$,以达到经济的效果。当截面类型相同时,可以采用 $\lambda_x=\lambda_y$ 来保证等稳定。

② 宽肢薄壁:在满足板件宽厚比限值的条件下,面积的分布应尽量开展,以增加截面的惯性矩和回转半径,提高柱的整体稳定承载力和刚度。

③ 施工方便:便于与其他构件进行连接,尽可能使构造简单,制造省工,取材方便。

(1) 实腹式轴心受压构件的截面设计

首先应根据轴心压力的设计值、计算长度选定合适的截面形式,初步确定截面尺寸,然后进行强度、整体稳定、局部稳定、刚度等的验算。具体步骤如下:

① 假定柱的长细比 λ,求出需要的截面面积 A。一般假定 $\lambda=50\sim100$,当压力大而计算长度小时取较小值,反之取较大值。判别截面类型,根据 $\lambda_x=\lambda_y=\lambda$ 和截面分类查得稳定系数 φ_x、φ_y,则需要的截面面积为:

$$A=\frac{N}{\varphi_{\min}f} \tag{4-25}$$

式中,$\varphi_{\min}=\min\{\varphi_x,\varphi_y\}$。

② 求两个主轴所需要的回转半径。

$$i_x=\frac{l_{0x}}{\lambda},\quad i_y=\frac{l_{0y}}{\lambda} \tag{4-26}$$

③ 根据上述求得的参数——截面面积 A,两个主轴的回转半径 i_x、i_y,优先选用轧制型钢。当现有型钢规格不满足所需截面尺寸时,可以采用组合截面。这时需先初步定出截面的轮廓尺寸,一般根据回转半径确定所需截面的高度 h 和宽度 b。

$$h \approx \frac{i_x}{\alpha_1}, \quad b \approx \frac{i_y}{\alpha_2} \tag{4-27}$$

式中，α_1、α_2 为系数，表示 h、b 和回转半径 i_x、i_y 之间的近似关系，常用截面回转半径可由表 4-7 查得。例如，对于由三块钢板组成的工字形截面，$\alpha_1=0.43$，$\alpha_2=0.24$。

表 4-7 **典型截面回转半径经验公式**

截面	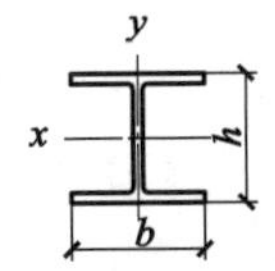	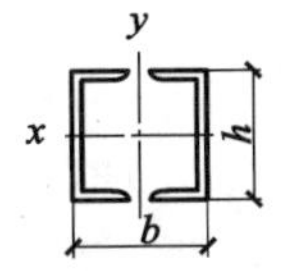	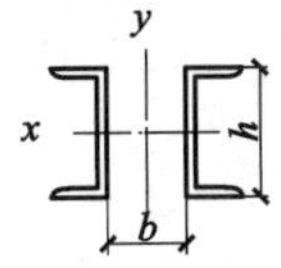	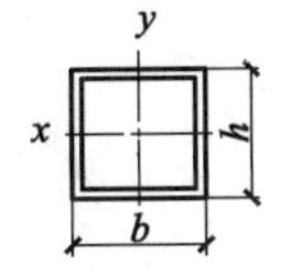	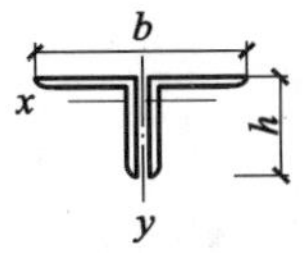	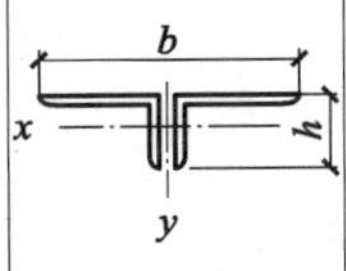	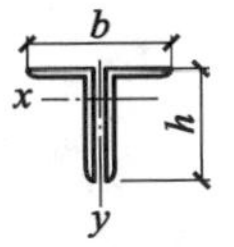
$i_x=\alpha_1 h$	0.43h	0.38h	0.38h	0.40h	0.30h	0.28h	0.32h
$i_y=\alpha_2 b$	0.24b	0.44b	0.60b	0.40b	0.215b	0.24b	0.20b

④ 由所需要的 A、h、b 等，考虑构造要求、局部稳定以及钢材规格等，确定截面的初选尺寸。

⑤ 构件截面验算。对初选截面，按照相应公式进行强度、刚度、整体稳定和局部稳定验算。对于热轧型钢截面，由于其板件宽厚比较小，一般局部稳定能满足要求，可不验算。对于组合截面，在局部稳定验算时应对板件的宽厚比进行验算。

(2) 实腹式轴心受压构件的构造要求

① 当实腹式轴心受压构件的腹板高厚比 $h_0/t_w>80$ 时，应设置横向加劲肋。横向加劲肋的间距不得大于 $2.5h_0$，其截面尺寸要求为双侧加劲肋的外伸宽度 b_s 应等于 $h_0/30+40$ mm，厚度 t_s 应大于外伸宽度的 1/15。

② 当 H 形受压构件翼缘自由外伸宽厚比不满足要求时，可采用增大板件厚度的方法。腹板不满足高厚比要求时，可在腹板两侧对称设置纵向加劲肋。肋板厚度 t 不应小于 $0.75t_w$，外伸宽度 b 不应小于 $10t_w$。

③ 实腹式轴心受压构件的纵向焊缝(翼缘与腹板的连接焊缝)受力很小，不必计算，可按构造要求确定焊缝尺寸。

④ 对于大型实腹式柱，为了增加其抗扭刚度，应设置横隔。横隔的间距不得大于柱截面较大宽度的 9 倍或 8 m，且在运输单元的两端均应设置。

【例 4-1】 图 4-11 所示的结构体系为两个实腹式柱子中间有交叉支撑，柱子轴心受压。翼缘钢板为火焰切割边，钢材采用 Q345，柱长 $l=3$ m，柱计算长度 $l_{0x}=6$ m，$l_{0y}=3$ m，柱顶轴心压力设计值 $N=1570$ kN。试设计柱子截面。

(1) 采用焊接组合工字形截面。

(2) 采用普通轧制工字形截面。

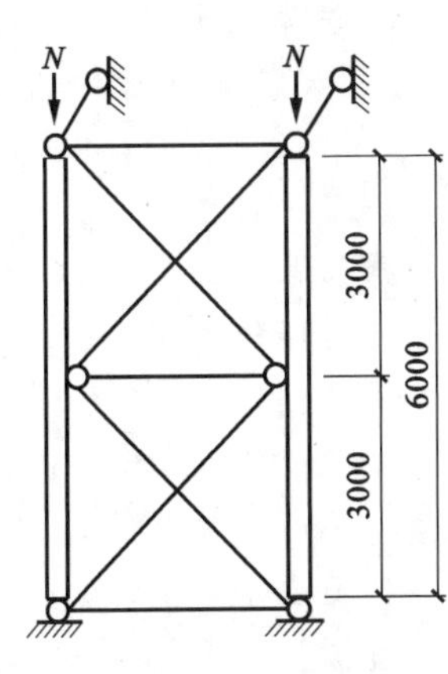

图 4-11 例 4-1 图

【解】 (1) 采用焊接组合工字形截面

① 初步确定截面尺寸。

假定长细比 $\lambda_x=\lambda_y=50<[\lambda]=150$，且 t、t_w 均不大于 16 mm，则由焊接、翼缘焰切边的条件查表 4-5，确定为 b 类截面。对于 Q345 钢，$f_y=345$ MPa，$f=305$ MPa，查得 $\varphi=0.804$。

截面面积：

$$A=\frac{N}{\varphi f}=\frac{1570\times10^3}{0.804\times305}=6402.41(\text{mm}^2)$$

回转半径：

$$i_x=\frac{l_{0x}}{\lambda_x}=\frac{6000}{50}=120(\text{mm})$$

$$i_y=\frac{l_{0y}}{\lambda_y}=\frac{3000}{50}=60(\text{mm})$$

查表4-7,得:

$$i_x = 0.43h, \quad i_y = 0.24b$$

故有:

$$h = \frac{i_x}{0.43} = \frac{120}{0.43} = 279.07(\text{mm})$$

$$b = \frac{i_y}{0.24} = \frac{60}{0.24} = 250(\text{mm})$$

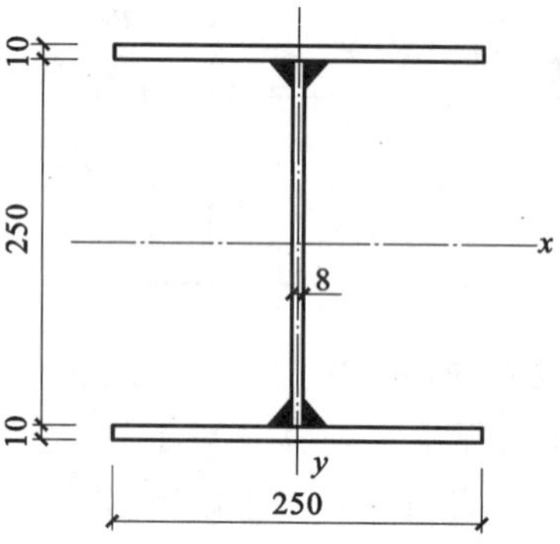

选定的截面尺寸(单位为mm)如图4-12所示,翼缘板为2—250×10,腹板为—250×8。翼缘与腹板采用角焊缝连接,取$h_f=6$ mm。

图4-12 H形截面尺寸

② 截面几何特性计算。

截面面积:

$$A = 2 \times 250 \times 10 + 250 \times 8 = 7000(\text{mm}^2)$$

惯性矩:

$$I_x = \frac{250 \times 270^3}{12} - \frac{242 \times 250^3}{12} = 94.958 \times 10^6(\text{mm}^4)$$

$$I_y = 2 \times \frac{10 \times 250^3}{12} + \frac{250 \times 8^3}{12} = 26.05 \times 10^6(\text{mm}^4)$$

回转半径:

$$i_x = \sqrt{\frac{I_x}{A}} = \sqrt{\frac{94.958 \times 10^6}{7000}} = 116.47(\text{mm})$$

$$i_y = \sqrt{\frac{I_y}{A}} = \sqrt{\frac{26.05 \times 10^6}{7000}} = 61(\text{mm})$$

长细比:

$$\lambda_x = \frac{l_{0x}}{i_x} = \frac{6000}{116.47} = 51.5 < [\lambda]$$

$$\lambda_y = \frac{l_{0y}}{i_y} = \frac{3000}{61} = 49.2 < [\lambda]$$

③ 承载力验算。

a. 柱脚轴力设计值。

$$N = 1.3 \times 0.007 \times 3 \times 78 + 1570 \approx 1572.13(\text{kN})$$

b. 整体稳定。

$\lambda_{max}=\lambda_x=51.5$,查得$\varphi=0.795$。

$$\frac{N}{\varphi A} = \frac{1572.13 \times 10^3}{0.795 \times 7000} \approx 282.5(\text{MPa}) < f = 305\ \text{MPa}$$

满足要求。

c. 局部稳定。

翼缘:

$$\frac{b}{t} = \frac{121}{10} = 12.1 < (10 + 0.1\lambda)\sqrt{\frac{235}{f_y}} = (10 + 0.1 \times 51.5) \times \sqrt{\frac{235}{345}} = 12.5$$

满足要求。

腹板:

$$\frac{h_0}{t_w} = \frac{250}{8} = 31.3 < (25 + 0.5\lambda)\sqrt{\frac{235}{f_y}} = (25 + 0.5 \times 51.5) \times \sqrt{\frac{235}{345}} = 41.9$$

满足要求。

(2) 采用普通轧制工字形截面

① 初步确定截面尺寸。

假定 $\lambda=90$，对于轧制工字钢，当绕 x 轴失稳时属于 a 类截面，查得 $\varphi_x=0.570$；当绕 y 轴失稳时属于 b 类截面，查得 $\varphi_y=0.499$。计算过程中需要用到的几何变量计算结果为：

$$A=\frac{N}{\varphi_{\min}f}=\frac{1570\times10^3}{0.499\times305}=10316(\text{mm}^2)$$

$$i_x=\frac{l_{0x}}{\lambda_x}=\frac{6000}{90}=66.7(\text{mm})$$

$$i_y=\frac{l_{0y}}{\lambda_y}=\frac{3000}{90}=33.3(\text{mm})$$

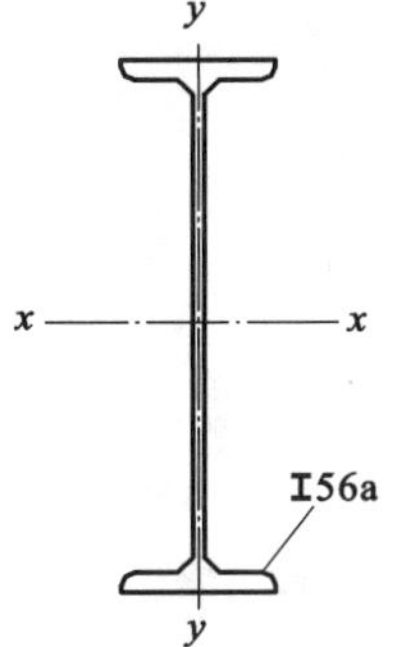

图 4-13 工字形截面尺寸

在附表 6-1 中不可能选出同时满足 A、i_x 和 i_y 的型号，可适当考虑 A 和 i_y 进行选择。现试选I 56a，$A=13500\ \text{mm}^2$，$i_x=220\ \text{mm}$，$i_y=31.8\ \text{mm}$，如图 4-13 所示。

② 截面验算。

因截面无孔洞削弱，故可不验算强度；又因为轧制工字钢的翼缘和腹板均较厚，故可不验算局部稳定，只需进行整体稳定和刚度验算。

长细比：

$$\lambda_x=\frac{l_{0x}}{i_x}=\frac{6000}{220}=27.3<[\lambda]=150$$

$$\lambda_y=\frac{l_{0y}}{i_y}=\frac{3000}{31.8}=94.3<[\lambda]=150$$

λ_y 远大于 λ_x，故由 λ_y 查得 $\varphi=0.469$。

$$\frac{N}{\varphi A}=\frac{1570.13\times10^3}{0.469\times13500}=248(\text{N/mm}^2)<f=295\ \text{N/mm}^2$$

注：因为翼缘厚度 16 mm$<t=$21 mm$<$35 mm，故 $f=295\ \text{N/mm}^2$。

4.6 格构式轴心受压构件的设计

格构式轴心受压构件一般由 2～4 个肢件组成，如图 4-14 所示。其通常采用双轴对称截面，可采用槽钢或 H 型钢作为肢件，肢件间用缀条或缀板连成整体，成为双肢柱。格构柱在截面不变的情况下，将分肢布置在远离形心的位置，增大了截面的惯性矩，提高了截面的抗弯性能。在设计过程中，可以通过调节格构柱两肢间距离实现两个主轴的等稳定。在柱的横截面上，穿过肢件腹板的轴称为实轴，穿过两肢之间缀材面的轴称为虚轴。三肢格构柱和四肢格构柱的两个轴均为虚轴。本节着重介绍双肢格构柱设计，三肢及四肢格构柱的设计方法可参考《钢结构设计标准》(GB 50017—2017)中的相关条款。

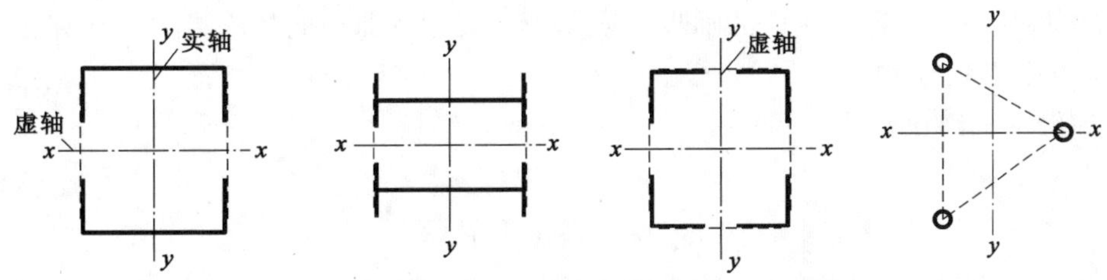

图 4-14 格构柱截面类型

格构柱通常分为缀条式格构柱和缀板式格构柱。缀条一般用单根角钢做成，而缀板通常用钢板做成，如图 4-15 所示。

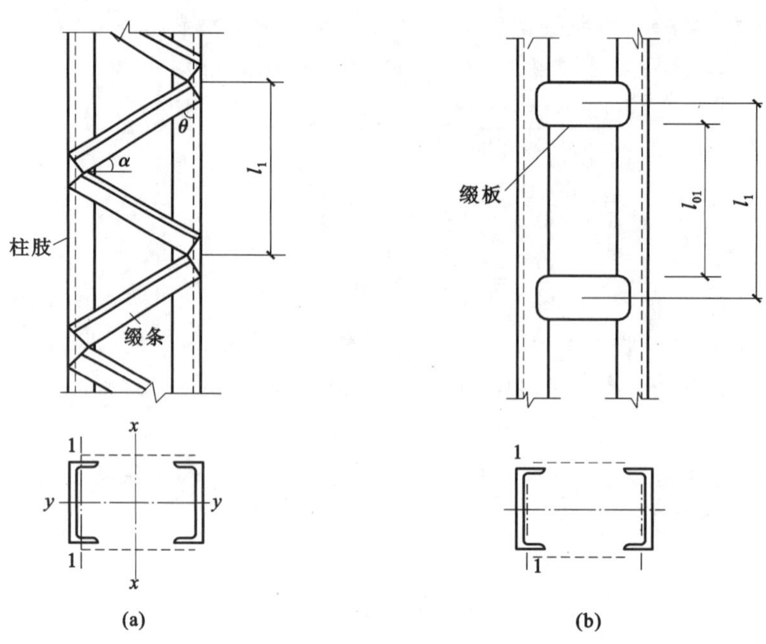

图 4-15 格构柱示意图

(a) 缀条柱;(b) 缀板柱

4.6.1 整体稳定计算

格构式轴心受压构件的整体稳定计算与实腹式轴心受压构件有所区别，分别要考虑对实轴和虚轴的整体稳定进行验算。

(1) 绕实轴的整体稳定

通常的格构式双肢柱绕实轴的整体稳定计算相当于两个并列的实腹式构件的整体稳定计算，故其对实轴的整体稳定承载力与单肢实腹式构件相同，因此可按实轴轴心受压构件整体稳定计算公式计算。

(2) 绕虚轴的整体稳定

格构式轴心受压构件绕虚轴的整体稳定临界力比长细比相同的实腹式轴心受压构件低。由于两个分肢通过缀件相连，连接分肢缀件的抗剪强度比实腹式构件的腹板弱，构件在微弯平衡状态下，除弯曲变形外，还需要考虑剪切变形的影响，因此其稳定承载力有所降低。当格构式轴心受压构件绕虚轴失稳时，采用换算长细比来考虑缀材剪切变形对格构式轴心受压构件绕虚轴稳定承载力的影响。

① 缀条式格构柱。

根据弹性稳定理论，当缀件采用缀条时，两端铰接等截面格构式构件绕虚轴弯曲屈曲的临界应力为：

$$\sigma_{cr}=\frac{\pi^2 EA}{\lambda_x^2}\frac{1}{1+\frac{\pi^2 EA}{\lambda_x^2}\gamma}=\frac{\pi^2 EA}{\lambda_{0x}^2} \tag{4-28}$$

式中 λ_{0x}——将格构柱绕虚轴弯曲屈曲的临界力换算为实腹柱弯曲屈曲的临界力的换算长细比；

A——组合压杆截面面积；

λ_x——对虚轴的长细比。

其中：

$$\lambda_{0x}=\sqrt{\lambda_x^2+\pi^2 EA\gamma} \tag{4-29}$$

式中 γ——单位剪力作用下的轴线转角，称为剪切角。

如图 4-16 所示，考虑柱端节点均为铰接，并忽略缀条的变形影响，假设剪切角是有限的微小值，则在单位剪力 $V=1$ 作用下产生的角变位为：

$$\gamma=\frac{\Delta d}{a\cos\alpha} \tag{4-30}$$

式中　a——节间长度；

Δd——$V=1$ 时斜缀条的伸长量。

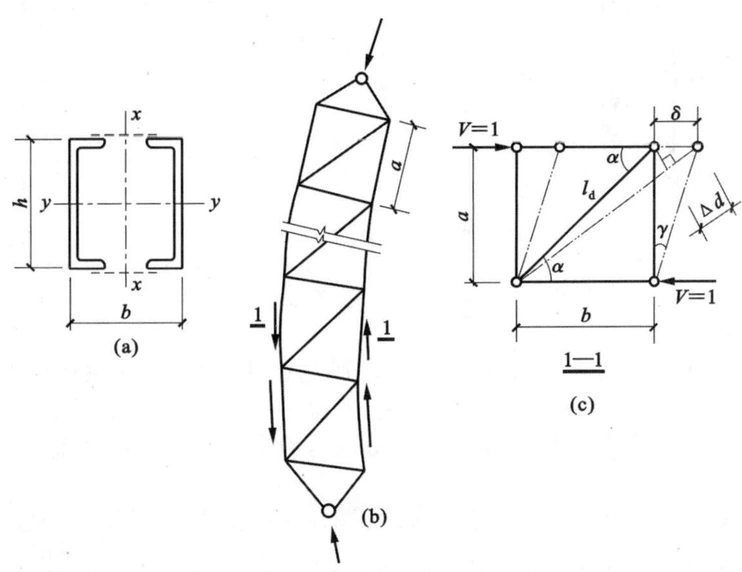

图 4-16　缀条式格构柱变形图

设一个节间两侧斜缀条的面积之和为 A_{1x}，其内力 $N_d=\dfrac{1}{\cos\alpha}$，斜缀条长度 $l_d=\dfrac{a}{\sin\alpha}$，则斜缀条的轴向变形为：

$$\Delta d=\frac{N_d l_d}{EA_{1x}}=\frac{a}{\sin\alpha\cos\alpha EA_{1x}} \tag{4-31}$$

故剪切角为：

$$\gamma=\frac{\Delta d}{a\cos\alpha}=\frac{1}{\sin\alpha\cos^2\alpha EA_{1x}} \tag{4-32}$$

代入式(4-29)，得：

$$\lambda_{0x}=\sqrt{\lambda_x^2+\frac{\pi^2}{\sin\alpha\cos^2\alpha}\frac{A}{A_{1x}}} \tag{4-33}$$

式中　λ_x——整个构件对虚轴的长细比；

A——整个构件的毛截面面积；

A_{1x}——构件横截面所截两侧斜缀条毛截面面积之和；

α——缀条与构件轴线间的夹角。

一般斜缀条与构件轴线间的夹角 α 在 40°～70°范围内，$\dfrac{\pi^2}{\sin\alpha\cos^2\alpha}$ 近似取值为 27。由此可得，双肢缀条式格构构件的换算长细比为：

$$\lambda_{0x}=\sqrt{\lambda_x^2+27\frac{A}{A_{1x}}} \tag{4-34}$$

式中　λ_x——整个构件对虚轴的长细比；

A——整个构件的毛截面面积；

A_{1x}——一个节间内两侧斜缀条毛截面面积之和。

需要注意式(4-34)的适用范围，当斜缀条与柱轴线间的夹角 α 不在 40°～70°范围内时，上式不适用，应采用式(4-33)计算。

② 缀板式格构柱。

缀板与柱肢的连接可视为刚接，因而分肢与缀板组成一个多层框架。假设变形时反弯点在各节点的中间，只考虑分肢与缀板在横向力作用下的变形，忽略缀板本身的变形，则可建立单位力作用下剪切角 γ

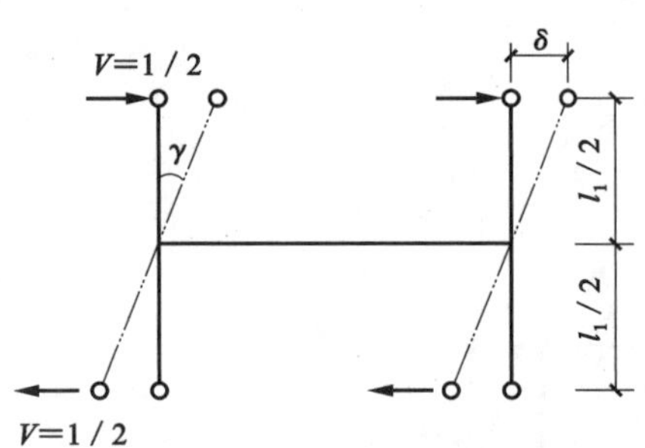

图 4-17 缀板格构式柱子变形图

(图 4-17)的计算公式：

$$\gamma = \frac{\lambda_1^2}{12EA\left(1+\dfrac{2K_1}{K_b}\right)} \tag{4-35}$$

则柱的临界应力为：

$$\sigma_{cr} = \frac{\pi^2 E}{\lambda_x^2}\frac{1}{1+\dfrac{\pi^2}{12}\left(1+2\dfrac{K_1}{K_b}\right)\dfrac{\lambda_1^2}{\lambda_x^2}} = \frac{\pi^2 E}{\lambda_{0x}^2} \tag{4-36}$$

其中，换算长细比为：

$$\lambda_{0x} = \sqrt{\lambda_x^2 + \frac{\pi^2}{12}\left(1+2\frac{K_1}{K_b}\right)\lambda_1^2} = \sqrt{\lambda_x^2 + a\lambda_1^2} \tag{4-37}$$

式中 λ_1——相应分肢长细比，$\lambda_1=\dfrac{l_{01}}{i_1}$，其中 i_1 为分肢弱轴的回转半径，l_{01} 为缀板间的净距离。

K_1——一个分肢的线刚度，$K_1=\dfrac{I_1}{l_1}$，其中 l_1 为缀板间的中心距，I_1 为分肢绕缀板的惯性矩。

K_b——两侧缀板线刚度之和，$K_b=\dfrac{I_b}{a}$，其中 I_b 为两侧缀板的惯性矩，a 为分肢轴线间的距离。

根据《钢结构设计标准》(GB 50017—2017)中的有关条款，两侧缀板线刚度之和 K_b 应不小于 6 倍的分肢刚度，即 $K_b/K_1 \geqslant 6$，此时 $a \approx 1$。因此，双肢缀板柱的换算长细比计算公式为：

$$\lambda_{0x} = \sqrt{\lambda_x^2 + \lambda_1^2} \tag{4-38}$$

式中，$\lambda_1 = l_{01}/i_1$ 为分肢对最小刚度轴的长细比。如图 4-18 所示，缀板式构件分肢在缀板连接范围内刚度较大而变形很小，因此当缀板与分肢焊接时，计算长度 l_{01} 为相邻两缀板间的净距；当缀板与分肢螺栓连接时，计算长度 l_{01} 为最近边缘螺栓间的距离。

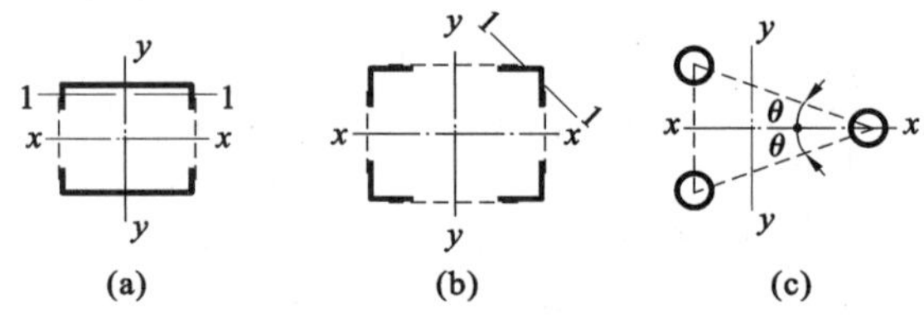

图 4-18 格构柱示意图

4.6.2 格构式轴心受压构件分肢的稳定和强度计算

格构式轴心受压构件除需计算整体强度、刚度和稳定外，还应计算各分肢的强度、刚度和稳定，应保证各分肢不先于格构式构件整体失稳。分肢长细比满足下列条件时可不计算分肢的强度、刚度和稳定。

当缀件为缀条时：

$$\lambda_1 \leqslant 0.7\lambda_{max} \tag{4-39}$$

当缀件为缀板时：

$$\lambda_1 \leqslant 0.5\lambda_{max} \quad \text{且} \quad \leqslant 40\sqrt{\frac{f_y}{235}} \tag{4-40}$$

式中 λ_{max}——构件两方向长细比(对虚轴取换算长细比)中的较大值，当 $\lambda_{max}<50$ 时，取 $\lambda_{max}=50$。

4.6.3 格构式轴心受压构件的缀材设计

(1) 格构式轴心受压构件的横向剪力

格构式轴心受压构件绕虚轴失稳发生弯曲时，缀材要承受横向剪力的作用。其最大剪力的计算式如下：

$$V = \frac{Af}{85}\sqrt{\frac{f_y}{235}} \tag{4-41}$$

在设计中，将剪力 V 沿柱长度方向取为定值。

(2) 缀条的设计

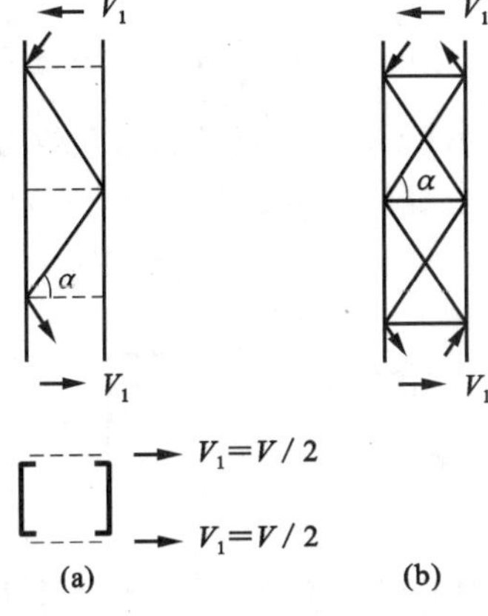

图 4-19 缀条的内力

缀条可视为以分肢为弦杆的平行弦桁架的腹杆，其内力与桁架腹杆的内力计算方法相同。在横向剪力作用下，一个斜缀条的轴力为(图 4-19)：

$$N_1 = \frac{V_1}{n\cos\alpha} \tag{4-42}$$

式中 V_1——分配到一个缀材面上的剪力。

n——承受剪力 V_1 的斜缀条数，单系缀条时，$n=1$；交叉缀条时，$n=2$。

α——缀条的倾角。

斜缀条可能受拉也可能受压，为确保设计安全应按轴心受压选择截面。

缀条一般采用单角钢，与柱单面连接。考虑受力时的偏心和受压时的弯扭，当按轴心受力构件设计时，应将钢材强度设计值乘以下列折减系数 η。

① 按轴心受压计算构件的强度和连接时，$\eta=0.85$。

② 按轴心受压计算构件的稳定时，对于等边角钢，$\eta=0.6+0.0015\lambda_0$，但不大于 1.0；对于短边相连的不等边角钢，$\eta=0.5+0.0025\lambda$，但不大于 1.0；对于长边相连的不等边角钢，$\eta=0.70$。λ 为缀条的长细比，对中间无联系的单角钢压杆，按最小回转半径计算，$\lambda<20$ 时取 $\lambda=20$。交叉缀条体系的横缀条按压力 $N=V_1$ 计算。为了减小分肢的计算长度，单系缀条也可加横缀条，其截面尺寸一般与斜缀条相同，也可按容许长细比($[\lambda]=150$)确定。

(3) 缀板的设计

缀板式格构构件可视为多层框架结构，如图 4-20(a)所示。取出一个单元进行受力分析，如图 4-20(b)、(c)所示。

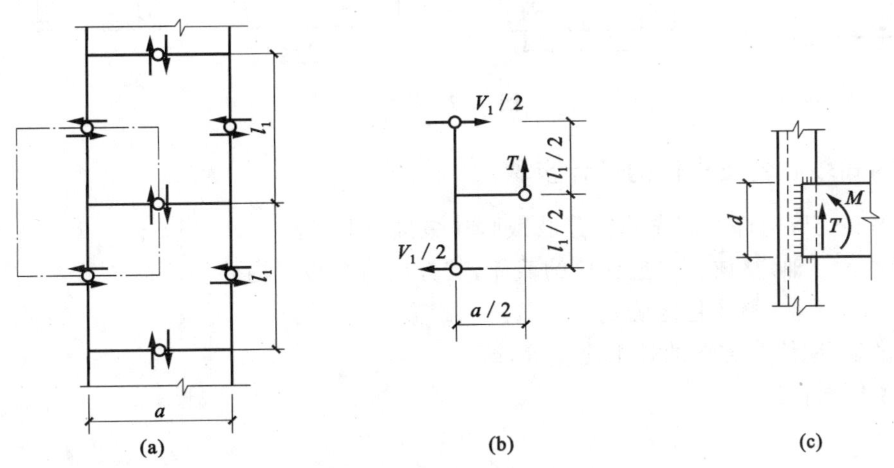

图 4-20 缀板计算示意图

通过力的平衡条件，可得缀板内力。其中，剪力为：

$$T = \frac{V_1 l_1}{a} \tag{4-43}$$

弯矩(与肢件连接处)为：

$$M = T\frac{a}{2} = \frac{V_1 l_1}{2} \tag{4-44}$$

式中 l_1——缀板中心线间的距离；

a——肢件轴线间的距离。

缀板与肢体间用角焊缝相连，角焊缝承受剪力和弯矩的共同作用。

缀板应有一定的刚度。相关规范规定，同一截面处两侧缀板刚度之和不得小于较大分肢线刚度的 6 倍。一般取缀板宽度 $d\geqslant 2a/3$，厚度 $t\geqslant a/40$，并不小于 6 mm；端缀板宜适当加宽，取 $d=a$。对格构式轴心受压构件,当缀件为缀条时,其分肢的长细比 λ_1 不应大于构件两方向长细比(对虚轴取换算长细比)中较大值 λ_{max} 的 70%;当缀件为缀板时,λ_1 不应大于 $40\sqrt{\frac{f_y}{235}}$,并不应大于 λ_{max} 的 50%(当 $\lambda_{max}<50$ 时,取 $\lambda_{max}=50$)。

用填板连接而成的双角钢或双槽钢构件,可按实腹式构件进行计算,但填板间的距离不应超过下列数值:对于受压构件,不超过 $40i$;对于受拉构件,不超过 $80i$。

其中,i 为截面回转半径,应按下列规定采用:

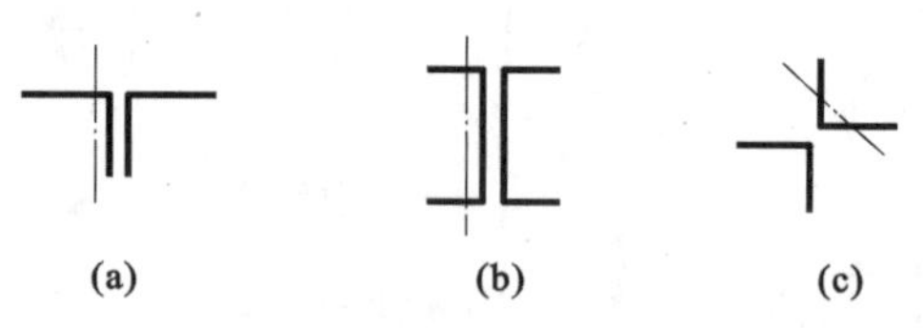

图 4-21 计算截面回转半径时的轴线示意图

① 当为图 4-21(a)、(b)所示的双角钢或双槽钢截面时,取绕单个角钢或单个槽钢与填板平行的形心轴的回转半径;

② 当为图 4-21(c)所示的十字形截面时,取一个角钢的最小回转半径。

受压构件两个侧向支承点之间的填板数不得少于两个。

4.6.4 构件的横隔

格构式构件应每隔一段距离设置横隔(图 4-22)。另外,大型实腹式构件(工字形构件或箱形构件)也应设置横隔。横隔的间距不得大于构件截面较大宽度的 9 倍或 8 m,且每个运送单元的端部均应设置横隔。

当构件某一处受有较大水平集中力作用时,也应在该处设置横隔。

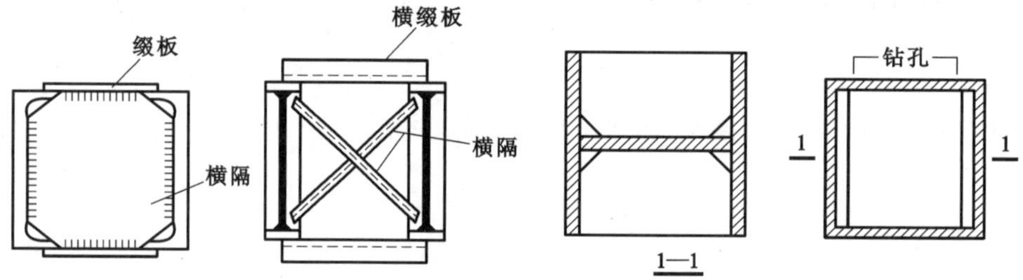

图 4-22 横隔

4.6.5 格构式轴心受压构件的设计步骤

设计格构式轴心受压构件时需先确定分肢截面和缀材的形式。

① 按对实轴($y—y$ 轴)整体稳定选择柱的截面,其方法与实腹式构件相同。

② 按对虚轴($x—x$ 轴)整体稳定确定两分肢间的距离。

为了获得等稳定,应使两方向的长细比相等,即 $\lambda_{0x}=\lambda_y$。

对于双肢缀条格构柱:

$$\lambda_{0x}=\sqrt{\lambda_x^2+27\frac{A}{A_1}}=\lambda_y \tag{4-45}$$

即

$$\lambda_x=\sqrt{\lambda_y^2-27\frac{A}{A_1}} \tag{4-46}$$

对于双肢缀板格构柱:

$$\lambda_{0x}=\sqrt{\lambda_x^2+\lambda_1^2}=\lambda_y \tag{4-47}$$

即

$$\lambda_x=\sqrt{\lambda_y^2-\lambda_1^2} \tag{4-48}$$

对缀条式格构构件应预先确定斜缀条的截面 A_1,对缀板式格构构件应先假定分肢长细比 λ_1。

按式(4-46)或式(4-48)计算出 λ_x 后,即可得到对虚轴的回转半径,即

$$i_x=\frac{l_{0x}}{\lambda_x} \tag{4-49}$$

构件在缀材方向的宽度 $b \approx i_x/\alpha_1$，也可通过简单的几何尺寸构造算出构件的宽度 b。

③ 验算构件对虚轴的整体稳定，不合适时应修改构件宽度 b 后再进行验算。

④ 设计缀条或缀板（包括连接节点的计算分析）。

进行以上计算时应注意：

① 刚度验算时，实轴的长细比 λ_y 和虚轴的换算长细比 λ_{0x} 均不得超过容许长细比$[\lambda]$；

② 缀条构件的分肢长细比 $\lambda_1 = l_1/i_1$ 不得超过构件两方向长细比（对虚轴为换算长细比）中较大值的70%，否则分肢可能先于整体失稳；

③ 缀板构件的分肢长细比 $\lambda_1 = l_{01}/i_1$ 不应大于 $40\sqrt{\dfrac{f_y}{235}}$，并不应大于构件较大长细比 λ_{max} 的 50%（当 $\lambda_{max} < 50$ 时，取 $\lambda_{max} = 50$），也是为了保证分肢不先于整体失去承载能力。

【例 4-2】 一轴心受压柱绕 x 轴的计算高度 $l_{0x} = 6$ m，绕 y 轴的计算高度 $l_{0y} = 3$ m，承受轴心压力设计值 1100 kN，钢材为 Q235 钢，截面无孔洞削弱。试分别设计一缀条柱和缀板柱。

【解】 柱的计算长度 $l_{0x} = 6$ m，$l_{0y} = 3$ m。

(1) 缀条柱设计

① 由实轴（y—y 轴）的整体稳定选择柱子的截面。

由 $f = 215$ N/mm^2，假定 $\lambda_y = 40$，b 类截面，查表得 $\varphi = 0.899$，则：

$$A = \frac{N}{\varphi f} = \frac{1100 \times 10^3}{0.899 \times 215 \times 10^2} = 56.9(\text{cm}^2)$$

选用 2[20a，$A = 57.66$ cm^2，$i_y = 7.86$ cm，$\lambda_y = \dfrac{l_{0y}}{i_y} = \dfrac{300}{7.86} = 38.2 < [\lambda] = 150$。

查得 $\varphi = 0.906$，则：

$$\frac{N}{\varphi A} = \frac{1100 \times 10^3}{0.906 \times 57.66 \times 100} = 210.6(\text{N/mm}^2) < f = 215\ \text{N/mm}^2$$

② 初选缀条截面为∟45×4，$A_{d1} = 3.49$ cm^2，$A = 6.98$ cm^2，$i_1 = 0.89$ cm。

根据等稳定原则，柱子绕虚轴（x—x 轴）的长细比应满足：

$$\lambda_{0x} = \lambda_y$$

$$\lambda_x = \sqrt{\lambda_y^2 - 27\frac{A}{A_1}} = \sqrt{38.2^2 - 27 \times \frac{57.66}{6.98}} = 35.2$$

$$i_x = \frac{l_{0x}}{\lambda_x} = \frac{600}{35.2} = 17(\text{cm})$$

$$b = \frac{17}{0.44} = 38.6(\text{cm})$$

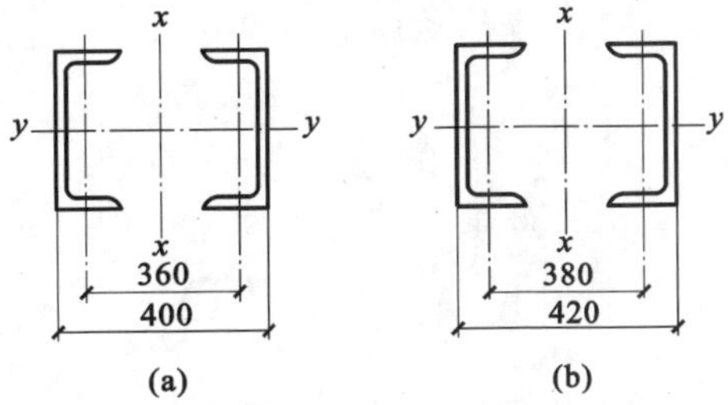

取 $b = 40$ cm[图 4-23(a)]。

x
y y
x
360
400
(a)

x
y y
x
380
420
(b)

图 4-23 格构柱截面示意图

两槽钢翼缘间净距为 400−2×73=254(mm)>100 mm，满足构造要求。

验算虚轴稳定：

$$I_x = 2 \times (128 + 28.83 \times 17.99^2) = 18917(\text{cm}^4)$$

$$i_x = \sqrt{\frac{I_x}{A}} = \sqrt{\frac{18917}{57.66}} = 18.12(\text{cm})$$

查表得 $\varphi = 0.916$，则：

$$\frac{N}{\varphi A} = \frac{1100 \times 10^3}{0.916 \times 57.66 \times 100} = 208(\text{N/mm}^2) < f = 215\ \text{N/mm}^2$$

③ 分肢的稳定。

取 $\theta=45°$, $\lambda_1=\frac{l_{01}}{i_1}=\frac{400-2\times20.1}{21.1}=17.1<0.7\times38.2=26.74$,满足要求。无须验算分肢的刚度、强度、稳定。分肢采用型钢,不必验算其局部稳定。

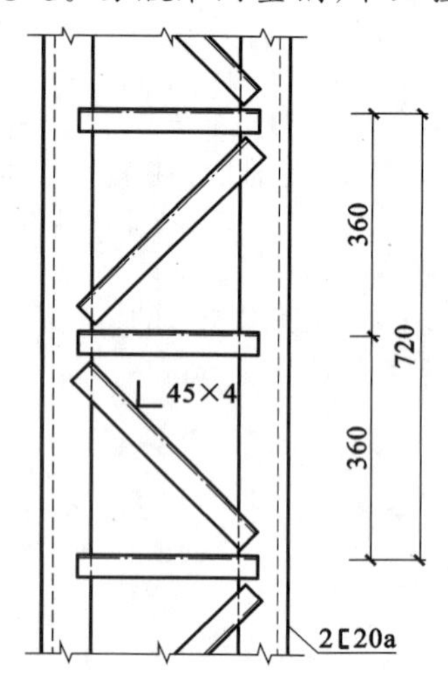

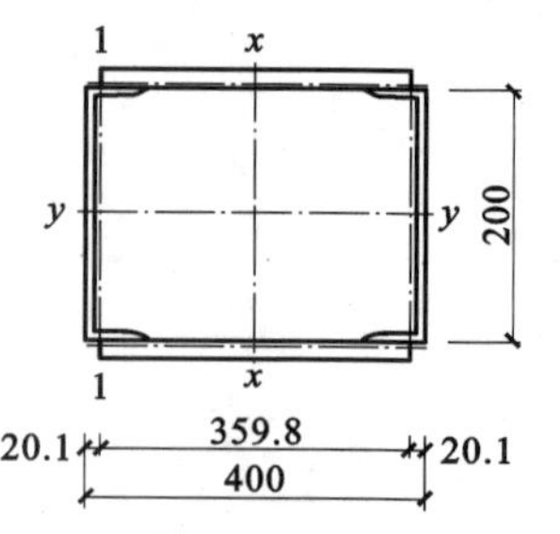

图 4-24 缀条设计

④ 缀条设计(图 4-24)。

缀条尺寸已经确定,为∟45×4,$A_{d1}=3.49\ \text{cm}^2$,$i_{\min}=0.89$ cm,采用人字形缀条,$\theta=45°$,则:

$$l_d=(40-2\times2.01)\div\frac{\sqrt{2}}{2}=50.9(\text{cm}),\quad l_{01}=35.98\ \text{cm}$$

$$V=\frac{Af}{85}\sqrt{\frac{f_y}{235}}=57.66\times100\times\frac{215}{85}=14584.6(\text{N})$$

$$V_1=\frac{V}{2}=7292.3\ \text{N}$$

$$N_{d1}=\frac{V_1}{\frac{\sqrt{2}}{2}}=10313\ \text{N}$$

$$\lambda_1=\frac{l_{01}}{i_{\min}}=\frac{35.98}{0.89}=40.43<[\lambda]=150$$

查表得 $\varphi=0.897$。

当角钢按轴心受力构件设计时考虑折减,则:

$$\gamma=0.6+0.0015\lambda=0.6+0.0015\times40.43=0.661$$

$$\frac{N_{d1}}{\varphi A}=\frac{10313}{0.897\times3.49\times100}=32.94(\text{N/mm}^2)<\gamma f$$

$$=0.661\times215=142.12(\text{N/mm}^2)$$

缀条满足要求。

缀条无孔洞削弱,不必验算强度。缀条的连接角焊缝采用双面侧焊,按构造要求取 $h_f=4$ mm。单面连接的单角钢按轴心受力计算,$\gamma=0.85$。

肢背焊缝所需长度为:

$$l_{w1}=\frac{K_1N_{d1}}{0.7h_f\gamma f_f^w}+2h_f=\frac{0.7\times10313}{0.7\times0.4\times0.85\times160\times100}+0.8=2.7(\text{cm})$$

肢尖焊缝所需长度为:

$$l_{w2}=\frac{K_2N_{d1}}{0.7h_f\gamma f_f^w}+2h_f=\frac{0.3\times10313}{0.7\times0.4\times0.85\times160\times100}+0.8=1.6(\text{cm})$$

肢背和肢尖焊缝长度均取 4 cm。

(2) 缀板柱设计(图 4-25)

① 按实轴(y 轴)的稳定条件确定分肢截面尺寸,同缀条柱,选用 2[20a,$\lambda_y=38.2$;按绕虚轴的稳定条件确定分肢间距。假定 $\lambda_1=20$,满足 $\lambda_1\leqslant0.5\lambda_{\max}=0.5\times50=25$ 且不大于 40 的分肢稳定要求。

由等稳定原则 $\lambda_{0x}=\lambda_y$,得:

$$\lambda_x=\sqrt{\lambda_y^2-\lambda_1^2}=\sqrt{38.2^2-20^2}=32.5$$

$$i_x=\frac{l_{0x}}{\lambda_x}=\frac{600}{32.5}=18.46(\text{cm})$$

$$b=\frac{i_x}{0.44}=41.9\ \text{cm}$$

取 $b=42$ cm[图 4-23(b)]。

净距为 $420-2\times73=274(\text{mm})>100$ mm,满足构造要求。

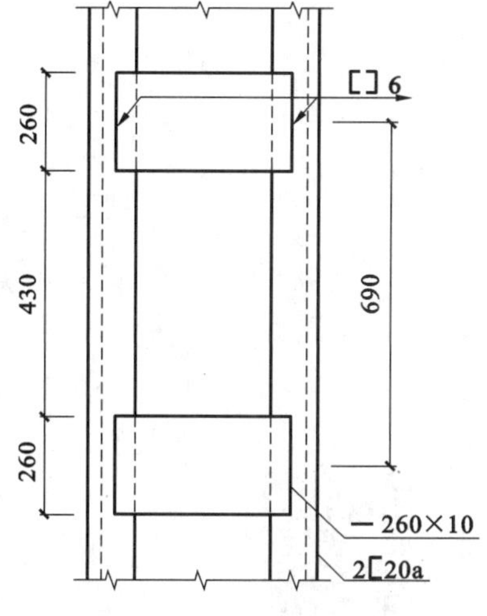

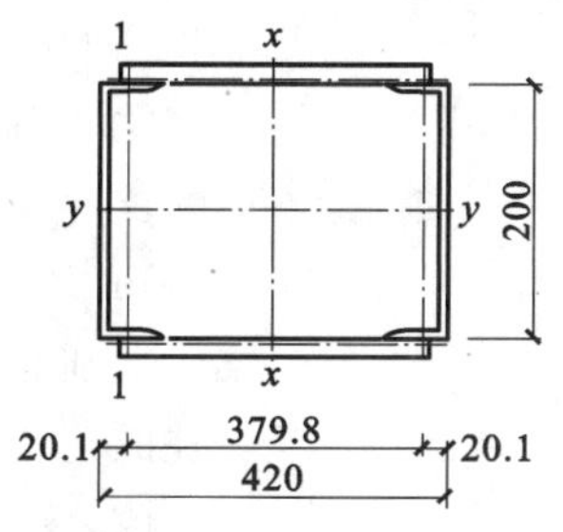

图 4-25 缀板柱设计

验算虚轴稳定：缀板净距为 20×2.11=42.2(cm)，取 43 cm。

$$\lambda_1 = \frac{43}{2.11} = 20.38$$

$$I_x = 2 \times (128 + 28.83 \times 18.99^2) = 21049.4(\text{cm}^4)$$

$$i_x = \sqrt{\frac{I_x}{A}} = \sqrt{\frac{21049.4}{57.66}} = 19.1(\text{cm})$$

$$\lambda_x = \frac{l_{0x}}{i_x} = \frac{600}{19.1} = 31.4$$

查表得 $\varphi=0.909$，则：

$$\frac{N}{\varphi A} = \frac{1100 \times 10^3}{0.909 \times 57.66 \times 100} = 210(\text{N/mm}^2) < f = 215\ \text{N/mm}^2$$

$\lambda_1=20.38<0.5\lambda_{max}=0.5\times50=25$ 且小于 40。

故无须验算分肢刚度、强度、稳定。分肢采用型钢，不必验算局部稳定。综上所述，选择截面满足要求。

② 缀板设计。

纵向高度：

$$h_b \geqslant \frac{2}{3} \times (42 - 2 \times 2.01) = 25.32(\text{cm})$$

$$t_b \geqslant \frac{c}{40} = \frac{42 - 2 \times 2.01}{40} = 0.95(\text{cm})$$

取 $h_b t_b=260\ \text{mm}\times10\ \text{mm}$。

相邻缀板净距 $l_{01}=43$ cm，相邻缀板中心距 $l_1=43+26=69$(cm)。

柱的剪力 $V=14392$ N，进而 $V_1=7196$ N。

弯矩：

$$M = \frac{V_1 l_1}{2} = \frac{7196 \times 69}{2} = 248262(\text{N}\cdot\text{cm})$$

剪力：

$$V_{b1} = \frac{V_1 l_1}{c} = 13073\ \text{N}$$

③ 缀板焊缝计算。

取角焊缝的焊脚尺寸 $h_f=6$ mm，不考虑焊缝绕角部分长度，采用 $l_w=260$ mm。由剪力产生的剪应力为：

$$\tau_f = \frac{13073}{0.7 \times 6 \times 260} = 11.97(\text{N/mm}^2)$$

由弯矩产生的应力为：

$$\sigma_f = \frac{6 \times 2482620}{0.7 \times 6 \times 260^2} = 52.46(\text{N/mm}^2)$$

合应力为：

$$\sqrt{\left(\frac{\sigma_f}{\beta_f}\right)^2 + \tau_f^2} = 44.63\ \text{N/mm}^2 < f_f^w = 160\ \text{N/mm}^2$$

满足要求。

4.7 轴心受压柱的柱头和柱脚 >>>

柱子作为结构体系中的主要受力构件,将上部结构传来的荷载传递给基础。在设计过程中,通常采用一定的处理方法使柱头与梁可靠连接,并确保施工方便且传力均匀,结构安全可靠且经济合理。梁和柱顶的连接构造为柱头,柱子底部与基础的连接构造节点为柱脚。

梁柱节点连接图

(1) 轴心受压柱的柱头

梁与柱子的连接分为铰接和刚接两种形式。在钢框架结构设计过程中,梁与柱通常采用刚接形式,刚接对制造和安装的要求较高。铰接连接也是常用的连接方式(图4-26),梁支承于柱顶和柱侧两种做法均可。

梁与轴心受压柱铰接时,梁可支承于柱顶上,亦可连于柱的侧面。梁支承于柱顶时,梁的支座反力通过柱顶板传给柱身。顶板与柱用焊缝连接,顶板厚度一般取16~20 mm。为了便于安装定位,梁与顶板用普通螺栓连接。多层框架的中间梁柱连接中,横梁只能在柱侧相连。梁的反力由端加劲肋传给支托,支托与柱翼缘用角焊缝相连。支托与柱的连接焊缝按梁支座反力的1.25倍计算。

(2) 轴心受压柱的柱脚

柱脚图

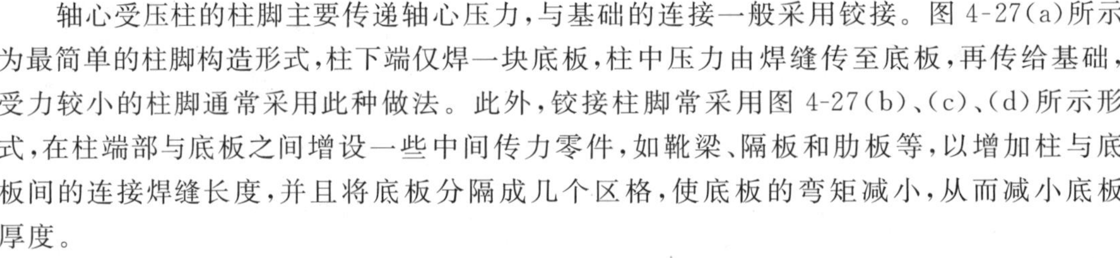

轴心受压柱的柱脚主要传递轴心压力,与基础的连接一般采用铰接。图4-27(a)所示为最简单的柱脚构造形式,柱下端仅焊一块底板,柱中压力由焊缝传至底板,再传给基础,受力较小的柱脚通常采用此种做法。此外,铰接柱脚常采用图4-27(b)、(c)、(d)所示形式,在柱端部与底板之间增设一些中间传力零件,如靴梁、隔板和肋板等,以增加柱与底板间的连接焊缝长度,并且将底板分隔成几个区格,使底板的弯矩减小,从而减小底板厚度。

柱脚是利用预埋在基础中的锚栓固定其位置的。铰接柱脚只沿着一条轴线设立两个连接于底板上的锚栓。铰接柱脚的剪力通常由底板与基础表面的摩擦力传递,当此摩擦力不足以承受水平剪力时,应在柱脚底板下设置抗剪键。

① 底板的计算。

a. 底板的面积。

底板的平面尺寸取决于基础材料的抗压强度。基础对底板的压应力可近似认为是均匀分布的,因此所需要的底板净面积 A_n 应按下式确定:

$$A_n \geqslant \frac{N}{\beta_c f_c} \tag{4-50}$$

式中 f_c——基础混凝土的轴心抗压强度设计值;

β_c——基础混凝土局部受压时的强度提高系数。

b. 底板的厚度。

底板的厚度由板的抗弯强度决定,底板承受基础传来的均匀反力。在计算过程中,靴梁、肋板、隔板等均可视为底板的支承边,并将底板分隔成不同的区格。根据具体底板上的支撑板形式,可将底板分为四边支承、三边支承等区格。这些区格板承受的弯矩一般不相同,取各区格板中的最大弯矩 M_{max} 来确定板的厚度 t,即:

$$t \geqslant \sqrt{\frac{6M_{max}}{f}} \tag{4-51}$$

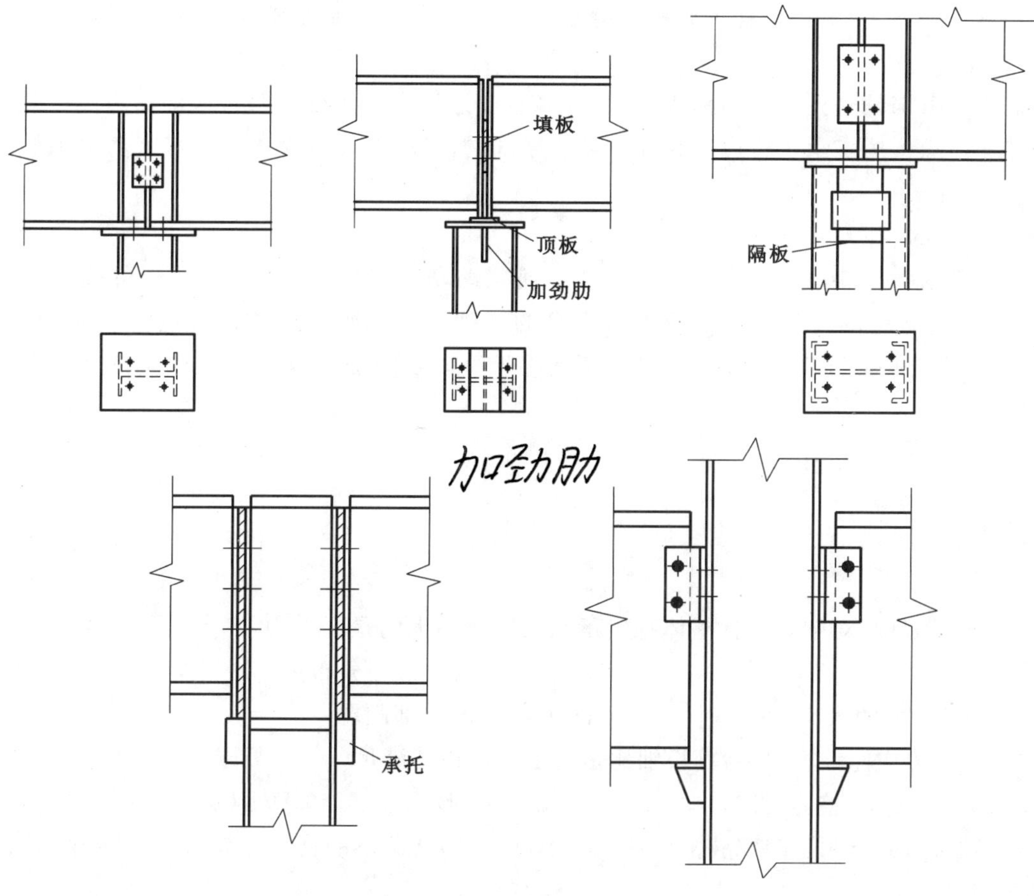

图 4-26 梁与柱的铰接连接

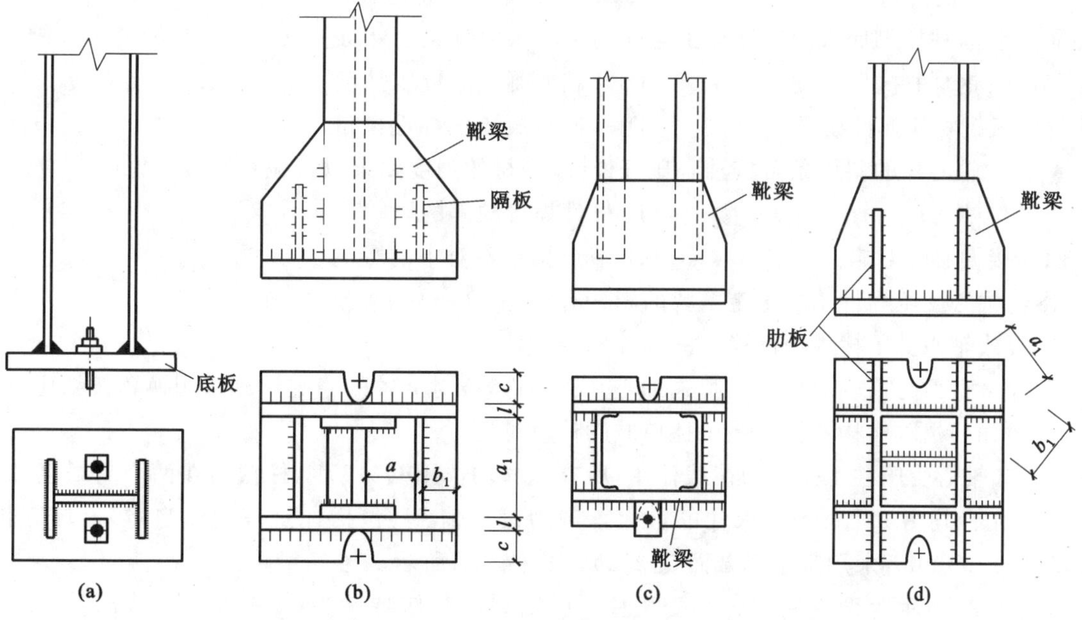

图 4-27 轴心受压柱的柱脚

轴心受压柱的柱脚

设计时,要注意布置靴梁和隔板时应尽可能使各区格板中的弯矩相差不要太大,以免所需的底板过厚。底板的厚度通常为 20～40 mm,以保证底板具有必要的刚度,从而满足基础反力均布的假设。

② 靴梁的计算。

靴梁的高度由其与柱边连接所需的焊缝长度确定,此连接焊缝承受柱身传来的压力 N。靴梁的厚度比柱翼缘厚度略小。靴梁按支承于柱边的双悬臂梁计算,根据所承受的最大弯矩和最大剪力值验算靴梁的抗弯和抗剪强度。

③ 隔板与肋板的计算。

隔板的厚度不得小于其宽度 b 的 1/50,一般比靴梁略薄些,高度略小些。隔板可视为支承于靴梁的简支梁,验算隔板与靴梁的连接焊缝以及隔板本身的强度。注意隔板内侧的焊缝不易施焊,计算时不能考虑受力。肋板按悬臂梁计算,肋板与靴梁间的连接焊缝以及肋板本身的强度均应按其承受的弯矩和剪力计算。

独立思考

4-1　在下列因素中,对轴心压杆整体稳定承载力影响不大的是(　　)。

A. 荷载偏心的大小　　　　B. 截面残余应力的分布

C. 构件中初始弯曲的大小　　　　D. 螺栓孔的局部削弱

4-2　在轴心受力构件计算中,验算长细比是为了保证构件满足(　　)要求。

A. 强度　　B. 整体稳定　　C. 拉、压变形　　D. 刚度

4-3　对于轴心压力作用下的双肢格构柱,在计算(　　)情况下的稳定临界力时,需要使用换算长细比,以考虑剪切变形的影响。

A. 绕实轴的弯曲失稳　　　　B. 绕实轴的弯扭失稳

C. 绕虚轴的弯曲失稳　　　　D. 绕虚轴的弯扭失稳

4-4　轴心受压柱柱脚底板的尺寸除了与柱的轴向压力有关之外,还与(　　)有关。

A. 柱脚底板钢材的抗压强度　　　　B. 基础混凝土的抗压强度

C. 柱脚底板钢材的弹性模量　　　　D. 基础混凝土的弹性模量

4-5　缀条式轴心柱的斜缀条可按轴心压杆设计,钢材的强度要乘以折减系数以考虑(　　)。

A. 剪力的影响　　　　B. 杆件焊接缺陷的影响

C. 单面连接偏心的影响　　　　D. 节点构造不对中的影响

4-6　影响轴心受压构件整体稳定系数的因素有哪些?

4-7　实腹式轴心受压构件局部稳定的设计原则是什么?

4-8　为什么截面为单轴对称的实腹式轴心受压构件,绕对称轴的稳定计算采用换算长细比?

4-9　简述如何选取格构式轴心受压柱单肢的计算长度。

4-10　已知轴心受压柱承受静力荷载作用,所有钢材均选用 Q345 钢,柱截面在两个翼缘上各有两个螺栓孔,共 4 个,孔径均为 21.5 mm,求柱的最大承载力设计值 N(包括柱身等构造自重)。计算长度 $l_{0x}=6000$ mm,$l_{0y}=1700$ mm,采用工字钢截面(I 25a),如图 4-28 所示。

4-11　图 4-29 所示为两端铰接轴心受压柱。已知截面几何特性为:$A=89.8$ cm^2,$I_x=7145$ cm^4,$I_y=22000$ cm^4,$i_x=8.92$ cm,$i_y=15.66$ cm,Q235 钢材的 $f=215$ N/mm^2,计算柱的整体稳定承载力。

4-12　验算独立思考 4-11 中柱截面的局部稳定是否满足要求。

4-13　图 4-30 所示为一双肢槽钢格构式轴心受压缀条柱，轴心压力设计值N=1900 kN（包括柱身等构造自重），所有钢材均选用 Q235B，f=215 N/mm^2，计算长度 $l_{0x}=l_{0y}=$ 6000 mm，$\alpha=45°$，柱截面无削弱（2[32b，b=320 mm；单根缀条角钢为∟45×4）。试计算：

（1）柱的整体稳定与单肢稳定；

（2）斜缀条的受力大小。

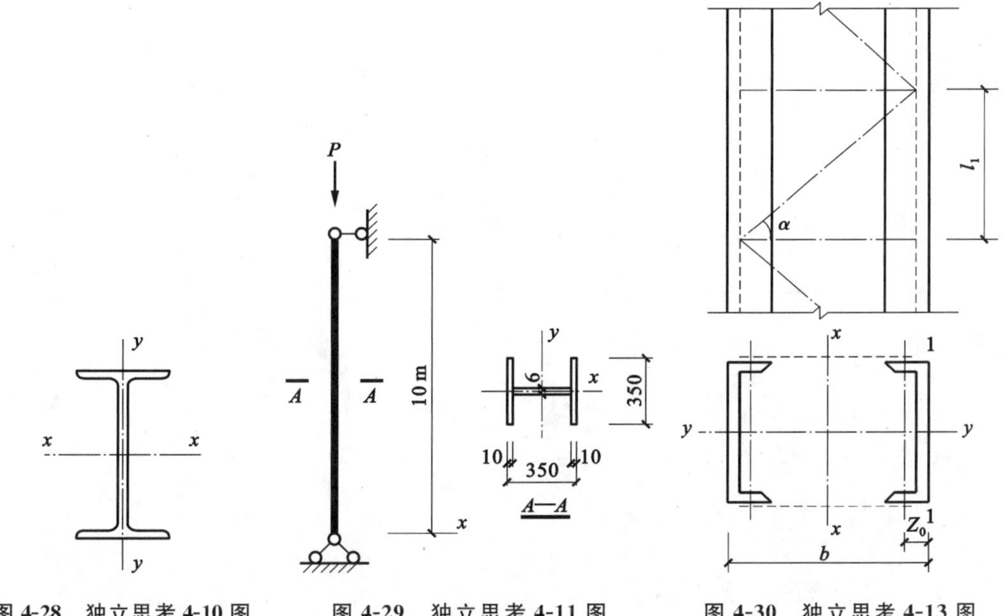

图 4-28　独立思考 4-10 图　　图 4-29　独立思考 4-11 图　　图 4-30　独立思考 4-13 图

思考题答案

刚度

杆件焊接强度

5

受弯构件

课前导读

内容提要

本章简要介绍了受弯构件的截面分类和受力特点，主要介绍了受弯构件的强度和刚度计算，对受弯构件的整体稳定和局部稳定计算及加劲肋的设计等作了详细的阐述。此外，本章还介绍了组合梁腹板考虑屈曲后强度的计算内容。

能力要求

通过本章的学习，学生应掌握受弯构件强度和刚度的设计内容，了解梁的扭转和整体稳定概念，熟悉梁的整体稳定实用算法和影响梁整体稳定的因素及增强稳定的措施，熟悉梁受压翼缘板和腹板的局部稳定，熟悉梁腹板加劲肋的布置、设计及实腹梁的设计，了解组合梁腹板考虑屈曲后强度的计算。

数字资源

重难点

5.1 受弯构件的应用及类型 >>>

受弯构件，实际工程中以受弯受剪为主

只受弯矩作用或受弯矩与剪力共同作用的构件称为受弯构件。实际工程中，以受弯、受剪为主但承受很小轴力作用的构件，也常称为受弯构件。钢结构中的受弯构件主要以梁的形式出现，如框架梁、刚架梁、平台梁、吊车梁、檩条梁、墙梁等(图 5-1)。

檩条图

(a)

(b)

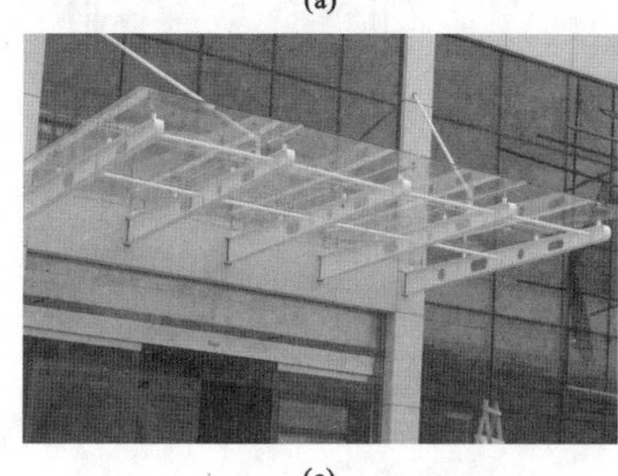

(c)

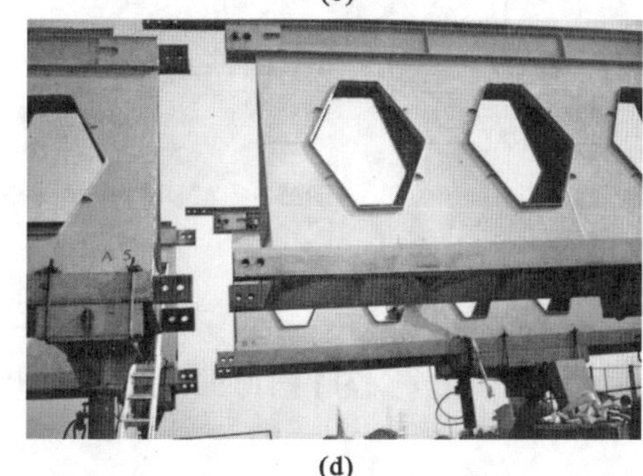

(d)

图 5-1 受弯构件的工程应用

(a) 框架梁；(b) 刚架梁及檩条梁；(c) 雨篷梁；(b) 蜂窝吊车梁

受弯构件的分类方法很多。如按弯曲变形情况不同，则构件可能在一个主轴平面内受弯，也可能在两个主轴平面内受弯，前者称为单向受弯构件，后者称为双向受弯构件；按支承条件的不同，受弯构件可分为简支梁、连续梁、悬臂梁等；按在结构体系传力系统中的作用不同，受弯构件分为主梁、次梁等；按截面形式和尺寸沿构件轴线方向是否变化，受弯构件分为等截面受弯构件和变截面受弯构件；按截面构成方式的不同，受弯构件可分为实腹式截面构件和空腹式截面构件。按制作方法不同，实腹式截面分为型钢截面和焊接组合截面。

进一步划分，型钢截面又分为热轧型钢截面和冷弯薄壁型钢截面。热轧型钢常包括工字钢、H 型钢和槽钢等[图 5-2(a)]。工字钢与 H 型钢的材料在截面上的分布比较符合构件受弯的特点，用钢较省，因此应用普遍。槽钢翼缘较小，而且截面单轴对称，剪力中心在腹板外侧，绕截面对称轴弯曲时容易发生扭转，使用时常采用一定的措施，使外力通过剪力中心或者加强约束条件。冷弯薄壁型钢[图 5-2(c)]是在室温条件下加工成形的，一般壁厚较薄，多用在承受较小荷载的场合，如单层工业厂房中的屋面檩条和墙梁、轻钢结构中的龙骨等。

受轧制设备的限制，当型钢规格不能满足受弯构件的要求时，可采用焊接组合截面[图 5-2(b)]。焊接组合截面由若干钢板或钢板与型钢焊接而成。它的截面比较灵活，有的情况下可使材料的分布更容易满足工程上的各种需要，从而节省钢材。

空腹式截面[图 5-2(d)]可以减轻构件的自重，在建筑结构中可方便管道的通行。对外露的结构构件,采用空腹式截面有时还能起到空间韵律变化的作用。

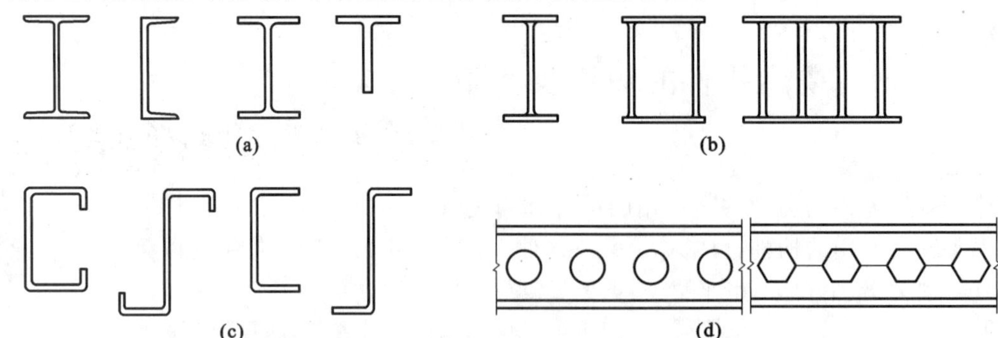

图 5-2 受弯构件的截面形式

受弯构件有两个正交的形心主轴,如图 5-3 所示的 x 轴与 y 轴。其中,绕 x 轴的惯性矩、截面模量较大,故称 x 轴为强轴,相对的另一轴为弱轴。受弯构件的主要破坏形式包括绕强轴的受弯或受剪破坏、绕弱轴的整体失稳破坏,以及因板件宽厚比过大造成的局部失稳破坏。

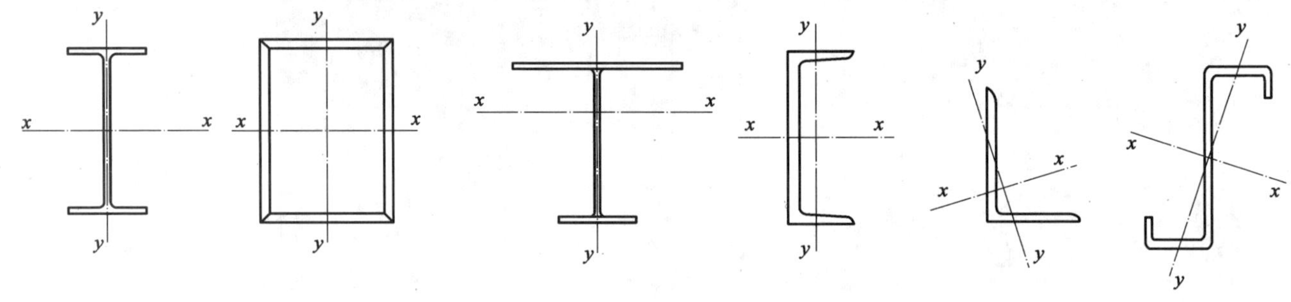

图 5-3 截面的强轴与弱轴

5.2 受弯构件的强度和刚度计算 >>>

5.2.1 截面强度破坏

对图 5-4 所示的受两端同曲率等弯矩作用的双轴对称工字形截面构件,假设构件材料的应力-应变关系如图 5-5(e)所示。当弯矩较小[图 5-5(f)中的 a 点]时,整个截面上的正应力都小于材料的屈服强度,截面处于弹性受力状态。假如不考虑残余应力的影响,这种状况可以保持到截面最外侧纤维的应力达到屈服强度为止[图 5-5(a)]。之后,随着弯矩的继续增大[图 5-5(f)中的 b 点],截面外侧及其附近的应力相继达到和保持在屈服强度的水准上,主轴附近则保留一个弹性核[图 5-5(b)]。应力达到屈服强度的区域称为塑性区,塑性区的应变在应力保持不变的情况下继续发展,截面弯曲刚度仅靠弹性核提供。当弯矩增长使弹性核变得非常小时,相邻两截面在弯矩作用方向几乎可以自由转动。此时,可以把截面上的应力分布简化为图 5-5(c)所示的情况。可以将这种情况看作截面达到了抗弯承载力的极限[图 5-5(f)中的 c 点]。截面最外边缘及其附近的应力实际上可能已超过屈服强度而进入强化阶段[图 5-5(f)中的 d 点],但此时绝大部分材料已进入塑性阶段,截面曲率变得很大,对工程设计而言,可利用的意义不大。

与上述截面应力发展相对应,受弯构件的截面强度设计准则有如下三种:

① 边缘屈服准则,即截面上边缘纤维的应力达到钢材的屈服强度时,就认为受弯构件的截面已达到强度极限,截面上的弯矩称为屈服弯矩。这时除边缘屈服以外,其余区域应力仍在屈服强度以下。采取这一准则时只需对截面进行弹性分析。

② 全截面塑性准则,即以整个截面的应力达到极限强度的状态作为强度破坏界限。截面仅受弯矩作用时,截面的承载极限强度以图 5-5(c) 为基础进行计算,这时的弯矩称为塑性弯矩或极限弯矩。

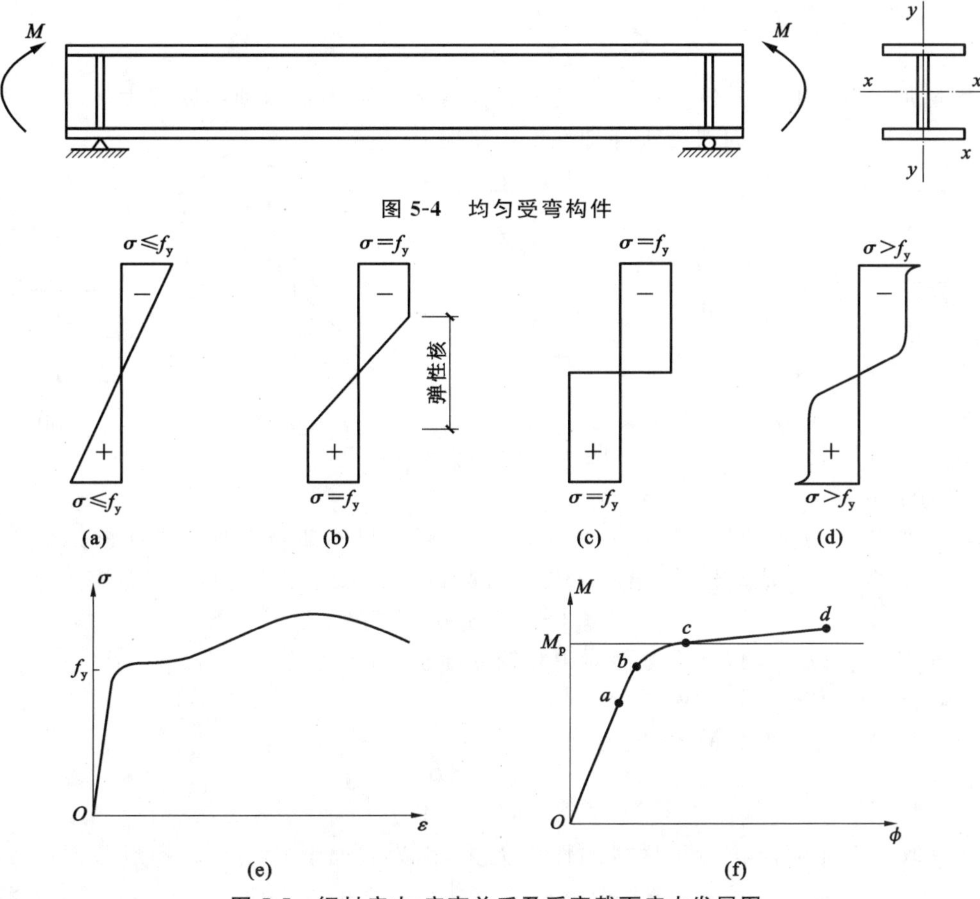

图 5-4 均匀受弯构件

图 5-5 钢材应力-应变关系及受弯截面应力发展图

③ 有限塑性发展的强度准则，即将截面塑性区限制在某一范围，一旦塑性区达到规定的范围即视为强度破坏。

实际工程中，受弯构件的截面上都会有剪力。如图 5-6 所示，两端简支构件受均布荷载作用，构件支座所受剪力最大。若其最大剪应力达到了材料的剪切屈服值，也可视为强度破坏。有时，最大弯矩截面上会同时受到剪力和局部压力的作用。在这种多种应力同时存在的情况下，受弯构件的截面抗弯强度与只受弯矩作用时相比会有所降低。

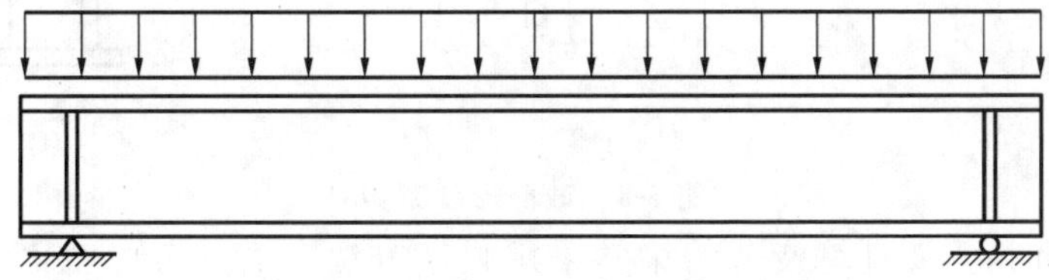

图 5-6 受均布荷载作用的简支梁

5.2.2 梁的强度

梁的强度包括抗弯强度、抗剪强度、局部承压强度和折算应力。设计时，要求在荷载设计值作用下，上述应力均不超过《钢结构设计标准》(GB 50017—2017)规定的相应强度设计值。

(1) 梁的抗弯强度

对图 5-4 所示的均匀受弯构件，若材料为理想弹塑性材料，则随着弯矩的不断增加，梁弯曲应力的发展过程可分为如下三个阶段。

① 弹性工作阶段。

荷载较小时，截面上各点的弯曲应力均小于屈服强度 f_y。随着荷载的继续增加，边缘纤维应力达到 f_y [图 5-7(b)]，相应的弯矩为梁弹性工作阶段的最大弯矩。其值为：

$$M_e = W_n f_y \tag{5-1}$$

式中 W_n——梁的净截面模量。

② 弹塑性工作阶段。

若荷载继续增加,则截面上、下各有一个高度为 a 的区域的应力 σ 达到屈服强度 f_y。截面的中间部分区域仍保持弹性[图 5-7(c)]。此时梁处于弹塑性工作阶段。

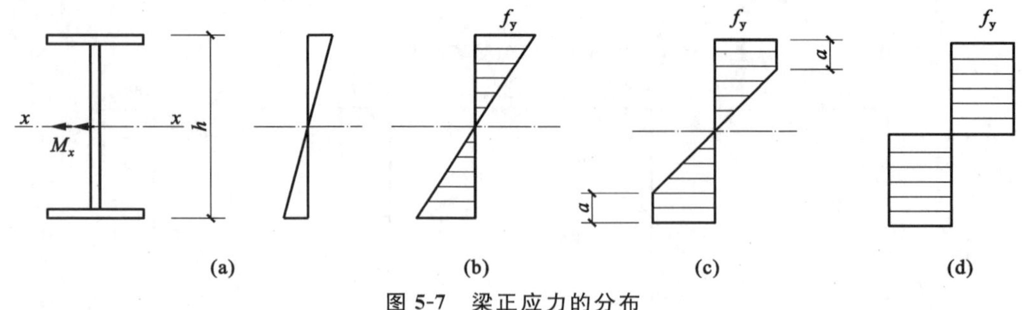

图 5-7 梁正应力的分布

③ 塑性工作阶段。

若荷载继续增加,则梁截面的塑性区便不断向内发展,弹性核不断变小。当弹性核完全消失时,荷载不再增加,而变形却继续发展,形成塑性铰,梁的承载能力达到极限。此时对应的极限弯矩为:

$$M_p = f_y(S_{1n} + S_{2n}) = f_y W_{pn} \tag{5-2}$$

式中 S_{1n},S_{2n}——中和轴以上及以下净截面对中和轴的面积矩;

W_{pn}——梁的净截面塑性模量,$W_{pn}=S_{1n}+S_{2n}$。

极限弯矩 M_p 与弹性最大弯矩 M_e 之比为:

$$\gamma_F = \frac{M_p}{M_e} = \frac{W_{pn}}{W_n} \tag{5-3}$$

可见,γ_F 值只取决于几何形状而与材料的性质无关,称为截面形状系数。一般截面的 γ_F 值如图 5-8 所示。

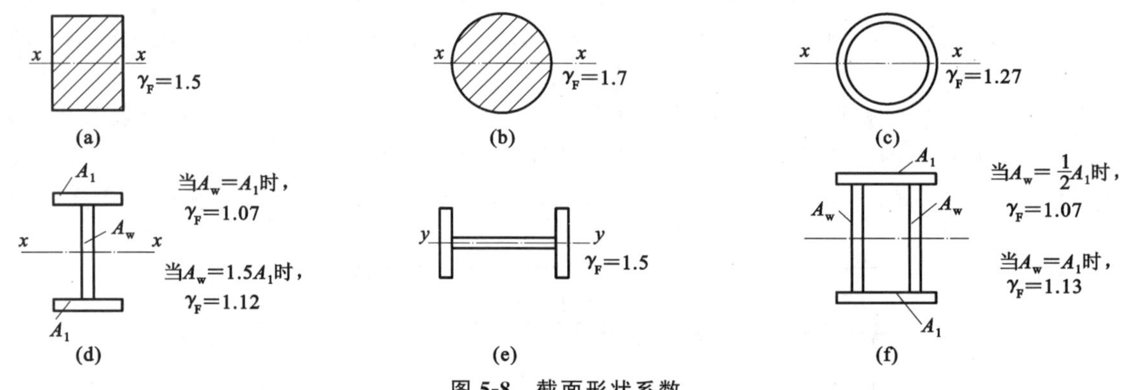

图 5-8 截面形状系数

在计算梁的抗弯强度时,需要计算疲劳的梁常采用弹性方法。虽然考虑截面塑性发展更经济,但若按截面形成塑性铰进行设计,则梁产生的挠度可能过大,受压翼缘过早失去局部稳定。因此,为了可靠,《钢结构设计标准》(GB 50017—2017)建议需要计算疲劳的梁,不宜考虑塑性发展。

根据以上分析,考虑截面的塑性发展和材料分项系数后,《钢结构设计标准》(GB 50017—2017)规定梁的抗弯强度可按下列公式计算。

单向弯曲时:

$$\frac{M_x}{\gamma_x W_{nx}} \leqslant f \tag{5-4}$$

双向弯曲时:

$$\frac{M_x}{\gamma_x W_{nx}} + \frac{M_y}{\gamma_y W_{ny}} \leqslant f \tag{5-5}$$

式中 M_x,M_y——绕 x 轴和 y 轴的弯矩(对工字形和 H 形截面,x 轴为强轴,y 轴为弱轴);

W_{nx},W_{ny}——梁对 x 轴和 y 轴的净截面模量;

γ_x, γ_y——截面塑性发展系数。

对工字形截面和箱形截面，当截面宽厚比等级为 S4、S5 时，应取 $\gamma_x=\gamma_y=1.0$；当截面宽厚比等级为 S1、S2、S3 时，应按下列规定取值：

a. 工字形截面：$\gamma_x=1.05, \gamma_y=1.2$；

b. 箱形截面：$\gamma_x=1.05, \gamma_y=1.05$。

对于其他截面，可按表 5-1 采用。

表 5-1 **截面塑性发展系数 γ_x、γ_y 值**

截面形式	γ_x	γ_y	截面形式	γ_x	γ_y
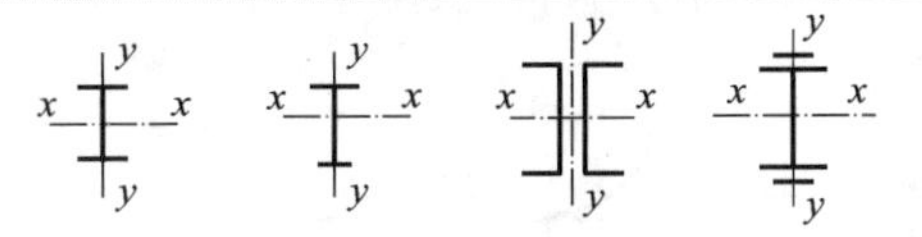	1.05	1.2	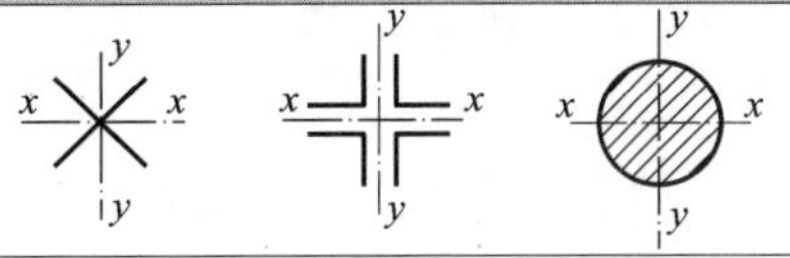	1.2	1.2
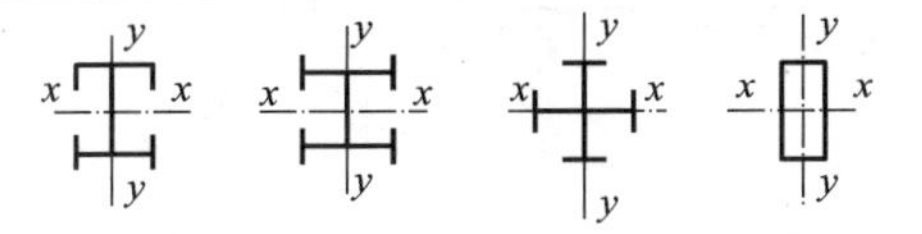		1.05	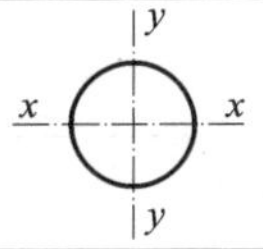	1.15	1.15
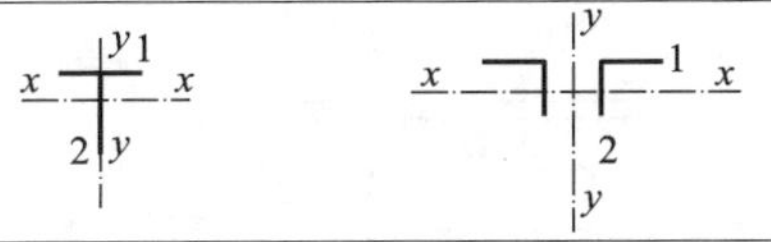	$\gamma_{x1}=1.05$ $\gamma_{x2}=1.2$	1.2	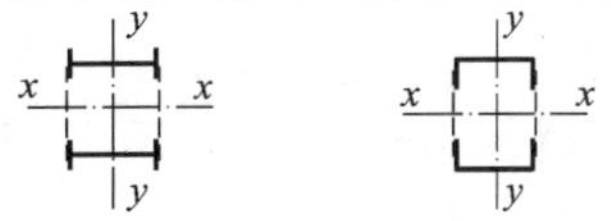	1.0	1.05
		1.05	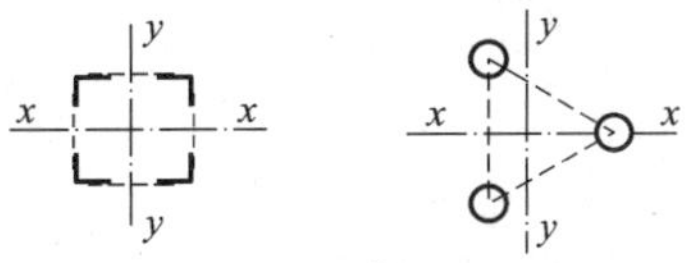		1.0

对于需要计算疲劳的梁，按弹性工作阶段进行计算，宜取 $\gamma_x=\gamma_y=1.0$。

对于不直接承受动力荷载的固端梁和连续梁，允许按塑性方法进行设计。考虑截面内塑性变形的发展和由此引起的内力重分配，塑性铰截面的弯矩应满足下式：

$$M_x \leqslant W_{pnx} f \tag{5-6}$$

式中 W_{pnx}——梁对 x 轴的塑性净截面模量。

(2) 梁的抗剪强度

一般情况下，梁同时承受弯矩和剪力的共同作用。工字形和槽形截面梁腹板上的剪应力分布分别如图 5-9(a)、(b)所示，截面上的最大剪应力发生在腹板中和轴处。对于主平面受弯的实腹梁，以截面上的最大剪应力达到钢材的抗剪屈服强度为承载力极限状态。因此，梁的抗剪强度应按下式计算：

$$\tau=\frac{VS}{It_{w}} \leqslant f_{v} \tag{5-7}$$

式中 V——计算截面沿腹板平面作用的剪力设计值；

S——计算剪应力处以上毛截面对中和轴的面积矩；

I——毛截面惯性矩；

t_w——腹板厚度；

f_v——钢材的抗剪强度设计值，按附表 1-1 采用。

当梁的抗剪强度不满足设计要求时，最有效的办法是增大腹板的面积。但腹板高度一般是由梁的刚度条件和构造要求确定的，故设计时常采用加大腹板厚度的办法来增大梁的抗剪强度。型钢由于腹板较厚，一般均能满足式(5-7)的要求，因此只在剪力最大截面处或有较大削弱时才需要进行抗剪强度的计算。

(3) 梁的局部承压强度

当梁的翼缘受有沿腹板平面作用的固定集中荷载(包括支座反力)且该荷载处又未设置支承加劲肋[图 5-10(a)]，或受有移动的集中荷载[如吊车的轮压，见图 5-10(b)]时，应验算腹板计算高度上边缘的局部承压强度。

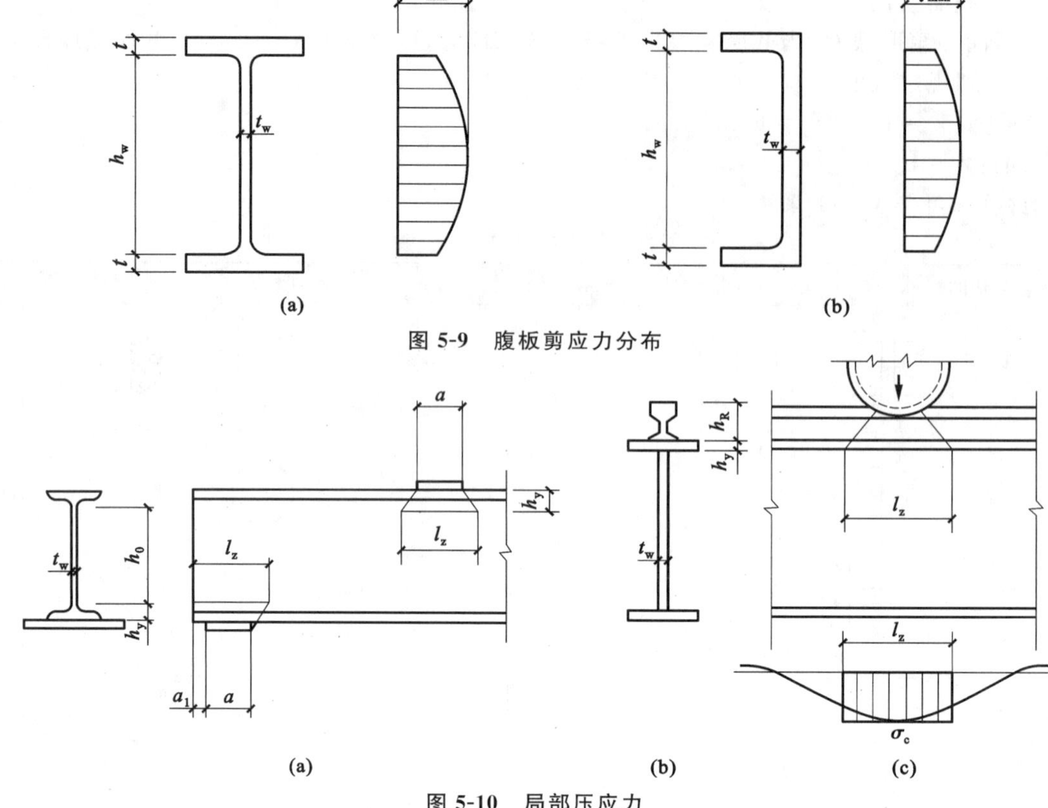

图 5-9 腹板剪应力分布

图 5-10 局部压应力

在集中荷载作用下,吊车梁翼缘(包括轨道)类似支承于腹板的弹性地基梁。腹板计算高度上边缘的压应力分布如图5-10(c)中的曲线所示。假定集中荷载从作用处以1∶2.5(在 h_y 高度范围内)和1∶1(在 h_R 高度范围内)的斜率扩散,均匀分布于腹板计算高度边缘。梁的局部承压强度可按下式计算:

$$\sigma_c = \frac{\psi F}{t_w l_z} \leqslant f \tag{5-8}$$

式中 F——集中荷载(对动力荷载应考虑动力系数)。

ψ——集中荷载增大系数(对重级工作制吊车轮压,$\psi=1.35$;对其他荷载,$\psi=1.0$)。

f——钢材的抗压强度设计值。

l_z——集中荷载在腹板计算高度边缘的假定分布长度,按下式计算:

$$l_z = 3.25\sqrt[3]{\frac{I_R + I_f}{t_w}} \tag{5-9a}$$

式中 I_R——轨道绕自身形心轴的惯性矩。

I_f——梁上翼缘绕翼缘中面的惯性矩。

l_z 也允许采用简化公式计算:

$$l_z = a + 5h_y + 2h_R \tag{5-9b}$$

式中 a——集中荷载沿梁跨度方向的支承长度,对钢轨上的轮压,可取50 mm。

h_y——自梁顶面至腹板计算高度上边缘的距离,对焊接梁为上翼缘厚度,对轧制工字形截面梁,为梁顶面与腹板过渡完成点间的距离。

h_R——轨道的高度,对梁顶无轨道的梁,$h_R=0$。

在梁的支座处,当不设置支承加劲肋时,也应按式(5-8)计算腹板计算高度下边缘的局部压应力,但 ψ 取1.0。支座集中反力的假定分布长度应根据支座具体尺寸参照式(5-9)计算。

注:腹板的计算高度 h_0,对轧制型钢梁,为腹板与上、下翼缘相接处两内弧起点间的距离;对焊接组合梁,为腹板高度;对铆接(或高强度螺栓连接)组合梁,为上、下翼缘与腹板连接的铆钉(或高强度螺栓)线间的最近距离(图5-10)。

(4) 折算应力

在组合梁的腹板计算高度边缘处，当同时受有较大的弯曲应力σ、剪应力τ和局部压应力σ_c，或同时受有较大的弯曲应力σ和剪应力τ(如连续梁的支座处或梁的翼缘截面改变处)时，应按下式验算该处的折算应力。

$$\sqrt{\sigma^2+\sigma_c^2-\sigma\sigma_c+3\tau^2}\leqslant\beta_1 f \tag{5-10}$$

式中 β_1——折算应力的强度设计值增大系数(当σ、σ_c异号时，取$\beta_1=1.2$；当σ、σ_c同号或$\sigma_c=0$时，取$\beta_1=1.1$)。

σ,τ,σ_c——腹板计算高度边缘同一点上的弯曲正应力、剪应力和局部压应力，τ按式(5-7)计算，σ_c按式(5-8)计算，σ按下式计算：

$$\sigma=\frac{My_1}{I_{1nx}} \tag{5-11}$$

式中 I_{1nx}——梁净截面惯性矩；

y_1——所计算点至中和轴的距离。

σ、σ_c均以拉应力为正，以压应力为负。

实际工程中，只是梁的某一截面处腹板边缘的折算应力达到极限承载力，几种应力皆以较大值在同一处出现的概率很小，故将强度设计值乘以β_1予以提高。当σ、σ_c异号时，其塑性变形能力比σ、σ_c同号时大，此时β_1值取得更大些。

5.2.3 梁的刚度

梁的刚度验算即为梁的挠度验算。梁的刚度不足时将会产生较大的变形。楼盖梁的挠度超过某一限值时，一方面给人以不安全感；另一方面可能使其上部的楼面及下部的抹灰开裂，影响结构的功能。吊车梁挠度过大，会加剧吊车运行时的冲击和振动，甚至使吊车运行困难。因此，应按下式验算梁的刚度：

$$\nu\leqslant[\nu] \tag{5-12}$$

式中 ν——荷载标准值作用下梁的最大挠度；

$[\nu]$——梁的挠度容许值，《钢结构设计标准》(GB 50017—2017)规定的挠度容许值见附表2-1。

承受多个集中荷载的梁，其挠度的精确计算较为复杂，但其挠度值与最大弯矩相同的均布荷载作用下的挠度值接近。因此，可采用以下近似公式验算等截面简支梁的挠度：

$$\frac{\nu}{l}=\frac{5}{384}\frac{q_k l^3}{EI_x}=\frac{5}{48}\cdot\frac{q_k l^2 l}{8EI_x}\approx\frac{M_k l}{10EI_x}\leqslant\frac{[\nu]}{l} \tag{5-13}$$

式中 q_k——均布荷载标准值；

M_k——荷载标准值产生的最大弯矩；

I_x——跨中毛截面惯性矩。

计算梁的挠度ν时，取用的荷载标准值应与附表2-1规定的挠度容许值$[\nu]$相对应。例如，对吊车梁，挠度ν应按自重和起重量最大的一台吊车计算；对楼盖或工作平台梁，应分别验算全部荷载作用下产生的挠度和仅有可变荷载作用下产生的挠度。

【例5-1】 某单轴对称焊接截面如图5-11所示，上翼缘为—300 mm×20 mm，下翼缘为—200 mm×20 mm，腹板为—800 mm×10 mm，钢材为Q345B。

① 求其强轴方向的塑性抵抗矩和弹性抵抗矩；

② 计算其强轴方向的塑性和弹性抗弯承载能力。

【解】 (1) 强轴方向的塑性抵抗矩和弹性抵抗矩

截面面积：

$$A=30\times2+20\times2+80\times1.0=180(\text{cm}^2)$$

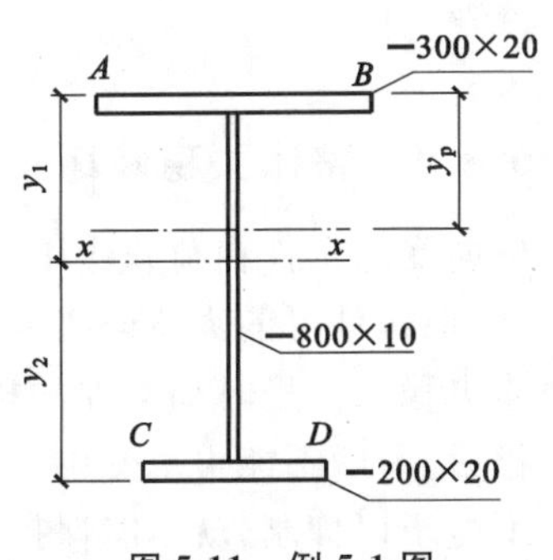

图5-11 例5-1图

强轴方向塑性抵抗矩的计算如下。

面积平分线距上翼缘最外纤维的距离 y_p 为：

$$y_p = \left(\frac{180}{2} - 30 \times 2\right) \div 1.0 + 2 = 32(\text{cm})$$

上下两侧对中和轴的面积矩为：

$$S_{1p} = 30 \times 2 \times (32 - 1.0) + 30 \times 1.0 \times \frac{30}{2} = 2310(\text{cm}^3)$$

$$S_{2p} = 20 \times 2 \times (80 - 30 + 1.0) + 50 \times 1.0 \times \frac{50}{2} = 3290(\text{cm}^3)$$

截面塑性抵抗矩为：

$$W_{pn} = S_{1p} + S_{2p} = 2310 + 3290 = 5600(\text{cm}^3)$$

强轴方向弹性抵抗矩的计算如下。

x 轴距上、下翼缘最外纤维的距离分别为：

$$y_1 = \frac{30 \times 2 \times 1.0 + 20 \times 2 \times 83 + 80 \times 1.0 \times 42}{180} = 37.44(\text{cm})$$

$$y_2 = 80 + 2 + 2 - 37.44 = 46.56(\text{cm})$$

$$I_x = \frac{1}{12} \times 30 \times 2^3 + 30 \times 2 \times (37.44 - 1.0)^2 + \frac{1}{12} \times 20 \times 2^3 + 20 \times 2 \times (46.56 - 1.0)^2 + \frac{1}{12} \times 1.0 \times 80^3 + 80 \times 1.0 \times \left(\frac{84}{2} - 37.44\right)^2 = 207064.4(\text{cm}^4)$$

弹性抵抗矩为：

$$W_{x1} = \frac{I_x}{y_1} = \frac{207064.4}{37.44} = 5530.1(\text{cm}^3)$$

$$W_{x2} = \frac{I_x}{y_2} = \frac{207064.4}{46.56} = 4447.3(\text{cm}^3)$$

(2) 强轴方向的塑性和弹性抗弯承载力

由附表 1-1 取钢材强度设计值 $f = 295\ \text{N/mm}^2$。

截面强轴的弹性抗弯承载力为：

$$M_n = f\min\{W_{x1}, W_{x2}\} = 295 \times 4447.3 \times 10^3 \times 10^{-6} = 1312(\text{kN}\cdot\text{m})$$

截面强轴的塑性抗弯承载力为：

$$M_{pn} = fW_{pn} = 295 \times 5600 \times 10^3 \times 10^{-6} = 1652(\text{kN}\cdot\text{m})$$

5.3 梁的整体稳定 >>>

5.3.1 整体失稳破坏

单向受弯构件在荷载作用下，虽然不利截面上的弯矩或者弯矩与其他内力的组合效应还低于截面的承载强度，但构件可能突然偏离原来的弯曲变形平面，发生侧向挠曲和扭转(图 5-12)，这种现象称为受弯构件的整体失稳。失稳时如构件的材料都处于弹性阶段，则称为弹性失稳，否则称为弹塑性失稳。受弯构件整体失稳后，一般不能再承受更大荷载的作用。不仅如此，若构件在平面外的弯曲及扭转(称为弯扭变形)的发展不能予以抑制，就不能保持构件的静态平衡并发生破坏。整体失稳是受弯构件的主要破坏形式之一。

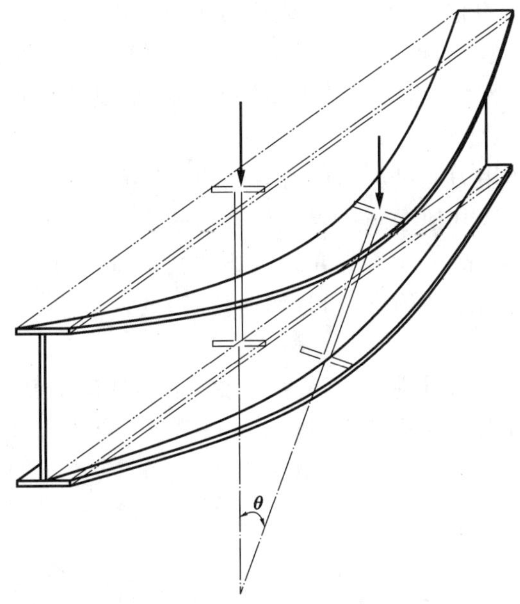

图 5-12 受弯构件的整体失稳

5.3.2 梁的扭转

(1) 剪力中心

图 5-13 所示为槽钢截面受弯构件。设截面上作用有剪力 V_y 和弯矩 M_x，分别按 $\sigma=\dfrac{M_x y}{I_x}$ 和 $\tau=\dfrac{V_y S_x}{I_x t}$ 做出弯曲正应力和剪应力的分布图，如图 5-13(c)、(d)所示。注意 S_x 是随计算点的不同而变化的系数。对翼缘部分，若翼缘厚度不变，则这部分面积对 x 轴的形心距为常数，所以边缘至计算点的面积矩随点的移动呈线性变化；对腹板部分，面积矩与 y 坐标为平方关系。从剪应力的计算式中可看出，剪应力沿截面板件厚度方向大小不变，所以沿着截面的中线(截面板厚的平分线)，剪应力在翼缘上的分布呈直线形，在腹板上呈抛物线形。

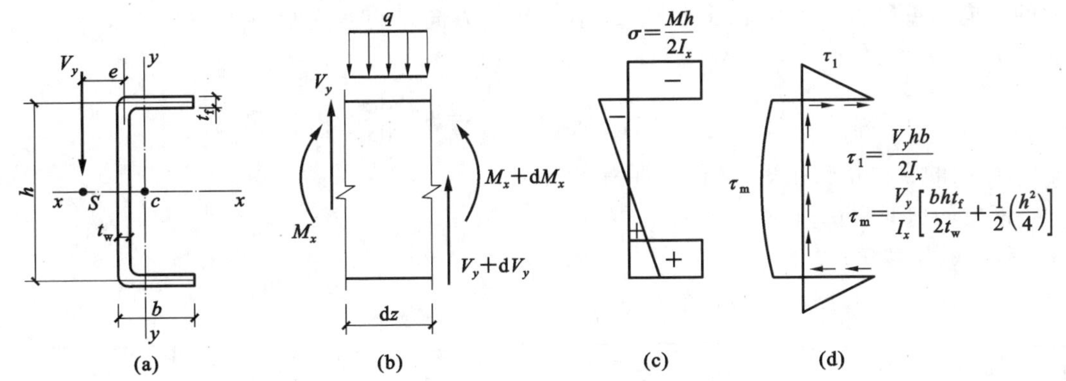

图 5-13 槽形截面的应力分布

翼缘上剪应力的合力为 0，但对形心的力矩为：

$$M_z=\frac{V_y bh}{2I_x}\frac{bt_f}{2}h=\frac{V_y b^2 h^2 t_f}{4I_x} \tag{5-14}$$

为平衡该力矩，使得截面不发生扭转，剪力 V_y 作用线必须通过一特定的点 S，使得

$$V_y e=M_z$$

即

$$e=\frac{b^2 h^2 t_f}{4I_x} \tag{5-15}$$

这一特殊点 S 称为剪力中心,也称为弯曲中心或扭转中心。

可以用同样的方法求出各种截面的剪力中心。对于双轴对称截面,剪力中心就是截面的形心;对于单轴对称截面,剪力中心在截面的对称轴上;对于 T 形、十字形截面,剪力中心就在多板件的交汇点处,因为所有板件上剪应力的合力均通过该点。

设计受弯构件时,若使横向作用力通过剪力中心,则设计时可不考虑扭转问题,否则应尽可能使横向作用力的作用线靠近剪力中心,或采取其他措施来阻止构件扭转。

由于梁的整体失稳与扭转有关,故下面将先介绍钢梁的扭转基本理论。根据支承条件和荷载形式的不同,扭转可分为自由扭转(圣维南扭转)和约束扭转(弯曲扭转)两种形式。

(2) 自由扭转

若等截面构件受到扭转作用时,同时满足以下两个条件:① 截面上受等值反向的一对扭矩作用;② 构件端部截面的纵向纤维不受约束,则会形成所谓的自由扭转,又称圣维南扭转。自由扭转的特点是截面上的应力为扭转引起的剪应力;构件单位长度的扭转角处处相等,截面上只有剪应力,没有纵向正应力,如图 5-14(a)所示。

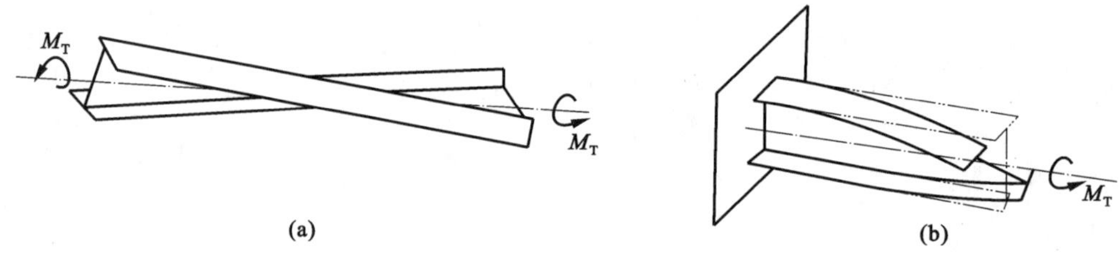

图 5-14 构件的扭转形式

开口截面构件自由扭转时,截面上的剪应力沿板件厚度方向呈线性分布,在板件厚度的中央为 0,两边边缘达到最大值。这与受横向力作用时不同。

根据弹性力学的计算方法,开口薄壁构件自由扭转时,扭矩和扭矩率有如下关系:

$$M_t = GI_t \frac{d\varphi}{dz} \tag{5-16}$$

自由扭转时,开口薄壁构件截面上只有剪应力。该应力在壁厚范围内构成封闭的剪力流,如图 5-15所示。剪应力的方向与壁厚方向呈中心线平行,大小沿壁厚方向呈直线变化,中心处为 0,壁内、外边缘处最大。最大剪应力值为:

$$\tau_t = \frac{M_t t}{I_t} \quad 或 \quad \tau_t = Gt\frac{d\varphi}{dz} \tag{5-17}$$

式中 M_t——截面的自由扭转扭矩,又称圣维南扭矩;

G——钢材的剪变模量;

φ——截面的扭转角;

I_t——截面的抗扭惯性矩(扭转常数)。

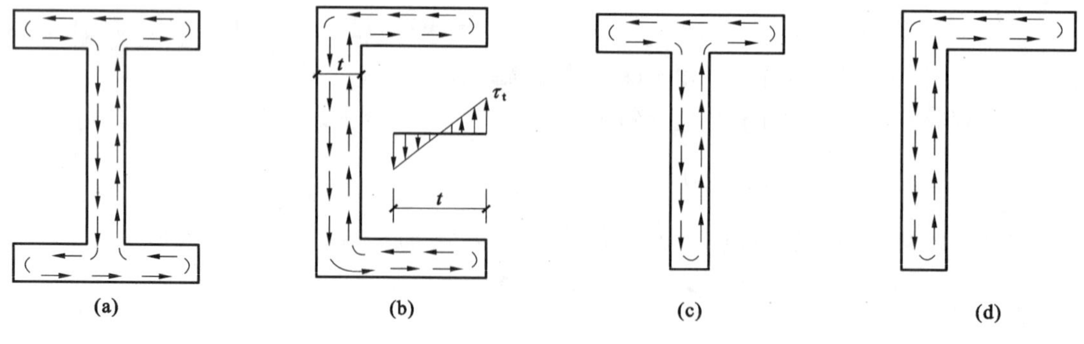

图 5-15 开口薄壁构件自由扭转时的剪力流

常见的工字形、槽形或T形截面都是由几个狭长矩形截面组成的，其截面抗扭惯性矩可近似取各矩形单元扭转常数之和，即

$$I_t = \frac{\eta}{3}\sum_{i=1}^{n} t_i^3 b_i \tag{5-18}$$

式中 b_i，t_i——第 i 块板件的宽度和厚度；

η——考虑热轧型钢在板件交接处凸出部分有利影响的提高系数，其值由试验确定，对角钢取1.0，对T形截面取1.15，对槽形截面取1.12，对工字形截面取1.25。

闭口截面构件自由扭转时，截面上剪应力的分布与开口截面完全不同。闭口截面壁厚两侧剪应力方向相同。由于壁薄，故可认为剪应力 τ 沿厚度方向均匀分布，方向为切线方向，如图5-16所示。可以证明任一壁厚的 τt 为一常数。这样，微元 $\mathrm{d}s$ 上的剪力对原点的力矩为 $r\tau t\mathrm{d}s$，总扭转力矩为：

$$M_t = \oint r\tau t\,\mathrm{d}s = \tau t\oint r\mathrm{d}s \tag{5-19}$$

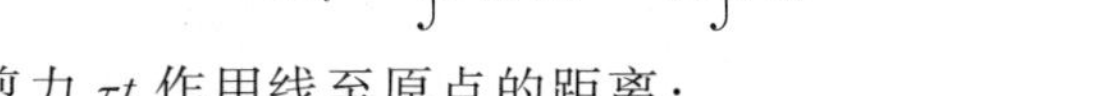

图5-16 闭口截面的自由扭曲

式中 r——剪力 τt 作用线至原点的距离；

$\oint r\mathrm{d}s$——沿闭路曲线积分，为壁厚中心线所围成面积 A 的2倍。

故

$$M_t = 2\tau t A$$

$$\tau = \frac{M_t}{2tA} \tag{5-20}$$

很显然，闭口截面的抗扭能力要比开口截面大得多。

(3) 约束扭转

由于支承条件或外力作用方式的原因，构件扭转时截面的翘曲会受到约束。这种扭转称为约束扭转[图5-17(b)]。发生约束扭转时，构件产生弯曲变形，截面将产生纵向正应力。此正应力称为翘曲正应力。同时，必然产生与翘曲正应力保持平衡的翘曲剪应力。

如图5-17(a)所示的双轴对称工字形截面悬臂构件，在悬臂端处作用的外扭矩 M_T 使上、下翼缘向不同方向弯曲。悬臂端截面处的翘曲变形最大；越靠近固定端，截面的翘曲变形越小。在固定端处，翘曲变形完全受到约束；中间各截面受到不同程度的约束。

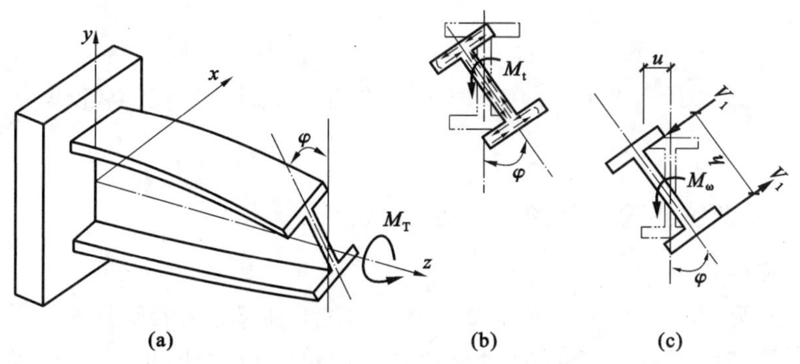

图5-17 工字形截面构件的约束扭转

截面翘曲剪应力形成的翘曲扭矩 M_ω[图5-17(c)]与自由扭转产生的扭矩 M_t[图5-17(b)]之和，应与外扭矩 M_T 相平衡，即：

$$M_T = M_t + M_\omega \tag{5-21}$$

下面以双轴对称工字形截面为例，来推导截面翘曲剪应力形成的翘曲扭矩 M_ω。

悬臂构件受扭后，产生绕构件纵轴的扭转角 φ，φ 是纵轴 z 的函数。设 φ 是微小变形，若构件截面外形的投影保持不变，构件上下翼缘分别有位移 u，则：

$$u = \frac{h}{2}\varphi \tag{5-22}$$

将一个翼缘作为独立的构件来考察，u 即是翼缘沿 x 轴方向的挠度。发生微小变形时，一个翼缘所受的弯矩为：

$$M_1 = -EI_1 u'' = -EI_1 \frac{h}{2}\frac{\mathrm{d}^2\varphi}{\mathrm{d}z^2} \tag{5-23}$$

式中 I_1——一个翼缘对 y 轴的惯性矩。

上、下两个翼缘存在着等值反向的弯矩 M_1。虽然这两者的合力矩等于 0，但分别存在于截面的不同部位，是一个客观存在的自平衡力系。将这一力偶矩定义为双力矩 B_ω，在约束扭转的工字形截面中，有：

$$B_\omega = M_1 h = -EI_1 \frac{h^2}{2}\varphi'' = -E\frac{b^3 h^2 t_f}{24}\varphi'' \tag{5-24}$$

将上式中关于截面几何特性的量定义为 I_ω，则：

$$I_\omega = \frac{b^3 h^2 t_f}{24} \tag{5-25}$$

I_ω 称为扇性惯性矩或截面翘曲扭转系数，一般有如下表达式：

$$B_\omega = -EI_\omega \varphi'' \tag{5-26}$$

由于 φ 是随轴线 z 变化的，故翼缘上存在的剪力为：

$$V_1 = \frac{\mathrm{d}M_1}{\mathrm{d}z} = -EI_1 \frac{h}{2}\varphi''' \tag{5-27}$$

两个翼缘上的弯矩等值反向，从而得出两个翼缘上的剪力等值反向，剪力的合力为 0。但是对于截面的剪力中心，则形成扭矩 M_ω：

$$M_\omega = -EI_1 \frac{h^2}{2}\varphi''' \quad 或 \quad M_\omega = -EI_\omega \varphi''' \tag{5-28}$$

M_ω 称为约束扭矩或翘曲扭矩，也称为瓦格纳(Wagner)扭矩。上式对于开口截面都是适用的。

推导中采用了截面外形在平面内的投影保持不变的假定，这称为刚周边假定。事实上，一般弯曲问题的平截面假定在这里已变得不适合。这是因为发生约束扭转时，构件截面已不再保持为平面，已发生所谓的翘曲。以上推导以工字形截面为例进行说明，对其他截面，关于 B_ω、M_ω 的表达式也具有普遍意义。

当构件发生非自由扭转时，外扭矩将由截面上的圣维南扭矩和瓦格纳扭矩共同平衡，即式(5-21)可改写为：

$$GI_t\varphi' - EI_\omega \varphi''' = M_T \tag{5-29}$$

找出满足上述微分方程及其边界条件的解，求出位移函数 φ 后，可得到各个截面上的 M_t、M_ω 及 B_ω，从而求出截面上的应力。

5.3.3 梁的弹性屈曲临界弯矩和整体稳定系数

(1) 梁的弹性屈曲临界弯矩

图 5-18(a)所示为一两端简支的双轴对称工字形截面纯弯曲梁，梁两端均承受弯矩 M 的作用，弯矩沿梁长均匀分布。这里的“简支”符合夹支条件，即支座处截面可自由翘曲，能绕 x 轴和 y 轴转动，但不能绕 z 轴转动，也不能侧向移动。

对于绕强轴单向受弯构件，当弯矩不大时只在弯矩作用平面(弱轴与构件纵轴构成的平面)内发生挠曲变形 v。但当弯矩增大到某一数值时，构件可能突然产生在弯矩作用平面外的侧移 u 和扭转 φ，构件由平面内弯曲状态变为弯扭状态。这就是整体失稳。

受弯构件的受压翼缘类同于压杆，若无腹板的限制，有沿刚度较小方向(即翼缘板平面外的方向)屈曲的可能，但腹板提供了连续的支承作用，使得这一方向的刚度实际上得以提高。于是，受压翼缘只可能在翼

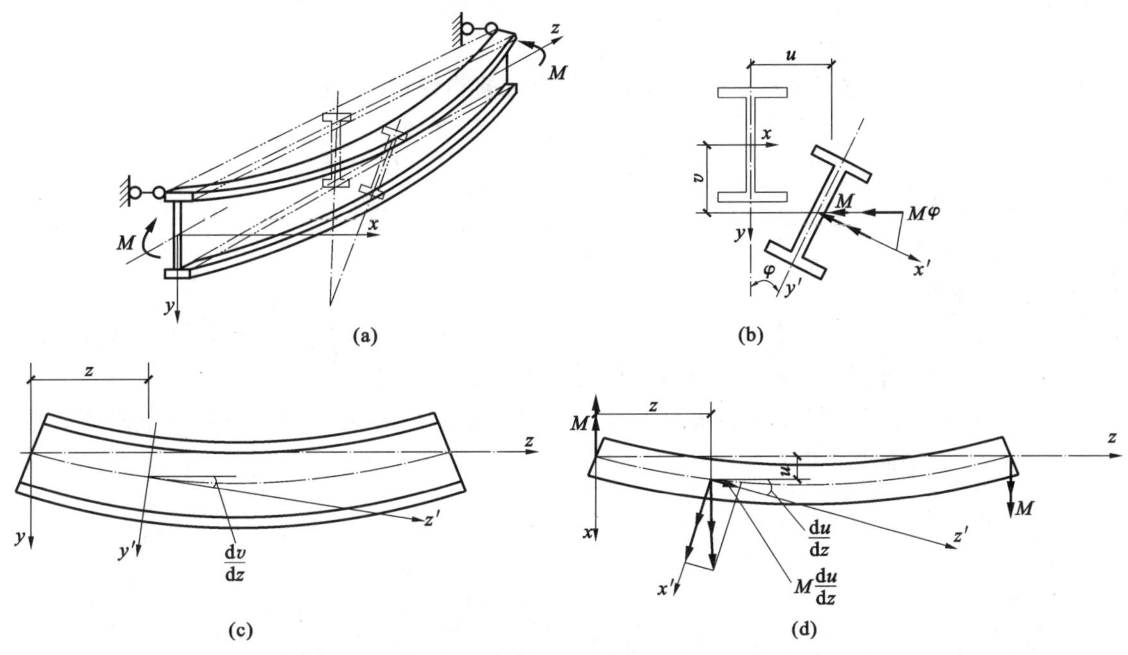

图 5-18 梁的侧向弯扭屈曲

缘板平面内发生屈曲。一旦这一方向失稳，受弯构件发生侧倾，此时受压翼缘侧倾严重而受拉部分侧倾较小，整体上形成构件的扭转。

整体失稳发生时的临界弯矩值可以从建立平衡微分方程入手进行求解。设固定坐标为 x、y、z，弯矩 M 达到一定数值的屈曲变形后，相应的移动坐标为 x'、y'、z'，截面形心在 x、y 轴方向的坐标为 u、v，截面扭转角为 φ。在图 5-18(b)、(d)中，弯矩用双箭头向量表示，其方向按向量的右手规则确定。

在梁的最大刚度平面内($y'z'$平面内)发生弯曲时[图 5-18(c)]，平衡方程为：

$$-EI_x\frac{\mathrm{d}^2v}{\mathrm{d}z^2}=M \tag{5-30}$$

此式为梁绕强轴的弯曲平衡方程，仅是关于变位 v 的方程，与梁的整体失稳无关。

梁在 $x'z'$ 平面内发生侧向弯曲时[图 5-18(d)]，平衡方程为：

$$-EI_y\frac{\mathrm{d}^2u}{\mathrm{d}z^2}=M\varphi \tag{5-31}$$

式中 I_x，I_y——梁对 x 轴和 y 轴的毛截面惯性矩。

由于梁端部夹支，中部任意截面扭转时，纵向纤维均发生了弯曲，故属于约束扭转。根据式(5-29)，得扭转的微分方程为：

$$-EI_\omega\frac{\mathrm{d}^3\varphi}{\mathrm{d}z^3}+GI_t\frac{\mathrm{d}\varphi}{\mathrm{d}z}\approx M\frac{\mathrm{d}u}{\mathrm{d}z} \tag{5-32}$$

式(5-31)和式(5-32)是变位 u 和 φ 的耦联方程，表现出了梁整体失稳的弯扭变形性质。

联立式(5-31)和式(5-32)，可得到 φ 的弯扭屈曲微分方程为：

$$EI_\omega\frac{\mathrm{d}^4\varphi}{\mathrm{d}z^4}-GI_t\frac{\mathrm{d}^2\varphi}{\mathrm{d}z^2}-\frac{M^2}{EI_y}\varphi=0 \tag{5-33}$$

假设两端简支梁的扭转角呈正弦曲线分布，即

$$\varphi=C\sin\frac{\pi z}{l}$$

将 φ 和 φ''、φ''' 代入式(5-33)中，得：

$$\left[EI_\omega\left(\frac{\pi}{l}\right)^4+GI_t\left(\frac{\pi}{l}\right)^2-\frac{M^2}{EI_y}\right]C\sin\frac{\pi z}{l}=0 \tag{5-34}$$

使上式对任意 z 值都成立的条件是中括号中数值为 0，即

$$EI_\omega\left(\frac{\pi}{l}\right)^4+GI_t\left(\frac{\pi}{l}\right)^2-\frac{M^2}{EI_y}=0$$

上式中的 M 就是双轴对称工字形截面简支梁纯弯曲时的临界弯矩，则：

$$M_{cr}=\frac{\pi}{l}\sqrt{EI_yGI_t}\sqrt{1+\frac{\pi^2}{l^2}\frac{EI_\omega}{GI_t}} \tag{5-35}$$

式中 EI_y——侧向抗弯刚度；

GI_t——自由扭转刚度；

EI_ω——翘曲刚度。

式(5-35)是根据双轴对称工字形截面简支梁纯弯曲推导的临界弯矩。可见，梁整体稳定的临界荷载与梁的侧向抗弯刚度、自由扭转刚度、翘曲刚度及梁的跨度有关。

加强梁的受压上翼缘有利于提高梁的整体稳定。单轴对称截面简支梁(图5-19)在不同荷载作用下，根据弹性稳定理论推导出的临界弯矩的通用计算公式为：

$$M_{cr}=C_1\frac{\pi^2EI_y}{l^2}\left[-C_2\alpha+C_3\beta_y+\sqrt{(-C_2\alpha+C_3\beta_y)^2+\frac{I_\omega}{I_y}\left(1+\frac{l^2GI_t}{\pi^2EI_\omega}\right)}\right] \tag{5-36}$$

$$\beta_y=\frac{1}{2I_x}\int_A y(x^2+y^2)\,dA-y_0$$

式中 β_y——单轴对称截面的不对称系数，当为热轧槽形截面或双轴对称截面时，$\beta_y=0$。

C_1,C_2,C_3——根据荷载类型而定的系数，其值见表5-2。

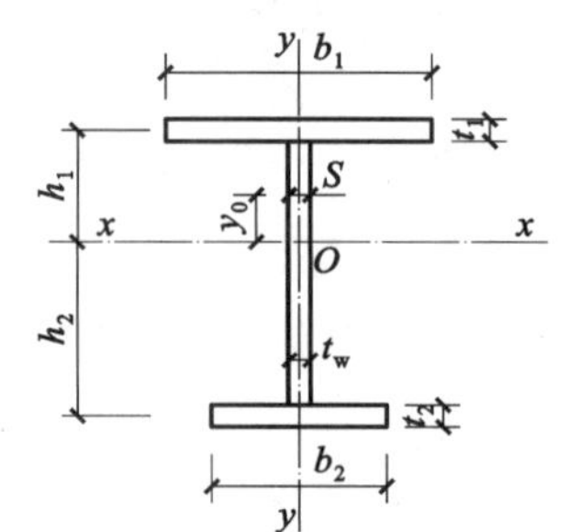

图 5-19 单轴对称截面

α——荷载作用点与剪切中心之间的距离，当荷载作用点在剪切中心以下时取正值，反之取负值。

y_0——剪切中心的纵坐标，为正值时剪切中心在形心之下，为负值时在形心之上。其计算式为：

$$y_0=-\frac{I_1h_1-I_2h_2}{I_y}$$

式中 I_1,I_2——受压翼缘和受拉翼缘对 y 轴的惯性矩，$I_1=\frac{t_1b_1^3}{12}$，$I_2=\frac{t_2b_2^3}{12}$；

h_1,h_2——受压翼缘和受拉翼缘形心至整个截面形心的距离。

上述所有纵坐标均以截面的形心为原点，以 y 轴指向下方为正向。

表 5-2 C_1，C_2 和 C_3 系数

侧向支承情况	荷载类型	C_1	C_2	C_3
跨中无侧向支承点	跨中集中荷载	1.35	0.55	0.40
	满跨均布荷载	1.13	0.47	0.53
	纯弯曲	1.00	0	1.00
跨中有1个侧向支承点	跨中集中荷载	1.75	0	1.00
	满跨均布荷载	1.39	0.14	0.86
跨中有2个侧向支承点	跨中集中荷载	1.84	0.89	0.08
	满跨均布荷载	1.45	0.07	0.93
跨中有3个侧向支承点	跨中集中荷载	1.90	0	1.00
	满跨均布荷载	1.47	0.93	0.07
侧向支承点间弯矩线性变化	不考虑段与段之间的相互约束	$1.75-1.05\frac{M_2}{M_1}+0.3\left(\frac{M_2}{M_1}\right)^2\leqslant2.3$	0	1.0

(2) 梁的整体稳定系数

由上述弹性屈曲临界弯矩可以得到简支梁的临界应力，进而验算梁的整体稳定。为了简化设计公式，

并考虑影响梁整体稳定的主要因素，目前各国规范普遍采用整体稳定系数法进行钢梁的整体稳定设计。《钢结构设计标准》(GB 50017—2017)规定，等截面焊接工字形和轧制 H 型钢(图 5-20)简支梁的整体稳定系数应按下列公式计算：

$$\varphi_b = \beta_b \frac{4320}{\lambda_y^2}\frac{Ah}{W_x}\left[\sqrt{1+\left(\frac{\lambda_y t_1}{4.4h}\right)^2}+\eta_b\right]\frac{235}{f_y} \tag{5-37}$$

$$\lambda_y = \frac{l_1}{i_y} \tag{5-38}$$

式中 β_b——梁整体稳定的等效弯矩系数，应按表 5-3 采用；

λ_y——梁在侧向支承点间对 y 轴的长细比；

A——梁的毛截面面积；

h,t_1——梁截面的全高和受压翼缘厚度；

η_b——截面不对称影响系数，按表 5-4 计算；

l_1——梁受压翼缘侧向支承点之间的距离；

i_y——梁毛截面对 y 轴的回转半径。

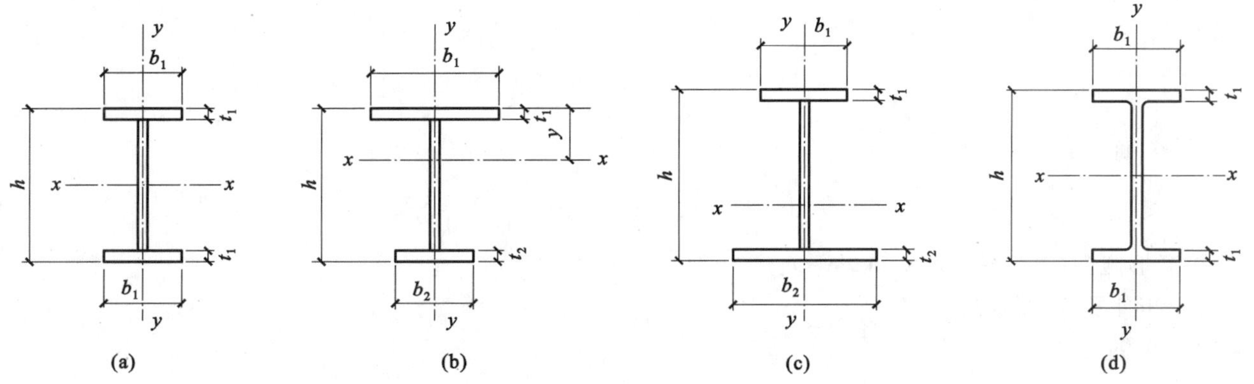

图 5-20 等截面焊接工字形和轧制 H 型钢

(a)双轴对称焊接工字形截面；(b)加强受压翼缘的单轴对称焊接工字形截面；(c)加强受拉翼缘的单轴对称焊接工字形截面；(d)轧制 H 型钢截面

表 5-3 **等截面焊接工字形和轧制 H 型钢简支梁的等效弯矩系数**

<table>
<tr><th>项次</th><th>侧向支承</th><th colspan="2">荷载</th><th>$\xi \leqslant 2.0$</th><th>$\xi > 2.0$</th><th>适用范围</th></tr>
<tr><td>1</td><td rowspan="4">跨中无侧向支承</td><td rowspan="2">均布荷载作用在</td><td>上翼缘</td><td>$0.69+0.13\xi$</td><td>0.95</td><td rowspan="4">图 5-20(a)、(b)、(d)的截面</td></tr>
<tr><td>2</td><td>下翼缘</td><td>$1.73-0.20\xi$</td><td>1.33</td></tr>
<tr><td>3</td><td rowspan="2">集中荷载作用在</td><td>上翼缘</td><td>$0.73+0.18\xi$</td><td>1.09</td></tr>
<tr><td>4</td><td>下翼缘</td><td>$2.23-0.28\xi$</td><td>1.67</td></tr>
<tr><td>5</td><td rowspan="3">跨度中点有一个侧向支承点</td><td rowspan="2">均布荷载作用在</td><td>上翼缘</td><td colspan="2">1.15</td><td rowspan="6">图 5-20 中的所有截面</td></tr>
<tr><td>6</td><td>下翼缘</td><td colspan="2">1.40</td></tr>
<tr><td>7</td><td colspan="2">集中荷载作用在截面高度的任意位置</td><td colspan="2">1.75</td></tr>
<tr><td>8</td><td rowspan="2">跨中有不少于两个等距离侧向支承点</td><td rowspan="2">任意荷载作用在</td><td>上翼缘</td><td colspan="2">1.20</td></tr>
<tr><td>9</td><td>下翼缘</td><td colspan="2">1.40</td></tr>
<tr><td>10</td><td colspan="3">梁端有弯矩，但跨中无荷载作用</td><td colspan="2">$1.75-1.05\left(\frac{M_2}{M_1}\right)+0.3\left(\frac{M_2}{M_1}\right)^2$
但不大于 2.3</td></tr>
</table>

注：ξ 为参数，$\xi=\frac{l_1 t_1}{b_1 h}$，其中 b_1 为受压翼缘的宽度。

表 5-4 等截面焊接工字形和轧制 H 型钢简支梁的截面不对称影响系数

截面类型	截面示意图	η_b
双轴对称焊接工字形截面	图 5-20(a)、(d)	0
加强受压翼缘的单轴对称工字形截面	图 5-20(b)	$0.8(2\alpha_b-1)$
加强受拉翼缘的单轴对称工字形截面	图 5-20(c)	$2\alpha_b-1$

注:表中 $\alpha_b=\dfrac{I_1}{I_1+I_2}$,$I_1$、$I_2$ 分别为受压翼缘和受拉翼缘对 y 轴的惯性矩。

当算得的 $\varphi_b>0.6$ 时,应用下式计算的 φ_b' 代替 φ_b 值:

$$\varphi_b'=1.07-\frac{0.282}{\varphi_b}\leqslant 1.0 \tag{5-39}$$

(3) 梁整体稳定系数的近似计算

承受均布弯矩的梁,当 $\lambda_y\leqslant 120\sqrt{\dfrac{235}{f_y}}$ 时,其整体稳定系数 φ_b 可按下列公式计算。

① 工字形(H 形)截面。

双轴对称时:

$$\varphi_b=1.07-\frac{\lambda_y^2}{44000}\frac{f_y}{235} \tag{5-40}$$

单轴对称时:

$$\varphi_b=1.07-\frac{W_{1x}}{(2\alpha_b+0.1)Ah}\frac{\lambda_y^2}{14000}\frac{f_y}{235} \tag{5-41}$$

② T 形截面(弯矩作用在对称轴平面)。

a. 弯矩使翼缘受压时。

对双角钢 T 形截面:

$$\varphi_b=1-0.0017f_y\sqrt{\frac{f_y}{235}} \tag{5-42}$$

对部分 T 型钢和两板组合 T 形截面:

$$\varphi_b=1-0.0022f_y\sqrt{\frac{f_y}{235}} \tag{5-43}$$

b. 弯矩使翼缘受拉且腹板宽厚比不大于 $18\sqrt{f_y/235}$ 时。

$$\varphi_b=1-0.0005f_y\sqrt{\frac{f_y}{235}} \tag{5-44}$$

当按式(5-40)~式(5-44)算得 $\varphi_b>0.6$ 时,不需换算成 φ_b';当按式(5-40)和式(5-41)算得 $\varphi_b>1.0$ 时,取 $\varphi_b=1.0$。

5.3.4 梁整体稳定的保证和计算

(1) 梁整体稳定的保证

为了提高梁的整体稳定,当梁上有密铺的刚性铺板(如楼盖的楼面板或公路桥、人行天桥的面板等)时,应使之与梁的受压翼缘牢固连接;当无刚性铺板或铺板与梁受压翼缘连接不可靠时,则应设置平面支撑。楼盖或工作平台梁格的平面支撑包括横向平面支撑和纵向平面支撑两种。横向平面支撑使主梁受压翼缘的自由长度由跨长减小为 l_1(次梁间距),纵向平面支撑是为了保证整个楼面的横向刚度。

当符合下列情况之一时,梁的整体稳定可以得到保证,不必计算。

① 在梁的受压翼缘有刚性铺板并与其牢固连接,能阻止梁受压翼缘的侧向位移;

② 对于箱形截面简支梁,其截面尺寸(图 5-21)满足 $\dfrac{h}{b_0}\leqslant 6$ 且 $\dfrac{l_1}{b_0}<95\cdot\dfrac{235}{f_y}$。

(2) 梁的整体稳定计算

当不满足不必计算整体稳定的条件时,《钢结构设计标准》(GB 50017—2017)规定的梁的整体稳定计算公式为:

$$\frac{M_x}{\varphi_b W_x f} \leqslant 1.0 \tag{5-45}$$

式中 M_x——绕强轴作用的最大弯矩。

W_x——按受压最大纤维确定的梁毛截面模量,当截面板件宽厚比等级为 S1 级、S2 级、S3 级或 S4 级时,应取全截面模量;当截面板件宽厚比等级为 S5 级时,应取有效截面模量。

φ_b——梁的整体稳定系数。

当梁的整体稳定承载力不足时,可采用加大梁的截面尺寸或增加侧向支承的办法予以解决。前一种办法中以增大受压翼缘的宽度最有效。

必须注意的是,不论梁是否需要计算整体稳定,梁的支承处均应采用构造措施,以阻止其端截面的扭转(图 5-22)。当简支梁仅腹板与相邻构件相连时,钢梁稳定计算中的侧向支承点间距离应取实际距离的1.2倍。

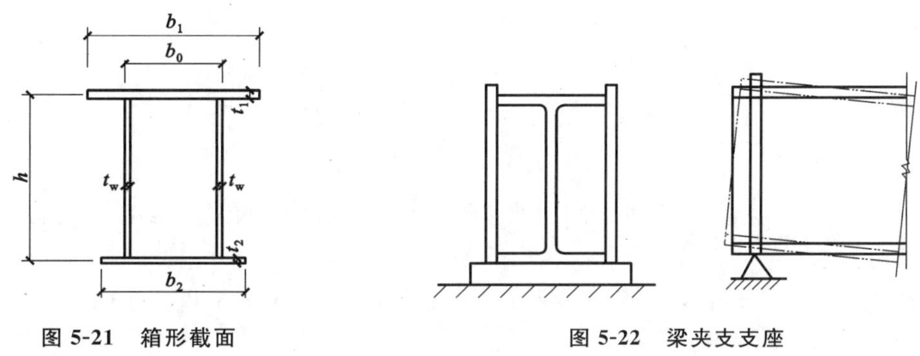

图 5-21 箱形截面　　图 5-22 梁夹支支座

用来减小受压翼缘自由长度的侧向支承,应将梁的受压翼缘视为轴心压杆计算支承力。支承应设置在(或靠近)梁的受压翼缘平面。

【例 5-2】 一简支梁的跨度 l=12 m,截面如图 5-23 所示,钢材为 Q345B。梁跨度中央处上翼缘作用一集中静力荷载,标准值为 P_k,其中恒荷载占 30%(γ_G=1.3),活荷载占 70%(γ_Q=1.5)。设计两个方案:① 在集中荷载作用处设置一侧向支承;② 不设置中间侧向支承。假设该梁的局部稳定可以得到保证,试计算其所能承受的集中荷载标准值。

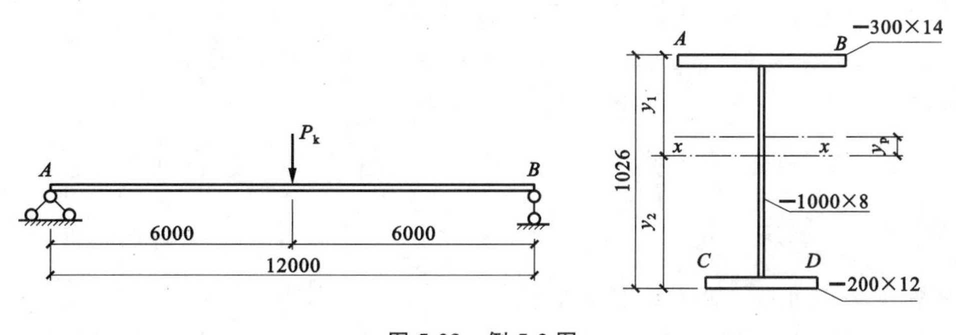

图 5-23 例 5-2 图

【解】 (1) 截面特性

截面面积:

$$A = 1.4 \times 30 + 0.8 \times 100 + 1.2 \times 20 = 146(\text{cm}^2)$$

形心轴 x—x 至腹板中点距离为:

$$y = \frac{(1.4 \times 30) \times (50 + 0.7) - (1.2 \times 20) \times (50 + 0.6)}{146} = 6.3(\text{cm})$$

$$y_1 = (50 + 1.4) - 6.3 = 45.1(\text{cm})$$
$$y_2 = 102.6 - 45.1 = 57.5(\text{cm})$$

惯性矩为：

$$I_x = \frac{1}{12} \times 30 \times 1.4^3 + 30 \times 1.4 \times (45.1 - 0.7)^2 + \frac{1}{12} \times 0.8 \times 100^3 + 0.8 \times 100 \times 6.3^2 + \frac{1}{12} \times 20 \times 1.2^3 + 20 \times 1.2 \times (57.5 - 0.6)^2 = 230351.4(\text{cm}^4)$$

$$I_y = \frac{1}{12} \times 1.4 \times 30^3 + \frac{1}{12} \times 1.2 \times 20^3 = 3150 + 800 = 3950(\text{cm}^4)$$

受压纤维对 x 轴的截面模量为：

$$W_{1x} = \frac{I_x}{y_1} = \frac{230351.4}{45.1} = 5108(\text{cm}^3)$$

受拉纤维对 x 轴的截面模量为：

$$W_{2x} = \frac{I_x}{y_2} = \frac{230351.4}{57.5} = 4006(\text{cm}^3)$$

回转半径为：

$$i_y = \sqrt{\frac{I_y}{A}} = \sqrt{\frac{3950}{146}} = 5.2(\text{cm})$$

梁自重为：

$$g = 9.81\rho A = 9.81 \times 7850 \times 146 \times 10^{-4} = 1124(\text{N/m}) \approx 1.12\ \text{kN/m}$$

(2) 设置侧向支承

由(1)可得，$f_y = 345\ \text{N/mm}^2$，$A = 146\ \text{cm}^2$，$h = 1026\ \text{mm}$，$t_1 = 14\ \text{mm}$，$W_x = 5107\ \text{cm}^3$。

查表5-3得，$\beta_b = 1.75$。

$$\lambda_y = \frac{l_1}{i_y} = \frac{600}{5.2} = 115.4$$

$$I_1 = \frac{1}{12} \times 1.4 \times 30^3 = 3150(\text{cm}^4)$$

$$I_2 = \frac{1}{12} \times 1.2 \times 20^3 = 800(\text{cm}^4)$$

查表5-4得：

$$\alpha_b = \frac{I_1}{I_1 + I_2} = \frac{3150}{3150 + 800} = 0.80$$

$$\eta_b = 0.8(2\alpha_b - 1) = 0.8 \times (2 \times 0.8 - 1) = 0.48$$

整体稳定系数为：

$$\varphi_b = \beta_b \frac{4320}{\lambda_y^2} \frac{Ah}{W_x} \left[\sqrt{1 + \left(\frac{\lambda_y t_1}{4.4h}\right)^2} + \eta_b\right] \frac{235}{f_y} = 1.75 > 0.6$$

取 $\varphi_b = \varphi_b' = 1.07 - \frac{0.282}{\varphi_b} = 0.909 < 1.0$。

按整体稳定条件，此梁能承受的弯矩设计值为：

$$M_x = \varphi_b f W_{1x} = 0.909 \times 305 \times 5108 \times 10^{-3} = 1416(\text{kN} \cdot \text{m})$$

按下翼缘受拉的抗弯强度，梁能承受的弯矩设计值为：

$$M_x = \gamma_x f W_{2x} = 1.05 \times 305 \times 4006 \times 10^{-3} = 1283(\text{kN} \cdot \text{m}) < 1416\ \text{kN} \cdot \text{m}$$

因此，梁的承载力由下翼缘受拉控制。

梁自重产生的弯矩设计值为：

$$M_x^g = \frac{1}{8} \cdot 1.3g \cdot l^2 = \frac{1}{8} \times (1.3 \times 1.12) \times 12^2 = 26.2(\text{kN} \cdot \text{m})$$

集中荷载产生的弯矩设计值为：

$$M_x^{p} = \frac{1}{4}pl = M_x - M_x^{g} = 1283 - 26.2 = 1256.8(\text{kN}\cdot\text{m})$$

梁能承受的集中荷载设计值为：

$$P = \frac{4M_x^{p}}{l} = \frac{4\times 1256.8}{12} = 418.9(\text{kN})$$

因

$$P = 1.3\times 0.3P_{\text{k}} + 1.5\times 0.7P_{\text{k}} = 1.44P_{\text{k}}$$

故此梁承受的跨中荷载标准值为：

$$P_{\text{k}} = \frac{P}{1.44} = \frac{418.9}{1.44} = 290.9(\text{kN})$$

(3) 不设置中间侧向支撑

$$l_1 = l = 12\ \text{m}$$

$$\lambda_y = \frac{l_1}{i_y} = \frac{1200}{5.2} = 230.8$$

查表5-3得：

$$\xi = \frac{l_1 t_1}{b_1 h} = \frac{12000\times 14}{300\times 1026} = 0.546 < 2.0$$

整体稳定系数为：

$$\varphi_{\text{b}} = \beta_{\text{b}}\frac{4320}{\lambda_y^2}\frac{Ah}{W_x}\left[\sqrt{1+\left(\frac{\lambda_y t_1}{4.4h}\right)^2} + \eta_{\text{b}}\right]\frac{235}{f_y} = 0.229 < 0.6$$

按整体稳定条件，此梁能承受的弯矩设计值为：

$$M_x = \varphi_{\text{b}} f W_{1x} = 0.229\times 305\times 5108\times 10^{-3} = 357.4(\text{kN}\cdot\text{m})$$

因此，梁的承受力由整体稳定控制。

集中荷载产生的弯矩设计值为：

$$M_x^{p} = \frac{1}{4}pl = M_x - M_x^{g} = 357.4 - 26.2 = 331.2(\text{kN}\cdot\text{m})$$

梁能承受的集中荷载设计值为：

$$P = \frac{4M_x^{p}}{l} = \frac{4\times 331.2}{12} = 110.4(\text{kN})$$

故此梁承受的跨中荷载标准值为：

$$P_{\text{k}} = \frac{P}{1.44} = \frac{110.4}{1.44} = 76.6(\text{kN})$$

上述计算表明，梁在跨度中点设置一侧向支撑更合理，其所能承受的跨中集中荷载为不设置侧向支撑时的3.79倍；当所求得整体稳定系数$\varphi_{\text{b}}<0.6$时，采用强度较高的钢材并不能提高整体稳定所控制的弯矩值，因而没有必要采用高强度的钢材。以本例题跨中不设侧向支撑时为例，若改用Q235钢，则整体稳定系数为：

$$\varphi_{\text{b}} = \beta_{\text{b}}\frac{4320}{\lambda_y^2}\frac{Ah}{W_x}\left[\sqrt{1+\left(\frac{\lambda_y t_1}{4.4h}\right)^2} + \eta_{\text{b}}\right]\frac{235}{f_y} = 0.337$$

梁所承受的弯矩设计值为：

$$M_x = \varphi_{\text{b}} f W_{1x} = 0.337\times 215\times 5108\times 10^{-3} = 369.8(\text{kN}\cdot\text{m})$$

相比采用Q345B钢时$M_x = 357.4\ \text{kN}\cdot\text{m}$稍有提高。

5.4 梁的局部稳定和腹板加劲肋设计

5.4.1 局部失稳

组合梁一般由翼缘和腹板焊接而成。如果采用的板件宽(高)而薄,板中压应力或剪应力达到某数值后,受压翼缘[图 5-24(a)]或腹板[图 5-24(b)]可能偏离其平面位置而出现波形凸曲。这种现象称为梁局部失稳。板件的局部失稳虽然不一定使构件立即达到承载极限状态而破坏,但局部失稳会恶化构件的受力性能,使得构件的承载强度不能得到充分发挥。此外,若受弯构件的翼缘发生局部失稳,则可能导致构件的整体失稳提前发生。

热轧型钢板件宽(高)厚比较小,能够满足局部稳定要求,不需要计算。

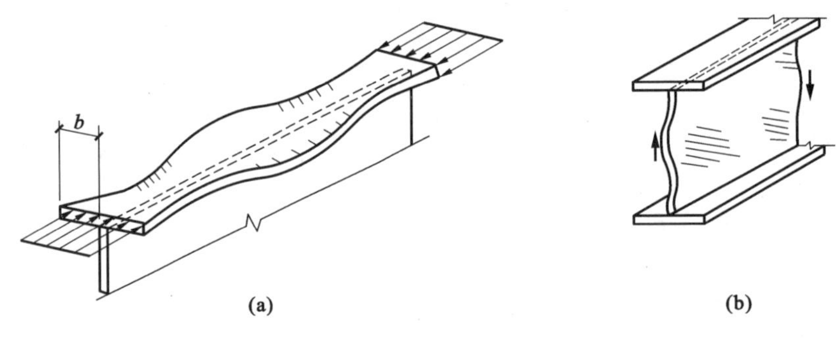

图 5-24 梁的局部失稳形式

5.4.2 受压翼缘的局部稳定

板件宽厚比直接决定了受弯及压弯构件的截面承载力和塑性转动变形能力,因此,根据截面承载力和塑性转动变形能力对钢构件截面进行分类是钢结构设计,尤其是钢结构抗震设计方法的基础。国际上一般将钢构件截面分为四类,考虑我国在受弯构件设计中采用截面塑性发展系数 γ_x,《钢结构设计标准》(GB 50017—2017)根据其板件宽厚比将钢构件截面分为表 5-5 所示的 5 个等级,这 5 个截面等级所对应的弯矩-曲率关系如图 5-25 所示。

表 5-5 钢构件截面分类及说明

截面等级	截面类型	截面类型说明
S1	一级塑性截面	可达全截面塑性,保证塑性铰具有塑性设计要求的转动能力,且在转动过程中承载力不降低,是 φ_p 的 8～15 倍
S2	二级塑性截面	可达全截面塑性,但由于局部屈曲,塑性铰转动能力有限,是 φ_p 的 2～3 倍
S3	弹塑性截面	翼缘全部屈服,腹板可发展不超过 1/4 截面高度的塑性
S4	弹性截面	边缘纤维可达屈服强度,但由于局部屈曲而不能发展塑性
S5	薄壁截面	在边缘纤维达屈服应力前,腹板可能发生局部屈曲

梁的受压翼缘主要承受均布压应力作用。为了充分发挥材料强度,翼缘应采用一定厚度的钢板,使其临界应力 σ_{cr} 不低于钢材的屈服强度 f_y,从而保证翼缘不丧失稳定。一般采用限制宽厚比的方法来保证梁受压翼缘的稳定。

受压翼缘板的屈曲临界应力可用下式计算:

$$\sigma_{cr} = \frac{\chi k \pi^2 E}{12(1-\nu^2)}\left(\frac{t}{b}\right)^2 \tag{5-46}$$

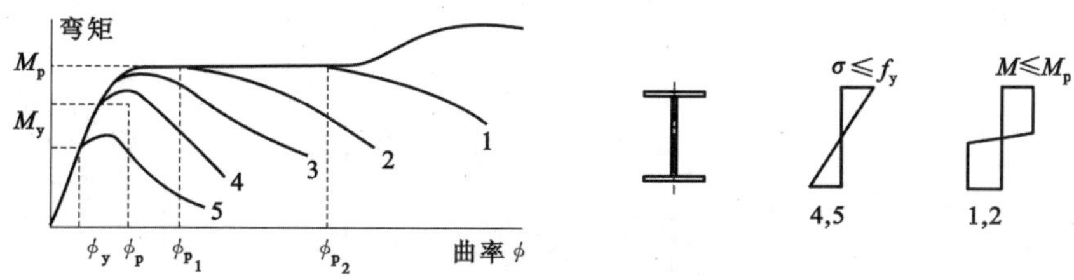

图 5-25 钢构件截面分类及其转动能力

式中 t——翼缘板的厚度；

b——翼缘板的外伸宽度；

χ——弹性嵌固系数；

k——板的屈曲系数；

E,ν——钢材的弹性模量和泊松比。

令弹性嵌固系数 $\chi=1.0$，当临界应力 σ_{cr} 到达屈服强度 f_y 时，板件宽厚比为：

$$\left(\frac{b}{t}\right)_y=\sqrt{\frac{k\pi^2 E}{12(1-\nu^2)f_y}} \tag{5-47}$$

对于工字形截面，支承翼缘板的腹板一般较薄，对翼缘的约束作用很小，受压翼缘板的外伸部分为三边简支、一边自由板，其屈曲系数 $k=0.43$。对于箱形截面，两腹板之间的翼缘部分相当于四边简支单向均匀受压板，其屈曲系数 $k=4$。以屈服强度 $f_y=235$ MPa 为例，按照式(5-47)计算，当临界应力 σ_{cr} 到达屈服强度 f_y 时，工字形截面和箱形截面受压翼缘板件临界宽厚比分别为 18.6 和 56.29。

《钢结构设计标准》(GB 50017—2017)规定，S1 级至 S4 级工字形截面和箱形截面受压翼缘板件界限宽厚比分别为 $\left(\frac{b}{t}\right)_y$ 的 50%、60%、70%和 80%并适当调整成整数。对于 S5 级工字形截面，由于其带有自由边，局部屈曲后可能带来截面刚度中心的变化，从而改变构件的受力，因此，规定受压翼缘界限宽厚比为 $\left(\frac{b}{t}\right)_y$ 的 1.1 倍。对于 S5 级箱形截面，因为两纵向边支承的翼缘有屈曲后强度，所以对板件宽厚比不做限制。工字形截面和箱形截面受压翼缘具体的宽厚比等级及限值如表 5-6 所示。

表 5-6 工字形截面和箱形截面受压翼缘宽厚比等级及限值

截面等级	S1	S2	S3	S4	S5
工字形截面受压翼缘	9	11	13	15	20
箱形截面受压翼缘	25	32	37	42	—

对于箱形截面，当受压翼缘板设置纵向加劲肋时，b 取腹板与纵向加劲肋之间的翼缘板无支承宽度。

5.4.3 腹板的局部稳定

组合梁腹板的局部稳定有两种计算方法。对于承受静力荷载和间接承受动力荷载的组合梁，允许腹板在梁整体失稳之前屈曲，并利用其屈曲后强度，按 5.7 节布置加劲肋并计算其抗弯和抗剪承载力。对于直接承受动力荷载的吊车梁及类似构件或其他不考虑屈曲后强度的组合梁，以腹板的屈曲作为承载能力的极限状态，按下列原则配置加劲肋，并计算腹板的稳定。

(1) 临界应力的计算

为了提高腹板的稳定，可增加腹板的厚度，也可设置腹板加劲肋，后一措施往往比较经济。腹板加劲肋和翼缘使腹板成为若干四边支承的矩形区格，这些区格一般受有弯曲应力、剪应力以及局部压应力的共同作用。在弯曲应力单独作用下，腹板的失稳形式如图 5-26(a)所示，凸凹波形的中心靠近其压应力合力的作用线。在剪应力单独作用下，腹板在 45°方向产生主应力，主拉应力和主压应力在数值上都等于剪应力。在主压应力作用下，腹板失稳形式如图 5-26(b)所示，产生大约 45°方向倾斜的凸凹波形。在局部压应力单独作用下，腹板失稳形式如图 5-26(c)所示，产生一个靠近横向压应力作用边缘的鼓曲面。

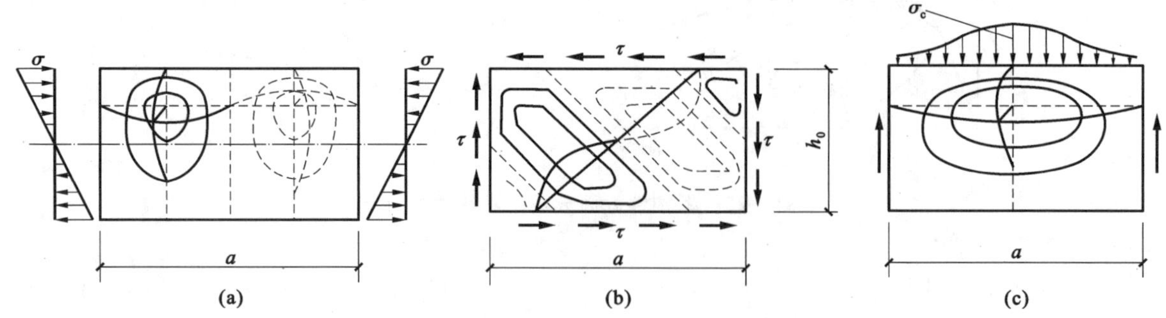

图 5-26　梁腹板的失稳形式

对于可能因剪应力或局部压应力引起屈曲的腹板，应隔一定距离设置横向加劲肋；对于可能因弯曲压应力引起屈曲的腹板，宜在受压区距受压翼缘 $h_0/5 \sim h_0/4$ 处设置纵向加劲肋。加劲肋的布置形式如图 5-27 所示。图 5-27(a)中仅设置了横向加劲肋，图 5-27(b)、(c)中同时设置了横向加劲肋和纵向加劲肋，图 5-27(d)中除设置了横向加劲肋和纵向加劲肋外，还设置了短加劲肋。在横、纵向加劲肋交叉处应切断纵向加劲肋，使横向加劲肋贯通，尽可能使纵向加劲肋两端支承于横向加劲肋。

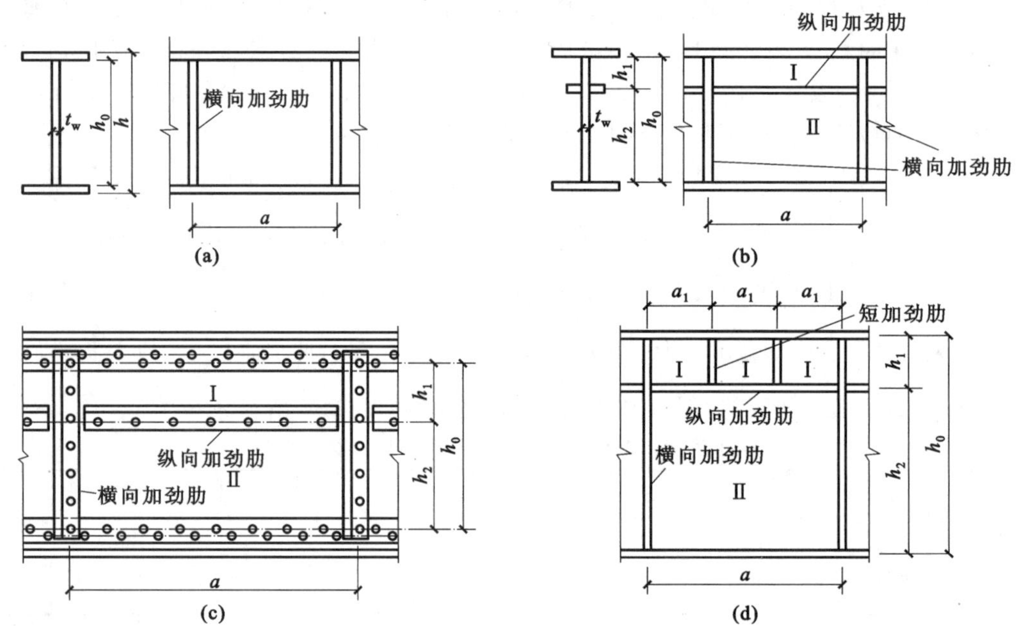

图 5-27　腹板加劲肋的布置形式

计算腹板区格在弯曲应力、剪应力和局部压应力单独作用下的各项屈曲临界应力时，《钢结构设计标准》(GB 50017—2017)引入了腹板正则化高厚比 $\lambda_{n,b}$，$\lambda_{n,s}$ 和 $\lambda_{n,c}$ 的概念。仅配置横向加劲肋时，各项屈曲临界应力计算方法如下。

① 正则化高厚比。

以弯曲应力为例，对于理想弹塑性板，对于既无几何缺陷又无残余应力的理想弹塑性板，并不存在弹塑性过渡区，塑性范围和弹性范围的分界点应是 $\lambda_{n,b}=1.0$。在弹性屈曲范围内，有

$$\lambda_{n,b}=\sqrt{\frac{f_y}{\sigma_{cr}}} \tag{5-48}$$

其中

$$\sigma_{cr}=\frac{\chi k \pi^2 E}{12(1-\nu^2)}\left(\frac{t_w}{h_0}\right)^2 \tag{5-49}$$

则

$$\lambda_{n,b} = \frac{h_0/t_w}{28.1\sqrt{\chi k}}\sqrt{\frac{f_y}{235}} \tag{5-50}$$

四边简支受弯板的屈曲系数 $k=23.9$，当有刚性铺板密铺在梁的受压翼缘并与受压翼缘牢固连接，使受压翼缘的扭转受到约束时，取弹性嵌固系数 $\chi=1.66$，则

$$\lambda_{n,b} = \frac{h_0/t_w}{177}\sqrt{\frac{f_y}{235}} \tag{5-51}$$

当梁的受压翼缘的扭转未受到约束时，取弹性嵌固系数 $\chi=1.0$，则

$$\lambda_{n,b} = \frac{h_0/t_w}{138}\sqrt{\frac{f_y}{235}} \tag{5-52}$$

相似地，根据不同状态下的屈曲系数和嵌固系数也可以得到在弹性屈曲范围内的 $\lambda_{n,s}$ 和 $\lambda_{n,c}$。

然而，实际工程中的板由于存在几何缺陷与残余应力，《钢结构设计标准》(GB 50017—2017)引入弹塑性过渡段来考虑二者的影响。对于弯曲应力、剪应力和局部压应力，弹塑性过渡段分别为 $0.85<\lambda_{n,b}\leqslant 1.25$、$0.8<\lambda_{n,s}\leqslant 1.2$ 和 $0.9<\lambda_{n,c}\leqslant 1.2$，此时承载力与正则化高厚比呈直线关系。

② 弯曲临界应力。

当 $\lambda_{n,b}\leqslant 0.85$ 时，为屈服状态，此时承载力可到达屈服强度：

$$\sigma_{cr} = f \tag{5-53}$$

当 $0.85<\lambda_{n,b}\leqslant 1.25$ 时，为弹塑性过渡状态：

$$\sigma_{cr} = [1-0.75(\lambda_{n,b}-0.85)]f \tag{5-54}$$

当 $\lambda_{n,b}>1.25$ 时，为弹性局部屈曲状态：

$$\sigma_{cr} = \frac{1.1f}{\lambda_{n,b}^2} = \frac{f_y}{\lambda_{n,b}^2} \tag{5-55}$$

式中 f——抗弯强度设计值；

$\lambda_{n,b}$——弯曲时的正则化高厚比，按式(5-51)、式(5-52)(双轴对称截面)或式(5-56)、式(5-57)(单轴对称截面)计算。

一般情况下，为了提高梁的整体稳定，会加强受压翼缘，此时梁截面为单轴对称。这样腹板受压区高度 h_c 小于 $0.5h_0$，腹板边缘压应力小于边缘拉应力，这时采用式(5-49)计算临界应力 σ_{cr} 时，屈曲系数 k 应大于 23.9。实际计算中，k 仍取为 23.9，而将腹板计算高度 h_0 用 $2h_c$ 代替。因此，计算此时的 $\lambda_{n,b}$ 采用式(5-56)、式(5-57)。

当梁受压翼缘扭转受到约束时，

$$\lambda_{n,b} = \frac{2h_c/t_w}{177}\sqrt{\frac{f_y}{235}} \tag{5-56}$$

当梁受压翼缘扭转未受到约束时，

$$\lambda_{n,b} = \frac{2h_c/t_w}{138}\sqrt{\frac{f_y}{235}} \tag{5-57}$$

③ 剪切临界应力。

当 $\lambda_{n,s}\leqslant 0.8$ 时，为屈服状态：

$$\tau_{cr} = f_v \tag{5-58}$$

当 $0.8<\lambda_{n,s}\leqslant 1.2$ 时，为弹性局部屈曲状态：

$$\tau_{cr} = [1-0.79(\lambda_{n,s}-0.91)]f \tag{5-59}$$

当 $\lambda_{n,s}>1.2$ 时，为弹性屈曲状态：

$$\tau_{cr} = \frac{1.1f_v}{\lambda_{n,s}^2} = \frac{f_{vy}}{\lambda_{n,s}^2} \tag{5-60}$$

式中 f_v——抗剪强度设计值；

$\lambda_{n,s}$——剪切时的正则化高厚比，按式(5-61)、式(5-62)计算，其中，简支梁取 $\eta=1.1$，框架梁梁端最

大应力区取 $\eta=1$。

当 $a/h_0\leqslant1.0$ 时，

$$\lambda_{n,s}=\frac{h_0/t_w}{37\eta\sqrt{4+5.34(h_0/a)^2}}\sqrt{\frac{f_y}{235}} \tag{5-61}$$

当 $a/h_0>1.0$ 时，

$$\lambda_{n,s}=\frac{h_0/t_w}{37\eta\sqrt{5.34+4(h_0/a)^2}}\sqrt{\frac{f_y}{235}} \tag{5-62}$$

④ 临界局部压应力。

当 $\lambda_{n,c}\leqslant0.9$ 时，为屈服状态，此时承载力可达到屈服强度：

$$\sigma_{c,cr}=f \tag{5-63}$$

当 $0.9<\lambda_{n,c}\leqslant1.2$ 时，为弹塑性过渡状态：

$$\sigma_{c,cr}=[1-0.79(\lambda_{n,c}-0.9)]f \tag{5-64}$$

当 $\lambda_{n,c}>1.2$ 时，为弹性局部屈曲状态：

$$\sigma_{c,cr}=\frac{1.1f}{\lambda_{n,c}^2}=\frac{f_y}{\lambda_{n,c}^2} \tag{5-65}$$

式中 f——强度设计值；

$\lambda_{n,c}$——局部受压时的正则化高厚比，按式(5-66)、式(5-67)计算。

当 $0.5\leqslant a/h_0\leqslant1.5$ 时，

$$\lambda_{n,c}=\frac{h_0/t_w}{28\sqrt{10.9+13.4(1.83-a/h_0)^3}}\sqrt{\frac{f_y}{235}} \tag{5-66}$$

当 $1.5<a/h_0\leqslant2.0$ 时，

$$\lambda_{n,c}=\frac{h_0/t_w}{28\sqrt{18.9-5a/h_0}}\sqrt{\frac{f_y}{235}} \tag{5-67}$$

(2) 腹板加劲肋的布置

综上所述，经计算分析，腹板加劲肋宜按下列规定配置。

① 当$\frac{h_0}{t_w}\leqslant80\sqrt{\frac{235}{f_y}}$时，对有局部压应力($\sigma_c\neq0$)的梁，应按构造配置横向加劲肋；但对无局部压应力($\sigma_c=0$)的梁，可不配置加劲肋。

② 直接承受动力荷载的吊车梁及类似构件：当$\frac{h_0}{t_w}>80\sqrt{\frac{235}{f_y}}$时，应配置横向加劲肋。其中，当$\frac{h_0}{t_w}>170\sqrt{\frac{235}{f_y}}$(受压翼缘扭转受到约束，如连有刚性铺板、制动板或焊有钢轨)或$\frac{h_0}{t_w}>150\sqrt{\frac{235}{f_y}}$(受压翼缘扭转未受到约束)，或按计算需要时，应在弯曲应力较大区格的受压区增加配置纵向加劲肋。局部压应力很大的梁，必要时尚宜在受压区配置短加劲肋。

任何情况下，h_0/t_w 均不应超过 $250\sqrt{\frac{235}{f_y}}$。

此处 h_0 为腹板的计算高度，t_w 为腹板的厚度。对单轴对称梁，当不确定是否要配置纵向加劲肋时，h_0 应取为腹板受压区高度 h_c 的2倍。

③ 当不考虑腹板屈曲后强度时，若$\frac{h_0}{t_w}>80\sqrt{\frac{235}{f_y}}$，宜配置横向加劲肋。

④ 梁的支座处和上翼缘受有较大固定集中荷载处，宜设置支承加劲肋。

(3) 腹板局部稳定的计算

计算腹板的局部稳定时，应首先布置加劲肋，然后进行局部稳定验算。若不满足要求(不足或裕量太大)，应调整加劲肋间距，重新验算。

① 仅配置横向加劲肋的腹板。

在两横向加劲肋之间的板段，可能同时承受弯曲应力 σ、剪应力 τ 和局部压应力 σ_c 的共同作用，当这些应力的组合达到某一数值时，腹板将由平板稳定状态转变为微曲的平衡状态。

仅配置横向加劲肋的腹板[图 5-27(a)]，区格的局部稳定应按下式计算：

$$\left(\frac{\sigma}{\sigma_{cr}}\right)^2+\left(\frac{\tau}{\tau_{cr}}\right)^2+\frac{\sigma_c}{\sigma_{c,cr}}\leqslant 1.0 \tag{5-68}$$

式中 σ——计算腹板区格内，由平均弯矩产生的腹板计算高度边缘的弯曲压应力；

τ——所计算腹板区格内，由平均剪力产生的腹板平均剪应力；

σ_c——腹板计算高度边缘的局部压应力；

σ_{cr}，τ_{cr}，$\sigma_{c,cr}$——各种应力单独作用下的临界应力，分别按式(5-53)～式(5-55)，式(5-58)～式(5-60)和式(5-63)～式(5-65)计算。

② 同时配置横向加劲肋和纵向加劲肋的腹板。

同时配置横向加劲肋和纵向加劲肋的腹板，一般纵向加劲肋设置在距离腹板受压边缘的 $h_0/5\sim h_0/4$ 处，把腹板划分为两个区格。

a. 受压翼缘与纵向加劲肋间区格(图 5-28)。该区格为狭长板幅，区格高度取平均值 $0.225h_0$，其局部稳定应按下式计算：

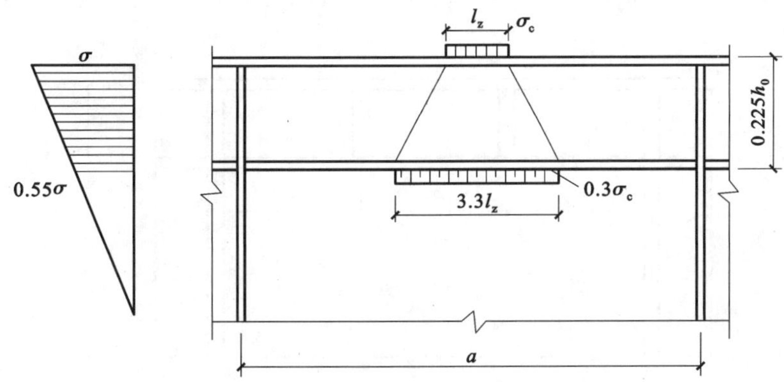

图 5-28 受压翼缘和纵向加劲肋之间的区格

$$\frac{\sigma}{\sigma_{cr1}}+\left(\frac{\tau}{\tau_{cr1}}\right)^2+\left(\frac{\sigma_c}{\sigma_{c,cr1}}\right)^2\leqslant 1.0 \tag{5-69}$$

式中 σ_{cr1}——按式(5-53)～式(5-55)计算，但式中的 $\lambda_{n,b}$ 改用 $\lambda_{n,b1}$ 代替，h_0 改用 h_1 代替。

当梁受压翼缘扭转受到约束时，

$$\lambda_{n,b1}=\frac{h_1/t_w}{75}\sqrt{\frac{f_y}{235}} \tag{5-70}$$

当梁受压翼缘扭转未受到约束时，

$$\lambda_{n,b1}=\frac{h_1/t_w}{64}\sqrt{\frac{f_y}{235}} \tag{5-71}$$

式中 τ_{cr1}——按式(5-58)～式(5-60)计算，但式中的 h_0 改用 h_1 代替。

$\sigma_{c,cr1}$——按式(5-63)～式(5-65)计算，但式中的 $\lambda_{n,c}$ 改用 $\lambda_{n,c1}$ 代替。

当梁受压翼缘扭转受到约束时，

$$\lambda_{n,c1}=\frac{h_1/t_w}{56}\sqrt{\frac{f_y}{235}} \tag{5-72}$$

当梁受压翼缘扭转未受到约束时，

$$\lambda_{n,c1}=\frac{h_1/t_w}{40}\sqrt{\frac{f_y}{235}} \tag{5-73}$$

b. 受拉翼缘与纵向加劲肋间区格。

$$\left(\frac{\sigma_2}{\sigma_{cr2}}\right)^2+\left(\frac{\tau}{\tau_{cr2}}\right)^2+\frac{\sigma_{c2}}{\sigma_{c,cr2}}\leqslant 1.0 \tag{5-74}$$

式中 σ_2——所计算区格内由平均弯矩产生的腹板在纵向加劲肋处的弯曲压应力；

σ_{c2}——腹板在纵向加劲肋处的横向压应力，取 $0.3\sigma_c$；

σ_{cr2}——按式(5-53)～式(5-55)计算，但式中的 $\lambda_{n,b}$ 改用 $\lambda_{n,b2}$ 代替，h_0 改用 $h_2=h_0-h_1$ 代替。

$$\lambda_{n,b2}=\frac{h_2/t_w}{194}\sqrt{\frac{f_y}{235}} \tag{5-75}$$

式中 τ_{cr2}——按式(5-58)～式(5-60)计算，但式中的 h_0 改用 $h_2=h_0-h_1$ 代替。

$\sigma_{c,cr2}$——按式(5-63)～式(5-65)计算，但式中的 h_0 改用 $h_2=h_0-h_1$ 代替。当 $a/h_2>2$ 时，取 $a/h_2=2$。

c. 受压翼缘与纵向加劲肋之间配置短加劲肋的区格。

配置短加劲肋后，不影响弯曲压应力的临界值，和配置纵向加劲肋时一样，按式(5-53)～式(5-55)计算。

临界剪应力虽然受到短加劲肋的影响，但计算方法不变，按式(5-58)～式(5-60)计算，但式中的 h_1 和 a_1 改用 h_0 和 a 代替，a_1 为短加劲肋间距。

配置短加劲肋影响最大的为局部压应力的临界值。未配置短加劲肋时，腹板上区格为狭长板幅，在局部压力作用下性能接近两边支承板。配置短加劲肋后(图5-29)，成为四边支承板，稳定承载力提高，并和比值 a_1/h_1 有关，局部受压临界应力仍按式(5-63)～式(5-65)计算，但式中的 $\lambda_{n,c}$ 改用下述规定中的 $\lambda_{n,c1}$ 代替。

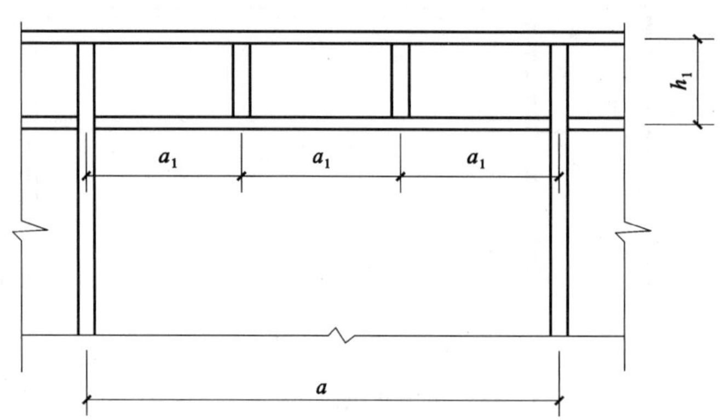

图5-29 配置短加劲肋的腹板

对 $a_1/h_1\leqslant 1.2$ 的区格：

当梁受压翼缘扭转受到约束时，

$$\lambda_{n,c1}=\frac{a_1/t_w}{87}\sqrt{\frac{f_y}{235}} \tag{5-76}$$

当梁受压翼缘扭转未受到约束时，

$$\lambda_{n,c1}=\frac{a_1/t_w}{73}\sqrt{\frac{f_y}{235}} \tag{5-77}$$

对 $a_1/h_1>1.2$ 的区格，式(5-76)、式(5-77)右侧应乘以 $1/\sqrt{0.4+0.5\dfrac{a_1}{h_1}}$。

5.4.4 加劲肋的构造和截面尺寸

焊接梁一般采用钢板制成的加劲肋，并在腹板两侧成对布置(图5-30)，也可单侧布置，但支承加劲肋、重级工作制吊车梁的加劲肋不应单侧布置。

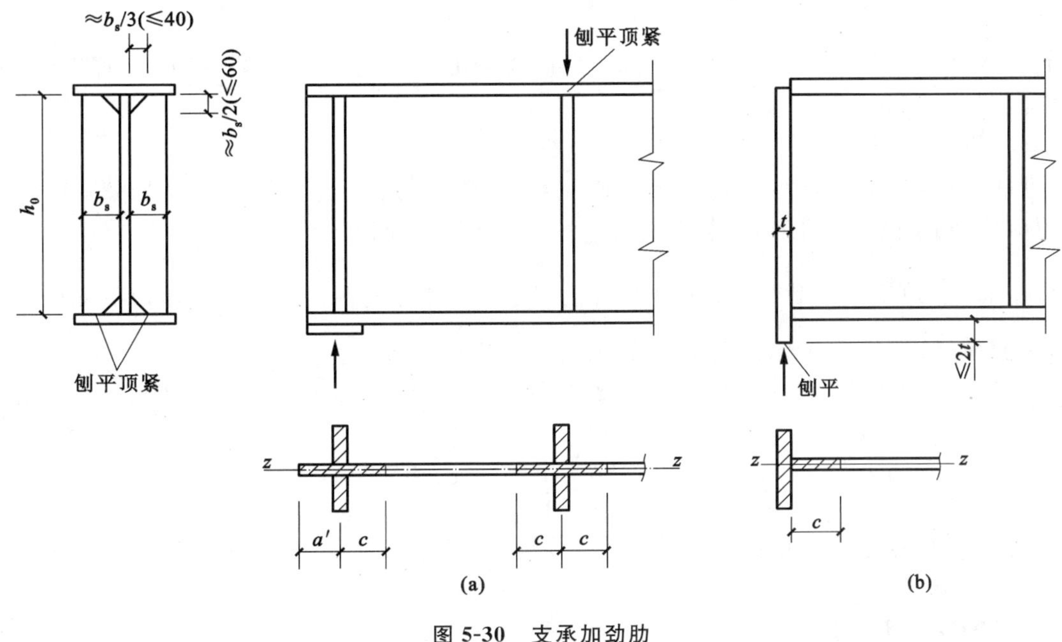

图 5-30 支承加劲肋

(1) 横向加劲肋

横向加劲肋的间距 a 不得小于 $0.5h_0$，也不得大于 $2h_0$（对无局部压应力的梁，当$\frac{h_0}{t_w}\leqslant 100$ 时可采用 $2.5h_0$）。

加劲肋应有足够的刚度才能成为腹板的可靠支承，所以加劲肋的截面尺寸和截面惯性矩应有一定的要求。

在腹板两侧成对配置的横向加劲肋，外伸宽度应满足下式要求：

$$b_s \geqslant \frac{h_0}{30} + 40\ \text{mm} \tag{5-78}$$

加劲肋的厚度要求：对承压加劲肋，$t_s \geqslant \frac{b_s}{15}$；对不受力加劲肋，$t_s \geqslant \frac{b_s}{19}$。 (5-79)

在腹板一侧配置的钢板横向加劲肋，其外伸宽度应大于式(5-78)右侧计算结果的 1.2 倍，厚度不应小于其外伸宽度的 1/15（承压加劲肋）或 1/19（不受力加劲肋）。

当腹板同时用横向加劲肋和纵向加劲肋加强时，应在其相交处切断纵向加劲肋而使横向加劲肋保持连续。此时，横向加劲肋的截面尺寸除应符合上述规定外，其截面惯性矩（对 z—z 轴，如图 5-30 所示）还应满足下列要求：

$$I_z \geqslant 3h_0 t_w^3 \tag{5-80}$$

(2) 纵向加劲肋

纵向加劲肋的截面惯性矩应满足下列公式的要求。

当$\frac{a}{h_0}\leqslant 0.85$ 时，

$$I_y \geqslant 1.5h_0 t_w^3 \tag{5-81}$$

当$\frac{a}{h_0}>0.85$ 时，

$$I_y \geqslant \left(2.5 - 0.45\frac{a}{h_0}\right)\left(\frac{a}{h_0}\right)^2 h_0 t_w^3 \tag{5-82}$$

对于大型梁，可采用肢尖焊于腹板的角钢加劲肋，其截面惯性矩不得小于相应钢板加劲肋的惯性矩。计算加劲肋绕 y 轴和 z 轴的截面惯性矩时，双侧加劲肋为腹板轴线，单侧加劲肋为与加劲肋相连的腹板边缘。

为了避免焊缝交叉，减小焊接应力，在加劲肋端部应切去宽约 $b_s/3$、高约 $b_s/2$ 的斜角。

(3)短加劲肋

短加劲肋最小间距为 $0.75h_1$,外伸宽度应取为横向加劲肋外伸宽度的 70%~100%,厚度同样不小于短加劲肋外伸宽度的 1/15。

(4) 支承加劲肋

支承加劲肋是指承受固定集中荷载或者支座反力的横向加劲肋。此种加劲肋应在腹板两侧成对设置,并应进行整体稳定和端面承压计算,其截面尺寸通常比中间横向加劲肋大。

① 按轴心压杆计算支承加劲肋在腹板平面外的稳定。此压杆的截面面积包括加劲肋及每侧 $15t_w\sqrt{\frac{235}{f_y}}$ 范围内的腹板面积,如图 5-30 所示的阴影部分,其计算长度近似为 h_0。

② 支承加劲肋一般刨平顶紧于梁的翼缘[图 5-30(a)]或柱顶[图 5-30(b)],其端面承压强度按下式计算:

$$\sigma_{ce}=\frac{F}{A_{ce}}\leqslant f_{ce} \tag{5-83}$$

式中 F——集中荷载或支座反力设计值;

A_{ce}——端面承压面积;

f_{ce}——钢材端面承压强度设计值。

突缘支座[图 5-30(b)]的伸出长度不应大于加劲肋厚度的 2 倍。

③ 支承加劲肋与腹板的连接焊缝应该按承受全部集中力或支反力进行计算,计算时假定应力沿焊缝长度均匀分布。

5.5 型钢梁的设计 >>>

型钢梁中应用最广泛的是工字钢和 H 型钢。型钢梁设计一般应满足强度、整体稳定和刚度的要求。型钢梁腹板和翼缘的宽厚比都较小,局部稳定常可得到保证,不进行验算。

5.5.1 单向弯曲型钢梁

下面以普通工字钢为例,简述单向弯曲型钢梁的设计步骤。

(1) 计算内力

根据已知梁的荷载设计值计算梁的最大弯矩 M_x 和剪力 V。

(2) 计算需要的截面模量

当梁的整体稳定得到保证时,按抗弯刚度求出所需要的净截面模量:

$$W_{nx}=\frac{M_x}{\gamma_x f}$$

当需要计算梁的整体稳定时,有:

$$W_x=\frac{M_x}{\varphi_b\gamma_x f}$$

γ_x 可取 1.05,根据计算的截面模量查型钢表选用合适的型钢。

(3) 抗弯强度验算

$$\frac{M_x}{\gamma_x W_{nx}}\leqslant f$$

M_x 应包括所选型钢梁实际自重产生的弯矩。W_{nx} 或 W_x 应为所选型钢的实际截面模量。

(4) 抗剪强度验算

按式(5-7)计算或采用近似方法计算——忽略翼缘板的作用,按下式进行验算。

$$\tau = \frac{V}{h_w t_w} \leqslant f_v$$

当梁的翼缘有削弱时应加大一些，可将 V 乘以系数 1.2～1.5。

(5) 局部承压强度验算

$$\sigma_c = \frac{\psi F}{t_w l_z} \leqslant f$$

若验算不满足，对于固定集中荷载可设置支承加劲肋，对于移动集中荷载则需重选腹板较厚截面。

(6) 折算应力的验算

$$\sqrt{\sigma^2 + \sigma_c^2 - \sigma\sigma_c + 3\tau^2} \leqslant \beta_1 f$$

(7) 整体稳定验算

需进行整体稳定计算的梁应执行此步骤。

(8) 刚度验算

刚度按式(5-12)验算。

【例 5-3】 一平台的梁格布置如图 5-31 所示。铺板为预制钢筋混凝土板，与次梁牢固焊接，恒荷载标准值(包括铺板自重)为 10 kN/m²，静力活荷载标准值为 13 kN/m²。钢材为 Q345B，焊条为 E50 型，采用手工电弧焊焊接。假设次梁与主梁铰接，试选择型钢次梁 L3 的截面，并验算梁的强度和刚度。

【解】 (1) 荷载及内力(暂不计次梁自重)

次梁 L3 为跨度 l=6.3 m 的两端简支梁。

恒荷载标准值为：

$$10 \times 2 = 20(\text{kN/m})$$

活荷载标准值为：

$$13 \times 2 = 26(\text{kN/m})$$

总荷载标准值为：

$$q_k = 46 \text{ kN/m}$$

总荷载设计值为：

$$q = 1.3 \times 20 + 1.5 \times 26 = 65(\text{kN/m})$$

最大弯矩标准值为：

$$M_{xk} = \frac{q_k l^2}{8} = \frac{46 \times 6.3^2}{8} = 228.2(\text{kN} \cdot \text{m})$$

最大弯矩设计值为：

$$M_x = \frac{ql^2}{8} = \frac{65 \times 6.3^2}{8} = 322.5(\text{kN} \cdot \text{m})$$

最大剪力设计值为：

$$V = \frac{ql}{2} = \frac{65 \times 6.3}{2} = 204.8(\text{kN})$$

(2) 试选截面

设次梁自重引起的弯矩为 $0.02M_x$(估计值)。因次梁上铺钢筋混凝土平台板并与之相焊接，故对次梁不必计算整体稳定。截面由抗弯强度决定，设翼缘厚度小于 16 mm，即取 f=305 N/mm²，则需要的截面抵抗矩为：

$$W_x = \frac{M_x}{\gamma_x f} = \frac{1.02 \times 322.5 \times 10^6}{1.05 \times 305} = 1027.2 \times 10^3(\text{mm}^3)$$

按所需截面抵抗矩查型钢表，选用热轧普通工字钢 I 40a，截面参数如下：

$$W_x = 1086 \text{ cm}^3,\quad I_x = 21714 \text{ cm}^4,\quad I_x/S_x = 34.4 \text{ cm},\quad t_w = 10.5 \text{ mm}$$

$$t = 16.5 \text{ mm} > 16 \text{ mm}(f = 295 \text{ N/mm}^2)$$

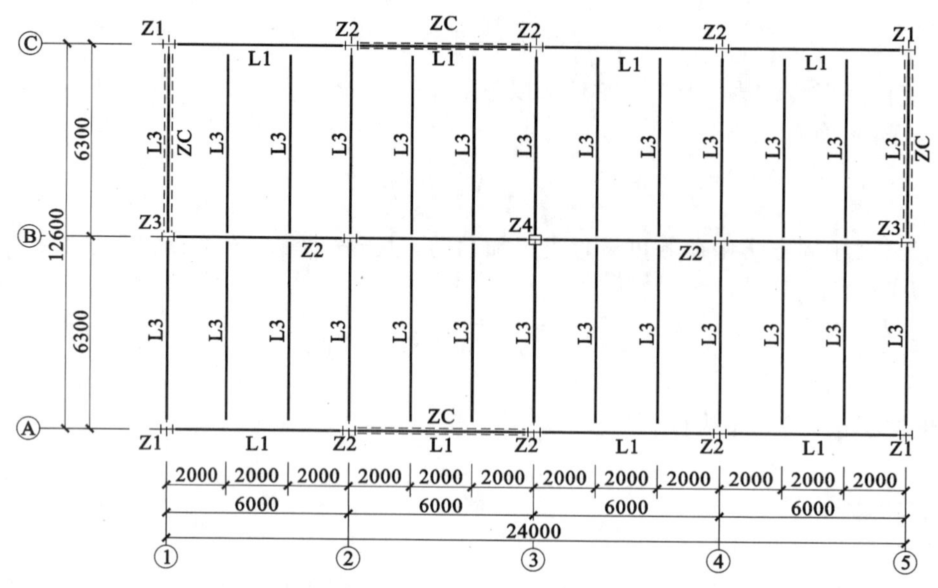

图 5-31 例 5-3 图

$$g = 67.6 \times 9.87 = 663.2(\text{N/m}) \approx 0.663 \text{ kN/m}$$

(3) 截面强度验算(计入次梁自重)

弯矩设计值:

$$M_x = 322.5 + \frac{(1.3 \times 0.663) \times 6.3^2}{8} = 326.8(\text{kN} \cdot \text{m})$$

剪力设计值:

$$V = 204.8 + \frac{(1.3 \times 0.663) \times 6.3}{2} = 207.5(\text{kN})$$

弯曲应力:

$$\sigma = \frac{M_x}{\gamma_x W_x} = \frac{326.8 \times 10^6}{1.05 \times 1086 \times 10^3} = 286.6(\text{N/mm}^2) < f = 295 \text{ N/mm}^2$$

剪应力:

$$\tau = \frac{VS_x}{I_x t_w} = \frac{207.5 \times 10^3}{344 \times 10.5} = 57.4(\text{N/mm}^2) < f_v = 170 \text{ N/mm}^2$$

截面强度满足要求。

(4) 刚度验算

$$\frac{5M_{xk} l^2}{48EI_x} = \frac{5 \times 1.02 \times 228.2 \times 10^6 \times 6300^2}{48 \times 2.06 \times 10^5 \times 21714 \times 10^4} = 21.5 < \frac{l}{250} = \frac{6300}{250} = 25.2$$

刚度验算满足条件。

5.5.2 双向弯曲型钢梁

双向弯曲型钢梁承受两个主平面方向的荷载,设计方法与单向弯曲型钢梁相同,应考虑抗弯强度、整体稳定和刚度等的计算,剪应力和局部稳定一般不必计算,局部压应力只有在承受较大集中荷载或支座反力时才需验算。

双向弯曲型钢梁的抗弯强度计算:

$$\frac{M_x}{\gamma_x W_{nx}} + \frac{M_y}{\gamma_y W_{ny}} \leqslant f \tag{5-84}$$

双向弯曲型钢梁整体稳定的理论分析较为复杂,一般按经验公式近似计算。《钢结构设计标准》(GB 50017—2017)规定双向受弯的 H 型钢或工字钢截面梁应按下式计算整体稳定。

$$\frac{M_x}{\varphi_b \gamma_x W_x f} + \frac{M_y}{\gamma_y W_y f} \leqslant 1 \tag{5-85}$$

式中 φ_b——绕强轴(x 轴)弯曲所确定的梁整体稳定系数。

设计时应尽量满足计算整体稳定的条件,这样可按抗弯强度条件选择型钢截面,即

$$W_{nx} = \left(M_x + \frac{\gamma_x}{\gamma_y}\frac{W_{nx}}{W_{ny}}M_y\right)\frac{f}{\gamma_x} = \frac{M_x + \alpha M_y}{\gamma_x f} \tag{5-86}$$

对小型号的型钢,可近似取 $\alpha=6$(窄翼缘 H 型钢和工字钢)或 $\alpha=5$(槽钢)。

双向弯曲型钢梁最常用于檩条,其截面一般为 H 型钢(跨度较大时)、槽钢(跨度较小时)或冷弯薄壁 Z 型钢(跨度不大且为轻型屋面时)等。型钢的腹板垂直于屋面放置,因而竖向线荷载 q 可分解为垂直于截面两个主轴 x 轴和 y 轴的分量荷载 $q_x=q\sin\varphi$ 和 $q_y=q\cos\varphi$,从而引起双向弯曲(图 5-32)。

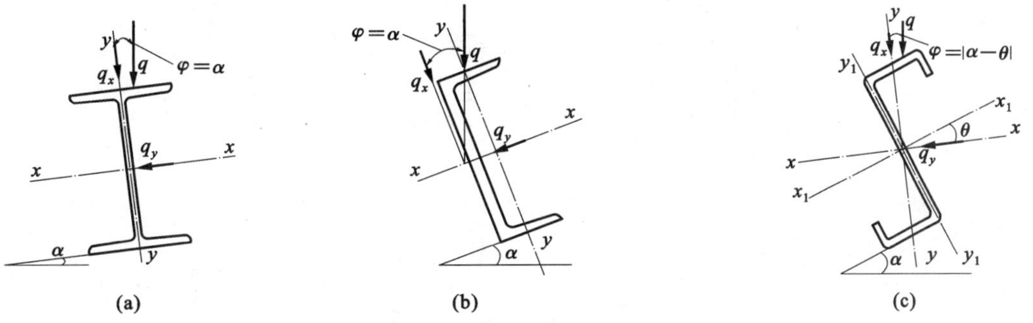

图 5-32 檩条的计算简图

槽钢和 Z 型钢檩条通常用于屋面坡度较大的情况。为了减小其侧向弯矩,提高檩条的承载能力,一般在跨中平行于屋面设置 1~2 道拉条(图 5-33),檩条可简化为跨度缩至 1/3~1/2 原跨度的连续梁。通常跨度$l\leqslant 6$ m,设置一道拉条;$l>6$ m,设置两道拉条。

拉条把檩条平行于屋面的反力向上传递,直到屋脊上左右坡面的力互相平衡[图 5-33(a)]。为使传力更好,常在顶部区格(或天窗两侧区格)设置斜拉条和撑杆,将坡向力传至屋架[图 5-33(b)~(f)]。Z 形檩条的主轴倾斜角 θ 可能接近或超过屋面坡角,拉力向上还是向下并不十分确定,故除在屋脊处(或天窗架两侧)用上述方法固定外,还应在檐檩处设置斜拉条和撑杆[图 5-33(e)],或将拉条连于刚度较大的承重天沟或圈梁上[图 5-33(f)],以防止 Z 形檩条向上倾覆。

拉条应设置于距檩条顶部 30~40 mm 处[图 5-33(g)]。拉条不仅可减小檩条的侧向弯矩,而且可大大增强檩条的整体稳定,可以认为设置拉条的檩条不必计算整体稳定。另外,屋面板刚度较大且与檩条连接牢固时,也不必计算整体稳定。

檩条的支座处应有足够的侧向约束,一般每端采用两个螺栓连于预先焊在屋架上弦的短角钢上(图 5-34)。H 型钢檩条宜在连接处将下翼缘切去一半,以便与支承短角钢相连[图 5-34(a)];H 型钢的翼缘宽度较大时,可直接用螺栓连于屋架上,但宜设置支座加劲肋,以加强檩条端部的抗拉能力。短角钢的垂直高度不宜小于檩条截面高度的 3/4。

设计檩条时,按水平投影面积计算的屋面活荷载标准值取 0.5 kN/m^2(当受荷水平投影面积超过 60 m^{2}时,可取为 0.3 kN/m^2)。此荷载不与雪荷载同时考虑,取两者中的较大值。积灰荷载应与屋面均布活荷载或雪荷载同时考虑。

在屋面天沟、阴角、天窗挡风板内,高低跨相连等处的雪荷载和积灰荷载应考虑荷载增大系数。对设有自由锻锤、铸件水爆池等振动较大设备的厂房,应考虑竖向振动的影响,将屋面总荷载增大 10%~15%。

雪荷载、积灰荷载、风荷载及荷载增大系数和组合值系数应按《建筑结构荷载规范》(GB 50009—2012)的规定采用。

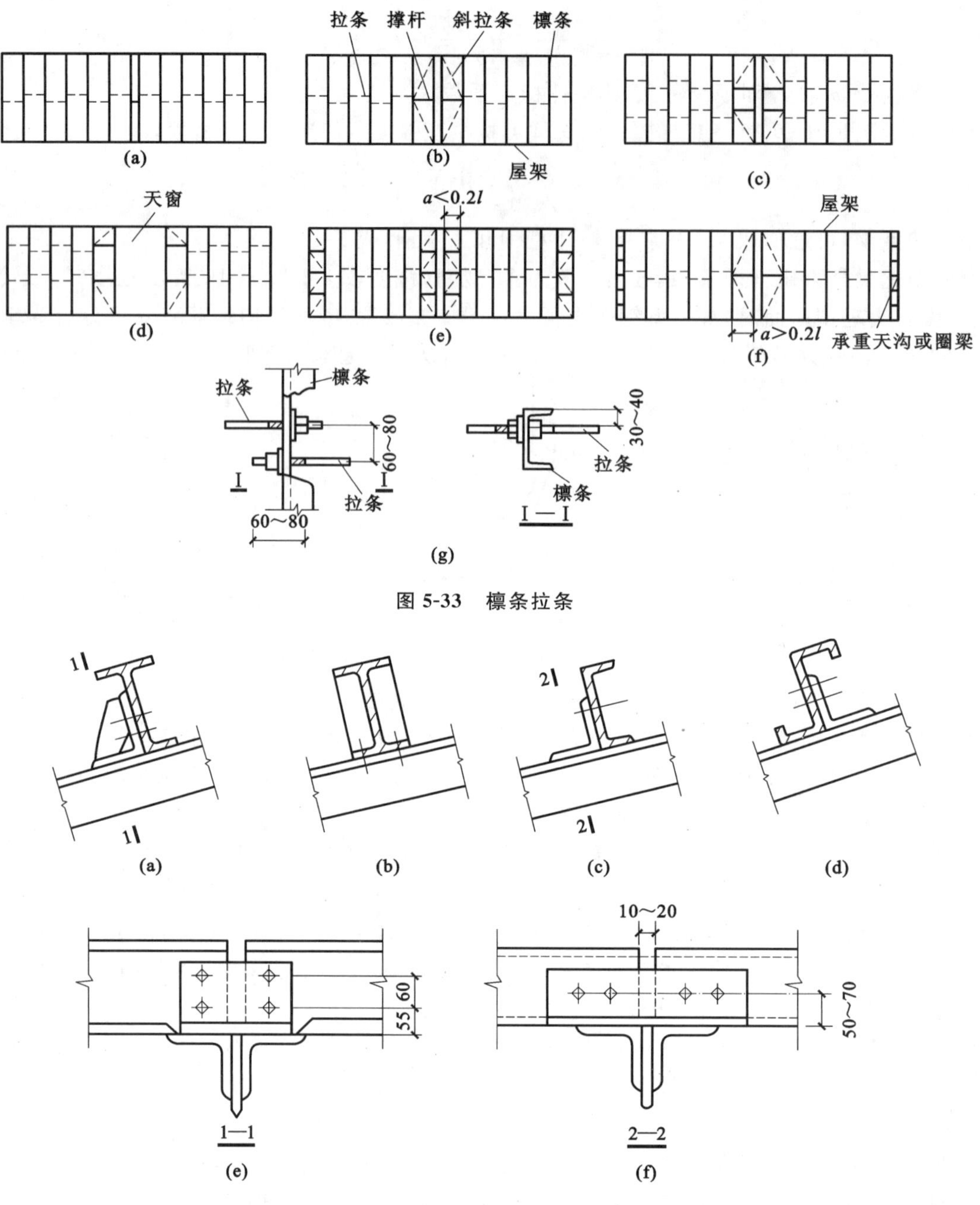

图 5-33 檩条拉条

图 5-34 檩条与屋架弦杆的连接

5.6 焊接组合梁的设计

5.6.1 截面选择

组合梁一般常用两块翼缘板和一块腹板焊接成双轴对称工字形截面,如图5-35所示。设计人员可根据已知设计条件适当选择翼缘板和腹板的尺寸,得到比较经济合理的截面。

(1) 截面高度

梁的截面高度是组合梁截面的一个最重要尺寸,可根据下面三个条件确定。

① 容许最大高度 h_{max}。

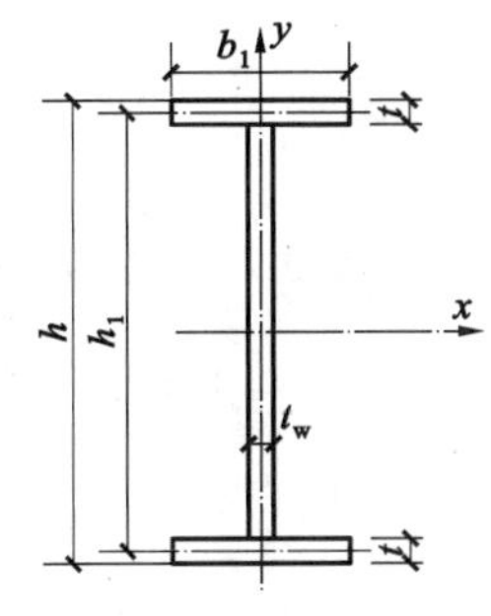

图 5-35 组合梁截面

梁的截面高度必须满足净空要求，即梁高度不能超过建筑设计或工艺设备需要的净空所允许的限值，依此条件所确定的截面高度称为容许最大高度 h_{max}。

② 容许最小高度 h_{min}。

一般依刚度条件确定，即应使梁在全部荷载标准值作用下的挠度 ν 不大于容许挠度$[\nu]$。将 $\sigma_k=\dfrac{M_k h}{2I_x}$代入式(5-13)，得：

$$\frac{\nu}{l}\approx\frac{M_k l}{10EI_x}=\frac{\sigma_k l}{5Eh}\leqslant\frac{[\nu]}{l}$$

式中 σ_k——全部荷载标准值产生的最大弯曲正应力。

若梁的抗弯强度 σ 接近设计强度 f，可令 $\sigma_k=\dfrac{f}{1.4}$，这里 1.4 为近似的平均荷载分项系数。由此得梁最小高跨比的计算式为：

$$\frac{h_{min}}{l}=\frac{\sigma_k l}{5E[\nu]}=\frac{f}{1.44\times10^6}\frac{l}{[\nu]} \tag{5-87}$$

由式(5-87)可见，梁的容许挠度要求愈严格，则梁所需截面高度愈大。钢材的强度愈高，梁所需截面高度亦愈大。

③ 经济高度 h_e。

一般来说，梁的高度大，腹板用钢量增多，而翼缘板用钢量相对减少；梁的高度小，则情况相反。最经济的截面高度应使梁的总用钢量为最小。设计时可参照下列经济高度的经验公式初选截面高度。

$$h_e=7\sqrt[3]{W_x}-300\ \text{mm} \tag{5-88}$$

式中 W_x——梁所需的截面模量，$W_x=\dfrac{M_x}{\gamma_x f}$。

根据上述三个条件，实际所用的梁高 h 一般应满足：

$$h_{min}\leqslant h\leqslant h_{max}$$
$$h\approx h_e$$

(2) 腹板高度 h_w

梁翼缘板的厚度 t 相对较小，腹板高度 h_w 较梁高 h 小得不多。因此，当梁的截面高度 h 初步确定后，梁的腹板高度 h_w 可取稍小于梁高 h 的数值，并尽可能考虑钢板的规格尺寸，将腹板高度 h_w 取为 50 mm 的整数倍。

(3) 腹板厚度 t_w

梁的腹板主要承受剪力作用，可根据梁端最大剪力确定所需腹板厚度。在梁端翼缘有削弱的情况下，可取：

$$t_w\geqslant\frac{1.2V}{h_w f_v} \tag{5-89}$$

根据最大剪力算得的 t_w 一般较小。设计时，腹板厚度亦可用下列经验公式估算：

$$t_w=\frac{\sqrt{h_w}}{3.5} \tag{5-90}$$

式中，t_w 和 h_w 的单位均以 mm 计。

实际采用的腹板厚度应考虑钢板的规格，一般为 2 mm 的整数倍。对于承受静力荷载的板，厚度取值宜比以上两式的计算值略小；对于考虑腹板屈曲后强度的梁，腹板厚度可更小，但腹板高厚比不宜超过 $250\sqrt{\dfrac{235}{f_y}}$。

(4) 翼缘板尺寸

翼缘板尺寸可根据需要的截面模量和腹板截面尺寸计算。根据图 5-35 可以得出梁的截面惯性矩为：

$$I_x=\frac{1}{12}t_w h_w^3+2b_1 t\left(\frac{h_1}{2}\right)^2$$

$$W_x=\frac{2I_x}{h}=\frac{1}{6}t_w\frac{h_w^3}{h}+b_1 t\frac{h_1^2}{h}$$

初选截面时可取 $h\approx h_1\approx h_w$,则上式为:

$$W_x=\frac{t_w h_w^2}{6}+b_1 t h_w \tag{5-91}$$

因此,可得:

$$b_1 t=\frac{W_x}{h_w}-\frac{t_w h_w}{6} \tag{5-92}$$

根据式(5-92)可以算出一个翼缘板需要的截面面积 $b_1 t$,再选定翼缘板宽度 b_1 和厚度 t 中的任一数值,即可求得另一数值。一般翼缘宽度 b_1 的范围为:

$$\frac{h}{6}<b_1<\frac{h}{2.5} \tag{5-93}$$

这样,可以根据使用要求初选宽度 b_1,再求出厚度 t。因为式中均用腹板高度 h_w 代替 h 和 h_1,所求得的 $b_1 t$ 并不准确,因此按上述步骤求得的厚度 t 可根据钢材规格选用与之相近的厚度,再根据式(5-92)对宽度进行调整,然后对截面进行验算。当宽度 b_1 和厚度 t 初步选出后,首先应检查是否满足局部稳定要求,梁受压翼缘的外伸宽度 b 和厚度 t 的比值应满足:

$$\frac{b}{t}\leqslant 15\sqrt{\frac{235}{f_y}} \tag{5-94}$$

5.6.2 截面验算

首先根据初选的截面尺寸进行实际截面的几何特性计算,如截面惯性矩、截面模量和截面面积矩等,然后按照与型钢梁截面验算基本相同的方法进行下列各项验算。验算中应注意,如初选截面时未包括自重作用,则此时应加入梁自重所产生的内力。

① 抗弯强度验算。

② 抗剪强度验算。

③ 局部承压强度验算。

④ 折算应力验算。

⑤ 整体稳定验算。

⑥ 局部稳定验算。

⑦ 刚度验算。

⑧ 对于承受动力荷载作用的梁,必要时应按《钢结构设计标准》(GB 50017—2017)的规定进行疲劳验算。

5.6.3 组合梁截面沿长度方向的改变

梁的弯矩沿梁的长度方向是变化的,梁的截面如能随弯矩变化而变化,则可节约钢材。对跨度较小的梁,加工量增加,不宜改变截面。

对于单层翼缘板的焊接梁,改变截面时宜改变翼缘板的宽度(图 5-36),而不改变其厚度。

梁改变一次截面可节约钢材 10%～20%。如果再改变一次,可再节约 3%～4%,效果不显著。为了便于制造,一般只改变一次截面。

对承受均布荷载的梁,截面改变位置距支座 $l/6$ 处[图 5-36(b)]最有利。较窄翼缘板宽度 b_f' 应由截面开始改变处的弯矩 M_1 确定。为了减少应力集中,宽板应从截面开始改变处向一侧以不大于 1∶2.5(为动力荷载时不大于 1∶4)的斜度放坡,然后与窄板对接。对于多层翼缘板的梁,可用切断外层板的办法来改变梁的截面(图 5-37),理论切断点的位置可由计算确定。为了保证被切断的翼缘板在理论切断处能正常参与工

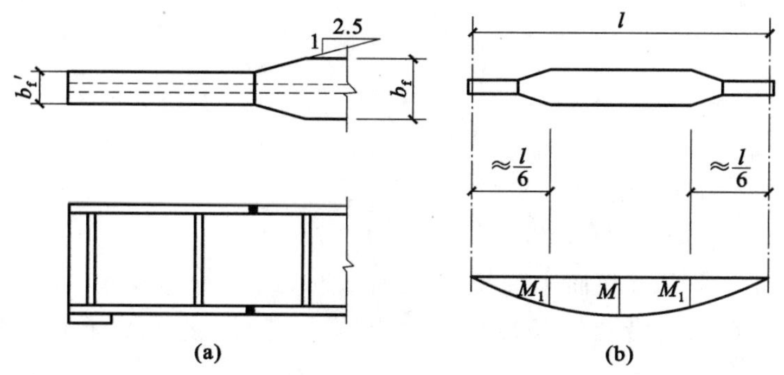

图 5-36 梁翼缘板宽度的改变

作，其外伸长度 l_1 应满足下列要求。

① 端部有正面角焊缝：当 $h_f \geqslant 0.75t_1$ 时，$l_1 \geqslant b_1$；当 $h_f < 0.75t_1$ 时，$l_1 \geqslant 1.5b_1$。

② 端部无正面角焊缝：$l_1 \geqslant 2b_1$。

式中，b_1 和 t_1 分别为被切断翼缘板的宽度和厚度，h_f 为侧面角焊缝和正面角焊缝的焊脚尺寸。

为了降低梁的建筑高度，简支梁可以在靠近支座处减小其高度，而使翼缘板截面保持不变（图 5-38）。其中，图 5-38(a)所示结构构造简单，制作方便。梁端部高度应根据抗剪强度的要求确定，但不宜小于跨中高度的 1/2。

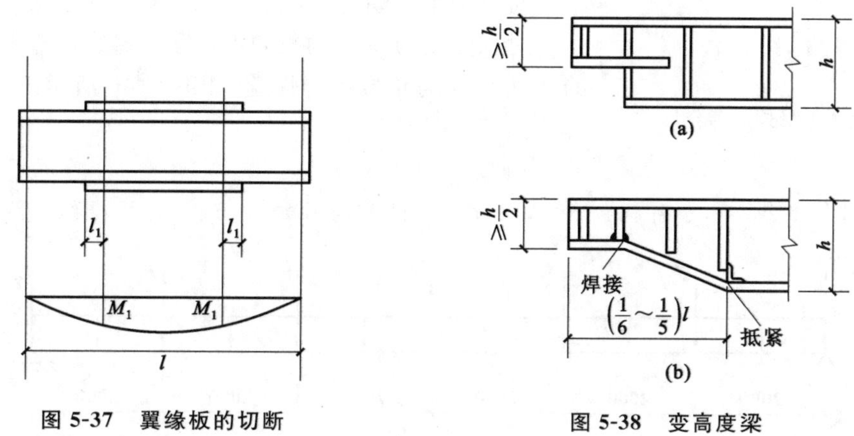

图 5-37 翼缘板的切断

图 5-38 变高度梁

5.6.4 焊接组合梁焊缝的计算

当梁弯曲时，相邻截面中作用在翼缘板截面上的弯曲正应力有差值，翼缘板与腹板间将产生水平剪应力（图 5-39）。沿梁单位长度的水平剪力为：

$$V_h = \tau_1 t_w = \frac{VS_1}{I_x t_w} t_w = \frac{VS_1}{I_x}$$

式中 τ_1——腹板与翼缘板交界处的水平剪应力。

S_1——翼缘板截面对梁中和轴的面积矩。

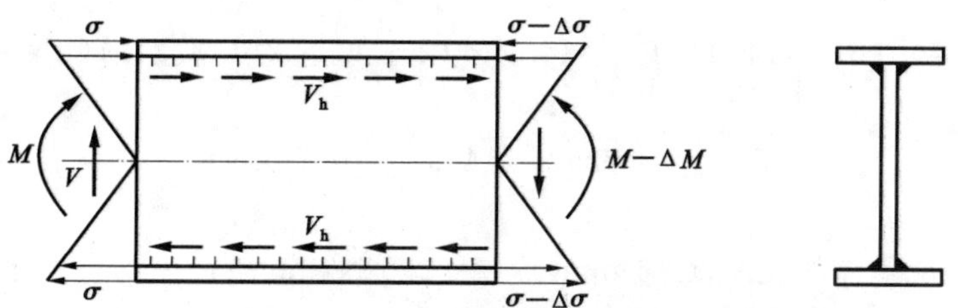

图 5-39 翼缘焊缝的水平剪力

当腹板与翼缘板采用角焊缝连接时，角焊缝有效截面上承受的剪应力 τ_f 不应超过角焊缝强度设计值 f_f^w，即

$$\tau_f = \frac{V_h}{2 \times 0.7h_f} = \frac{VS_1}{1.4h_f I_x} \leqslant f_f^w$$

需要的焊脚尺寸为：

$$h_f \geqslant \frac{VS_1}{1.4 f_f^w I_x} \tag{5-95}$$

当梁的翼缘上受有固定集中荷载而未设置支承加劲肋，或受有移动集中荷载(如吊车轮压)时，上翼缘与腹板之间的连接焊缝除承受沿焊缝长度方向的剪应力 τ_f 外，还承受垂直于焊缝长度方向的局部压应力：

$$\sigma_f = \frac{\psi F}{2h_e l_z} = \frac{\psi F}{1.4h_f l_z}$$

因此，受有局部压应力的上翼缘与腹板之间的连接焊缝应按下式计算强度：

$$\frac{1}{1.4h_f}\sqrt{\left(\frac{\psi F}{\beta_f l_z}\right)^2 + \left(\frac{VS_1}{I_x}\right)^2} \leqslant f_f^w$$

从而

$$h_f \geqslant \frac{1}{1.4 f_f^w}\sqrt{\left(\frac{\psi F}{\beta_f l_z}\right)^2 + \left(\frac{VS_1}{I_x}\right)^2} \tag{5-96}$$

对直接承受动力荷载的梁，$\beta_f = 1.0$；对其他梁，$\beta_f = 1.22$。

对承受动力荷载的梁，腹板与上翼缘的连接焊缝常采用焊透的 T 形对接与角接组合焊缝，如图 5-40 所示。此种焊缝与主体金属等强，不需计算。

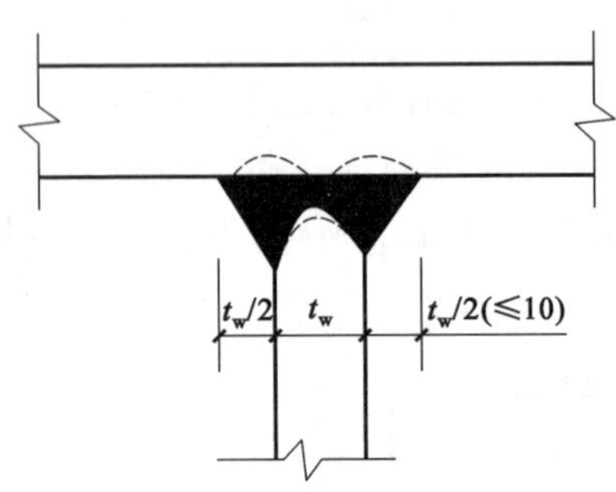

图 5-40 焊透的 T 形连接焊缝

【例 5-4】 如图 5-41 所示，条件同例 5-3，假设主梁两端与柱铰接，试设计焊接组合主梁 L2。

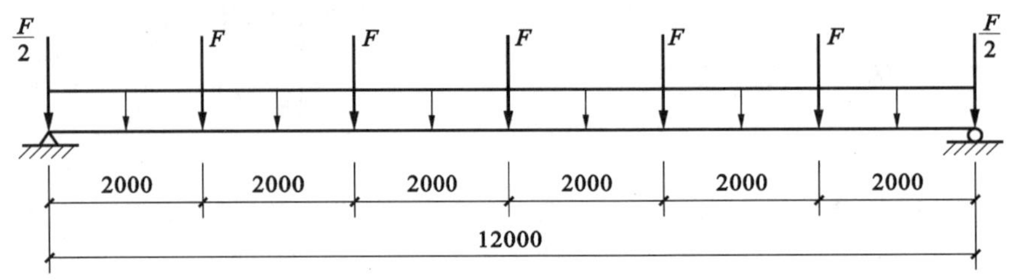

图 5-41 例 5-4 图

【解】 (1) 内力计算(暂不计主梁自重)

主梁为跨度 12 m 的两端简支组合梁。

次梁传给主梁的集中力标准值：

$$F_k = 46 \times 6.3 + 0.663 \times 6.3 = 294(\text{kN})$$

次梁传给主梁的集中力设计值：

$$F = 65 \times 6.3 + 1.3 \times 0.663 \times 6.3 = 414.9(\text{kN})$$

最大弯矩设计值：

$$M_x = 2.5 \times 414.9 \times 6 - 414.9 \times (2+1) \times 2 = 3734.1(\text{kN} \cdot \text{m})$$

最大剪力设计值：

$$V_{max} = 2.5 \times 414.9 = 1037(\text{kN})$$

(2) 试选截面

所需截面抵抗矩(假设翼缘厚度超过 16 mm，取 $f = 295\ \text{N/mm}^2$)：

$$W_x = \frac{M_x}{\gamma_x f} = \frac{3734.1 \times 10^6}{1.05 \times 295} = 12055.2 \times 10^3(\text{mm}^3)$$

梁的经济高度：

$$h_e = 7\sqrt[3]{W_x} - 300 = 7 \times \sqrt[3]{12055.5 \times 10^3} - 300 = 1310(\text{mm})$$

腹板厚度：

$$t_w \geqslant \frac{1.2V_{max}}{h_w f_v} = \frac{1.2 \times 1037 \times 10^3}{1400 \times 170} = 5.2(\text{mm})$$

$$t_w \leqslant \frac{\sqrt{h_w}}{3.5} = 10.7 \text{ mm}$$

$$t_w = 10 \text{ mm}$$

$$b_1 t = W_x / h_w - t_w h_w / 6 = 12055.2 \times 10^3 / 1400 - 1400 \times 10/6 = 6277.5(\text{mm}^2)$$

$$bt = 8000 \text{ mm}^2 > 6277.5 \text{ mm}^2$$

受压翼缘自由外伸宽度与厚度之比 $b/t = (400-10)/(2\times20) = 9.75 < 13\sqrt{235/f_{yk}} = 10.7$。

(3) 截面验算

① 内力计算。

梁的截面面积：

$$A = 1400 \times 10 + 2 \times 400 \times 20 = 30000(\text{mm}^2)$$

梁单位长度自重：

$$q_k = 30000 \times 10^{-6} \times 7850 \times 9.81 \times 10^{-3} = 2.31(\text{kN/m})$$

最大弯矩：

$$M_x = 3734.1 + 1.3 \times 2.31 = 3737.1(\text{kN} \cdot \text{m})$$

最大剪力：

$$V_{max} = 1037 + 1.3 \times 2.31 \times 12/2 = 1055(\text{kN})$$

② 截面几何特性。

$$I_x = \frac{1 \times 140^3}{12} + 2 \times 40 \times 2.0 \times 71^2 = 1035227(\text{cm}^4)$$

$$W_x = \frac{I_x}{72} = 14378 \text{ cm}^3$$

$$S_1 = 2 \times 40 \times 71 = 5680(\text{cm}^3)$$

$$S_{max} = 2 \times 40 \times 71 + \frac{70 \times 1 \times 70}{2} = 8130(\text{cm}^3)$$

③ 强度验算。

弯曲应力：

$$\sigma = \frac{M_x}{\gamma_x W_x} = \frac{3737.1 \times 10^6}{1.05 \times 14378 \times 10^3} = 247.5(\text{N/mm}^2)$$

剪切应力：

$$\tau = \frac{V_{max} S_{max}}{I_x t_w} = \frac{1055 \times 10^3 \times 8130 \times 10^3}{1035227 \times 10^4 \times 10} = 82.9(\text{N/mm}^2) < f_v = 170 \text{ N/mm}^2$$

折算应力：

$$\sigma = \frac{M_x y}{I_x} = \frac{3737.1 \times 10^6 \times 700}{1035227 \times 10^4} = 242(\text{N/mm}^2)$$

跨点中点处，有：

$$\tau = \frac{VS_1}{I_x t_w} = \frac{1055 \times 10^3 \times 5680 \times 10^3}{1035227 \times 10^4 \times 10} = 57.9(\text{N/mm}^2)$$

$$\sqrt{\sigma^2 + 3\tau^2} = \sqrt{242^2 + 3 \times 57.9^2} = 261.9(\text{N/mm}^2) < \beta_1 f = 1.1 \times 295 = 324.5(\text{N/mm}^2)$$

距离支座 4 m 处，有：

$$M_x = 1055 \times 4 - 414.9 \times 2 - \frac{3 \times 4^2}{2} = 3366.2(\text{kN} \cdot \text{m})$$

$$V = 1055 - 3 \times 4 - 414.9 = 628.1(\text{kN})$$

$$\sigma = \frac{M_x y}{I_x} = \frac{3366.2 \times 10^6 \times 700}{1035227 \times 10^4} = 227.6(\text{N/mm}^2)$$

$$\tau = \frac{VS_1}{I_x t_w} = \frac{628.1 \times 10^3 \times 5680 \times 10^3}{1035227 \times 10^4 \times 10} = 34.4(\text{N/mm}^2)$$

$$\sqrt{\sigma^2 + 3\tau^2} = \sqrt{227.6^2 + 3 \times 34.4^2} = 235.3(\text{N/mm}^2) < \beta_1 f = 1.1 \times 295 = 324.5(\text{N/mm}^2)$$

故梁的截面强度满足要求。

(4) 整体稳定验算

$$I_y = \frac{1}{12} \times 2 \times 40^3 \times 2 = 21333(\text{cm}^4)$$

$$A = 30000\ \text{mm}^2 = 300\ \text{cm}^2$$

$$i_y = \sqrt{\frac{I_y}{A}} = 8.43(\text{cm})$$

$$\lambda_y = \frac{l_1}{i_y} = \frac{200}{8.43} = 23.7 < 120\sqrt{\frac{235}{345}} = 99$$

故对于双轴对称的工字形截面,其整体稳定系数可简化计算如下:

$$\varphi_b = 1.07 - \frac{\lambda_y^2}{44000}\frac{f_y}{345} = 1.07 - \frac{23.7^2}{44000} \times \frac{235}{345} = 1.06 > 1.0$$

取 $\varphi_b = 1.0$。

所以

$$\frac{M_x}{\varphi_b W_x f} = \frac{3737.1 \times 10^3}{1.0 \times 14378 \times 300} = 0.866 < 1.0$$

故梁的整体稳定满足要求。

(5) 梁的刚度验算

集中荷载标准值:

$$F_k = 46 \times 6.3 + 0.663 \times 6.3 = 294(\text{kN})$$

等效均布荷载标准值(构造系数 1.2):

$$q_k = 1.2 \times 2.31 + \frac{294}{2} = 149.8(\text{kN/m})$$

计算挠度时,不考虑因翼缘宽度改变的影响,近似按照下式计算:

$$\frac{\nu}{l} = \frac{5q_k l^3}{384EI} = \frac{5 \times 149.8 \times 12000^3}{384 \times 2.06 \times 10^5 \times 1035227 \times 10^4} = \frac{1}{633} < \frac{[\nu_T]}{l} = \frac{1}{400}$$

刚度满足要求。

(6) 梁截面改变

采用改变翼缘宽度的方法,取截面改变处离支座的距离 $x = l/6 = 12/6 = 2(\text{m})$,下面对截面改变处进行验算。

① 截面内力。

变截面处的弯矩:

$$M_x = 1055 \times 2 - \frac{3 \times 2^2}{2} = 2104(\text{kN} \cdot \text{m})$$

变截面处的剪力:

$$V = 1055 - 3 \times 2 = 1049(\text{kN})$$

② 截面尺寸。

所需截面模量:

$$W_x = \frac{M_x}{\gamma_x f} = \frac{2104 \times 10^6}{1.05 \times 295} = 6793 \times 10^3(\text{mm}^3)$$

所需翼缘面积：

$$A_1 = \frac{W_x}{h_w} - \frac{t_w h_w}{6} = \frac{6793 \times 1000}{1400} - \frac{10 \times 1400}{6} = 2518.8(\text{mm}^3)$$

取翼缘宽度为 200 mm，厚度为 20 mm，翼缘面积为 200×20＝4000(mm²)＞2518.8 mm²。

③ 截面参数。

$$I_x = 1 \times \frac{140^3}{12} + 2 \times 20 \times 2 \times 71^2 = 631947(\text{mm}^4)$$

$$W_x = \frac{I_x}{72} = 8777 \text{ cm}^3$$

$$S_{\max} = 2 \times 20 \times 71 + 70 \times 1 \times \frac{70}{2} = 5290(\text{mm}^3)$$

④ 强度验算。

弯曲应力：

$$\sigma = \frac{M_x}{\gamma_x W_x} = \frac{2104 \times 10^6}{1.05 \times 8777 \times 10^3} = 228.3(\text{N/mm}^2) < f = 295 \text{ N/mm}^2$$

剪切应力：

$$\tau = \frac{VS_{\max}}{I_x t_w} = 1049 \times 10^3 \times 5290 \times \frac{10^3}{631947 \times 10^4 \times 10} = 87.8(\text{N/mm}^2) < f_v = 170 \text{ N/mm}^2$$

折算应力：

$$\sigma = \frac{M_x y}{I_x} = \frac{2104 \times 10^6 \times 700}{631947 \times 10^4} = 233(\text{N/mm}^2)$$

$$\tau = \frac{VS_1}{I_x t_w} = \frac{1049 \times 10^3 \times 5680 \times 10^3}{631947 \times 10^4 \times 10} = 57.9(\text{N/mm}^2)$$

$$\sqrt{\sigma^2 + 3\tau^2} = \sqrt{233^2 + 3 \times 57.9^2} = 261.9(\text{N/mm}^2) < \beta_1 f = 1.1 \times 295 = 324.5(\text{N/mm}^2)$$

故梁截面改变处强度满足要求。

(7) 翼缘和腹板的连接焊缝

采用直角角焊缝，所需焊缝的焊脚尺寸应满足：

$$h_f \geqslant \frac{VS_1}{1.4 f_f^w I_x} = \frac{1055 \times 5680 \times 10^3}{1.4 \times 200 \times 1035227 \times 10^4} = 2.06(\text{mm})$$

构造要求：

$$h_{\text{fmin}} = 1.5\sqrt{t_{\max}} = 1.5 \times \sqrt{20} = 6.7(\text{mm})$$

$$h_{\text{fmax}} = 1.2 t_{\min} = 1.2 \times 12 = 14.4(\text{mm})$$

故取焊脚尺寸 $h_f = 8$ mm。

(8) 局部稳定验算

$$\frac{h_0}{t_w} = \frac{1400}{10} = 140, \quad 80\sqrt{\frac{235}{f_y}} < \frac{h_0}{t_w} < 170\sqrt{\frac{235}{f_y}}$$

故应配置横向加劲肋，在支座处和每根次梁处(即集中荷载处)设支承加劲肋，加劲肋间距 $a =$ 2000 mm。

$$0.5h_0 = 700 \text{ mm} < a < 2.0h_0 = 2800 \text{ mm}$$

满足构造要求。

梁承受静力荷载，按相关规范要求，宜考虑腹板屈曲后强度，变截面处可能不会满足承载力要求，故本例题不考虑腹板屈曲后强度。

① 各区格的局部稳定验算。

a. 区格Ⅰ——支座至距支座 2 m。

次梁连接于主梁的加劲肋上，故腹板计算高度边缘的局部压应力 $\sigma_c = 0$。

梁腹板弯曲屈曲计算的通用高厚比：

$$\lambda_{n,b}=\frac{2h_c}{177t_w}\sqrt{\frac{f_y}{235}}=\frac{1400}{177\times10}\times\sqrt{\frac{345}{235}}=0.96<1.25$$

由于梁受压翼缘的扭转受到约束,因此

$$\sigma_{cr}=[1-0.75(\lambda_{n,b}-0.85)]f=[1-0.75\times(0.96-0.85)]\times295=270.7(\text{N/mm}^2)$$

梁腹板受剪计算的通用高厚比:

$$\alpha=\frac{a}{h_0}=\frac{2000}{1400}=1.43>1$$

由于为简支梁,η 取 1.1。

$$\lambda_{n,s}=\frac{h_0}{37\eta[5.34+4(h_0/a)^2]t_w}\sqrt{\frac{f_y}{235}}=\frac{1400/10}{40.7\times(5.34+4\times0.7\times0.7)}\times\sqrt{\frac{345}{235}}=0.567<0.8$$

因此 $\tau_{cr}=f_v=175\ \text{N/mm}^2$。

区格Ⅰ的平均弯矩和平均剪力如下。

平均弯矩:

$$M_x=\frac{M_1+M_2}{2}=\frac{0+2104}{2}=1052(\text{kN}\cdot\text{m})$$

平均剪力:

$$V_x=\frac{V_1+V_2}{2}=\frac{1055+1049}{2}=1052(\text{kN})$$

平均弯矩在腹板计算高度边缘的弯曲应力:

$$\sigma=\frac{M_x}{I_x}\frac{h}{2}=\frac{1052\times10^6\times700}{631947\times10^4}=116.5(\text{N/mm}^2)$$

平均剪力在腹板处的平均剪切应力:

$$\tau=\frac{V}{h_xt_w}=\frac{1052\times10^3}{1400\times10}=75.1(\text{N/mm}^2)$$

局部稳定验算:

$$\left(\frac{\sigma}{\sigma_{cr}}\right)^2+\left(\frac{\tau}{\tau_{cr}}\right)^2+\frac{\sigma_c}{\sigma_{c,cr}}\leqslant1.0$$

$$\left(\frac{\sigma}{\sigma_{cr}}\right)^2+\left(\frac{\tau}{\tau_{cr}}\right)^2+\frac{\sigma_c}{\sigma_{c,cr}}=\left(\frac{116.5}{270.7}\right)^2+\left(\frac{75.1}{175}\right)^2=0.369<1$$

区格Ⅰ满足要求。

b. 区格Ⅱ——距支座 2 m 至距支座 4 m。

次梁连接于主梁的加劲肋上,故腹板计算高度边缘的局部压应力 $\sigma_c=0$。

梁腹板弯曲屈曲计算的通用高厚比:

$$\lambda_{n,b}=\frac{2h_c}{177t_w}\sqrt{\frac{f_y}{235}}=\frac{1400}{177\times10}\times\sqrt{\frac{345}{235}}=0.96<1.25$$

由于梁受压翼缘的扭转受到约束,因此

$$\sigma_{cr}=[1-0.75(\lambda_{n,b}-0.85)]f=[1-0.75\times(0.96-0.85)\times295]=270.7(\text{N/mm}^2)$$

梁腹板受剪计算的通用高厚比:

$$\alpha=\frac{a}{h_0}=\frac{2000}{1400}=1.43>1$$

由于为简支梁,η 取 1.1。

$$\lambda_{n,s}=\frac{h_0}{37\eta[5.34+4(h_0/a)^2]t_w}\sqrt{\frac{f_y}{235}}=\frac{1400/10}{40.7\times(5.34+4\times0.7\times0.7)}\times\sqrt{\frac{345}{235}}=0.567<0.8$$

因此 $\tau_{cr}=f_v=175\ \text{N/mm}^2$。

区格Ⅱ的平均弯矩和平均剪力计算如下。

平均弯矩:

$$M_x=\frac{M_1+M_2}{2}=\frac{3366.2+2104}{2}=2735.1(\text{kN}\cdot\text{m})$$

平均剪力：

$$V_x=\frac{V_1+V_2}{2}=\frac{634.1+628.1}{2}=631.1(\text{kN})$$

平均弯矩在腹板计算高度边缘的弯曲应力：

$$\sigma=\frac{M_x}{I_x}\frac{h}{2}=\frac{2735.1\times10^6\times700}{1035227\times10^4}=185(\text{N/mm}^2)$$

平均剪力在腹板处的平均剪切应力：

$$\tau=\frac{V}{h_x t_w}=\frac{631.1\times10^3}{1400\times10}=45.7(\text{N/mm}^2)$$

局部稳定验算：

$$\left(\frac{\sigma}{\sigma_{cr}}\right)^2+\left(\frac{\tau}{\tau_{cr}}\right)^2+\frac{\sigma_c}{\sigma_{c,cr}}\leqslant1.0$$

$$\left(\frac{\sigma}{\sigma_{cr}}\right)^2+\left(\frac{\tau}{\tau_{cr}}\right)^2+\frac{\sigma_c}{\sigma_{c,cr}}=\left(\frac{185}{270.7}\right)^2+\left(\frac{45.7}{175}\right)^2=0.535<1$$

区格Ⅱ满足要求。

c. 区格Ⅲ——距支座 4 m 至距支座 6 m。

次梁连接于主梁的加劲肋上，故腹板计算高度边缘的局部压应力 $\sigma_c=0$。

梁腹板弯曲屈曲计算的通用高厚比：

$$\lambda_{n,b}=\frac{2h_c}{177t_w}\sqrt{\frac{f_y}{235}}=\frac{1400}{177\times10}\times\sqrt{\frac{345}{235}}=0.96<1.25$$

由于梁受压翼缘的扭转受到约束，因此

$$\sigma_{cr}=[1-0.75(\lambda_{n,b}-0.85)]f=[1-0.75\times(0.96-0.85)]\times295=270.7(\text{N/mm}^2)$$

梁腹板受剪计算的通用高厚比：

$$\alpha=\frac{a}{h_0}=\frac{2000}{1400}=1.43>1$$

$$\lambda_{n,s}=\frac{h_0}{37\eta[5.34+4(h_0/a)^2]t_w}\sqrt{\frac{f_y}{235}}=\frac{1400/10}{40.7\times(5.34+4\times0.7\times0.7)}\times\sqrt{\frac{345}{235}}=0.567<0.8$$

由于为简支梁，η 取 1.1。

因此 $\tau_{cr}=f_v=175\ \text{N/mm}^2$。

区格Ⅲ的平均弯矩和平均剪力计算如下。

平均弯矩：

$$M_x=\frac{M_1+M_2}{2}=\frac{3366.2+3737.1}{2}=3551.7(\text{kN}\cdot\text{m})$$

平均剪力：

$$V_x=\frac{V_1+V_2}{2}=\frac{213.2+207.2}{2}=210.2(\text{kN})$$

平均弯矩在腹板计算高度边缘的弯曲应力：

$$\sigma=\frac{M_x}{I_x}\frac{h}{2}=\frac{3551.7\times10^6\times700}{1035227\times10^4}=240.2(\text{N/mm}^2)$$

平均剪力在腹板处的平均剪切应力：

$$\tau=\frac{V}{h_x t_w}=\frac{210.2\times10^3}{1400\times10}=15.0(\text{N/mm}^2)$$

局部稳定验算：

$$\left(\frac{\sigma}{\sigma_{cr}}\right)^2+\left(\frac{\tau}{\tau_{cr}}\right)^2+\frac{\sigma_c}{\sigma_{c,cr}}\leqslant1.0$$

$$\left(\frac{\sigma}{\sigma_{cr}}\right)^2+\left(\frac{\tau}{\tau_{cr}}\right)^2+\frac{\sigma_c}{\sigma_{c,cr}}=\left(\frac{240.2}{270.7}\right)^2+\left(\frac{15.0}{175}\right)^2=0.795<1$$

区格Ⅲ满足要求。

② 中间加劲肋(横向)。

截面估算:

宽度:

$$b_s \geqslant \frac{h_0}{30}+40=\frac{1400}{30}+40=86.7(\text{mm})$$

取 100 mm。

厚度:

$$t_s \geqslant \frac{b_s}{15}=\frac{100}{15}=6.7(\text{mm})$$

取 6 mm。

焊缝要求:

$$h_{fmin}=1.5\sqrt{t_{max}}=1.5\times\sqrt{20}=6.7(\text{mm})$$
$$h_{fmax}=1.2t_{min}=1.2\times 10=12(\text{mm})$$

取 8 mm。

③ 支座加劲肋。

支座反力:$R=1055$ kN。

依端部承压条件:

$$\sigma_{ce}=\frac{R}{A_{ce}}=1055\times\frac{10^3}{200}\times t_s\leqslant f_{ce}=400\ \text{N/mm}^2$$

求得加劲肋厚度 $t_s \geqslant 13.2$ mm,取 $t_s=14$ mm。

支座加劲肋采用— 200×14,腹板高度为 $15t_w\sqrt{235/f_y}=15\times 10\times\sqrt{235/345}=124(\text{mm})$,取150 mm。

相关参数如下:

$$A=200\times 14+150\times 10=4300(\text{mm}^2)$$

$$I=\frac{14\times 200^3}{12}+150\times\frac{10^3}{12}=9.35\times 10^6(\text{mm}^4)$$

$$i=\sqrt{\frac{I}{A}}=\sqrt{\frac{9.35\times 10^6}{4300}}=45.1(\text{mm})$$

$$\lambda_s=\frac{1400}{45.1}=31.0$$

$$\lambda_s\sqrt{\frac{f_y}{235}}=31\times\sqrt{\frac{345}{235}}=37.6$$

取 $\varphi_z=0.854$。

加劲肋在腹板平面外的稳定验算:

$$\frac{R}{\varphi_z A}=\frac{1055\times 10^3}{0.854\times 4300}=287.3(\text{N/mm}^2)<f=295\ \text{N/mm}^2$$

满足要求。

支座加劲肋与腹板连接焊缝,根据《钢结构设计标准》(GB 50017—2017),角焊缝最小尺寸根据母材厚度确定,此处角焊缝焊脚尺寸不小于 6 mm,取 $h_f=8$ mm。

$$\tau_f=\frac{V}{0.7h_f\sum l_w}=\frac{1055\times 10^3}{2\times 0.7\times 8\times 1400}=67.3(\text{N/mm}^2)<f_f^w=200\ \text{N/mm}^2$$

满足要求。

主梁计算简图及内力图见图 5-42,主梁加劲肋及翼缘变截面见图 5-43。

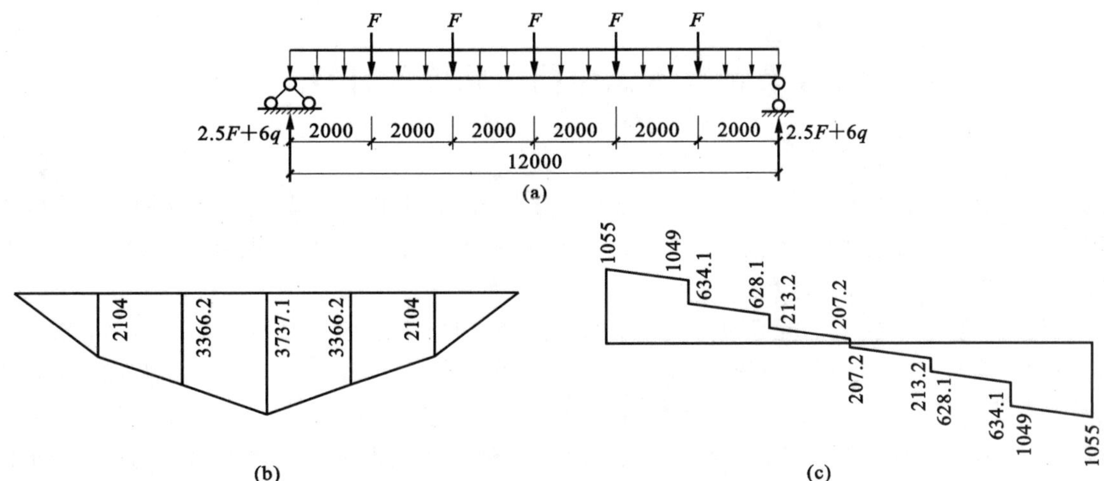

图 5-42 主梁计算简图及内力图

(a) 计算简图;(b) 弯矩图;(c) 剪力图

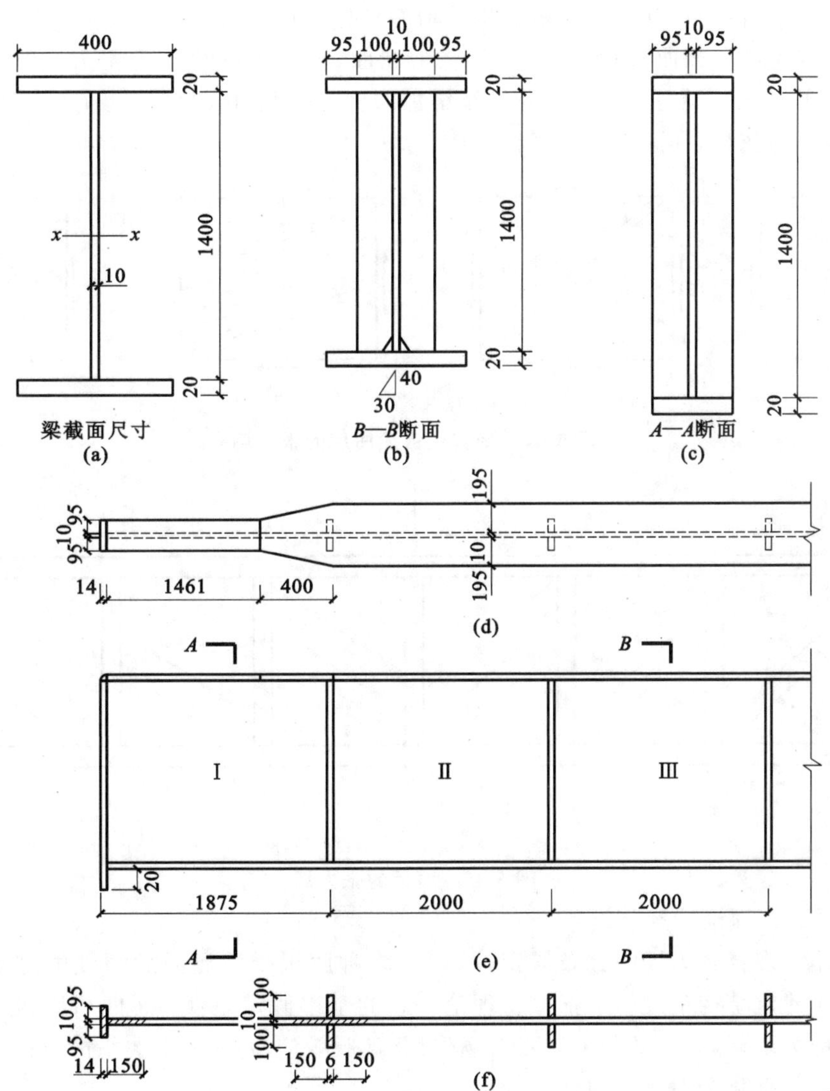

图 5-43 主梁加劲肋及翼缘变截面

5.7 组合梁腹板考虑屈曲后强度的计算

四边支承薄板的屈曲性能不同于压杆。压杆一旦屈曲，即表明其达到承载能力极限状态，屈曲荷载也就是其极限荷载；四边支承薄板则不同，屈曲荷载并不是其极限荷载，薄板屈曲后还有较大的继续承载能力，称为屈曲后强度。

梁的腹板可视为支承在上、下翼缘板和两横向加劲肋的四边支承板。如果支承较强，则当腹板屈曲后发生侧向位移时，腹板中面内将产生薄膜拉应力，形成薄膜张力场。薄膜张力场可阻止侧向位移的加大，使梁能继续承受更大的荷载，直至腹板屈曲或板的四边支承发生破坏，这就是产生腹板屈曲后强度的原因。利用腹板屈曲后强度，可加大腹板的高厚比，腹板高厚比达到 250 时也不必设置纵向加劲肋，从而可以获得更好的经济效果。

5.7.1 组合梁的抗剪承载力计算

如图 5-44 所示，配置横向加劲肋的腹板区格受剪时产生主压应力和主拉应力。当主压应力达到一定程度时，腹板沿一斜方向呈波浪鼓曲，即腹板发生了受剪屈曲，不能再继续承受压力。但是，此时主拉应力还未达到极限值，腹板可以通过斜向张力场承受继续增加的剪力。此时，梁犹如一桁架(图 5-45)，张力场带好似桁架的斜拉杆，翼缘为弦杆，加劲肋则起竖杆作用。

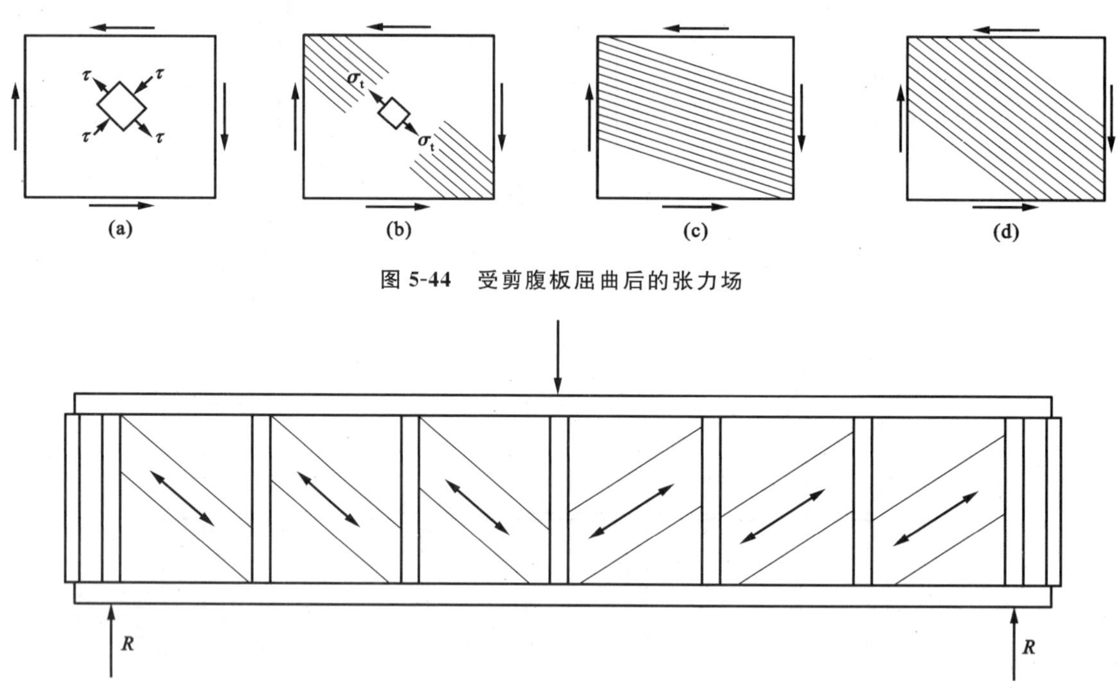

图 5-44 受剪腹板屈曲后的张力场

图 5-45 腹板的张力场

(1) 梁的抗剪承载力理论计算公式

研究工作者提出了多种张力场的分布假定，从而有多种腹板受剪屈曲后强度的理论分析和计算方法。下面介绍一种适用于建筑结构钢梁的半张力场理论。它的基本假定是：① 屈曲后腹板的剪力，一部分由小挠度理论计算的抗剪力承担，另一部分由斜张力场作用(薄膜效应)承担；② 翼缘的弯曲刚度小，假定不能承担腹板斜张力场产生的垂直分力的作用。

根据基本假定①，腹板能够承担的极限剪力 V_u 为屈曲剪力 V_{cr} 与张力场剪力 V_t 之和，即

$$V_u = V_{cr} + V_t \tag{5-97}$$

屈曲剪力为：

$$V_{cr}=h_w t_w \tau_{cr}$$

$$\tau_{cr}=\frac{k\pi^2 E}{12(1-\nu^2)}\left(\frac{t_w}{h_w}\right)^2 \tag{5-98}$$

式中 h_w,t_w——腹板的高度和厚度。

下面计算张力场剪力 V_t，首先确定薄膜张力在水平方向上的最优倾角 θ。根据基本假定②，可认为张力场仅传力到加劲肋的带形场，其宽度为 s[图 5-46(a)]：

$$s=h_w\cos\theta-a\sin\theta$$

带形场的拉应力为 σ_t，所提供的剪力为：

$$V_{t1}=\sigma_t t_w s\sin\theta=\sigma_t t_w(h_w\cos\theta-a\sin\theta)\sin\theta$$
$$=\sigma_t t_w[0.5h_w\sin(2\theta)-a\sin^2\theta]$$

最优倾角 θ 应使张力场作用能提供最大的剪切抗力。因此，由 $\frac{dV_{t1}}{d\theta}=0$，可得：

$$\cot(2\theta)=\frac{a}{h_w}$$

或

$$\sin(2\theta)=\frac{1}{\sqrt{1+\left(\frac{a}{h_w}\right)^2}}$$

实际上，带形场以外的部分也存在少量薄膜应力。为了求得更符合实际的张力场剪力 V_t，可按图 5-46(b)所示的脱离体进行计算。根据此脱离体的受力情况，由水平力的平衡条件可求出翼缘的水平力增量(已包括腹板水平力增量的影响在内)为：

$$\Delta T_1=\sigma_t t_w a\sin\theta\cos\theta=\frac{1}{2}\sigma_t t_w a\sin(2\theta)$$

根据对 O 点的力矩之和 $\sum M_O=0$，得：

$$\frac{V_t}{2}a=\Delta T_1\frac{h_w}{2}$$

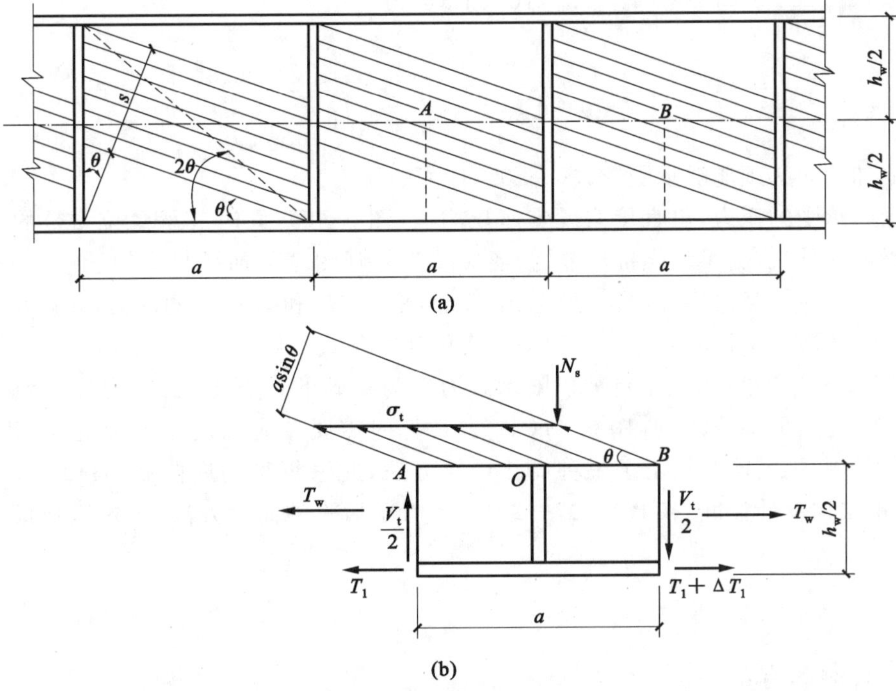

图 5-46 腹板的张力场作用

或

$$V_t = \frac{h_w}{a}\Delta T_1 = \frac{1}{2}\sigma_t t_w h_w a \sin(2\theta)$$

将 $\sin(2\theta)=\dfrac{1}{\sqrt{1+\left(\dfrac{a}{h_w}\right)^2}}$代入上式,得:

$$V_t = \frac{1}{2}\sigma_t t_w h_w \frac{1}{\sqrt{1+\left(\dfrac{a}{h_w}\right)^2}} \tag{5-99}$$

式(5-99)中,σ_t 值尚待确定。因为腹板的实际受力情况涉及 σ_t 和 τ_{cr},所以必须考虑二者共同作用下的破坏情况。假定从屈曲到极限状态过程中 τ_{cr} 保持常量,并假定 τ_{cr} 引起的主拉应力与 σ_t 方向相同,则根据剪应力作用下的屈服条件,相应于拉应力 σ_t 的剪应力为$\dfrac{\sigma_t}{\sqrt{3}}$,总剪应力达到其屈服值 f_{vy} 时不能再增大,从而有:

$$\frac{\sigma_t}{\sqrt{3}} + \tau_{cr} = f_{vy}$$

将上式代入式(5-99),得:

$$V_t = \frac{\sqrt{3}}{2} t_w h_w \frac{f_{vy} - \tau_{cr}}{\sqrt{1+\left(\dfrac{a}{h_w}\right)^2}}$$

由上式即可得到考虑腹板屈曲后强度的极限承载力,引入抗力分项系数 γ_R,则:

$$V_u = \frac{t_w h_w}{\gamma_R}\left[\tau_{cr} + \frac{f_{vy} - \tau_{cr}}{1.15\sqrt{1+\left(\dfrac{a}{h_w}\right)^2}}\right] \tag{5-100}$$

腹板屈曲后,加劲肋起到桁架竖杆的作用,由图 5-46(b)所示脱离体的竖向平衡条件,可得到加劲肋所受压力为:

$$N_s = \sigma_t t_w a \sin\theta \sin\theta = \frac{1}{2}\sigma_t t_w a[1-\cos(2\theta)]$$

将 $\cos(2\theta)=\dfrac{a}{\sqrt{h^2+a^2}}$和 $\sigma_t=\sqrt{3}(f_{vy}-\tau_{cr})$代入上式,得:

$$N_s = \frac{\sqrt{3}}{2}\frac{a t_w}{\gamma_R}(f_{vy} - \tau_{cr})\left(1 - \frac{a/h_w}{\sqrt{1+\left(\dfrac{a}{h_w}\right)^2}}\right) \tag{5-101}$$

梁的中间横向加劲肋必须能够承受依式(5-101)计算的压力。

对于梁端加劲肋承受的压力,可直接取梁支座反力 R(图 5-45),同时其承受拉力带的水平分力 H_t(作用点可取距上翼缘 $h/4$ 处)。为了增强抗弯能力,还应在梁外延的端部加设封头加劲板,一般可将封头加劲板与支承加劲肋之间视为一竖向构件,简支于上、下翼缘,承受 H_t 和 R 产生的内力,计算其强度和稳定。

(2)《钢结构设计标准》(GB 50017—2017)中的实用计算公式

欧盟规范 EC 3-ENV-1993 给出了抗剪极限承载力较为精确的计算方法,认为拉力场不仅存在于横向加劲肋之间,还存在于上、下翼缘之间[图 5-44(d)]。计算时需要首先确定拉力带宽度,其计算比较复杂。为了减少计算工作量,此规范同时给出了一种简化计算方法,此法算得的屈曲后强度相当于不同尺寸区格的承载力下限。《钢结构设计标准》(GB 50017—2017)参考了后一种简化方法,规定腹板极限剪力设计值的计算公式如下。

当 $\lambda_{n,s}\leqslant 0.8$ 时,有:

$$V_u = h_w t_w f_v \tag{5-102}$$

当 $0.8<\lambda_{n,s}\leqslant 1.2$ 时,有:

$$V_u = h_w t_w f_v[1-0.5(\lambda_{n,s}-0.8)] \tag{5-103}$$

当 $\lambda_{n,s}>1.2$ 时，有：

$$V_u=\frac{h_w t_w f_v}{\lambda_{n,s}^{1.2}} \tag{5-104}$$

式中 $\lambda_{n,s}$——用于腹板受剪计算时的通用高厚比，按式(5-61)、式(5-62)计算。

5.7.2 组合梁的抗弯承载力计算

梁腹板在弯矩达到一定程度时，受压区出现凸曲变形。此时若边缘应力未达到屈服强度，则梁还能继续承受更大的荷载，但截面上的应力出现重分布，凸曲部分的应力不再继续增大，甚至有所减小，而和翼缘相邻部分及压应力较小、受拉部分的应力继续增加，直至边缘应力达到屈服强度。

因为腹板屈曲后梁的抗弯承载力下降不多，故在计算梁腹板屈曲后的抗弯承载力时，一般采用近似计算公式。《钢结构设计标准》(GB 50017—2017)建议梁抗弯承载力的计算采用有效截面的概念。假定腹板受压区有效高度为 ρh_c，等分在 h_c 的两端，中间则扣除 $(1-\rho)h_c$ 的高度，梁的中和轴下降[图 5-47(b)]。为了使计算方便，假定腹板受拉区与受压区同样扣除此高度，这样中和轴位置不变[图 5-47(c)]。

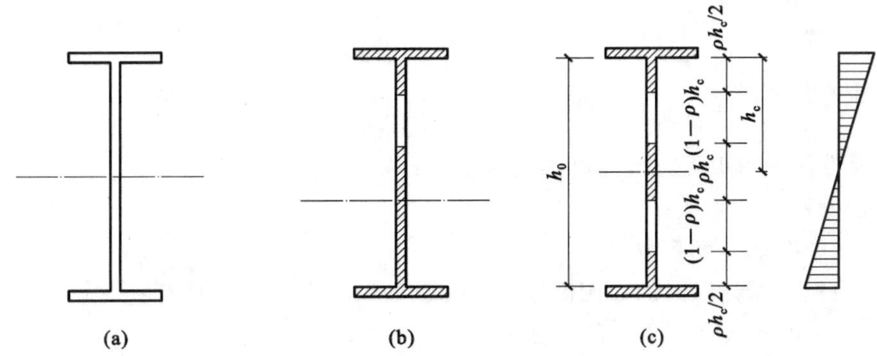

图 5-47 弯矩作用时腹板的有效高度

梁的有效截面惯性矩(忽略孔洞后的惯性矩)为：

$$I_{xe}=I_x-2(1-\rho)h_e t_w\left(\frac{h_c}{2}\right)^2=I_x-\frac{1}{2}(1-\rho)h_c^3 t_w \tag{5-105}$$

式中 I_x——按梁截面全部有效算得的绕 x 轴的惯性矩。

梁截面模量折减系数为：

$$\alpha_e=\frac{W_{xe}}{W_x}=\frac{I_{xe}}{I_x}=1-\frac{(1-\rho)h_c^3 t_w}{2I_x} \tag{5-106}$$

上式是按双轴对称截面，塑性发展系数 $\gamma_x=1.0$ 得出的偏安全的近似公式，也可用于 $\gamma_x=1.05$ 和单轴对称截面的情况。

腹板受压区有效高度系数 ρ 按下列原则确定。

临界应力公式为：

$$\sigma_{cr}=\frac{k\pi^2 E}{12(1-\nu^2)}\left(\frac{t}{b}\right)^2$$

板件受压屈曲后最大受压纤维屈服时，有：

$$f_y=\frac{k\pi^2 E}{12(1-\nu^2)}\left(\frac{t}{b_e}\right)^2$$

由以上两式可得：

$$\frac{b_e}{b}=\sqrt{\frac{\sigma_{cr}}{f_y}} \tag{5-107}$$

对于受弯的腹板，上式左端为 h_e/h_c，右端则为 $1/\lambda_b$，因此有：

$$\frac{h_e}{h_c}=\frac{1}{\lambda_b} \tag{5-108}$$

式中 h_c——按梁截面全部有效算得的腹板受压区高度。

令 $\rho=h_e/h_c$ 为腹板受压区有效高度系数,考虑几何缺陷和残余应力等不利影响,对式(5-108)进行修正,得:

$$\rho=\frac{1}{\lambda_{n,b}}\left(1-\frac{0.2}{\lambda_{n,b}}\right) \tag{5-109}$$

此式只适用于弹性范围,即适用于 $\lambda_{n,b}>1.25$ 的情况。

当 $\lambda_{n,b}\leqslant 0.85$ 时,腹板不发生屈曲,即全截面有效,$\rho=1.0$。

《钢结构设计标准》(GB 50017—2017)规定,ρ 按下列公式计算。

当 $\lambda_{n,b}\leqslant 0.85$ 时,有:

$$\rho=1.0 \tag{5-110}$$

当 $0.85<\lambda_{n,b}\leqslant 1.25$ 时,有:

$$\rho=1-0.82(\lambda_{n,b}-0.85) \tag{5-111}$$

当 $\lambda_{n,b}>1.25$ 时,有:

$$\rho=\frac{1}{\lambda_{n,b}}\left(1-\frac{0.2}{\lambda_{n,b}}\right) \tag{5-112}$$

梁的抗弯承载力设计值为:

$$M_{eu}=\gamma_x\alpha_e W_x f \tag{5-113}$$

式中 α_e——梁截面模量考虑腹板有效高度的折减系数;

γ_x——梁截面塑性发展系数;

ρ——腹板受压区有效高度系数;

$\lambda_{n,b}$——用于腹板受弯计算时的通用高厚比,按式(5-56)、式(5-57)计算;

W_x——按截面全部有效计算得到的梁截面模量。

5.7.3 弯矩和剪力共同作用下组合梁的承载力计算

梁腹板通常同时承受弯矩和剪力的共同作用。在弯矩和剪力的共同作用下,腹板屈曲后对梁承载力的影响计算比较复杂,一般采用弯矩 M 和剪力 V 的相关关系曲线确定。

《钢结构设计标准》(GB 50017—2017)中采用图 5-48 所示的 M 和 V 的无量纲化的相关关系曲线确定。首先假定当弯矩不超过翼缘所提供的弯矩 M_f 时,腹板不参与承担弯矩作用,即在 $M\leqslant M_f$ 时的相关关系为一水平线,$V/V_u=1.0$。

当截面全部有效而腹板边缘屈服时,腹板可以承受剪应力的平均值约为 $0.65f_{vy}$。对于薄腹板梁,腹板也同样可以承担剪力,可偏安全地取为仅承受剪力最大值 V_u 的 50%,即当 $V/V_u\leqslant 0.5$ 时,取 $M/M_{eu}=1.0$。

图 5-48 所示相关曲线的点 $A\left(\frac{M_f}{M_{eu}},1\right)$ 和点 $B(1,0.5)$ 之间的曲线可用抛物线来表达,由此抛物线的验算式为:

$$\left(\frac{V}{0.5V_u}-1\right)^2+\frac{M-M_f}{M_{eu}-M_f}\leqslant 1.0$$

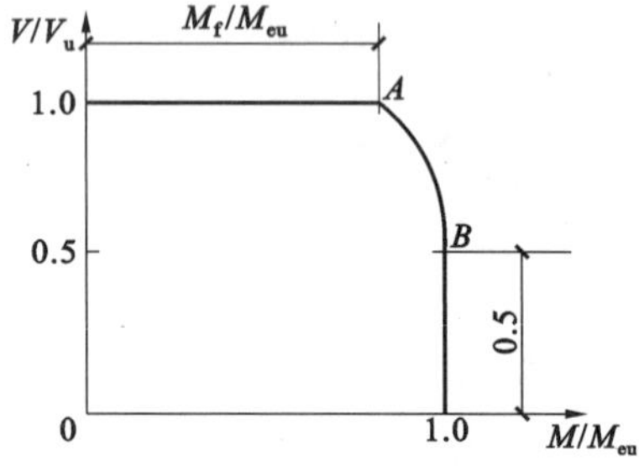

图 5-48 弯矩与剪力相关曲线

这样,在弯矩和剪力共同作用下,梁的承载力计算如下。

当 $M/M_f\leqslant 1.0$ 时,有:

$$V\leqslant V_u \tag{5-114}$$

当 $V/V_u\leqslant 0.5$ 时,有:

$$M\leqslant M_{eu} \tag{5-115}$$

其他情况下,有:

$$\left(\frac{V}{0.5V_u}-1\right)^2+\frac{M-M_f}{M_{eu}-M_f}\leqslant 1.0 \tag{5-116}$$

$$M_f = \left(A_{f1}\frac{h_1^2}{h_2} + A_{f2}h_2\right)f \tag{5-117}$$

式中 M,V——梁在同一截面处同时产生的弯矩和剪力设计值(当 $V \leqslant 0.5V_u$ 时,取 $V=0.5V_u$;当 $M \leqslant M_f$ 时,取 $M=M_f$);

M_f——梁两翼缘承担的弯矩设计值;

A_{f1},h_1——较大翼缘的截面面积及形心至梁中和轴的距离;

A_{f2},h_2——较小翼缘的截面面积及形心至梁中和轴的距离;

M_{eu},V_u——梁抗弯和抗剪承载力设计值,分别按式(5-113)和式(5-102)~式(5-104)计算。

5.7.4 考虑腹板屈曲后强度组合梁的加劲肋设计

当腹板仅配置支承加劲肋不能满足式(5-114)~式(5-116)的要求时,应在腹板两侧成对配置中间横向加劲肋。当腹板高厚比超过 $170\sqrt{\frac{235}{f_y}}$(受压翼缘的扭转受到约束)或超过 $150\sqrt{\frac{235}{f_y}}$(受压翼缘的扭转未受到约束)时,可只设置横向加劲肋,其间距一般采用 $a=(1.0\sim2.0)h_0$。

(1) 中间横向加劲肋

梁腹板在剪力作用下屈曲后以斜向张力场的形式继续承受剪力。梁的受力类似桁架,横向加劲肋相当于竖杆,张力场的水平分力在相邻区格腹板之间传递和平衡,而竖向分力则由加劲肋承担。为此,横向加劲肋应按轴心压杆计算其在腹板平面外的稳定,其轴力为:

$$N_s = V_u - h_w t_w \tau_{cr} \tag{5-118}$$

若中间横向加劲肋还承受固定集中荷载 F,则:

$$N_s = V_u - h_w t_w \tau_{cr} + F \tag{5-119}$$

式中,V_u 按式(5-102)~式(5-104)计算,τ_{cr} 按式(5-58)~式(5-60)计算。

(2) 支座加劲肋

利用腹板屈曲后强度时,支座加劲肋需要进行特别处理。因为支座加劲肋除承受支座反力 R 外,还要承受张力场斜拉力的水平分力,水平分力使加劲肋受弯。

如图 5-49(a)所示,假设张力场倾角为 φ,φ 值由下式确定:

$$\tan(2\varphi) = \frac{h_0}{a} = \frac{1}{\alpha}$$

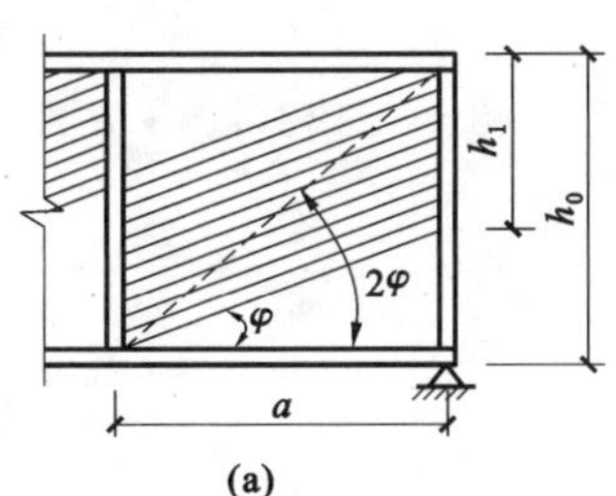

(a)

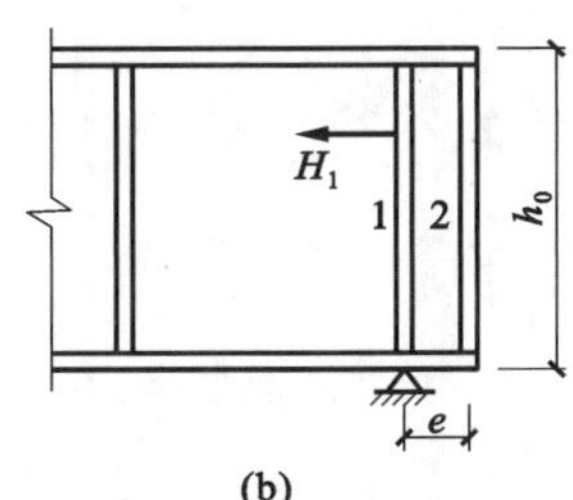

(b)

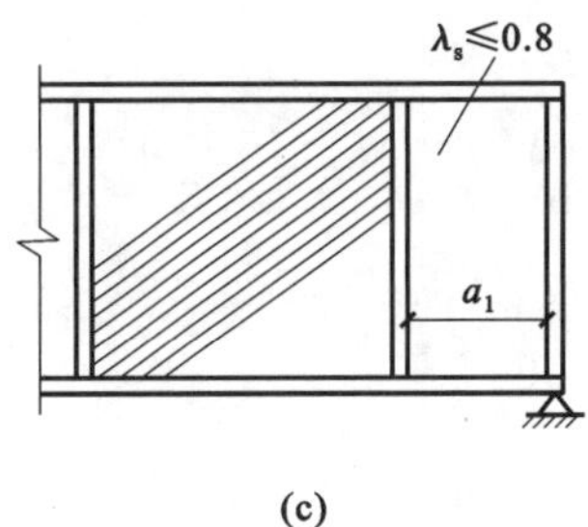

(c)

图 5-49 支座加劲肋

由 $\tan(2\varphi)=\frac{2\tan\varphi}{1-\tan^2\varphi}$,可得:

$$\tan\varphi = \sqrt{1+\alpha^2} - \alpha$$

拉力带的竖向分力为:

$$V_t = (\tau_u - \tau_{cr})t_w h_t$$

且

$$h_t = h_0 - a\tan\varphi = h_0(1-\alpha\tan\varphi)$$

拉力带的水平分力为:

$$H=\frac{V_t}{\tan\varphi}=(\tau_u-\tau_{cr})A_w\frac{1-\alpha\tan\varphi}{\tan\varphi}$$

代入 $\tan\varphi$ 和 α 的关系式,可得:

$$H_t=(\tau_u-\tau_{cr})A_w\sqrt{1+\alpha^2} \tag{5-120}$$

此力可近似地认为作用在距腹板上边缘 1/4 高度处。端部加劲肋按承受 H_t 和支座反力 R 的压弯构件计算其腹板平面外的稳定。图 5-49(a)所示的构造方式中,压弯构件的截面应包括相邻 $15t_w\sqrt{\frac{235}{f_y}}$宽的腹板。如采用图 5-49(b)所示的构造,即增加一块封头肋板,则加劲肋 1 可作为承受轴压力 R 的杆件计算,而封头板 2 的截面面积应不小于:

$$A_e=\frac{3h_0H}{16ef} \tag{5-121}$$

式中 e——肋板 1 和 2 之间的距离。

不设中间横向加劲肋的梁,在计算 H_t 时,a 应取梁支座至跨内剪力为 0 点的距离,而不是梁的跨长。

梁端构造处理的另一种方法就是缩小第一区格的宽度 a_1,使此区格的通用高厚比 $\lambda_{n,s}\leqslant0.8$,即不发生屈曲。第二区格宽度较大,利用屈曲后强度张力场的水平分力由整个第一区格承担,影响不大。

【例 5-5】 简支梁长 18 m,承受全跨均布荷载和两个三分点处的集中荷载,如图 5-50 所示,荷载设计值$q=66$ kN/m,$Q=460$ kN,钢材为 Q390,梁的截面尺寸为翼缘 2—440×20,腹板 1—1500×12。在集中荷载作用处设置横向加劲肋。考虑腹板屈曲后强度,验算梁的承载力是否满足要求。

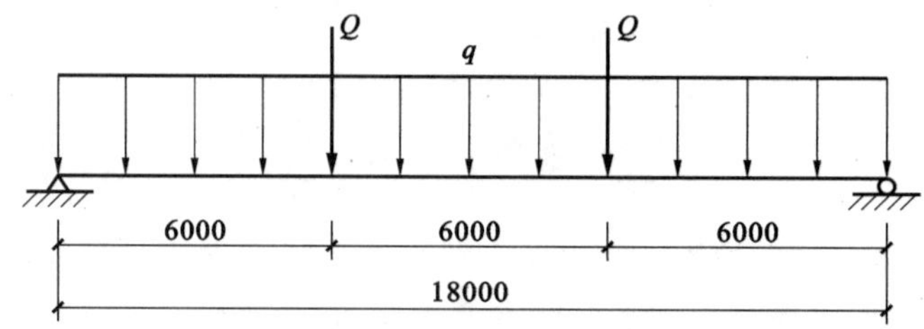

图 5-50 例 5-5 图

【解】 (1) 三处截面弯矩及剪力

a. 跨中截面。

弯矩:

$$M_1=M_{max}=\frac{1}{8}ql^2+\frac{1}{3}Ql=\frac{1}{8}\times66\times18^2+\frac{1}{3}\times460\times18=5433(\text{kN}\cdot\text{m})$$

剪力:$V_1=0$。

b. 梁三分点处截面。

弯矩:

$$M_2=\left(Q+\frac{1}{2}ql\right)\frac{1}{3}l-\frac{1}{18}ql^2=\left(460+\frac{1}{2}\times66\times18\right)\times\frac{1}{3}\times18-\frac{1}{18}\times66\times18^2=5136(\text{kN}\cdot\text{m})$$

剪力:

$$V_2=Q+\frac{1}{2}ql-\frac{1}{3}ql=460+\frac{1}{2}\times66\times18-\frac{1}{3}\times66\times18=658(\text{kN})$$

c. 梁端截面。

弯矩:$M_3=0$。

剪力:

$$V_3=V_{max}=\frac{1}{2}ql+Q=\frac{1}{2}\times66\times18+460=1054(\text{kN})$$

(2) 截面几何特性

截面惯性矩：

$$I_x = \frac{1}{12} \times 12 \times 1500^3 + 2 \times 440 \times 20 \times 760^2 = 1.354 \times 10^6 (\mathrm{cm}^4)$$

截面抵抗矩：

$$W_x = \frac{I_x}{h/2} = \frac{1.354 \times 10^{10}}{770} = 1.759 \times 10^4 (\mathrm{cm}^3)$$

(3) 梁跨中至梁三分点处区格验算

区格平均弯矩：

$$M = \frac{M_1 + M_2}{2} = \frac{5433 + 5136}{2} = 5284.5(\mathrm{kN \cdot m})$$

区格平均剪力:V=98 kN。

对于梁腹板受弯计算通用高厚比 λ_b，受压翼缘扭转未受约束时，有：

$$\lambda_b = \frac{2h_c}{153t_w}\sqrt{\frac{f_y}{235}} = \frac{2 \times 750}{153 \times 12} \times \sqrt{\frac{390}{235}} = 1.052$$

因 $0.85 < \lambda_b < 1.25$，故：

$$\rho = 1 - 0.82(\lambda_b - 0.85) = 1 - 0.82 \times (1.052 - 0.85) = 0.834$$

$$\alpha_e = 1 - \frac{(1-\rho)h_e^3 t_w}{2I_x} = 1 - \frac{(1 - 0.834) \times 750^3 \times 12}{2 \times 1.354 \times 10^{10}} = 0.969$$

$$M_{eu} = \gamma_x \alpha_e W_x f = 1.0 \times 0.969 \times 1.759 \times 10^7 \times 330$$
$$= 5.625 \times 10^9 (\mathrm{N \cdot mm}) = 5625\ \mathrm{kN \cdot m} > 5284.5\ \mathrm{kN \cdot m}$$

$M < M_{eu}$，弯矩承载力满足要求。

腹板抗剪计算通用高厚比 λ_s 计算如下。

$$\frac{a}{h_0} = \frac{600}{1500} = 0.4 < 1$$

$$\lambda_s = \frac{h_0/t_w}{41\left[4 + 5.34\left(\frac{h_0}{a}\right)^2\right]}\sqrt{\frac{f_{yk}}{235}} = \frac{1500/12}{41 \times \left[4 + 5.34 \times \left(\frac{1500}{600}\right)^2\right]} \times \sqrt{\frac{390}{235}} = 0.105$$

因 $\lambda_s < 0.8$，有：

$$V_u = h_w t_w f_v = 1500 \times 12 \times 200 = 3600(\mathrm{kN})$$
$$V = 98\ \mathrm{kN} < 0.5V_u = 1800\ \mathrm{kN}$$

取 $V = 0.5V_u$。

翼缘承担的弯矩 M_f 为：

$$M_f = \left(A_{f1}\frac{h_1^2}{h_2} + A_{f2}h_2\right)f = 2 \times 440 \times 20 \times 760 \times 330 \times 10^{-6} = 4414.1(\mathrm{kN \cdot m})$$

$$\left(\frac{V}{0.5V_u} - 1\right)^2 + \frac{M - M_f}{M_{eu} - M_f} = \left(\frac{1800}{1800} - 1\right)^2 + \frac{5284.5 - 4414.1}{5625 - 4414.1} < 1$$

故此区格梁截面承载力满足要求。

(4) 梁端至梁三分点处区格验算

区格平均弯矩：

$$M = \frac{M_2 + M_3}{2} = \frac{5136 + 0}{2} = 2568(\mathrm{kN \cdot m})$$

区格平均剪力：

$$V = \frac{V_2 + V_3}{2} = \frac{658 + 1054}{2} = 856(\mathrm{kN})$$

梁抗弯及抗剪承载力设计值与第(3)步骤相同,则:$M=2568\ \text{kN}\cdot\text{m}<M_f=4414.1\ \text{kN}\cdot\text{m}$,取$M=M_f$。$V=856\ \text{kN}<0.5V_u=1800\ \text{kN}$,取$V=0.5V_u$。

$$\left(\frac{V}{0.5V_u}-1\right)^2+\frac{M-M_f}{M_{eu}-M_f}=\left(\frac{1800}{1800}-1\right)^2+\frac{4414.1-4414.1}{5625-4414.1}<1$$

故此区格梁截面承载力满足要求。

独立思考

5-1 计算工字形截面梁的抗弯强度时采用公式$\frac{M_x}{\gamma_x W_{nx}}\leqslant f$,取$\gamma_x=1.05$,梁的受压翼缘外伸肢宽厚比不大于(　　)。

A. $15\sqrt{\frac{235}{f_y}}$　　B. $13\sqrt{\frac{235}{f_y}}$

C. $9\sqrt{\frac{235}{f_y}}$　　D. $(10+0.1\lambda)\sqrt{\frac{235}{f_y}}$

5-2 验算工字形截面梁的折算应力,公式为$\sqrt{\sigma^2+3\tau^2}\leqslant\beta_1 f$,式中$\sigma$、$\tau$应为(　　)。

A. 验算截面中的最大正应力和最大剪应力

B. 验算截面中的最大正应力和验算点的剪应力

C. 验算截面中的最大剪应力和验算点的正应力

D. 验算截面中验算点的正应力和剪应力

5-3 保证工字形截面梁受压翼缘局部稳定的方法是(　　)。

A. 设置纵向加劲肋　　B. 设置横向加劲肋

C. 采用有效宽度　　D. 限制其宽厚比

5-4 工字形截面梁受压翼缘宽厚比限值为$\frac{b}{t}\leqslant 15\sqrt{\frac{235}{f_y}}$,式中$b$为(　　)。

A. 翼缘板外伸宽度　　B. 翼缘板全部宽度

C. 翼缘板全部宽度的$\frac{1}{3}$　　D. 翼缘板的有效宽度

5-5 对于工字形截面梁受压翼缘,为保证局部稳定的宽厚比限值,对Q235钢,$\frac{b}{t}\leqslant 15$,对Q345钢,此宽厚比限值(　　)。

A. 比15小　　B. 仍等于15

C. 比15大　　D. 可能大于15,也可能小于15

5-6 在最大应力σ_1相等,其他条件均相同的情况下,图5-51中梁腹板局部稳定临界应力最小的是(　　)。

A. (a)　　B. (b)

C. (c)　　D. (d)

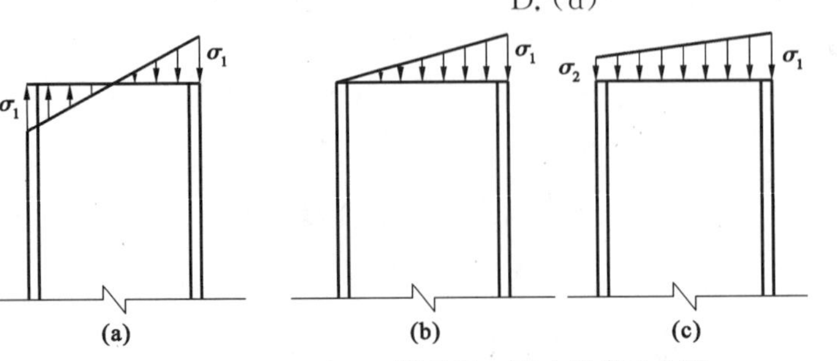

图 5-51　独立思考 5-6 图

5-7 不考虑腹板屈曲后强度，工字形截面梁腹板高厚比$\frac{h_0}{t_w}=100$时，梁腹板可能(　　)。

A. 因弯曲应力引起屈曲，需设置纵向加劲肋

B. 因弯曲应力引起屈曲，需设置横向加劲肋

C. 因剪应力引起屈曲，需设置纵向加劲肋

D. 因剪应力引起屈曲，需设置横向加劲肋

5-8 配置加劲肋是提高梁腹板局部稳定的有效措施，当$\frac{h_0}{t_w}>170$(不考虑腹板屈曲后强度)时，腹板(　　)。

A. 可能发生剪切失稳，应配置横向加劲肋

B. 可能发生弯曲失稳，应配置纵向加劲肋

C. 剪切失稳和弯曲失稳均可能发生，应同时配置纵向加劲肋和横向加劲肋

D. 不致失稳，不必配置加劲肋

5-9 焊接组合梁腹板的计算高度为 2400 mm，根据局部稳定计算和构造要求，需在腹板一侧配置钢板横向加劲肋，其经济合理的截面尺寸是(　　)。

A. —20×8　　B. —140×8

C. —150×10　　D. —180×12

5-10 梁受固定集中荷载作用，当局部承压强度不能满足要求时，采用(　　)是较合理的措施。

A. 加厚翼缘　　B. 在集中荷载作用处设置支承加劲肋

C. 增加横向加劲肋的数量　　D. 加厚腹板

5-11 梁的支承加劲肋应设置在(　　)。

A. 弯曲应力大的区段　　B. 剪应力大的区段

C. 上翼缘或下翼缘有固定作用力的部位　　D. 有吊车轮压的部位

5-12 对于承受均布荷载的热轧 H 型钢简支梁，应计算(　　)。

A. 抗弯强度、腹板折算应力、整体稳定、局部稳定

B. 抗弯强度、抗剪强度、整体稳定、局部稳定

C. 抗弯强度、腹板上边缘局部承压强度、整体稳定

D. 抗弯强度、抗剪强度、整体稳定、挠度

5-13 最大弯矩和其他条件均相同的简支梁，当受(　　)时整体稳定性最差。

A. 均匀弯矩作用　　B. 满跨均布荷载作用

C. 跨中集中荷载作用　　D. 满跨均布荷载与跨中集中荷载共同作用

5-14 跨中无侧向支承的组合梁，当验算整体稳定不足时，宜(　　)。

A. 加大梁的截面面积　　B. 加大梁的高度

C. 加大受压翼缘板的宽度　　D. 加大腹板的厚度

5-15 为了提高荷载作用在上翼缘的简支工字形截面梁的稳定，可在(　　)处设侧向支承，以减小梁出平面的计算长度。

A. 梁腹板高度的$\frac{1}{2}$　　B. 靠近梁下翼缘的腹板$\left(\frac{1}{5}\sim\frac{1}{4}\right)h_0$

C. 靠近梁上翼缘的腹板$\left(\frac{1}{5}\sim\frac{1}{4}\right)h_0$　　D. 上翼缘

5-16 一简支箱形截面梁的跨度为 60 m，梁宽 1 m，梁高 3.6 m，钢材为 16Mn，在垂直荷载作用下，梁的整体稳定系数 φ_b 为(　　)。

A. 0.76　　B. 0.85　　C. 0.94　　D. 1.00

5-17 如图 5-52 所示的各简支梁，除截面放置和荷载作用位置有所不同外，其他条件均相同，则整体稳定为(　　)。

A. (a) 最差,(d) 最好　　B. (a) 最好,(d) 最差

C. (b) 最差,(c) 最好　　D. (b) 最好,(c) 最差

5-18　图 5-53 所示为两端简支钢梁受均布向下的荷载作用,因整体稳定要求,需在跨中设置侧向支承点,其位置以图中(　　)为最佳。

A. (a)　　B. (b)

C. (c)　　D. (d)

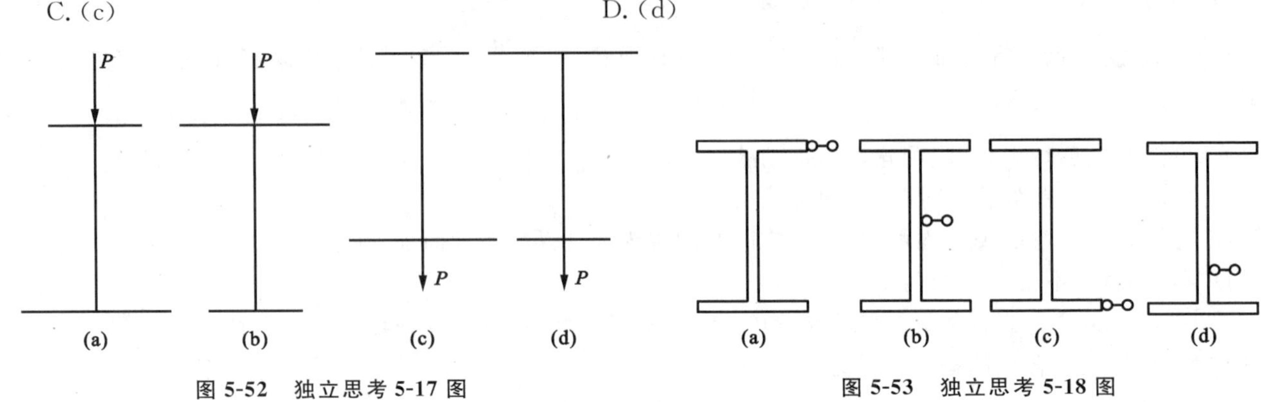

图 5-52　独立思考 5-17 图　　图 5-53　独立思考 5-18 图

5-19　γ_F 代表什么? 其与什么因素有关? 试推导槽形截面 γ_F 的大小。

5-20　什么叫作塑性发展系数? 对于需要计算疲劳的梁以及不直接承受动力荷载的梁,其取值有何不同?

5-21　梁的抗剪计算公式在什么情况下有简化公式? 其表达式是怎样的?

5-22　梁整体失稳的本质是什么? 什么叫作梁的整体稳定系数? 试分析其影响因素。

5-23　什么叫作自由扭转? 什么叫作约束扭转?

5-24　如何配置横向加劲肋和纵向加劲肋? 有什么样的前提条件? 加劲肋的构造尺寸一般有哪些要求?

5-25　简述型钢梁的设计过程。

5-26　简述组合梁的设计过程。

5-27　一焊接简支工字形截面钢梁的截面尺寸和所承受的静力荷载设计值(包括梁自重)如图 5-54 所示,钢材为 Q235B,已知梁的整体稳定已得到保证,梁的容许挠度为 $l/400$,试计算此梁截面的各项强度和挠度是否满足设计要求。经计算集中荷载处是否需要设置支承加劲肋?

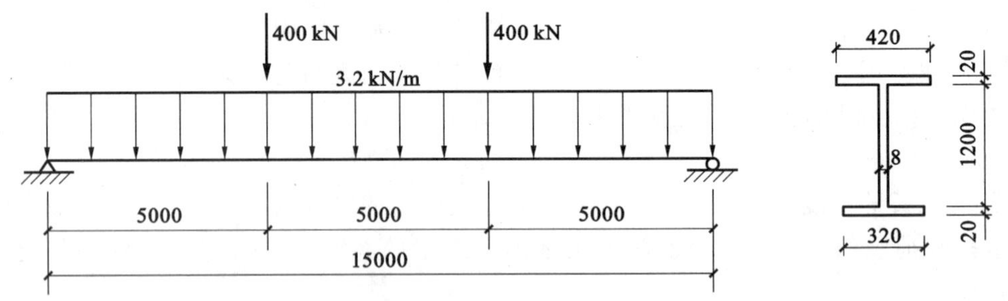

图 5-54　独立思考 5-27 图

5-28　一简支梁的跨度为 5.5 m,梁上翼缘承受均布静荷载作用,恒荷载标准值为 10.2 kN/m(不包括梁自重),活荷载标准值为 25 kN/m,钢材为 Q235。

(1) 假定梁的受压翼缘设置可靠的侧向支承,可以保证梁的整体稳定,试选择其最经济的型钢截面,梁的容许挠度为 $l/250$。

(2) 假定梁的受压翼缘无可靠的侧向支承,试按整体稳定条件选择梁的截面。

(3) 假设梁的跨度中点处受压翼缘设置一可靠的侧向支承,此梁的整体稳定能否保证? 选出其所需截面。

5-29 Q235 钢简支梁如图 5-55 所示，荷载标准值为自重 0.9 kN/m，承受悬挂集中荷载标准值为110 kN，试验算在下列情况下梁截面是否满足整体稳定要求：

(1) 梁在跨中无侧向支承，集中荷载作用于梁上翼缘；

(2) 材料改用 Q345 钢；

(3) 集中荷载悬挂于下翼缘；

(4) 跨度中点增设上翼缘侧向支承。

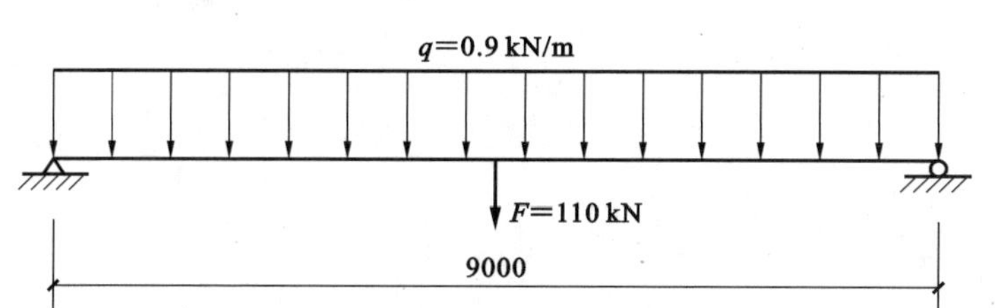

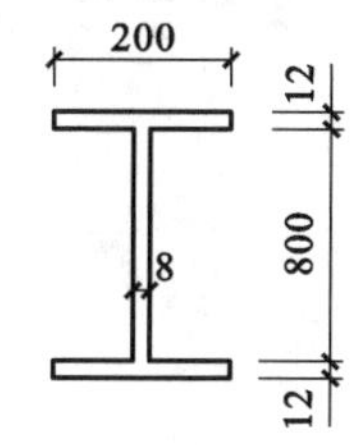

图 5-55 独立思考 5-29 图

5-30 一平台的梁格布置如图 5-56 所示，铺板为预制钢筋混凝土板，焊于次梁上。设平台恒荷载标准值(不包括梁自重)为 2.0 kN/m²，静力活荷载标准值为20 kN/m²。钢材为 Q345，焊条为 E50 型，采用手工电弧焊。

(1) 试设计型钢次梁截面；

(2) 不考虑腹板屈曲后强度，设计焊接组合主梁截面；

(3) 考虑腹板屈曲后强度，设计主梁加劲肋。

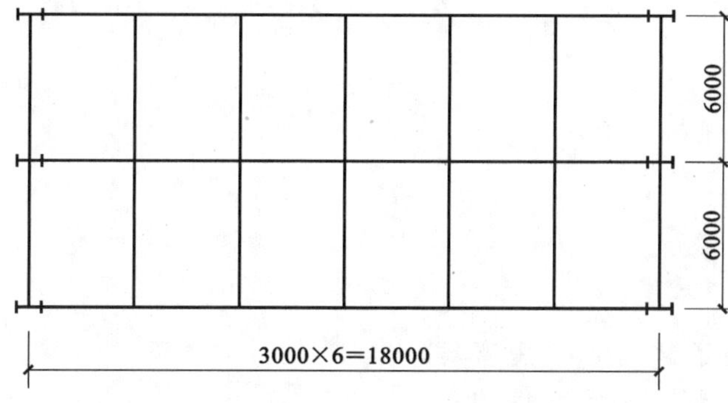

图 5-56 独立思考 5-30 图

思考题答案

6

拉弯和压弯构件

课前导读

内容提要

本章简要介绍了拉弯和压弯构件的截面形式和受力特点，重点介绍了压弯构件的强度、刚度、整体稳定和局部稳定的计算方法，以及拉弯和压弯构件的设计等。

能力要求

通过本章的学习，学生应了解拉弯、压弯构件的破坏形式、应用，掌握拉弯、压弯构件的工作性能和强度设计，熟悉实腹式压弯构件的整体失稳形式和工作性能，掌握实腹式压弯构件在弯矩作用平面内、外的稳定计算，了解实腹式压弯构件的局部稳定，掌握实腹式压弯构件和格构式压弯构件的截面设计和计算方法。

数字资源

重难点

6.1 拉弯、压弯构件的应用和截面形式

6.1.1 拉弯和压弯构件的类型

同时承受轴力和弯矩作用的构件称为压弯(或拉弯)构件。弯矩可能由端弯矩、轴力偏心或横向荷载作用等因素产生(图 6-1、图 6-2)。当弯矩作用在截面的一个主轴平面内时称为单向压弯(或拉弯)构件,同时作用在两个主轴平面内时称为双向压弯(或拉弯)构件。

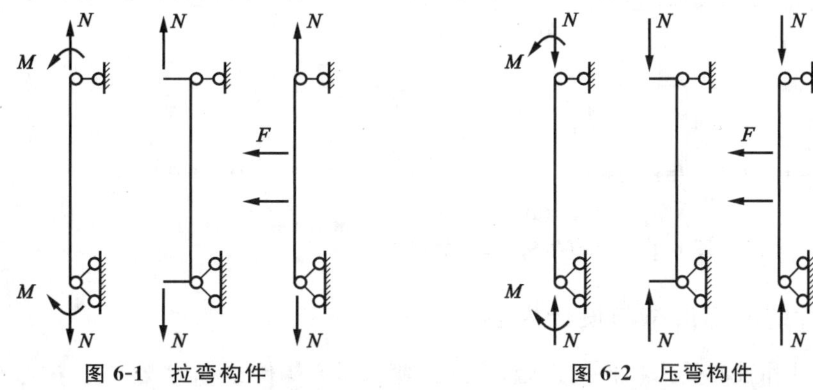

图 6-1 拉弯构件　　图 6-2 压弯构件

压弯和拉弯构件在钢结构中的应用十分广泛。图 6-3 所示工业建筑中的厂房框架柱、有节间荷载作用的屋架上下弦杆、多高层框架结构中的柱等都是压弯(或拉弯)构件。

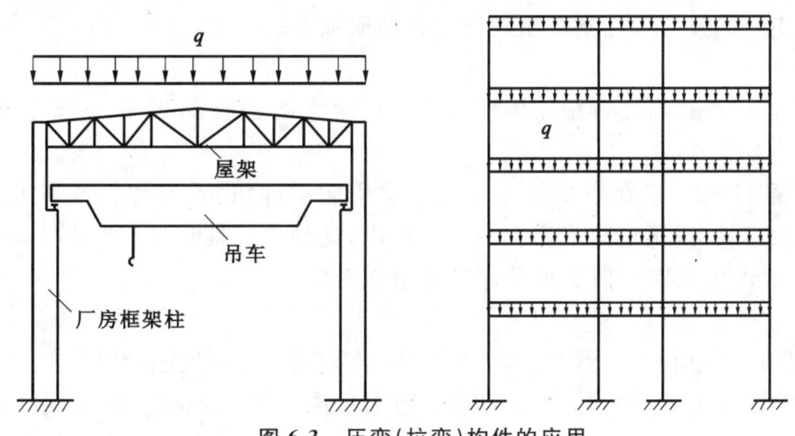

图 6-3 压弯(拉弯)构件的应用

6.1.2 拉弯和压弯构件的截面形式

拉弯和压弯构件的截面形式可分为实腹式和格构式两种,常用的截面形式有热轧型钢截面、冷弯薄壁型钢截面和组合截面,如图 6-4 所示。当受力较小时,可选用热轧型钢截面或冷弯薄壁型钢截面[图 6-4(a)、(b)];当受力较大时,可选用钢板焊接组合截面或型钢与型钢、型钢与钢板组合截面[图 6-4(c)]。除了实腹式截面外,当构件计算长度较大且受力较大时,为了提高截面的抗弯刚度,还常常采用格构式截面[图 6-4(d)]。截面形式的选择取决于构件的用途、承受的荷载、制作、安装、连接构造及用钢量等诸多因素。不同的截面形式,在计算方法上会有所差别。

拉弯和压弯构件的截面形式图

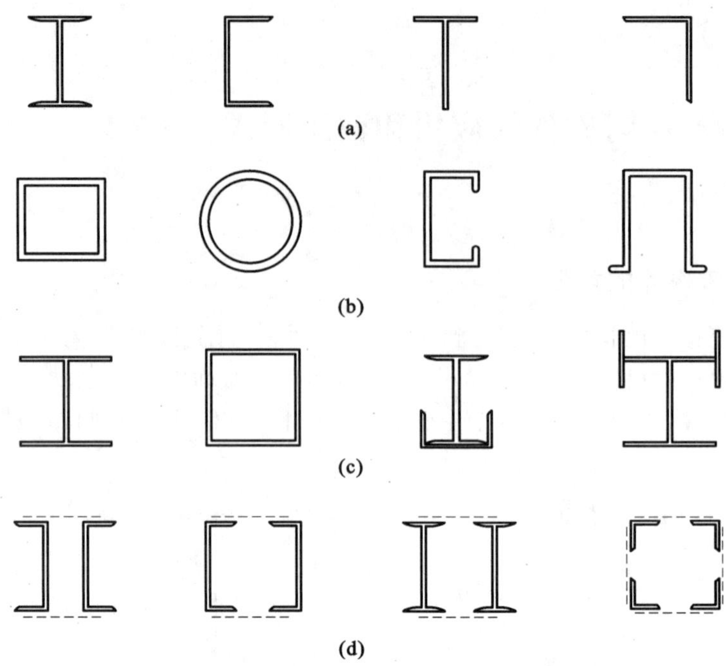

图 6-4 压弯(拉弯)构件的截面类型

6.1.3 拉弯和压弯构件的破坏形态与设计内容

拉弯和压弯构件是受弯构件和轴心受力构件的组合,因此拉弯和压弯构件也称为梁-柱。拉弯和压弯构件的破坏形态与受弯构件和轴心受力构件类似,包括强度破坏、整体失稳破坏和局部失稳破坏三种常见类型。

① 强度破坏。

强度破坏是指截面的一部分或全部应力都达到甚至超过钢材屈服强度的状况。

② 整体失稳破坏。

a. 单向压弯构件弯矩作用平面内失稳,指在弯矩作用平面内只产生弯曲变形,不存在分枝现象,属于极值失稳。

b. 单向压弯构件弯矩作用平面外失稳,指在弯矩作用平面外发生侧移和扭转,又称为弯扭失稳。如构成各截面的几何与物理中心是理想直线,弯矩也只作用在一个平面内,这种失稳具有分枝失稳的特点。

c. 双向压弯构件的失稳,指同时产生双向弯曲变形并伴随有扭转变形。

③ 局部失稳破坏。

局部失稳破坏发生在压弯构件的腹板和受压翼缘,其产生原因与受弯构件局部失稳相同。

拉弯和压弯构件的设计内容包括正常使用极限状态和承载能力极限状态的设计。在满足正常使用极限状态方面,通过限制构件长细比来保证构件的刚度要求,拉弯和压弯构件的容许长细比与轴心受力构件相同。压弯构件承载能力极限状态的计算包括强度、整体稳定和局部稳定计算。其中,整体稳定计算包括弯矩作用平面内稳定和弯矩作用平面外稳定的计算;拉弯构件承载能力极限状态的计算通常仅需要计算其强度,但是当构件所承受的弯矩较大时,需按受弯构件进行整体稳定和局部稳定计算。

6.2 拉弯和压弯构件的强度和刚度 >>>

6.2.1 拉弯和压弯构件的强度计算准则

下面以双轴对称工字形截面压弯构件为例进行说明。构件在轴心压力 N 和绕主轴 x 轴弯矩 M_x 的共

同作用下，截面上应力的发展过程如图 6-5 所示，构件中应力最大的截面可能发生强度破坏。假设 N 不变而 M_x 逐渐加大，截面上应力发展可分为四个阶段：① 当 M 不大时，截面边缘纤维最大应力 $\sigma_{\max}=|N/A_n \pm M/W_n|<f_y$，此时截面处于弹性工作状态，并持续到 $\sigma_{\max}=f_y$，截面边缘纤维达到屈服[图 6-5(a)]；② 当 M 继续增加，最大应力一侧的塑性区将向截面内部发展[图 6-5(b)]；③ 继续增大 M，另一侧边缘纤维也达到屈服并向截面内部发展塑性[图 6-5(c)]，此时截面为弹塑性工作状态；④ 当塑性区深入到全截面时，形成塑性铰[图 6-5(d)]，此时构件达到强度承载力极限状态。

对拉弯构件、截面有削弱或构件端部弯矩大于跨间弯矩的压弯构件，需要进行强度计算。计算拉弯和压弯构件的强度时，根据截面上应力发展的不同程度，可取以下三种不同的强度计算准则。

① 边缘纤维屈服准则：将构件截面边缘纤维屈服的弹性受力阶段极限状态作为强度计算的承载能力极限状态。此时，构件处于弹性工作阶段[图 6-5(a)]。

② 全截面屈服准则：将构件截面塑性受力阶段极限状态作为强度计算的承载能力极限状态。此时，构件在轴力和弯矩的共同作用下形成塑性铰[图 6-5(d)]。

③ 部分发展塑性准则：将构件截面部分塑性发展作为强度计算的承载能力极限状态，塑性区发展的深度根据具体情况确定。此时，构件处于弹塑性工作阶段[图 6-5(b)、(c)]。

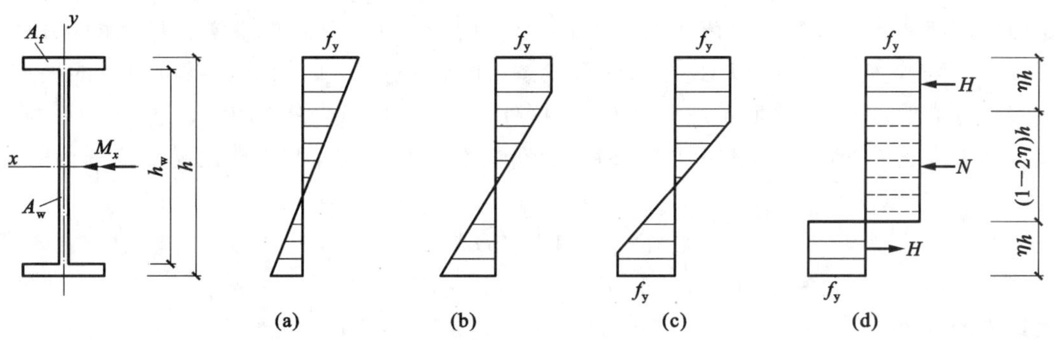

图 6-5 压弯构件的截面应力分布

6.2.2 拉弯和压弯构件的强度和刚度计算

拉弯和压弯构件的截面形式和工作条件不同，其强度计算方法所依据的应力状态亦不同。其强度计算公式可分为如下两种。

(1) 直接承受动力荷载的实腹式拉弯和压弯构件以及弯矩绕虚轴作用的格构式拉弯和压弯构件

对直接承受动力荷载的实腹式拉弯和压弯构件，由于对截面发展塑性后的性能研究还不够成熟，因此《钢结构设计标准》(GB 50017—2017)规定以截面边缘纤维的弹性工作状态作为强度承载力的极限状态。对格构式拉、压弯构件，当弯矩绕虚轴作用时，由于截面腹部虚空，故塑性发展的潜力不大，因此也应按弹性工作状态计算，设计时采用边缘纤维屈服作为构件强度计算的依据。

在 N 和 M 共同作用下的两端简支拉、压弯构件，处于弹性工作状态的截面边缘纤维应力应满足：

$$\frac{N}{A_n}+\frac{M}{W_n}\leqslant f_y \quad 或 \quad \frac{N}{A_n f_y}+\frac{M}{W_n f_y}=\frac{N}{N_p}+\frac{M}{M_p}\leqslant 1 \tag{6-1}$$

式中 A_n——构件验算截面净截面面积；

N_p——无弯矩作用时，全部净截面屈服时的极限承载力，且 $N_p=A_n f_y$；

M_p——无轴力作用时，弹性工作状态下的最大弯矩(按净截面计算)，且 $M_p=W_n f_y$。

由式(6-1)可知，在弹性工作阶段，N 和 M 的无量纲化相关曲线为一直线(图 6-6)。将式(6-1)引入抗力分项系数后，可得《钢结构设计标准》(GB 50017—2017)中的计算公式：

$$\frac{N}{A_n}+\frac{M}{W_{nx}}\leqslant f,\quad \frac{N}{A_n}+\frac{M}{W_{nx}}+\frac{M}{W_{ny}}\leqslant f \tag{6-2}$$

式中 W_{nx}，W_{ny}——构件验算截面对 x 轴和 y 轴的净截面模量。

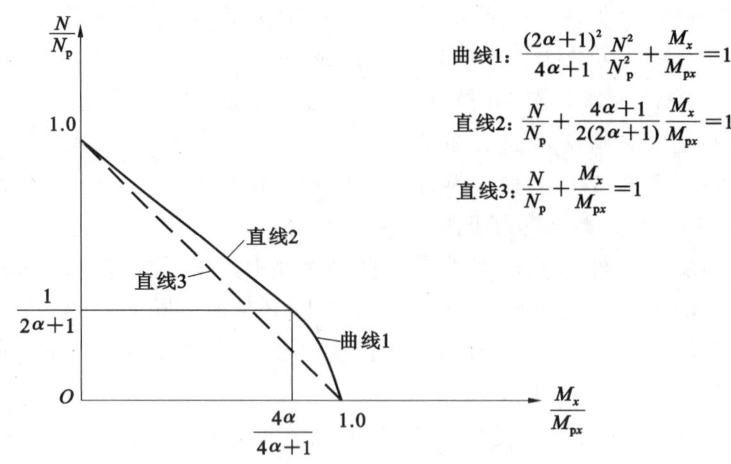

图 6-6 拉弯、压弯构件的强度相关曲线

(2) 承受静力荷载和间接承受动力荷载的实腹式拉弯和压弯构件及弯矩绕实轴作用时的格构式拉弯和压弯构件

对承受静力荷载和间接承受动力荷载的实腹式拉弯和压弯构件及弯矩绕实轴作用的格构式拉弯和压弯构件,应以截面形成塑性铰为强度承载力的极限状态,此时 N 和 M 的相关关系可由力的平衡条件导出。以工字形截面构件为例,按图 6-5 所示应力分布,根据外力平衡,即可获得轴力 N 与弯矩 M 的关系式。为简便起见,取 $h\approx h_w$,令 $A_f=\alpha A_w$,并取中和轴在腹板范围内($N\leqslant A_w f_y$,中和轴在翼缘范围内时的推导方法相同)计算,则:

$$N=(1-2\eta)A_w f_y \tag{6-3a}$$

$$M=A_f h f_y+\eta A_w f_y(1-\eta)h=A_w f_y h(\alpha+\eta-\eta^2) \tag{6-3b}$$

消去上式中的 η,并令:

$$N_p=(1+2\alpha)A_w f_y \tag{6-4a}$$

$$M_{px}=W_{px}f_y=(\alpha+0.25)A_w f_y h \tag{6-4b}$$

得 N 和 M_x 相关公式为:

$$\frac{(2\alpha+1)^2}{4\alpha+1}\left(\frac{N}{N_p}\right)^2+\frac{M_x}{M_{px}}=1 \tag{6-5}$$

上式可绘成相关曲线,如图 6-6 中的曲线 1 所示,对其他形式可用上述类似方法得到截面形成塑性铰时的相关公式。但由于截面形式多样,其规格、尺寸亦不尽相同,故公式亦不尽相同,且同一截面(如工字形截面)绕强轴和弱轴弯曲时的公式亦有差别,并且各自数值还因翼缘与腹板的面积比不同而在一定范围内变动。

为了使计算简便,偏于安全,《钢结构设计标准》(GB 50017—2017)采用图 6-6 中的直线 3 作为计算依据。和受弯构件一样,采用塑性发展系数 γ,以控制其塑性区的发展深度,引入抗力分项系数后,可得弯矩作用在主平面内的拉弯构件和压弯构件强度计算公式为:

$$\frac{N}{A_n}\pm\frac{M_x}{\gamma_x W_{nx}}\leqslant f \tag{6-6}$$

$$\frac{N}{A_n}\pm\frac{M_x}{\gamma_x W_{nx}}\pm\frac{M_y}{\gamma_y W_{ny}}\leqslant f \tag{6-7}$$

式中 A_n——净截面面积;

W_{nx},W_{ny}——对 x 轴和 y 轴的净截面抵抗矩;

γ_x,γ_y——截面塑性发展系数,其取值见表 5-1。

式(6-6)、式(6-7)也适用于单轴对称截面,因此弯曲正应力一项带正负号,计算时应使两项应力代数和的绝对值最大。上式的应用中应注意:弯矩作用在两个主平面内的拉弯构件和压弯构件,当截面板件宽厚比等级不满足 S3 级要求时,$y_x=1.0$;满足 S3 级要求时,按表 5-1 采用;需要验算疲劳强度的拉弯和压弯构件,宜取 $y_x=y_y=1.0$。

拉弯和压弯构件的刚度计算和轴心受拉和轴心受压构件一样，也以规定它们的允许长细比进行控制，并采用与轴心受力构件相同的数值。

【例 6-1】 试验算图 6-7 所示拉弯构件的强度和刚度。轴心拉力设计值 $N=600$ kN。钢材为 Q235B，截面为普通工字钢Ⅰ25a。

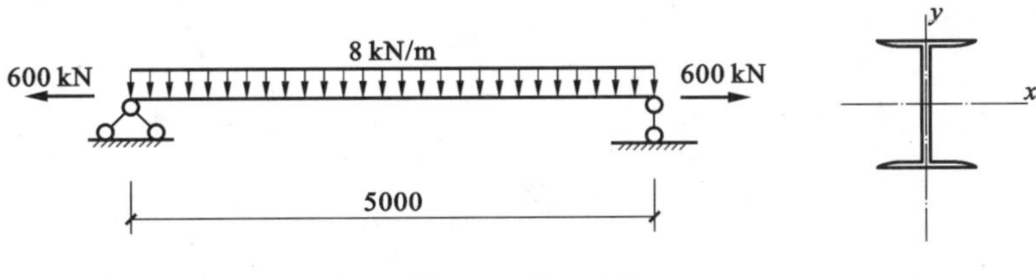

图 6-7 例 6-1 图

【解】 工字钢Ⅰ25a 的截面几何特性和重量：$A=48.5\ \text{cm}^2$，$g=0.38$ kN/m，$W_x=401\ \text{cm}^3$，$i_x=10.2$ cm，$i_y=2.40$ cm。构件截面的最大弯矩为：

$$M_x=(8+0.38\times1.3)\times\frac{5^2}{8}=26.5(\text{kN}\cdot\text{m})$$

验算强度：

$$\frac{N}{A_n}+\frac{M_x}{\gamma_x W_{nx}}=\frac{600\times10^3}{4850}+\frac{26.5\times10^6}{1.05\times4.01\times10^5}=186.6(\text{N/mm}^2)<f=215\ \text{N/mm}^2$$

满足要求。

验算长细比：

$$\lambda_x=\frac{5000}{102}=49.2<[\lambda]=350$$

$$\lambda_y=\frac{5000}{24.0}=208.3<[\lambda]=350$$

6.3 实腹式压弯构件的整体稳定

压弯构件的截面尺寸通常由稳定承载力决定。其整体失稳破坏有多种类型：单向压弯构件的整体失稳分为弯矩作用平面内的弯曲失稳和弯矩作用平面外的弯扭失稳，双向压弯构件则只有弯扭失稳一种可能。

6.3.1 弯矩作用平面内的稳定

对于抵抗弯扭变形能力很强的压弯构件，或者在构件侧向有足够多的支承以阻止其发生弯扭变形的压弯构件，在轴力 N 和弯矩 M 的作用下，可能在弯矩作用平面内发生整体的弯曲失稳。

(1) 平面内失稳过程

图 6-8 所示为一根在等弯矩 M_0 作用下的压弯杆。当 N 与 M_0 成比例增加时，可以画出压力 N 和杆中点挠度 v 的关系曲线。从图中可以看出，随着压力 N 的增加，构件中点挠度 v 呈非线性增长。在二阶效应（当轴压力增加时，挠度增长，同时产生附加弯矩，附加弯矩又使挠度进一步增长）的影响下，即使在弹性阶段，轴压力与挠度间的关系也呈现非线性。到达 A 点时，截面边缘纤维开始屈服。随后，由于构件的塑性发展，截面内弹性区不断缩小，轴压力与挠度间呈现出更明显的非线性关系。此时，随着压力的增加，挠度比弹性阶段增长得快。在曲线的上升段 OAB，挠度是随着压力的增加而增加的，压弯构件处于稳定平衡状态。但是，曲线到达最高点 B 后，继续增加压力已不可能，要维持平衡就必须卸载，曲线出现了下降段 BCD，压弯构件处于不稳定平衡状态。显然，B 点表示构件达到了稳定极限状态，相应于 B 点的轴力 N_{ux} 称为极限荷

载。轴压力达到 N_{ux}之后，构件即失去弯矩作用平面内的稳定。

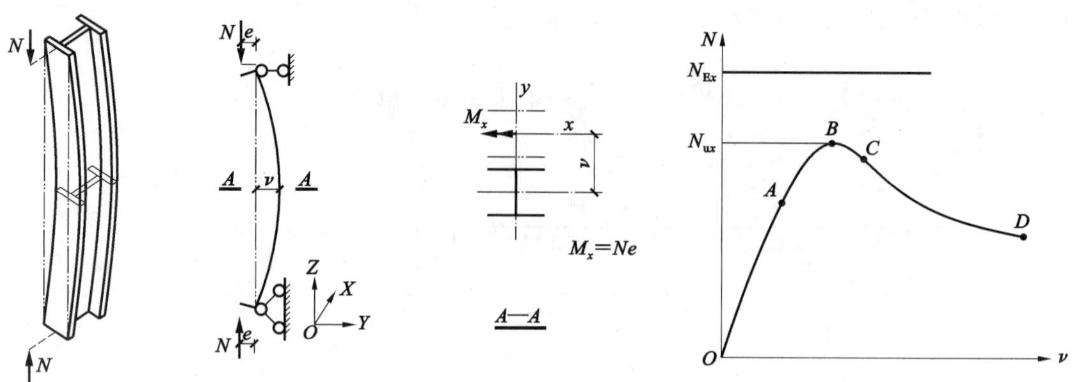

图 6-8 单向压弯构件弯矩作用平面内的失稳变形和轴力-位移曲线

(2) 计算公式

确定压弯构件弯矩作用平面内极限承载力的方法可分为两大类：一类是极限荷载计算方法，即采用解析法或数值法直接求解压弯构件弯矩作用平面内的极限荷载；另一类是相关公式法，即建立轴力和弯矩间的相关公式来验算压弯构件弯矩作用平面内的极限承载力。

目前，各国规范中关于压弯构件弯矩作用平面内的整体稳定验算多采用相关公式法，即通过理论分析建立轴力与弯矩的相关公式，并在大量数值计算和试验数据的统计分析基础上，对相关公式中的参数进行修正，得到一个半经验半理论公式。利用边缘纤维屈服准则，可以建立压弯构件弯矩作用平面内稳定计算的轴力与弯矩相关公式。

对于两端作用着等弯矩的等截面压弯杆，在 N 与 M_0 的共同作用下，杆中点挠度 ν 可由下式计算：

$$\nu=\frac{M_0}{N}\left[\sec\left(\frac{\pi}{2}\sqrt{\frac{N}{N_E}}\right)-1\right] \tag{6-8}$$

式中：

$$\sec\left(\frac{\pi}{2}\sqrt{\frac{N}{N_E}}\right)=\frac{1}{\cos\left(\frac{\pi}{2}\sqrt{\frac{N}{N_E}}\right)}=\frac{1}{1-\frac{\left(\frac{\pi}{2}\sqrt{\frac{N}{N_E}}\right)^2}{2!}+\frac{\left(\frac{\pi}{2}\sqrt{\frac{N}{N_E}}\right)^4}{4!}-\cdots}$$

$$=\frac{1}{1-\frac{\pi^2 N}{8N_E}+\frac{1}{6}\left(\frac{\pi^2 N}{8N_E}\right)^2-\cdots}=\frac{1}{1-\frac{N}{N_E}}$$

对于其他荷载作用下的压弯构件，也可导出挠度放大系数近似为$\frac{1}{1-N/N_E}$。同理，考虑二阶效应后，两端铰支构件由横向力或端弯矩引起的最大弯矩应为：

$$M_{x\max1}=\frac{\beta_{mx}M_x}{1-\frac{N}{N_{Ex}}} \tag{6-9a}$$

式中 M_x——构件截面上由横向力或端弯矩引起的一阶弯矩；

β_{mx}——等效弯矩系数，其将横向力或端弯矩引起的非均匀分布弯矩当量化为均匀分布弯矩；

$\frac{1}{1-N/N_{Ex}}$——考虑轴力 N 引起二阶效应的弯矩增大系数，$N_{Ex}=\frac{\pi^2 EI}{l_0^2}=\frac{\pi^2 EA}{\lambda_x^2}$，为欧拉临界荷载。

进一步考虑构件初始缺陷的影响，并将构件各种初始缺陷等效为跨中最大初弯曲 ν_0。假定等效初弯曲为正弦曲线，考虑二阶效应后，由初弯曲产生的最大弯矩为：

$$M_{x\max2}=\frac{N\nu_0}{1-\frac{N}{N_{Ex}}} \tag{6-9b}$$

因此，对弹性压弯构件，若以截面的边缘纤维开始屈服作为强度计算准则，则可得：

$$\frac{N}{A}+\frac{M_{x\max1}+M_{x\max2}}{W_{1x}}=\frac{N}{A}+\frac{\beta_{mx}M_x+N\nu_0}{\left(1-\frac{N}{N_{Ex}}\right)W_{1x}}=f_y \tag{6-10}$$

式中 A——压弯构件截面面积；

W_{1x}——最大受压纤维的毛截面模量。

令式(6-10)中的 $M_x=0$，则 N 成为有初始缺陷轴心压杆的临界力 N_{0x}。在此情况下，由式(6-10)解出的等效初始缺陷为：

$$\nu_0=\frac{(Af_y-N_{0x})(N_{Ex}-N_{0x})}{N_0 N_E}\frac{W_{1x}}{A} \tag{6-11}$$

将式(6-11)代回式(6-10)，注意到 $N_{0x}=\varphi_x Af_y$，整理得：

$$\frac{N}{\varphi_x A}+\frac{\beta_{mx}M_x}{\left(1-\varphi_x\frac{N}{N_{Ex}}\right)W_{1x}}=f_y \tag{6-12}$$

式(6-12)为压弯构件按边缘纤维屈服准则导出的相关公式，考虑了压弯构件的二阶效应和综合缺陷。边缘纤维屈服准则以构件截面边缘纤维屈服时的弹性受力阶段极限状态作为稳定承载能力极限状态，因此对于绕虚轴弯曲的格构式压弯构件及截面发展塑性可能性较小的构件（如冷弯薄壁型钢压弯构件），可以直接采用式(6-12)作为设计依据。对于实腹式压弯构件，当受压边缘纤维刚开始屈服时尚有较大的强度储备，应容许截面塑性深入。此时，可采用下列修正公式：

$$\frac{N}{\varphi_x A}+\frac{\beta_{mx}M_x}{\gamma_x W_{1x}\left(1-0.8\frac{N}{N_{Ex}}\right)}=f_y \tag{6-13}$$

图 6-9 给出了翼缘为火焰切割边的焊接工字形截面压弯构件在两端相等弯矩作用下的相关曲线，其中实线为理论计算结果。

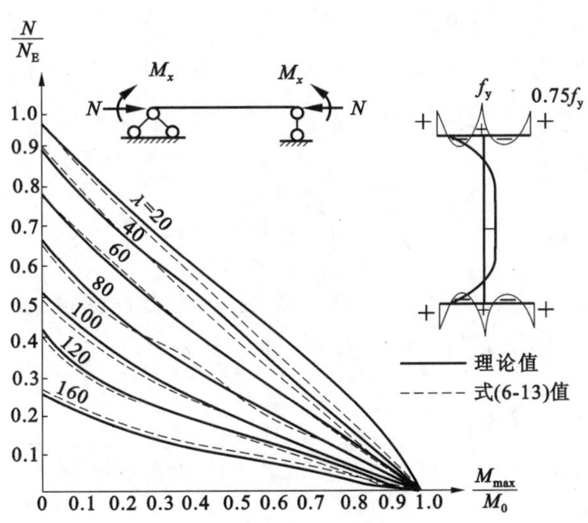

图 6-9 压弯杆的$\frac{N}{N_E}$-$\frac{M_{\max}}{M_0}$关系曲线

(3)《钢结构设计标准》(GB 50017—2017)中的计算式

式(6-13)中考虑抗力分项系数后，《钢结构设计标准》(GB 50017—2017)规定实腹式单向压弯构件弯矩作用平面内的稳定计算式为：

$$\frac{N}{\varphi_x Af}+\frac{\beta_{mx}M_x}{\gamma_x W_{1x}\left(1-\frac{0.8N}{N'_{Ex}}\right)f}\leqslant 1 \tag{6-14}$$

式中 N——计算构件段范围内的轴力设计值；

M_x——计算构件段范围内的最大弯矩设计值；

φ_x——弯矩作用平面内轴心受压构件的稳定系数。

上式中,$N'_{Ex}=\dfrac{\pi^2 EA}{1.1\lambda_x^2}$。

等效弯矩系数 β_{mx} 可按以下规定采用。

① 无侧移框架柱和两端支承构件。

a. 无横向荷载作用时,取 $\beta_{mx}=0.6+0.4\dfrac{M_2}{M_1}$。$M_1$ 和 M_2 为端弯矩,使构件产生同向曲率(无反弯点)时取同号,使构件产生反向曲率(有反弯点)时取异号,$|M_1|\geqslant|M_2|$。

b. 无端弯矩但有横向荷载作用时。

跨中有单个集中荷载作用时:

$$\beta_{mx}=1-\frac{0.36N}{N_{cr}}$$

全跨均布荷载作用时:

$$\beta_{mx}=1-\frac{0.18N}{N_{cr}}$$

式中 N_{cr}——弹性临界力,$N_{cr}=\dfrac{\pi^2 EI}{(\mu l)^2}$,$\mu$ 为构件的计算长度系数。

c. 端弯矩和横向荷载同时作用时,将式(6-14)中的 $\beta_{mx}M_x$ 取为 $\beta_{mqx}M_{qx}+\beta_{mlx}M_l$,即工况 a 和工况 b 等效弯矩的代数和。$M_{qx}$ 为横向荷载产生的弯矩最大值。

② 有侧移框架柱和悬臂构件。

a. 除下面 b 项规定之外的框架柱,$\beta_m=1-0.36\dfrac{N}{N_{cr}}$。

b. 对有横向荷载作用的柱脚铰接的单层框架柱和多层框架底层柱,$\beta_m=1.0$。

c. 对自由端作用有弯矩的悬臂柱,$\beta_m=1-0.36(1-m)N/N_{cr}$。式中,$m$ 为自由端弯矩与固定端弯矩之比,当弯矩图无反弯点时取正号,有反弯点时取负号。

对于单轴对称截面(如T形截面)压弯构件,当弯矩作用在对称轴平面内且使较大翼缘受压时,有可能在较小翼缘(或无翼缘)一侧产生较大的拉应力而出现受拉破坏。对于这种情况,除应按式(6-14)计算外,还应补充如下计算:

$$\left|\frac{N}{Af}-\frac{\beta_{mx}M_x}{\gamma_x W_{2x}\left(1-\dfrac{1.25N}{N'_{Ex}}\right)f}\right|\leqslant 1 \tag{6-15}$$

式中 W_{2x}——弯矩作用平面内受压较小翼缘(或无翼缘端)的毛截面模量。

式中的1.25是经过与理论计算结果比较后引入的修正系数。

6.3.2 弯矩作用平面外的稳定

压弯构件在弯矩作用平面外的抗弯刚度通常不大。当侧向没有足够支承以阻止其产生侧向位移和扭转时,构件可能因弯扭屈曲而破坏。

(1) 平面外失稳过程

对于无初始缺陷的理想压弯构件,当压力较小时,构件只产生 yOz 平面内的挠度。当压力增加到某一临界值 N_{cr} 之后,构件会突然产生 x 方向(弯矩作用平面外)的弯曲变形 u 和扭转位移 θ,即构件会发生弯扭失稳。无初始缺陷理想压弯构件的弯扭失稳是一种分枝失稳,如图6-10所示。若构件具有初始缺陷,荷载一经施加,构件就会产生较小的侧向位移 u 和扭转位移 θ,并随荷载的增加而增加。当达到某一极限荷载 $N_{uy\theta}$ 之后,位移 u 和 θ 的增加速度很快,而荷载反而下降,压弯构件即失去了稳定。有初始缺陷压弯构件在弯矩作用平面外的失稳为极值失稳,无分枝现象,$N_{uy\theta}$ 是其极限荷载,如图6-10中曲线 B 点所示。

(2) 计算公式

对两端简支的双轴对称实腹式截面压弯构件,当两端受轴心压力和等弯矩作用时,在弯矩作用平面外

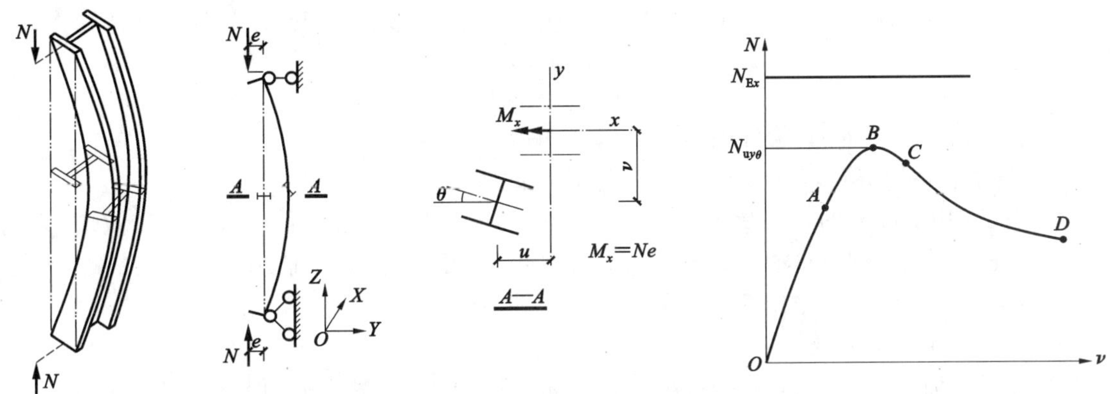

图 6-10 单向压弯构件弯矩作用平面外的失稳变形和轴力-位移曲线

的弯扭屈曲临界条件，根据弹性稳定理论，可由下式表达：

$$\left(1-\frac{N}{N_{\mathrm{Ey}}}\right)\left(1-\frac{N}{N_{\omega\mathrm{cr}}}\right)-\left(\frac{M_x}{M_{\mathrm{cr}x}}\right)^2=0 \tag{6-16}$$

式中 N_{Ey}——构件轴心受压时对弱轴(y 轴)的弯曲屈曲临界力，即欧拉临界力；

$N_{\omega\mathrm{cr}}$——绕构件纵轴的扭转屈曲临界力；

$M_{\mathrm{cr}x}$——构件受对 x 轴均布弯矩作用时的弯扭屈曲临界弯矩。

可根据 $N_{\omega\mathrm{cr}}/N_{\mathrm{Ey}}$ 的不同比值绘出 N/N_{Ey} 和 $M_x/M_{\mathrm{cr}x}$ 的相关曲线，如图 6-11 所示。图中 $N_{\omega\mathrm{cr}}/N_{\mathrm{Ey}}>1.0$ 时，曲线上凸，且愈大愈凸，即构件弯扭屈曲承载力愈高。对于常用截面，$N_{\omega\mathrm{cr}}/N_{\mathrm{Ey}}$ 均大于 1.0，如偏安全地采用 1.0，即 $N_{\omega\mathrm{cr}}/N_{\mathrm{Ey}}=1.0$，则由式(6-16)可得一直线相关方程：

$$\frac{N}{N_{\mathrm{Ey}}}+\frac{M_x}{M_{\mathrm{cr}x}}=1 \tag{6-17}$$

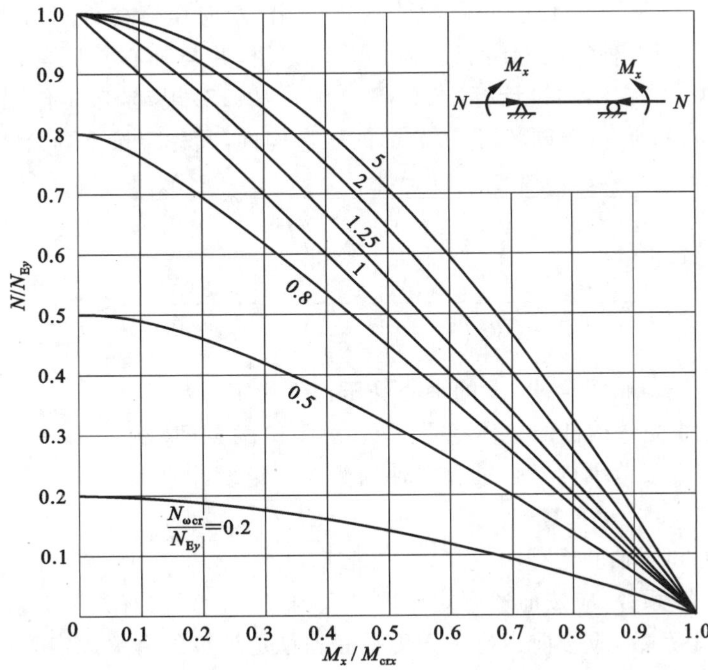

图 6-11 压弯构件平面外弯扭屈曲 N/N_{Ey}-$M_x/M_{\mathrm{cr}x}$ 的相关曲线

式(6-17)是依弹性工作状态下的双轴对称截面导出的理论式经简化后得出的。理论分析和试验研究表明，它同样适用于弹塑性压弯构件的弯扭屈曲计算，而且对于单轴对称截面的压弯构件，只要用该单轴对称截面轴心压杆的弯扭屈曲临界力 N_{cr} 代替式中的 N_{Ey}，相关公式就仍然适用。

在式(6-17)中,将 $N_{Ey}=\varphi_y A f_y$,$M_{crx}=\varphi_b W_{1x} f_y$ 代入,并引入箱形截面调整系数 η 及抗力分项系数 γ_R,就得到《钢结构设计标准》(GB 50017—2017)中规定的压弯构件在弯矩作用平面外的稳定计算公式:

$$\frac{N}{\varphi_y A f}+\eta\frac{\beta_{tx}M_x}{\varphi_b W_{1x}f}\leqslant 1 \tag{6-18}$$

式中 M_x——计算构件段范围内(构件侧向支承点间)的最大弯矩;

η——调整系数,对于箱形截面,$\eta=0.7$,对于其他截面,$\eta=1.0$;

φ_y——弯矩作用平面外的轴心受压构件稳定系数,对于单轴对称截面,应考虑扭转效应,采用换算长细比 λ_{yz} 确定,对于双轴对称截面或极对称截面,可直接用 λ_y 确定;

φ_b——均匀弯曲梁的整体稳定系数。

等效弯矩系数 β_{tx} 应按下列规定采用:

① 在弯矩作用平面外有支承的构件,应根据两相邻支承间构件段内的荷载和内力情况确定。

a. 当无横向荷载作用时,β_{tx} 应按下式计算:

$$\beta_{tx}=0.65+0.35\frac{M_2}{M_1}$$

b. 当端弯矩和横向荷载同时作用时,β_{tx} 应按下列规定取值:

使构件产生同向曲率时,$\beta_{tx}=1.0$;

使构件产生反向曲率时,$\beta_{tx}=0.85$。

c. 当无端弯矩有横向荷载作用时,$\beta_{tx}=1.0$。

② 在弯矩作用平面外有悬臂的构件,$\beta_{tx}=1.0$。

6.3.3 双向压弯构件的稳定计算

弯矩作用在两个主轴平面内的构件为双向压弯构件[图 6-12(a)]。双向压弯构件整体失稳时不仅绕两个主轴弯曲,还伴随着扭转变形[图 6-12(b)~(e)]。其稳定承载力与 N、M_x、M_y 三者的比例有关,无法给出解析解,只能采用数值解。从图 6-12(b)~(e)中可以看出,双向压弯构件可分解为轴心受压、绕 x 轴弯曲、绕 y 轴弯曲及弯扭双力矩四种情况的组合。为了设计方便,并与轴心受压构件和单向压弯构件计算相衔接,采用相关公式来计算。《钢结构设计标准》(GB 50017—2017)规定,弯矩作用在两个主平面内的双轴对称实腹式工字形截面(含H形)和箱形(闭口)截面的压弯构件,其稳定按下列公式计算:

$$\frac{N}{\varphi_x A f}+\frac{\beta_{mx}M_x}{\gamma_x W_x\left(1-0.8\dfrac{N}{N'_{Ex}}\right)f}+\eta\frac{\beta_{ty}M_y}{\varphi_{by}W_y f}\leqslant 1 \tag{6-19}$$

$$\frac{N}{\varphi_y A f}+\frac{\beta_{my}M_y}{\gamma_y W_y\left(1-0.8\dfrac{N}{N'_{Ey}}\right)f}+\eta\frac{\beta_{tx}M_x}{\varphi_{bx}W_x f}\leqslant 1 \tag{6-20}$$

式中 φ_x,φ_y——对强轴 $x—x$ 和弱轴 $y—y$ 的轴心受压构件稳定系数;

φ_{bx},φ_{by}——均匀弯曲受弯构件的整体稳定系数,对闭口截面,取 $\varphi_{bx}=\varphi_{by}=1.0$;

M_x,M_y——计算构件段范围内对强轴和弱轴的最大弯矩设计值;

N'_{Ex},N'_{Ey}——参数,$N'_{Ex}=\pi^2 EA/(1.1\lambda_x^2)$,$N'_{Ey}=\pi^2 EA/(1.1\lambda_y^2)$;

W_x,W_y——对强轴和弱轴的毛截面模量;

β_{mx},β_{my}——等效弯矩系数,应按前述弯矩作用平面内稳定计算的有关规定采用;

β_{tx},β_{ty}——等效弯矩系数,应按前述弯矩作用平面外稳定计算的有关规定采用。

【例 6-2】 试验算图 6-13 所示焊接T形截面(组成板件均为剪切边)偏心压杆。杆长 8 m,两端铰接,杆中央在侧向有一支点,钢材为 Q235。已知静力荷载作用于对称轴平面内的翼缘一侧,设计值 $N=600$ kN,偏心距 $e_1=200$ mm,$e_2=150$ mm。

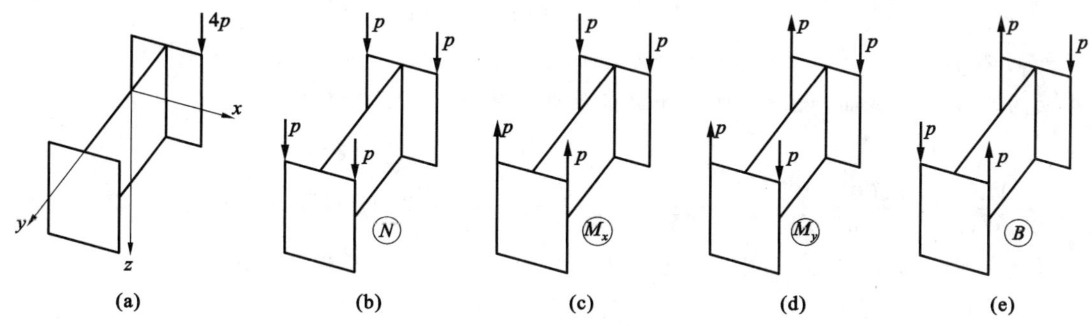

图 6-12 双向压弯构件

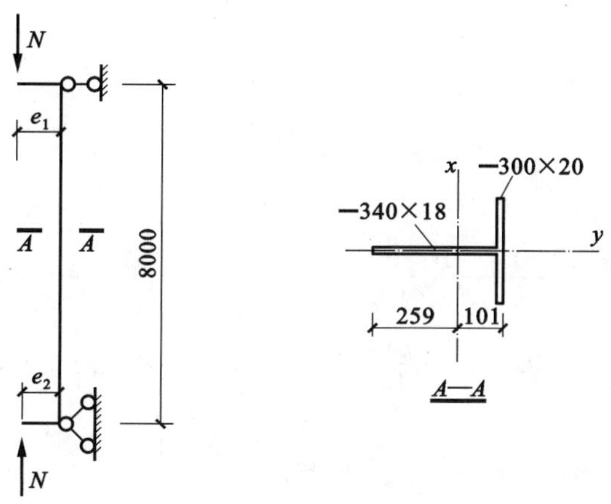

图 6-13 例 6-2 图

【解】 (1) 截面几何特性

$$A_n = A = 300 \times 20 + 340 \times 18 = 1.212 \times 10^4 (\text{mm}^2)$$

截面形心位置：

$$y_1 = \frac{340 \times 18 \times \left(\frac{340}{2} + 10\right)}{1.212 \times 10^4} + 10 = 101(\text{mm})$$

$$I_x = 18 \times \frac{340^3}{12} + 340 \times 18 \times 89^2 + 300 \times 20 \times 91^2 = 1.57 \times 10^8 (\text{mm}^4)$$

$$I_y = 20 \times \frac{300^3}{12} = 4.5 \times 10^7 (\text{mm}^4)$$

$$i_x = \sqrt{\frac{I_x}{A}} = \sqrt{\frac{1.57 \times 10^8}{1.212 \times 10^4}} = 114(\text{mm})$$

$$i_y = \sqrt{\frac{I_y}{A}} = \sqrt{\frac{4.5 \times 10^7}{1.212 \times 10^4}} = 61(\text{mm})$$

$$W_{1nx} = W_{1x} = \frac{I_x}{y_1} = \frac{1.57 \times 10^8}{101} = 1.554 \times 10^6 (\text{mm}^3)$$

$$W_{2nx} = W_{2x} = \frac{I_x}{y_2} = \frac{1.57 \times 10^8}{259} = 6.06 \times 10^5 (\text{mm}^3)$$

(2) 截面验算

① 强度验算。

截面弯矩：

$$M_1 = Ne_1 = 600 \times 0.20 = 120(\text{kN} \cdot \text{m})$$

$$M_2 = Ne_2 = 600 \times 0.15 = 90(\text{kN} \cdot \text{m})$$

$$M_x = M_1 = 120(\text{kN}\cdot\text{m})$$

因翼缘外侧部分 $b_1/t_1=141/20=7<13$,故截面塑性发展系数 $\gamma_{x1}=1.05$,$\gamma_{x2}=1.20$。

由于截面为单轴对称截面,故应对翼缘和腹板最外纤维处分别进行验算。

翼缘:

$$\frac{N}{A_n}+\frac{M_x}{\gamma_{x1}W_{1nx}}=\frac{600\times10^3}{1.212\times10^4}+\frac{120\times10^6}{1.05\times1.554\times10^6}=123.05(\text{N/mm}^2)<f=205\ \text{N/mm}^2$$

因翼缘厚度 $t=20\ \text{mm}>16\text{mm}$,为第二组钢材,取 $f=205\ \text{N/mm}^2$,满足要求。

腹板:

$$\left|\frac{N}{A_n}-\frac{M_x}{\gamma_{x2}W_{2nx}}\right|=\left|\frac{600\times10^3}{1.212\times10^4}-\frac{120\times10^6}{1.2\times6.06\times10^5}\right|=24.04(\text{N/mm}^2)<f=205\ \text{N/mm}^2$$

满足要求。

② 弯矩作用平面内的稳定验算。

$$\lambda_x=\frac{l_{0x}}{i_x}=\frac{8000}{114}=70.2$$

查得 $\varphi_x=0.75$(b类截面),则:

$$N'_{Ex}=\frac{\pi^2\times206\times10^3\times1.212\times10^4}{1.1\times70.2^2}\times10^{-3}=4546(\text{kN})$$

$$\beta_{mx}=0.6+\frac{0.4M_2}{M_1}=0.6+0.4\times\frac{90}{120}=0.9$$

$$\frac{N}{N'_{Ex}}=\frac{600}{4546}=0.132$$

$$\begin{aligned}&\frac{N}{\varphi_x Af}+\frac{\beta_{mx}M_x}{\gamma_{x1}W_{1x}(1-0.8N/N'_{Ex})f}\\&=\frac{600\times10^3}{0.75\times1.212\times10^4\times205}+\frac{0.9\times120\times10^6}{1.05\times1.554\times10^6\times(1-0.8\times0.132)\times205}\\&=0.683<1\end{aligned}$$

满足要求。

由于截面为单轴对称T形截面,故当弯矩作用使翼缘受压时,有可能在受拉侧首先发展塑性而使构件失稳,故应验算受拉侧应力。

$$\begin{aligned}&\left|\frac{N}{Af}-\frac{\beta_{mx}M_x}{\gamma_{x2}W_{2x}(1-1.25N/N'_{Ex})f}\right|\\&=\left|\frac{600\times10^3}{1.212\times10^4\times205}-\frac{0.9\times120\times10^6}{1.2\times6.06\times10^5\times(1-1.25\times0.132)\times205}\right|\\&=0.626<1\end{aligned}$$

满足要求。

③ 弯矩作用平面外的稳定验算。

$$\lambda_y=\frac{l_{0y}}{i_y}=\frac{4000}{61}=65.6<[\lambda]=150$$

绕对称轴 y 轴的长细比应取计入扭转效应的换算长细比 λ_{yz}。

截面形心至剪心的距离:

$$y_s=101-10=91(\text{mm})$$

截面对剪心的极回转半径:

$$i_0=\sqrt{y_s^2+i_x^2+i_y^2}=\sqrt{91^2+114^2+61^2}=158(\text{mm})$$

截面抗扭惯性矩:

$$I_t=\frac{\sum b_i t_i^3}{3}=\frac{300\times20^3+340\times18^3}{3}=1.461\times10^6(\text{mm}^4)$$

T 形截面扇形惯性矩可取：

$$I_{\omega}=\frac{1}{36}h_{w}^{3}t_{w}^{3}+\frac{1}{144}b^{3}t^{3}=\frac{1}{36}\times 340^{3}\times 18^{3}+\frac{1}{144}\times 300^{3}\times 20^{3}=7.87\times 10^{9}(\text{mm}^{6})$$

扭转屈曲的计算长度 $l_{\omega}=l=8000$ mm，因此扭转屈曲换算长细比为：

$$\lambda_{z}^{2}=\frac{i_{0}^{2}A}{\dfrac{I_{t}}{25.7}+\dfrac{I_{\omega}}{l_{\omega}^{2}}}=\frac{158^{2}\times 1.212\times 10^{4}}{\dfrac{1.461\times 10^{6}}{25.7}+\dfrac{7.87\times 10^{9}}{8000^{2}}}=5311$$

计入扭转效应的换算长细比 λ_{yz} 为：

$$\lambda_{yz}=\frac{1}{\sqrt{2}}\left[(\lambda_{y}^{2}+\lambda_{z}^{2})+\sqrt{(\lambda_{y}^{2}+\lambda_{z}^{2})^{2}-4(1-y_{s}^{2}/i_{0}^{2})\lambda_{y}^{2}\lambda_{z}^{2}}\right]^{\frac{1}{2}}$$

$$=\frac{1}{\sqrt{2}}\times\left[(65.6^{2}+5311)+\sqrt{(65.6^{2}+5311)^{2}-4\times(1-91^{2}/158^{2})\times 65.6^{2}\times 5311}\right]^{\frac{1}{2}}=87.2$$

对 y 轴 c 类截面，由 $\lambda_{yz}=87.2$，查得 $\varphi_{y}=0.534$。

$$\beta_{x}=-\left[\frac{300^{3}\times 91\times 20}{24\times 1.57\times 10^{8}}+\frac{18}{8\times 1.57\times 10^{8}}\times(81^{4}-259^{4})+\frac{300\times 20\times 91^{3}}{2\times 1.57\times 10^{8}}-91\right]=127.43(\text{mm})$$

$$I_{t}=\frac{\sum b_{i}t_{i}^{3}}{3}=\frac{300\times 20^{3}+350\times 18^{3}}{3}=1.48\times 10^{6}(\text{mm}^{4})$$

由跨中有一个侧向支承点和跨中集中荷载，可知 $C_{1}=1.75$，$C_{2}=0$，$C_{3}=1.00$，则：

$$M_{cr}=C_{1}\frac{\pi^{2}EI_{y}}{l^{2}}\left[-C_{2}\alpha+C_{3}\beta_{x}+\sqrt{(-C_{2}\alpha+C_{3}\beta_{x})^{2}+\frac{I_{\omega}}{I_{y}}\left(1+\frac{l^{2}GI_{t}}{\pi^{2}EI_{\omega}}\right)}\right]$$

$$=1.75\times\frac{\pi^{2}\times 2.06\times 10^{5}\times 4.5\times 10^{7}}{4000^{2}}\times$$

$$\left[0+1\times 127.43+\sqrt{(0+1\times 127.43)^{2}+\frac{7.87\times 10^{9}}{4.5\times 10^{7}}\times\left(1+\frac{4000^{2}\times 79\times 10^{3}\times 1.48\times 10^{6}}{\pi^{2}\times 2.06\times 10^{5}\times 7.87\times 10^{9}}\right)}\right]$$

$$=3.20\times 10^{9}(\text{N}\cdot\text{mm})$$

$$\lambda_{b}=\sqrt{\frac{\gamma_{x}W_{x}f_{y}}{M_{cr}}}=\sqrt{\frac{1.05\times 1.554\times 10^{6}\times 235}{3.20\times 10^{9}}}=0.346$$

$$n=1.8\sqrt[3]{\frac{b_{1}}{h}}=1.8\times\sqrt[3]{\frac{300}{350}}=1.71$$

$$\lambda_{b0}=0.3$$

$$\varphi_{b}=\frac{1}{(1-\lambda_{b0}^{2n}+\lambda_{b}^{2n})^{\frac{1}{n}}}=\frac{1}{(1-0.3^{2\times 1.71}+0.346^{2\times 1.71})^{\frac{1}{1.71}}}=0.994$$

弯矩作用平面外的稳定验算：

$$\frac{N}{\varphi_{y}Af}+\eta\frac{M_{x}}{\varphi_{b}W_{1x}f}=\frac{600\times 10^{3}}{0.534\times 1.212\times 10^{4}\times 205}+1\times\frac{120\times 10^{6}}{0.994\times 1.554\times 10^{6}\times 205}=0.83<1$$

满足要求。

④ 刚度验算。

构件的最大长细比为：

$$\lambda_{max}=\lambda_{yz}=87.2<[\lambda]=150$$

满足要求。

6.4　实腹式压弯构件的局部稳定　>>>

实腹式压弯构件的板件受力情况与轴心受力构件和受弯构件相似，但是在分析时，一般采用边缘纤维屈服准则。因此,在控制其局部稳定时,按照 S4 级截面来限制受压翼缘宽厚比和腹板高厚比。

6.4.1 受压翼缘的宽厚比

压弯构件的受压翼缘与梁的受压翼缘类似,H 形截面受压翼缘和箱形截面腹板间受压翼缘宽厚比限值的推导过程与 5.4.2 节相同。《钢结构设计标准》(GB 50017—2017)规定,在要求不能出现局部失稳时,H 形截面受压翼缘和箱形截面腹板间受压翼缘宽厚比应分别满足式(6-21)和式(6-22)的要求。

$$\frac{b}{t} \leqslant 15\sqrt{\frac{235}{f_y}} \tag{6-21}$$

$$\frac{b_0}{t} \leqslant 45\sqrt{\frac{235}{f_y}} \tag{6-22}$$

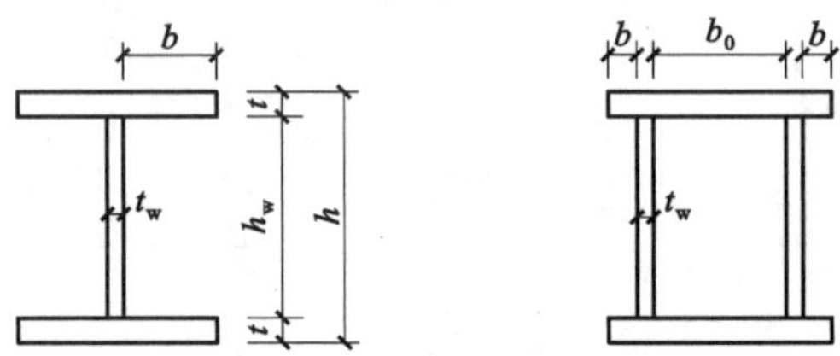

图 6-14 宽厚比限值中的截面尺寸

6.4.2 腹板的高厚比

压弯构件的腹板受复杂的应力状态,在推导其宽厚比限值的过程中,采用四边简支板来考虑,但是屈曲系数 k 不再为 4,而是与其应力状态有关,具体推导过程此处不再赘述。《钢结构设计标准》(GB 50017—2017)规定,在要求不能出现局部失稳时,H 形截面腹板高厚比应满足式(6-23)的要求。

$$\frac{h_0}{t_w} \leqslant (45 + 25\alpha_0^{1.66})\sqrt{\frac{235}{f_y}} \tag{6-23}$$

式中,$\alpha_0 = \frac{\alpha_{max} - \alpha_{min}}{\alpha_{max}}$,$\alpha_{max}$ 为腹板计算边缘的最大压应力,α_{min} 为腹板计算高度另一边缘相应的应力,压应力取正值,拉应力取负值。

若腹板高厚比不满足上述要求,但是可以设置纵向加劲肋加强以满足宽厚比限值时,加劲肋宜在板件两侧成对配置,其一侧外伸宽度不应小于板件厚度 t 的 10 倍,厚度不宜小于 $0.75t$。否则,当腹板高厚比不满足要求时,可以考虑腹板的屈曲后强度,按照有效截面的理论进行分析计算,有效宽度按照式(6-24)确定。由于有效截面的形心与原截面形心不重合,需要根据式(6-29)~式(6-31)重新对按照有效截面计算的强度和稳定进行验算。

H 形截面腹板受压区的有效宽度为:

$$h_e = \rho h_c \tag{6-24}$$

式中 h_e,h_c——腹板受压区宽度和有效宽度,当腹板全部受压时,$h_c = h_w$。

ρ——有效宽度系数,按下列规定确定:

当 $\lambda_{n,p} \leqslant 0.75$ 时,$\rho = 1.0$;

当 $\lambda_{n,p} > 0.75$ 时,$\rho = \frac{1}{\lambda_{n,p}}\left(1 - \frac{0.19}{\lambda_{n,p}}\right)$,其中,$\lambda_{n,p} = \frac{h_w t_w}{28.1\sqrt{k_\sigma}}\sqrt{\frac{235}{f_y}}$,$k_\sigma = \frac{16}{2 - \alpha_0 + \sqrt{(2-\alpha_0)^2 + 0.112\alpha_0^2}}$。

当腹板全部受压时,$\alpha_0 \leqslant 1$,有效宽度的分布如图 6-15(a)所示,h_{e1} 和 h_{e2} 按照式(6-25)和式(6-26)确定。

$$h_{e1} = \frac{2h_e}{4 + \alpha_0} \tag{6-25}$$

$$h_{e2} = h_e - h_{e1} \tag{6-26}$$

当腹板部分受拉时,$\alpha_0 \leqslant 1$,有效宽度的分布如图 6-15(b)所示,h_{e1} 和 h_{e2} 按照式(6-27)和式(6-28)确定。

$$h_{e1} = 0.4h_e \tag{6-27}$$

$$h_{e2} = 0.6h_e \tag{6-28}$$

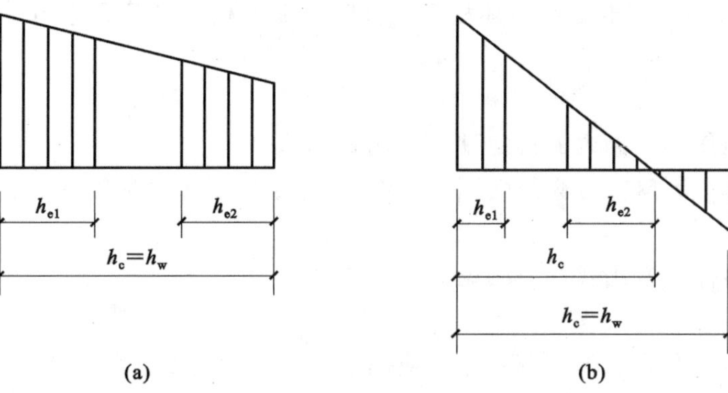

图 6-15 有效宽度的分布

(a) 截面全部受压；(b) 截面部分受拉

按照有效截面对强度进行验算：

$$\frac{N}{A_{ne}} + \frac{M_x + Ne}{\gamma_x W_{nex}} \leqslant f \tag{6-29}$$

按照有效截面对平面内稳定进行验算：

$$\frac{N}{\varphi_y A_e f} + \frac{\beta_{mx} M_x + Ne}{\gamma_x W_{e1x}(1 - 0.8N/N_{Ex}{}')f} \leqslant 1.0 \tag{6-30}$$

按照有效截面对平面外稳定进行验算：

$$\frac{N}{\varphi_y A_e f} + \eta \frac{\beta_{tz} M_x + Ne}{\gamma_x W_{e1x}(1 - 0.8N/N_{Ex}{}')f} \leqslant 1.0 \tag{6-31}$$

式中 A_{ne}, A_e——有效净截面面积和有效毛截面面积；

W_{nex}——有效截面的净截面模量；

W_{e1x}——有效截面对较大受压纤维的毛截面模量；

e——有效截面形心至原截面形心的距离。

6.5 实腹式压弯构件的设计 >>>

6.5.1 截面形式及选择

对于实腹式压弯构件，其截面形式的选择要考虑受力大小、使用要求和构造要求等因素。截面选择可以参考以下原则进行：当弯矩较小时，其截面形式与一般的轴心受压构件相同，可采用对称截面；当弯矩较大时，宜采用在弯矩作用平面内截面高度较大的双轴对称截面，或采用截面一侧翼缘加大的单轴对称截面。弯矩作用平面内构件的截面高度可试取 $h \approx (1/20 \sim 1/15) l_{0x}$：弯矩作用平面内的计算长度愈大，$h/l_{0x}$ 的值应愈小；弯矩 M_x 愈大，h/l_{0x} 的值应愈大。在满足局部稳定、使用要求和构造要求时，截面应尽量符合宽肢薄壁以及弯矩作用平面内和弯矩作用平面外整体稳定相同的原则，从而节省钢材。

应当注意，上述原则只是指导性建议，由于压弯构件的验算式中涉及的未知量较多，根据估计初选出的截面尺寸不一定合适，因而初选的截面尺寸往往需要进行多次调整。

6.5.2 截面验算

初步确定截面尺寸后，需要对其进行强度、刚度、整体稳定和局部稳定验算。

(1) 强度验算

弯矩作用在主平面内的压弯构件,其强度应按式(6-6)、式(6-7)进行验算。

当截面无削弱,N、M_x、M_y 的取值与整体稳定验算时的取值相同且等效弯矩系数为 1.0 时,不必进行强度验算。

(2) 整体稳定验算

实腹式压弯构件弯矩作用平面内的稳定计算采用式(6-14)。

对于 T 形、双角钢 T 形等单轴对称截面压弯构件,当弯矩作用于对称轴平面且使较大翼缘受压时,还应按式(6-15)进行计算。

弯矩作用平面外的整体稳定用式(6-18)验算。

(3) 局部稳定验算

组合截面压弯构件翼缘和腹板的宽(高)厚比应满足 6.4 节中的要求。

(4) 刚度验算

压弯构件的长细比应不超过其容许长细比限值。

6.5.3 构造规定

实腹式压弯构件的构造要求与实腹式轴心受压构件相似。为防止腹板在施工和运输中发生变形,当腹板的 $h_0/t_w>80$ 时,应设置间距不大于 $2.5h_0$ 的横向加劲肋;如设有纵向加劲肋,则也应设置横向加劲肋。为保持截面形状不变,提高构件的抗扭刚度,实腹式柱在受有较大水平力处和运输单元的端部应设有横隔,构件较长时应设置中间横隔。压弯构件应设置侧向支撑:当截面高度较小时,可在腹板处加横肋或横隔连接支撑;当截面高度较大或受力较大时,则应在两个翼缘平面内同时设置支撑。

【例 6-3】 设计图 6-16 所示双轴对称焊接工字形截面压弯构件的截面尺寸,截面无削弱。承受的荷载设计值:轴心压力 $N=900$ kN,构件跨度中点处横向集中荷载 $F=160$ kN。构件长度 $l=10$ m,两端铰接并在两端各设有一侧向支承点。材料为 Q235 钢。

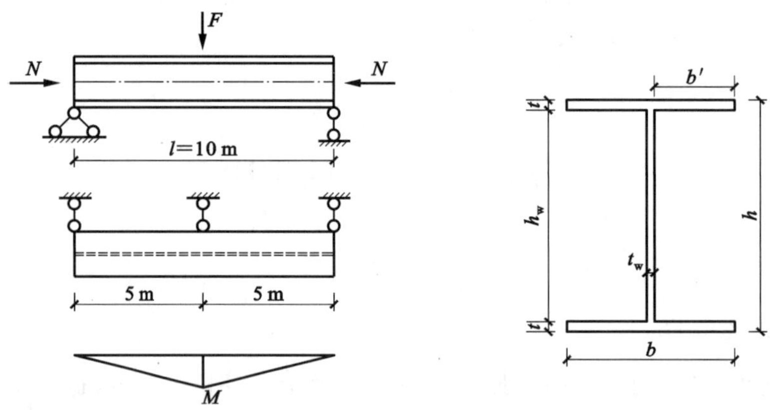

图 6-16 例 6-3 图

【解】 计算长度 $l_{0x}=10$ m,$l_{0y}=5$ m。

最大弯矩设计值:

$$M_x = \frac{1}{4}\times 160\times 10 = 400(\text{kN}\cdot\text{m})$$

翼缘为剪切边的焊接工字形截面构件对强轴 x 轴屈曲时属于 b 类截面,对弱轴 y 轴屈曲时属于 c 类截面。

(1) 初选截面

① 试选截面高度 h。

$$h \approx h_w = \frac{l_{0x}}{20} = \frac{1000}{20} = 50(\text{cm})$$

② 初选截面。

由受压翼缘局部稳定要求，假设$\frac{b'}{t}=\frac{b-t_w}{2t}\leqslant 15\sqrt{\frac{235}{f_y}}=15$，初选 $b=(30\sim 35)t$。

由腹板局部稳定要求，假设 $\alpha_0=\frac{\sigma_{max}-\sigma_{min}}{\sigma_{max}}=1\sim 2$，则$\frac{h_w}{t_w}=70\sim 124$。

故 $t_w=\frac{h_w}{124}\sim\frac{h_w}{70}=4.1\sim 7.1$ mm，初选 $t_w=7$ mm。

取一块翼缘板的截面面积($b\times t$)为整个构件截面 A 的 30%～40%，即 $bt=(30\%\sim 40\%)(2bt+500\times 7)$，则可得 $t=8.6\sim 15.2$ mm，取 $t=14$ mm，则 $b=(30\sim 35)t=420\sim 490$ mm，初选 $b=420$ mm。

③ 截面几何特性及有关参数。

截面面积：

$$A = h_w t_w + 2bt = 50\times 0.7 + 2\times 42\times 1.4 = 153(\text{cm}^2)$$

惯性矩：

$$I_x = \frac{1}{12}\times(42\times 52.8^3 - 41.3\times 50^3) = 84984(\text{cm}^4)$$

$$I_y = 2\times\frac{1}{12}\times 1.4\times 42^3 = 17287(\text{cm}^4)$$

弯矩作用平面内受压纤维的毛截面模量：

$$W_{1x} = W_x = \frac{I_x}{h/2} = \frac{2\times 84984}{52.8} = 3219(\text{cm}^3)$$

回转半径：

$$i_x = \sqrt{\frac{I_x}{A}} = \sqrt{\frac{84984}{153}} = 23.57(\text{cm})$$

$$i_y = \sqrt{\frac{I_y}{A}} = \sqrt{\frac{17287}{153}} = 10.63(\text{cm})$$

长细比：

$$\lambda_x = \frac{l_{0x}}{i_x} = \frac{1000}{23.57} = 42.4$$

$$\lambda_y = \frac{l_{0y}}{i_y} = \frac{500}{10.63} = 47.1$$

轴心受压构件稳定系数：

$$\varphi_x=0.888,\quad \varphi_y=0.793$$

受弯构件整体稳定系数 φ_b 的计算如下。

$$\varphi_b = \beta_b\frac{4320}{\lambda_y^2}\frac{Ah}{W_x}\left[\sqrt{1+\left(\frac{\lambda_y t_1}{4.4h}\right)^2}+\eta_b\right]\varepsilon_k^2$$

由前可得 $f_y=235\ \text{N/mm}^2$，$A=153\ \text{cm}^2$，$h=500$ mm，$t_1=14$ mm，$W_x=3219\ \text{cm}^3$。

查表得，$\beta_b=1.75$，$\lambda_y=\frac{l_{0y}}{i_y}=\frac{500}{10.63}=47.1$，$\eta_b=0$。

将上述数据代入整体稳定系数公式得：

$$\varphi_b = 8.5 > 0.6$$

取 $\varphi_b=\varphi_b'=1.07-\frac{0.282}{\varphi_b}=1.04>1.0$，因此 $\varphi_b=1.0$。

欧拉临界力的设计值：

$$N'_{Ex} = \frac{\pi^2 EA}{1.1\lambda_x^2} = \frac{\pi^2\times 206\times 10^3\times 153\times 10^2}{1.1\times 42.4^2}\times 10^{-3} = 15714(\text{kN})$$

$$\frac{N}{N'_{Ex}}=\frac{900}{15714}=0.057$$

受压翼缘的自由外伸宽厚比：

$$\frac{b'}{t}=\frac{b-t_w}{2t}=\frac{420-7}{2\times 14}=14.8>13\sqrt{\frac{235}{f_y}}=13$$

取截面塑性发展系数 $\gamma_x=1.0$。

(2) 截面验算

① 弯矩作用平面内的稳定。

$$N_{cr}=\frac{\pi^2 EI}{(\mu l)^2}=\frac{\pi^2\times 2.06\times 10^5\times 84984\times 10^4}{10000^2}=1.726\times 10^4(\mathrm{kN})$$

$$\beta_{mx}=1-0.36\frac{N}{N_{cr}}=1-0.36\times\frac{900}{1.726\times 10^4}=0.981$$

$$\begin{aligned}&\frac{N}{\varphi_x A}+\frac{\beta_{mx}M_x}{\gamma_{x1}W_{1x}\left(1-0.8\dfrac{N}{N'_{Ex}}\right)}\\&=\frac{900\times 10^3}{0.888\times 153\times 10^2}+\frac{0.981\times 400\times 10^6}{1.0\times 3219\times 10^3\times(1-0.8\times 0.057)}\\&=193.93(\mathrm{N/mm^2})<f=215\ \mathrm{N/mm^2}\end{aligned}$$

满足要求。

② 弯矩作用平面外的稳定。

$$\frac{N}{\varphi_y A}+\eta\frac{\beta_{tx}M_x}{\varphi_b W_{1x}}=\frac{900\times 10^3}{0.793\times 153\times 10^2}+1.0\times\frac{0.65\times 400\times 10^6}{1.0\times 3219\times 10^3}=154.87(\mathrm{N/mm^2})<f=215\ \mathrm{N/mm^2}$$

满足要求。

③ 局部稳定。

a. 受压翼缘板。

可验算

$$\frac{b'}{t}=\frac{b-t_w}{2t}=\frac{420-7}{2\times 14}=15\leqslant 15\sqrt{\frac{235}{f_y}}=15$$

满足要求。

b. 腹板。

腹板计算高度边缘的最大压应力：

$$\sigma_{max}=\frac{N}{A}+\frac{M_x}{I_x}\frac{h_w}{2}=\frac{900\times 10^3}{153\times 10^2}+\frac{400\times 10^6}{84984\times 10^4}\times\frac{500}{2}=176.49(\mathrm{N/mm^2})$$

腹板计算高度另一边缘相应的应力：

$$\sigma_{min}=\frac{N}{A}-\frac{M_x}{I_x}\frac{h_w}{2}=\frac{900\times 10^3}{153\times 10^2}-\frac{400\times 10^6}{84984\times 10^4}\times\frac{500}{2}=-58.85(\mathrm{N/mm^2})(\text{拉应力})$$

应力梯度：

$$\alpha_0=\frac{\sigma_{max}-\sigma_{min}}{\sigma_{max}}=\frac{176.49-(-58.85)}{176.49}=1.33$$

腹板计算高度 h_0 与其厚度 t_w 之比的容许值：

$$\left[\frac{h_0}{t_w}\right]=(45+25\alpha_0^{1.66})\sqrt{\frac{235}{f_y}}=85.13$$

由于

$$\frac{h_0}{t_w}=\frac{500}{7}=71.43<\left[\frac{h_0}{t_w}\right]=85.13$$

可不设腹板的横向加劲肋。

④ 刚度。

构件的最大长细比：

$$\lambda_{max} = \max\{\lambda_x, \lambda_y\} = \lambda_y = 47.1 < [\lambda] = 150$$

满足要求。

因截面无削弱且等效弯矩系数 $\beta_{mx} \approx 1.0$，故必然满足截面强度条件，不必验算。

综上分析，所选截面适用。

【例 6-4】 设计条件同例 6-3，但在构件跨中不设置侧向支承点，校核图 6-17 所示双轴对称焊接箱形截面压弯构件的截面尺寸，截面无削弱。

【解】 构件计算长度 $l_{0x} = l_{0y} = 10$ m。

箱形截面受弯构件整体稳定系数 $\varphi_b = 1.0$，因 $b_0/t = 330/14 = 23.6$，$h_w/t_w = 450/10 = 45$，均大于 20，故焊接箱形截面构件对 x 轴屈曲和对 y 轴屈曲均属 b 类截面。

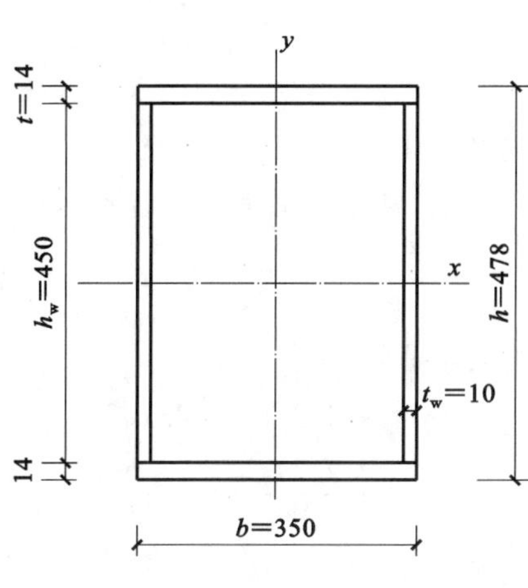

图 6-17 例 6-4 图

(1) 截面几何特性

截面面积：

$A = 2bt + 2h_w t_w = 2 \times 35 \times 1.4 + 2 \times 45 \times 1.0 = 188(\text{cm}^2)$

惯性矩：

$$I_x = \frac{bh^3 - b_0 h_w^3}{12} = \frac{35 \times 47.8^3 - 33 \times 45^3}{12} = 67951(\text{cm}^4)$$

$$I_y = \frac{hb^3 - h_w b_0^3}{12} = \frac{47.8 \times 35^3 - 45 \times 33^3}{12} = 36022(\text{cm}^4)$$

回转半径：

$$i_x = \sqrt{\frac{I_x}{A}} = \sqrt{\frac{67951}{188}} = 19.01(\text{cm})$$

$$i_y = \sqrt{\frac{I_y}{A}} = \sqrt{\frac{36022}{188}} = 13.84(\text{cm})$$

弯矩作用于平面内受压纤维的毛截面模量：

$$W_{1x} = W_x = \frac{2I_x}{h} = \frac{2 \times 67951}{47.8} = 2843(\text{cm}^3)$$

(2) 验算截面

$$\frac{h}{b_0} = \frac{464}{350} = 1.33 \leqslant 6$$

$$\frac{l_1}{b_0} = \frac{10000}{350} = 28.57 \leqslant 95\frac{235}{f_{yk}} = 95 \times \frac{235}{235} = 95$$

由此可知，箱形截面简支梁可不计算整体稳定。

构件段无端弯矩但有横向荷载作用，弯矩作用平面内外的等效弯矩系数为：

$$N_{crx} = \frac{\pi^2 EI_x}{(\mu l)^2} = \frac{\pi^2 \times 2.06 \times 10^5 \times 67951 \times 10^4}{10000^2} = 13815(\text{kN})$$

$$\beta_{mx} = 1 - 0.36\frac{N}{N_{crx}} = 1 - 0.36 \times \frac{900}{13185} = 0.977$$

$$M_x = \frac{Fl}{4} = \frac{160 \times 10}{4} = 400(\text{kN} \cdot \text{m})$$

① 弯矩作用平面内的稳定。

$$\lambda_x = \frac{l_{0x}}{i_x} = \frac{1000}{19.01} = 52.6 < [\lambda] = 150$$

满足要求。

查附录4得，$\varphi_x=0.844$。

$$N'_{Ex}=\frac{\pi^2EA}{1.1\lambda_x^2}=\frac{\pi^2\times206\times10^3\times188\times10^2}{1.1\times52.6^2}\times10^{-3}=12559(\text{kN})$$

截面塑性发展系数 $\gamma_x=1.05$，等效弯矩系数 $\beta_{mx}=0.977$。

$$\frac{N}{\varphi_xA}+\frac{\beta_{mx}M_x}{\gamma_xW_{1x}\left(1-0.8\dfrac{N}{N_{Ex}'}\right)}$$

$$=\frac{900\times10^3}{0.844\times188\times10^2}+\frac{0.977\times400\times10^6}{1.05\times2843\times10^3\times\left(1-0.8\times\dfrac{900}{12559}\right)}$$

$$=195.60(\text{N/mm}^2)<f=215\ \text{N/mm}^2$$

满足要求。

② 弯矩作用平面外的整体稳定。

$$\lambda_y=\frac{l_{0y}}{i_y}=\frac{1000}{13.84}=72.3<[\lambda]=150$$

满足要求。

查附录4得，$\varphi_y=0.737$。

$$\frac{N}{\varphi_yA}+\eta\frac{\beta_{tx}M_x}{\varphi_bW_{1x}}=\frac{900\times10^3}{0.737\times188\times10^2}+0.7\times\frac{0.65\times400\times10^6}{1.0\times2843\times10^3}=129(\text{N/mm}^2)<f=215\ \text{N/mm}^2$$

满足要求。

③ 局部稳定验算。

可验算

$$\frac{b_0}{t}=\frac{330}{14}=23.6\leqslant45\sqrt{\frac{235}{f_y}}=45$$

满足要求。

腹板：

$$\sigma_{\max}=\frac{N}{A}+\frac{M_x}{W_{1x}}=\frac{900\times10^3}{188\times10^2}+\frac{400\times10^6}{2843\times10^3}=188.57(\text{N/mm}^2)$$

$$\sigma_{\min}=\frac{N}{A}-\frac{M_x}{W_{1x}}=\frac{900\times10^3}{188\times10^2}-\frac{400\times10^6}{2843\times10^3}=-92.83(\text{N/mm}^2)$$

$$\alpha_0=\frac{\sigma_{\max}-\sigma_{\min}}{\sigma_{\max}}=\frac{188.57+92.83}{188.57}=1.49$$

腹板计算高度 h_0 与其厚度 t_w 之比的容许值：

$$(45+25\alpha_0^{1.66})\sqrt{\frac{235}{f_y}}=93.47$$

即 h_0/t_w 的容许值为93.47，实际上有：

$$\frac{h_0}{t_w}=\frac{450}{10}=45<93.47$$

满足要求。

(3) 刚度验算

构件的最大长细比：

$$\lambda_{\max}=\lambda_y=72.3<[\lambda]=150$$

满足要求。

因截面无削弱，截面强度不必验算。

【例 6-5】 图 6-18 所示为一偏心受压悬臂柱，柱底与基础刚接，柱高 $H=6$ m，平面内计算长度取 $2H$，每柱承受静压力荷载设计值 $N=1200$ kN(标准值 $N_k=900$ kN，包括自重)，偏心距为 0.5 m。在弯矩作用平面外设支撑系统作为侧向支承点，支承点处按铰接考虑。钢材为 Q235。试校核此焊接工字形截面柱的截面(翼缘为火焰切割边)。

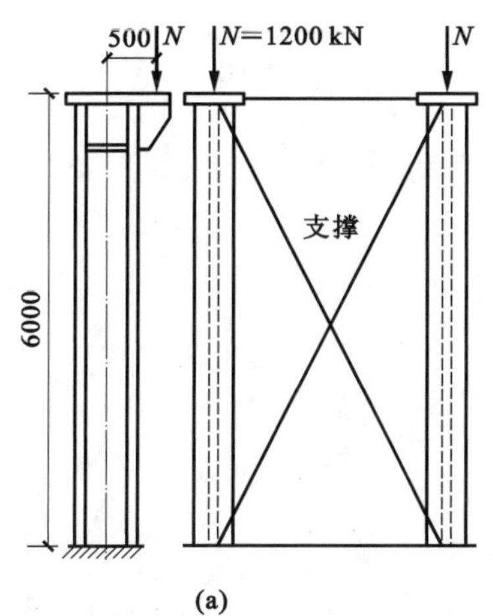

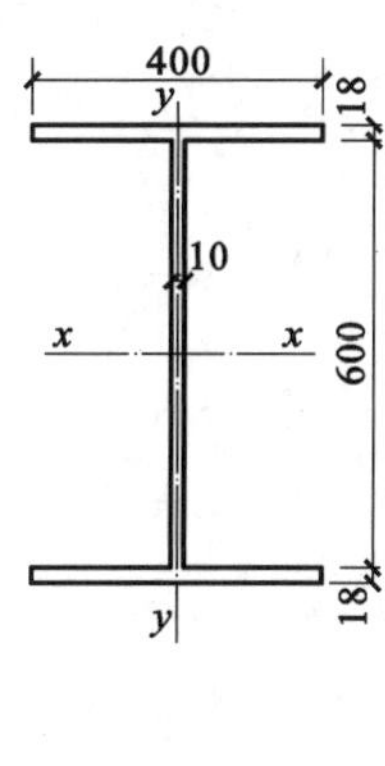

图 6-18 例 6-5 图

【解】 (1) 计算内力

内力设计值 $N=1200$ kN，则：

$$M_x = 1200 \times 0.5 = 600(\text{kN}\cdot\text{m})$$

内力标准值 $N_k=900$ kN，则：

$$M_{kx} = 900 \times 0.5 = 450(\text{kN}\cdot\text{m})$$

钢材为 Q235，$f=205$ N/mm²(估计翼缘 $t>16$ mm)。

(2) 确定计算长度

弯矩作用平面内(悬臂构件)，有：

$$H_{0x} = \mu H = 2 \times 6 = 12(\text{m})$$

弯矩作用平面外(支承点间距离)，有：

$$H_{0y} = H = 6 \text{ m}$$

(3) 截面几何特性

截面面积：

$$A = 2 \times 40 \times 1.8 + 60 \times 1 = 204(\text{cm}^2)$$

截面惯性矩：

$$I_x = \frac{40 \times 63.6^3 - 39 \times 60^3}{12} = 1.555 \times 10^5(\text{cm}^4)$$

$$I_y = \frac{1}{12} \times 2 \times 1.8 \times 40^3 = 1.92 \times 10^4(\text{cm}^4)$$

截面模量：

$$W_{1x} = \frac{1.555 \times 10^5}{31.8} = 4.890 \times 10^3(\text{cm}^3)$$

回转半径：

$$i_x = \sqrt{\frac{1.555 \times 10^5}{204}} = 27.6(\text{cm})$$

$$i_y = \sqrt{\frac{1.92 \times 10^4}{204}} = 9.7(\text{cm})$$

(4) 截面验算

$$N_{cr}=\frac{\pi^2 EI}{(\mu l)^2}=\frac{\pi^2\times 2.06\times 10^5\times 1.555\times 10^9}{12000^2}=2.196\times 10^4(\text{kN})$$

$$\beta_{mx}=1-0.36\frac{N}{N_{cr}}=1-0.36\times\frac{1200}{2.196\times 10^4}=0.980$$

① 强度验算。

$$\frac{N}{A_n}+\frac{M_x}{\gamma_x W_{nx}}=\frac{1200\times 10^3}{204\times 10^2}+\frac{600\times 10^6}{1.05\times 4.890\times 10^6}$$
$$=58.82+116.86=175.7(\text{N/mm}^2)<f=205\ \text{N/mm}^2$$

② 长细比验算。

$$\lambda_x=\frac{H_{0x}}{i_x}=\frac{1200}{27.6}=43.5<[\lambda]=150$$

$$\lambda_y=\frac{H_{0y}}{i_y}=\frac{600}{9.7}=61.9<[\lambda]=150$$

③ 弯矩作用平面内稳定验算。

$\lambda_x=43.5$，$\varphi_x=0.884$(b类截面)，$\gamma_x=1.05$，$\beta_{mx}=0.980$。

$$N'_{Ex}=\frac{\pi^2 EA}{1.1\lambda_x^2}=\frac{3.14^2\times 206\times 10^3\times 204\times 10^2}{1.1\times 43.5^2}=1.993\times 10^4(\text{kN})$$

$$\frac{N}{\varphi_x A f}+\frac{\beta_{mx}M_x}{\gamma_x W_{1x}\left(1-0.8\frac{N}{N'_{Ex}}\right)f}$$

$$=\frac{1200\times 10^3}{0.8845\times 204\times 10^2\times 205}+\frac{0.980\times 600\times 10^6}{1.05\times 4.890\times 10^6\times\left(1-0.8\times\frac{1200\times 10^3}{1.993\times 10^7}\right)\times 205}$$

$$=0.911<1$$

满足要求。

④ 弯矩作用平面外稳定验算。

$$\lambda_y=61.9,\quad \varphi_y=0.797(\text{b类截面})$$

计算受弯构件整体稳定系数φ_b：

$$\varphi_b=1.07-\frac{61.9^2}{44000}=0.983$$

$$\frac{N}{\varphi_y}+\eta\frac{\beta_{tx}M_x}{\varphi_b W_{1x}}=\frac{1200\times 10^3}{0.797\times 20400}+1\times\frac{0.65\times 600\times 10^6}{0.983\times 4.89\times 10^6}=154.94<f=205$$

满足要求。

⑤ 局部稳定验算。

a. 翼缘。

可验算

$$\frac{b}{t_f}=\frac{195}{18}=10.8\leqslant 15\sqrt{\frac{235}{f_{yk}}}=15$$

满足要求。

b. 腹板。

$$\sigma_{max}=\frac{N}{A}+\frac{M_x}{I_x}\frac{h_w}{2}=\frac{1200\times 10^3}{204\times 10^2}+\frac{600\times 10^6}{1.555\times 10^9}\times 300=58.82+115.76=174.58(\text{N/mm}^2)$$

$$\sigma_{min}=58.82-115.76=-56.94(\text{N/mm}^2)$$

$$\alpha_0=\frac{\sigma_{max}-\sigma_{min}}{\sigma_{max}}=\frac{174.58-(-56.94)}{174.58}=1.33$$

$$\frac{h_w}{t_w}=\frac{600}{10}=60<(45+25\alpha_0^{1.66})\sqrt{\frac{235}{f_y}}=85.13$$

满足要求。

由上述条件可知，所选截面满足设计要求。

6.6 格构式压弯构件设计

6.6.1 截面形式

格构式压弯构件常用于厂房的框架柱和高大的独立支柱，可以节约材料。由于格构式截面的材料集中在远离形心的分肢，所以截面惯性矩增大，截面的抗弯刚度和稳定得以提高。

常用的格构式压弯构件截面形式如图 6-19 所示。当柱中弯矩不大或正、负弯矩的绝对值不大时，可采用对称截面形式[图 6-19(a)、(c)、(d)]；如果正、负弯矩的绝对值相差较大，则常采用不对称截面[图 6-19(b)、(e)]，并将较大肢放在受压较大的一侧。由于截面的高度较大且受较大的剪力作用，故构件常用缀条连接，缀板连接的格构式压弯构件很少采用。缀条多采用单角钢，其要求同格构式轴心受压构件。

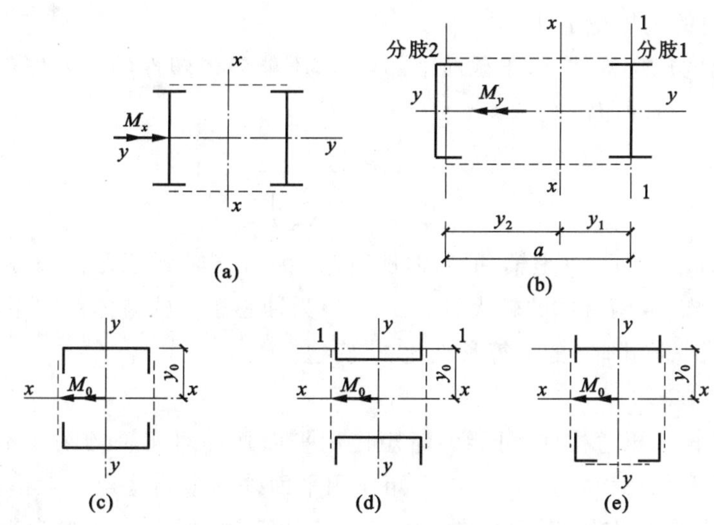

图 6-19 格构式压弯构件常用截面形式

6.6.2 格构式压弯构件的稳定

(1) 弯矩绕实轴作用时

① 在弯矩作用平面内的稳定。

对于弯矩绕实轴作用的格构式压弯构件，在弯矩作用平面内的稳定计算和实腹式压弯构件相同，只是将式中的 x 改成 y 即可。

② 在弯矩作用平面外的稳定。

格构式压弯构件在弯矩作用平面外的稳定计算也和实腹式构件相同，只是长细比应取换算长细比，整体稳定系数取 $\varphi_b=1.0$。

③ 分肢稳定。

格构式压弯构件的分肢稳定按实腹式压弯构件计算，内力按以下原则分配[图 6-19(b)]：轴心压力 N

在两分肢间的分配与分肢轴线至虚轴 x 轴的距离成反比；弯矩 M_y 在两分肢间的分配与分肢对实轴 y 轴的惯性矩成正比，与分肢轴线至虚轴 x 轴的距离成反比。

分肢 1 的轴力：

$$N_1 = N\frac{y_2}{a} \tag{6-32a}$$

分肢 1 的弯矩：

$$M_{y1} = \frac{\dfrac{I_1}{y_1}}{\dfrac{I_1}{y_1}+\dfrac{I_2}{y_2}}M_y \tag{6-32b}$$

分肢 2 的轴力：

$$N_2 = N - N_1 \tag{6-32c}$$

分肢 2 的弯矩：

$$M_{y2} = M_y - M_{y1} \tag{6-32d}$$

式中　I_1，I_2——分肢 1 和分肢 2 对 y 轴的惯性矩。

上式适用于 M_y 作用在构件主平面的情形。当 M_y 不是作用在构件的主平面，而是作用在一个分肢的轴线平面[如图 6-19(b)中分肢 1 的 1—1 轴线平面]，则 M_y 视为全部由该分肢承受。

缀材所受剪力的计算与轴心受压格构柱相同。

(2) 弯矩绕虚轴作用时

① 在弯矩作用平面内的整体稳定计算。

对于弯矩绕虚轴作用的压弯构件，由于截面中部空心，不能考虑塑性的深入发展，故弯矩作用平面内的整体稳定计算宜采用边缘纤维屈服准则：

$$\frac{N}{\varphi_x A f}+\frac{\beta_x M_x}{W_{1x}\left(1-\dfrac{N}{N'_{Ex}}\right)f}\leqslant 1 \tag{6-33}$$

式中，$W_{1x}=I_x/y_0$。I_x 为对 x 轴(虚轴)的毛惯性矩；y_0 为由 x 轴到压力较大分肢轴线的距离或者到压力较大分肢腹板边缘的距离，取两者中的较大者。φ_x、N'_{Ex} 为轴心压杆的整体稳定系数和考虑抗力分项系数 γ_R 的欧拉临界力，均由对 x 轴(虚轴)的换算长细比 λ_{0x} 确定。

② 分肢稳定计算。

弯矩绕虚轴作用的格构式压弯构件，可能因弯矩作用平面外即对实轴的刚度不足而失稳，此时要求两个分肢在弯矩作用平面外要保持稳定。因此，在弯矩作用平面外的整体稳定一般由分肢的稳定计算得到保证，不必再计算整个构件在弯矩作用平面外的整体稳定。计算时，可将构件视为平等弦桁架，分肢视为弦杆，按轴心压杆计算。

分肢的轴力应按下式计算(图 6-20)。

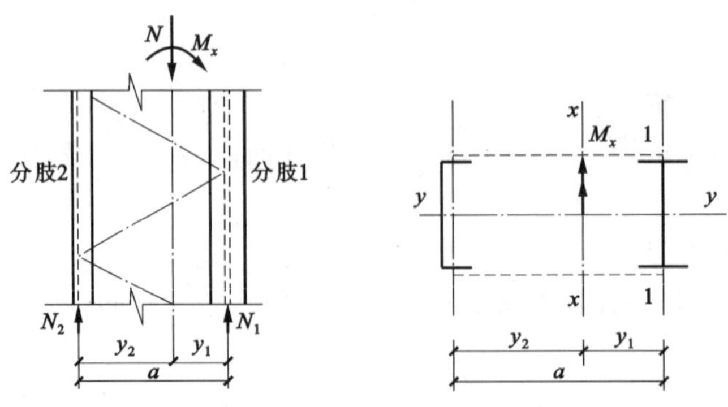

图 6-20　分肢的内力计算

分肢 1：

$$N_1 = N\frac{y_2}{a} + \frac{M_x}{a} \tag{6-34a}$$

分肢 2：

$$N_2 = N - N_1 \tag{6-34b}$$

对缀条柱，分肢按轴心压杆设计。对于分肢的计算长度，在缀材平面内（图 6-20 中的 1—1 轴），取缀条体系的节间长度；在缀条平面外，取整个构件两侧向支承点间的距离。

对缀板柱，分肢除受轴力作用外，还应考虑由剪力引起的局部弯矩，按实腹式压弯构件验算单肢的稳定。在缀板平面内，分肢的计算长度（分肢绕 1—1 轴）取缀板间净距。

③ 缀材的计算。

格构式压弯构件缀材的计算与格构式轴心受压构件的缀件计算方法相同，但所受剪力应取构件实际剪力和按式 $V=\frac{Af}{85}\sqrt{\frac{f_y}{235}}$ 的计算剪力两者中的较大值。

（3）双向受弯格构式压弯构件

弯矩作用在两个主平面内的双肢格构式压弯构件（图 6-21），其稳定计算按下列规定进行。

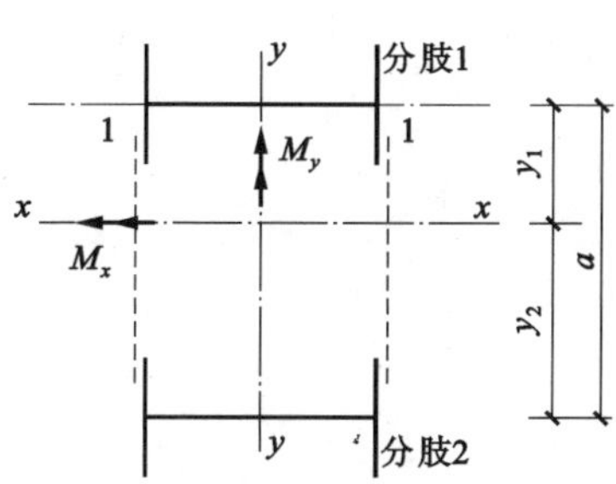

图 6-21 双向受弯格构柱

① 整体稳定计算。

《钢结构设计标准》（GB 50017—2017）采用与边缘纤维屈服准则导出的弯矩绕虚轴作用的格构式压弯构件弯矩作用平面内整体稳定计算式相衔接的直线式进行计算：

$$\frac{N}{\varphi_x Af} + \frac{\beta_{mx}M_x}{W_{1x}\left(1-\frac{N}{N'_{Ex}}\right)f} + \frac{\beta_{ty}M_y}{W_{1y}f} \leqslant 1 \tag{6-35}$$

式中，W_{1y} 为在 M_y 作用下对较大受压纤维的毛截面模量，其他系数与实腹式压弯构件相同，但对虚轴（x 轴）的系数 φ_x、N'_{Ex} 应由换算长细比 λ_{0x} 确定。

② 分肢稳定计算。

分肢的稳定计算与实腹式压弯构件的稳定计算一样，在轴力和弯矩共同作用下产生的内力按以下原则分配：N 和 M_x 在两分肢中产生的轴力 N_1 和 N_2 按式（6-34）计算，M_y 在两分肢间的分配按式（6-32b）、式（6-32d）计算。对缀板式压弯构件，还应考虑缀板剪力产生的局部弯矩 M_{x1}，其分肢稳定按双向压弯构件计算。

③ 横隔及分肢的局部稳定。

对格构式柱，无论截面大小，均应设置横隔，设置方法与轴心受压格构柱相同。格构式压弯柱分肢的局部稳定计算同实腹式压弯柱。

【例 6-6】 试计算图 6-22 所示单层厂房下柱截面，属有侧移框架。框架平面内的计算长度 $l_{0x}=24$ m，框架平面外的计算长度 $l_{0y}=12$ m。组合内力设计值：$N=4500$ kN，$M_x=\pm 4200$ kN·m，$V=\pm 220$ kN。钢材为 Q235，翼缘为火焰切割边。

【解】 （1）截面几何特性

$$A = 2\times(2\times 35\times 2 + 66\times 1.4) = 464.8(\text{cm}^2)$$

$$I_x = 4\times\left(\frac{2\times 35^3}{12} + 35\times 2\times 100^2\right) + 2\times 66\times 1.4\times 100^2 = 4677000(\text{cm}^4)$$

$$I_y = 4\times 35\times 2\times 34^2 + 2\times\frac{1.4\times 66^3}{12} = 390800(\text{cm}^4)$$

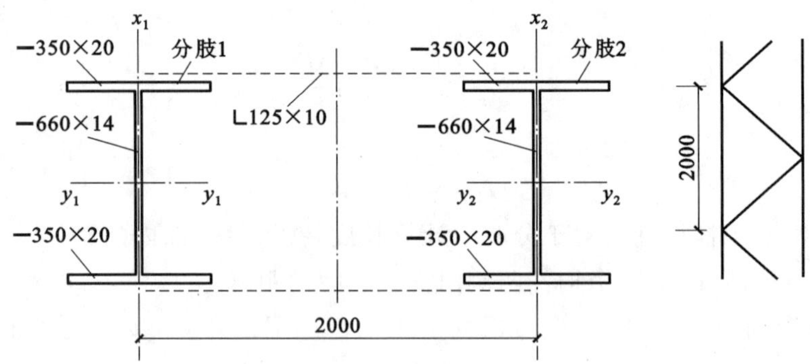

图 6-22 例 6-6 图

$$i_x = \sqrt{\frac{I_x}{A}} = \sqrt{\frac{4677000}{464.8}} = 100.3(\text{cm})$$

$$i_y = \sqrt{\frac{I_y}{A}} = \sqrt{\frac{390800}{464.8}} = 29.0(\text{cm})$$

$$W_x = \frac{I_x}{y_{\max}} = \frac{4677000}{117.5} = 39800(\text{cm}^3)$$

缀条：

$$A_1 = 2 \times 24.37 = 48.74(\text{cm}^2), \quad i_{y0} = 2.48 \text{ cm}$$

分肢：

$$A_1' = \frac{A}{2} = \frac{464.8}{2} = 232.4(\text{cm}^2)$$

$$I_{x1} = 2 \times \frac{2 \times 35^3}{12} = 14290(\text{cm}^4)$$

$$I_{y1} = \frac{I_y}{2} = \frac{290800}{2} = 195400(\text{cm}^4)$$

$$i_{x1} = \sqrt{\frac{I_{x1}}{A_1'}} = \sqrt{\frac{14290}{232.4}} = 7.84(\text{cm})$$

$$i_{y1} = \sqrt{\frac{I_{y1}}{A_1'}} = \sqrt{\frac{195400}{232.4}} = 29.0(\text{cm})$$

(2) 截面验算

① 强度。

$$\frac{N}{A} + \frac{M_x}{W_{nx}} = \frac{4500 \times 10^3}{464.8 \times 10^2} + \frac{4200 \times 10^6}{39800 \times 10^3} = 202.05(\text{N/mm}^2) < f = 205 \text{ N/mm}^2$$

满足要求。

② 弯矩作用平面内的整体稳定验算。

$$\lambda_x = \frac{l_{0x}}{i_x} = \frac{2400}{100.3} = 23.93$$

换算长细比：

$$\lambda_{0x} = \sqrt{\lambda_x^2 + 27\frac{A}{A_1}} = \sqrt{23.93^2 + 27 \times \frac{464.8}{48.74}} = 28.81 < [\lambda] = 150$$

刚度满足要求。

按 b 类截面查附表得，$\varphi_x = 0.940$。

$$N'_{Ex} = \frac{\pi^2 EA}{1.1\lambda_{0x}^2} = \frac{\pi^2 \times 206 \times 10^3 \times 464.8 \times 10^2}{1.1 \times 28.81^2} = 103398(\text{kN})$$

$$W_{1x} = \frac{I_x}{y_0} = \frac{4677000}{100} = 46770(\text{cm}^3)$$

由于是有侧移的框架柱，则：

$$N_{cr}=\frac{\pi^2 EI}{(\mu l)^2}=\frac{\pi^2\times 2.06\times 10^5\times 4677000\times 10^4}{24000^2}=1.65\times 10^8(\mathrm{N})$$

$$\beta_{mx}=1-0.36\frac{N}{N_{cr}}=1-0.36\times\frac{4500\times 10^3}{1.65\times 10^8}=0.990$$

$$\frac{N}{\varphi_x Af}+\frac{\beta_{mx}M_x}{W_{1x}\left(1-\varphi_x\dfrac{N}{N'_{Ex}}\right)f}$$

$$=\frac{4500\times 10^3}{0.940\times 464.8\times 10^2\times 205}+\frac{0.990\times 4200\times 10^6}{46770\times 10^3\times\left(1-0.94\times\dfrac{4500\times 10^3}{103398\times 10^3}\right)\times 205}$$

$$=0.955<1$$

满足要求。

③ 单肢稳定验算。

$$N_1=\frac{N}{2}+\frac{M}{b_1}=\frac{4500}{2}+\frac{4200}{2}=4350(\mathrm{kN})$$

$$\lambda_{x1}=\frac{l_{01}}{i_{x1}}=\frac{300}{7.84}=38.3<[\lambda]=150$$

刚度满足要求。

$$\lambda_{y1}=\frac{l_{0y}}{i_{y1}}=\frac{1200}{29}=41.38<[\lambda]=150$$

刚度满足要求。

由 $\lambda_{max}=\lambda_{y1}=41.38$，查附表得，$\varphi_{min}=0.880$。

$$\frac{N_1}{\varphi_{min}A'_1}=\frac{4350\times 10^3}{0.880\times 232.4\times 10^2}=212.7(\mathrm{N/mm^2})>f=205\ \mathrm{N/mm^2}$$

近似满足要求。

④ 分肢的局部稳定验算。

a. 翼缘。

由于

$$\frac{b}{t_f}=\frac{350-14}{2\times 20}=8.4\leqslant 15\sqrt{\frac{235}{f_y}}=15$$

满足要求。

b. 腹板。

由于

$$\frac{h_w}{t_w}=\frac{660}{14}=47.1\approx 45\sqrt{\frac{235}{f_y}}=45$$

近似满足要求。

⑤ 缀条稳定验算。

计算剪力：

$$V=\frac{Af}{85}=\frac{464.8\times 10^2\times 215}{85}=117570(\mathrm{N})=117.57\ \mathrm{kN}<220\ \mathrm{kN}$$

故采用 $V=220$ kN 计算。

斜缀条内力：

$$N_1=\frac{V_1}{\sin\alpha}=\frac{220}{2\sin 53^\circ}=137.7(\mathrm{kN})$$

$$\lambda=\frac{l_0}{i_{y0}}=\frac{200}{\sin53^\circ\times2.48}=100.8<[\lambda]=150$$

刚度满足要求。

对单角钢缀条,由于 $80<\lambda=100.8\leqslant160$,$\overline{\lambda_e}=52+\lambda=52+100.8=152.8$,查附表得,$\varphi=0.298$。

$$\frac{N_1}{\varphi A}=\frac{137.7\times10^3}{0.298\times24.37\times10^2}=189.6(\text{N/mm}^2)<f=215\ \text{N/mm}^2$$

满足要求。

独立思考

6-1　工字形截面压弯构件的容许高厚比是根据(　　)确定的。

A. 轴压杆腹板和梁腹板高厚比

B. h_0t_w 与腹板的应力梯度 α_0、构件的长细比的关系

C. 腹板的应力梯度 α_0

D. 构件的长细比

6-2　钢结构实腹式压弯构件的设计一般应进行的计算内容为(　　)。

A. 强度、弯矩作用平面内的整体稳定、局部稳定、变形

B. 弯矩作用平面内的整体稳定、局部稳定、变形、长细比

C. 强度、弯矩作用平面内及平面外的整体稳定、局部稳定、变形

D. 强度、弯矩作用平面内及平面外的整体稳定、局部稳定、长细比

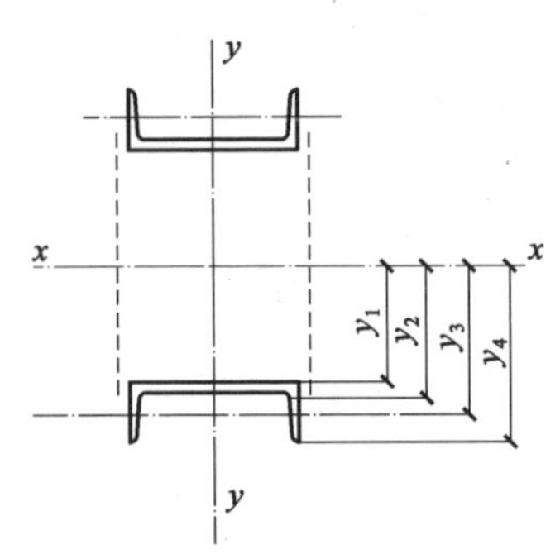

图 6-23　独立思考 6-3 图

6-3　计算图 6-23 所示的格构式压弯构件绕虚轴的整体稳定时,截面模量 $W_{1x}=I_x/y_0$,其中 $y_0=$(　　)。

A. y_1　　B. y_2

C. y_3　　D. y_4

6-4　对于单轴对称截面的压弯构件,应使弯矩(　　)。

A. 绕非对称轴作用

B. 绕对称轴作用

C. 绕任意主轴作用

D. 视情况绕对称轴或非对称轴作用

6-5　单轴对称的实腹式压弯 T 形截面构件整体稳定计算公式 $\frac{N}{\varphi_xAf}+\frac{\beta_{mx}M_x}{\gamma_xW_{1x}\left(1-0.8\frac{N}{N'_{Ex}}\right)f}\leqslant1$ 和 $\left|\frac{N}{Af}-\frac{\beta_{mx}M_x}{\gamma_xW_{2x}\left(1-1.25\frac{N}{N'_{Ex}}\right)f}\right|\leqslant1$ 中,γ_x、W_{1x}、W_{2x} 为(　　)。

A. W_{1x} 和 W_{2x} 为单轴对称截面绕非对称轴较大和较小翼缘最外纤维的毛截面模量,γ_x 值不同

B. W_{1x} 和 W_{2x} 为较大和较小翼缘最外纤维的毛截面模量,γ_x 值不同

C. W_{1x} 和 W_{2x} 为较大和较小翼缘最外纤维的毛截面模量,γ_x 值相同

D. W_{1x} 和 W_{2x} 为单轴对称截面绕非对称轴较大和较小翼缘最外纤维的毛截面模量,γ_x 值相同

6-6　弯矩作用在实轴平面内的双肢格构式压弯构件应进行(　　)和缀材的计算。

A. 强度、刚度、弯矩作用平面内稳定、弯矩作用平面外稳定、单肢稳定

B. 弯矩作用平面内稳定、单肢稳定

C. 弯矩作用平面内稳定、弯矩作用平面外稳定

D. 强度、刚度、弯矩作用平面内稳定、单肢稳定

6-7 计算格构式压弯构件的缀材时，剪力应取(　　)。

A. 构件实际剪力设计值

B. 由公式 $V=Af/85$ 计算的剪力

C. 构件实际剪力设计值、由公式 $V=Af/85$ 计算的剪力两者中的较大值

D. $V=\mathrm{d}M/\mathrm{d}x$ 的计算值

6-8 拉弯构件和压弯构件是以哪种极限状态为依据进行强度计算的？

6-9 哪些情况下压弯构件既可能在弯矩作用平面内失稳，又可能在弯矩作用平面外失稳？

6-10 计算实腹式压弯构件在弯矩作用平面内稳定和弯矩作用平面外稳定公式中的弯矩取值是否一样？若平面外设有侧向支承，取值是否一样？

6-11 在计算实腹式压弯构件的强度和整体稳定时，在哪些情况下应取计算公式中的 $\gamma_x=1.0$？

6-12 在压弯构件整体稳定计算公式中，为什么要引入 β_{mx}？

6-13 对实腹式单轴对称截面的压弯构件，当弯矩作用在对称轴平面内且使较大翼缘受压时，其整体稳定应如何计算？

6-14 工字形截面的压弯构件，其翼缘和腹板的局部稳定是如何考虑的？

6-15 对于格构式压弯构件，当弯矩绕虚轴作用时，为什么不计算弯矩作用平面外的稳定？它的分肢稳定如何计算？

6-16 压弯构件的计算长度和轴心受压构件在计算方法上是否一样？它们都受哪些因素影响？

6-17 两端铰接的拉弯构件承受的荷载如图 6-24 所示，构件截面无削弱，试确定构件所能承受的最大轴心拉力设计值。截面为Ⅰ45a 轧制工字钢，钢材为 Q235。

6-18 独立思考 6-17 中，轧制工字钢仍为Ⅰ45a，但在两个主平面内同时作用图 6-25 所示的横向荷载，试确定作用于构件的最大轴心拉力设计值。

6-19 单向压弯构件如图 6-26 所示，两端铰接。已知承受轴心压力设计值 $N=400$ kN，端弯矩设计值 $M_A=100$ kN·m，$M_B=50$ kN·m，均为顺时针方向作用在构件端部的静力荷载。构件长 $l=6.2$ m，在构件两端及跨中各有一侧向支承点。构件截面为Ⅰ36a，钢材为 Q235。试验算此构件的稳定和截面强度。

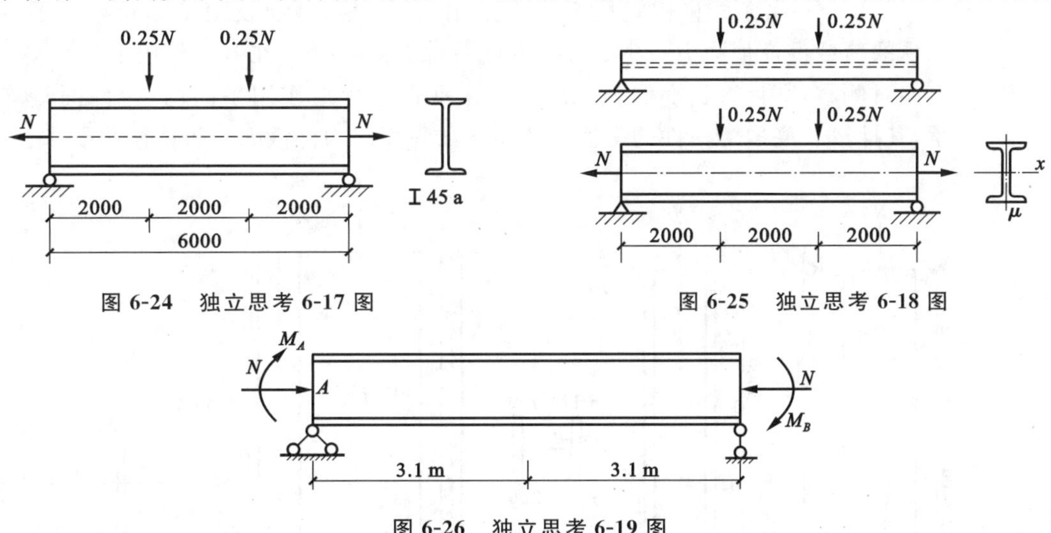

图 6-24　独立思考 6-17 图

图 6-25　独立思考 6-18 图

图 6-26　独立思考 6-19 图

6-20 图 6-27 所示的悬臂柱承受偏心距为 250 mm 的设计压力 1600 kN。在弯矩作用平面内为刚接柱脚，在弯矩作用平面外为铰接柱脚，在弯矩作用平面外有支撑体系对柱上端形成支点[图 6-27(b)]，要求确定热轧 H 型钢或焊接工字形截面，钢材为 Q235(注：当选用焊接工字形截面时，可试用翼缘 2—400×20，火焰切割边，腹板 1—400×12)。

6-21　独立思考6-20中,如果弯矩作用平面外的支撑改为图6-28所示,所选用的截面如何调整才能适应?调整后柱截面面积可以减少多少?

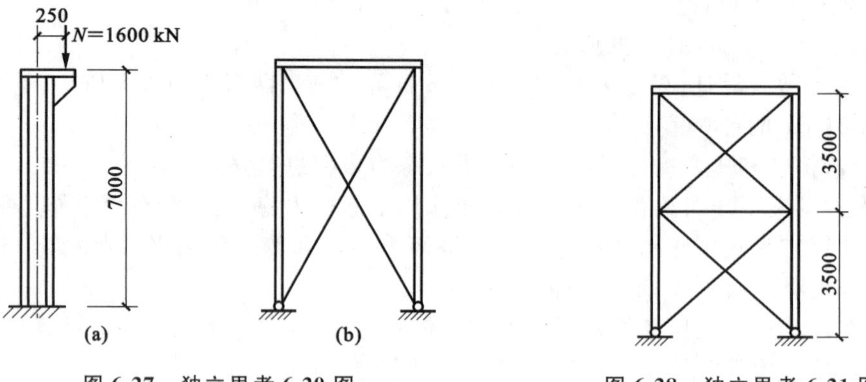

图6-27　独立思考6-20图　　图6-28　独立思考6-21图

6-22　某天窗架的侧腿由不等边双角钢组成,见图6-29。角钢间的节点板厚度为10 mm,杆两端铰接,杆长为3.5 m,杆承受轴心压力$N=3.5$ kN和横向均布荷载$q=2$ kN/m,材料用Q235。要求选出角钢尺寸。如果荷载q的方向与图中相反,角钢尺寸如何选用?

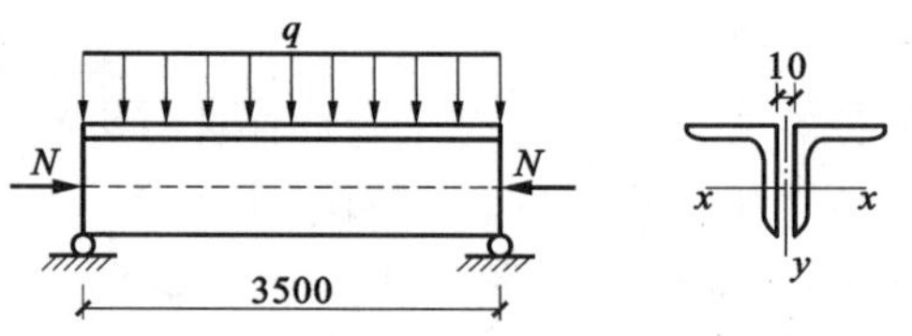

图6-29　独立思考6-22图

6-23　图6-30所示的压弯构件采用焊接工字形截面,火焰切割边,构件翼缘上对称钻有8个ϕ21.5螺孔,材料用Q235钢,已知$N=150$ kN。试确定该构件的最大轴心压力设计值,并验算板件的局部稳定。如果用Q345钢,设计压力有何改变?

6-24　一缀条式格构式压弯构件采用Q235钢,截面及缀条布置等如图6-31所示,承受的荷载设计值为$N=500$ kN和$M_x=120$ kN·m。在弯矩作用平面内,构件上、下端有相对侧移,其计算长度取为9.0 m。在垂直于弯矩作用平面内,构件两端均有侧向支承,其计算长度取为构件的高度6.2 m。试验算此构件截面是否能满足要求。

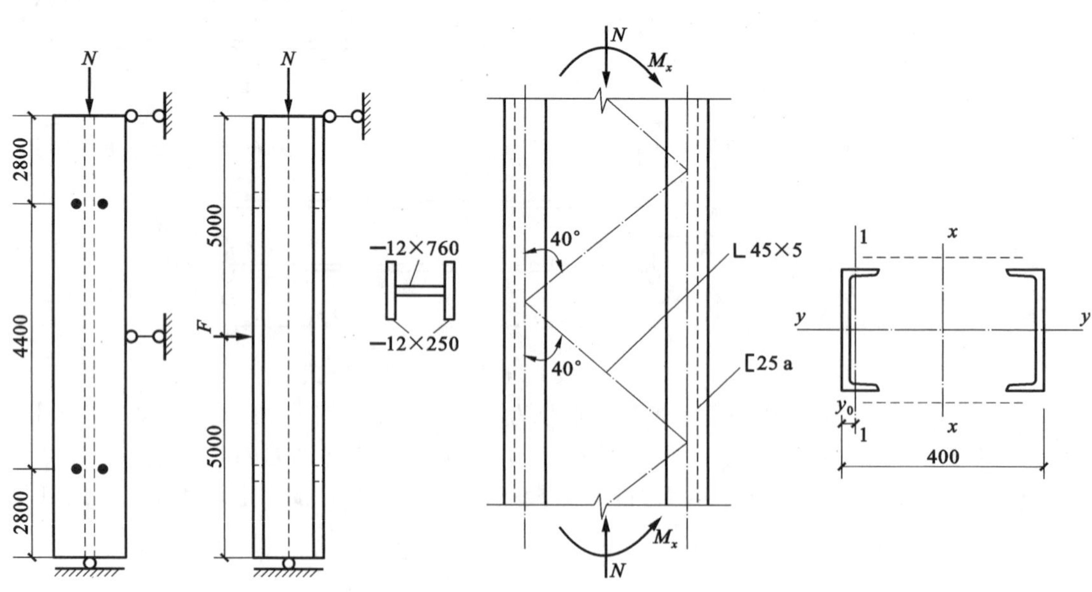

图6-30　独立思考6-23图　　图6-31　独立思考6-24图

思考题答案

7 桁架及屋盖

课前导读

内容提要

本章重点介绍了桁架及屋盖的设计方法，其中包括桁架和屋盖的组成及主要尺寸、屋盖的支撑系统、屋架的荷载和内力计算、桁架杆件的截面设计及节点设计，最后通过一钢屋架的设计实例详细阐述了钢屋架的设计过程。

能力要求

通过本章的学习，学生应掌握钢屋盖结构的形式、组成及布置方法，掌握钢屋盖支撑系统的作用和设计，掌握屋架的荷载和内力计算，掌握钢屋盖结构的设计方法，尤其要掌握桁架的节点设计方法，学会绘制钢屋架施工图。

数字资源

重难点

桁架是由直杆相互连接而成的格构式结构。桁架中的杆件大多数情况下只受轴向拉力或者轴向压力,应力在截面上均匀分布,因而容易发挥材料的作用。桁架用料经济,结构自重小,易形成各种外形以适应不同的用途,譬如可以做成简支桁架、拱、框架、网架和塔架等。其中,网架和塔架属于空间结构体系。桁架是一种应用极广泛的结构,除了经常用于屋盖结构外,还用于皮带运输机桥、输电塔架、起重机架和桥梁等。

在工业和民用房屋建筑中,当跨度比较大时,用梁做屋盖的承重结构是不经济的,这时通常采用桁架。这种用于屋盖承重结构的梁式桁架叫作屋架。两个角钢组成T形或十字形截面杆件,在杆件汇交处通过节点板用焊缝连接而形成普通钢桁架。它具有受力性能好,制造安装方便,取材容易,与支撑体系形成的屋盖结构整体刚度好、工作可靠、适应性强等优点。本章主要结合该类型钢屋架简述桁架设计的各种问题。

7.1 桁架的外形、腹杆体系和主要尺寸

7.1.1 桁架的外形与腹杆体系

屋架的形式图

桁架的用途直接影响其外形。桁架外形一般分为三角形[图 7-1(a)、(b)、(c)]、梯形[图 7-1(d)、(e)]及平行弦[图 7-1(f)、(g)]三种。常用的桁架腹杆形式有人字式[图 7-1(a)、(d)、(g)]、芬克式[图 7-1(b)]、单向斜杆式[也称为豪式,图 7-1(c)]、再分式[图 7-1(e)]及交叉式[图 7-1(f)]五种。前四种为单系腹杆,交叉式为复系腹杆。

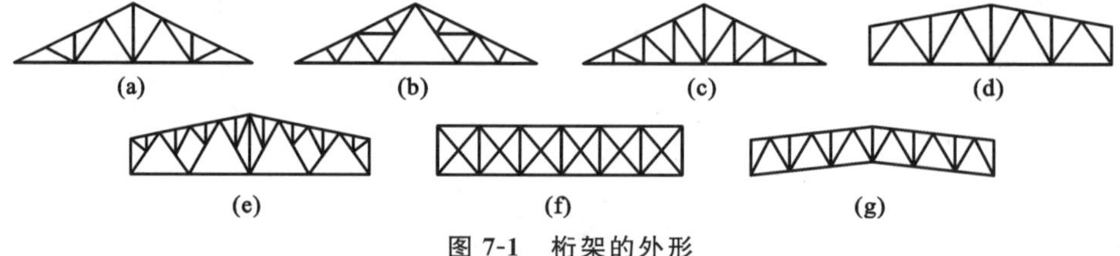

图 7-1 桁架的外形

桁架外形与腹杆形式应该经过综合分析后确定。屋架的外形选择应遵循以下原则:第一,满足使用要求,主要需满足排水坡度、建筑净空、天窗、天棚以及悬挂吊车的需要;第二,受力合理,应使屋架的外形与弯矩图相近,杆件受力均匀,短杆受压、长杆受拉,荷载布置在节点上,以减小弦杆局部弯矩,使屋架中部有足够高度,以满足刚度要求;第三,便于施工,屋架的杆件和节点宜减少数量和种类,构造简单,尺寸划一,夹角在 30°～60°之间,跨度和高度避免超宽、超高。

三角形屋架适用于屋面坡度较大的有檩屋盖结构:坡度 $i=1/6\sim1/2$;上、下弦交角小,端节点构造复杂;外形与弯矩图差别大,受力不均匀,横向刚度小,只适用于中、小跨度轻屋盖结构。三角形屋架的腹杆布置形式有芬克式、单向斜杆式、人字式三种。芬克式屋架受力合理、便于运输,多被采用;单向斜杆式屋架只适用于下弦设置天棚的屋架,较少采用;人字式屋架只适用于跨度小于 18 m 的屋架。

梯形屋架适用于屋面坡度平缓的无檩屋盖结构。坡度 $i<1/3$ 且跨度较大时多采用梯形屋架。梯形屋架外形与弯矩图接近,弦杆受力均匀,腹杆多采用人字式。当端斜杆与弦杆组成的支承点在下弦时称为下承式,多用于刚接支承节点;反之为上承式。梯形屋架上弦节间长度应与屋面板的尺寸相配合,使荷载作用于节点上。当上弦节间太长时,应采用再分式腹杆。

平行弦屋架多用于单坡屋面和双坡屋面,或用作托架、支撑体系。腹杆多为人字式或交叉式。平行弦屋架的同类杆件长度一致,节点类型少,符合工业化制造要求,有较好的效果。

7.1.2 桁架的主要尺寸

桁架的主要尺寸是指其跨度 L 和高度 H。对梯形桁架，还有端部高度 H_0。屋架的跨度应根据生产工艺和建筑使用要求确定，屋架的高度则由经济条件、刚度条件（满足屋架的挠度容许值）、运输界限（铁路运输界限高度为 3.85 m）及屋面坡度等因素确定。

基于上述原则，各种屋架中部高度 H 常在下述范围取值：对于三角形屋架，$H\approx(1/6\sim1/4)L$；对于梯形屋架，$H\approx(1/10\sim1/6)L$。当跨度大时注意尽可能不超过运输界限。

梯形屋架端部高度 H_0 与中部高度、屋面坡度相关联。当为多跨屋架时，H_0 应一致，以利于屋面构造。工程中 H_0 取为 1.8～2.1 m 符合模数的数值。当屋架与柱子刚接时，H_0 应有足够的大小，以便较好地传递支座弯矩而不使端部弦杆中产生过大内力。

7.2 屋盖结构的组成及柱网和温度伸缩缝的布置

7.2.1 屋盖结构的组成

钢屋盖结构通常由屋面、檩条、屋架、托架、天窗架和支撑等构件组成。根据屋面材料和屋面结构布置情况的不同，钢屋盖结构体系可分为无檩屋盖结构体系和有檩屋盖结构体系。

(1) 无檩屋盖结构体系

无檩屋盖结构体系[图 7-2(a)]中，屋面板通常采用钢筋混凝土大型屋面板、钢筋加气混凝土板等，屋面荷载由大型屋面板直接传给屋架。屋架间距与屋面板长度一致，通常为 6 m。这种屋面板上一般采用卷材防水屋面，通常适用于较小屋面坡度，常用坡度为 1/12～1/8。因此，无檩屋盖结构体系常采用梯形屋架作为主要承重构件。

无檩屋盖结构体系中，屋面构件的种类和数量较少，构造简单，安装方便，施工速度快，且屋盖刚度大，整体性好，但屋面板自重大，常需增大屋架构件和下部结构的截面，同时不利于结构抗震。

(2) 有檩屋盖结构体系

有檩屋盖结构体系[图 7-2(b)]常采用轻型屋面材料，如压型钢板、压型铝合金板、石棉瓦、瓦楞铁皮等。其一般适用于较大的屋面坡度，以便排水，常用坡度为 1/3～1/2。因此，有檩屋盖结构体系常采用三角形屋架作为主要承重构件。当采用较好的防水措施，用压型钢板做屋面时，屋面坡度也可达到 1/12 甚至更小，此时可用 H 型钢梁作为主要承重构件。屋架间距通常为 6 m；当柱距大于或等于 12 m 时，则用托架支承中间屋架。

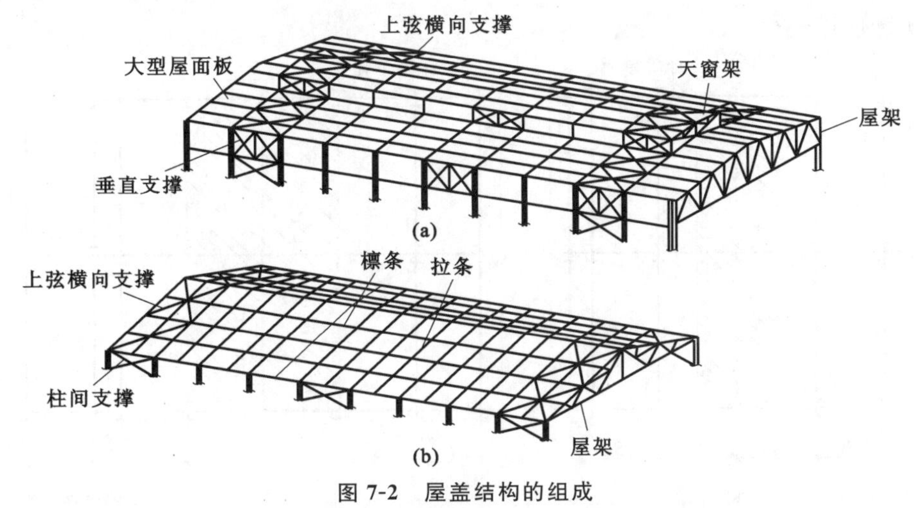

图 7-2 屋盖结构的组成

(a) 无檩屋盖结构体系；(b) 有檩屋盖结构体系

有檩屋盖结构体系可供选用的屋面材料种类较多,屋架间距和屋面布置较灵活,自重轻,用料省,运输和安装较轻便,但构件的种类和数量多,构造较复杂。在选用屋盖结构体系时,应全面考虑房屋的使用要求、受力特点、材料供应情况以及施工和运输条件等。

(3) 托架的形式

在工业厂房的某些部位,常因放置设备或出于交通运输要求而需在局部少放一根或几根柱子。该处的屋架(称为中间屋架)就需支承在专门设置的托架上。钢托架一般做成平行弦桁架,跨度一般不大,但所受荷载较大。托架两端支承于相邻的柱上,跨中承受中间屋架的反力。

7.2.2 柱网和温度伸缩缝的布置

(1) 温度伸缩缝

温度变化将引起结构变形,使厂房钢结构中产生温度应力。故当厂房平面尺寸较大时,为避免产生过大的温度变形和温度应力,应在厂房钢结构的横向和纵向设置温度伸缩缝。

温度伸缩缝的布置取决于厂房钢结构的纵向和横向长度。纵向很长的厂房在温度变化时,纵向构件伸缩的幅度较大,会引起整个结构变形,使构件内产生较大的温度应力,并可能导致墙体和屋面的破坏。为了避免这种不利后果的产生,常采用横向温度伸缩缝将单层厂房钢结构分成伸缩时互不影响的温度区段。《钢结构设计标准》(GB 50017—2017)规定,当温度区段长度不超过表 7-1 中的数值时,一般情况下可不考虑温度应力和温度变形的影响。

表 7-1 钢结构房屋温度区段长度限值 (单位:m)

结构情况	纵向温度区段(垂直屋架或构架跨度方向)	横向温度区段(屋架或构架跨度方向)	
		柱顶刚接	柱顶铰接
采暖房屋和非采暖地区的房屋	220	120	150
热车间和采暖地区的非采暖房屋	180	100	125
露天结构	120	—	—
围护构件为金属压型钢板的房屋	250	150	

横向温度伸缩缝最普遍的做法是设置双柱,即在缝的两旁布置两个无任何纵向构件联系的横向框架,使温度伸缩缝的中线和定位轴线重合[图 7-3(a)];在设备布置条件不允许时,可采用插入距的方式[图 7-3(b)],将缝两旁的柱放在同一基础上,其轴线间距一般可采用 1 m,重型厂房由于柱的截面尺寸较大,要放大到 1.5 m 或 2 m,甚至 3 m,才能满足温度伸缩缝的构造要求。为节约钢材,也可采用单柱温度伸缩缝,即在纵向构件(如托架、吊车梁等)支座处设置滑动支座,以使这些构件有伸缩的余地。不过,单柱伸缩缝使构造复杂,实际应用较少。

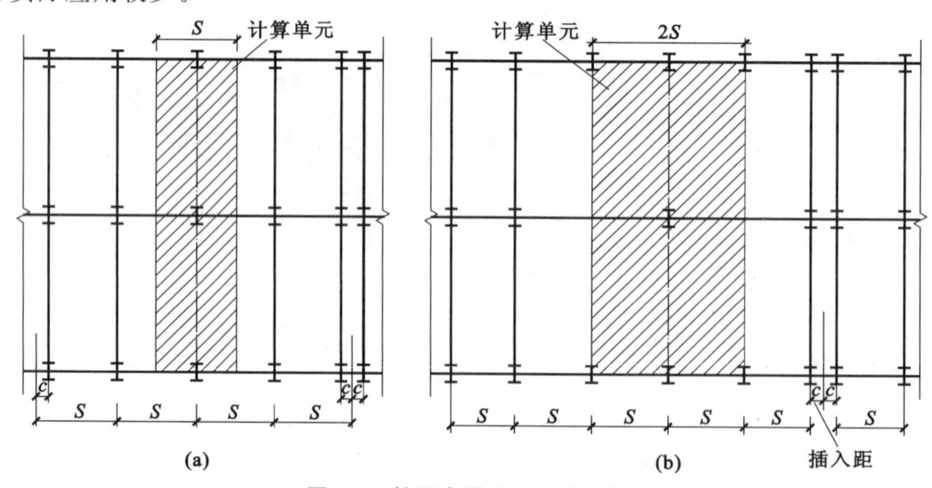

图 7-3 柱网布置和温度伸缩缝

(a) 各列柱距相等;(b) 中列柱有抽柱

当厂房宽度较大时，也应该按照规范的规定布置纵向温度伸缩缝。

(2) 柱网布置

柱网布置就是确定单层厂房钢结构承重柱在平面上的排列，即确定它们的纵向和横向定位轴线所形成的网格，如图 7-3 所示。单层厂房钢结构的跨度就是柱纵向定位轴线之间的尺寸，柱距就是柱横向定位轴线间的尺寸。

进行柱网布置时，应注意以下几方面的问题：

① 应满足生产工艺的要求。

厂房是直接为工业生产服务的，不同性质的厂房具有不同的生产工艺流程。各种工艺流程所需主要设备、产品尺寸和生产空间都是决定跨度和柱距的主要因素。柱的位置(包括柱下基础的位置)应和地上及地下设备等相协调。此外，柱网布置应考虑未来生产发展和生产工艺的可能变动。

② 应满足结构的要求。

为了保证车间的正常使用，应使厂房具有必要的刚度，应尽量将柱布置在同一横向轴线上，以便与屋架或横梁组成横向框架，提供尽可能大的横向刚度。

③ 应遵循经济合理的原则。

从经济角度看，柱纵向间距的大小对结构重量影响较大。柱距越大，柱及基础所用的材料越少，但屋盖结构和吊车梁的重量越大。在柱子较高，吊车起重量较小的车间中，放大柱距可能会收到更经济的效果。最经济的柱距虽然可通过理论分析得到，但最好还是通过具体方案比较来确定。

在一般车间中，边列柱的间距采用 6 m 较经济。各列柱距相等且接近最经济柱距的柱网布置最为合理。但是，在某些场合下，出于工艺条件的限制，为了增加厂房的有效面积或考虑将来工艺过程可能改变等情况，往往需要采用不相等的柱距。

增大柱距时，沿厂房纵向布置的构件，如吊车梁、托架等由于跨度增大而使用钢量增加，但柱子和柱基础由于数量减少而使用钢量降低。最经济的柱距应使总用钢量最少。表 7-2 给出了对于设有 50 t/10 t 吊车、柱距为 6 m 的厂房，不同跨度对吊车梁、屋盖结构用钢量的影响。

表 7-2 **厂房跨度对用钢量的影响**

跨度/m		18	24	30
用钢量/(kg/m^2)	屋盖结构	270	282	310
	吊车梁	118	93	83
	合计	388	375	393

由表 7-2 中的数据可见，吊车梁与屋盖结构两项的总用钢量随跨度的加大而略有变化。但一般而言，柱子的用钢量随跨度的增大而减小，因此在厂房面积一定时采用较大跨度比较有利。近年来，国内外厂房都有扩大柱网尺寸的趋势(特别是在轻型和中型车间中)，设计成适用于多种生产件的灵活车间，以适应工艺过程的可能改变，同时可节约车间面积，降低安装劳动量。如日本、德国新建厂房的柱距一般为 12 m、15 m，甚至更大，而且把 15 m 作为冷、热轧车间的经济柱距。

从构件统一化、标准化角度考虑，构件的统一化和标准化可降低制作和安装费用，因而设计时跨度应以 3 m、柱距应以 6 m 为模数。

综上所述，一般厂房内吊车起重量 $Q \leqslant 100$ t，轨顶标高 $H \leqslant 14$ m 时，边列柱采用 6 m 柱距，中列柱采用 12 m 柱距；当吊车起重量 $Q \leqslant 150$ t，轨顶标高 $H \leqslant 16$ m 时，或当地基条件较差，处理较困难时，边列柱与中列柱均宜采用 12 m 柱距。

当生产工艺有特殊要求时，也可采用局部抽柱的布置方案。

7.3 屋盖支撑系统 >>>

采用平面桁架作为屋盖的主要承重构件时,支撑(包括屋架支撑和天窗架支撑)是屋盖结构的必要组成部分。本节主要介绍支撑系统的作用、类型、布置原则和截面选择等问题。

7.3.1 屋盖支撑的作用

(1) 保证屋盖结构的几何稳定性

各屋架如仅用檩条或大型屋面板联系,则屋盖结构在空间上是几何可变体系,在荷载作用下甚至在安装时,各屋架就会向一侧倾倒[图 7-4(a)]。只有用支撑合理地连接各个屋架,形成几何不变体系,才能发挥屋架的作用,并保证屋盖结构在各种荷载作用下能很好地工作。

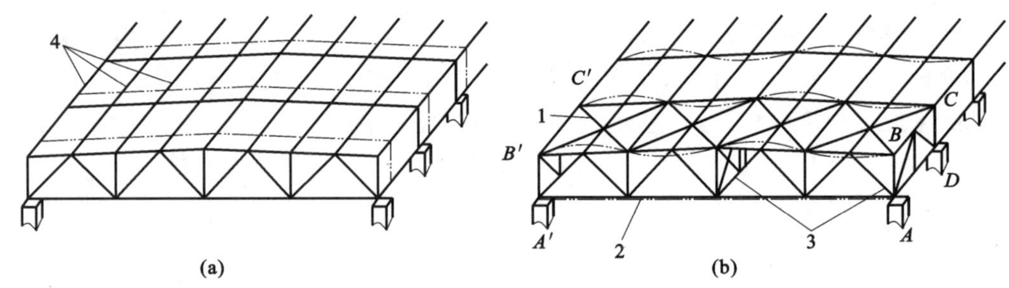

图 7-4 屋盖支撑作用示意图

1—上弦横向水平支撑;2—下弦横向水平支撑;3—垂直支撑;4—檩条或大型屋面板

(2) 保证屋盖的刚度和空间整体性

桁架上弦和下弦的水平支撑与桁架弦杆组成水平桁架,桁架端部和中央的垂直支撑与桁架竖杆组成垂直桁架,都有一定的侧向抗弯刚度。因而,无论桁架结构承受竖向还是纵、横向水平荷载,都能通过一定的桁架体系把力传向支座,只发生较小的弹性变形,即有足够的刚度和整体性。

(3) 为桁架弦杆提供必要的侧向支承点

水平和垂直支撑桁架的节点以及由此延伸的支撑系杆都成为桁架弦杆的侧向支承点,从而可减小弦杆在桁架平面外的计算长度,减小其长细比,并提高其受压时的整体稳定。

(4) 承受并传递水平荷载

纵向和横向水平荷载,如风荷载、悬挂或桥式吊车的水平制动或振动荷载、地震荷载等,通过支撑系统传到桁架支座处。

(5) 保证结构安装时的稳定,并方便安装

屋盖支撑可保证结构安装时的稳定,并方便安装。

7.3.2 屋盖支撑的类型和布置

屋盖支撑系统主要由上弦横向水平支撑、下弦横向水平支撑、下弦纵向水平支撑、垂直支撑及系杆组成。图 7-5 所示为一典型屋盖支撑示例。下面分别介绍各类支撑及系杆的位置、组成、形式和布置原则等。

(1) 上弦横向水平支撑

有檩屋盖和无檩屋盖通常设置屋架上弦横向水平支撑;当有天窗架时,天窗架上弦也应设置横向水平支撑。当能保证每块大型屋面板与屋架三个焊点的焊接质量时,大型屋面板在屋架上弦平面内形成刚度很大的盘体,此时可不设上弦横向水平支撑。但考虑工地施焊条件不易保证焊点质量,一般仅考虑大型屋面板起系杆的作用。

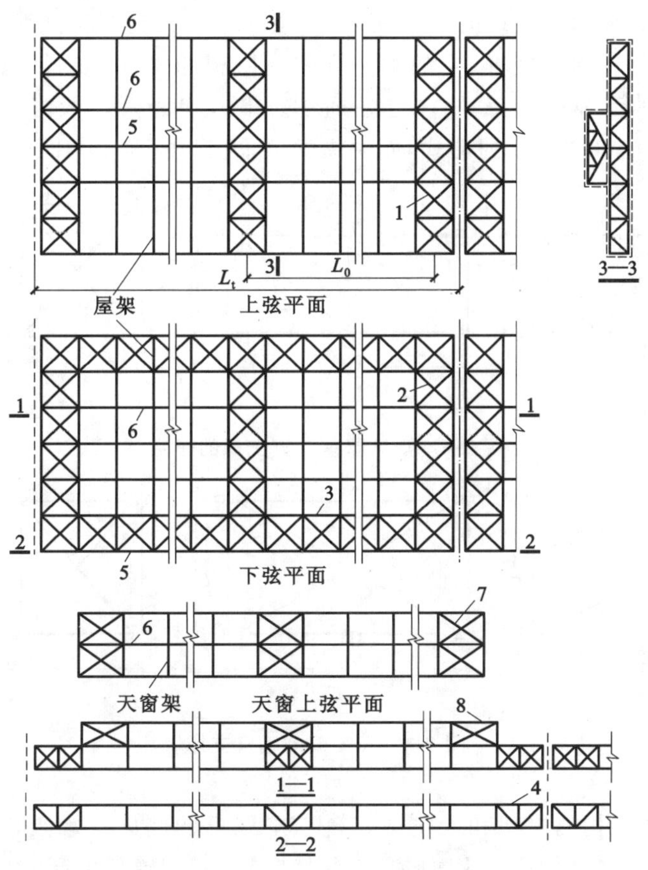

图 7-5 屋盖支撑示例

1—上弦横向水平支撑；2—下弦横向水平支撑；3—纵向水平支撑；4—垂直支撑；

5—刚性系杆；6—柔性系杆；7—天窗架横向水平支撑；8—天窗架垂直支撑

上弦横向水平支撑布置在房屋两端(有横向伸缩缝时，布置在温度区段的两端)两榀相邻屋架的上弦杆之间，位于屋架上弦平面且沿屋架全跨布置，形成一平行弦桁架。其弦杆即为屋架的上弦杆，节间长度为屋架节间距的 2～4 倍。横向水平支撑的间距不宜大于 60 m，当温度区段较长时，在温度区段中间还应增设支撑。

(2) 下弦横向水平支撑

一般情况下均应设置下弦横向水平支撑。只有当跨度较小($L\leqslant 18$ m)且没有悬挂式吊车，或虽有悬挂式吊车但起重吨位不大，厂房内也没有较大的振动设备时，可不设下弦横向水平支撑。

下弦横向水平支撑一般和上弦横向水平支撑对应布置在同一开间，形成位于屋架下弦平面内的平行弦桁架。其弦杆为屋架下弦杆，形式和构造与上弦横向水平支撑相同。

(3) 下弦纵向水平支撑

当房屋内设有托架，或设有较大吨位的重级、中级工作制桥式吊车，壁行吊车，锻锤等大型振动设备，以及房屋较高、跨度较大，空间刚度要求较高时，均应在屋架下弦(三角形屋架可在下弦或上弦)端节间设置纵向水平支撑。

下弦纵向水平支撑位于屋架下弦平面两端节间，沿房屋全长布置，组成一个具有交叉斜杆及竖杆的平行弦桁架，其端竖杆即为屋架端节间的下弦。纵向水平支撑与横向水平支撑形成闭合框，加强了屋架结构的整体性，并能提高房屋纵、横向的刚度。

(4) 垂直支撑

所有屋盖结构均应设置垂直支撑。梯形屋架跨度 $L\leqslant 30$ m，三角形屋架跨度 $L\leqslant 24$ m 时，仅在跨度中央设置一道；当跨度大于上述数值时，宜在跨度 1/3 处附近或天窗架侧柱处设置两道垂直支撑；对梯形屋架，两侧边应各增设一道垂直支撑；天窗架垂直支撑设于两侧，当天窗架宽度 $L_s\geqslant 12$ m 时，还应在中央增设一道垂直支撑。

垂直支撑位于上、下弦横向水平支撑同一开间内，形成一个跨长为屋架间距的平行弦桁架。它的上、下弦杆分别为上、下弦横向水平支撑的竖杆，它的端竖杆就是屋架的竖杆(或斜腹杆)。垂直支撑中央腹杆的形式由支撑桁架的高跨比决定，常见屋盖垂直支撑的形式如图 7-6 所示。天窗架两侧的垂直支撑桁架，考虑通风与采光，常采用图 7-7(a)、(b)所示的形式，而中央处仍采用与屋架中相同的形式[图 7-7(c)]。

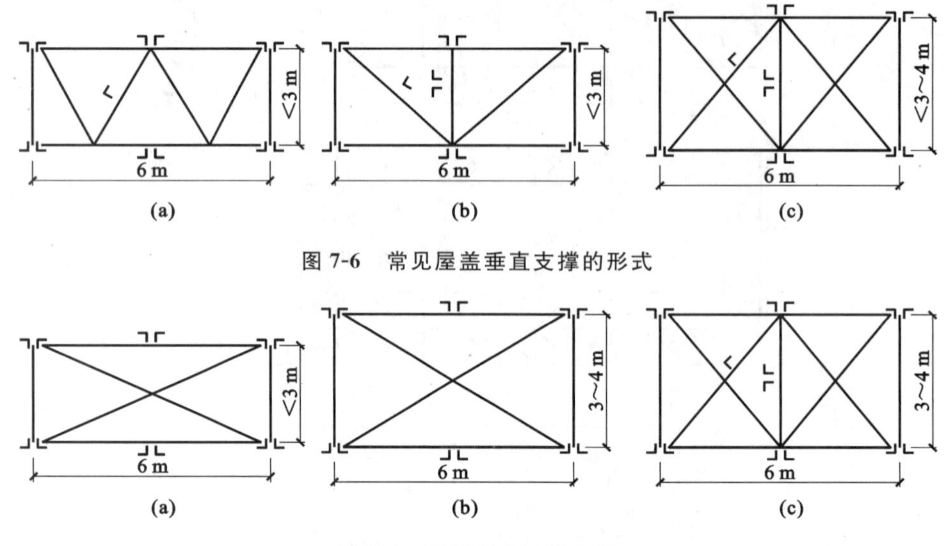

图 7-6 常见屋盖垂直支撑的形式

图 7-7 天窗架的垂直支撑

(5) 系杆

没有参与组成空间桁架结构的屋架和天窗架，其上、下弦杆的侧向支承点由系杆来保证。系杆通常设于屋架和天窗架两端，各垂直支撑位置的上、下弦节点与屋脊，有天窗架时天窗架侧柱位置的上弦节点，以及弦杆有较大转折时的相应上弦节点或下弦节点。按此布置，全跨屋架在上、下弦平面内已各有三四道系杆，对受拉的下弦杆平面已经足够。对受压的上弦杆平面，出于控制上弦杆长细比和改善其受压整体稳定的需要，还需按适当间距增设中间系杆，一般为每隔 4.5～6 m 设置。

当屋面为钢筋混凝土大型屋面板时，一般要求在其角点设预埋件并与屋架或天窗架上弦杆焊牢(屋架一个节点处，四块屋面板中应有三块可靠焊接，仅最后安放的第四块没法再焊)。这时一般可从安装角度考虑，只在两端、屋脊处、有垂直支撑处和天窗侧腿处设上弦系杆。但对有较大桥式吊车或振动设备的厂房，以及天窗架处无屋面板的屋架部分，仍需按 4.5～6 m 间距增设上弦系杆。

系杆应沿房屋纵向通长连续设置并与屋架进行可靠连接，最终连接到组成空间桁架结构两榀桁架的支撑节点上。檩条与屋架可靠连接时，可以兼起系杆的作用。

系杆按受力要求分为刚性系杆(有时也称撑杆)和柔性系杆两种。刚性系杆可以受压或受拉，按受压设计，通常采用双角钢组成的十字形截面；柔性系杆按只能受拉设计(长细比只满足拉杆要求)，受压时失稳退出受力，通常采用单角钢截面。横向支撑设于房屋区段第二开间时，端部第一开间的所有系杆均应采用刚性系杆，以满足房屋端部正、反风荷载或地震力的受力需要。其他系杆位于两组横向支撑之间，理论上均可采用柔性系杆，但实际设计时从安装角度考虑，常把较重要的屋脊系杆、支座系杆等做成刚性系杆。

7.3.3 屋盖支撑的构造及计算原则

屋盖的各种支撑(系杆除外)都是一个平面桁架。桁架的腹杆一般采用交叉斜杆的形式，也有采用单斜杆形式的。在上弦或下弦平面内，用相邻两屋架的弦杆兼作横向支撑桁架的弦杆，另加竖杆和斜杆，便组成支撑桁架。同理，屋架的下弦杆将兼作纵向水平支撑桁架的竖杆。屋架纵、横向水平支撑桁架的节间以正方形为宜，尺寸一般为 6 m×6 m，但在实际划分时也可能有长方形甚至是 6 m×3 m 的情况。上弦横向水平支撑节点间的距离常为屋架上弦杆节间长度的 2～4 倍。

垂直支撑常做成小桁架，如图 7-5 所示，其宽度与高度各由屋架间距及屋架相应竖杆高度确定。宽、高相差不大时，可用交叉斜杆，高度较小时可用 V 式及 W 式，以避免杆件交角可能小于 30°的情况。

屋盖支撑受力比较小，一般不进行内力计算，杆件截面常按容许长细比来选择。交叉斜杆和柔性系杆按拉杆设计，可用单角钢；非交叉斜杆、弦杆、竖杆及刚性系杆按压杆设计，可用双角钢，但刚性系杆通常将双角钢组成十字形截面，以使两个方向的刚度接近。

当支撑桁架受力较大，如横向水平支撑传递较大的山墙风荷载时，或结构按空间工作计算因而其纵向水平支撑需作柱的弹性支座时，支撑杆件除需满足允许长细比的要求外，还应按桁架体系计算内力，并据此选择截面。

有交叉斜腹杆的支撑桁架是超静定体系，但因其受力比较小，故一般常用简化方法进行分析。例如，当斜杆都按拉杆设计时，认为图 7-8 中用虚线表示的一组斜杆因受压屈曲而退出工作，此时桁架按单斜杆体系进行分析。当荷载反向时，则认为另一组斜杆退出工作。当斜杆按承受压力设计时，其简化分析方法可参阅结构力学的有关文献。

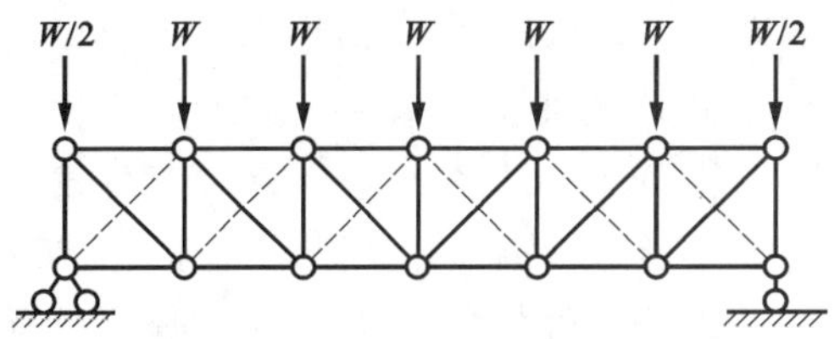

图 7-8 横向水平支撑计算简图

7.4 屋架的荷载和内力计算

7.4.1 屋架的荷载

(1) 屋架所受荷载

作用于屋架上的荷载有永久荷载和可变荷载两大类。永久荷载包括屋面材料、檩条、屋架、天窗架、支撑及天棚等结构自重。可变荷载包括屋面均布使用活荷载、雪荷载、风荷载、积灰荷载及悬挂吊车和重物荷载等。永久荷载和可变荷载值可由《建筑结构荷载规范》(GB 50009—2012)查得或根据材料的规格计算。

屋架和支撑的自重可按下面的经验公式估算，即

$$g_k = 0.12 + 0.011L \tag{7-1}$$

式中 L——桁架的标志跨度，m；

g_k——屋架和支撑的自重，按水平投影面积计算，kN/m^2。

当屋架仅作用有上弦节点荷载时，将 g_k 全部合并为上弦节点荷载；当屋架还作用有下弦节点荷载时，g_k 按上、下弦平均分配。

当屋面坡度 $\alpha \geqslant 50°$时，不考虑雪荷载。当屋面坡度 $\alpha \leqslant 30°$时，除瓦楞铁等轻型屋面外，一般可不考虑风荷载；当 $\alpha > 30°$，风荷载大于 490 kN/m^2 时，以及对瓦楞铁皮等轻型屋面、开敞式房屋均应计算风荷载的作用。屋面均匀活荷载与雪荷载不同时考虑，取两者中的较大值。

(2) 节点荷载计算

桁架所受的荷载一般通过檩条或者大型屋面板肋以集中力的方式作用在桁架的节点上。对于有节间荷载作用的屋架，可以先把节间荷载分配在相邻的节点上，按只有节点荷载作用的屋架计算各杆件的轴力，在设计弦杆时按实际节间荷载作用计算弦杆的局部弯矩。

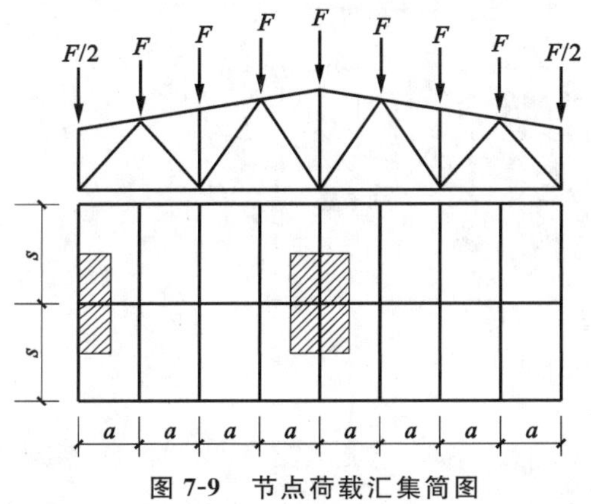

图 7-9 节点荷载汇集简图

将各种均布活荷载汇集成节点荷载(图 7-9)的计算式为：

$$F = \sum \gamma_{(G,Q)} q_k \cdot a \cdot s \tag{7-2}$$

式中 q_k——按屋面水平投影面分布的第 i 种荷载标准值；

s——桁架的间距；

a——屋架弦杆节间水平长度；

$\gamma_{(G,Q)}$——荷载分项系数。

(3) 荷载的组合

屋面均布活荷载、屋面积灰荷载、雪荷载等可变荷载应按全跨和半跨均匀分布两种情况考虑。因为屋架中的某些斜杆在全跨荷载作用下受拉而在半跨荷载作用下可能受压。半跨荷载考虑因活荷载、雪荷载或某些厂房受到的积灰荷载作用在屋盖半边的情况,以及施工过程中由一侧开始安装大型屋面板所产生的情况等。因此,内力计算时除应按满跨荷载计算外,还要按半跨荷载进行计算,以便找出各杆件的最不利内力。

桁架内力应根据使用和施工过程中可能遇到的同时作用的最不利荷载组合情况进行计算。对平行弦、梯形和三角形屋架,应考虑下列三种情况的荷载组合:

① 全跨永久荷载+全跨可变荷载;

② 全跨永久荷载+半跨可变荷载;

③ 全跨屋架、支撑和天窗自重+半跨屋面板重+半跨屋面活荷载。

在考虑荷载组合时,不考虑屋面活荷载和雪荷载的同时作用,取两者中的较大值进行计算。

7.4.2 屋架杆件内力计算

计算屋架杆件内力时,通常可近似地采用如下假定:

① 各杆件的轴线均居于同一平面内且相交于节点中心。

② 各节点均视为铰接,忽略实际节点产生的次应力。

③ 荷载均作用于桁架平面内的节点上,因此各杆只受轴力作用。对于作用于节间的荷载,需按比例分配到相近的左、右节点上,但计算上弦杆时应考虑局部弯曲的影响。

(1) 节点荷载作用下的杆件内力计算

在节点荷载作用下,可采用图解法、解析法或电算等方法计算桁架杆件的内力。为便于计算及组合内力,一般先求出单位节点荷载作用下的内力(称为内力系数),然后根据不同的荷载及其组合列表进行计算。常用桁架的杆件内力系数可查阅《建筑结构计算手册》。

(2) 有节间荷载作用时的杆件内力计算

当集中荷载或均布荷载作用于上弦节间时,将使上弦杆节点和跨中节间产生局部弯矩。上弦节点板对杆件的约束作用可减小节间弯矩,屋架上弦杆可视为弹性支座上的连续梁,计算过于烦琐。考虑屋架杆件的轴力是主要的,为使计算简单,实际设计中一般取中间节间正弯矩及节点负弯矩为 $M=0.6M_0$,而端节间正弯矩为 $M'=0.8M_0$(图 7-10)。其中,M_0 为将上弦节间视为简支梁所得的跨中弯矩。

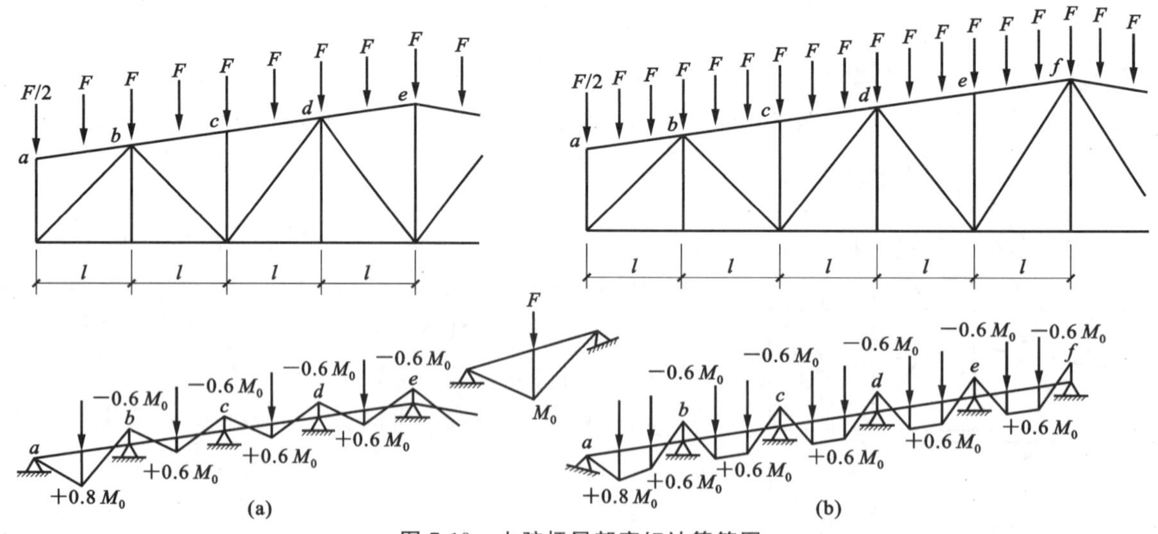

图 7-10 上弦杆局部弯矩计算简图

(a) 每节间一个集中荷载;(b) 每节间两个集中荷载

7.5 桁架杆件截面的形式与构造要求 >>>

7.5.1 桁架杆件截面的形式

桁架杆件截面的形式应能保证杆件具有较强的承载能力和较大的抗弯刚度,同时应便于相互连接且用料经济。这就要求杆件的截面比较开展,壁厚较薄,同时外表平整。根据这一要求,多年来主要采用双角钢来做屋架及跨度相近桁架等的杆件。双角钢相并而成的截面能使两个主轴的回转半径与杆件在屋架平面内和平面外的计算长度相配合,使两个方向的长细比接近,以达到用料经济、连接方便的目的,且具有较大的承载能力和抗弯刚度。

(1) 桁架上弦杆

当无局部弯矩时,因屋架平面外计算长度往往是屋架平面内计算长度的两倍,要使 $\lambda_x=\lambda_y$,必须使 $i_y\approx 2i_x$,上弦宜采用两个不等边角钢短边相并而长边水平的T形截面形式[图7-11(b)]。如有较大的局部弯矩,为增强上弦在屋架平面内的抗弯能力,宜采用两等边角钢[图7-11(a)]或不等边角钢长边相并而短边水平的T形截面[图7-11(c)]。

(2) 屋架的支座斜杆及竖杆

梯形屋架支座处的斜杆(主节点在下时受压,主节点在上时受拉)及竖杆,在屋架平面内和平面外的计算长度相等,应使截面的 $i_x\approx i_y$。因此,采用两等边角钢[图7-11(a)]或两个长边相并的不等边角钢[图7-11(c)]组成的T形截面比较合理。

(3) 屋架受拉下弦杆

对于屋架受拉下弦杆,一般平面外的计算长度 l_{0y} 比平面内的计算长度 l_{0x} 大得多,此时可采用两短边相并的不等边角钢或者两等边角钢组成的T形截面[图7-11(c)或图7-11(a)]。

(4) 屋架其他腹杆

对于屋架中多数腹杆,$l_{0y}=1.25l_{0x}$,故要求 $i_y\approx 1.25i_x$,宜采用两个等边角钢组成的T形截面[图7-11(a)]。与竖向支撑相连的腹杆宜采用两个等边角钢组成的十字形截面,使竖向支撑与屋架节点连接不产生偏心。受力特别小的腹杆亦可采用单角钢杆件,其可交替地单面连接在桁架平面的两侧,或在两杆端开槽嵌入节点板,对称置于桁架平面。

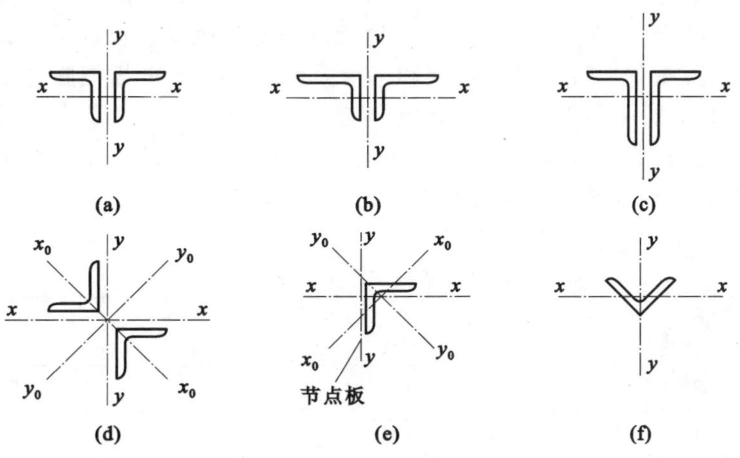

图7-11 桁架杆件的截面形式

7.5.2 桁架杆件截面的构造要求

(1) 基本要求

一榀桁架中的角钢规格应尽量统一，一般宜调整到不超过 5～6 种。同时，应尽量避免采用同一肢宽而厚度相差不大的角钢，同一规格角钢的厚度之差不宜小于 2 mm，以便施工时辨认。

普通钢屋架中所有角钢的规格不宜小于∟45 mm×4 mm 或∟56 mm×36 mm×4 mm。当设置螺栓孔时，还需满足螺栓的排列要求；放置屋面板时，上弦角钢水平肢宽须满足搁置尺寸要求。

桁架弦杆一般沿全跨采用等截面，但对跨度大于 24 m 的三角形桁架和跨度大于 30 m 的梯形桁架，可根据内力变化改变弦杆截面，但半跨内只宜改变一次，且只改变肢宽而保持厚度不变，以便拼接的构造处理。

(2) 填板的设置

为确保由两个角钢组成的 T 形或十字形截面杆件能形成一整体杆件共同受力，必须每隔一定距离在两个角钢间设置填板并用焊缝连接(图 7-12)。这样杆件才可按实腹式杆件计算。填板厚度与节点板厚度相同，宽度一般取 40～60 mm；组合 T 形截面中，填板长度比角钢肢宽度为 10～15 mm；组合十字形截面中，填板长度则由角钢肢尖两侧各缩进 10～15 mm 确定，以便与角钢焊接。填板间距在受压杆件中不大于 $40i$，在受拉杆件中不大于 $80i$。在组合 T 形截面中，i 为一个角钢对平行于填板自身重心轴[图 7-12(a)中 1—1 轴]的回转半径；在十字形截面中，i 为一个角钢的最小回转半径[绕图 7-12(b)中的 2—2 轴]。受压构件两个侧向支承点之间的填板数不少于两个。

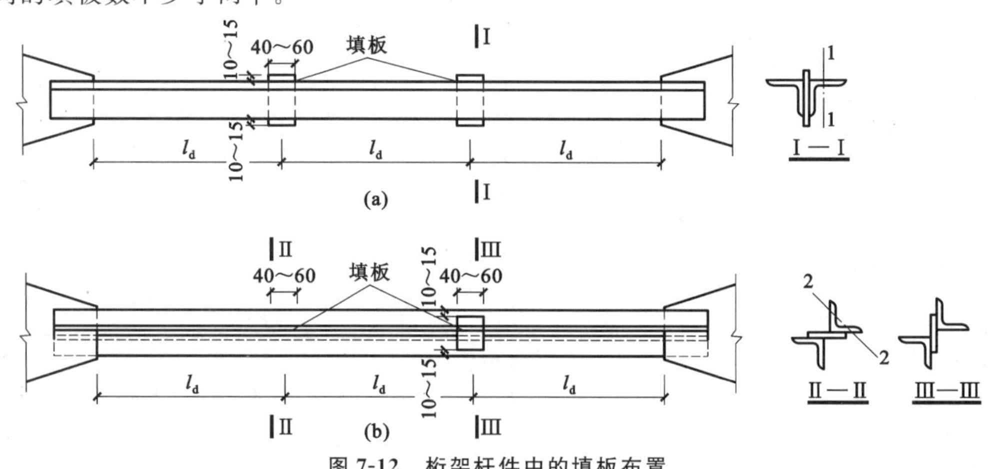

图 7-12 桁架杆件中的填板布置

(3) 节点板的厚度

双角钢组合截面杆件在节点处以节点板相连。节点板中的应力大小与所连构件内力大小有关，可按《钢结构设计标准》(GB 50017—2017)中的有关规定计算其强度和稳定。根据上述计算方法编制表格，见表 7-3，设计时可查表确定节点板的厚度。梯形屋架和平行弦屋架中的节点板把腹杆的内力传给弦杆，节点板的厚度即由腹杆中的最大内力(一般在支座处)确定。三角形屋架支座处的节点板传递端节间弦杆的内力，因此节点板的厚度应由上弦杆内力确定。在同一榀桁架中，所有中间节点板均采用相同厚度，支座节点板由于受力大且很重要，厚度比中间节点板厚度大 2 mm。试验研究表明，增大节点板的厚度可提高腹杆的屈曲承载力，因此屋架节点板的厚度稍大些是有利的。

表 7-3 单节点板桁架的节点板厚度

梯形桁架腹杆的最大内力或三角形桁架弦杆的最大内力/kN	≤170	>170～290	>290～510	>510～680	>680～910	>910～1290	>1290～1770	>1770～3090
中间节点板厚度/mm	6	8	10	12	14	16	18	20
支座节点板厚度/mm	8	10	12	14	16	18	20	22

注：1. 表列厚度是按节点板钢材为 Q235、焊条为 E43 型考虑的。

2. 节点板边缘与腹杆轴线间的夹角不应小于 30°。

3. 节点板与腹杆用角焊缝连接，当采用围焊时，节点板厚度应通过计算确定。

4. 对有竖腹杆的节点板，当 $c/t \leqslant 1.5\varepsilon_k$ 时，可不验算节点板的稳定；对无竖杆的节点板，当 $c/t \leqslant 10\varepsilon_k$ 时，可将受压腹杆的内力乘以增大系数 1.25 后再查表求节点板厚度，此时亦可不验算节点板的稳定。式中 c 为受压腹杆连接肢端面中沿腹杆轴线方向至弦杆的净距离。

7.6 桁架杆件的计算长度和容许长细比

7.6.1 桁架杆件的计算长度

桁架中无论压杆还是拉杆都需确定其计算长度，然后进行压杆稳定验算及压杆和拉杆的刚度验算。

(1) 桁架平面内的计算长度 l_{0x}

在理想的铰接桁架中，杆件在桁架平面内的计算长度应等于节点中心间的距离，即杆件的几何长度 l。实际上桁架节点各杆件是通过节点焊接在一起的，本身具有一定的刚性，杆件两端均系弹性嵌固。当某一压杆因失稳而屈曲，端部绕节点转动[图 7-13(b)]时将受到节点中其他杆件的约束。实践和理论分析表明，约束节点转动的主要因素是拉杆。汇交于节点中的拉杆数量愈多，则产生的约束作用愈大，压杆在节点处所受的嵌固程度愈大，其计算长度就愈小。因此，可根据节点的嵌固程度来确定各杆件的计算长度。图 7-13(a)所示的弦杆、支座斜杆和支座竖杆的刚度较大，而且两端相连的拉杆少，因此节点的嵌固程度很弱，其计算长度不折减而取几何长度(即节点间距离)。对于其他受压腹杆，考虑节点处受到拉杆的牵制作用，其计算长度应适当折减，取 $l_0=0.8l$。

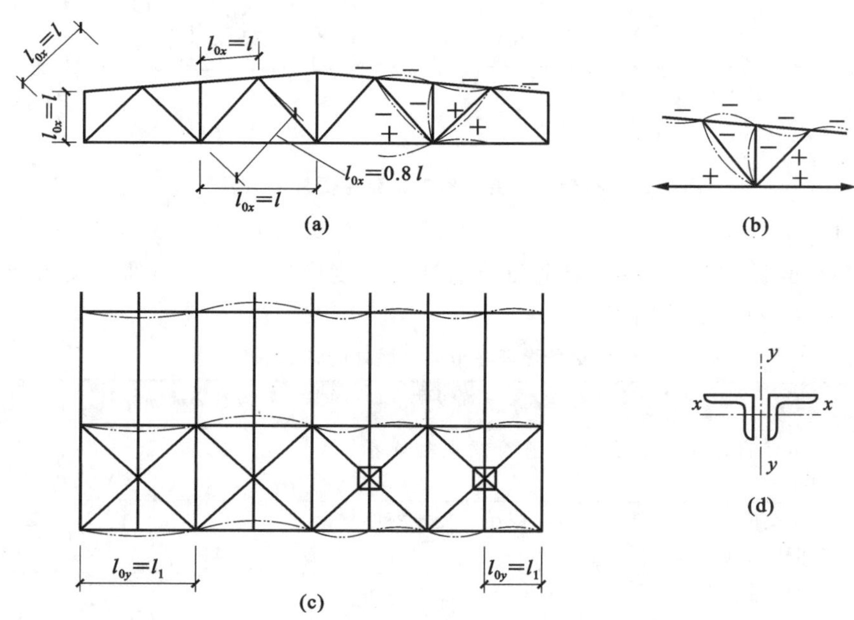

图 7-13 桁架杆件的计算长度

(2) 桁架平面外的计算长度 l_{0y}

屋架弦杆在平面外的计算长度应取侧向支承点间的距离。对于上弦杆件，其一般取横向水平支撑的节间长度。在有檩屋盖中，如檩条与横向水平支撑的交叉点用节点板焊牢[图 7-13(c)]，则此檩条可视为屋架弦杆的支承点。在无檩屋盖中，若大型屋面板与屋架上弦三点可靠焊接，大型屋面板能起支撑作用，则弦杆在平面外的计算长度可取两块大型屋面板的宽度，但不超过 3 m；若不能保证大型屋面板与桁架之间三点可靠焊接，则认为大型屋面板只起刚性系杆的作用，计算长度仍取支撑点间的距离。

桁架下弦在平面外的计算长度取下弦侧向支承点间的距离，该距离应由下弦的支撑体系或系杆的设置确定。

因节点板在桁架平面外的刚度很小，对杆件的嵌固作用很弱，故所有腹杆在桁架平面外的计算长度均取几何长度。

(3) 在斜平面内的计算长度 l_0

对于单角钢腹杆及双角钢组合十字形截面腹杆，由于绕最小主轴弯曲时杆轴在斜平面内，杆件两端的节点板对其两个方向有一定的嵌固作用，因此斜平面内的计算长度略做折减，取 $l_0=0.9l$，但支座斜杆和支座竖杆仍取其计算长度为几何长度(即 $l_0=l$)。

(4) 变内力杆件的计算长度

如桁架受压弦杆侧向支承点间的距离为两倍节间长度，且两节间弦杆内力不等[图 7-14(a)]，则该弦杆在桁架平面外的计算长度按下式计算：

$$l_0 = l_1\left(0.75+0.25\frac{N_2}{N_1}\right) \tag{7-3}$$

式中 N_1——较大的压力，计算时取正值；

N_2——较小的压力或拉力，计算时压力取正值，拉力取负值。

当算得的 $l_0<0.5l_1$ 时，取 $l_0=0.5l_1$。

桁架再分式腹杆体系的受压主斜腹杆[图 7-14(b)]在桁架平面外的计算长度也应按式(7-3)确定。受拉主斜腹杆仍取 $l_{0y}=l_1$，在桁架平面内的计算长度则采用节点中心间距离。

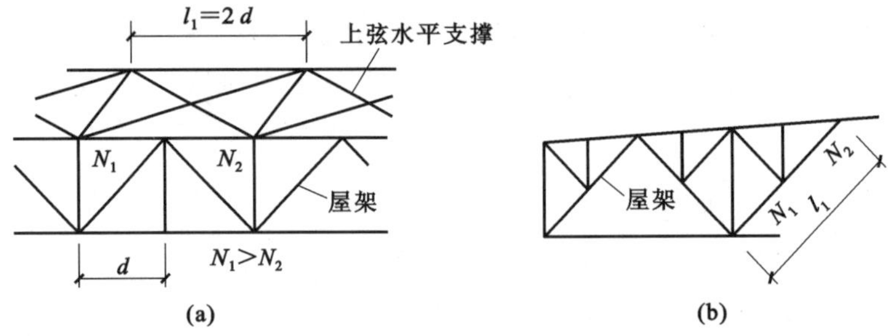

图 7-14 桁架内力变化时在桁架平面外的计算长度

(5) 交叉腹杆的计算长度

确定桁架交叉腹杆的长细比时，在桁架平面内的计算长度应取节点中心到交叉点间的距离，在桁架平面外的计算长度按表 7-4 的规定采用。

表 7-4 桁架交叉腹杆在桁架平面外的计算长度

项次	杆件类别	杆件的交叉情况	桁架平面外的计算长度
1	压杆	相交的另一杆受压，两杆在交叉点处均不中断	$l_0=l\sqrt{\frac{1}{2}\left(1+\frac{N_0}{N}\right)}$
2		相交的另一杆受压，此另一杆在交叉点处中断但以节点板搭接	$l_0=l\sqrt{1+\frac{\pi^2}{12}\frac{N_0}{N}}$
3		相交的另一杆受拉，两杆在交叉点处均不中断	$l_0=l\sqrt{\frac{1}{2}\left(1-\frac{3}{4}\frac{N_0}{N}\right)}\geqslant 0.5l$
4		相交的另一杆受拉，此杆在交叉点处中断但以节点板搭接	$l_0=l\sqrt{1-\frac{3}{4}\frac{N_0}{N}}\geqslant 0.5l$
5	拉杆		$l_0=l$

注：1. l 为节点中心间距离(交叉点不做节点考虑)；N 为所计算杆内力，N_0 为相交另一杆的内力，N 和 N_0 均为绝对值。

2. 两杆均受压时，$N_0\leqslant N$，两杆截面应相同。

3. 当确定交叉腹杆中单角钢杆件斜平面的长细比时，计算长度应取节点中心至交叉点间的距离。

7.6.2 桁架杆件的容许长细比

钢屋架的杆件截面尺寸都较小，长细比较大，在自重作用下会产生挠度，在运输和安装过程中容易因刚度不足而产生弯曲，在动力荷载作用下振幅较大，这些问题都不利于杆件的工作。故在《钢结构设计标准》(GB 50017—2017)中对各类桁架杆件的容许长细比作了限定，见表 7-5。

表 7-5 桁架杆件的容许长细比

<table>
<tr><th rowspan="4">杆件名称</th><th rowspan="4">压杆</th><th colspan="4">拉杆</th></tr>
<tr><th colspan="3">承受静力荷载或间接承受动力荷载</th><th rowspan="3">直接承受动力荷载的结构</th></tr>
<tr><th colspan="2">无吊车或有轻、中级工作制吊车的厂房</th><th rowspan="2">有重型工作制吊车的厂房</th></tr>
<tr><th>一般构件</th><th>对腹杆提供面外支点的弦杆</th></tr>
<tr><td>普通钢桁架中的杆件</td><td rowspan="3">150</td><td rowspan="3">350</td><td rowspan="3">250</td><td>250</td><td>250</td></tr>
<tr><td>轻钢桁架中的主要构件</td><td rowspan="2">—</td><td rowspan="2">—</td></tr>
<tr><td>天窗构件</td></tr>
<tr><td>屋盖支撑构件</td><td rowspan="2">200</td><td>400</td><td rowspan="2">—</td><td rowspan="2">350</td><td rowspan="2">—</td></tr>
<tr><td>轻钢桁架中的其他杆件</td><td>350</td></tr>
</table>

注：1. 除对腹杆提供面外支点的弦杆外，承受静力荷载的结构受拉构件可仅计算竖向平面内的长细比。

2. 计算单角钢受压构件的长细比时，应采用角钢的最小回转半径，但计算在交叉点处相互连接的交叉杆件平面外的长细比时，可采用与角钢肢边平行轴的回转半径。

3. 受拉构件在永久荷载与风荷载组合作用下受压时，其长细比不宜超过 250。

4. 跨度大于或等于 60 m 的桁架，其受压弦杆、端压杆和直接承受动力荷载的受压腹杆的长细比不宜大于 120；其受拉弦杆和腹杆的长细比不宜超过 300（承受静力荷载或间接承受动力荷载）或 250（直接承受动力荷载）。

5. 中、重级工作制吊车桁架下弦杆的长细比不宜超过 200。

6. 在设有夹钳或刚性料耙等硬钩起重机的厂房中，支撑的长细比不宜超过 300。

7. 对于桁架（包括空间桁架）的受压腹杆，当其内力小于或等于承载能力的 50%时，容许长细比可取 200。

7.7 桁架杆件的截面设计 >>>

桁架中的杆件按前述原则先确定截面形式，然后根据轴向受拉、轴向受压和压弯的不同受力情况，按轴心受力构件和压弯构件计算确定截面尺寸。为了不使型钢规格过多，在选出截面后可做一次调整。

（1）轴心受拉构件

拉杆应进行截面强度和刚度验算。截面强度验算中，有螺栓孔削弱时，应该用净截面进行验算，以防净截面因截面削弱而发生强度破坏。如果螺栓孔位置处于节点板内且与节点板边缘间有一定距离，可不考虑截面削弱，因为焊缝已传走一部分内力，截面削弱处的内力也已减小。

刚度验算中，应使杆件在两个方向长细比中的较大者小于容许长细比。规范对承受静力荷载的桁架拉杆只限制竖向平面内的长细比，但从运输、安装和对腹杆提供支持的角度考虑，受拉下弦出平面刚度还是大一些好。

（2）轴心受压构件

一般情况下，轴心压杆可由稳定条件确定所需的截面面积。按照第 4 章所述方法先假定杆件的长细比 λ（弦杆一般取 $\lambda=60\sim100$，腹杆一般取 $\lambda=80\sim120$），由 λ 值查得稳定系数 φ 值，然后求出所需截面面积 A，同时计算 i_x、i_y。参考这些数据选择合适的角钢，根据所选角钢的实际截面面积 A，回转半径 i_x、i_y，按轴心受压构件进行强度、刚度和稳定验算。如不满足，可重新假定 λ 进行计算或在原选择截面的基础上改选角钢验算，直至满足要求为止。

计算分析和试验都表明，当等边单角钢轴心受压构件两端铰支且没有中间支点时，绕强轴弯扭屈曲的承载力总是高于绕弱轴弯扭屈曲的承载力，这类构件无须计算弯扭屈曲。

双角钢压杆和轴对称放置的单角钢压杆绕对称轴失稳时呈弯扭屈曲,它们的换算长细比除按第 4 章的理论公式计算外,还可以用下列简化公式计算。

① 等边双角钢[图 7-15(a)]。

当 $\lambda_y \geqslant \lambda_z$ 时:

$$\lambda_{yz} = \lambda_y \left[1 + 0.16\left(\frac{\lambda_z}{\lambda_y}\right)^2\right] \tag{7-4a}$$

当 $\lambda_y < \lambda_z$ 时:

$$\lambda_{yz} = \lambda_z \left[1 + 0.16\left(\frac{\lambda_y}{\lambda_z}\right)^2\right] \tag{7-4b}$$

$$\lambda_z = 3.9\,\frac{b}{t} \tag{7-5}$$

② 长边相并的不等边双角钢[图 7-15(b)]。

当 $\lambda_y \geqslant \lambda_z$ 时:

$$\lambda_{yz} = \lambda_y \left[1 + 0.25\left(\frac{\lambda_z}{\lambda_y}\right)^2\right] \tag{7-6a}$$

当 $\lambda_y < \lambda_z$ 时:

$$\lambda_{yz} = \lambda_z \left[1 + 0.25\left(\frac{\lambda_y}{\lambda_z}\right)^2\right] \tag{7-6b}$$

$$\lambda_z = 5.1\,\frac{b_2}{t} \tag{7-7}$$

③ 短边相并的不等边双角钢[图 7-15(c)]。

当 $\lambda_y \geqslant \lambda_z$ 时:

$$\lambda_{yz} = \lambda_y \left[1 + 0.06\left(\frac{\lambda_z}{\lambda_y}\right)^2\right] \tag{7-8a}$$

当 $\lambda_y < \lambda_z$ 时:

$$\lambda_{yz} = \lambda_z \left[1 + 0.06\left(\frac{\lambda_y}{\lambda_z}\right)^2\right] \tag{7-8b}$$

$$\lambda_z = 3.7\,\frac{b_1}{t} \tag{7-9}$$

④ 不等边角钢轴心受压构件的换算长细比可用下列简化公式确定[图 7-15(d)]。

当 $\lambda_v \geqslant \lambda_z$ 时:

$$\lambda_{xyz} = \lambda_v \left[1 + 0.25\left(\frac{\lambda_z}{\lambda_v}\right)^2\right] \tag{7-10a}$$

当 $\lambda_v < \lambda_z$ 时:

$$\lambda_{xyz} = \lambda_z \left[1 + 0.25\left(\frac{\lambda_v}{\lambda_z}\right)^2\right] \tag{7-10b}$$

$$\lambda_z = 4.21\,\frac{b_1}{t} \tag{7-11}$$

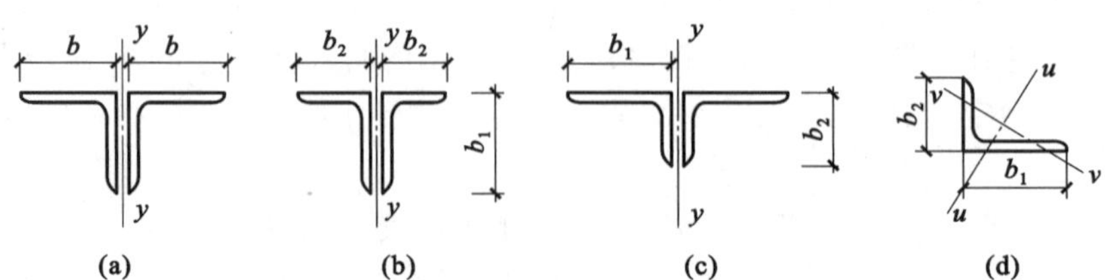

图 7-15 单角钢截面和双角钢组合 T 形截面

b—等边角钢肢宽度;b_1—不等边角钢长肢宽度;b_2—不等边角钢短肢宽度

(3) 压弯或拉弯杆件

桁架上弦或者下弦有节间荷载作用时，应根据轴力和局部弯矩按拉弯或者压弯构件计算方法对节点处或节间弯矩较大截面进行计算。一般先根据经验或参照已有设计资料试选截面，然后验算，若不满足则改选截面后再进行验算，直至满足要求为止。拉弯杆件只需要验算强度和刚度；压弯杆件除验算强度和刚度外，还需验算弯矩作用平面内和平面外的稳定。

(4) 按刚度条件验算和选择杆件截面

钢桁架中各类杆件的刚度要求应按 $\lambda_{max} \leqslant [\lambda]$ 进行验算。对单角钢截面和双角钢组成的十字形截面，其回转半径应取截面的最小刚度轴的回转半径。

对桁架中内力很小的腹杆或出于构造需要而设置的杆件，其截面可按刚度条件确定，即按 $i_{min} = l_0/[\lambda]$ 计算截面所需的回转半径，然后根据 i_x、i_y 或 i_{min} 选择合适的角钢截面。

7.8 桁架的节点设计 >>>

7.8.1 节点设计步骤和一般设计原则

桁架杆件一般采用节点板相互连接，各杆件内力通过各自的杆端焊缝传至节点板，并汇交于节点中心而取得平衡。节点在设计上应做到传力明确、可靠，构造简单和制造、安装方便。节点设计时应按照如下原则和步骤进行：

① 布置桁架杆件时，原则上应使杆件形心线与桁架几何轴线重合，以免杆件偏心受力。为便于制造，通常取角钢肢背至形心的距离为 5 mm 的整数倍。当弦杆截面沿跨度方向有改变时，为便于拼接和放置屋面构件，一般应使拼接处两侧弦杆角钢肢背平齐，并使两侧角钢形心线之间的中心线与桁架几何轴线重合。如轴心线引起的偏心不超过较大弦杆截面高度的 5%，则计算中可不计由此偏心引起的弯矩。节点处各杆件的轴线如图 7-16 所示，图中 e_0 按 e_1 和 e_2 的平均数取 5 mm 的整数倍，e_3、e_4 则按角钢形心距取 5 mm 的整数倍。

② 根据按一定比例画出的杆件轴线，按放大 1 倍的比例画出各杆件的角钢轮廓线（表示角钢外伸边厚度的线可不按比例画，仅示意画出）。腹杆与弦杆、腹杆与腹杆轮廓线间应保持最小间距 c（图 7-16）。在直接承受动力荷载的焊接桁架中，c 不应小于 50 mm；在不直接承受动力荷载的焊接桁架中，c 不应小于 20 mm，以避免焊缝过分密集而使该处节点板过热而变脆。非焊接屋架中，c 应不小于 5～10 mm，以便于安装。按此要求可定出杆件的端部位置。杆端的切割面一般宜与杆件轴线垂直[图 7-17(a)]，也允许将角钢的一边切去一角[图 7-17(b)]，但不允许采用图 7-17(c)所示的端部切割方式。

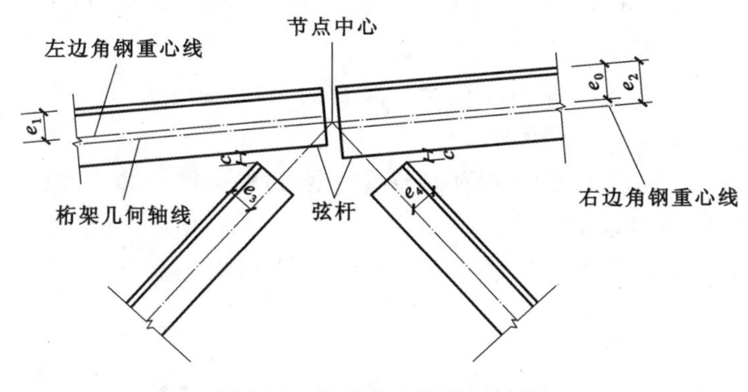

图 7-16 节点处各杆件的轴线

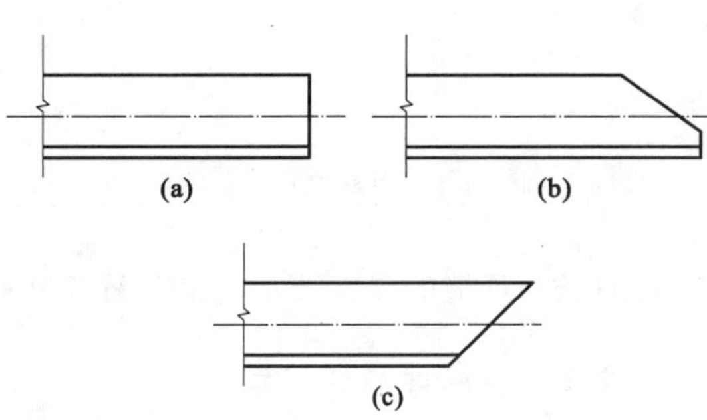

图 7-17 角钢端部的切割

(a) 常用方式；(b) 允许的方式；(c) 不允许的方式

③ 根据事先计算好的各腹板与节点的连接焊缝(包括角钢肢背和肢尖)尺寸进行焊缝布置并绘于图上，而后定出节点板的外形(当为非焊接节点时，根据已计算出的各腹杆与节点板的连接螺栓数目进行螺栓排列后定出节点板外形)。在确定节点板外形时，要注意沿焊缝长度方向应多留约 $2h_f$ 的长度，以考虑施焊时焊缝两端的缺陷影响，垂直于焊缝长度方向应留出 10～15 mm 的焊缝位置，如图 7-18 所示。

节点板的外形应力求简单，宜优先选用矩形、梯形、平行四边形或至少有一直角边的四边形，以减少加工时的钢材耗损，便于切割，如图 7-19 所示。节点板的长度和宽度宜取 10 mm 的整数倍。

当节点处只有一根斜杆与弦杆相交时，节点形式如图 7-18 所示。需注意节点板的外边缘与轴线间应保持不小于 1∶3 的坡度，使杆中内力在节点中有良好的扩散，以改善节点的受力情况。

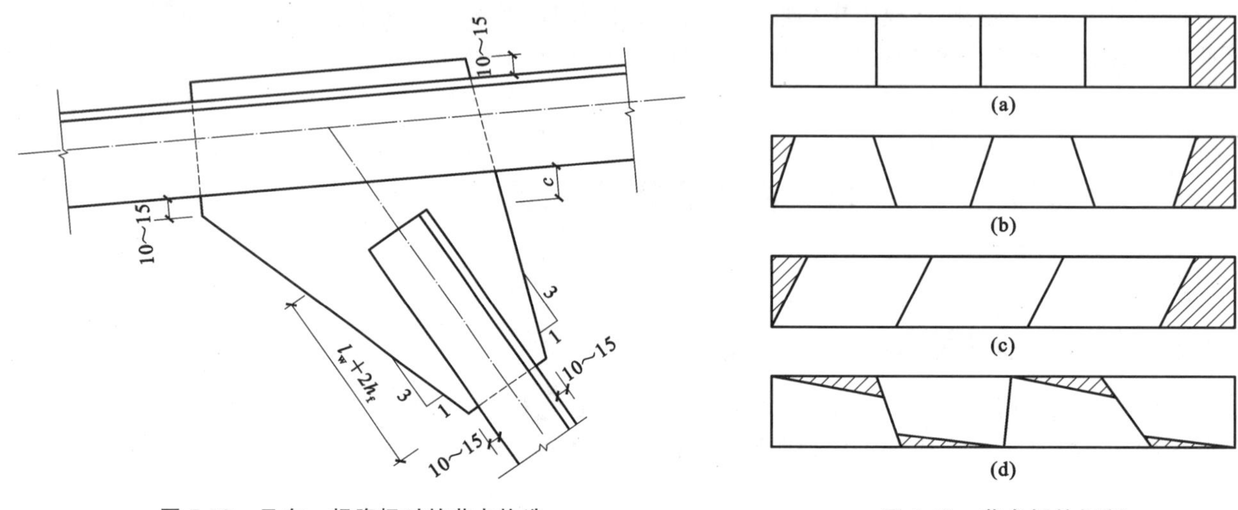

图 7-18　只有一根腹杆时的节点构造

图 7-19　节点板的切割

④ 根据已有节点板的尺寸布置弦杆与节点板间的连接焊缝。当弦杆在节点处改变截面时，还应在节点处设置弦杆拼接。

⑤ 绘制节点大样(比例为 1∶15～1∶10)，确定每一节点都需注明的尺寸，为后续绘制施工详图提供必要的数据(对简单的节点，可不绘制大样，而由计算得到所需尺寸)。节点上需标注的尺寸如图 7-20 所示。

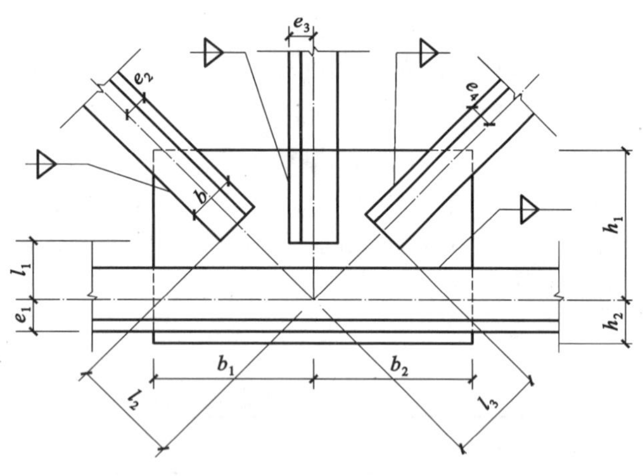

图 7-20　节点上需标注的尺寸

a. 每一腹杆端部至节点中心的距离，如图 7-20 中的 l_1、l_2 和 l_3(当为螺栓连接节点时，则应注明节点中心至腹杆末端第一个螺栓中心的距离)所示，尺寸数值精确到 mm。此距离主要用于制造时的拼装，还可以由此计算每一腹杆的实际长度。

b. 节点板的平面尺寸。应从节点中心向两边分别注明其宽度和高度，如图 7-20 中的 b_1、b_2 和 h_1、h_2 所示，尺寸数值分别平行和垂直于弦杆的轴线，主要用于制造时节点板的定位。

c. 各杆件轴线至角钢肢背的距离，如图 7-20 中所注的 e_1、e_2 等所示。

d. 当杆件截面为不等边角钢时，还应注明角钢连接边的边长 b。

e. 每条角焊缝的焊脚尺寸 h_f 和焊缝长度 l。当为螺栓连接时，应注明螺栓中心距和端距。

7.8.2　节点计算和构造

先根据腹杆内力计算腹杆与节点板连接焊缝的长度和焊脚尺寸。焊脚尺寸一般取小于或等于角钢肢厚。根据节点上各杆件的焊缝长度，并考虑杆件之间应留的间隙以及适当考虑制作和装配的误差，确定节点板的形状和平面尺寸。然后验算弦杆与节点板之间的焊缝。对于单角钢杆件的单面连接，由于角钢为偏心受力，故计算焊缝时应将焊缝强度设计值乘以 0.85 的折减系数，焊缝尺寸还应满足构造要求。下面具体说明各类型节点的计算。

(1) 上弦节点

上弦节点中腹杆与节点板之间连接焊缝长度计算方法如下。

肢背：

$$l'_w = \frac{K_1 N}{2 \times 0.7 h'_f f_f^w} \tag{7-12}$$

肢尖：

$$l''_w = \frac{K_2 N}{2 \times 0.7 h''_f f_f^w} \tag{7-13}$$

式中 N——腹杆轴力；

f_f^w——角焊缝的强度设计值；

h'_f, h''_f——角钢肢背和肢尖的角焊缝焊脚尺寸；

K_1, K_2——角钢肢背和肢尖焊缝受力分配系数，按第 3 章表 3-3 采用；

l'_w, l''_w——角钢肢背和肢尖的焊缝计算长度。

图 7-21(a)所示为有檩屋盖中的桁架上弦节点。其重要特点是上弦杆与节点板间的焊缝除承受弦杆节点相邻节间的内力差外，还需承受由檩条传给上弦杆的竖向节点荷载 F。在构造上需注意的是，由于檩托的存在，节点板无法伸出角钢背面。图 7-21(a)中将节点板缩进$(0.6\sim1.0)t$(t 为节点板厚度)，并在此进行槽焊。图 7-21(b)所示为有檩屋盖中上弦节点的另一种形式，在节点板上边缘处开一凹口以容纳檩托和槽钢檩条，凹口处节点板缩进角钢背面，凹口以外仍伸出角钢背面 10～15 mm，在该处可设角焊缝。

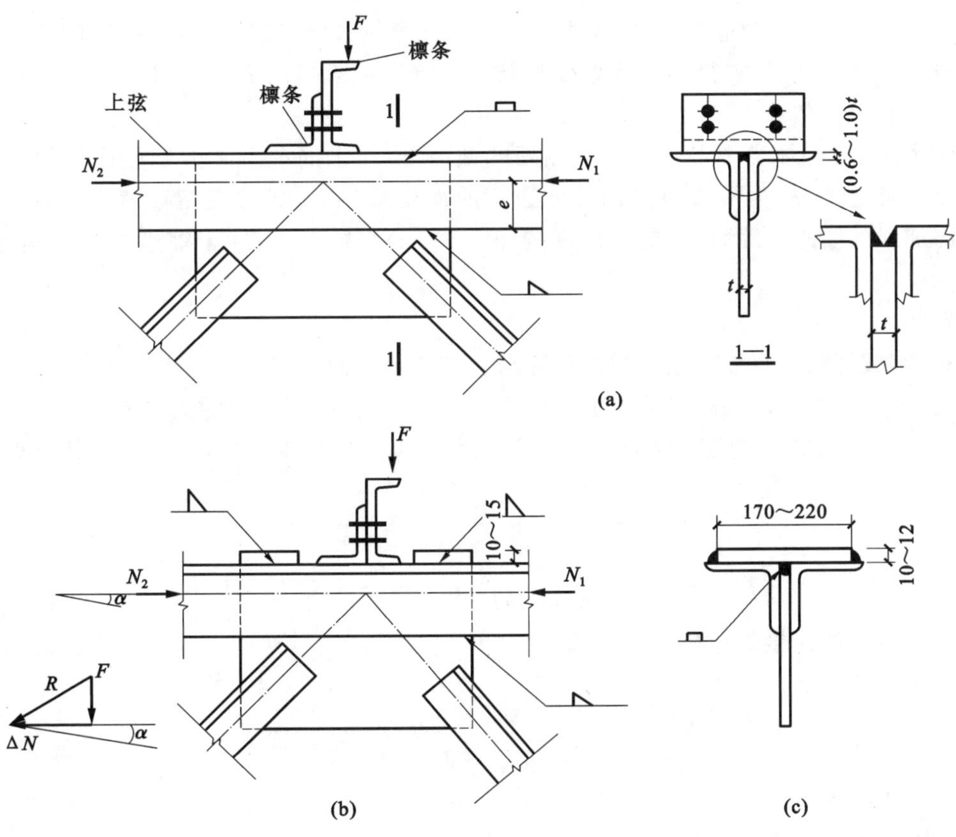

图 7-21 上弦节点构造

在计算上弦与节点板的连接焊缝时，应考虑上弦杆内力差与集中荷载的共同作用。当采用图 7-21(a)所示构造时，对焊接的计算常做下列近似假设。

① 肢背上的槽焊缝承受节点荷载 F。槽焊缝按两条 $h_f'=0.5t$ 的角焊缝计算，如图 7-21(a)中的局部放大图所示。设屋面倾角为 α，则槽焊缝的受力可利用下列角焊缝的计算公式得出：

$$\tau_f = \frac{F\sin\alpha}{2\times 0.7h_f'l_w'} \tag{7-14}$$

$$\sigma_f = \frac{F\cos\alpha}{2\times 0.7h_f'l_w'} + \frac{6M}{2\times 0.7h_f'l_w'^2} \tag{7-15}$$

$$\sqrt{\left(\frac{\sigma_f}{\beta_f}\right)^2 + \tau_f^2} \leqslant 0.8f_f^w \tag{7-16}$$

式中 M——竖向节点荷载 F 对槽焊缝长度中心的偏心距所引起的力矩；

$0.8f_f^w$——考虑槽焊缝的质量不易保证，而将角焊缝的强度设计值降低 20%。

当节点荷载 F 对槽焊缝长度中心的偏心距较小，可略去不计时，取 $M=0$；当为梯形桁架，屋面坡度为 1/12 时，$\cos\alpha\approx 1.0$，$\sin\alpha\approx 0$，则式(7-16)就简化为：

$$\frac{F}{2\times 0.7h_f'l_w'} \leqslant 0.8\beta_f f_f^w \tag{7-17}$$

② 由弦杆角钢肢尖两条角焊缝承担的上弦杆内力差 ΔN 和肢尖焊缝偏心距 e 产生的 $\Delta M=\Delta Ne$。由此可确定肢尖焊缝所需的焊脚尺寸 h_f''，计算公式为：

$$\tau_f = \frac{\Delta N}{2\times 0.7h_f''l_w''} \tag{7-18}$$

$$\sigma_f = \frac{6\Delta M}{2\times 0.7h_f''l_w''^2} \tag{7-19}$$

$$\sqrt{\left(\frac{\sigma_f}{\beta_f}\right)^2 + \tau_f^2} \leqslant f_f^w \tag{7-20}$$

当节点为图 7-21(b)所示构造时，通常先求出需由弦杆角钢肢背、肢尖与节点板间的角焊缝所承担的合力 R，然后近似地按所给分配系数得出肢背焊缝和肢尖焊缝所应承担的力 K_1R 和 K_2R，分别进行计算。当屋面坡度为 1/12 时，可近似按 F 与 ΔN 方向垂直确定 R。

图 7-21(c)所示为无檩屋盖中上弦杆在节点处的截面，由于钢筋混凝土大型屋面板的纵肋直接支撑在节点处弦杆角钢外伸边上，故为了避免角钢外伸边弯曲而变形过大，通常在角钢背面加焊一垫板(厚 10～12 mm)，以局部加强外伸边。因而，节点板也需按图 7-21(a)那样缩进，并于缩进处施以槽焊，焊缝计算方法同上。

(2) 下弦节点

在下弦节点中，腹杆与节点板的连接焊缝计算与上弦节点相同。

对于弦杆与节点板的连接焊缝，当节点上无荷载，仅承受下弦相邻节间的内力差 $\Delta N=N_1-N_2$ 时，由于 ΔN 一般较小，故焊脚尺寸可由构造要求确定。当节点上有集中荷载作用时，下弦肢背和节点板的连接焊缝按下式计算：

$$\frac{\sqrt{[K_1(N_1-N_2)]^2+\left(\frac{F}{2\beta_f}\right)^2}}{2\times 0.7h_f'l_w'} \leqslant f_f^w \tag{7-21}$$

下弦肢尖与节点板的连接焊缝按下式计算：

$$\frac{\sqrt{[K_2(N_1-N_2)]^2+\left(\frac{F}{2\beta_f}\right)^2}}{2\times 0.7h_f''l_w''} \leqslant f_f^w \tag{7-22}$$

式中 N_1，N_2——下弦节点相邻节间的轴力；

F——下弦节点集中荷载；

K_1，K_2——角钢肢背和肢尖的内力分配系数；

h_f'，l_w'——角钢肢背焊缝的焊脚尺寸和每条焊缝的计算长度；

h_f''，l_w''——角钢肢尖焊缝的焊脚尺寸和每条焊缝的计算长度。

(3) 屋脊节点

图 7-22 所示为梯形桁架或三角形桁架的屋脊节点示意图。在此节点上，左、右两弦杆必然断开，需要拼接件拼接。拼接件通常采用与弦杆相同的角钢截面，将拼接角钢的棱角截去以便与弦杆紧密贴合，同时为便于施焊，把竖向肢 $\Delta=t+h_f+5$ mm 的一部分切除。对屋面坡度较小的梯形桁架，拼接角钢可热弯成型；对屋面坡度较大的三角形桁架，则常需要将拼接角钢的竖向肢割一口子，如图 7-22(b)所示，而后冷弯成型并对接焊接。

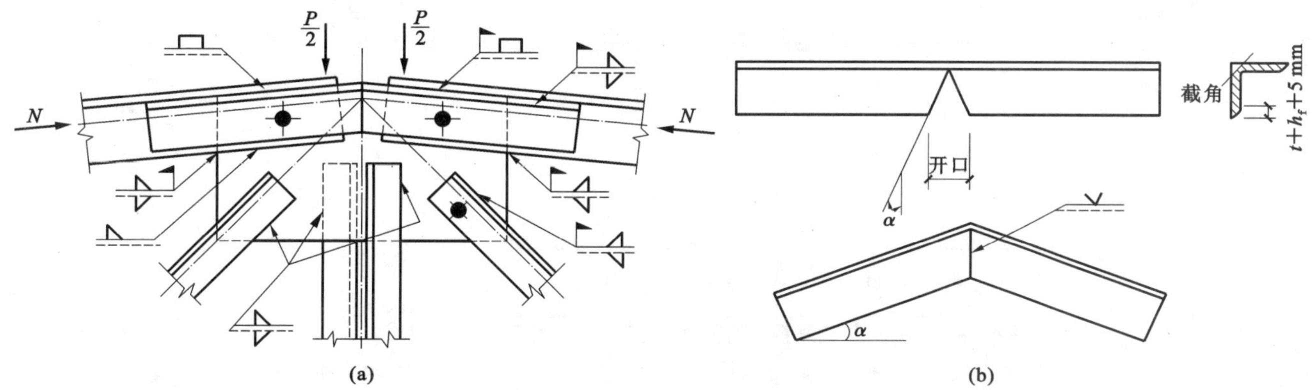

图 7-22 屋脊节点及拼接角钢的弯折

① 屋脊拼接角钢与弦杆的连接计算及拼接角钢总长度的确定。

屋脊拼接角钢与受压弦杆的连接可按弦杆最大内力进行计算，每边共有 4 条焊缝平均承受此力，因而焊缝长度为：

$$l_w \geqslant \frac{N}{4\times 0.7h_f f_f^w} \tag{7-23}$$

由此可得到拼接角钢总长度为：

$$l_s = 2(l_w + 2h_f) + \text{弦杆杆端空隙宽度} \tag{7-24}$$

当为开口后弯折的角钢时，还需计入开口的宽度。

② 弦杆与节点板的连接焊缝。

计算上弦与节点板的连接焊缝时，假定节点荷载 F 由上弦角钢肢背处的槽焊缝承受，按式(7-14)～式(7-16)计算。上弦角钢肢尖与节点板的连接焊缝按承受上弦内力的 15%计算，并考虑此力产生的弯矩 $M=0.15Ne$。

$$\tau_f^N = \frac{0.15N}{2\times 0.7h_f l_w} \tag{7-25}$$

$$\sigma_f^M = \frac{6M}{2\times 0.7h_f l_w^2} \tag{7-26}$$

$$\sqrt{(\tau_f^N)^2 + \left(\frac{\sigma_f^M}{\beta_f}\right)^2} \leqslant f_f^w \tag{7-27}$$

当桁架上弦的坡度较大时，拼接角钢与上弦杆之间的连接焊缝仍按上弦内力计算，而上弦与节点板之间的连接焊缝则取上弦内力的竖向分力与节点荷载的合力、上弦内力的 15%分别验算，取两者中的较大值计算。

当桁架的宽度较大时，需将桁架分成两个运输单元，在屋脊节点和下弦跨中节点进行工地拼接。左半边的上弦、斜杆、竖杆与节点板的连接焊接为工厂焊缝，而右半边的上弦、斜杆与节点板的连接焊缝为工地焊缝。拼接角钢与上弦的连接全用工地焊缝。为便于工地焊接，需设置临时性安装螺栓。

当桁架上弦设置天窗架时，天窗架与桁架上弦一般采用普通螺栓连接。

(4) 下弦的拼接节点

一般采用与下弦尺寸相同的角钢进行下弦杆件的拼接，并保证拼接处原有下弦杆的刚度和强度，如图 7-23(a)所示。

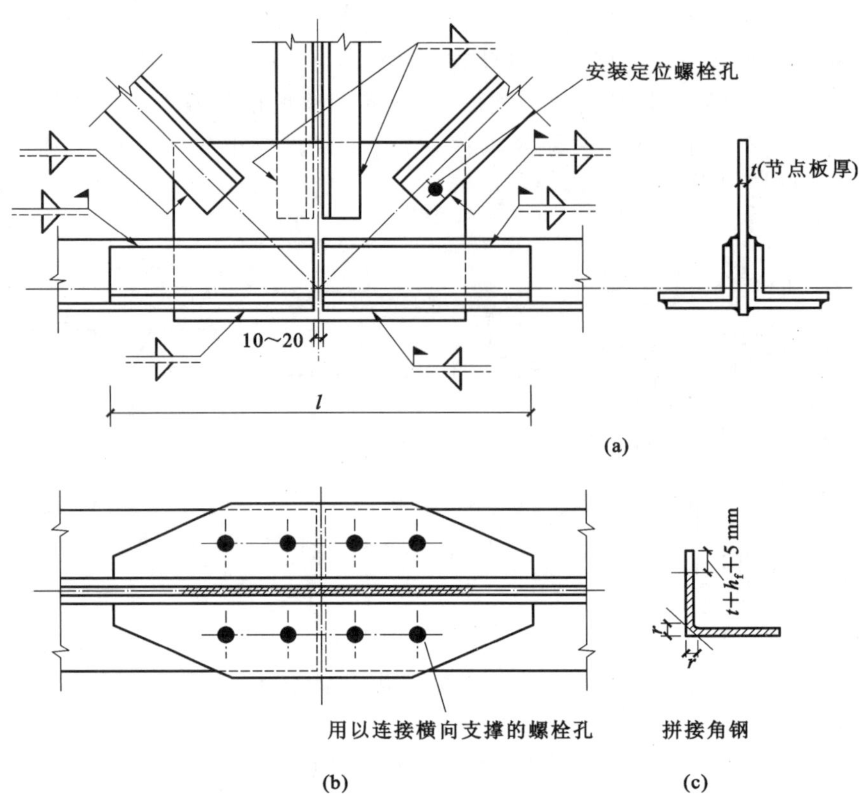

图 7-23　下弦杆的工地拼接节点

在下弦的拼接中，为了使拼接角钢与原来的角钢相紧贴，要截去拼接角钢顶部宽度为 r(r 为角钢圆弧半径)的棱角；对其竖向肢应割去 $t+h_f+5$ mm(t 为角钢厚度)，以便施焊，如图 7-23(c)所示。切割对拼接角钢截面的削弱考虑由节点板补偿。当节点两侧下弦杆的角钢截面不同时，拼接角钢可与较小截面的角钢相同。

① 下弦拼接角钢与弦杆的连接计算及拼接角钢总长度的确定。

下弦拼接角钢与下弦杆角钢间共有 4 条角焊缝，承担节点两侧较小截面的内力设计值 N_2(当节点两侧弦杆截面不相同时)。轴心拉杆的拼接常偏安全地取 $N_2=A_2 f$，即按截面的抗拉强度承载力进行连接计算。4 条角焊缝都位于角钢的肢尖，与角钢形心距离大致相同，可认为它们平均受力。由连接焊缝的需要，可求出拼接角钢的总长度[图 7-23(a)]为：

$$l = 2\left(\frac{A_2 f}{4 \times 0.7 h_f f_f^w} + 2h_f\right) + \text{拼接处角钢间的空隙宽度} \tag{7-28}$$

式中　A_2——拼接两侧弦杆中的较小截面面积，拼接处角钢间的空隙宽度一般为 10～20 mm。

当角钢的边长 $b \geqslant 125$ mm 时，为了使传力路线不过分集中在角钢趾部的焊缝处，改善拼接角钢中的受力情况，不致产生较大的应力集中，宜将拼接角钢的两端各切去一角，焊缝沿斜边布置，见图 7-23(b)。

② 下弦杆与节点板的连接角焊缝。

下弦杆与节点板的连接焊缝按两侧下弦较大内力的 15％和两侧下弦的内力差两者中的较大值来计算，但当拼接节点处有外荷载作用时，应按此较大值与外荷载的合力进行计算。

(5) 支座节点

桁架与柱的连接既可以做成铰接，又可以做成刚接。桁架支承在钢筋混凝土柱或砖砌体柱上时一般做成铰接，而支承在钢柱上时通常做成刚接。

① 桁架与柱的铰接连接。

图 7-24 所示为梯形桁架和三角形桁架支承在钢筋混凝土柱或砖柱顶的支座节点构造图。支座只传递桁架的竖向支座反力，可以视为铰接。这种支座是由支座节点板、支座底板和加劲肋组成，通常称为平板式支座。加劲肋成对设置在支座节点板两侧，其中面位于支座底板对称轴线上。加劲肋的作用是增加支座节点板的平面外刚度，减小支座底板中的弯矩。支座反力 R[图 7-24(a)、(b)]通过节点板和加劲肋将集中荷

载转化为线荷载，从而改善了支座底板的受力状态。由于加强了底板的刚度，支座反力 R 在方形或矩形底板下以均匀分布压力的形式传给钢筋混凝土柱等下部结构。

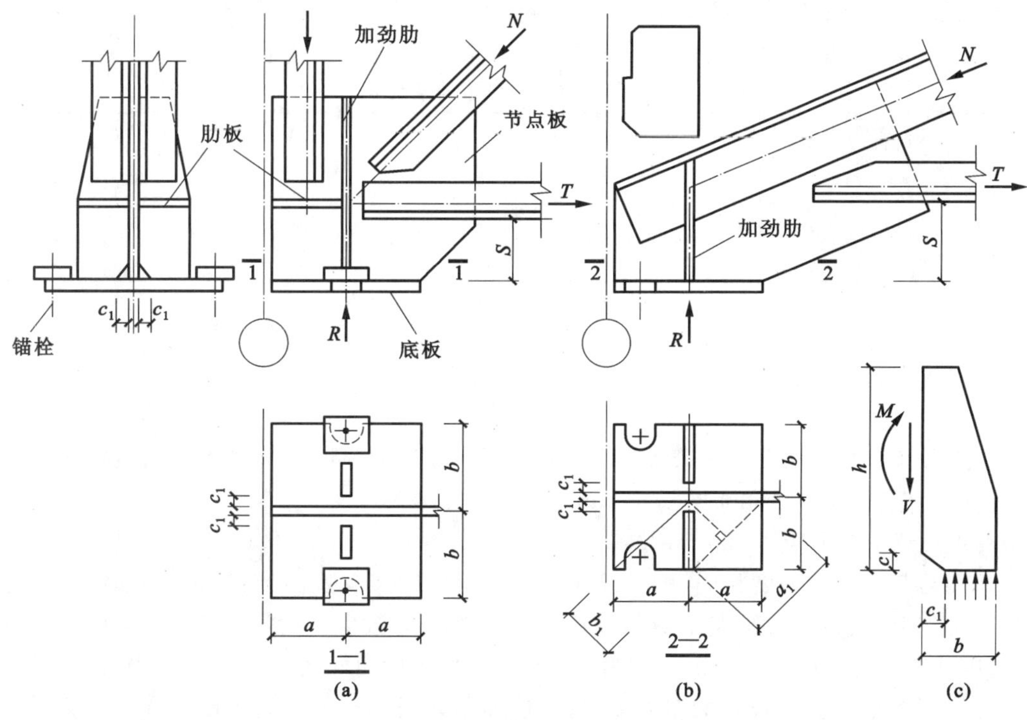

图 7-24 桁架与柱的铰接支座节点

图 7-24(a)所示的梯形桁架支座节点中，桁架端竖杆轴线与支座加劲肋位置发生冲突。解决这个问题的常见做法是将端竖杆偏离轴线地放置在支座加劲肋的左侧，在保证正常施焊的前提下，端竖杆角钢的肢背应尽量靠近加劲肋（留有焊接余地），以减少端竖杆偏心的不利影响。为了便于桁架下弦角钢肢背施焊，下弦角钢水平肢与支座底板之间的净距 S[图 7-24(a)、(b)]不应小于下弦角钢伸出肢的宽度，且不得小于 130 mm。锚栓预埋在钢筋混凝土柱顶，用于固定桁架的位置。锚栓的直径 d 一般为 20～24 mm，埋入柱顶的锚固长度一般为 $25d$，并应加 $4d$ 的弯钩。为便于安装桁架时调整位置，底板上的锚栓孔直径应为锚栓直径的 2～2.5 倍，待桁架安装就位后，再在锚栓上套上垫板，并与底板焊牢以固定桁架，垫板上的孔径比锚栓直径大 1～2 mm。锚栓设置在底板的中线上，并与加劲肋对齐[图 7-24(a)]，这将使底板的宽度加大。锚栓位置也可按图 7-23(b)所示布置，底板的宽度就可变小。

支座节点的传力路线：桁架杆件的内力通过杆端连接焊缝传给节点板，经由节点板与加劲肋之间的竖向焊缝将一部分力传给加劲肋，然后通过节点板、加劲肋与底板的水平焊缝把全部支座反力传给底板，最后传给钢筋混凝土柱等下部构件。

支座底板的净面积按下式计算：

$$A_n = \frac{R}{f_c} \tag{7-29}$$

式中 R——屋架支座反力；

f_c——钢筋混凝土轴心抗压强度设计值。

支座底板所需的面积 $A = A_n +$ 锚栓孔缺口的面积。底板如采用矩形，应使 $2a \times 2b \geqslant A$。图 7-24(a)中，加劲肋的端部不可能伸到底板的边缘，此时底板的面积可只算到加劲肋的外缘，即图中的 $2a \times 2b$，此时不必扣除预留锚栓孔缺口的面积。通常桁架支座反力不大，底板平面尺寸由其刚度和锚栓位置等构造要求确定，$2a \times 2b$ 的常用尺寸为 240 mm×240 mm～400 mm×400 mm。底板的宽度和长度均不能超出钢筋混凝土柱顶支撑面的范围。

底板厚度由柱顶反力均匀作用下在底板中产生的弯矩确定。在图 7-24 中，底板被节点板和加劲肋分隔成四个两相邻边支承的板（$a \times b$），其单位宽度的弯矩按下式计算：

$$M=\beta q a_1^2 \tag{7-30}$$

式中 q——底板下表面的均布应力,$q=R/A_n$;

a_1——相邻两支撑边的对角线长度,见图 7-24(b);

β——系数,由 b_1/a_1 值查表 7-6 得,b_1 是内角顶点至对角线的垂直距离。

表 7-6 **两相邻支撑边矩形板的系数 β**

	b_1/a_1	0.3	0.4	0.5	0.6	0.7
	β	0.026	0.042	0.058	0.072	0.085

支座底板的厚度为:

$$t\geqslant\sqrt{\frac{6M}{f}} \tag{7-31}$$

为使柱顶压力分布得比较均匀,底板的厚度不宜太薄。底板的厚度宜满足下列构造要求:

a. 当桁架跨度小于或等于 18 m 时,$t\geqslant 16$ mm;

b. 当桁架跨度大于 18 m 时,$t\geqslant 20$ mm。

加劲肋的高度与节点板的高度相同[图 7-24(a)],三角形桁架支座节点的加劲肋应紧靠上弦水平肢并焊接[图 7-24(b)]。加劲肋的厚度取与节点板厚度相同或略小的数值。为避免三条互相垂直的焊缝交于一点,加劲肋底端应切角 c_1[图 7-24(c),c_1 一般为 15 mm]。加劲肋可视为支承于节点板上的悬臂梁,一个加劲肋所受的剪力 V 通常假定为支座反力 R 的 1/4,或按加劲肋底部水平焊缝所传的合力计算,故应按悬臂梁验算其强度。加劲肋与节点板的竖向连接焊缝同时承受剪力 V 和弯矩 $M=V\cdot(b/2)$。

每个加劲肋与节点板之间的竖向连接焊缝按下式验算:

$$\sqrt{\tau_f^2+\left(\frac{\sigma_f}{\beta_f}\right)^2}=\sqrt{\left(\frac{V}{2\times0.7h_f l_w}\right)^2+\left(\frac{6M}{2\times0.7h_f l_w^2\beta_f}\right)^2}\leqslant f_f^w \tag{7-32}$$

式中,$l_w=h-2h_f-c_1$。其中 h 为加劲肋高度,c_1 为切角高度。

底板与节点板、加劲肋的水平连接焊缝共同承受全部支座反力 R,按下式计算:

$$\sigma_f=\frac{R}{0.7h_f\sum l_w}\leqslant\beta_f f_f^w \tag{7-33}$$

式中,焊缝计算长度之和 $\sum l_w=2(2a-2h_f)+4(b-c_1-2h_f)$。

② 桁架与柱的刚性连接。

图 7-25 所示为桁架与柱刚性连接构造图。桁架与柱刚性连接时,桁架支座处除承受竖向支座反力外,还承受由桁架端弯矩产生的上、下弦的水平力。

在上弦节点中,上弦与柱采用盖板 3 连接,节点处的水平力 $H_2=M/h_0$(M 为桁架端弯矩)。上弦节点处的水平力 H_2 通过盖板及其连接焊缝传给柱子。上弦的端板与柱翼缘的连接螺栓只起安装定位作用,只需满足构造要求。

在下弦节点中,下弦节点的螺栓连接承受水平偏心拉力,承托板承受竖向剪力 R。为了减小节点板的尺寸,将下弦和端斜杆轴线汇交于柱的内侧边缘,因此螺栓不能关于桁架下弦轴线对称布置。下弦节点处的水平拉力 $H_1=N+M/h_0$(N、M 分别为刚架计算时的横梁轴力和支座弯矩),水平拉力 H_1 对螺栓群有偏心作用。螺栓最大拉力的计算应考虑两种情况,详见第 3 章相关公式。螺栓连接中最大受拉螺栓的拉力 N_{max} 应不大于螺栓受拉承载力设计值 N_t^b。

桁架下弦节点板与支承板的连接焊缝共同承受支座反力 R、最大水平力 H_1(拉力或压力)以及偏心弯矩 H_1e_1 的作用。其连接焊缝的强度按下式计算:

$$\sqrt{\left(\frac{R}{2\times0.7h_f l_w}\right)^2+\frac{1}{\beta_f^2}\left(\frac{H_1}{2\times0.7h_f l_w}+\frac{6H_1e_1}{2\times0.7h_f l_w^2}\right)^2}\leqslant f_f^w \tag{7-34}$$

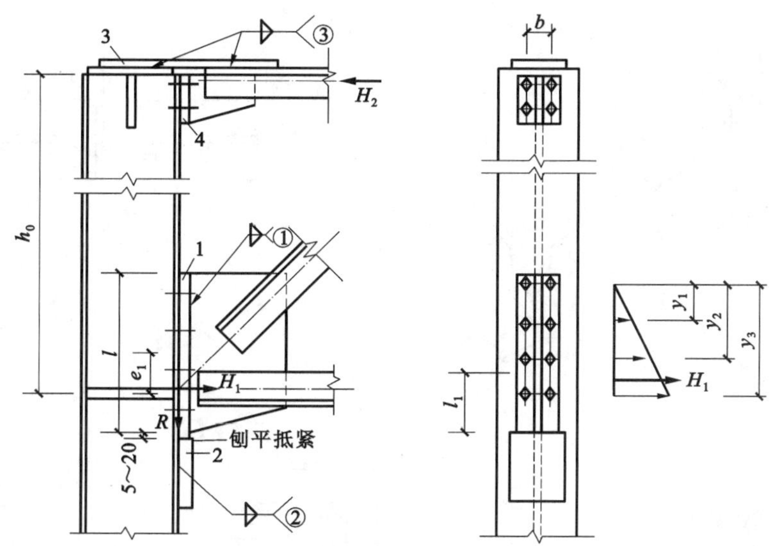

图 7-25 桁架与柱的刚性连接

式中,e_1 为最大水平力 H_1 至焊缝中心的距离;$l_w = l - 2h_f$。

上弦和下弦节点端板 4 和 1 应具有一定的刚度,端板厚度 t 应满足构造要求:对于上弦节点,$t \geqslant 12 \sim 20$ mm;对于下弦节点,$t \geqslant 20$ mm,并应计算下弦节点端板的抗弯强度。下弦节点的端板 1 在水平拉力 H_1 的作用下受弯,计算时通常取最大受拉螺栓处的一段端板,其高度为 l_1。考虑端板两侧边缘部分有较大的嵌固作用,端板可以近似按嵌固于两列螺栓间的单跨固接板计算弯矩,则端板厚度 t 应满足式(7-35)的要求:

$$t \geqslant \sqrt{\frac{6M_{\max}}{l_1 f}} = \sqrt{\frac{6 \times \frac{1}{8} \times 2N_{\max} b}{l_1 f}} = \sqrt{\frac{3N_{\max} b}{2l_1 f}} \tag{7-35}$$

式中 $N_{\max}$——一个螺栓所受的最大拉力,按第 3 章相关公式计算;

b——两竖列螺栓间的距离;

l_1——受力最大螺栓的端距加上螺栓竖向间距的一半。

桁架支座竖向反力 R 由端板传给承托 2。承托常用 25~40 mm 厚的钢板,有时采用 14~16 mm 厚的大号角钢截成。承托与柱的连接焊缝通常按(1.2~1.3)R 大小的力计算。

7.9 支撑系统与屋架的连接节点 >>>

屋盖支撑的构造应力求简单,安装方便。支撑系统与屋架的连接节点构造如图 7-26 所示。

上弦横向水平支撑的角钢肢尖应向下,且连接处适当离开屋架节点(图 7-26),以免影响大型屋面板或檩条的安放。交叉斜杆在相交处应将一根杆件切断,另加节点板用焊缝或螺栓连接[图 7-26(a)]。交叉斜杆处如与檩条相连[图 7-26(b)],则两根斜杆均应切断,用节点板相连。

下弦横向和纵向水平支撑的角钢肢尖允许向上[图 7-26(c)]。其中,交叉斜杆可以肢背靠肢背交叉放置,中间填以填板,杆件无须切断。

垂直支撑可只与屋架竖杆相连[图 7-26(d)],也可通过竖向小钢板与屋架弦杆及屋架竖杆同时相连[图 7-26(e)]。

支撑与屋架间的连接通常用 M20 C 级螺栓,支撑与天窗架间的连接可用 M16 C 级螺栓。在有重级工作制吊车或有其他较大振动设备的厂房,屋架下弦支撑及系杆宜用高强度螺栓连接,或用 C 级螺栓再加焊缝将节点板固定。

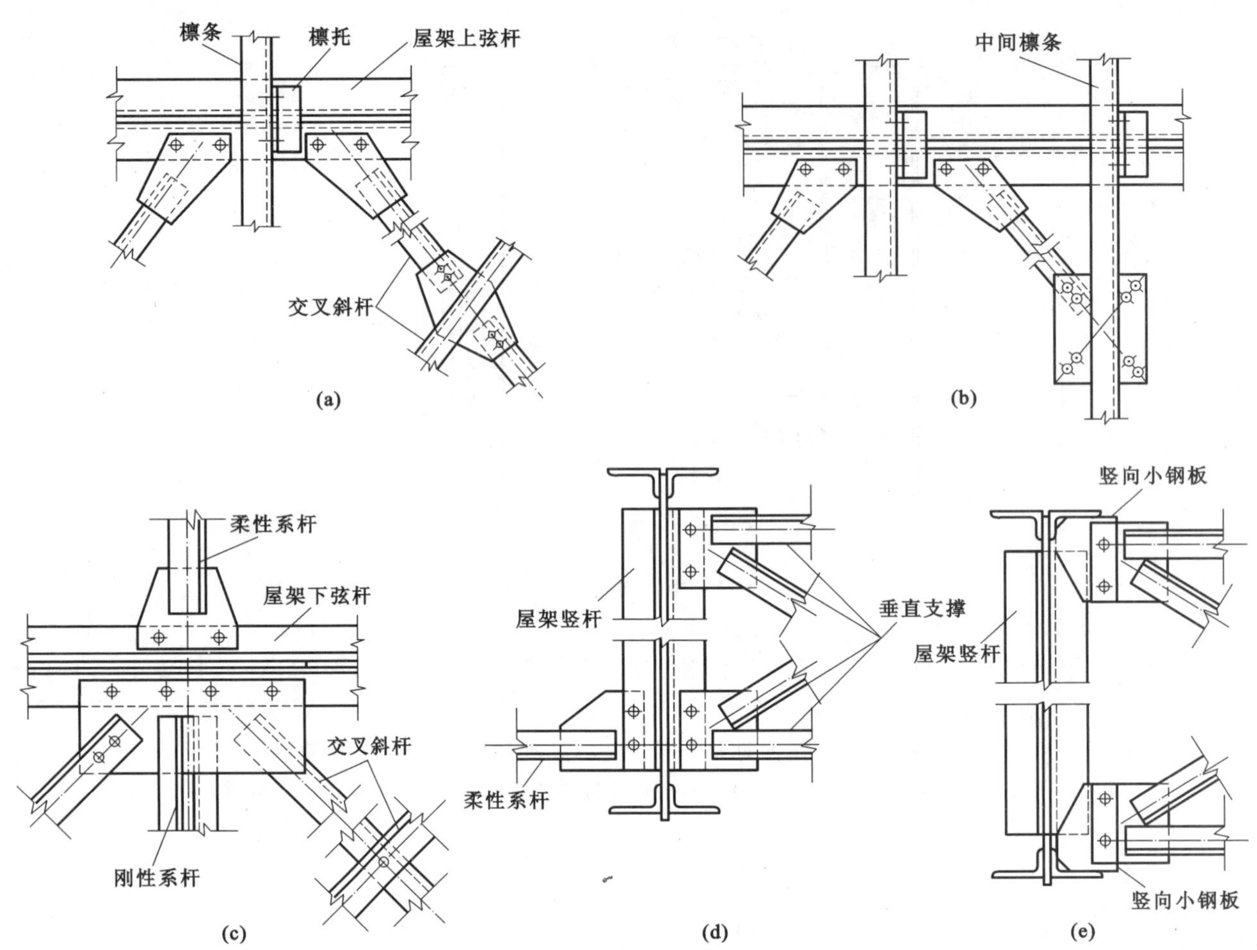

图 7-26 支撑与屋架连接节点构造

【例 7-1】 试设计普通钢桁架。

(1) 设计资料

某地一机械加工车间长 84 m,跨度 24 m,柱距 6 m,车间内设有两台 40 t、10 t 中级工作制桥式吊车,轨顶标高 18.5 m,柱顶标高 27 m。

采用梯形钢屋架,封闭结合,1.5 m×6 m 预应力钢筋混凝土大型屋面板(1.4 kN/m^2),上铺 100 mm 厚泡沫混凝土保温层(容重为 1 kN/m^3),三毡四油(上铺绿豆砂)防水层(0.4 kN/m^2),找平层 2 cm 厚(0.3 kN/m^2),卷材屋面,屋面坡度 $i=1/10$。

屋架简支于钢筋混凝土柱上,混凝土强度等级为 C20,上柱截面尺寸为 400 mm×400 mm。钢材选用 Q235B,焊条采用 E43 型。屋面活荷载标准值为 0.7 kN/m^2,积灰荷载标准值为 0.6 kN/m^2,基本雪压为 0.3 kN/m^2。

设计为无檩屋盖方案,采用平坡梯形屋架。

屋架计算跨度:

$$l_0 = 24 - 0.15 \times 2 = 23.7(\text{m})$$

端部高度:

$$h_0 = 1900\ \text{mm}$$

中部高度:

$$h = 3100\ \text{mm} \quad (l_0/h = 7.6)$$

屋架跨中起拱按 $l/500$ 考虑,取 48 mm。

(2) 结构形式与布置

桁架形式及几何尺寸如图 7-27 所示。桁架支撑布置如图 7-28 所示。

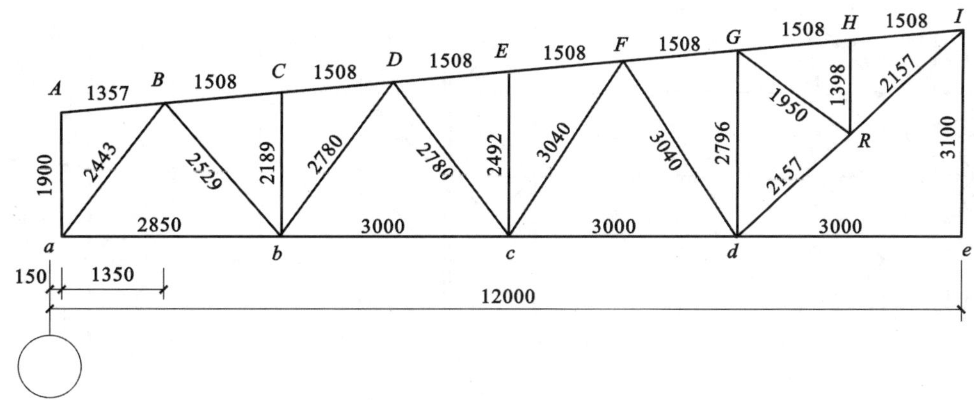

图 7-27　桁架形式及几何尺寸

(3) 荷载计算

桁架和支撑沿水平投影面积分布的自重按照经验公式进行计算，$P_w=0.12+0.011\times$跨度，其中，跨度单位为 m。

屋面活荷载与雪荷载不会同时出现，计算时取较大的荷载标准值进行计算，故取屋面活荷载为 0.7 kN/m² 进行计算。

由于屋面坡度较小，对荷载影响小，未予以考虑。风荷载对屋面为吸力，重屋架不考虑。

永久荷载标准值：

预应力混凝土大型屋面板	1.4 kN/m²
三毡四油(上铺绿豆砂)防水层	0.4 kN/m²
找平层(厚 2 cm)	0.3 kN/m²
10 cm 厚泡沫混凝土保温层	2×0.1=0.2(kN/m²)
屋架和支撑自重	0.12+0.011×24=0.384(kN/m²)
	共 2.684 kN/m²

可变荷载标准值：

屋面活荷载	0.7 kN/m²
积灰荷载	0.6 kN/m²
	共 1.3 kN/m²

设计屋架时，应考虑以下三种荷载组合，其中①、②为使用阶段荷载情况，③为施工阶段荷载情况。

① 全跨节点永久荷载＋全跨节点可变荷载。

$$F=(2.684\times 1.3+1.3\times 1.5)\times 1.5\times 6=48.9528(\text{kN})$$

② 全跨节点永久荷载＋半跨节点可变荷载。

a. 全跨节点永久荷载：

$$F_1=2.684\times 1.3\times 1.5\times 6=31.4028(\text{kN})$$

b. 半跨节点可变荷载：

$$F_2=1.3\times 1.5\times 1.5\times 6=17.55(\text{kN})$$

③ 全跨屋架和支撑自重＋半跨屋面板自重＋半跨屋面活荷载。

a. 全跨节点屋架自重：

$$F_3=0.384\times 1.3\times 1.5\times 6=4.4928(\text{kN})$$

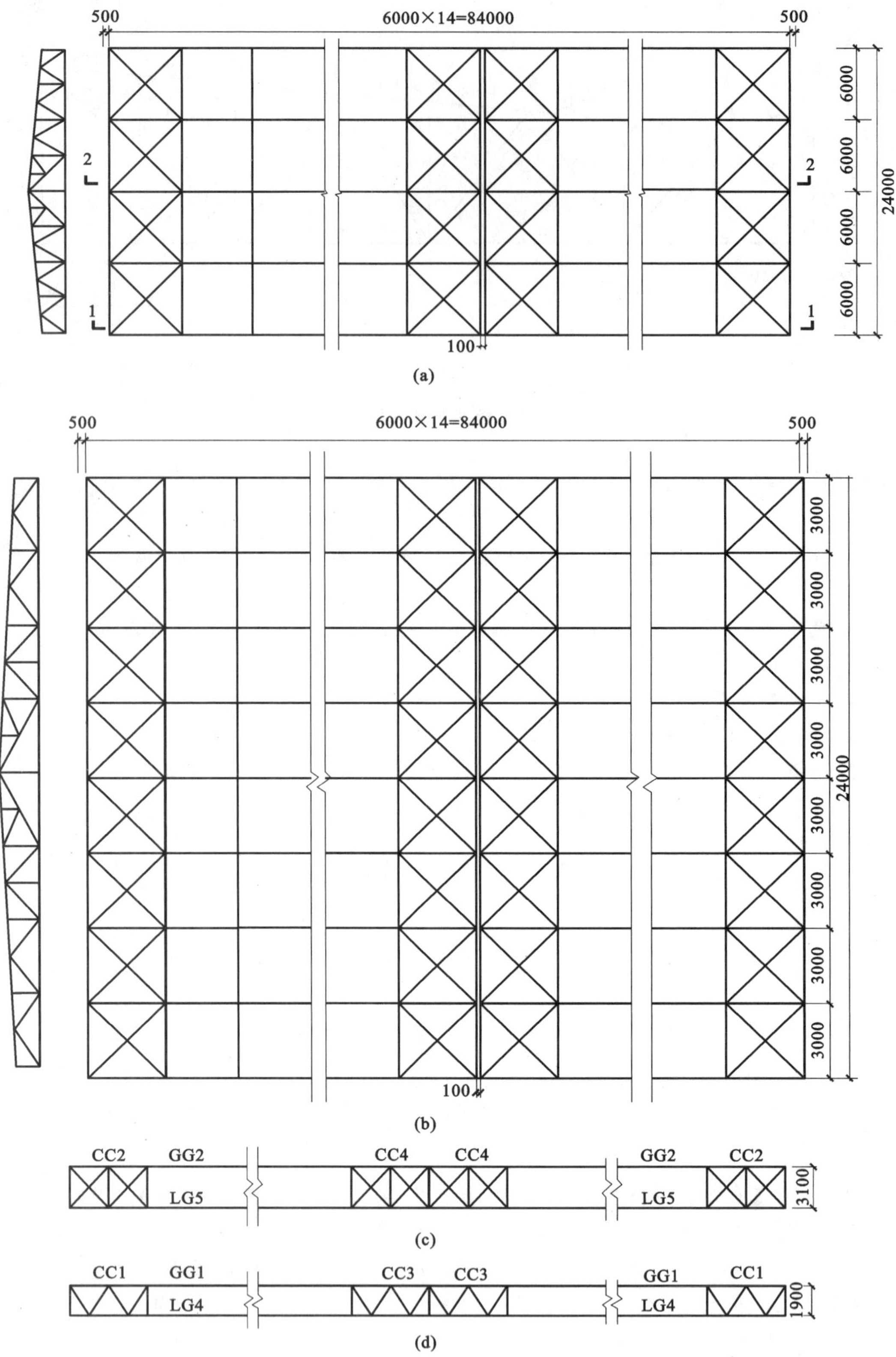

图 7-28 桁架支撑布置

(a) 屋架上弦支撑布置图;(b) 屋架下弦支撑布置图;(c) 垂直支撑 1—1;(d) 垂直支撑 2—2

b. 半跨节点屋面板自重及活荷载：

$$F_4 = (1.4 \times 1.3 + 0.7 \times 1.5) \times 1.5 \times 6 = 25.83(\text{kN})$$

以上三种荷载组合情况下的计算简图见图 7-29。

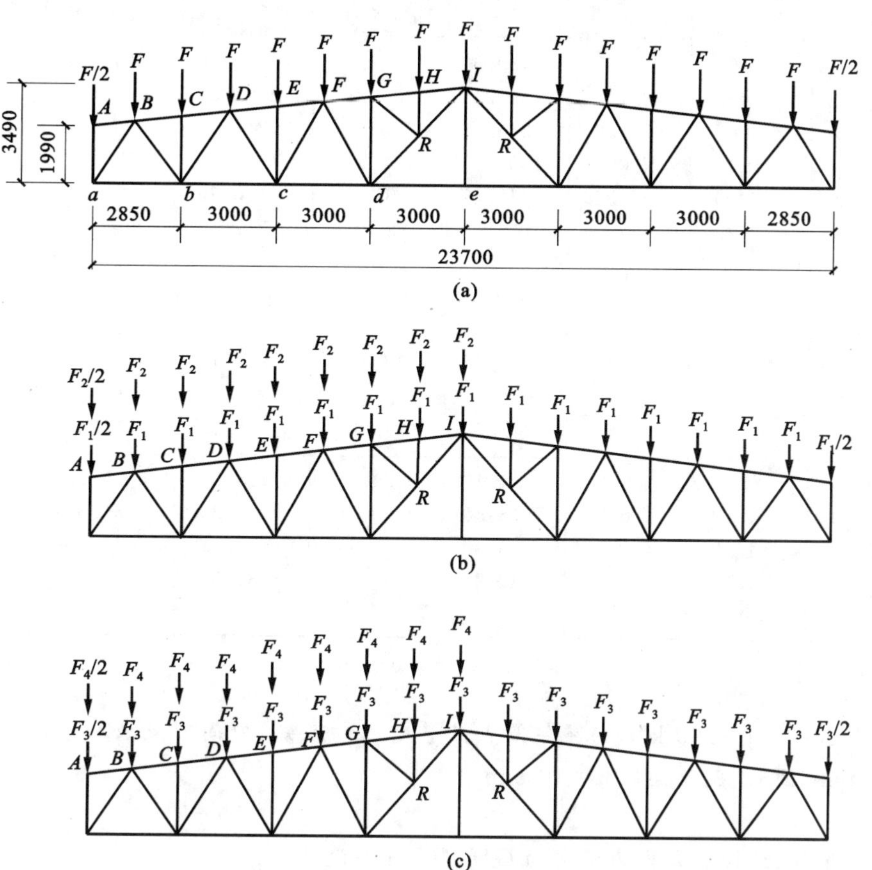

图 7-29 桁架计算简图

(4) 内力计算

由图解法或数解法解得 $F=1$ 的屋架各杆件的内力系数($F=1$ 作用于全跨、左半跨和右半跨)。然后求出各种荷载情况下的内力进行组合，计算结果见表 7-7。

表 7-7 桁架杆件内力组合表

杆件名称		内力系数($F=1$)			第一种组合 $F\times$①	第二种组合		第三种组合		计算杆件内力/kN
		全跨①	左半跨②	右半跨③		$F_1\times$①+$F_2\times$②	$F_1\times$①+$F_2\times$③	$F_3\times$①+$F_4\times$②	$F_3\times$①+$F_4\times$③	
上弦	AB	0	0	0	0	0	0	0	0	0
	BC、CD	−9.08	−6.83	−2.90	−444.49	−404.49	−335.52	−217.21	−115.70	−444.49
	DE、EF	−14.02	−9.96	−5.24	−686.32	−614.27	−531.43	−320.26	−198.34	−686.32
	FG	−15.75	−10.26	−7.08	−771.01	−673.76	−617.96	−335.78	−253.64	−771.01
	GH、HI	−16.29	−10.80	−7.08	−797.44	−700.17	−634.88	−352.15	−256.06	−797.44
下弦	ab	4.94	3.80	1.47	241.83	221.54	180.65	120.35	60.16	241.83
	bc	11.97	8.77	4.12	585.97	529.13	447.52	280.31	160.20	585.97
	cd	15.14	10.35	6.18	741.15	656.22	583.04	335.36	227.65	741.15
	de	15.12	8.52	8.52	740.17	623.48	623.48	288.00	288.00	740.17

续表

杆件名称		内力系数($F=1$)			第一种组合	第二种组合		第三种组合		计算杆件内力/kN
		全跨①	左半跨②	右半跨③	$F\times$①	$F_1\times$①+$F_2\times$②	$F_1\times$①+$F_2\times$③	$F_3\times$①+$F_4\times$②	$F_3\times$①+$F_4\times$③	
斜腹杆	aB	−8.98	−6.91	−2.67	−439.60	−402.76	−328.35	−218.83	−109.31	−439.60
	Bb	6.93	5.07	2.40	339.24	306.21	259.35	162.09	93.13	339.24
	bD	−5.45	−3.67	−2.30	−266.79	−235.24	−211.20	−119.28	−83.89	−266.79
	Dc	3.68	2.11	2.02	180.15	152.38	150.80	71.03	68.71	180.15
	cF	−2.42	−0.90	−1.96	−118.47	−91.65	−110.26	−34.12	−61.50	−118.47
	Fd	1.07	−0.29	1.75	52.38	28.45	64.25	−2.68	50.01	64.25 −2.68
	dR	0.79	2.43	−2.12	38.67	67.41	−12.44	66.32	−51.21	67.41 −51.21
	RI	1.56	3.20	−2.12	76.37	105.06	11.69	89.66	−47.75	105.06 −47.75
	RG	0.70	0.70	0	34.27	34.23	21.94	21.23	3.14	34.27
竖杆	Aa	−0.50	−0.50	0	−24.48	−24.45	−15.67	−15.16	−2.25	−24.48
	Cb、Ec	−1.00	−1.00	0	−48.95	−48.90	−31.35	−30.32	−4.49	−48.95
	Gd	−1.50	−1.49	0	−73.43	−73.17	−47.02	−45.23	−6.74	−73.43
	HR	−1.00	−1.00	0	−48.95	−48.90	−31.35	−30.32	−4.49	−48.95
	Ie	0	0	0	0	0	0	0	0	0

(5) 杆件设计

腹杆最大内力 $N=-439.60$ kN,由屋架节点板厚度参考可知,中间节点板与垫板厚度取 10 mm,支座节点板厚度取 12 mm,因此,肢背间距 $a=10$ mm。

① 上弦杆。

整个上弦采用等截面,按最大内力所在的 GH、HI 杆件设计。

杆件轴力:

$$N=-797.44\ \text{kN}$$

上弦杆计算长度如下。

在屋架平面内,为节间轴线长度,即

$$l_{0x}=l_0=1508\ \text{mm}$$

在屋架平面外,本屋架为无檩体系,并且认为大型屋面板只起到刚性系杆作用,根据支撑布置和内力变化情况,取 l_{0y} 为支撑点间的距离,即

$$l_{0y}=6000\ \text{mm}$$

根据屋架平面外上弦杆的计算长度,上弦杆截面选用两个不等边角钢,短边相并。

设 $\lambda=70$,选取双角钢 T 形截面(b 类),则查表可知 $\varphi=0.751$。

需要的截面面积:

$$A=\frac{N}{\varphi f}=\frac{797440}{0.751\times215}=4938.8(\text{mm}^2)$$

需要回转半径:

$$i_x=\frac{l_{0x}}{\lambda}=\frac{1508}{70}=21.5(\text{mm}),\quad i_y=\frac{l_{0y}}{\lambda}=\frac{6000}{70}=85.7(\text{mm})$$

根据需要的 A、i_x、i_y 查角钢规格表,选用 2∟180×110×10,肢背间距 $a=10$ mm,查角钢规格表得,$A=5680\ \text{mm}^2$,$i_x=31.3$ mm,$i_y=87.2$ mm。

按所选角钢进行验算:

$$\lambda_x=\frac{l_{0x}}{i_x}=\frac{1508}{31.3}=48.18$$

$$\lambda_y = \frac{l_{0y}}{i_y} = \frac{6000}{87.2} = 68.81$$

双角钢T形截面绕对称轴 y 轴应按扭曲计算长细比 λ_{yz}。

$$\lambda_z = 3.7\frac{b_1}{t} = 3.7 \times \frac{180}{10} = 66.6 < \lambda_y = 68.81$$

$$\lambda_{yz} = \lambda_y\left[1 + 0.06\left(\frac{\lambda_z}{\lambda_y}\right)^2\right] = 68.81 \times \left[1 + 0.06 \times \left(\frac{66.6}{68.81}\right)^2\right] - 72.68$$

则 $\lambda_{max} = \lambda_{yz} = 72.68 < [\lambda]$，$\varphi = 0.736$。

$$\frac{N}{\varphi A} = \frac{797440}{0.736 \times 5680} = 190.8(\mathrm{MPa}) < 215\ \mathrm{MPa}$$

故所选截面满足要求。

填板每个节间放一块，尺寸取 60 mm×130 mm×10 mm，则间距：

$$l_d = \frac{150.8}{2} = 75.4(\mathrm{cm}) < 40i = 40 \times 3.13 = 125.2(\mathrm{cm})$$

取 80 cm。

② 下弦杆。

整个下弦杆采用等截面，按最大内力所在的 cd 杆计算。

杆件轴力：

$$N = 741.15\ \mathrm{kN}$$

计算长度 $l_{0x} = 3000$ mm，$l_{0y} = 23700/2 = 11850(\mathrm{mm})$（因跨中有通长系杆）。

所需截面面积为：

$$A = \frac{N}{f} = \frac{741150}{215} = 3447.2(\mathrm{mm}^2)$$

因 $l_{0y} \geqslant l_{0x}$，故选用不等肢角钢短肢相并的双角钢T形截面，故选用 2∟180×110×10，肢背间距 a = 10 mm，查角钢规格表得，$A = 5680\ \mathrm{mm}^2$，$i_x = 31.3$ mm。

$$\lambda_x = \frac{l_{0x}}{i_x} = \frac{3000}{31.3} = 95.8$$

$$\lambda_y = \frac{l_{0y}}{i_y} = \frac{11850}{87.2} = 135.89$$

双角钢T形截面绕对称轴 y 轴应按扭曲计算长细比 λ_{yz}。

$$\lambda_z = 3.7\frac{b_1}{t} = 3.7 \times \frac{180}{10} = 66.6 < \lambda_y = 135.89$$

$$\lambda_{yz} = \lambda_y\left[1 + 0.16\left(\frac{\lambda_z}{\lambda_y}\right)^2\right] = 135.89 \times \left[1 + 0.16 \times \left(\frac{66.6}{135.89}\right)^2\right] = 137.85$$

则 $\lambda_{max} = \lambda_{yz} = 137.85 < [\lambda]$。

$$\frac{N}{A} = \frac{745150}{5680} = 130.48(\mathrm{MPa}) < 215\ \mathrm{MPa}$$

故所选截面满足要求。

填板每个节间放一块，尺寸取 60 mm×130 mm×10 mm，则间距：

$$l_d = \frac{300}{2} = 150(\mathrm{cm}) < 80i = 80 \times 3.13 = 250.4(\mathrm{cm})$$

取 150 cm。

③ 斜腹杆。

a. 端斜杆 aB。

杆件轴力 $N = -439.60$ kN，计算长度 $l_{0x} = l_{0y} = 2443$ mm。

因 $l_{0x} = l_{0y}$，故采用不等肢角钢长肢相并的双角钢T形截面，使 $i_x \approx i_y$。

选用 2∟125×80×8，肢背间距 $a = 10$ mm，查角钢规格表得，$A = 3200\ \mathrm{mm}^2$，$i_x = 40.1$ mm，$i_y = 32.7$ mm。

$$\lambda_x = \frac{l_{0x}}{i_x} = \frac{2443}{40.1} = 60.92$$

$$\lambda_y = \frac{l_{0y}}{i_y} = \frac{2443}{32.7} = 74.71$$

双角钢 T 形截面绕对称轴 y 轴应按扭曲计算长细比 λ_{yz}。

$$\lambda_z = 5.1\frac{b_2}{t} = 5.1 \times \frac{80}{8} = 51 < \lambda_y = 74.71$$

$$\lambda_{yz} = \lambda_y\left[1+0.25\left(\frac{\lambda_z}{\lambda_y}\right)^2\right] = 74.71 \times \left[1+0.25 \times \left(\frac{51}{74.71}\right)^2\right] = 83.41$$

则 $\lambda_{\max}=\lambda_{yz}=83.41<[\lambda]$，$\varphi=0.665$。

$$\frac{N}{\varphi A} = \frac{439600}{0.665 \times 3200} = 206.6(\text{MPa}) < 215 \text{ MPa}$$

故所选截面满足要求。

填板放两块，尺寸取 60 mm×145 mm×10 mm，则间距：

$$l_d = \frac{244.8}{3} = 81.6(\text{cm}) < 40i = 40 \times 3.27 = 130.8(\text{cm})$$

取 90 cm。

b. 杆件 dR-RI。

此杆在 R 节点处不断开，采用通长杆件。

最大拉力：

$$N_{dR} = 67.41 \text{ kN}, \quad N_{RI} = 105.06 \text{ kN}$$

最大压力：

$$N_{dR}' = -51.21 \text{ kN}, \quad N_{RI}' = -47.75 \text{ kN}$$

再分式桁架中的斜腹杆，在桁架平面内的计算长度取节点中心间距 $l_{0x}=2157$ mm，在桁架平面外的计算长度为：

$$l_{0y} = l_1\left(0.75+0.25\frac{N_{RI}'}{N_{dR}'}\right) = 4314 \times \left(0.75+0.25 \times \frac{47.75}{51.21}\right) = 4241.1(\text{mm})$$

选用等肢双角钢 T 形截面，选用 2∟63×4，肢背间距 $a=10$mm，查角钢规格表得，$A=996$ mm^2，$i_x=19.6$ mm，$i_y=29.4$ mm。

$$\lambda_x = \frac{l_{0x}}{i_x} = \frac{2157}{19.6} = 110.05$$

$$\lambda_y = \frac{l_{0y}}{i_y} = \frac{4241.1}{29.4} = 144.26$$

双角钢 T 形截面绕对称轴 y 轴应按扭曲计算长细比 λ_{yz}。

$$\lambda_z = 3.9\frac{b}{t} = 3.9 \times \frac{63}{4} = 61.43 < \lambda_y = 144.26$$

$$\lambda_{yz} = \lambda_y\left[1+0.16\left(\frac{\lambda_z}{\lambda_y}\right)^2\right] = 144.26 \times \left[1+0.16 \times \left(\frac{61.43}{144.26}\right)^2\right] = 148.44$$

则 $\lambda_{\max}=\lambda_{yz}=148.44<[\lambda]$，$\varphi=0.313$。

$$\frac{N}{\varphi A} = \frac{51210}{0.313 \times 996} = 164.27(\text{MPa}) < 215 \text{ MPa}$$

拉应力：

$$\frac{N}{A} = \frac{105060}{996} = 105.48(\text{MPa}) < 215 \text{ MPa}$$

故所选截面满足要求。

填板放两块，尺寸取 60 mm×83 mm×10 mm，则间距：

$$l_d = \frac{215.7}{3} = 71.9(\text{cm}) < 40i = 40 \times 1.96 = 78.4(\text{cm})$$

取 75 cm。

c. 杆件 Bb。

杆件轴力 $N=339.24$ kN，计算长度 $l_{0x}=0.8\times2529=2023.2$(mm)，$l_{0y}=2529$ mm。

选用等肢双角钢 T 形截面，选用 2∟75×8，肢背间距 $a=10$ mm，查角钢规格表得，$A=2300\ \text{mm}^2$，$i_x=22.8$ mm，$i_y=35.0$ mm。

$$\lambda_x=\frac{l_{0x}}{i_x}=\frac{2023.2}{22.8}=88.74$$

$$\lambda_y=\frac{l_{0y}}{i_y}=\frac{2529}{35}=72.26$$

双角钢 T 形截面绕对称轴 y 轴应按扭曲计算长细比 λ_{yz}。

$$\lambda_z=3.9\frac{b}{t}=3.9\times\frac{75}{8}=36.56<\lambda_y=72.26$$

$$\lambda_{yz}=\lambda_y\left[1+0.16\left(\frac{\lambda_z}{\lambda_y}\right)^2\right]=72.26\times\left[1+0.16\times\left(\frac{36.56}{72.26}\right)^2\right]=75.22$$

则 $\lambda_{\max}=\lambda_x=88.74<[\lambda]$。

$$\frac{N}{A}=\frac{339240}{2300}=147.50(\text{MPa})<215\ \text{MPa}$$

故所选截面满足要求。

填板放两块，尺寸取 60 mm×95 mm×10 mm，则间距：

$$l_d=\frac{253.4}{3}=84.5(\text{cm})<80i=80\times2.28=182.4(\text{cm})$$

取 80 cm。

d. 杆件 bD。

杆件轴力 $N=-266.79$ kN，计算长度 $l_{0x}=0.8\times2780=2224$(mm)，$l_{0y}=2780$ mm。

选用等肢双角钢 T 形截面，选用 2∟75×8，肢背间距 $a=10$ mm，查角钢规格表得，$A=2300\ \text{mm}^2$，$i_x=22.8$ mm，$i_y=35.0$ mm。

$$\lambda_x=\frac{l_{0x}}{i_x}=\frac{2224}{22.8}=97.54$$

$$\lambda_y=\frac{l_{0y}}{i_y}=\frac{2780}{35}=79.43$$

双角钢 T 形截面绕对称轴 y 轴应按扭曲计算长细比 λ_{yz}。

$$\lambda_z=3.9\frac{b}{t}=3.9\times\frac{75}{8}=36.56<\lambda_y=79.43$$

$$\lambda_{yz}=\lambda_y\left[1+0.16\left(\frac{\lambda_z}{\lambda_y}\right)^2\right]=79.43\times\left[1+0.16\times\left(\frac{36.56}{79.43}\right)^2\right]=82.12$$

则 $\lambda_{\max}=\lambda_x=97.54<[\lambda]$，$\varphi=0.571$。

$$\frac{N}{\varphi A}=\frac{266790}{0.571\times2300}=203.14(\text{MPa})<215\ \text{MPa}$$

故所选截面满足要求。

填板放三块，尺寸取 60 mm×95 mm×10 mm，则间距：

$$l_d=\frac{279.8}{4}=70.0(\text{cm})<40i=40\times2.28=91.2(\text{cm})$$

取 70 cm。

e. 杆件 Dc。

杆件轴力 $N=180.15$ kN，计算长度 $l_{0x}=0.8\times2780=2224$(mm)，$l_{0y}=2780$ mm。

选用等肢双角钢 T 形截面，选用 2∟75×8，肢背间距 $a=10$ mm，查角钢规格表得，$A=2300\ \text{mm}^2$，$i_x=22.8$ mm，$i_y=35.0$ mm。

$$\lambda_x = \frac{l_{0x}}{i_x} = \frac{2224}{22.8} = 97.54$$

$$\lambda_y = \frac{l_{0y}}{i_y} = \frac{2780}{35} = 79.43$$

双角钢T形截面绕对称轴 y 轴应按扭曲计算长细比 λ_{yz}。

$$\lambda_z = 3.9\frac{b}{t} = 3.9\times\frac{75}{8} = 36.56 < \lambda_y = 79.43$$

$$\lambda_{yz} = \lambda_y\left[1+0.16\left(\frac{\lambda_z}{\lambda_y}\right)^2\right] = 79.43\times\left[1+0.16\times\left(\frac{36.56}{79.94}\right)^2\right] = 82.12$$

则 $\lambda_{max}=\lambda_x=97.54<[\lambda]$。

$$\frac{N}{A} = \frac{180150}{2300} = 78.33(\text{MPa}) < 215\text{ MPa}$$

故所选截面满足要求。

填板放两块，尺寸取60 mm×95 mm×10 mm，则间距：

$$l_d = \frac{277.8}{3} = 92.6(\text{cm}) < 80i = 80\times 2.28 = 182.4(\text{cm})$$

取100 cm。

f. 杆件 cF。

杆件轴力 $N=-118.47$ kN，计算长度 $l_{0x}=0.8\times3040=2432$(mm)，$l_{0y}=3040$ mm。

选用等肢双角钢T形截面，选用2∟75×8，肢背间距 $a=10$ mm，查角钢规格表得，$A=2300\text{ mm}^2$，$i_x=22.8$ mm，$i_y=35.0$ mm。

$$\lambda_x = \frac{l_{0x}}{i_x} = \frac{2432}{22.8} = 106.67$$

$$\lambda_y = \frac{l_{0y}}{i_y} = \frac{3040}{35} = 86.86$$

双角钢T形截面绕对称轴 y 轴应按扭曲计算长细比 λ_{yz}。

$$\lambda_z = 3.9\frac{b}{t} = 3.9\times\frac{75}{8} = 36.56 < \lambda_y = 86.86$$

$$\lambda_{yz} = \lambda_y\left[1+0.16\left(\frac{\lambda_z}{\lambda_y}\right)^2\right] = 86.86\times\left[1+0.16\times\left(\frac{36.56}{86.86}\right)^2\right] = 89.32$$

则 $\lambda_{max}=\lambda_x=106.67<[\lambda]$，$\varphi=0.513$。

$$\frac{N}{\varphi A} = \frac{118470}{0.513\times2300} = 100.41(\text{MPa}) < 215\text{ MPa}$$

故所选截面满足要求。

填板放三块，尺寸取60 mm×95 mm×10 mm，则间距：

$$l_d = \frac{305.5}{4} = 76.4(\text{cm}) < 40i = 40\times 2.28 = 91.2(\text{cm})$$

取80 cm。

g. 杆件 Fd。

杆件轴力 $N=64.25$ kN，计算长度 $l_{0x}=0.8\times3040=2432$(mm)，$l_{0y}=3040$ mm。

选用等肢双角钢T形截面，选用2∟63×4，肢背间距 $a=10$ mm，查角钢规格表得，$A=996\text{ mm}^2$，$i_x=19.6$ mm，$i_y=29.4$ mm。

$$\lambda_x = \frac{l_{0x}}{i_x} = \frac{2432}{19.6} = 124.08$$

$$\lambda_y = \frac{l_{0y}}{i_y} = \frac{3040}{29.4} = 103.40$$

双角钢T形截面绕对称轴 y 轴应按扭曲计算长细比 λ_{yz}。

$$\lambda_z = 3.9\frac{b}{t} = 3.9 \times \frac{63}{4} = 61.43 < \lambda_y = 103.40$$

$$\lambda_{yz} = \lambda_y\left[1+0.16\left(\frac{\lambda_z}{\lambda_y}\right)^2\right] = 103.40 \times \left[1+0.16 \times \left(\frac{61.43}{103.40}\right)^2\right] = 109.24$$

则 $\lambda_{max}=\lambda_x=124.08<[\lambda]$。

$$\frac{N}{A} = \frac{64250}{996} = 64.51(\text{MPa}) < 215\ \text{MPa}$$

故所选截面满足要求。

填板放两块，尺寸取 60 mm×83 mm×10 mm，则间距：

$$l_d = \frac{303.5}{3} = 101.2(\text{cm}) < 80i = 80 \times 1.96 = 156.8(\text{cm})$$

取 110 cm。

h. 杆件 RG。

杆件轴力 $N=34.27$ kN，计算长度 $l_{0x}=0.8\times1950=1560(\text{mm})$，$l_{0y}=1950$ mm。

选用等肢双角钢 T 形截面，选用 2∟63×4，肢背间距 $a=10$ mm，查角钢规格表得，$A=996\ \text{mm}^2$，$i_x=19.6$ mm，$i_y=29.4$ mm。

$$\lambda_x = \frac{l_{0x}}{i_x} = \frac{1560}{19.6} = 79.59$$

$$\lambda_y = \frac{l_{0y}}{i_y} = \frac{1950}{29.4} = 66.33$$

双角钢 T 形截面绕对称轴 y 轴应按扭曲计算长细比 λ_{yz}。

$$\lambda_z = 3.9\frac{b}{t} = 3.9 \times \frac{63}{4} = 61.43 < \lambda_y = 66.33$$

$$\lambda_{yz} = \lambda_y\left[1+0.16\left(\frac{\lambda_z}{\lambda_y}\right)^2\right] = 66.33 \times \left[1+0.16 \times \left(\frac{61.43}{66.33}\right)^2\right] = 75.43$$

则 $\lambda_{max}=\lambda_x=79.59<[\lambda]$。

$$\frac{N}{A} = \frac{34270}{996} = 34.41(\text{MPa}) < 215\ \text{MPa}$$

故所选截面满足要求。

填板放两块，尺寸取 60 mm×83 mm×10 mm，则间距：

$$l_d = \frac{195.2}{3} = 65.1(\text{cm}) < 80i = 80 \times 1.96 = 156.8(\text{cm})$$

取 70 cm。

④ 竖杆。

a. 杆件 Aa。

杆件轴力 $N=-24.48$ kN，计算长度 $l_{0x}=0.8\times1900=1520(\text{mm})$，$l_{0y}=1900$ mm。

由于杆件内力较小，故按 $\lambda=[\lambda]=150$ 选择，需要的回转半径为：

$$i_x = \frac{i_{0x}}{\lambda} = \frac{1520}{150} = 10.13(\text{mm})$$

$$i_y = \frac{i_{0y}}{\lambda} = \frac{1900}{150} = 12.67(\text{mm})$$

选用等肢双角钢 T 形截面，选用 2∟56×4，肢背间距 $a=10$ mm，查角钢规格表得，$A=878\ \text{mm}^2$，$i_x=17.3$ mm，$i_y=26.7$ mm。

$$\lambda_x = \frac{l_{0x}}{i_x} = \frac{1520}{17.3} = 87.86$$

$$\lambda_y = \frac{l_{0y}}{i_y} = \frac{1900}{26.7} = 71.16$$

双角钢T形截面绕对称轴 y 轴应按扭曲计算长细比 λ_{yz}。

$$\lambda_z = 3.9\frac{b}{t} = 3.9\times\frac{56}{4} = 54.6 < \lambda_y = 71.16$$

$$\lambda_{yz} = \lambda_y\left[1+0.16\left(\frac{\lambda_z}{\lambda_y}\right)^2\right] = 71.16\times\left[1+0.16\times\left(\frac{54.6}{71.16}\right)^2\right] = 77.86$$

则 $\lambda_{max}=\lambda_x=87.76<[\lambda]$，$\varphi=0.636$。

$$\frac{N}{\varphi A} = \frac{24480}{0.636\times 878} = 43.84(\text{MPa}) < 215\ \text{MPa}$$

故所选截面满足要求。

填板放两块，尺寸取60 mm×76 mm×12 mm，则间距：

$$l_d = \frac{190.0}{3} = 63.3(\text{cm}) < 40i = 40\times 1.73 = 69.2(\text{cm})$$

取65 cm。

b. 杆件 HR。

杆件轴力 $N=-48.95$ kN，计算长度 $l_{0x}=0.8\times1398=1118.4(\text{mm})$，$l_{0y}=1398$ mm。

选用等肢双角钢T形截面，选用2∟56×4，肢背间距 $a=10$ mm，查角钢规格表得，$A=878\ \text{mm}^2$，$i_x=17.3$ mm，$i_y=26.7$ mm。

$$\lambda_x = \frac{l_{0x}}{i_x} = \frac{1118.4}{17.3} = 64.65$$

$$\lambda_y = \frac{l_{0y}}{i_y} = \frac{1398}{26.7} = 52.36$$

双角钢T形截面绕对称轴 y 轴应按扭曲计算长细比 λ_{yz}。

$$\lambda_z = 3.9\frac{b}{t} = 3.9\times\frac{56}{4} = 54.6 > \lambda_y = 52.36$$

$$\lambda_{yz} = \lambda_z\left[1+0.16\left(\frac{\lambda_y}{\lambda_z}\right)^2\right] = 54.6\times\left[1+0.16\times\left(\frac{52.36}{54.6}\right)^2\right] = 62.63$$

则 $\lambda_{max}=\lambda_x=64.65<[\lambda]$，$\varphi=0.782$。

$$\frac{N}{\varphi A} = \frac{48950}{0.782\times 878} = 71.29(\text{MPa}) < 215\ \text{MPa}$$

故所选截面满足要求。

填板放三块，尺寸取60 mm×76 mm×10 mm，则间距：

$$l_d = \frac{140.6}{3} = 46.8(\text{cm}) < 40i = 40\times 1.73 = 69.2(\text{cm})$$

取50 cm。

c. 杆件 Cb。

杆件轴力 $N=-48.95$ kN，计算长度 $l_{0x}=0.8\times2189=1751.2(\text{mm})$，$l_{0y}=2189$ mm。

选用等肢双角钢T形截面，选用2∟56×4，肢背间距 $a=10$ mm，查角钢规格表得，$A=878\ \text{mm}^2$，$i_x=17.3$ mm，$i_y=26.7$ mm。

$$\lambda_x = \frac{l_{0x}}{i_x} = \frac{1751.2}{17.3} = 101.23$$

$$\lambda_y = \frac{l_{0y}}{i_y} = \frac{2189}{26.7} = 81.99$$

双角钢T形截面绕对称轴 y 轴应按扭曲计算长细比 λ_{yz}。

$$\lambda_z = 3.9\frac{b}{t} = 3.9\times\frac{56}{4} = 54.6 < \lambda_y = 81.99$$

$$\lambda_{yz} = \lambda_y\left[1+0.16\left(\frac{\lambda_z}{\lambda_y}\right)^2\right] = 81.99\times\left[1+0.16\times\left(\frac{54.6}{81.99}\right)^2\right] = 87.80$$

则 $\lambda_{\max}=\lambda_x=101.23<[\lambda]$，$\varphi=0.547$。

$$\frac{N}{\varphi A}=\frac{48950}{0.547\times 878}=101.92(\text{MPa})<215\ \text{MPa}$$

故所选截面满足要求。

填板放三块，尺寸取 60 mm×76 mm×10 mm，则间距：

$$l_{\text{d}}=\frac{220}{4}=55(\text{cm})<40i=40\times 1.73=69.2(\text{cm})$$

取 60 cm。

d. 杆件 Ec。

杆件轴力 $N=-48.95$ kN，计算长度 $l_{0x}=0.8\times 2492=1993.6(\text{mm})$，$l_{0y}=2492$ mm。

选用等肢双角钢 T 形截面，选用 2∟56×4，肢背间距 $a=10$ mm，查角钢规格表得，$A=878\ \text{mm}^2$，$i_x=17.3$ mm，$i_y=26.7$ mm。

$$\lambda_x=\frac{l_{0x}}{i_x}=\frac{1993.6}{17.3}=115.24$$

$$\lambda_y=\frac{l_{0y}}{i_y}=\frac{2492}{26.7}=93.33$$

双角钢 T 形截面绕对称轴 y 轴应按扭曲计算长细比 λ_{yz}。

$$\lambda_z=3.9\frac{b}{t}=3.9\times\frac{56}{4}=54.6<\lambda_y=93.33$$

$$\lambda_{yz}=\lambda_y\left[1+0.16\left(\frac{\lambda_z}{\lambda_y}\right)^2\right]=93.33\times\left[1+0.16\times\left(\frac{54.6}{93.33}\right)^2\right]=98.44$$

则 $\lambda_{\max}=\lambda_x=115.24<[\lambda]$，$\varphi=0.463$。

$$\frac{N}{\varphi A}=\frac{48950}{0.463\times 878}=120.41(\text{MPa})<215\ \text{MPa}$$

故所选截面满足要求。

填板放三块，尺寸取 60 mm×76 mm×10 mm，则间距：

$$l_{\text{d}}=\frac{250}{4}=62.5(\text{cm})<40i=40\times 1.73=69.2(\text{cm})$$

取 65 cm。

e. 杆件 Gd。

杆件轴力 $N=-73.43$ kN，计算长度 $l_{0x}=0.8\times 2796=2236.8(\text{mm})$，$l_{0y}=2796$ mm。

选用等肢双角钢 T 形截面，选用 2∟63×4，肢背间距 $a=10$ mm，查角钢规格表得，$A=996\ \text{mm}^2$，$i_x=19.6$ mm，$i_y=29.4$ mm。

$$\lambda_x=\frac{l_{0x}}{i_x}=\frac{2236.8}{19.6}=114.12$$

$$\lambda_y=\frac{l_{0y}}{i_y}=\frac{2796}{29.4}=95.10$$

双角钢 T 形截面绕对称轴 y 轴应按扭曲计算长细比 λ_{yz}。

$$\lambda_z=3.9\frac{b}{t}=3.9\times\frac{63}{4}=61.43<\lambda_y=95.10$$

$$\lambda_{yz}=\lambda_y\left[1+0.16\left(\frac{\lambda_z}{\lambda_y}\right)^2\right]=95.10\times\left[1+0.16\times\left(\frac{61.43}{95.10}\right)^2\right]=101.45$$

则 $\lambda_{\max}=\lambda_x=114.12<[\lambda]$，$\varphi=0.468$。

$$\frac{N}{\varphi A}=\frac{73430}{0.468\times 996}=157.53(\text{MPa})<215\ \text{MPa}$$

所选截面满足要求。

填板放三块，尺寸取 60 mm×83 mm×10 mm，则间距：

$$l_{\text{d}}=\frac{280}{4}=70(\text{cm})<40i=40\times 1.96=78.4(\text{cm})$$

取 70 cm。

其余各杆件的截面选择计算过程不一一列出,现将计算结果列于表 7-8 中。

表 7-8 杆件截面选择表

名称	杆件编号	内力/kN	计算长度/mm		截面面积/mm^2	回转半径/mm		长细比		稳定系数 φ	计算应力 $\frac{N}{\varphi A}$/MPa	截面规格/mm	容许长细比[λ]
			l_{0x}	l_{0y}		i_x	i_y	λ_x	λ_{yz}				
上弦	GH、HI	−797.44	1508	6000	5680	31.3	87.2	48.18	68.81	0.736	190.75	┐┌ 180×110×10	150
下弦	cd	741.15	3000	11850	5680	31.3	87.2	95.85	135.89		130.48	┐┌ 180×110×10	350
腹杆	Aa	−24.48	1520	1900	878	17.3	26.7	87.86	77.86	0.636	43.84	┐┌ 56×4	150
	aB	−439.60	2443	2443	3200	40.1	32.7	60.92	83.41	0.665	206.58	┐┌ 125×80×8	150
	Bb	339.24	2023.2	2529	2300	22.8	35	88.74	75.22		147.50	┐┌ 75×8	350
	Cb	−48.95	1751.2	2189	878	17.3	26.7	101.23	87.80	0.547	101.92	┐┌ 56×4	150
	bD	−266.79	2224	2780	2300	22.8	35	97.54	82.12	0.571	203.14	┐┌ 75×8	150
	Dc	180.15	2224	2780	2300	22.8	35	97.54	82.12		78.33	┐┌ 75×8	350
	Ec	−48.95	1993.6	2492	878	17.3	26.7	115.24	98.44	0.463	120.41	┐┌ 56×4	150
	cF	−118.47	2432	3040	2300	22.8	35	106.67	89.32	0.513	100.41	┐┌ 75×8	150
	Fd	64.25	2432	3040	996	19.6	29.4	124.08	109.24		64.51	┐┌ 63×4	350
	Gd	−73.43	2236.8	2796	996	19.6	29.4	114.12	101.45	0.468	157.53	┐┌ 63×4	150
	dR	67.41,−51.21	2157	4241.1	996	19.6	29.4	110.05	148.44	0.313	164.27	┐┌ 63×4	150
	RI	105.06,−47.75			996	19.6	29.4				105.48	┐┌ 63×4	150
	RG	34.27	1560	1950	996	19.6	29.4	79.59	75.43		34.41	┐┌ 63×4	150
	HR	−48.95	1118.4	1398	878	17.3	26.7	64.65	62.63	0.782	71.29	┐┌ 56×4	150
	Ie	0	0.9×310.0=279.0		996	19.6	29.4	142.35	101.26		0	┐┌ 63×4	200

(6) 节点设计

已知采用 E43 型焊条,角焊缝的抗拉、抗压和抗剪强度设计值 $f_f^w=160$ MPa。焊缝长度除满足计算要求外,还应满足构造要求 $l_w-2h_f\geqslant 8h_f$ 且不小于 40 mm。因此,当焊脚尺寸为 8 mm 时,$l_w\geqslant 80$ mm;当焊脚尺寸为 6 mm 时,$l_w\geqslant 60$ mm;当焊脚尺寸为 5 mm 时,$l_w\geqslant 60$ mm。

① 下弦设计。

a. 下弦节点 b。

设 bB 杆的肢背和肢尖焊缝焊脚尺寸分别为 8 mm 和 6 mm,则所需的焊缝长度如下。

肢背:

$$l_{w1}=\frac{0.7N}{2\times 0.7h_{f1}f_f^w}+2h_{f1}=\frac{0.7\times 339240}{2\times 0.7\times 8\times 160}+2\times 8=148.5(\text{mm})$$

取 160 mm。

肢尖：

$$l_{w2}=\frac{0.3N}{2\times0.7h_{f2}f_f^w}+2h_{f2}=\frac{0.3\times339240}{2\times0.7\times6\times160}+2\times6=87.7(\text{mm})$$

取 100 mm。

设 bD 杆的肢背和肢尖焊缝焊脚尺寸分别为 8 mm 和 6 mm，则所需的焊缝长度如下。

肢背：

$$l_{w1}=\frac{0.7N}{2\times0.7h_{f1}f_f^w}+2h_{f1}=\frac{0.7\times266790}{2\times0.7\times8\times160}+2\times8=120.2(\text{mm})$$

取 130 mm。

肢尖：

$$l_{w2}=\frac{0.3N}{2\times0.7h_{f2}f_f^w}+2h_{f2}=\frac{0.3\times266790}{2\times0.7\times6\times160}+2\times6=71.6(\text{mm})$$

取 80 mm。

bC 杆的内力很小，焊脚尺寸可按构造确定，取 $h_f=5$ mm，$l_w=50$ mm。

根据上面求得的焊缝长度，并考虑杆件之间应有的间隙及制作和装配等误差，按比例绘出节点详图（图 7-30），从而确定节点板尺寸为 300 mm×340 mm。

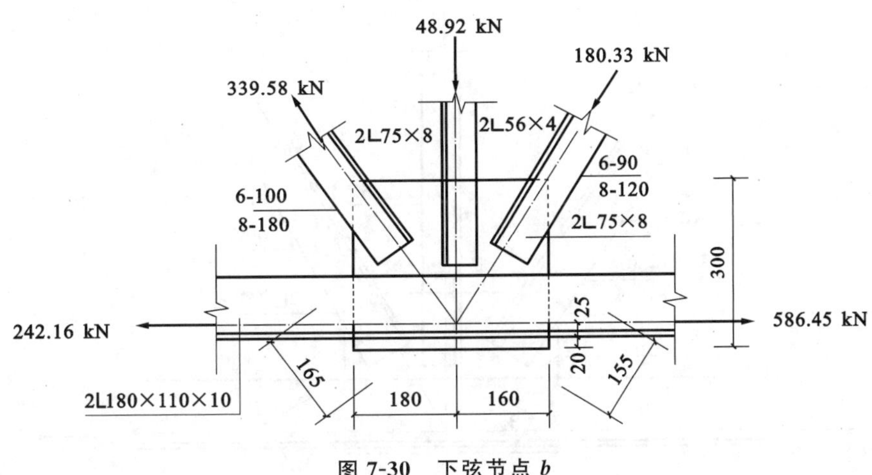

图 7-30 下弦节点 b

下弦杆与 b 节点处节点板连接的焊缝长度为 340 mm，$h_f=6$ mm。

两侧下弦杆的内力差：

$$\Delta N_1=585.97-241.83=344.14(\text{kN})$$

两侧下弦杆较大内力的 15%：

$$\Delta N_2=585.97\times15\%=87.90(\text{kN})<\Delta N_1$$

$$N=\Delta N_1$$

受力较大的肢背处的焊缝应力为：

$$\tau=\frac{0.75N}{2\times0.7h_f(l_{w1}-2h_f)}=\frac{0.75\times344140}{2\times0.7\times6\times(340-2\times6)}=93.68(\text{MPa})<f_f^w$$

焊缝强度满足要求。

b. 下弦节点 c。

设 cD 杆的肢背和肢尖焊脚尺寸 h_f 分别为 8 mm 和 6 mm，则所需的焊缝长度如下。

肢背：

$$l_{w1}=\frac{0.7N}{2\times0.7h_{f1}f_f^w}+2h_{f1}=\frac{0.7\times180150}{2\times0.7\times8\times160}+2\times8=86.4(\text{mm})$$

取 100 mm。

肢尖：

$$l_{w2}=\frac{0.3N}{2\times0.7h_{f2}f_f^w}+2h_{f2}=\frac{0.3\times180150}{2\times0.7\times6\times160}+2\times6=52.2(\text{mm})$$

取 60 mm。

设 cF 杆的肢背和肢尖焊缝焊脚尺寸分别为 8 mm 和 6 mm，则所需的焊缝长度如下。

肢背：

$$l_{w1}=\frac{0.7N}{2\times0.7h_{f1}f_f^w}+2h_{f1}=\frac{0.7\times118470}{2\times0.7\times8\times160}+2\times8=62.3(\text{mm})$$

取 100 mm。

肢尖：

$$l_{w2}=\frac{0.3N}{2\times0.7h_{f2}f_f^w}+2h_{f2}=\frac{0.3\times118470}{2\times0.7\times6\times160}+2\times6=38.4(\text{mm})$$

取 60 mm。

cE 杆的内力很小，焊脚尺寸可按构造确定，取 $h_f=5$ mm，$l_w=50$ mm。

根据上面求得的焊缝长度，并考虑杆件之间应有的间隙及制作和装配等误差，按比例绘出节点详图(图 7-31)，从而确定节点板尺寸为 260 mm×300 mm。

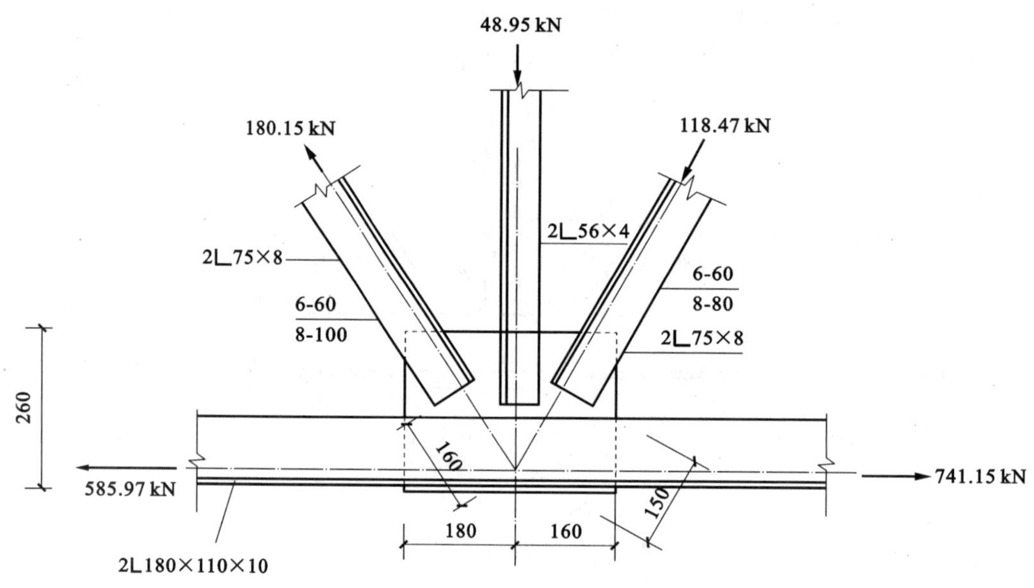

图 7-31 下弦节点 c

下弦与节点板连接的焊缝长度为 300 mm，肢尖和肢背焊脚尺寸均为 $h_f=6$ mm。

两侧下弦杆的内力差：

$$\Delta N_1=741.15-585.97=155.18(\text{kN})$$

两侧下弦杆较大内力的 15%：

$$\Delta N_2=741.15\times15\%=111.17(\text{kN})<\Delta N_1$$

$$N=\Delta N_1$$

受力较大的肢背处的焊缝应力为：

$$\tau=\frac{0.75N}{2\times0.7h_f(l_w-2h_f)}=\frac{0.75\times155180}{2\times0.7\times6\times(300-2\times6)}=48.11(\text{MPa})<f_f^w$$

焊缝强度满足要求。

c. 下弦节点 d。

设 dF 的肢尖和肢背焊缝焊脚尺寸均为 6 mm，则所需的焊缝长度如下。

肢背：

$$l_{w1}=\frac{0.7N}{2\times0.7h_{f1}f_f^w}+2h_f=\frac{0.7\times64250}{2\times0.7\times6\times160}+2\times6=45.5(\text{mm})$$

取 60 mm。

肢尖：

l_{w2}取 60 mm。

设 dR 的肢尖和肢背焊缝焊脚尺寸均为 6 mm，则所需的焊缝长度如下。

肢背：

$$l_{w1}=\frac{0.7N}{2\times0.7h_{f1}f_f^w}+2h_f=\frac{0.7\times67410}{2\times0.7\times6\times160}+2\times6=47.1(\text{mm})$$

取 60 mm。

肢尖：

l_{w2}取 60 mm。

设 dG 的肢尖和肢背焊缝焊脚尺寸均为 6 mm，则所需的焊缝长度如下。

肢背：

$$l_{w1}=\frac{0.7N}{2\times0.7h_{f1}f_f^w}+2h_f=\frac{0.7\times73430}{2\times0.7\times6\times160}+2\times6=50.2(\text{mm})$$

取 60 mm。

肢尖：

l_{w2}取 60 mm。

根据上面求得的焊缝长度，并考虑杆件之间应有的间隙及制作和装配等误差，按比例绘出节点详图(图 7-32)，从而确定节点板尺寸为 260 mm×340 mm。

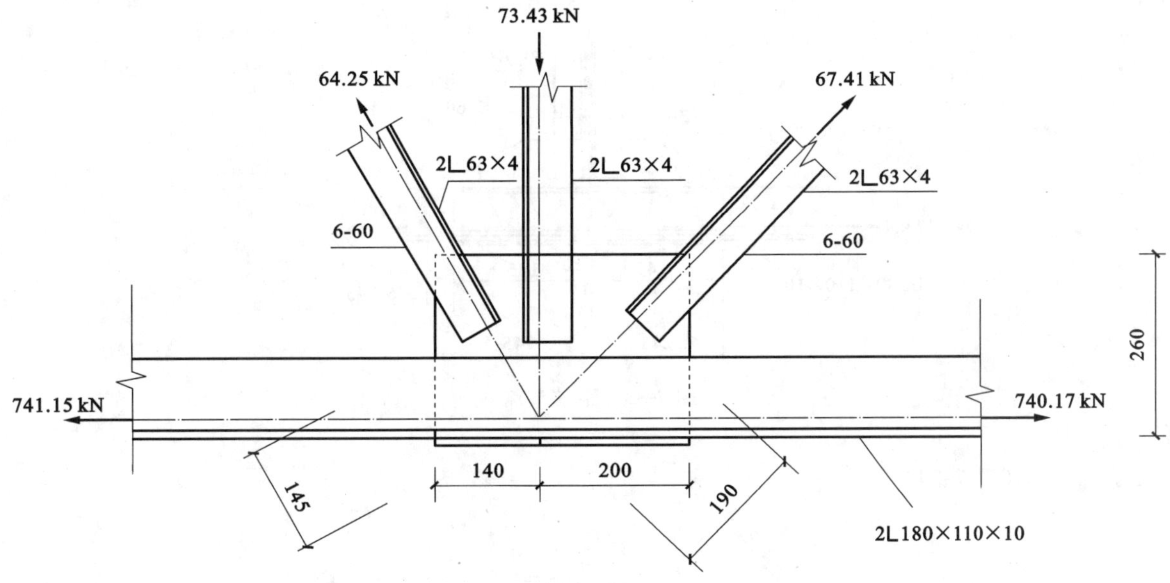

图 7-32　下弦节点 d

下弦与节点板连接的焊缝长度为 340 mm，$h_f=6$ mm。

两侧下弦杆的内力差：

$$\Delta N_1=741.15-740.17=0.98(\text{kN})$$

两侧下弦杆较大内力的 15%：

$$\Delta N_2=741.15\times15\%=111.17(\text{kN})>\Delta N_1$$

$$N=\Delta N_2$$

受力较大的肢背处的焊缝应力为：

$$\tau=\frac{0.75N}{2\times0.7h_f(l_{w1}-2h_f)}=\frac{0.75\times111170}{2\times0.7\times6\times(340-2\times6)}=30.26(\text{MPa})<f_f^w$$

焊缝强度满足要求。

d. 下弦节点 e。

拼接角钢:采用与下弦杆相同截面的角钢L 180×110×10 作为拼接角钢,为了保证施焊方便和保证连接焊缝的质量,将连接角钢的竖直肢切去 $t+h_f+5=10+8+5=23$(mm)。

已知采用 E43 型焊条,角焊缝的抗拉、抗压和抗剪强度设计值 $f_f^w=160$ MPa。

设拼接角钢与下弦杆连接焊缝(位于肢尖)的焊缝焊脚尺寸 $h_f=8$ mm,则所需的焊缝长度:

$$l_w = \frac{N}{4\times 0.7h_f f_f^w}+2h_f = \frac{740170}{4\times 0.7\times 8\times 160}+2\times 8 = 222.5(\text{mm})$$

取 $l_w=230$ mm。

拼接角钢所需长度:

$$l = 2l_w + 10 = 2\times 230 + 10 = 470(\text{mm})$$

取 $l_w=500$ mm。

竖杆 Ie 的设计内力值为 0,焊缝尺寸按照构造确定,取 $h_f=5$ mm,$l_w=50$ mm。

根据上面求得的焊缝长度,并考虑杆件之间应有的间隙及制作和装配等误差,按比例绘出节点详图(图 7-33),从而确定节点板尺寸为 215 mm×300 mm。

下弦杆 de 与节点板的焊缝按 15%的设计内力值计算,焊缝长度为 145mm。

$$N = 740.17\times 15\% = 111.03(\text{kN})$$

肢背和肢尖的焊缝焊脚尺寸均为 6 mm,则按受力较大的肢背计算:

$$\tau = \frac{0.7N}{4\times 0.7h_f(l_w-2h_f)} = \frac{0.7\times 111030}{4\times 0.7\times 6\times(145-2\times 6)} = 37.27(\text{MPa}) < f_f^w$$

焊缝强度满足要求。

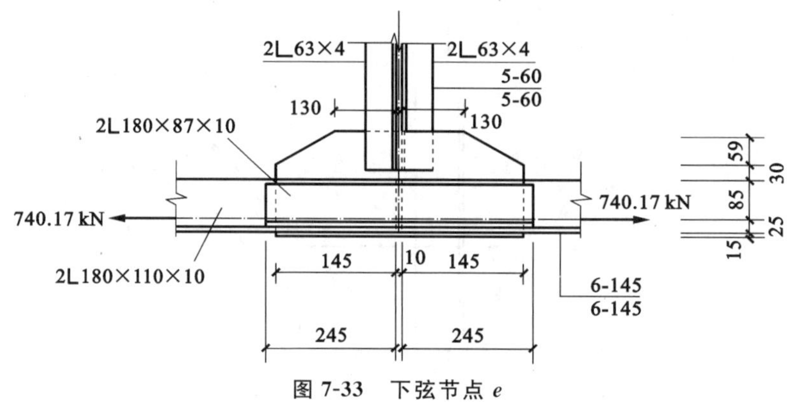

图 7-33 下弦节点 e

② 上弦设计。

a. 上弦节点 B(图 7-34)。

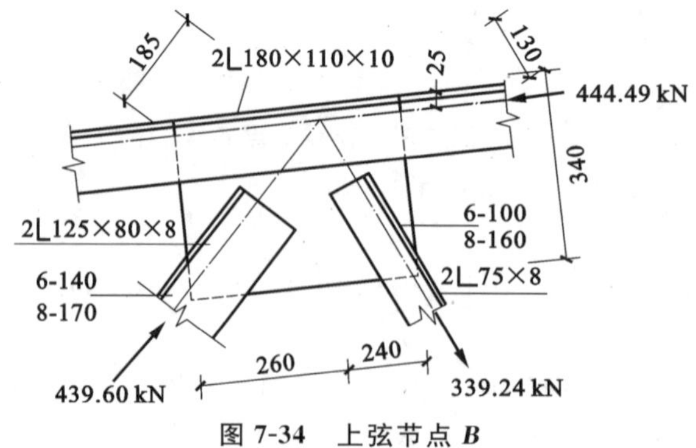

图 7-34 上弦节点 B

Bb 杆与节点板的焊缝尺寸和节点 b 相同。

$$h_{f1} = 8\text{ mm},\quad l_{w1} = 160\text{ mm}$$
$$h_{f2} = 6\text{ mm},\quad l_{w2} = 100\text{ mm}$$

设 aB 杆的肢背和肢尖焊缝 $h_f=8$ mm 和 6 mm，则所需的焊缝长度如下。

肢背：

$$l_{w1}=\frac{0.65N}{2\times0.7h_{f1}f_f^w}+2h_{f1}=\frac{0.65\times439600}{2\times0.7\times8\times160}+2\times8=175.5(\text{mm})$$

取 190 mm。

肢尖：

$$l_{w2}=\frac{0.35N}{2\times0.7h_{f2}f_f^w}+2h_{f2}=\frac{0.35\times439600}{2\times0.7\times6\times160}+2\times6=126.5(\text{mm})$$

取 140 mm。

为了便于在上弦上搁置屋面板，节点 B 的节点板的上边缘可缩进上弦肢背 8 mm，用槽焊缝连接上弦杆和节点板。计算时可略去屋架上弦坡度的影响。节点板尺寸为 340 mm×500 mm，上弦杆与节点板连接焊缝为通长焊缝，$l_w=500$ mm。

上弦杆肢背槽焊缝承担节点荷载，槽焊缝作为两条角焊缝计算，角焊缝焊脚尺寸为 $h_{f1}=0.5t=5$ mm，槽焊缝强度设计值为 $0.8f_f^w$。

因 $F=48.95$ kN，忽略上弦坡度影响，有：

$$\frac{F}{2\times0.7h_{f1}(l_w-2h_{f1})}=\frac{48950}{2\times0.7\times5\times(500-2\times5)}$$

$$=14.27(\text{MPa})<0.8\beta_f f_f^w=0.8\times1.22\times160=156.16(\text{MPa})$$

上弦杆肢尖焊缝承担弦杆内力差及肢尖焊缝偏心距 e 产生的弯矩，焊缝焊脚尺寸为 $h_{f2}=6$ mm。

$$\Delta N=444.49\ \text{kN}$$

$$\Delta M=\Delta N\cdot e=444490\times85.6=38048344(\text{N}\cdot\text{mm})$$

$$\tau_f=\frac{\Delta N}{2\times0.7h_{f2}(l_{w2}-2h_{f2})}=\frac{444490}{2\times0.7\times6\times(500-2\times6)}=108.43(\text{MPa})$$

$$\sigma_f=\frac{6\Delta M}{2\times0.7h_{f2}(l_{w2}-2h_{f2})^2}=\frac{6\times38048344}{2\times0.7\times6\times(500-2\times6)^2}=114.12(\text{MPa})$$

$$\sqrt{\left(\frac{\sigma_f}{\beta_f}\right)^2+\tau_f^2}=\sqrt{\left(\frac{114.12}{1.22}\right)^2+108.43^2}=143.26(\text{MPa})<f_f^w$$

焊缝强度满足要求。

b. 上弦节点 D(图 7-35)。

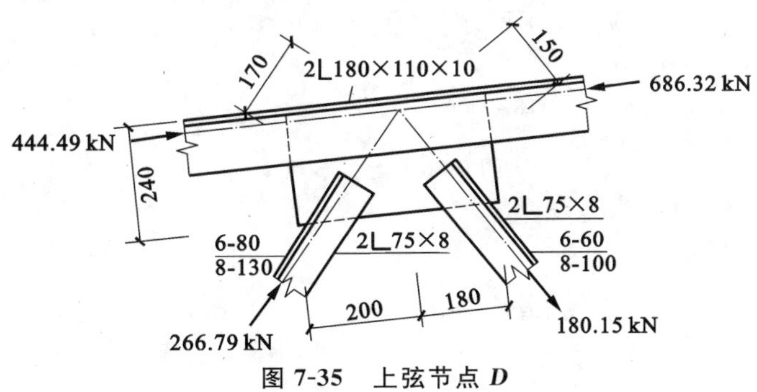

图 7-35 上弦节点 D

bD 杆与节点板的焊缝尺寸和节点 b 相同。

肢背：

$$h_{f1}=8\ \text{mm},\quad l_{w1}=130\ \text{mm}$$

肢尖：

$$h_{f2}=6\ \text{mm},\quad l_{w2}=80\ \text{mm}$$

Dc 杆与节点板的焊缝尺寸和节点 c 相同。

肢背：

$$h_{f1}=8\ \text{mm},\quad l_{w1}=100\ \text{mm}$$

肢尖：

$$h_{f2}=6\ \text{mm},\quad l_{w2}=60\ \text{mm}$$

为了便于在上弦上搁置屋面板，节点 D 的节点板的上边缘可缩进上弦肢背 8 mm，用槽焊缝连接上弦杆和节点板。计算时可略去屋架上弦坡度的影响，节点板尺寸为 240 mm×380 mm，上弦杆与节点板连接焊缝为通长焊缝，$l_w=380$ mm。

上弦杆肢背槽焊缝承担节点荷载，槽焊缝作为两条角焊缝计算，角焊缝焊脚尺寸为 $h_{f1}=0.5t=5$ mm，槽焊缝强度设计值为 $0.8f_f^w$。

因 $F=48.95$ kN，忽略上弦坡度影响，有：

$$\frac{F}{2\times0.7h_{f1}(l_w-2h_{f1})}=\frac{48950}{2\times0.7\times5\times(380-2\times5)}$$

$$=18.90(\text{MPa})<0.8\beta_f f_f^w=0.8\times1.22\times160=156.16(\text{MPa})$$

上弦杆肢尖焊缝承担弦杆内力差及肢尖焊缝偏心距 e 产生的弯矩，焊缝焊脚尺寸为 $h_{f2}=6$ mm。

$$\Delta N=686.32-444.49=241.83(\text{kN})$$

$$\Delta M=\Delta N\cdot e=241830\times85.6=20700648(\text{N}\cdot\text{mm})$$

$$\tau_f=\frac{\Delta N}{2\times0.7h_{f2}(l_w-2h_{f2})}=\frac{241830}{2\times0.7\times6\times(380-2\times6)}=78.23(\text{MPa})$$

$$\sigma_f=\frac{6\Delta M}{2\times0.7h_{f2}(l_w-2h_{f2})^2}=\frac{6\times20700648}{2\times0.7\times6\times(380-2\times6)^2}=109.18(\text{MPa})$$

$$\sqrt{\left(\frac{\sigma_f}{\beta_f}\right)^2+\tau_f^2}=\sqrt{\left(\frac{109.18}{1.22}\right)^2+78.23^2}=118.87(\text{MPa})<f_f^w$$

焊缝强度满足要求。

c. 上弦节点 F(图 7-36)。

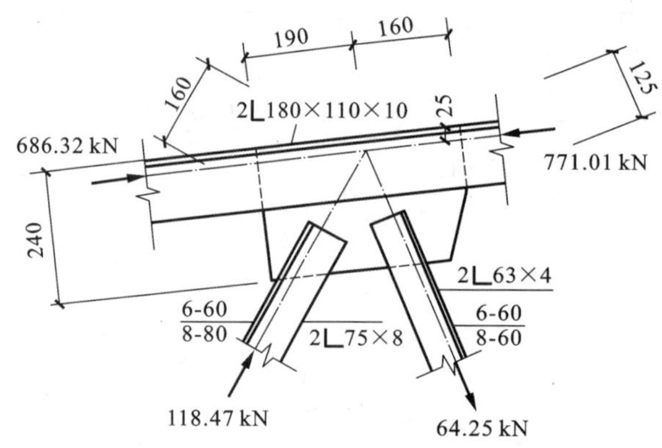

图 7-36 上弦节点 F

cF 杆与节点板的焊缝尺寸和节点 c 相同。

肢背：

$$h_{f1}=8\ \text{mm},\quad l_{w1}=80\ \text{mm}$$

肢尖：

$$h_{f1}=6\ \text{mm},\quad l_{w1}=60\ \text{mm}$$

Fd 杆与节点板的焊缝尺寸和节点 d 相同。

肢背：

$$h_{f1}=6\ \text{mm},\quad l_{w1}=60\ \text{mm}$$

肢尖：

$$h_{f1}=6\ \text{mm},\quad l_{w1}=60\ \text{mm}$$

为了便于在上弦上搁置屋面板，节点 F 的节点板的上边缘可缩进上弦肢背 8 mm，用槽焊缝连接上弦杆和节点板。计算时可略去屋架上弦坡度的影响。节点板尺寸为 240 mm×350 mm，上弦杆与节点板连接焊缝为通长焊缝，$l_w=350$ mm。

上弦杆肢背槽焊缝承担节点荷载，槽焊缝作为两条角焊缝计算，角焊缝焊脚尺寸为 $h_{f1}=0.5t=5$ mm，槽焊缝强度设计值为 $0.8f_f^w$。

因 $F=48.95$ kN，忽略上弦坡度影响，有：

$$\frac{F}{2\times0.7h_{f1}(l_w-2h_{f1})}=\frac{48950}{2\times0.7\times5\times(350-2\times5)}$$
$$=20.57(\text{MPa})<0.8\beta_f f_f^w=0.8\times1.22\times160=156.16(\text{MPa})$$

上弦杆肢尖焊缝承担弦杆内力差及肢尖焊缝偏心距 e 产生的弯矩，焊缝焊脚尺寸为 $h_{f2}=6$ mm。

$$\Delta N=771.01-686.32=84.69(\text{kN})$$
$$\Delta M=\Delta N\cdot e=84690\times85.6=7249464(\text{N}\cdot\text{mm})$$
$$\tau_f=\frac{\Delta N}{2\times0.7h_{f2}(l_w-2h_{f2})}=\frac{84690}{2\times0.7\times6\times(350-2\times6)}=29.83(\text{MPa})$$
$$\sigma_f=\frac{6\Delta M}{2\times0.7h_{f2}(l_w-2h_{f2})^2}=\frac{6\times7249464}{2\times0.7\times6\times(350-2\times6)^2}=45.33(\text{MPa})$$
$$\sqrt{\left(\frac{\sigma_f}{\beta_f}\right)^2+\tau_f^2}=\sqrt{\left(\frac{45.33}{1.22}\right)^2+29.83^2}=47.65(\text{MPa})<f_f^w$$

焊缝强度满足要求。

d. 上弦节点 G(图 7-37)。

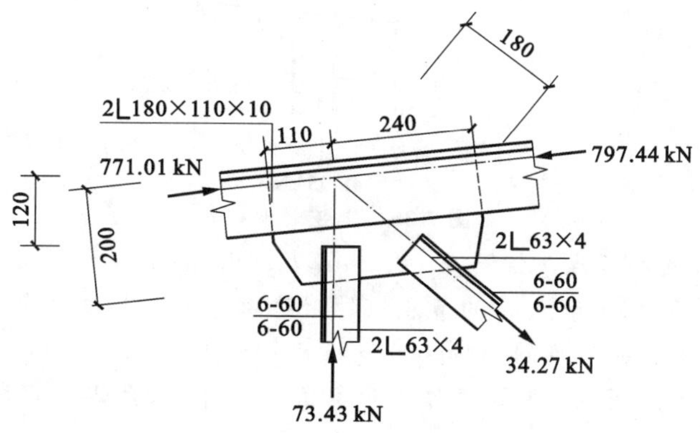

图 7-37　上弦节点 G

Gd 杆与节点板的焊缝尺寸和节点 d 相同。

肢背：

$$h_{f1}=6\text{ mm},\quad l_{w1}=60\text{ mm}$$

肢尖：

$$h_{f2}=6\text{ mm},\quad l_{w2}=60\text{ mm}$$

GR 杆肢背和肢尖的焊脚尺寸均为 $h_f=6$ mm。

肢背：

$$l_{w1}=\frac{0.7N}{2\times0.7h_f f_f^w}+2h_f=\frac{0.7\times34270}{2\times0.7\times6\times160}+2\times6=29.85(\text{mm})$$

取 60 mm。

肢尖：

l_{w2}取 60 mm。

为了便于在上弦上搁置屋面板，节点 G 的节点板的上边缘可缩进上弦肢背 8 mm，用槽焊缝连接上弦杆和节点板。计算时可略去屋架上弦坡度的影响，节点板尺寸为 200 mm×350 mm，上弦杆与节点板连接焊缝为通长焊缝，$l_w=350$ mm。

上弦杆肢背槽焊缝承担节点荷载，槽焊缝作为两条角焊缝计算，角焊缝焊脚尺寸为 $h_{f1}=0.5t=5$ mm，槽焊缝强度设计值为 $0.8f_f^w$。

因 $F=48.95$ kN，忽略上弦坡度影响，有：

$$\frac{F}{2\times0.7h_{f1}(l_w-2h_{f1})}=\frac{48950}{2\times0.7\times5\times(350-2\times5)}$$
$$=20.57(\text{MPa})<0.8\beta_f f_f^w=0.8\times1.22\times160=156.16(\text{MPa})$$

上弦杆肢尖焊缝承担弦杆内力差及肢尖焊缝偏心距 e 产生的弯矩,焊缝焊脚尺寸为 $h_{f2}=6$ mm。

$$\Delta N=797.44-771.01=26.43(\text{kN})$$
$$\Delta M=\Delta N\cdot e=26430\times85.6=2262408(\text{N}\cdot\text{mm})$$
$$\tau_f=\frac{\Delta N}{2\times0.7h_{f2}(l_w-2h_{f2})}=\frac{26430}{2\times0.7\times6\times(350-2\times6)}=9.31(\text{MPa})$$
$$\sigma_f=\frac{6\Delta M}{2\times0.7h_{f2}(l_w-2h_{f2})^2}=\frac{6\times2262408}{2\times0.7\times6\times(350-2\times6)^2}=14.15(\text{MPa})$$
$$\sqrt{\left(\frac{\sigma_f}{\beta_f}\right)^2+\tau_f^2}=\sqrt{\left(\frac{14.15}{1.22}\right)^2+9.31^2}=14.87(\text{MPa})<f_f^w$$

焊缝强度满足要求。

e. 上弦节点 C(图 7-38)。

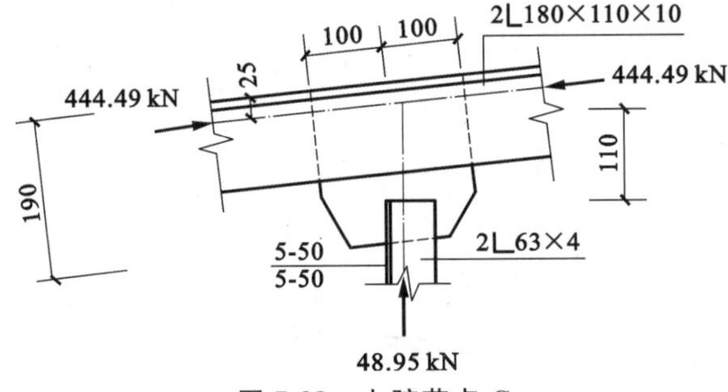

图 7-38 上弦节点 C

Cb 杆与节点板的焊缝尺寸和节点 b 相同,$h_f=5$ mm,$l_w=50$ mm。

为了便于在上弦上搁置屋面板,节点 C 的节点板的上边缘可缩进上弦肢背 8 mm,用槽焊缝连接上弦杆和节点板。计算时可略去屋架上弦坡度的影响。节点板尺寸为 190 mm×200 mm。

上弦杆肢背槽焊缝承担节点荷载,槽焊缝作为两条角焊缝计算,角焊缝焊脚尺寸为 $h_{f1}=0.5t=5$ mm,槽焊缝强度设计值为 $0.8f_f^w$。

因 $F=48.95$ kN,忽略上弦坡度影响,有:

$$\frac{F}{2\times0.7h_{f1}(l_w-2h_{f1})}=\frac{48950}{2\times0.7\times5\times(2000-2\times5)}$$
$$=36.80(\text{MPa})<0.8\beta_f f_f^w=0.8\times1.22\times160=156.16(\text{MPa})$$

上弦杆肢尖焊缝承担弦杆内力差及肢尖焊缝偏心距 e 产生的弯矩。

$$\Delta N=0$$
$$\Delta M=\Delta N\cdot e=0$$

焊缝尺寸按构造确定,$h_f=5$ mm,$l_w=50$ mm。

f. 上弦节点 E(图 7-39),与上弦节点 C 相同。

g. 上弦节点 H(图 7-40),与上弦节点 C 相同。

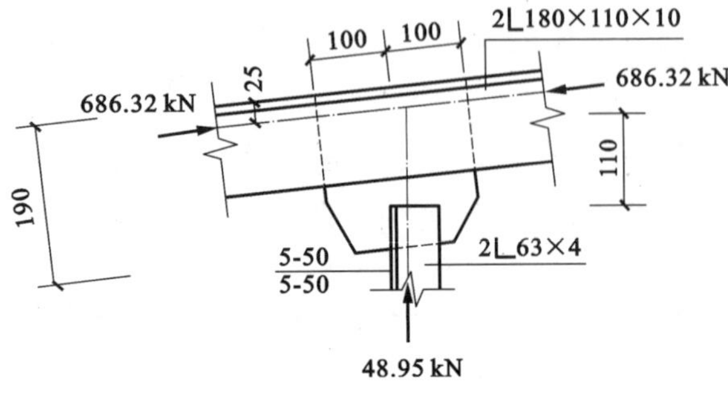

图 7-39 上弦节点 E

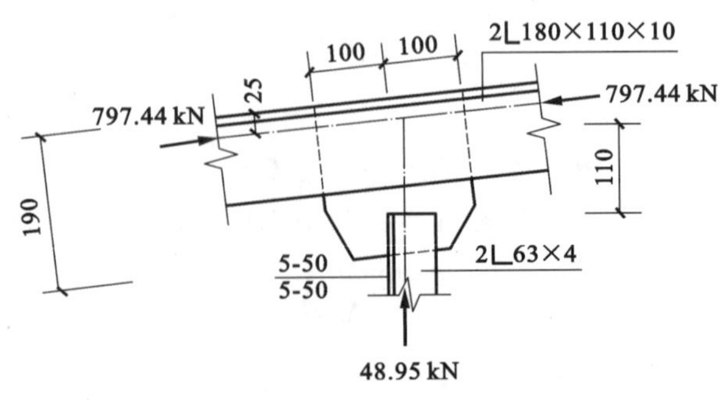

图 7-40 上弦节点 H

h. 上弦节点 A(图 7-41)。

Aa 杆内力很小,AB 杆内力为 0,焊缝尺寸均按构造确定,$h_f=5$ mm,$l_w=50$ mm。

i. 上弦节点 R(图 7-42)。

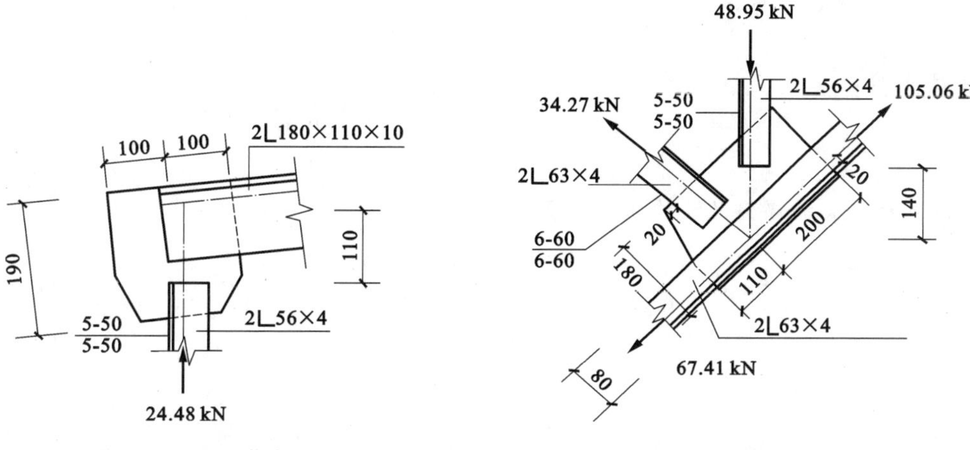

图 7-41 上弦节点 A　　　　图 7-42 上弦节点 R

HR 杆与节点板的焊缝尺寸和节点 H 相同,焊缝尺寸均按构造确定,$h_f=5$ mm,$l_w=50$ mm。

RG 杆与节点板的焊缝尺寸和节点 G 相同。

肢背:

$$h_{f1}=6\ \text{mm},\quad l_{w1}=60\ \text{mm}$$

肢尖:

$$h_{f2}=6\ \text{mm},\quad l_{w2}=60\ \text{mm}$$

根据上面求得的焊缝长度,并考虑杆件之间应有的间隙及制作和装配等误差,按比例绘出节点详图(图 7-42),从而确定节点板尺寸为 180 mm×310 mm。

斜腹杆 dI 与节点 R 处节点板连接的焊缝长度为 310 mm,$h_f=6$ mm。

$$N=105.06\ \text{kN}$$

受力较大的肢背处的焊缝应力:

$$\tau=\frac{0.7N}{2\times0.7h_f(l_w-2h_f)}=\frac{0.7\times105060}{2\times0.7\times6\times(310-2\times6)}=29.38(\text{MPa})<f_f^w$$

焊缝强度满足要求。

③ 屋脊节点 I(图 7-43)。

拼接角钢:采用与上弦杆相同截面的角钢∟180×110×10 作为拼接角钢,为了保证施焊方便和保证连接焊缝的质量,将连接角钢的竖直肢切去 $t+h_f+5=10+8+5=23$(mm)。

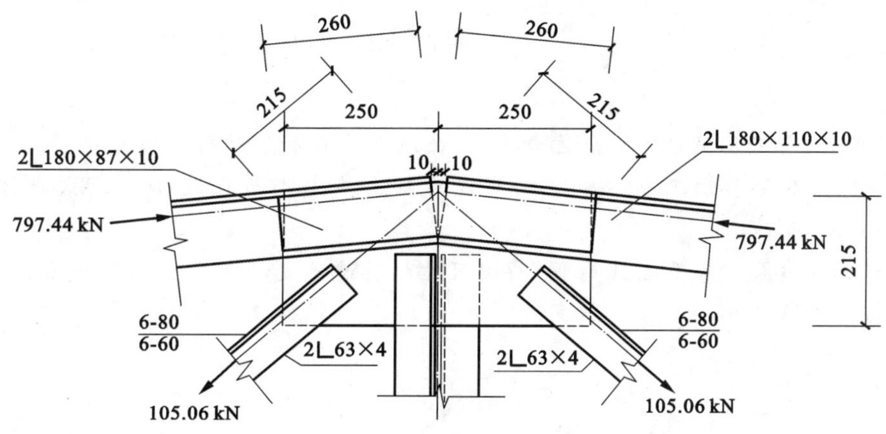

图 7-43 屋脊节点 I

已知采用E43型焊条,角焊缝的抗拉、抗压和抗剪强度设计值 $f_f^w=160$ MPa。

设拼接角钢与上弦杆连接焊缝(位于肢尖)的焊缝焊脚尺寸 $h_f=8$ mm,则所需的焊缝长度为:

$$l_w=\frac{N}{4\times0.7h_f f_f^w}+2h_f=\frac{797440}{4\times0.7\times8\times160}+2\times8=238.5(\text{mm})$$

取 $l_w=250$ mm。

拼接角钢所需长度:

$$l=2l_w+20=2\times250+20=520(\text{mm})$$

取 $l=540$ mm。

斜腹杆 IR 肢背和肢尖的焊脚尺寸均为 $h_f=6$ mm。

肢背:

$$l_{w1}=\frac{0.7N}{2\times0.7h_{f1}f_f^w}+2h_{f1}=\frac{0.7\times105060}{2\times0.7\times6\times160}+2\times6=66.7(\text{mm})$$

取80 mm。

肢尖:

$$l_{w2}=\frac{0.3N}{2\times0.7h_{f2}f_f^w}+2h_{f2}=\frac{0.3\times105060}{2\times0.7\times6\times160}+2\times6=35.5(\text{mm})$$

取60 mm。

竖杆 Ie 与节点板的焊缝尺寸和节点 e 相同,焊缝尺寸按构造确定,$h_f=5$ mm,$l_w=50$ mm。

根据上面求得的焊缝长度,并考虑杆件之间应有的间隙及制作和装配等误差,按比例绘出节点详图(图7-43),从而确定节点板尺寸为215 mm×500 mm。

上弦杆肢背槽焊缝承担节点荷载,槽焊缝作为两条角焊缝计算,角焊缝焊脚尺寸为 $h_{f1}=0.5t=5$ mm,槽焊缝强度设计值为 $0.8f_f^w$。

因 $F=48.95$ kN,忽略上弦坡度影响,有:

$$\frac{F}{4\times0.7h_{f1}(l_w-2h_{f1})}=\frac{48950}{4\times0.7\times5\times(250-2\times5)}$$
$$=14.57(\text{MPa})<0.8\beta_f f_f^w=0.8\times1.22\times160=156.16(\text{MPa})$$

上弦杆肢尖焊缝承担15%弦杆内力及肢尖焊缝偏心距 e 产生的弯矩,焊缝焊脚尺寸为 $h_{f2}=6$ mm。

$$\Delta N=15\%\times797.44=119.62(\text{kN})$$

$$\Delta M=\Delta N\cdot e=119620\times85.6=10239472(\text{N}\cdot\text{mm})$$

$$\tau_f=\frac{\Delta N}{4\times0.7h_{f2}(l_w-2h_{f2})}=\frac{119620}{4\times0.7\times6\times(250-2\times6)}=29.92(\text{MPa})$$

$$\sigma_f=\frac{6\Delta M}{4\times0.7h_{f2}(l_w-2h_{f2})^2}=\frac{6\times10239472}{4\times0.7\times6\times(250-2\times6)^2}=64.56(\text{MPa})$$

$$\sqrt{\left(\frac{\sigma_f}{\beta_f}\right)^2+\tau_f^2}=\sqrt{\left(\frac{64.56}{1.22}\right)^2+29.92^2}=60.79(\text{MPa})<f_f^w$$

焊缝强度满足要求。

因屋架的跨度很大,需将屋架分为两个运输单元,在屋脊节点和下弦跨中节点设置工地拼接,左半边的上弦、斜杆和竖杆与节点板连接用工厂焊缝,而右半边的上弦、斜杆与节点板的连接用工地焊缝。

④ 支座节点 a(图7-44)。

aA 杆与节点板的焊缝尺寸和节点 A 相同,焊缝尺寸按构造确定,$h_f=5$ mm,$l_w=50$ mm。

aB 杆与节点板的焊缝尺寸和节点 B 相同。

肢背:

$$h_{f1}=8\text{ mm},\quad l_{w1}=170\text{ mm}$$

肢尖:

$$h_{f2}=6\text{ mm},\quad l_{w2}=140\text{ mm}$$

设 ab 杆的肢背和肢尖焊缝 $h_f=8$ mm 和 6 mm，则所需的焊缝长度如下。

肢背：

$$l_{w1}=\frac{0.75N}{2\times0.7h_{f1}f_f^w}+2h_{f1}=\frac{0.75\times241830}{2\times0.7\times8\times160}+2\times8=117.2(\text{mm})$$

取 130 mm。

肢尖：

$$l_{w2}=\frac{0.25N}{2\times0.7h_{f2}f_f^w}+2h_{f2}=\frac{0.25\times241830}{2\times0.7\times6\times160}+2\times6=57.0(\text{mm})$$

取 70 mm。

根据上面求得的焊缝长度，并考虑杆件之间应有的间隙及制作和装配等误差，下弦杆角钢水平肢的底面与支座底板的净距离取 180 mm，按比例绘出节点详图（图 7-44），从而确定节点板尺寸为 390 mm×520 mm。在节点中心线上设置加劲肋，加劲肋的高度与节点板的高度相等，取 520 mm，加劲肋的厚度与节点板的厚度相等，取 12 mm。

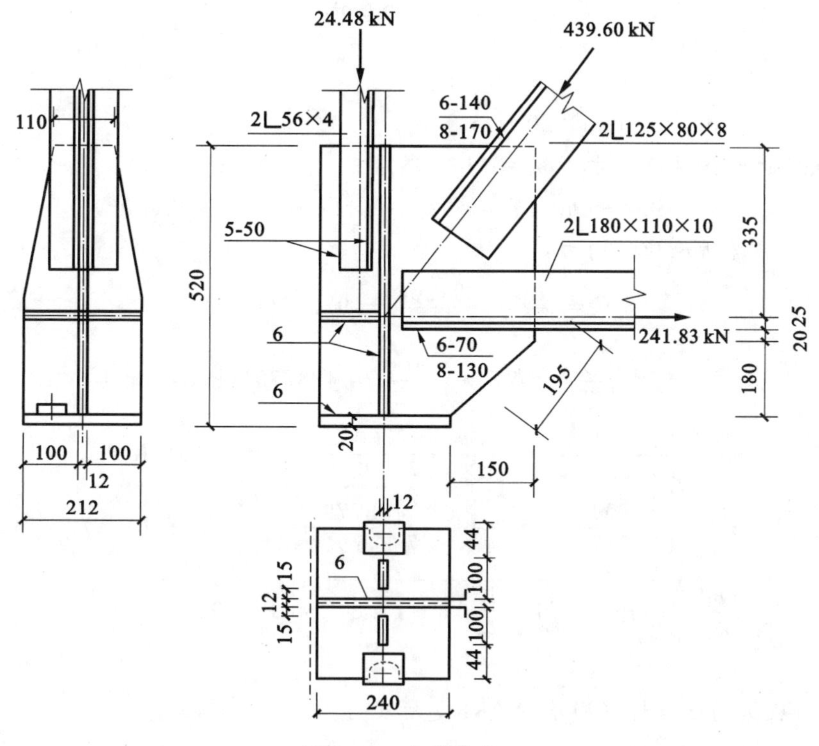

图 7-44 支座节点 a

支座底板计算过程如下。

支座反力：

$$R=24.48+439.60\times\frac{2037}{2443}=391.02(\text{kN})$$

采用 C20，$f_c=9.6$ MPa 的钢筋混凝土柱，锚栓直径取 24 mm，锚栓孔直径取 2～2.5 倍的锚栓直径，取 50 mm。

支座底板所需承压面积：

$$A_n\geqslant\frac{R}{f_c}=\frac{391020}{9.6}=40732(\text{mm}^2)$$

支座底板的平面尺寸采用 240 mm×300 mm，加劲肋宽度 $b=100$ mm，则加劲肋尺寸为 390 mm×520 mm×12 mm，如仅考虑有加劲肋部分的底板承受支座反力，则底板实际承压面积为：

$$A_n=240\times(100\times2+12)=50880(\text{mm}^2)$$

底板下的平均应力：

$$\sigma = \frac{R}{A_n} = \frac{391020}{50880} = 7.69(\text{MPa})$$

根据底板几何尺寸,可以得到:

$$a_1 = \sqrt{\left(120 - \frac{12}{2}\right)^2 + 100^2} = 151.6(\text{mm})$$

$$b_1 = \frac{100 \times 114}{151.6} = 75.2(\text{mm})$$

$$\frac{b_1}{a_1} = \frac{75.2}{151.6} = 0.50$$

查表 7-6 可得,$\beta = 0.058$。

则单位宽度的最大弯矩:

$$M = \beta_2 \sigma a_1^2 = 0.058 \times 7.69 \times 151.6^2 = 10250.68(\text{N} \cdot \text{mm})$$

底板厚度:

$$t = \sqrt{\frac{6M}{f}} = \sqrt{\frac{6 \times 10250.68}{215}} = 16.9(\text{mm})$$

取 $t = 20$ mm。

所以底板尺寸为 240 mm×300 mm×20 mm。

设加劲肋与节点板的连接焊缝尺寸为 $h_f = 6$ mm,则:

$$l_w = 520 - 2h_f - c_1 = 520 - 2 \times 6 - 15 = 493(\text{mm})$$

一个加劲肋的连接焊缝所承受的内力:

$$V = \frac{R}{4} = \frac{391.02}{4} = 97.76(\text{kN})$$

$$M = V \times \frac{b}{2} = 97760 \times \frac{100}{2} = 4887791(\text{kN} \cdot \text{mm})$$

$$\tau_f = \frac{V}{4 \times 0.7 h_f l_w} = \frac{97760}{4 \times 0.7 \times 6 \times 493} = 11.81(\text{MPa})$$

$$\sigma_f = \frac{6M}{4 \times 0.7 h_f l_w^2} = \frac{6 \times 4887791}{4 \times 0.7 \times 6 \times 493^2} = 7.18(\text{MPa})$$

$$\sqrt{\left(\frac{\sigma_f}{\beta_f}\right)^2 + \tau_f^2} = \sqrt{\left(\frac{7.18}{1.22}\right)^2 + 11.81^2} = 13.19(\text{MPa}) < f_f^w$$

焊缝强度满足要求。

节点板、加劲肋与底板的连接焊缝同承受全部支座反力。

设焊缝尺寸为 $h_f = 6$ mm,则

$$\sum l_w = 2 \times (240 - 2h_f) + 4 \times (100 - 2h_f - c_1) = 2 \times (240 - 12) + 4 \times (100 - 12 - 15) = 748(\text{mm})$$

$$\sigma = \frac{R}{0.7 h_f \sum l_w} = \frac{391020}{0.7 \times 6 \times 748} = 124.47(\text{MPa}) < \beta_f f_f^w = 195.2\ \text{MPa}$$

焊缝强度满足要求。

7.10 屋架施工详图 >>>

钢结构施工图是设计部门完成设计任务后交付给施工单位的成果,是指导钢结构构件制造和安装的技术文件,需表达桁架所有部件的制造、安装要求。其主要内容和绘制要点是:

① 桁架施工图一般按运输单元绘制。当桁架对称时,可仅绘制半榀桁架。施工图应包括桁架正面图、

上弦和下弦平面图以及必要的侧面图、剖面图和零件图。

② 图纸的左上角用适当比例绘制桁架简图，左半跨注明桁架的几何轴线尺寸，右半跨注明杆件的内力设计值，并注明桁架中央的起拱高度。图纸正中为桁架正面和上、下弦平面图。右上角是材料表，把所有杆件和零部件的编号、规格、长度、数量（正、反）及重量等均填于表中，以备配料和计算用钢量，并可供配备起重和运输设备时参考。

③ 桁架施工图通常采用两种比例绘制。桁架杆件轴线尺寸一般用 1∶30～1∶20 的比例绘制，而节点尺寸和杆件截面尺寸用 1∶15～1∶10 的比例绘制。重要节点和特殊零部件还可以放大些，以清楚地表达节点的细部尺寸。

④ 施工图上应注明各零部件的型号和主要的几何尺寸，包括加工尺寸（宜取 5 mm 的倍数）、定位尺寸、孔洞位置以及对工厂制造和工地安装的要求。定位尺寸主要有节点中心至各杆端和节点板各边缘的距离、轴线至角钢肢背的距离等。螺栓孔的位置要满足螺栓的排列要求。工厂制造和工地安装要求为零部件切角、切肢、削棱、孔洞直径和焊缝尺寸等均应在施工图中注明。工地安装焊缝和螺栓应标注其符号，以适应运输单元间的拼接。

⑤ 施工图中各零部件应加以详细编号，其次序按主次、上下、左右排列。完全相同的零部件用同一编号，如两个零部件形状和尺寸完全一样，仅开孔位置或切角等不同，使两部件成镜面对称时，可采用统一编号而只需在材料表中用正、反字样注明，以示区别。

⑥ 施工图上还应有文字说明，其内容主要有钢材的牌号，焊条型号和焊接方法，质量要求，图中未注明的焊缝和螺栓孔尺寸，防锈处理方法，以及运输、安装和制造要求等。此外，一些在施工图上难以用图表示而宜用文字表达的内容也可用文字说明。

跨度较大的屋架在自重及外荷载作用下将产生较大的挠度，特别当屋架下弦有吊顶或悬挂吊车荷载时，挠度更大。这将影响结构的使用，有损建筑物的外观。因此，对两端铰支且跨度不小于 24 m 的梯形和矩形屋架以及跨度为 15 m 的三角形屋架，在制作时需要起拱，起拱值约为跨度的 1/500（图 7-45），起拱值注在左上角的屋架轴线简图上，在屋架详图上不必表示。

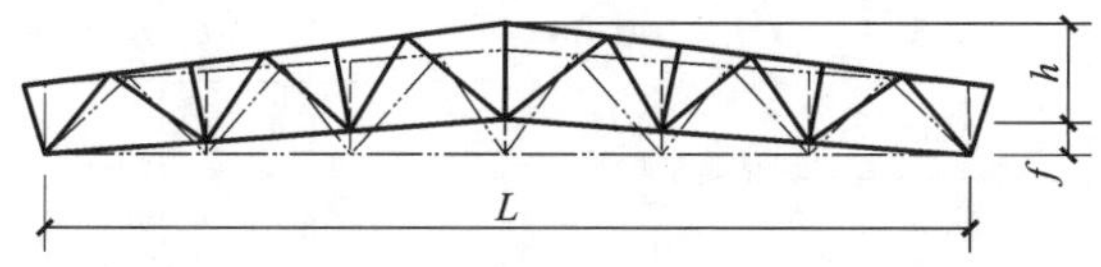

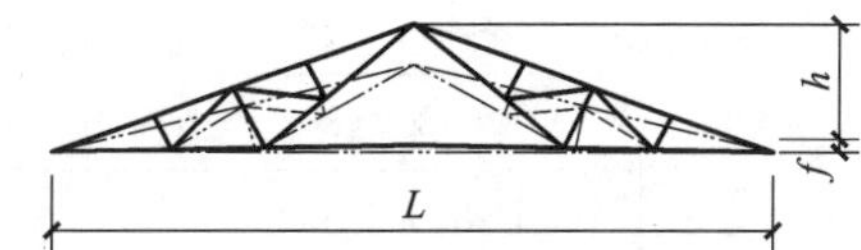

图 7-45 钢屋架起拱

(a) 梯形屋架起拱；(b) 三角形屋架起拱

独立思考

7-1 桁架的主要尺寸根据什么确定？根据什么基本原则来选择桁架的形式？

7-2 为什么梯形桁架除按全跨荷载计算外，还要按半跨荷载进行计算？

7-3 桁架杆件内力组合的基本原则及类型是什么？

7-4 桁架杆件截面选择是按什么原则进行的？杆件截面选择应考虑哪些因素？

7-5 桁架节点设计的基本要求有哪些？

7-6 桁架施工图应包括哪些内容？

7-7 设计哈尔滨某厂房钢结构屋盖的无檩体系，跨度为 24 m，柱距为 6 m，厂房内设有 2 台 30 t 中级工作制吊车。

(1) 屋盖结构应布置哪几种支撑？各自的作用是什么？

(2) 屋架弦杆平面内、外计算长度如何确定？

(3) 上弦杆的合理截面形式是什么？

附　　录

附录1　钢材和连接的强度设计值

附表1-1　　钢材的设计用强度指标　　(单位:N/mm²)

<table>
<tr><th colspan="2" rowspan="2">钢材牌号</th><th rowspan="2">钢材厚度或直径/mm</th><th colspan="3">强度设计值</th><th rowspan="2">屈服强度 f_y</th><th rowspan="2">抗拉强度 f_u</th></tr>
<tr><th>抗拉、抗压和抗弯强度 f</th><th>抗剪强度 f_v</th><th>端面承压(刨平顶紧)强度 f_{ce}</th></tr>
<tr><td rowspan="3">碳素结构钢</td><td rowspan="3">Q235</td><td>≤16</td><td>215</td><td>125</td><td rowspan="3">320</td><td>235</td><td rowspan="3">370</td></tr>
<tr><td>>16,≤40</td><td>205</td><td>120</td><td>225</td></tr>
<tr><td>>40,≤100</td><td>200</td><td>115</td><td>215</td></tr>
<tr><td rowspan="17">低合金高强度结构钢</td><td rowspan="5">Q345</td><td>≤16</td><td>305</td><td>175</td><td rowspan="5">400</td><td>345</td><td rowspan="5">470</td></tr>
<tr><td>>16,≤40</td><td>295</td><td>170</td><td>335</td></tr>
<tr><td>>40,≤63</td><td>290</td><td>165</td><td>325</td></tr>
<tr><td>>63,≤80</td><td>280</td><td>160</td><td>315</td></tr>
<tr><td>>80,≤100</td><td>270</td><td>155</td><td>305</td></tr>
<tr><td rowspan="4">Q390</td><td>≤16</td><td>345</td><td>200</td><td rowspan="4">415</td><td>390</td><td rowspan="4">490</td></tr>
<tr><td>>16,≤40</td><td>330</td><td>190</td><td>370</td></tr>
<tr><td>>40,≤63</td><td>310</td><td>180</td><td>350</td></tr>
<tr><td>>63,≤100</td><td>295</td><td>170</td><td>330</td></tr>
<tr><td rowspan="4">Q420</td><td>≤16</td><td>375</td><td>215</td><td rowspan="4">440</td><td>420</td><td rowspan="4">520</td></tr>
<tr><td>>16,≤40</td><td>355</td><td>205</td><td>400</td></tr>
<tr><td>>40,≤63</td><td>320</td><td>185</td><td>380</td></tr>
<tr><td>>63,≤100</td><td>305</td><td>175</td><td>360</td></tr>
<tr><td rowspan="4">Q460</td><td>≤16</td><td>410</td><td>235</td><td rowspan="4">470</td><td>460</td><td rowspan="4">550</td></tr>
<tr><td>>16,≤40</td><td>390</td><td>225</td><td>440</td></tr>
<tr><td>>40,≤63</td><td>355</td><td>205</td><td>420</td></tr>
<tr><td>>63,≤100</td><td>340</td><td>195</td><td>400</td></tr>
</table>

注:1. 表中直径是指实芯棒材直径,厚度是指计算点的钢材或钢管壁厚度,对轴心受拉和轴心受压构件是指截面中较厚板件的厚度;

2. 冷弯型材和冷弯钢管,其强度设计值应按国家现行有关标准的规定采用。

附表 1-2　**铸钢件的强度设计值**　(单位:N/mm²)

类别	钢号	铸件厚度/mm	抗拉、抗压和抗弯强度 f	抗剪强度 f_v	端面承压(刨平顶紧)强度 f_{ce}
非焊接结构用铸钢件	ZG230-450	≤100	180	105	290
	ZG270-500		210	120	325
	ZG310-570		240	140	370
焊接结构用铸钢件	ZG230-450H	≤100	180	105	290
	ZG270-480H		210	120	310
	ZG300-500H		235	135	325
	ZG340-550H		265	150	355

注:表中强度设计值仅适用于本表规定的厚度。

附表 1-3　**焊缝的强度指标**　(单位:N/mm²)

焊接方法和焊条型号	构件钢材		对接焊缝强度设计值				角焊缝强度设计值	对接焊缝抗拉强度 f_u^w	角焊缝抗拉、抗压和抗剪强度 f_u
	牌号	厚度或直径/mm	抗压强度 f_c^w	焊缝质量为下列等级时的抗拉强度 f_t^w		抗剪强度 f_v^w	抗拉、抗压和抗剪强度 f_f^w		
				一级、二级	三级				
自动焊、半自动焊和E43型焊条手工焊	Q235	≤16	215	215	185	125	160	415	240
		>16,≤40	205	205	175	120			
		>40,≤100	200	200	170	115			
自动焊、半自动焊和E50、E55型焊条手工焊	Q345	≤16	305	305	260	175	200	480(E50) 540(E55)	280(E50) 315(E55)
		>16,≤40	295	295	250	170			
		>40,≤63	290	290	245	165			
		>63,≤80	280	280	240	160			
		>80,≤100	270	270	230	155			
	Q390	≤16	345	345	295	200	200(E50) 220(E55)		
		>16,≤40	330	330	280	190			
		>40,≤63	310	310	265	180			
		>63,≤100	295	295	250	170			
自动焊、半自动焊和E55、E60型焊条手工焊	Q420	≤16	375	375	320	215	220(E55) 240(E60)	540(E55) 590(E60)	315(E55) 340(E60)
		>16,≤40	355	355	300	205			
		>40,≤63	320	320	270	185			
		>63,≤100	305	305	260	175			
	Q460	≤16	410	410	350	235	220(E55) 240(E60)	540(E55) 590(E60)	315(E55) 340(E60)
		>16,≤40	390	390	330	225			
		>40,≤63	355	355	300	205			
		>63,≤100	340	340	290	195			
自动焊、半自动焊和E50、E55型焊条手工焊	Q345GJ	>16,≤35	310	310	265	180	200	480(E50) 540(E55)	280(E50) 315(E55)
		>35,≤50	290	290	245	170			
		>50,≤100	285	285	240	165			

注:表中厚度是指计算点的钢材厚度,对轴心受拉和轴心受压构件是指截面中较厚板件的厚度。

附表 1-4 **螺栓连接的强度指标** (单位:N/mm²)

螺栓的性能等级、锚栓和构件钢材的牌号		强度设计值										高强度螺栓的抗拉强度 f_u^b
		普通螺栓						锚栓	承压型连接或网架用高强度螺栓			
		C级螺栓			A级、B级螺栓							
		抗拉 f_t^b	抗剪 f_v^b	承压 f_c^b	抗拉 f_t^b	抗剪 f_v^b	承压 f_c^b	抗拉 f_t^a	抗拉 f_t^b	抗剪 f_v^b	承压 f_c^b	
普通螺栓	4.6级、4.8级	170	140	—	—	—	—	—	—	—	—	—
	5.6级	—	—	—	210	190	—	—	—	—	—	—
	8.8级	—	—	—	400	320	—	—	—	—	—	—
锚栓	Q235	—	—	—	—	—	—	140	—	—	—	—
	Q345	—	—	—	—	—	—	180	—	—	—	—
	Q390	—	—	—	—	—	—	185	—	—	—	—
承压型连接高强度螺栓	8.8级	—	—	—	—	—	—	—	400	250	—	830
	10.9级	—	—	—	—	—	—	—	500	310	—	1040
螺栓球节点用高强度螺栓	9.8级	—	—	—	—	—	—	—	385	—	—	—
	10.9级	—	—	—	—	—	—	—	430	—	—	—
构件钢材牌号	Q235	—	—	305	—	—	405	—	—	—	470	—
	Q345	—	—	385	—	—	510	—	—	—	590	—
	Q390	—	—	400	—	—	530	—	—	—	615	—
	Q420	—	—	425	—	—	560	—	—	—	655	—
	Q460	—	—	450	—	—	595	—	—	—	695	—
	Q345GJ	—	—	400	—	—	530	—	—	—	615	—

注:1. A级螺栓用于 $d\leqslant 24$ mm 和 $L\leqslant 10d$ 或 $L\leqslant 150$ mm(按较小值)的螺栓;B级螺栓用于 $d>24$ mm 和 $L>10d$ 或 $L>150$ mm(按较小值)的螺栓;d 为公称直径,l 为螺杆公称长度。

2. A级、B级螺栓孔的精度和孔壁表面粗糙度,C级螺栓孔的允许偏差和孔壁表面粗糙度,均应符合《钢结构工程施工质量验收规范》(GB 50205—2020)的要求。

3. 用于螺栓球节点网架的高强度螺栓,M12~M36 为 10.9 级,M39~M64 为 9.8 级。

附表 1-5 **铆钉连接的强度设计值** (单位:N/mm²)

铆钉钢号和构件钢材牌号		抗拉(钉头拉托) f_t^r	抗剪 f_v^r		承压 f_c^r	
			Ⅰ类孔	Ⅱ类孔	Ⅰ类孔	Ⅱ类孔
铆钉	BL2 或 BL3	120	185	155	—	—
构件	Q235 钢	—	—	—	450	365
	Q345 钢	—	—	—	565	460
	Q390 钢	—	—	—	590	480

附表 1-6 **普通螺栓规格及有效截面面积 A_e**

公称直径/mm	12	14	16	18	20	22	24	27	30
有效截面面积/cm²	0.84	1.15	1.57	1.92	2.45	3.03	3.53	4.59	5.61
公称直径/mm	33	36	39	42	45	48	52	56	60
有效截面面积/cm²	6.94	8.17	9.76	11.2	13.1	14.7	17.6	20.3	23.6

续表

公称直径/mm	64	68	72	76	80	85	90	95	100
有效截面面积/cm²	26.8	30.6	34.6	38.9	43.4	49.5	55.9	62.7	70.0

附表 1-7　　**锚栓规格**

		Ⅰ			Ⅱ				Ⅲ			
形式		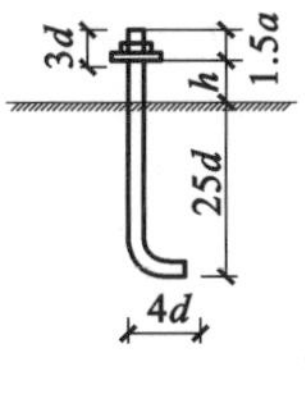			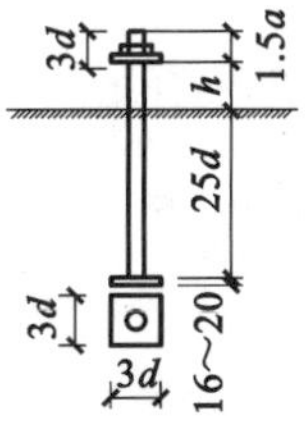				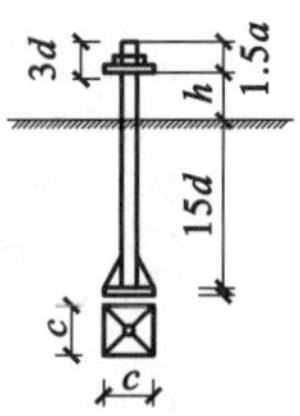			
锚栓直径 d/mm		20	24	30	36	42	48	56	64	72	88	90
计算净截面面积/cm²		2.45	3.53	5.61	8.17	11.20	14.70	20.30	26.8	34.60	43.44	55.91
锚栓容许拉力/kN	3 号钢	34.3	49.42	78.54	114.38	156.8	205.8	284.2	375.2	484.4	608.16	782.74
	16Mn	46.55	67.07	106.59	155.23	212.8	279.3	385.7	509.2	657.4	825.36	1062.29
Ⅱ、Ⅲ型锚栓	锚板宽度 c/mm					140	200	200	240	280	350	400
	锚板厚度/mm					20	20	20	25	30	40	40

附录 2　结构或构件的变形容许值

附 2.1　受弯构件的挠度容许值

吊车梁、楼盖梁、屋盖梁、工作平台梁以及墙架构件的挠度不宜超过附表 2-1 中所列的容许值。

附表 2-1　　**受弯构件挠度容许值**

项次	构件类别	挠度容许值	
		$[\nu_T]$	$[\nu_Q]$
1	吊车梁和吊车桁架(按自重和起重量最大的一台吊车计算挠度) (1) 手动起重机和单梁起重机(含悬挂起重机) (2) 轻级工作制桥式起重机 (3) 中级工作制桥式起重机 (4) 重级工作制桥式起重机	 $l/500$ $l/750$ $l/900$ $l/1000$	—
2	手动或电动葫芦的轨道梁	$l/400$	—
3	有重轨(重量大于或等于 38 kg/m)轨道的工作平台梁 有轻轨(重量小于或等于 24 kg/m)轨道的工作平台梁	$l/600$ $l/400$	—

续表

项次	构件类别	挠度容许值	
		$[\nu_T]$	$[\nu_Q]$
4	楼(屋)盖梁或桁架、工作平台梁[第(3)项除外]和平台板 (1) 主梁或桁架(包括设有悬挂起重设备的梁和桁架) (2) 仅支承压型金属板屋面和冷弯型钢檩条 (3) 除支承压型金属板屋面和冷弯型钢檩条外,尚有吊顶 (4) 抹灰顶棚的次梁 (5) 除(1)~(4)款外的其他梁(包括楼梯梁) (6) 屋盖檩条 支承压型金属板屋面者 支承其他屋面材料者 (7) 平台板	 $l/400$ $l/180$ $l/240$ $l/250$ $l/250$ $l/150$ $l/200$ $l/240$ $l/150$	 $l/500$ $l/350$ $l/300$ — — — —
5	墙架构件(风荷载不考虑阵风系数) (1) 支柱 (2) 抗风桁架(作为连续支柱的支承时,水平位移) (3) 砌体墙的横梁(水平方向) (4) 支承压型金属板的横梁(水平方向) (5) 支承其他墙面材料的横梁(水平方向) (6) 带有玻璃窗的横梁(竖直和水平方向)	 — — — — — $l/200$	 $l/400$ $l/1000$ $l/300$ $l/100$ $l/200$ $l/200$

注:1. l 为受弯构件的跨度(对悬臂梁和伸臂梁为悬臂长度的2倍)。
2. $[\nu_T]$为永久和可变荷载标准值产生的挠度(如有起拱应减去拱度)容许值,$[\nu_Q]$为可变荷载标准值产生的挠度容许值。
3. 当吊车梁或吊车桁架跨度大于12 m时,其挠度容许值$[\nu_T]$应乘以0.9的系数。
4. 当墙面采用延性材料或与结构采用柔性连接时,墙架构件的支柱水平位移容许值可采用$l/300$,抗风桁架(作为连续支柱的支承时)水平位移容许值可采用$l/800$。

冶金工厂或类似车间中设有工作级别为A7、A8级吊车的车间,其跨间每侧吊车梁或吊车桁架的制动结构,由一台最大吊车横向水平荷载(按荷载规范取值)所产生的挠度不宜超过制动结构跨度的1/2200。

附2.2 框架结构的水平位移容许值

在风荷载标准值作用下,框架柱顶水平位移和层间相对位移不宜超过附表2-2所列数值。

附表2-2 风荷载标准值作用下框架柱顶水平位移和层间相对位移限值

1	无桥式吊车的单层框架的柱顶位移	$H/150$
2	有桥式吊车的单层框架的柱顶位移	$H/400$
3	多层框架的柱顶位移	$H/500$
4	多层框架的层间相对位移	$h/400$

注:H 为自基础顶面至柱顶的总高度,h 为层高。

附录3 梁的整体稳定系数 φ_b 的计算

(1) 等截面焊接工字形和轧制H型钢简支梁

等截面焊接工字形和轧制H型钢简支梁(附图3-1)的整体稳定系数 φ_b 应按下式计算:

$$\varphi_b = \beta_b \frac{4320}{\lambda_y^2} \frac{Ah}{W_x} \left[\sqrt{1 + \left(\frac{\lambda_y t_1}{4.4h} \right)^2} + \eta_b \right] \frac{235}{f_y} \tag{附3-1}$$

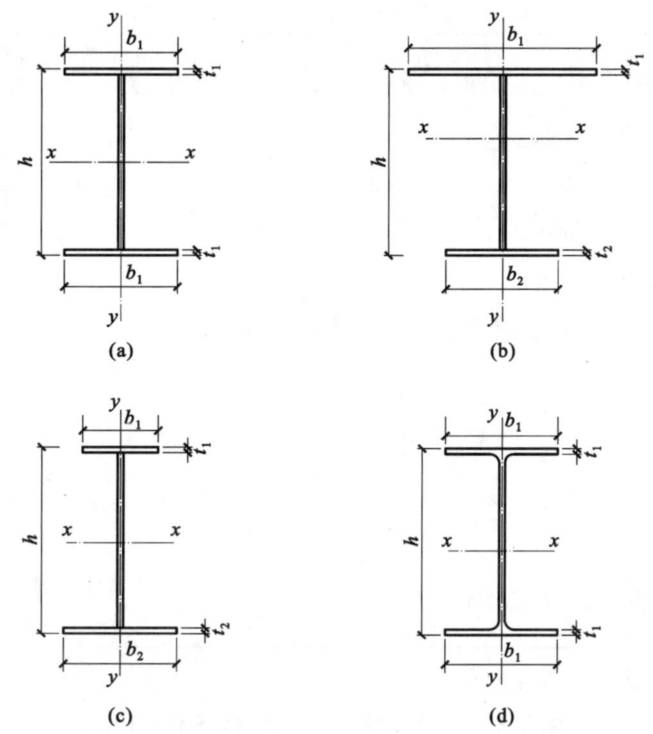

附图 3-1　焊接工字形截面和轧制 H 型钢截面

(a) 双轴对称焊接工字形截面；(b) 加强受压翼缘的单轴对称焊接工字形截面；
(c) 加强受拉翼缘的单轴对称焊接工字形截面；(d) 轧制 H 型钢截面

式中　β_b——梁整体稳定的等效临界弯矩系数，按附表 3-1 取用；

λ_y——梁在侧向支承点间对截面弱轴 y—y 轴的长细比，$\lambda_y=l_1/i_y$，i_y 为梁毛截面对 y 轴的截面回转半径，l_1 为梁受压翼缘的自由长度；

A——梁的毛截面面积；

h,t_1——梁截面的全高和受压翼缘的厚度；

η_b——截面不对称影响系数，η_b 的计算如下。

对双轴对称工字形截面：$\eta_b=0$。

对单轴对称工字形截面：

加强受压翼缘时，有

$$\eta_b=0.8(2\alpha_b-1)$$

加强受拉翼缘时，有

$$\eta_b=2\alpha_b-1$$

$\alpha_b=\dfrac{I_1}{I_1+I_2}$，$I_1$ 和 I_2 分别为受压翼缘和受拉翼缘对 y 轴的惯性矩。

式(附 3-1)也适用于等截面铆接(或高强度螺栓连接)简支梁，其受压翼缘厚度 t_1 包括翼缘角钢厚度在内。

当按式(附 3-1)算得的 φ_b 值大于 0.6 时，应采用下式计算的 φ_b' 值替代 φ_b 值：

$$\varphi_b'=1.07-\frac{0.282}{\varphi_b}\leqslant 1.0 \tag{附 3-2}$$

附表 3-1 **H型钢和等截面工字形简支梁的系数 β_b**

项次	侧向支承	荷载		$\xi \leqslant 2.0$	$\xi > 2.0$	适用范围
1	跨中无侧向支承	均布荷载作用在	上翼缘	$0.69+0.13\xi$	0.95	附图 3-1(a)、(b)、(d)截面
2			下翼缘	$1.73-0.20\xi$	1.33	
3		集中荷载作用在	上翼缘	$0.73+0.18\xi$	1.09	
4			下翼缘	$2.23-0.28\xi$	1.67	
5	跨度中点有一个侧向支承点	均布荷载作用在	上翼缘	1.15		附图 3-1 中的所有截面
6			下翼缘	1.40		
7		集中荷载作用在截面高度上任意位置		1.75		
8	跨中有不少于两个等距离侧向支承点	任意荷载作用在	上翼缘	1.20		
9			下翼缘	1.40		
10	梁端有弯矩,但跨中无荷载作用			$1.75-1.05\left(\frac{M_2}{M_1}\right)+0.3\left(\frac{M_2}{M_1}\right)$,但不大于 2.3		

注:1. $\xi=\frac{l_1 t_1}{b_1 h}$,$b_1$、$l_1$ 是梁受压翼缘的宽度和自由长度。

2. M_1、M_2 为梁的端弯矩,使梁产生同向曲率时 M_1、M_2 取同号,产生反向曲率时取异号,$|M_1| \geqslant |M_2|$。

3. 表中项次 3、4、7 中的集中荷载是指一个或少数几个集中荷载位于跨中央附近的情况;对其他情况的集中荷载,应按表中项次 1、2、5、6 内的数值取用。

4. 表中项次 8、9 中的 β_b,当集中荷载作用于侧向支承点处时,取 $\beta_b=1.20$。

5. 荷载作用在上翼缘是指荷载作用点在翼缘表面,方向指向截面形心;荷载作用在下翼缘是指荷载作用点在翼缘表面,方向背向截面形心。

6. 对 $\alpha_b > 0.8$ 的加强受压翼缘工字形截面,下列情况的 β_b 值应乘以相应的系数。

项次 1:当 $\xi \leqslant 1.0$ 时,乘以 0.95。

项次 3:当 $\xi \leqslant 0.5$ 时,乘以 0.90;当 $0.5 < \xi \leqslant 1.0$ 时,乘以 0.95。

(2) 轧制普通工字钢简支梁

轧制普通工字钢简支梁整体稳定系数 φ_b 应按附表 3-2 取用。当所得的 φ_b 值大于 0.6 时,应按式(附 3-2)算得的 φ_b' 值替代 φ_b 值。

附表 3-2 **轧制普通工字钢简支梁整体稳定系数 φ_b**

项次	荷载情况			工字钢型号	自由长度 l_1/m								
					2	3	4	5	6	7	8	9	10
1	跨中无侧向支承点的梁	集中荷载作用于	上翼缘	10~20	2.00	1.30	0.99	0.80	0.68	0.58	0.53	0.48	0.43
				22~32	2.40	1.48	1.09	0.86	0.72	0.62	0.54	0.49	0.45
				36~63	2.80	1.60	1.07	0.83	0.68	0.56	0.50	0.45	0.40
2			下翼缘	10~20	3.10	1.95	1.34	1.01	0.82	0.69	0.63	0.57	0.52
				22~40	5.50	2.80	1.84	1.37	1.07	0.86	0.73	0.64	0.56
				45~63	7.30	3.60	2.30	1.62	1.20	0.96	0.80	0.69	0.60
3		均布荷载作用于	上翼缘	10~20	1.70	1.12	0.84	0.68	0.57	0.50	0.45	0.41	0.37
				22~40	2.10	1.30	0.93	0.73	0.60	0.51	0.45	0.40	0.36
				45~63	2.60	1.45	0.97	0.73	0.59	0.50	0.44	0.38	0.35
4			下翼缘	10~20	2.50	1.55	1.08	0.83	0.68	0.56	0.52	0.47	0.42
				22~40	4.00	2.20	1.45	1.10	0.85	0.70	0.60	0.52	0.46
				45~63	5.60	2.80	1.80	1.25	0.95	0.78	0.65	0.55	0.49
5	跨中有侧向支承点的梁(不论荷载作用点在截面高度上的哪个位置)			10~20	2.20	1.39	1.01	0.79	0.66	0.57	0.52	0.47	0.42
				22~40	3.00	1.80	1.24	0.96	0.76	0.65	0.56	0.49	0.43
				45~63	4.00	2.20	1.38	1.00	0.80	0.66	0.56	0.49	0.43

注:表中的 φ_b 适用于 Q235 钢。对其他钢号,表中数值应乘以 $235/f_y$。

（3）轧制槽钢简支梁

轧制槽钢简支梁的整体稳定系数，不论荷载的形式和荷载作用点在截面高度上的哪个位置，均可按下式计算：

$$\varphi_b = \frac{570bt}{l_1 h} \frac{235}{f_y} \tag{附 3-3}$$

式中　h,b,t——槽钢截面的高度、翼缘宽度和平均厚度。

按式（附 3-3）算得的 φ_b 大于 0.6 时，应按式（附 3-2）算得的相应 φ_b' 替代 φ_b。

（4）双轴对称的工字形等截面（含 H 型钢）悬臂梁

双轴对称的工字形等截面（含 H 型钢）悬臂梁的整体稳定系数可按式（附 3-1）计算，但式中系数 β_b 应按附表 3-3 查得，$\lambda_y = l_1/i_y$（l_1 为悬臂梁的悬伸长度）。当求得的 φ_b 值大于 0.6 时，应按式（附 3-2）算得的相应 φ_b' 值替代 φ_b 值。

附表 3-3　**双轴对称工字形截面（含 H 型钢）悬臂梁的系数 β_b**

项次	荷载形式		$\xi=\frac{l_1 t_1}{b_1 h}$		
			$0.60\leqslant\xi\leqslant1.24$	$1.24<\xi\leqslant1.96$	$1.96<\xi\leqslant3.10$
1	自由端一个集中荷载作用在	上翼缘	$0.21+0.67\xi$	$0.72+0.26\xi$	$1.17+0.03\xi$
2		下翼缘	$2.94-0.65\xi$	$2.64-0.40\xi$	$2.15-0.15\xi$
3	均布荷载作用在上翼缘		$0.62+0.82\xi$	$1.25+0.31\xi$	$1.66+0.10\xi$

注：本表是按支承端为固定的情况确定的；当用于由邻跨延伸出来的伸臂梁时，应在构造上采取措施加强支承处的抗扭能力。

（5）受弯构件整体稳定系数的近似计算

均匀弯曲的受弯构件，当 $\lambda_y \leqslant 120\sqrt{235/f_y}$ 时，其整体稳定系数 φ_b 可按下列近似公式计算。

① 工字形截面（含 H 型钢）。

双轴对称时：

$$\varphi_b = 1.07 - \frac{\lambda_y^2}{44000\varepsilon_k^2} \tag{附 3-4}$$

单轴对称时：

$$\varphi_b = 1.07 - \frac{W_x}{(2\alpha_b + 0.1)Ah} \cdot \frac{\lambda_y^2}{14000\varepsilon_k^2} \tag{附 3-5}$$

② T 形截面（弯矩作用在对称轴平面，绕 x 轴）。

a. 弯矩使翼缘受压时。

双角钢 T 形截面：

$$\varphi_b = 1 - 0.0017\lambda_y/\varepsilon_k \tag{附 3-6}$$

部分 T 型钢和两板组合的 T 形截面：

$$\varphi_b = 1 - 0.0022\lambda_y/\varepsilon_k \tag{附 3-7}$$

b. 弯矩使翼缘受拉且腹板宽厚比不大于 $18\sqrt{235/f_y}$ 时，有：

$$\varphi_b = 1 - 0.0005\lambda_y\sqrt{\frac{235}{f_y}} \tag{附 3-8}$$

按式（附 3-4）～式（附 3-8）算得的 φ_b 值大于 0.6 时，不需按式（附 3-2）换算成 φ_b' 值；当按式（附 3-4）～式（附 3-5）算得的 φ_b 值大于 1.0 时，取 $\varphi_b=1.0$。

附录 4 轴心受压构件的稳定系数

附表 4-1 a 类截面轴心受压构件的稳定系数 φ

λ/ε_k	0	1	2	3	4	5	6	7	8	9
0	1.000	1.000	1.000	1.000	0.999	0.999	0.998	0.998	0.997	0.996
10	0.995	0.994	0.993	0.992	0.991	0.989	0.988	0.986	0.985	0.983
20	0.981	0.979	0.977	0.976	0.974	0.972	0.970	0.968	0.966	0.964
30	0.963	0.961	0.959	0.957	0.954	0.952	0.950	0.948	0.946	0.944
40	0.941	0.939	0.937	0.934	0.932	0.929	0.927	0.924	0.921	0.918
50	0.916	0.913	0.910	0.907	0.903	0.900	0.897	0.893	0.890	0.886
60	0.883	0.879	0.875	0.871	0.867	0.862	0.858	0.854	0.849	0.844
70	0.839	0.834	0.829	0.824	0.818	0.813	0.807	0.801	0.795	0.789
80	0.783	0.776	0.770	0.763	0.756	0.749	0.742	0.735	0.728	0.721
90	0.713	0.706	0.698	0.691	0.683	0.676	0.668	0.660	0.653	0.645
100	0.637	0.630	0.622	0.614	0.607	0.599	0.592	0.584	0.577	0.569
110	0.562	0.555	0.548	0.541	0.534	0.527	0.520	0.513	0.507	0.500
120	0.494	0.487	0.481	0.475	0.469	0.463	0.457	0.451	0.445	0.439
130	0.434	0.428	0.423	0.417	0.412	0.407	0.402	0.397	0.392	0.387
140	0.382	0.378	0.373	0.368	0.364	0.360	0.355	0.351	0.347	0.343
150	0.339	0.335	0.331	0.327	0.323	0.319	0.316	0.312	0.308	0.305
160	0.302	0.298	0.295	0.292	0.288	0.285	0.282	0.279	0.276	0.273
170	0.270	0.267	0.264	0.261	0.259	0.256	0.253	0.250	0.248	0.245
180	0.243	0.240	0.238	0.235	0.233	0.231	0.228	0.226	0.224	0.222
190	0.219	0.217	0.215	0.213	0.211	0.209	0.207	0.205	0.203	0.201
200	0.199	0.197	0.196	0.194	0.192	0.190	0.188	0.187	0.185	0.183
210	0.182	0.180	0.178	0.177	0.175	0.174	0.172	0.171	0.169	0.168
220	0.166	0.165	0.163	0.162	0.161	0.159	0.158	0.157	0.155	0.154
230	0.153	0.151	0.150	0.149	0.148	0.147	0.146	0.144	0.143	0.142
240	0.141	0.140	0.139	0.137	0.136	0.135	0.134	0.133	0.132	0.131

附表 4-2 b 类截面轴心受压构件的稳定系数 φ

λ/ε_k	0	1	2	3	4	5	6	7	8	9
0	1.000	1.000	1.000	0.999	0.999	0.998	0.997	0.996	0.995	0.994
10	0.992	0.991	0.989	0.987	0.985	0.983	0.981	0.978	0.976	0.973
20	0.970	0.967	0.963	0.960	0.957	0.953	0.950	0.946	0.943	0.939
30	0.936	0.932	0.929	0.925	0.921	0.918	0.914	0.910	0.906	0.903
40	0.899	0.895	0.891	0.886	0.882	0.878	0.874	0.870	0.865	0.861
50	0.856	0.852	0.847	0.842	0.837	0.833	0.828	0.823	0.818	0.812
60	0.807	0.802	0.796	0.791	0.785	0.780	0.774	0.768	0.762	0.757
70	0.751	0.745	0.738	0.732	0.726	0.720	0.713	0.707	0.701	0.694
80	0.687	0.681	0.674	0.668	0.661	0.654	0.648	0.641	0.635	0.628
90	0.621	0.614	0.607	0.601	0.594	0.587	0.581	0.574	0.568	0.561
100	0.555	0.548	0.542	0.535	0.529	0.523	0.517	0.511	0.505	0.499

续表

λ/ε_k	0	1	2	3	4	5	6	7	8	9
110	0.493	0.487	0.481	0.475	0.469	0.464	0.458	0.453	0.447	0.442
120	0.436	0.431	0.426	0.421	0.416	0.411	0.406	0.401	0.397	0.392
130	0.387	0.383	0.378	0.374	0.369	0.365	0.361	0.357	0.353	0.349
140	0.344	0.340	0.337	0.333	0.329	0.325	0.322	0.318	0.315	0.311
150	0.308	0.304	0.301	0.297	0.294	0.291	0.288	0.285	0.282	0.279
160	0.276	0.273	0.270	0.267	0.264	0.262	0.259	0.256	0.254	0.251
170	0.248	0.246	0.243	0.241	0.238	0.236	0.234	0.231	0.229	0.227
180	0.225	0.222	0.220	0.218	0.216	0.214	0.212	0.210	0.208	0.206
190	0.204	0.202	0.200	0.198	0.196	0.195	0.193	0.191	0.190	0.188
200	0.186	0.184	0.183	0.181	0.179	0.178	0.176	0.175	0.173	0.172
210	0.170	0.169	0.167	0.166	0.164	0.163	0.162	0.160	0.159	0.158
220	0.156	0.155	0.154	0.153	0.151	0.150	0.149	0.147	0.146	0.145
230	0.144	0.143	0.142	0.141	0.139	0.138	0.137	0.136	0.135	0.134
240	0.133	0.132	0.131	0.130	0.129	0.128	0.127	0.126	0.125	0.124
250	0.123	—	—	—	—	—	—	—	—	—

附表 4-3　**c 类截面轴心受压构件的稳定系数 φ**

λ/ε_k	0	1	2	3	4	5	6	7	8	9
0	1.000	1.000	1.000	0.999	0.999	0.998	0.997	0.996	0.995	0.993
10	0.992	0.990	0.988	0.986	0.983	0.981	0.978	0.976	0.973	0.970
20	0.966	0.959	0.953	0.947	0.940	0.934	0.928	0.921	0.915	0.909
30	0.902	0.896	0.890	0.883	0.877	0.871	0.865	0.858	0.852	0.845
40	0.839	0.833	0.826	0.820	0.813	0.807	0.800	0.794	0.787	0.781
50	0.774	0.768	0.761	0.755	0.748	0.742	0.735	0.728	0.722	0.715
60	0.709	0.702	0.695	0.689	0.682	0.675	0.669	0.662	0.656	0.649
70	0.642	0.636	0.629	0.623	0.616	0.610	0.603	0.597	0.591	0.584
80	0.578	0.572	0.565	0.559	0.553	0.547	0.541	0.535	0.529	0.523
90	0.517	0.511	0.505	0.499	0.494	0.488	0.483	0.477	0.471	0.467
100	0.462	0.458	0.453	0.449	0.445	0.440	0.436	0.432	0.427	0.423
110	0.419	0.415	0.411	0.407	0.402	0.398	0.394	0.390	0.386	0.383
120	0.379	0.375	0.371	0.367	0.363	0.360	0.356	0.352	0.349	0.345
130	0.342	0.338	0.335	0.332	0.328	0.325	0.322	0.318	0.315	0.312
140	0.309	0.306	0.303	0.300	0.297	0.294	0.291	0.288	0.285	0.282
150	0.279	0.277	0.274	0.271	0.269	0.266	0.263	0.261	0.258	0.256
160	0.253	0.251	0.248	0.246	0.244	0.241	0.239	0.237	0.235	0.232
170	0.230	0.228	0.226	0.224	0.222	0.220	0.218	0.216	0.214	0.212
180	0.210	0.208	0.206	0.204	0.203	0.201	0.199	0.197	0.195	0.194
190	0.192	0.190	0.189	0.187	0.185	0.184	0.182	0.181	0.179	0.178
200	0.176	0.175	0.173	0.172	0.170	0.169	0.167	0.166	0.165	0.163
210	0.162	0.161	0.159	0.158	0.157	0.156	0.154	0.153	0.152	0.151
220	0.149	0.148	0.147	0.146	0.145	0.144	0.142	0.141	0.140	0.139
230	0.138	0.137	0.136	0.135	0.134	0.133	0.132	0.131	0.130	0.129
240	0.128	0.127	0.126	0.125	0.124	0.123	0.123	0.122	0.121	0.120
250	0.119	—	—	—	—	—	—	—	—	—

附表 4-4　d类截面轴心受压构件的稳定系数 φ

λ/ε_k	0	1	2	3	4	5	6	7	8	9
0	1.000	1.000	0.999	0.999	0.998	0.996	0.994	0.992	0.990	0.987
10	0.984	0.981	0.978	0.974	0.969	0.965	0.960	0.955	0.949	0.944
20	0.937	0.927	0.918	0.909	0.900	0.891	0.883	0.874	0.865	0.857
30	0.848	0.840	0.831	0.823	0.815	0.807	0.798	0.790	0.782	0.774
40	0.766	0.758	0.751	0.743	0.735	0.727	0.720	0.712	0.705	0.697
50	0.690	0.682	0.675	0.668	0.660	0.653	0.646	0.639	0.632	0.625
60	0.618	0.611	0.605	0.598	0.591	0.585	0.578	0.572	0.565	0.559
70	0.552	0.546	0.540	0.534	0.528	0.521	0.516	0.510	0.504	0.498
80	0.492	0.487	0.481	0.476	0.470	0.465	0.459	0.454	0.449	0.444
90	0.439	0.434	0.429	0.424	0.419	0.414	0.409	0.405	0.401	0.397
100	0.393	0.390	0.386	0.383	0.380	0.376	0.373	0.369	0.366	0.363
110	0.359	0.356	0.353	0.350	0.346	0.343	0.340	0.337	0.334	0.331
120	0.328	0.325	0.322	0.319	0.316	0.313	0.310	0.307	0.304	0.301
130	0.298	0.296	0.293	0.290	0.288	0.285	0.282	0.280	0.277	0.275
140	0.272	0.270	0.267	0.265	0.262	0.260	0.257	0.255	0.253	0.250
150	0.248	0.246	0.244	0.242	0.239	0.237	0.235	0.233	0.231	0.229
160	0.227	0.225	0.223	0.221	0.219	0.217	0.215	0.213	0.212	0.210
170	0.208	0.206	0.204	0.203	0.201	0.199	0.197	0.196	0.194	0.192
180	0.191	0.189	0.188	0.186	0.184	0.183	0.181	0.180	0.178	0.177
190	0.175	0.174	0.173	0.171	0.170	0.168	0.167	0.166	0.164	0.163
200	0.162	—	—	—	—	—	—	—	—	—

附录5　柱的计算长度系数

附表 5-1　有侧移框架柱的计算长度系数 μ

K_2 \ K_1	0	0.05	0.1	0.2	0.3	0.4	0.5	1	2	3	4	5	≥10
0	∞	6.02	4.46	3.42	3.01	2.78	2.64	2.33	2.17	2.11	2.08	2.07	2.03
0.05	6.02	4.16	3.47	2.86	2.58	2.42	2.31	2.07	1.94	1.90	1.87	1.86	1.83
0.1	4.46	3.47	3.01	2.56	2.33	2.20	2.11	1.90	1.79	1.75	1.73	1.72	1.70
0.2	3.42	2.86	2.56	2.23	2.05	1.94	1.87	1.70	1.60	1.57	1.55	1.54	1.52
0.3	3.01	2.58	2.33	2.05	1.90	1.80	1.74	1.58	1.49	1.46	1.45	1.44	1.42
0.4	2.78	2.42	2.20	1.94	1.80	1.71	1.65	1.50	1.42	1.39	1.37	1.37	1.35
0.5	2.64	2.31	2.11	1.87	1.74	1.65	1.59	1.45	1.37	1.34	1.32	1.32	1.30
1	2.33	2.07	1.90	1.70	1.58	1.50	1.45	1.32	1.24	1.21	1.20	1.19	1.17
2	2.17	1.94	1.79	1.60	1.49	1.42	1.37	1.24	1.16	1.14	1.12	1.12	1.10
3	2.11	1.90	1.75	1.57	1.46	1.39	1.34	1.21	1.14	1.11	1.10	1.09	1.07
4	2.08	1.87	1.73	1.55	1.45	1.37	1.32	1.20	1.12	1.10	1.08	1.08	1.06
5	2.07	1.86	1.72	1.54	1.44	1.37	1.32	1.19	1.12	1.09	1.08	1.07	1.05
≥10	2.03	1.83	1.70	1.52	1.42	1.35	1.30	1.17	1.10	1.07	1.06	1.05	1.03

注：表中的计算长度系数 μ 值是按下式计算得到的：

$$\left[36K_1K_2-\left(\frac{\pi}{\mu}\right)^2\right]\sin\frac{\pi}{\mu}+6(K_1+K_2)\frac{\pi}{\mu}\cos\frac{\pi}{\mu}=0$$

式中，K_1、K_2 分别为相交于柱上端、柱下端的横梁线刚度之和与柱线刚度之和的比值。当横梁远端为铰接时，应将横梁线刚度乘以0.5；当横梁远端为嵌固时，应乘以2/3。

附表 5-2　　**无侧移框架柱的计算长度系数 μ**

K_2 \ K_1	0	0.05	0.1	0.2	0.3	0.4	0.5	1	2	3	4	5	≥10
0	1.000	0.990	0.981	0.964	0.949	0.935	0.922	0.875	0.820	0.791	0.773	0.760	0.732
0.05	0.990	0.981	0.971	0.955	0.940	0.926	0.914	0.867	0.814	0.784	0.766	0.754	0.726
0.1	0.981	0.971	0.962	0.946	0.931	0.918	0.906	0.860	0.807	0.778	0.760	0.748	0.721
0.2	0.964	0.955	0.946	0.930	0.916	0.903	0.891	0.846	0.795	0.767	0.749	0.737	0.711
0.3	0.949	0.940	0.931	0.916	0.902	0.889	0.878	0.834	0.784	0.756	0.739	0.728	0.701
0.4	0.935	0.926	0.918	0.903	0.889	0.877	0.866	0.823	0.774	0.747	0.730	0.719	0.693
0.5	0.922	0.914	0.906	0.891	0.878	0.866	0.855	0.813	0.765	0.738	0.721	0.710	0.685
1	0.875	0.867	0.860	0.846	0.834	0.823	0.813	0.774	0.729	0.704	0.688	0.677	0.654
2	0.820	0.814	0.807	0.795	0.784	0.774	0.765	0.729	0.686	0.663	0.648	0.638	0.615
3	0.791	0.784	0.778	0.767	0.756	0.747	0.738	0.704	0.663	0.640	0.625	0.616	0.593
4	0.773	0.766	0.760	0.749	0.739	0.730	0.721	0.688	0.648	0.625	0.611	0.601	0.580
5	0.760	0.754	0.748	0.737	0.728	0.719	0.710	0.677	0.638	0.616	0.601	0.592	0.570
≥10	0.732	0.726	0.721	0.711	0.701	0.693	0.685	0.654	0.615	0.593	0.580	0.570	0.549

注：1. 表中的计算长度系数 μ 值按下式计算：

$$\left[\left(\frac{\pi}{\mu}\right)^2+2(K_1+K_2)-4K_1K_2\right]\frac{\pi}{\mu}\sin\frac{\pi}{\mu}-2\left[(K_1+K_2)\left(\frac{\pi}{\mu}\right)^2+4K_1K_2\right]\cos\frac{\pi}{\mu}+8K_1K_2=0$$

式中，K_1、K_2 分别为相交于柱上端、柱下端的横梁线刚度之和的比值。当横梁远端为铰接时，应将横梁线刚度乘以 1.5；当横梁远端为嵌固时，则将横梁线刚度乘以 2.0。

2. 当横梁与柱铰接时，取横梁线刚度为 0。
3. 对底层框架，当柱与基础铰接时，取 $K_2=0$（对平板支座可取 $K_2=0.1$）；当柱与基础刚接时，取 $K_2=10$。
4. 当与柱刚性连接的横梁所受轴心压力 N_b 较大时，横梁线刚度应乘以折减系数 α_N，具体计算如下。

横梁远端与柱刚接和横梁远端铰支时：

$$\alpha_N=1-\frac{N_b}{N_{Eb}}$$

横梁远端嵌固时：

$$\alpha_N=1-\frac{N_b}{2N_{Eb}}$$

附表 5-3　　**柱上端为自由的单阶柱下段的计算长度系数 μ**

简图	η_1 \ K_1	0.06	0.08	0.10	0.12	0.14	0.16	0.18	0.20	0.22	0.24	0.26	0.28	0.3	0.4	0.5	0.6	0.7	0.8
I_1　H_1	0.2	2.00	2.01	2.01	2.01	2.01	2.01	2.01	2.02	2.02	2.02	2.02	2.02	2.02	2.03	2.04	2.05	2.06	2.07
	0.3	2.01	2.02	2.02	2.02	2.03	2.03	2.03	2.04	2.04	2.05	2.05	2.05	2.06	2.08	2.10	2.12	2.13	2.15
I_2　H_2	0.4	2.02	2.03	2.04	2.04	2.05	2.06	2.07	2.07	2.08	2.09	2.09	2.10	2.11	2.14	2.18	2.21	2.25	2.28
	0.5	2.04	2.05	2.06	2.07	2.09	2.10	2.11	2.12	2.13	2.15	2.16	2.17	2.18	2.24	2.29	2.35	2.40	2.45
$K_1=\frac{I_1}{I_2}\cdot\frac{H_1}{H_2}$	0.6	2.06	2.08	2.10	2.12	2.14	2.16	2.18	2.19	2.21	2.23	2.25	2.26	2.28	2.36	2.44	2.52	2.59	2.66
$\eta_1=\frac{H_1}{H_2}\sqrt{\frac{N_1}{N_2}\cdot\frac{I_2}{I_1}}$	0.7	2.10	2.13	2.16	2.18	2.21	2.24	2.26	2.29	2.31	2.34	2.36	2.38	2.41	2.52	2.62	2.72	2.81	2.90
N_1 为上段	0.8	2.15	2.20	2.24	2.27	2.31	2.34	2.38	2.41	2.44	2.47	2.50	2.53	2.56	2.70	2.82	2.94	3.06	3.16
柱的轴心力；N_2 为下段	0.9	2.24	2.29	2.35	2.39	2.44	2.48	2.52	2.56	2.60	2.63	2.67	2.71	2.74	2.90	3.05	3.19	3.32	3.44
柱的轴心力	1.0	2.36	2.43	2.48	2.54	2.59	2.64	2.69	2.73	2.77	2.82	2.86	2.90	2.94	3.12	3.29	3.45	3.59	3.74

续表

简图	η_1 \ K_1	0.06	0.08	0.10	0.12	0.14	0.16	0.18	0.20	0.22	0.24	0.26	0.28	0.3	0.4	0.5	0.6	0.7	0.8
$K_1=\frac{I_1}{I_2}\cdot\frac{H_1}{H_2}$；$\eta_1=\frac{H_1}{H_2}\sqrt{\frac{N_1}{N_2}\cdot\frac{I_1}{I_2}}$；$N_1$ 为上段柱的轴心力；N_2 为下段柱的轴心力	1.2	2.69	2.76	2.83	2.89	2.95	3.01	3.07	3.12	3.17	3.22	3.27	3.32	3.37	3.59	3.80	3.99	4.17	4.34
	1.4	3.07	3.14	3.22	3.29	3.36	3.42	3.48	3.55	3.61	3.66	3.72	3.78	3.83	4.09	4.33	4.56	4.77	4.97
	1.6	3.47	3.55	3.63	3.71	3.78	3.85	3.92	3.99	4.07	4.12	4.18	4.25	4.31	4.61	4.88	5.14	5.38	5.62
	1.8	3.88	3.97	4.05	4.13	4.21	4.29	4.37	4.44	4.52	4.59	4.66	4.73	4.80	5.13	5.44	5.73	6.00	6.26
	2.0	4.29	4.39	4.48	4.57	4.65	4.74	4.82	4.90	4.99	5.07	5.14	5.22	5.30	5.66	6.00	6.32	6.63	6.92
	2.2	4.71	4.81	4.91	5.00	5.10	5.19	5.28	5.37	5.46	5.54	5.63	5.71	5.80	6.19	6.57	6.92	7.26	7.58
	2.4	5.13	5.24	5.34	5.44	5.54	5.64	5.74	5.84	5.93	6.03	6.12	6.21	6.30	6.73	7.14	7.52	7.89	8.24
	2.6	5.55	5.66	5.77	5.88	5.99	6.10	6.20	6.31	6.41	6.51	6.61	6.71	6.80	7.27	7.71	8.13	8.52	8.90
	2.8	5.97	6.09	6.21	6.33	6.44	6.55	6.67	6.78	6.89	6.99	7.10	7.21	7.31	7.81	8.28	8.73	9.16	9.57
	3.0	6.39	6.52	6.64	6.77	6.89	7.01	7.13	7.25	7.37	7.48	7.59	7.71	7.82	8.35	8.86	9.34	9.80	10.24

附表 5-4 **柱上端可移动但不转动的单阶柱下段的计算长度系数 μ**

简图	η_1 \ K_1	0.06	0.08	0.10	0.12	0.14	0.16	0.18	0.20	0.22	0.24	0.26	0.28	0.3	0.4	0.5	0.6	0.7	0.8
$K_1=\frac{I_1}{I_2}\cdot\frac{H_1}{H_2}$；$\eta_1=\frac{H_1}{H_2}\sqrt{\frac{N_1}{N_2}\cdot\frac{I_1}{I_2}}$；$N_1$ 为上段柱的轴心力；N_2 为下段柱的轴心力	0.2	1.96	1.94	1.93	1.91	1.90	1.89	1.88	1.86	1.85	1.84	1.83	1.82	1.81	1.76	1.72	1.68	1.65	1.62
	0.3	1.96	1.94	1.93	1.92	1.91	1.89	1.88	1.87	1.86	1.85	1.84	1.83	1.82	1.77	1.73	1.70	1.66	1.63
	0.4	1.96	1.95	1.94	1.92	1.91	1.90	1.89	1.88	1.87	1.86	1.85	1.84	1.83	1.79	1.75	1.72	1.68	1.66
	0.5	1.96	1.95	1.94	1.93	1.92	1.91	1.90	1.89	1.88	1.87	1.86	1.85	1.85	1.81	1.77	1.74	1.71	1.69
	0.6	1.97	1.96	1.95	1.94	1.93	1.92	1.91	1.90	1.90	1.89	1.88	1.87	1.87	1.83	1.80	1.78	1.75	1.73
	0.7	1.97	1.97	1.96	1.95	1.94	1.94	1.93	1.92	1.92	1.91	1.90	1.90	1.89	1.86	1.84	1.82	1.80	1.78
	0.8	1.98	1.98	1.97	1.96	1.96	1.95	1.95	1.94	1.94	1.93	1.93	1.93	1.92	1.90	1.88	1.87	1.86	1.84
	0.9	1.99	1.99	1.98	1.98	1.98	1.97	1.97	1.97	1.97	1.96	1.96	1.96	1.96	1.95	1.94	1.93	1.92	1.92
	1.0	2.00	2.00	2.00	2.00	2.00	2.00	2.00	2.00	2.00	2.00	2.00	2.00	2.00	2.00	2.00	2.00	2.00	2.00
	1.2	2.03	2.04	2.04	2.05	2.06	2.07	2.07	2.08	2.08	2.09	2.10	2.10	2.11	2.13	2.15	2.17	2.18	2.20
	1.4	2.07	2.09	2.11	2.12	2.14	2.16	2.17	2.18	2.20	2.21	2.22	2.23	2.24	2.29	2.33	2.37	2.40	2.42
	1.6	2.13	2.16	2.19	2.22	2.25	2.27	2.30	2.32	2.34	2.36	2.37	2.39	2.41	2.48	2.54	2.59	2.63	2.67
	1.8	2.22	2.27	2.31	2.35	2.39	2.42	2.45	2.48	2.50	2.53	2.55	2.57	2.59	2.69	2.76	2.83	2.88	2.93
	2.0	2.35	2.41	2.46	2.50	2.55	2.59	2.62	2.66	2.69	2.72	2.75	2.77	2.80	2.91	3.00	3.08	3.14	3.20
	2.2	2.51	2.57	2.63	2.68	2.73	2.77	2.81	2.85	2.89	2.92	2.95	2.98	3.01	3.14	3.25	3.33	3.41	3.47
	2.4	2.68	2.75	2.81	2.87	2.92	2.97	3.01	3.05	3.09	3.13	3.17	3.20	3.24	3.38	3.50	3.59	3.68	3.75
	2.6	2.87	2.94	3.00	3.06	3.12	3.17	3.22	3.27	3.31	3.35	3.39	3.43	3.46	3.62	3.75	3.86	3.95	4.03
	2.8	3.06	3.14	3.20	3.27	3.33	3.38	3.43	3.48	3.53	3.58	3.62	3.66	3.70	3.87	4.01	4.13	4.23	4.32
	3.0	3.26	3.34	3.41	3.47	3.54	3.60	3.65	3.70	3.75	3.80	3.85	3.89	3.93	4.12	4.27	4.40	4.51	4.61

附录 6　常用型钢规格表

附表 6-1　　普通工字钢

符号：h—高度；
b—宽度；
t_w—腹板厚度；
t—翼缘平均厚度；
I—惯性矩；
W—截面模量；

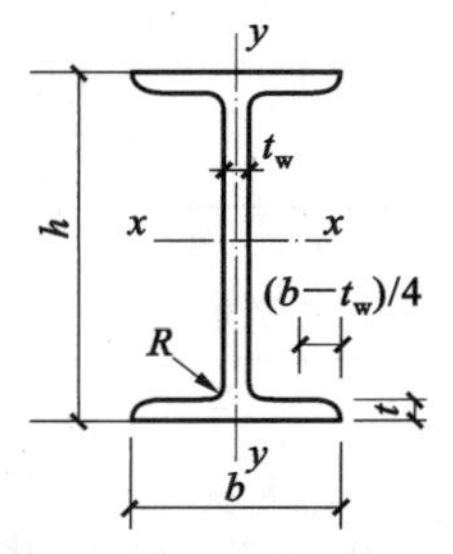

i—回转半径；
S_x—半截面的面积矩
长度：
型号 10～18，长 5～19 m
型号 20～63，长 6～19 m

型号		尺寸/mm					截面面积/cm²	理论重量/(kg/m)	x—x 轴				y—y 轴		
		h/mm	b/mm	t_w/mm	t/mm	R/mm			I_x/cm⁴	W_x/cm³	i_x/cm	I_x/S_x/cm	I_y/cm⁴	W_y/cm³	i_y/cm
10		100	68	4.5	7.6	6.5	14.3	11.2	245	49	4.14	8.69	33	9.6	1.51
12.6		126	74	5	8.4	7	18.1	14.2	488	77	5.19	11	47	12.7	1.61
14		140	80	5.5	9.1	7.5	21.5	16.9	712	102	5.75	12.2	64	16.1	1.73
16		160	88	6	9.9	8	26.1	20.5	1127	141	6.57	13.9	93	21.1	1.89
18		180	94	6.5	10.7	8.5	30.7	24.1	1699	185	7.37	15.4	123	26.2	2.00
20	a	200	100	7	11.4	9	35.5	27.9	2369	237	8.16	17.4	158	31.6	2.11
	b		102	9			39.5	31.1	2502	250	7.95	17.1	169	33.1	2.07
22	a	220	110	7.5	12.3	9.5	42.1	33	3406	310	8.99	19.2	226	41.1	2.32
	b		112	9.5			46.5	36.5	3583	326	8.78	18.9	240	42.9	2.27
25	a	250	116	8	13	10	48.5	38.1	5017	401	10.2	21.7	280	48.4	2.4
	b		118	10			53.5	42	5278	422	9.93	21.4	297	50.4	2.36
28	a	280	122	8.5	13.7	10.5	55.4	43.5	7115	508	11.3	24.3	344	56.4	2.49
	b		124	10.5			61	47.9	7481	534	11.1	24	364	58.7	2.44
32	a	320	130	9.5	15	11.5	67.1	52.7	11080	692	12.8	27.7	459	70.6	2.62
	b		132	11.5			73.5	57.7	11626	727	12.6	27.3	484	73.3	2.57
	c		134	13.5			79.9	62.7	12173	761	12.3	26.9	510	76.1	2.53
36	a	360	136	10	15.8	12	76.4	60	15796	878	14.4	31	555	81.6	2.69
	b		138	12			83.6	65.6	16574	921	14.1	30.6	584	84.6	2.64
	c		140	14			90.8	71.3	17351	964	13.8	30.2	614	87.7	2.6
40	a	400	142	10.5	16.5	12.5	86.1	67.6	21714	1086	15.9	34.4	660	92.9	2.77
	b		144	12.5			94.1	73.8	22781	1139	15.6	33.9	693	96.2	2.71
	c		146	14.5			102	80.1	23847	1192	15.3	33.5	727	99.7	2.67
45	a	450	150	11.5	18	13.5	102	80.4	32241	1433	17.7	38.5	855	114	2.89
	b		152	13.5			111	87.4	33759	1500	17.4	38.1	895	118	2.84
	c		154	15.5			120	94.5	35278	1568	17.1	37.6	938	122	2.79
50	a	500	158	12	20	14	119	93.6	46472	1859	19.7	42.9	1122	142	3.07
	b		160	14			129	101	48556	1942	19.4	42.3	1171	146	3.01
	c		162	16			139	109	50639	2026	19.1	41.9	1224	151	2.96

续表

型号		尺寸/mm					截面面积/cm^2	理论重量/(kg/m)	x—x 轴				y—y 轴		
		h/mm	b/mm	t_w/mm	t/mm	R/mm			I_x/cm^4	W_x/cm^3	i_x/cm	I_x/S_x/cm	I_y/cm^4	W_y/cm^3	i_y/cm
56	a	560	166	12.5	21	14.5	135	106	65576	2342	22	47.9	1366	165	3.18
	b		168	14.5			147	115	68503	2447	21.6	47.3	1424	170	3.12
	c		170	16.5			158	124	71430	2551	21.3	46.8	1485	175	3.07
63	a	630	176	13	22	15	155	122	94004	2984	24.7	53.8	1702	194	3.32
	b		178	15			167	131	98171	3117	24.2	53.2	1771	199	3.25
	c		780	17			180	141	102339	3249	23.9	52.6	1842	205	3.2

附表 6-2

H 型钢

符号：h—高度；
b—宽度；
t_1—腹板厚度；
t_2—翼缘厚度；
I—惯性矩；
W—截面模量；
i—回转半径；
S_x—半截面的面积矩

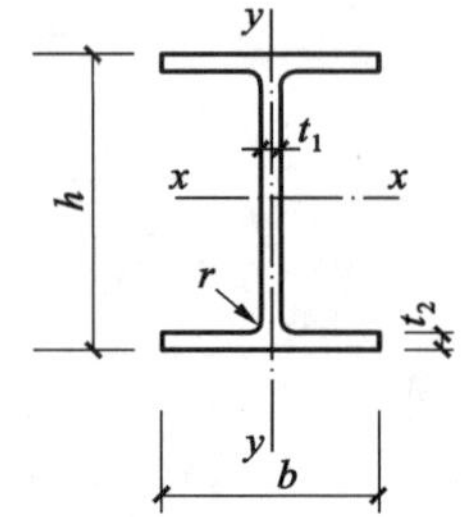

类别	H 型钢规格 ($h\times b\times t_1\times t_2$)/(mm×mm×mm×mm)	截面面积 A/cm^2	质量 q/(kg/m)	x—x 轴			y—y 轴		
				I_x/cm^4	W_x/cm^3	i_x/cm	I_y/cm^4	W_y/cm^3	i_y/cm
HW	100×100×6×8	21.9	17.22	383	76.5	4.18	134	26.7	2.47
	125×125×6.5×9	30.31	23.8	847	136	5.29	294	47	3.11
	150×150×7×10	40.55	31.9	1660	221	6.39	564	75.1	3.73
	175×175×7.5×11	51.43	40.3	2900	331	7.5	984	112	4.37
	200×200×8×12	64.28	50.5	4770	477	8.61	1600	160	4.99
	#200×204×12×12	72.28	56.7	5030	503	8.35	1700	167	4.85
	250×250×9×14	92.18	72.4	10800	867	10.8	3650	292	6.29
	#250×255×14×14	104.7	82.2	11500	919	10.5	3880	304	6.09
	#294×302×12×12	108.3	85	17000	1160	12.5	5520	365	7.14
	300×300×10×15	120.4	94.5	20500	1370	13.1	6760	450	7.49
	300×305×15×15	135.4	106	21600	1440	12.6	7100	466	7.24
	#344×348×10×16	146	115	33300	1940	15.1	11200	646	8.78
	350×350×12×19	173.9	137	40300	2300	15.2	13600	776	8.84
	#388×402×15×15	179.2	141	49200	2540	16.6	16300	809	9.52
	#394×398×11×18	187.6	147	56400	2860	17.3	18900	951	10
	400×400×13×21	219.5	172	66900	3340	17.5	22400	1120	10.1
	#400×408×21×21	251.5	197	71100	3560	16.8	23800	1170	9.73
	#414×405×18×28	296.2	233	93000	4490	17.7	31000	1530	10.2
	#428×407×20×35	361.4	284	119000	5580	18.2	39400	1930	10.4

续表

类别	H型钢规格 $(h\times b\times t_1\times t_2)$/(mm×mm×mm×mm)	截面面积 A/cm^2	质量 q/(kg/m)	x—x 轴			y—y 轴		
				I_x/cm^4	W_x/cm^3	i_x/cm	I_y/cm^4	W_y/cm^3	i_y/cm
HM	148×100×6×9	27.25	21.4	1040	140	6.17	151	30.2	2.35
	194×150×6×9	39.76	31.2	2740	283	8.3	508	67.7	3.57
	244×175×7×11	56.24	44.1	6120	502	10.4	985	113	4.18
	294×200×8×12	73.03	57.3	11400	779	12.5	1600	160	4.69
	340×250×9×14	101.5	79.7	21700	1280	14.6	3650	292	6
	390×300×10×16	136.7	107	38900	2000	16.9	7210	481	7.26
	440×300×11×18	157.4	124	56100	2550	18.9	8110	541	7.18
	482×300×11×15	146.4	115	60800	2520	20.4	6770	451	6.8
	488×300×11×18	164.4	129	71400	2930	20.8	8120	541	7.03
	582×300×12×17	174.5	137	103000	3530	24.3	7670	511	6.63
	588×300×12×20	192.5	151	118000	4020	24.8	9020	601	6.85
	#594×302×14×23	222.4	175	137000	4620	24.9	10600	701	6.9
HN	100×50×5×7	12.16	9.54	192	38.5	3.98	14.9	5.96	1.11
	125×60×6×8	17.01	13.3	417	66.8	4.95	29.3	9.75	1.31
	150×75×5×7	18.16	14.3	679	90.6	6.12	49.6	13.2	1.65
	175×90×5×8	23.21	18.2	1220	140	7.26	97.6	21.7	2.05
	198×99×4.5×7	23.59	18.5	1610	163	8.27	114	23	2.2
	200×100×5.5×8	27.57	21.7	1880	188	8.25	134	26.8	2.21
	248×124×5×8	32.89	25.8	3560	287	10.4	255	41.1	2.78
	250×125×6×9	37.87	29.7	4080	326	10.4	294	47	2.79
	298×149×5.5×8	41.55	32.6	6460	433	12.4	443	59.4	3.26
	300×150×6.5×9	47.53	37.3	7350	490	12.4	508	67.7	3.27
	346×174×6×9	53.19	41.8	11200	649	14.5	792	91	3.86
	350×175×7×11	63.66	50	13700	782	14.7	985	113	3.93
	#400×150×8×13	71.12	55.8	18800	942	16.3	734	97.9	3.21
	396×199×7×11	72.16	56.7	20000	1010	16.7	1450	145	4.48
	400×200×8×13	84.12	66	23700	1190	16.8	1740	174	4.54
	#450×150×9×14	83.41	65.5	27100	1200	18	793	106	3.08
	446×199×8×12	84.95	66.7	29000	1300	18.5	1580	159	4.31
	450×200×9×14	97.41	76.5	33700	1500	18.6	1870	187	4.38
	#500×150×10×16	98.23	77.1	38500	1540	19.8	907	121	3.04
	496×199×9×14	101.3	79.5	41900	1690	20.3	1840	185	4.27
	500×200×10×16	114.2	89.6	47800	1910	20.5	2140	214	4.33
	#506×201×11×19	131.3	103	56500	2230	20.8	2580	257	4.43
	596×199×10×15	121.2	95.1	69300	2330	23.9	1980	199	4.04
	600×200×11×17	135.2	106	78200	2610	24.1	2280	228	4.11
	#606×201×12×20	153.3	120	91000	3000	24.4	2720	271	4.21
	#692×300×13×20	211.5	166	172000	4980	28.6	9020	602	6.53
	700×300×13×24	235.5	185	201000	5760	29.3	10800	722	6.78

注："#"表示的规格为非常用规格。

附表 6-3　　**普通槽钢**

符号：

同普通工字钢，但 W_y 为对应于翼缘肢尖的截面模量

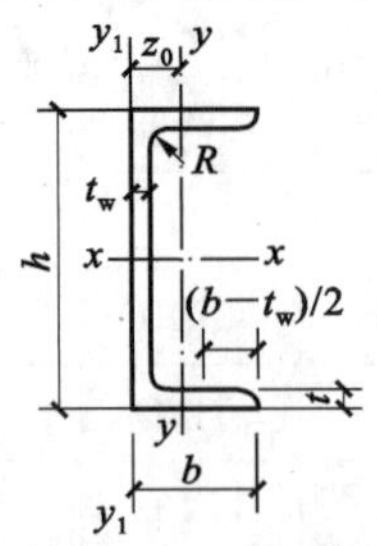

长度：

型号 5～8，长 5～12 m；

型号 10～18，长 5～19 m；

型号 20～40，长 6～19 m

型号	尺寸/mm					截面面积/cm^2	理论重量/(kg/m)	x—x 轴			y—y 轴			y_1—y_1 轴	z_0
	h	b	t_w	t	R			I_x/cm^4	W_x/cm^3	i_x/cm	I_y/cm^4	W_y/cm^3	i_y/cm	I_{y1}/cm^4	
5	50	37	4.5	7	7	6.92	5.44	26	10.4	1.94	8.3	3.5	1.1	20.9	1.35
6.3	63	40	4.8	7.5	7.5	8.45	6.63	51	16.3	2.46	11.9	4.6	1.19	28.3	1.39
8	80	43	5	8	8	10.24	8.04	101	25.3	3.14	16.6	5.8	1.27	37.4	1.42
10	100	48	5.3	8.5	8.5	12.74	10	198	39.7	3.94	25.6	7.8	1.42	54.9	1.52
12.6	126	53	5.5	9	9	15.69	12.31	389	61.7	4.98	38	10.3	1.56	77.8	1.59
14 a	140	58	6	9.5	9.5	18.51	14.53	564	80.5	5.52	53.2	13	1.7	107.2	1.71
b		60	8	9.5	9.5	21.31	16.73	609	87.1	5.35	61.2	14.1	1.69	120.6	1.67
16 a	160	63	6.5	10	10	21.95	17.23	866	108.3	6.28	73.4	16.3	1.83	144.1	1.79
b		65	8.5	10	10	25.15	19.75	935	116.8	6.1	83.4	17.6	1.82	160.8	1.75
18 a	180	68	7	10.5	10.5	25.69	20.17	1273	141.4	7.04	98.6	20	1.96	189.7	1.88
b		70	9	10.5	10.5	29.29	22.99	1370	152.2	6.84	111	21.5	1.95	210.1	1.84
20 a	200	73	7	11	11	28.83	22.63	1780	178	7.86	128	24.2	2.11	244	2.01
b		75	9	11	11	32.83	25.77	1914	191.4	7.64	143.6	25.9	2.09	268.4	1.95
22 a	220	77	7	11.5	11.5	31.84	24.99	2394	217.6	8.67	157.8	28.2	2.23	298.2	2.1
b		79	9	11.5	11.5	36.24	28.45	2571	233.8	8.42	176.5	30.1	2.21	326.3	2.03
25 a	250	78	7	12	12	34.91	27.4	3359	268.7	9.81	175.9	30.7	2.24	324.8	2.07
b		80	9	12	12	39.91	31.33	3619	289.6	9.52	196.4	32.7	2.22	355.1	1.99
c		82	11	12	12	44.91	35.25	3880	310.4	9.3	215.9	34.6	2.19	388.6	1.96
28 a	280	82	7.5	12.5	12.5	40.02	31.42	4753	339.5	10.9	217.9	35.7	2.33	393.3	2.09
b		84	9.5	12.5	12.5	45.62	35.81	5118	365.6	10.59	241.5	37.9	2.3	428.5	2.02
c		86	11.5	12.5	12.5	51.22	40.21	5484	391.7	10.35	264.1	40	2.27	467.3	1.99
32 a	320	88	8	14	14	48.5	38.07	7511	469.4	12.44	304.7	46.4	2.51	547.5	2.24
b		90	10	14	14	54.9	43.1	8057	503.5	12.11	335.6	49.1	2.47	592.9	2.16
c		92	12	14	14	61.3	48.12	8603	537.7	11.85	365	51.6	2.44	642.7	2.13
36 a	360	96	9	16	16	60.89	47.8	11874	659.7	13.96	455	63.6	2.73	818.5	2.44
b		98	11	16	16	68.09	53.45	12652	702.9	13.63	496.7	66.9	2.7	880.5	2.37
c		100	13	16	16	75.29	59.1	13429	746.1	13.36	536.6	70	2.67	948	2.34
40 a	400	100	10.5	18	18	75.04	58.91	17578	878.9	15.3	592	78.8	2.81	1057.9	2.49
b		102	12.5	18	18	83.04	65.19	18644	932.2	14.98	640.6	82.6	2.78	1135.8	2.44
c		104	14.5	18	18	91.04	71.47	19711	985.6	14.71	687.8	86.2	2.75	1220.3	2.42

附表 6-4

等边角钢

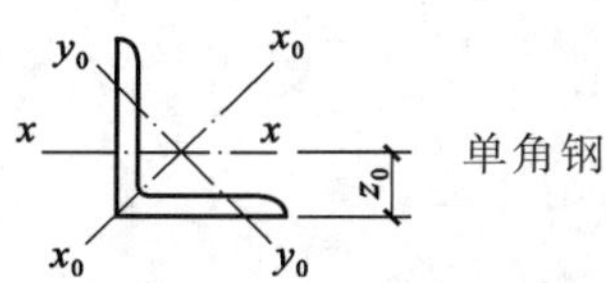

单角钢

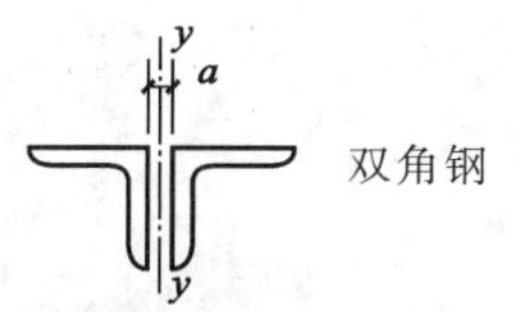

双角钢

型号		圆角	重心矩	截面面积	质量	惯性矩	截面模量		回转半径			i_y，当 a 为下列数值时				
		R	z_0	A		I_x	$W_{x\max}$	$W_{x\min}$	i_x	i_{x0}	i_{y0}	6 mm	8 mm	10 mm	12 mm	14 mm
		mm		cm^2	kg/m	cm^4	cm^3		cm			cm				
∟20×	3	3.5	6	1.13	0.89	0.40	0.66	0.29	0.59	0.75	0.39	1.08	1.17	1.25	1.34	1.43
	4		6.4	1.46	1.15	0.50	0.78	0.36	0.58	0.73	0.38	1.11	1.19	1.28	1.37	1.46
∟25×	3	3.5	7.3	1.43	1.12	0.82	1.12	0.46	0.76	0.95	0.49	1.27	1.36	1.44	1.53	1.61
	4		7.6	1.86	1.46	1.03	1.34	0.59	0.74	0.93	0.48	1.30	1.38	1.47	1.55	1.64
∟30×	3	4.5	8.5	1.75	1.37	1.46	1.72	0.68	0.91	1.15	0.59	1.47	1.55	1.63	1.71	1.8
	4		8.9	2.28	1.79	1.84	2.08	0.87	0.90	1.13	0.58	1.49	1.57	1.65	1.74	1.82
∟36×	3	4.5	10	2.11	1.66	2.58	2.59	0.99	1.11	1.39	0.71	1.70	1.78	1.86	1.94	2.03
	4		10.4	2.76	2.16	3.29	3.18	1.28	1.09	1.38	0.70	1.73	1.8	1.89	1.97	2.05
	5		10.7	2.38	2.65	3.95	3.68	1.56	1.08	1.36	0.70	1.75	1.83	1.91	1.99	2.08
∟40×	3	5	10.9	2.36	1.85	3.59	3.28	1.23	1.23	1.55	0.79	1.86	1.94	2.01	2.09	2.18
	4		11.3	3.09	2.42	4.60	4.05	1.60	1.22	1.54	0.79	1.88	1.96	2.04	2.12	2.2
	5		11.7	3.79	2.98	5.53	4.72	1.96	1.21	1.52	0.78	1.90	1.98	2.06	2.14	2.23
∟45×	3	5	12.2	2.66	2.09	5.17	4.25	1.58	1.39	1.76	0.90	2.06	2.14	2.21	2.29	2.37
	4		12.6	3.49	2.74	6.65	5.29	2.05	1.38	1.74	0.89	2.08	2.16	2.24	2.32	2.4
	5		13	4.29	3.37	8.04	6.20	2.51	1.37	1.72	0.88	2.10	2.18	2.26	2.34	2.42
	6		13.3	5.08	3.99	9.33	6.99	2.95	1.36	1.71	0.88	2.12	2.2	2.28	2.36	2.44
∟50×	3	5.5	13.4	2.97	2.33	7.18	5.36	1.96	1.55	1.96	1.00	2.26	2.33	2.41	2.48	2.56
	4		13.8	3.90	3.06	9.26	6.70	2.56	1.54	1.94	0.99	2.28	2.36	2.43	2.51	2.59
	5		14.2	4.80	3.77	11.21	7.90	3.13	1.53	1.92	0.98	2.30	2.38	2.45	2.53	2.61
	6		14.6	5.69	4.46	13.05	8.95	3.68	1.51	1.91	0.98	2.32	2.4	2.48	2.56	2.64
∟56×	3	6	14.8	3.34	2.62	10.19	6.86	2.48	1.75	2.2	1.13	2.50	2.57	2.64	2.72	2.8
	4		15.3	4.39	3.45	13.18	8.63	3.24	1.73	2.18	1.11	2.52	2.59	2.67	2.74	2.82
	5		15.7	5.42	4.25	16.02	10.22	3.97	1.72	2.17	1.10	2.54	2.61	2.69	2.77	2.85
	8		16.8	8.37	6.57	23.63	14.06	6.03	1.68	2.11	1.09	2.60	2.67	2.75	2.83	2.91
∟63×	4	7	17	4.98	3.91	19.03	11.22	4.13	1.96	2.46	1.26	2.79	2.87	2.94	3.02	3.09
	5		17.4	6.14	4.82	23.17	13.33	5.08	1.94	2.45	1.25	2.82	2.89	2.96	3.04	3.12
	6		17.8	7.29	5.72	27.12	15.26	6.00	1.93	2.43	1.24	2.83	2.91	2.98	3.06	3.14
	8		18.5	9.51	7.47	34.45	18.59	7.75	1.90	2.39	1.23	2.87	2.95	3.03	3.1	3.18
	10		19.3	11.66	9.15	41.09	21.34	9.39	1.88	2.36	1.22	2.91	2.99	3.07	3.15	3.23
∟70×	4	8	18.6	5.57	4.37	26.39	14.16	5.14	2.18	2.74	1.4	3.07	3.14	3.21	3.29	3.36
	5		19.1	6.88	5.40	32.21	16.89	6.32	2.16	2.73	1.39	3.09	3.16	3.24	3.31	3.39
	6		19.5	8.16	6.41	37.77	19.39	7.48	2.15	2.71	1.38	3.11	3.18	3.26	3.33	3.41
	7		19.9	9.42	7.40	43.09	21.68	8.59	2.14	2.69	1.38	3.13	3.2	3.28	3.36	3.43
	8		20.3	10.67	8.37	48.17	23.79	9.68	2.13	2.68	1.37	3.15	3.22	3.30	3.38	3.46
∟75×	5	9	20.3	7.41	5.82	39.96	19.73	7.30	2.32	2.92	1.5	3.29	3.36	3.43	3.5	3.58
	6		20.7	8.80	6.91	46.91	22.69	8.63	2.31	2.91	1.49	3.31	3.38	3.45	3.53	3.6
	7		21.1	10.16	7.98	53.57	25.42	9.93	2.30	2.89	1.48	3.33	3.4	3.47	3.55	3.63
	8		21.5	11.50	9.03	59.96	27.93	11.2	2.28	2.87	1.47	3.35	3.42	3.50	3.57	3.65
	10		22.2	14.13	11.09	71.98	32.40	13.64	2.26	2.84	1.46	3.38	3.46	3.54	3.61	3.69

续表

型号		圆角	重心矩	截面面积	质量	惯性矩	截面模量		回转半径			i_y,当 a 为下列数值时				
		R	z_0	A		I_x	$W_{x\max}$	$W_{x\min}$	i_x	i_{x0}	i_{y0}	6 mm	8 mm	10 mm	12 mm	14 mm
		mm		cm^2	kg/m	cm^4	cm^3		cm			cm				
	5		21.5	7.91	6.21	48.79	22.70	8.34	2.48	3.13	1.6	3.49	3.56	3.63	3.71	3.78
	6		21.9	9.40	7.38	57.35	26.16	9.87	2.47	3.11	1.59	3.51	3.58	3.65	3.73	3.8
∟80×	7	9	22.3	10.86	8.53	65.58	29.38	11.37	2.46	3.1	1.58	3.53	3.60	3.67	3.75	3.83
	8		22.7	12.30	9.66	73.50	32.36	12.83	2.44	3.08	1.57	3.55	3.62	3.70	3.77	3.85
	10		23.5	15.13	11.87	88.43	37.68	15.64	2.42	3.04	1.56	3.58	3.66	3.74	3.81	3.89
	6		24.4	10.64	8.35	82.77	33.99	12.61	2.79	3.51	1.8	3.91	3.98	4.05	4.12	4.2
	7		24.8	12.3	9.66	94.83	38.28	14.54	2.78	3.5	1.78	3.93	4	4.07	4.14	4.22
∟90×	8	10	25.2	13.94	10.95	106.5	42.3	16.42	2.76	3.48	1.78	3.95	4.02	4.09	4.17	4.24
	10		25.9	17.17	13.48	128.6	49.57	20.07	2.74	3.45	1.76	3.98	4.06	4.13	4.21	4.28
	12		26.7	20.31	15.94	149.2	55.93	23.57	2.71	3.41	1.75	4.02	4.09	4.17	4.25	4.32
	6		26.7	11.93	9.37	115	43.04	15.68	3.1	3.91	2	4.3	4.37	4.44	4.51	4.58
	7		27.1	13.8	10.83	131	48.57	18.1	3.09	3.89	1.99	4.32	4.39	4.46	4.53	4.61
	8		27.6	15.64	12.28	148.2	53.78	20.47	3.08	3.88	1.98	4.34	4.41	4.48	4.55	4.63
∟100×	10	12	28.4	19.26	15.12	179.5	63.29	25.06	3.05	3.84	1.96	4.38	4.45	4.52	4.6	4.67
	12		29.1	22.8	17.9	208.9	71.72	29.47	3.03	3.81	1.95	4.41	4.49	4.56	4.64	4.71
	14		29.9	26.26	20.61	236.5	79.19	33.73	3	3.77	1.94	4.45	4.53	4.6	4.68	4.75
	16		30.6	29.63	23.26	262.5	85.81	37.82	2.98	3.74	1.93	4.49	4.56	4.64	4.72	4.8
	7		29.6	15.2	11.93	177.2	59.78	22.05	3.41	4.3	2.2	4.72	4.79	4.86	4.94	5.01
	8		30.1	17.24	13.53	199.5	66.36	24.95	3.4	4.28	2.19	4.74	4.81	4.88	4.96	5.03
∟110×	10	12	30.9	21.26	16.69	242.2	78.48	30.6	3.38	4.25	2.17	4.78	4.85	4.92	5	5.07
	12		31.6	25.2	19.78	282.6	89.34	36.05	3.35	4.22	2.15	4.82	4.89	4.96	5.04	5.11
	14		32.4	29.06	22.81	320.7	99.07	41.31	3.32	4.18	2.14	4.85	4.93	5	5.08	5.15
	8		33.7	19.75	15.5	297	88.2	32.52	3.88	4.88	2.5	5.34	5.41	5.48	5.55	5.62
∟125×	10	14	34.5	24.37	19.13	361.7	104.8	39.97	3.85	4.85	2.48	5.38	5.45	5.52	5.59	5.66
	12		35.3	28.91	22.7	423.2	119.9	47.17	3.83	4.82	2.46	5.41	5.48	5.56	5.63	5.7
	14		36.1	33.37	26.19	481.7	133.6	54.16	3.8	4.78	2.45	5.45	5.52	5.59	5.67	5.74
	10		38.2	27.37	21.49	514.7	134.6	50.58	4.34	5.46	2.78	5.98	6.05	6.12	6.2	6.27
∟140×	12	14	39	32.51	25.52	603.7	154.6	59.8	4.31	5.43	2.77	6.02	6.09	6.16	6.23	6.31
	14		39.8	37.57	29.49	688.8	173	68.75	4.28	5.4	2.75	6.06	6.13	6.2	6.27	6.34
	16		40.6	42.54	33.39	770.2	189.9	77.46	4.26	5.36	2.74	6.09	6.16	6.23	6.31	6.38
	10		43.1	31.5	24.73	779.5	180.8	66.7	4.97	6.27	3.2	6.78	6.85	6.92	6.99	7.06
∟160×	12	16	43.9	37.44	29.39	916.6	208.6	78.98	4.95	6.24	3.18	6.82	6.89	6.96	7.03	7.1
	14		44.7	43.3	33.99	1048	234.4	90.95	4.92	6.2	3.16	6.86	6.93	7	7.07	7.14
	16		45.5	49.07	38.52	1175	258.3	102.6	4.89	6.17	3.14	6.89	6.96	7.03	7.1	7.18
	12		48.9	42.24	33.16	1321	270	100.8	5.59	7.05	3.58	7.63	7.7	7.77	7.84	7.91
∟180×	14	16	49.7	48.9	38.38	1514	304.6	116.3	5.57	7.02	3.57	7.67	7.74	7.81	7.88	7.95
	16		50.5	55.47	43.54	1701	336.9	131.4	5.54	6.98	3.55	7.7	7.77	7.84	7.91	7.98
	18		51.3	61.95	48.63	1881	367.1	146.1	5.51	6.94	3.53	7.73	7.8	7.87	7.95	8.02
	14		54.6	54.64	42.89	2104	385.1	144.7	6.2	7.82	3.98	8.47	8.54	8.61	8.67	8.75
	16		55.4	62.01	48.68	2366	427	163.7	6.18	7.79	3.96	8.5	8.57	8.64	8.71	8.78
∟200×	18	18	56.2	69.3	54.4	2621	466.5	182.2	6.15	7.75	3.94	8.53	8.6	8.67	8.75	8.82
	20		56.9	76.5	60.06	2867	503.6	200.4	6.12	7.72	3.93	8.57	8.64	8.71	8.78	8.85
	24		58.4	90.66	71.17	3338	571.5	235.8	6.07	7.64	3.9	8.63	8.71	8.78	8.85	8.92

附表 6-5

不等边角钢

角钢型号 $B\times b\times t$		单角钢								双角钢							
		圆角	重心矩		截面面积	质量	回转半径			i_y，当 a 为下列数值时				i_y，当 a 为下列数值时			
		R	z_x	z_y	A		i_x	i_y	i_{y0}	6 mm	8 mm	10 mm	12 mm	6 mm	8 mm	10 mm	12 mm
		mm			cm²	kg/m	cm			cm				cm			
└25×16×	3	3.5	4.2	8.6	1.16	0.91	0.44	0.78	0.34	0.84	0.93	1.02	1.11	1.4	1.48	1.57	1.65
	4		4.6	9.0	1.50	1.18	0.43	0.77	0.34	0.87	0.96	1.05	1.14	1.42	1.51	1.6	1.68
└32×20×	3	3.5	4.9	10.8	1.49	1.17	0.55	1.01	0.43	0.97	1.05	1.14	1.23	1.71	1.79	1.88	1.96
	4		5.3	11.2	1.94	1.52	0.54	1	0.43	0.99	1.08	1.16	1.25	1.74	1.82	1.9	1.99
└40×25×	3	4	5.9	13.2	1.89	1.48	0.7	1.28	0.54	1.13	1.21	1.3	1.38	2.07	2.14	2.23	2.31
	4		6.3	13.7	2.47	1.94	0.69	1.26	0.54	1.16	1.24	1.32	1.41	2.09	2.17	2.25	2.34
└45×28×	3	5	6.4	14.7	2.15	1.69	0.79	1.44	0.61	1.23	1.31	1.39	1.47	2.28	2.36	2.44	2.52
	4		6.8	15.1	2.81	2.2	0.78	1.43	0.6	1.25	1.33	1.41	1.5	2.31	2.39	2.47	2.55
└50×32×	3	5.5	7.3	16	2.43	1.91	0.91	1.6	0.7	1.38	1.45	1.53	1.61	2.49	2.56	2.64	2.72
	4		7.7	16.5	3.18	2.49	0.9	1.59	0.69	1.4	1.47	1.55	1.64	2.51	2.59	2.67	2.75
└56×36×	3	6	8.0	17.8	2.74	2.15	1.03	1.8	0.79	1.51	1.59	1.66	1.74	2.75	2.82	2.9	2.98
	4		8.5	18.2	3.59	2.82	1.02	1.79	0.78	1.53	1.61	1.69	1.77	2.77	2.85	2.93	3.01
	5		8.8	18.7	4.42	3.47	1.01	1.77	0.78	1.56	1.63	1.71	1.79	2.8	2.88	2.96	3.04
└63×40×	4	7	9.2	20.4	4.06	3.19	1.14	2.02	0.88	1.66	1.74	1.81	1.89	3.09	3.16	3.24	3.32
	5		9.5	20.8	4.99	3.92	1.12	2	0.87	1.68	1.76	1.84	1.92	3.11	3.19	3.27	3.35
	6		9.9	21.2	5.91	4.64	1.11	1.99	0.86	1.71	1.78	1.86	1.94	3.13	3.21	3.29	3.37
	7		10.3	21.6	6.8	5.34	1.1	1.96	0.86	1.73	1.8	1.88	1.97	3.15	3.23	3.3	3.39
└70×45×	4	7.5	10.2	22.3	4.55	3.57	1.29	2.25	0.99	1.84	1.91	1.99	2.07	3.39	3.46	3.54	3.62
	5		10.6	22.8	5.61	4.4	1.28	2.23	0.98	1.86	1.94	2.01	2.09	3.41	3.49	3.57	3.64
	6		11.0	23.2	6.64	5.22	1.26	2.22	0.97	1.88	1.96	2.04	2.11	3.44	3.51	3.59	3.67
	7		11.3	23.6	7.66	6.01	1.25	2.2	0.97	1.9	1.98	2.06	2.14	3.46	3.54	3.61	3.69
└75×50×	5	8	11.7	24.0	6.13	4.81	1.43	2.39	1.09	2.06	2.13	2.2	2.28	3.6	3.68	3.76	3.83
	6		12.1	24.4	7.26	5.7	1.42	2.38	1.08	2.08	2.15	2.23	2.3	3.63	3.7	3.78	3.86
	8		12.9	25.2	9.47	7.43	1.4	2.35	1.07	2.12	2.19	2.27	2.35	3.67	3.75	3.83	3.91
	10		13.6	26.0	11.6	9.1	1.38	2.33	1.06	2.16	2.24	2.31	2.4	3.71	3.79	3.87	3.96
└80×50×	5	8	11.4	26.0	6.38	5	1.42	2.57	1.1	2.02	2.09	2.17	2.24	3.88	3.95	4.03	4.1
	6		11.8	26.5	7.56	5.93	1.41	2.55	1.09	2.04	2.11	2.19	2.27	3.9	3.98	4.05	4.13
	7		12.1	26.9	8.72	6.85	1.39	2.54	1.08	2.06	2.13	2.21	2.29	3.92	4	4.08	4.16
	8		12.5	27.3	9.87	7.75	1.38	2.52	1.07	2.08	2.15	2.23	2.31	3.94	4.02	4.1	4.18
└90×56×	5	9	12.5	29.1	7.21	5.66	1.59	2.9	1.23	2.22	2.29	2.36	2.44	4.32	4.39	4.47	4.55
	6		12.9	29.5	8.56	6.72	1.58	2.88	1.22	2.24	2.31	2.39	2.46	4.34	4.42	4.5	4.57
	7		13.3	30.0	9.88	7.76	1.57	2.87	1.22	2.26	2.33	2.41	2.49	4.37	4.44	4.52	4.6
	8		13.6	30.4	11.2	8.78	1.56	2.85	1.21	2.28	2.35	2.43	2.51	4.39	4.47	4.54	4.62

续表

角钢型号 $B\times b\times t$		单角钢 圆角 R	重心矩 z_x	重心矩 z_y	截面面积 A	质量	回转半径 i_x	回转半径 i_y	回转半径 i_{y0}	双角钢 i_y,当 a 为下列数值时 6 mm	8 mm	10 mm	12 mm	i_y,当 a 为下列数值时 6 mm	8 mm	10 mm	12 mm
		mm			cm^2	kg/m	cm			cm				cm			
∟100×63×	6	10	14.3	32.4	9.62	7.55	1.79	3.21	1.38	2.49	2.56	2.63	2.71	4.77	4.85	4.92	5
	7		14.7	32.8	11.1	8.72	1.78	3.2	1.37	2.51	2.58	2.65	2.73	4.8	4.87	4.95	5.03
	8		15	33.2	12.6	9.88	1.77	3.18	1.37	2.53	2.6	2.67	2.75	4.82	4.9	4.97	5.05
	10		15.8	34	15.5	12.1	1.75	3.15	1.35	2.57	2.64	2.72	2.79	4.86	4.94	5.02	5.1
∟100×80×	6	10	19.7	29.5	10.6	8.35	2.4	3.17	1.73	3.31	3.38	3.45	3.52	4.54	4.62	4.69	4.76
	7		20.1	30	12.3	9.66	2.39	3.16	1.71	3.32	3.39	3.47	3.54	4.57	4.64	4.71	4.79
	8		20.5	30.4	13.9	10.9	2.37	3.15	1.71	3.34	3.41	3.49	3.56	4.59	4.66	4.73	4.81
	10		21.3	31.2	17.2	13.5	2.35	3.12	1.69	3.38	3.45	3.53	3.6	4.63	4.7	4.78	4.85
∟110×70×	6	10	15.7	35.3	10.6	8.35	2.01	3.54	1.54	2.74	2.81	2.88	2.96	5.21	5.29	5.36	5.44
	7		16.1	35.7	12.3	9.66	2	3.53	1.53	2.76	2.83	2.9	2.98	5.24	5.31	5.39	5.46
	8		16.5	36.2	13.9	10.9	1.98	3.51	1.53	2.78	2.85	2.92	3	5.26	5.34	5.41	5.49
	10		17.2	37	17.2	13.5	1.96	3.48	1.51	2.82	2.89	2.96	3.04	5.3	5.38	5.46	5.53
∟125×80×	7	11	18	40.1	14.1	11.1	2.3	4.02	1.76	3.11	3.18	3.25	3.33	5.9	5.97	6.04	6.12
	8		18.4	40.6	16	12.6	2.29	4.01	1.75	3.13	3.2	3.27	3.35	5.92	5.99	6.07	6.14
	10		19.2	41.4	19.7	15.5	2.26	3.98	1.74	3.17	3.24	3.31	3.39	5.96	6.04	6.11	6.19
	12		20	42.2	23.4	18.3	2.24	3.95	1.72	3.21	3.28	3.35	3.43	6	6.08	6.16	6.23
∟140×90×	8	12	20.4	45	18	14.2	2.59	4.5	1.98	3.49	3.56	3.63	3.7	6.58	6.65	6.73	6.8
	10		21.2	45.8	22.3	17.5	2.56	4.47	1.96	3.52	3.59	3.66	3.73	6.62	6.7	6.77	6.85
	12		21.9	46.6	26.4	20.7	2.54	4.44	1.95	3.56	3.63	3.7	3.77	6.66	6.74	6.81	6.89
	14		22.7	47.4	30.5	23.9	2.51	4.42	1.94	3.59	3.66	3.74	3.81	6.7	6.78	6.86	6.93
∟160×100×	10	13	22.8	52.4	25.3	19.9	2.85	5.14	2.19	3.84	3.91	3.98	4.05	7.55	7.63	7.7	7.78
	12		23.6	53.2	30.1	23.6	2.82	5.11	2.18	3.87	3.94	4.01	4.09	7.6	7.67	7.75	7.82
	14		24.3	54	34.7	27.2	2.8	5.08	2.16	3.91	3.98	4.05	4.12	7.64	7.71	7.79	7.86
	16		25.1	54.8	39.3	30.8	2.77	5.05	2.15	3.94	4.02	4.09	4.16	7.68	7.75	7.83	7.9
∟180×110×	10	14	24.4	58.9	28.4	22.3	3.13	8.56	5.78	2.42	4.16	4.23	4.3	4.36	8.49	8.72	8.71
	12		25.2	59.8	33.7	26.5	3.1	8.6	5.75	2.4	4.19	4.33	4.33	4.4	8.53	8.76	8.75
	14		25.9	60.6	39	30.6	3.08	8.64	5.72	2.39	4.23	4.26	4.37	4.44	8.57	8.63	8.79
	16		26.7	61.4	44.1	34.6	3.05	8.68	5.81	2.37	4.26	4.3	4.4	4.47	8.61	8.68	8.84
∟200×125×	12	14	28.3	65.4	37.9	29.8	3.57	6.44	2.75	4.75	4.82	4.88	4.95	9.39	9.47	9.54	9.62
	14		29.1	66.2	43.9	34.4	3.54	6.41	2.73	4.78	4.85	4.92	4.99	9.43	9.51	9.58	9.66
	16		29.9	67.8	49.7	39	3.52	6.38	2.71	4.81	4.88	4.95	5.02	9.47	9.55	9.62	9.7
	18		30.6	67	55.5	43.6	3.49	6.35	2.7	4.85	4.92	4.99	5.06	9.51	9.59	9.66	9.74

注:一个角钢的惯性矩 $I_x=Ai_x^2$,$I_y=Ai_y^2$;一个角钢的截面模量 $W_x^{max}=I_x/z_x$,$W_x^{min}=I_x/(b-z_x)$,$W_y^{max}=I_yz_y$,$W_y^{min}=I_y(b-z_y)$。

附录 7　疲劳计算的构件和连接分类

附表 7-1　　非焊接的构件和连接分类

项次	构造细节	说明	类别
1	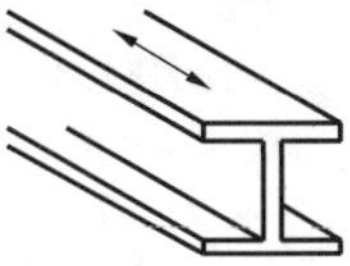	● 无连接处的母材 轧制型钢	Z1
2	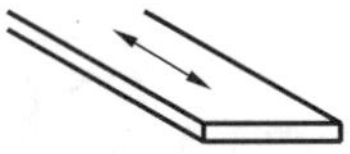	● 无连接处的母材钢板 (1) 两边为轧制边或刨边 (2) 两侧为自动、半自动切割边[切割质量标准应符合《钢结构工程施工质量验收规范》(GB 50205—2020)]	Z1 Z2
3	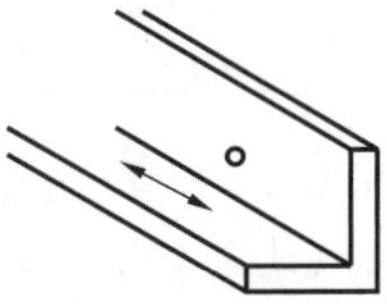	● 连系螺栓和虚孔处的母材 应力以净截面面积计算	Z4
4	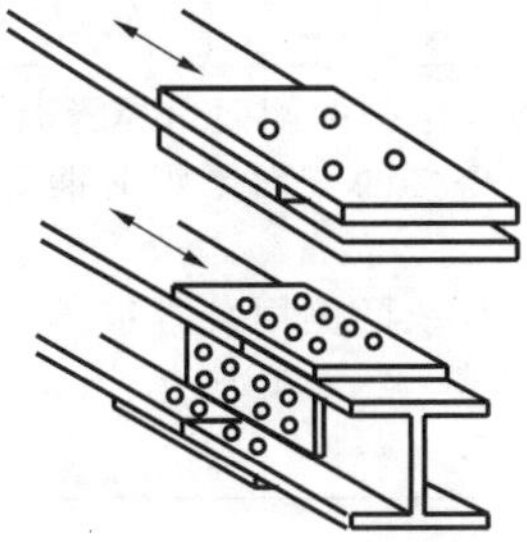	● 螺栓连接处的母材 高强度螺栓摩擦型连接应力以毛截面面积计算，其他螺栓连接应力以净截面面积计算 ● 铆钉连接处的母材 连接应力以净截面面积计算	Z2 Z4
5	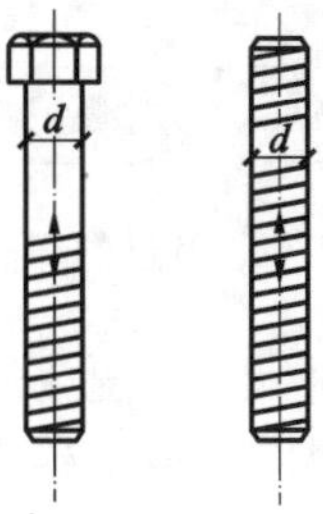 d　d	● 受拉螺栓的螺纹处母材 连接板件应有足够的刚度，保证不产生撬力，否则受拉正应力应考虑撬力及其他因素产生的全部附加应力 对于直径大于 30 mm 的螺栓，需要考虑尺寸效应对容许应力幅进行修正，修正系数为： $\gamma_t = \left(\frac{30}{d}\right)^{0.25}$ d 为螺栓直径，单位为 mm	Z11

注：箭头表示计算应力幅的位置和方向。

附表 7-2　　纵向传力焊缝的构件和连接分类

项次	构造细节	说明	类别
1	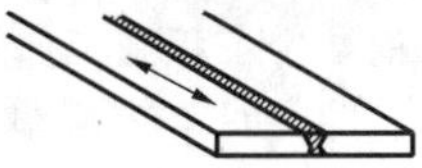	● 无垫板的纵向对接焊缝附近的母材 焊缝符合二级焊缝标准	Z2
2	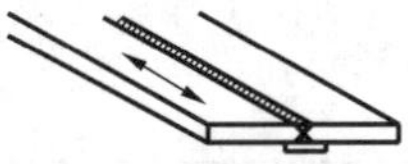	● 有连续垫板的纵向自动对接焊缝附近的母材 (1) 无起弧、灭弧 (2) 有起弧、灭弧	Z4 Z5

续表

项次	构造细节	说明	类别
3	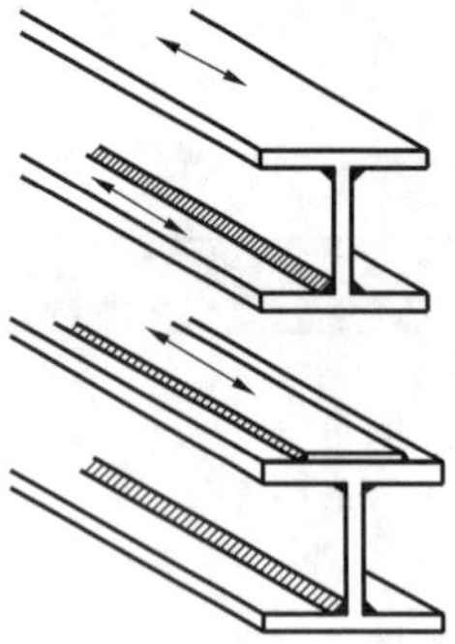	● 翼缘连接焊缝附近的母材 翼缘板与腹板的连接焊缝 (1) 自动焊,二级T形对接与角接组合焊缝 (2) 自动焊,角焊缝,外观质量标准符合二级标准 (3) 手工焊,角焊缝,外观质量标准符合二级标准 ● 双层翼缘板之间的连接焊缝 (1) 自动焊,角焊缝,外观质量标准符合二级标准 (2) 手工焊,角焊缝,外观质量标准符合二级标准	 Z2 Z4 Z5 Z4 Z5
4	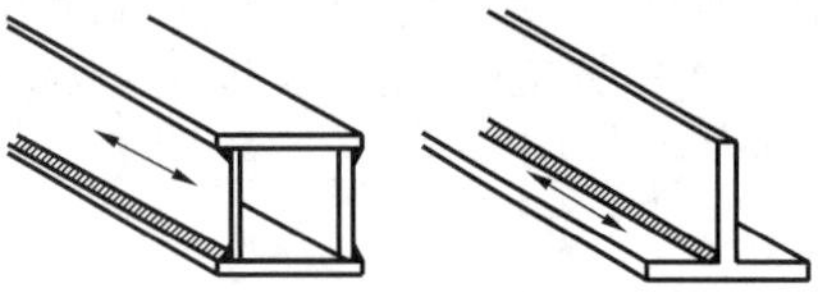	● 仅单侧施焊的手工或自动对接焊缝附近的母材,焊缝符合二级焊缝标准,翼缘与腹板很好贴合	Z5
5	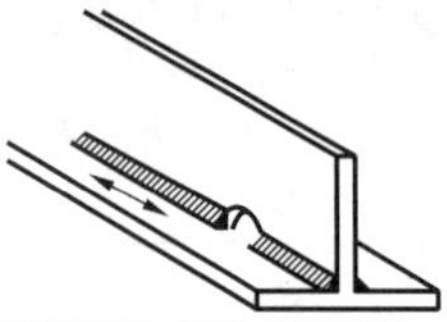	● 开工艺孔处焊缝符合二级焊缝标准的对接焊缝、焊缝外观质量符合二级焊缝标准的角焊缝等附近的母材	Z8
6	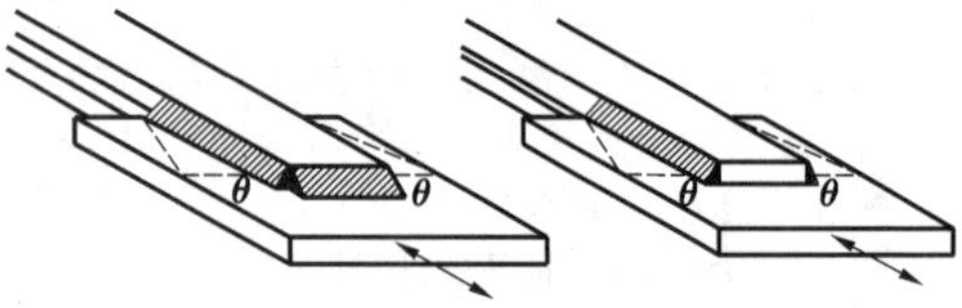	● 节点板搭接的两侧面角焊缝端部的母材 ● 节点板搭接的三面围焊时两侧角焊缝端部的母材 ● 三面围焊或两侧面角焊缝的节点板母材(节点板计算宽度按应力扩散角 θ 等于30°考虑)	Z10 Z8 Z8

注:箭头表示计算应力幅的位置和方向。

附表7-3 **横向传力焊缝的构件和连接分类**

项次	构造细节	说明	类别
1	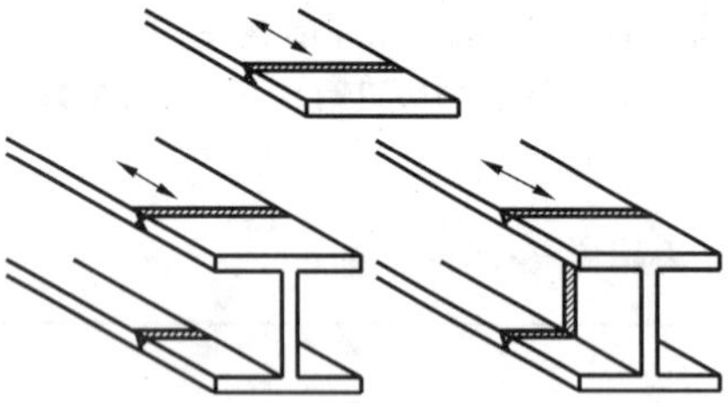	● 横向对接焊缝附近的母材,轧制梁对接焊缝附近的母材 (1) 符合《钢结构工程施工质量验收规范》(GB 50205—2020)的一级焊缝,且经加工、磨平 (2) 符合《钢结构工程施工质量验收规范》(GB 50205—2020)的一级焊缝	 Z2 Z4
2	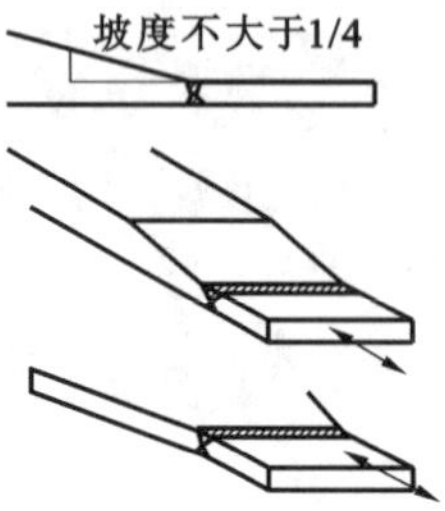 坡度不大于1/4	● 不同厚度(或宽度)横向对接焊缝附近的母材 (1) 符合《钢结构工程施工质量验收规范》(GB 50205—2020)的一级焊缝,且经加工、磨平 (2) 符合《钢结构工程施工质量验收规范》(GB 50205—2020)的一级焊缝	 Z2 Z4

续表

项次	构造细节	说明	类别
3	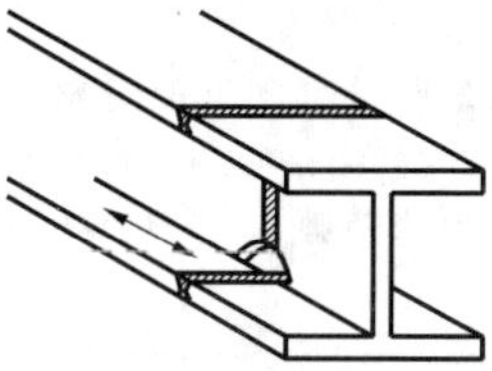	● 有工艺孔的轧制梁对接焊缝附近的母材，焊缝加工成平滑过渡并符合一级焊缝标准	Z6
4	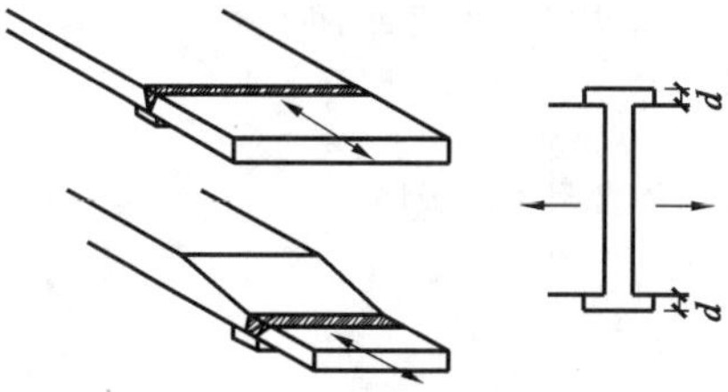	● 带垫板的横向对接焊缝附近的母材 垫板端部超出母板距离 d (1) $d \geqslant 10$ mm (2) $d < 10$ mm	 Z8 Z11
5	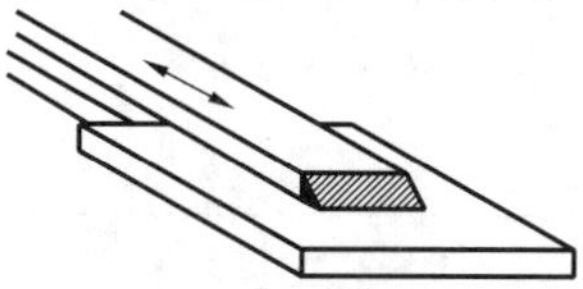	● 节点板搭接的端面角焊缝的母材	Z7
6	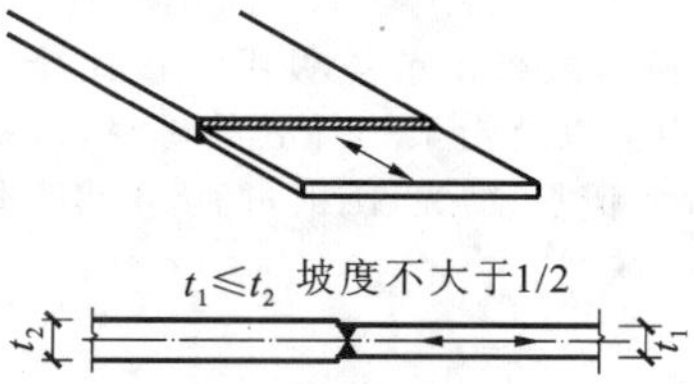 $t_1 \leqslant t_2$ 坡度不大于1/2	● 不同厚度直接横向对接焊缝附近的母材，焊缝等级为一级，无偏心	Z8
7	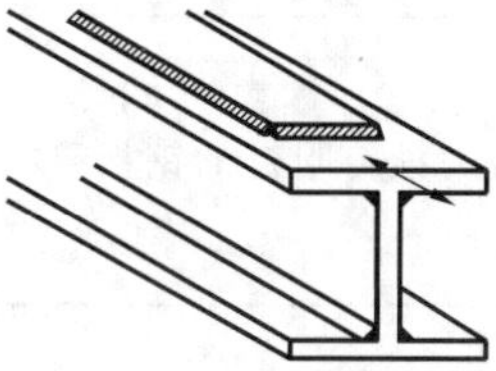	● 翼缘盖板中断处的母材（板端有横向端焊缝）	Z8
8	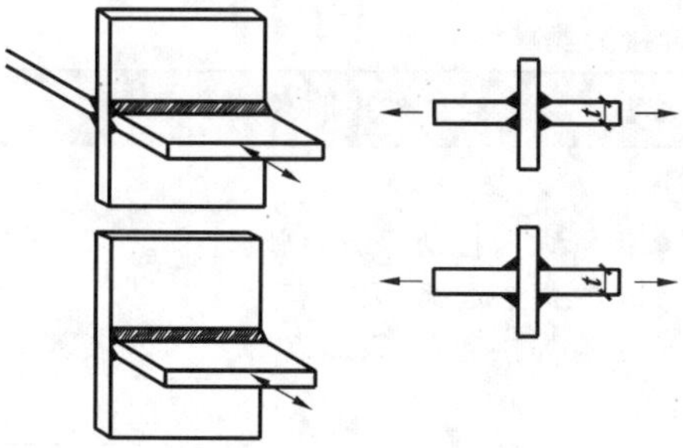	● 十字形连接、T形连接 (1) K形坡口、T形对接与角接组合焊缝处的母材，十字形连接两侧轴线偏离距离小于0.15t，焊缝为二级，焊趾角 $\alpha \leqslant 45°$ (2) 角焊缝处的母材，十字形连接两侧轴线偏离距离小于0.15t	Z6 Z8
9	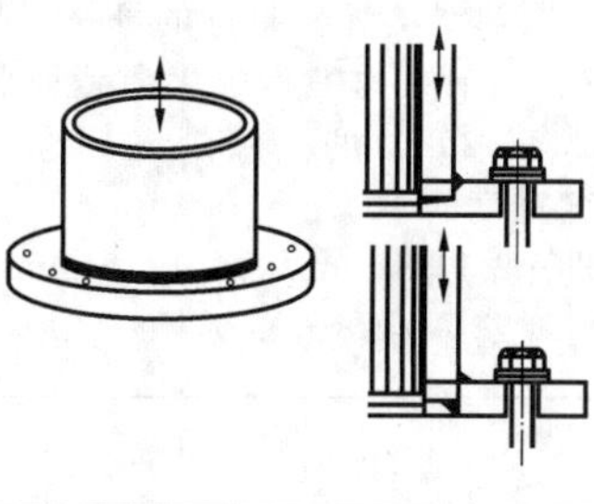	● 法兰焊缝连接附近的母材 (1) 采用对接焊缝，焊缝为一级 (2) 采用角焊缝	 Z8 Z13

注：箭头表示计算应力幅的位置和方向。

附表 7-4　　非传力焊缝的构件和连接分类

项次	构造细节	说明	类别
1	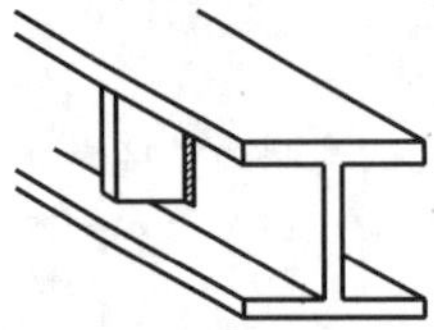	● 横向加劲肋端部附近的母材 (1) 肋端焊缝不断弧(采用回焊) (2) 肋端焊缝断弧	 Z5 Z6
2	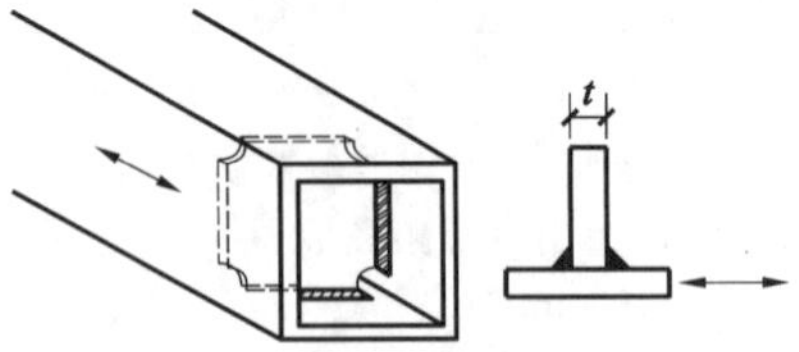	● 横向焊接附件附近的母材 (1) $t \leqslant 50$ mm (2) 50 mm$< t \leqslant 80$ mm t 为焊接附件的板厚	 Z7 Z8
3	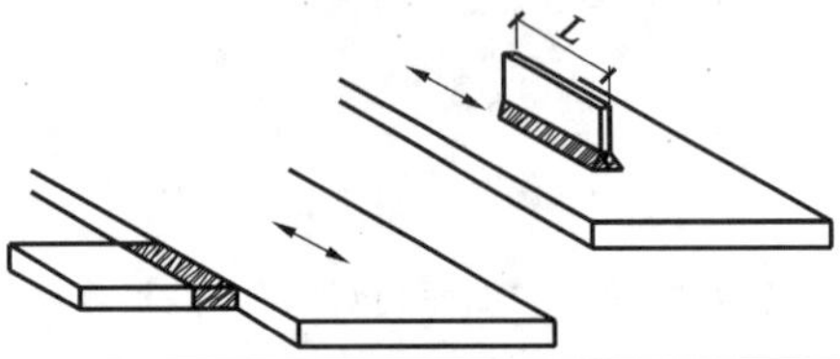	● 矩形节点板焊接于构件翼缘或腹板处的母材，节点板焊缝方向的长度 $L>150$ mm	Z8
4	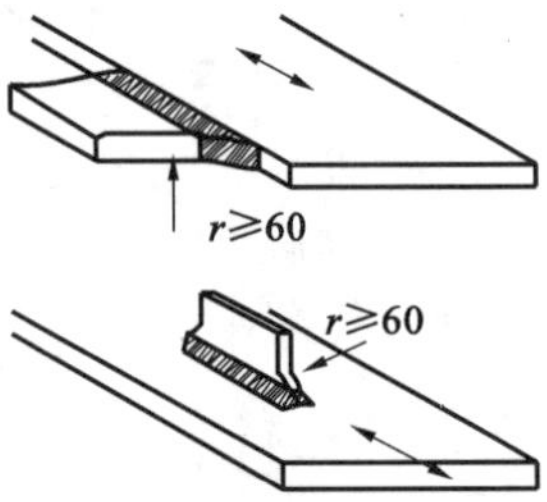	● 带圆弧的梯形节点板用对接焊缝焊于梁翼缘、腹板以及桁架构件处的母材，圆弧过渡处在焊后铲平、磨光、圆滑过渡，不得有焊接起弧、灭弧缺陷	Z6
5	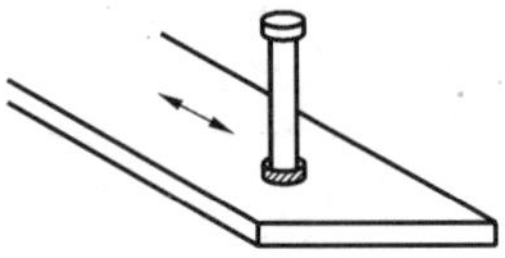	● 焊接剪力栓钉附近的钢板母材	Z7

注：箭头表示计算应力幅的位置和方向。

附表 7-5　　钢管截面的构件和连接分类

项次	构造细节	说明	类别
1	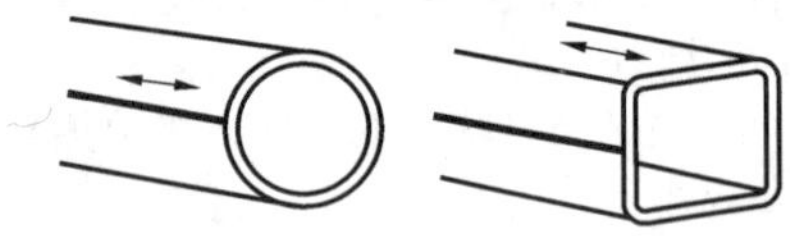	● 钢管纵向自动焊缝的母材 (1) 无焊接起弧、灭弧点 (2) 有焊接起弧、灭弧点	 Z3 Z6
2	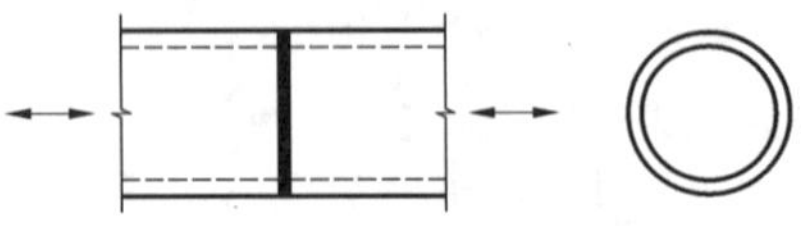	● 圆管端部对接焊缝附近的母材，焊缝平滑过渡并符合《钢结构工程施工质量验收规范》(GB 50205—2020)的一级焊缝标准，余高不大于焊缝宽度的 10% (1) 圆管壁厚 8 mm $< t \leqslant 12.5$ mm (2) 圆管壁厚 $t \leqslant 8$ mm	 Z6 Z8

续表

项次	构造细节	说明	类别
3	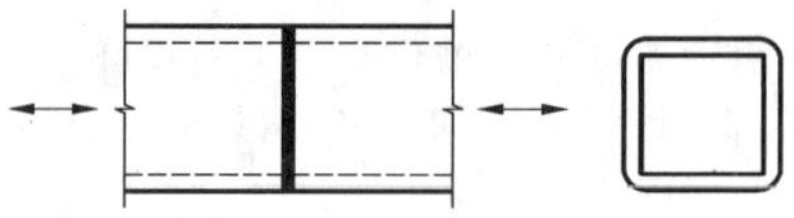	● 矩形管端部对接焊缝附近的母材，焊缝平滑过渡并符合一级焊缝标准，余高不大于焊缝宽度的 10% (1) 方管壁厚 8 mm<t≤12.5 mm (2) 方管壁厚 t≤8 mm	 Z8 Z10
4	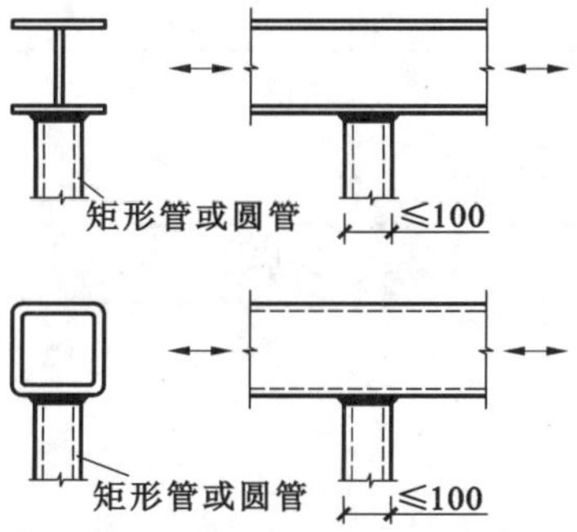 矩形管或圆管 ≤100 矩形管或圆管 ≤100	● 焊有矩形管或圆管的构件，连接角焊缝附近的母材，角焊缝为非承载焊缝，其外观质量符合二级标准，矩形管宽度或圆管直径不大于 100 mm	Z8
5	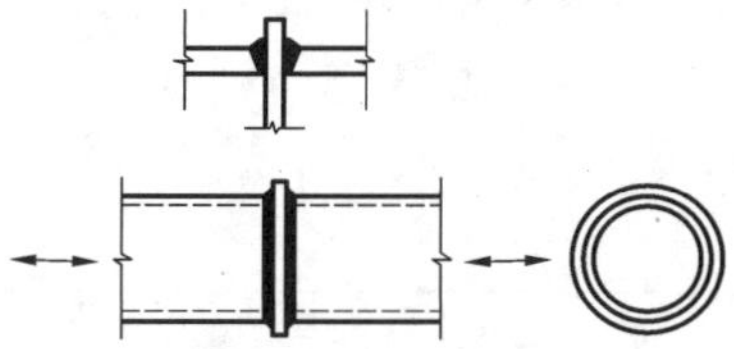	● 通过端板采用对接焊缝拼接的圆管母材，焊缝符合一级质量标准 (1) 圆管壁厚 8 mm<t≤12.5 mm (2) 圆管壁厚 t≤8 mm	 Z10 Z11
6	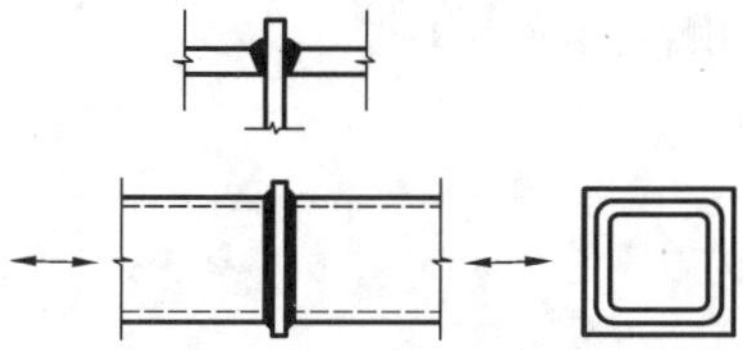	● 通过端板采用对接焊缝拼接的矩形管母材，焊缝符合一级质量标准 (1) 方管壁厚 8 mm <t≤12.5 mm (2) 方管壁厚 t≤8 mm	 Z11 Z12
7	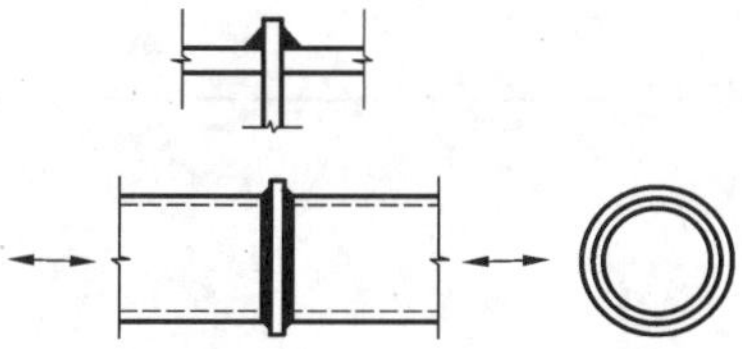	● 通过端板采用角焊缝拼接的圆管母材，焊缝外观质量符合二级标准，管壁厚度 t≤8 mm	Z13
8	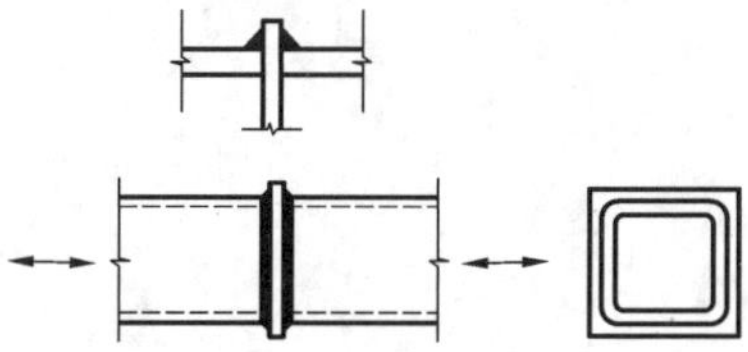	● 通过端板采用角焊缝拼接的矩形管母材，焊缝外观质量符合二级标准，管壁厚度 t≤8 mm	Z14
9	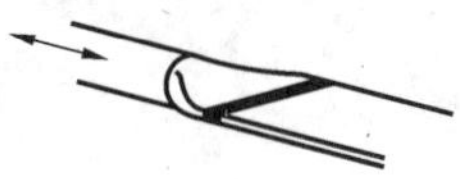	● 钢管端部压扁与钢板对接焊缝连接（仅适用于直径小于 200 mm 的钢管），计算时采用钢管的应力幅	Z8

续表

项次	构造细节	说明	类别
10	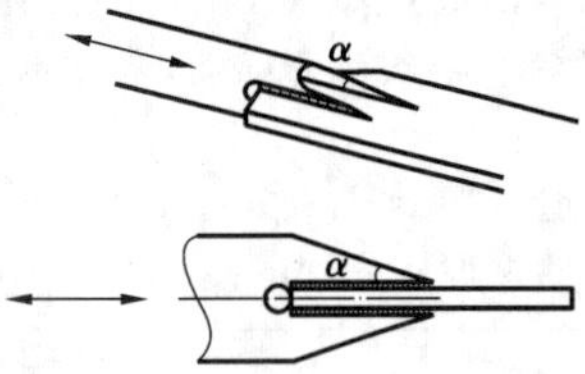	● 钢管端部开设槽口与钢板角焊缝连接,槽口端部为圆弧,计算时采用钢管的应力幅 (1) 倾斜角 $\alpha \leqslant 45°$ (2) 倾斜角 $\alpha > 45°$	 Z8 Z9

注:箭头表示计算应力幅的位置和方向。

附表 7-6 **剪应力作用下的构件和连接分类**

项次	构造细节	说明	类别
1	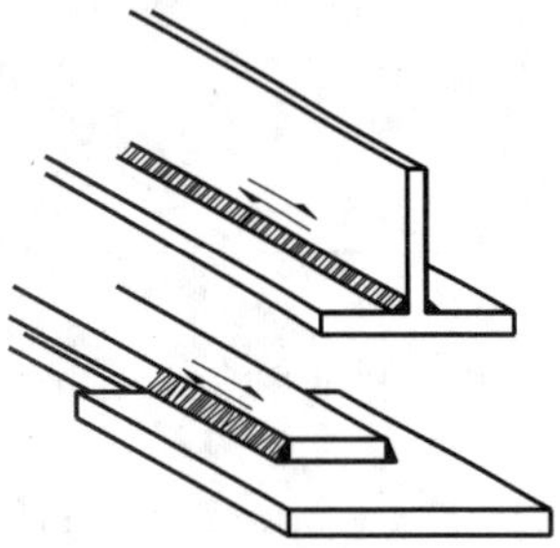	● 各类受剪角焊缝 剪应力按有效截面计算	J1
2	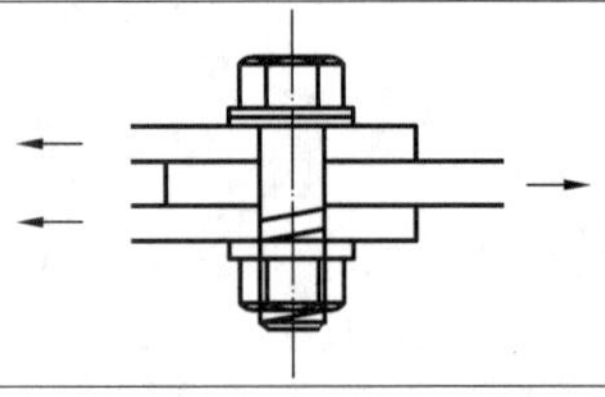	● 受剪力的普通螺栓 采用螺杆截面的剪应力	J2
3	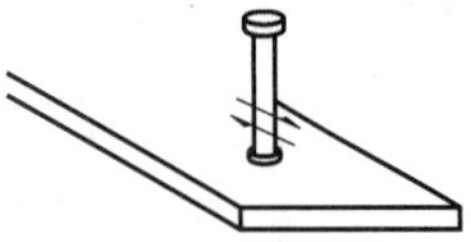	● 焊接剪力栓钉 采用栓钉名义截面的剪应力	J3

注:箭头表示计算应力幅的位置和方向。

附录 8 各种截面回转半径的近似值

附表 8-1 各种截面回转半径的近似值

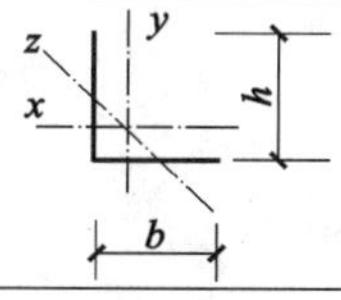 $i_x=0.30h$ $i_y=0.90b$ $i_z=0.195h$	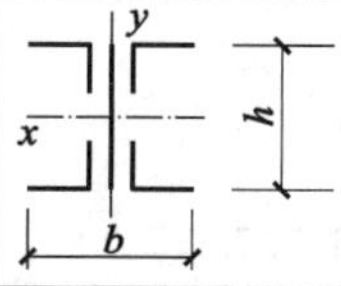 $i_x=0.40h$ $i_y=0.21b$	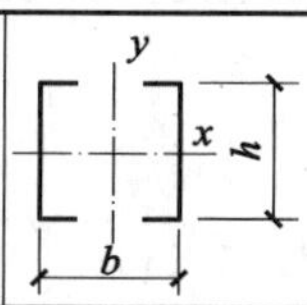 $i_x=0.38h$ $i_y=0.44b$	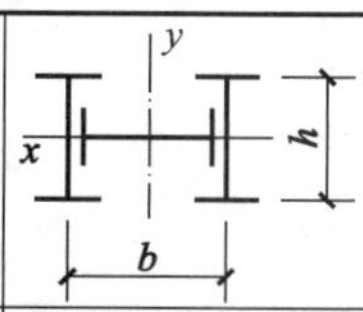 $i_x=0.32h$ $i_y=0.49b$
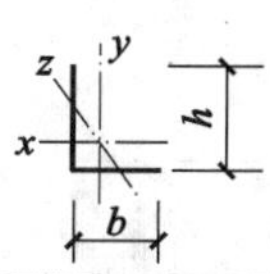 $i_x=0.32h$ $i_y=0.28b$ $i_z=0.09(b+h)$	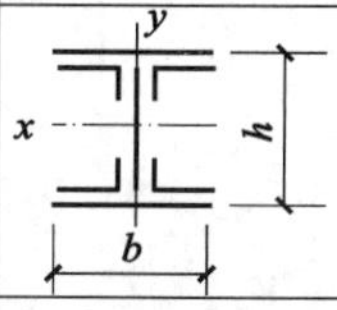 $i_x=0.45h$ $i_y=0.235b$	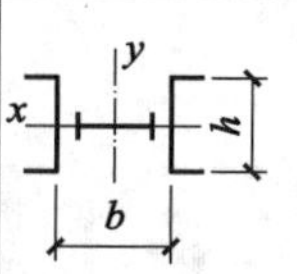 $i_x=0.32h$ $i_y=0.58b$	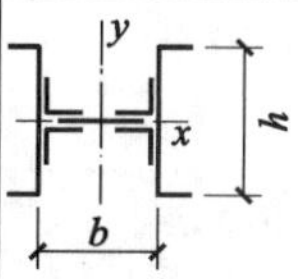 $i_x=0.29h$ $i_y=0.50b$
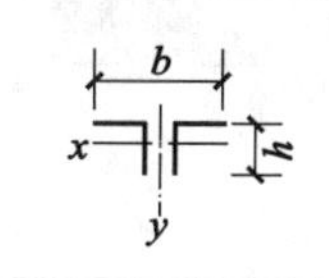 $i_x=0.30h$ $i_y=0.215b$	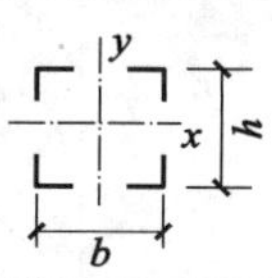 $i_x=0.43h$ $i_y=0.43b$	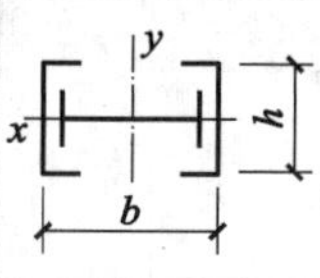 $i_x=0.32h$ $i_y=0.40b$	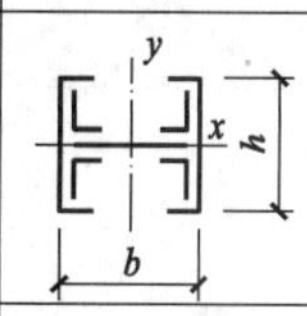 $i_x=0.29h$ $i_y=0.45b$
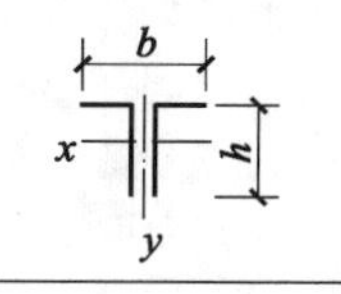 $i_x=0.32h$ $i_y=0.20b$	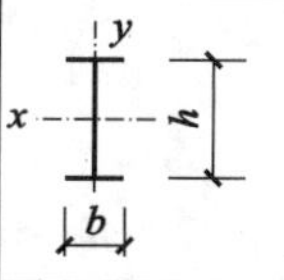 $i_x=0.39h$ $i_y=0.20b$	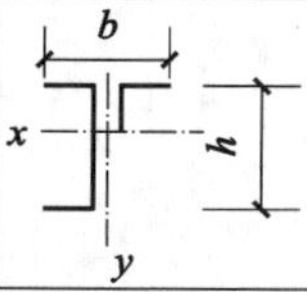 $i_x=0.38h$ $i_y=0.21b$	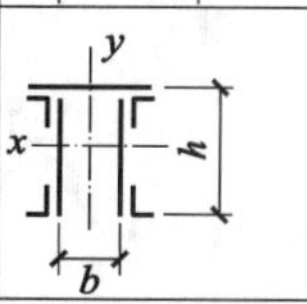 $i_x=0.39h$ $i_y=0.53b$
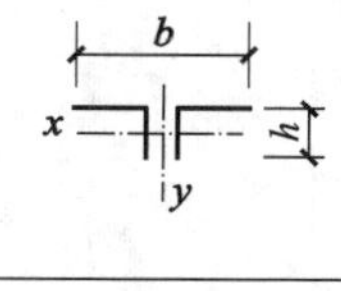 $i_x=0.28h$ $i_y=0.24b$	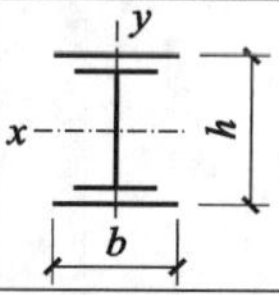 $i_x=0.42h$ $i_y=0.22b$	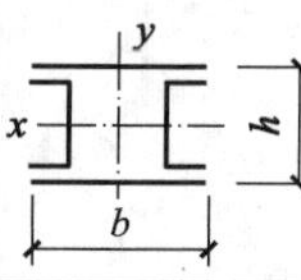 $i_x=0.44h$ $i_y=0.32b$	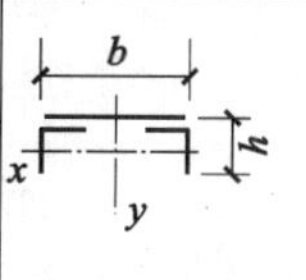 $i_x=0.28h$ $i_y=0.37b$
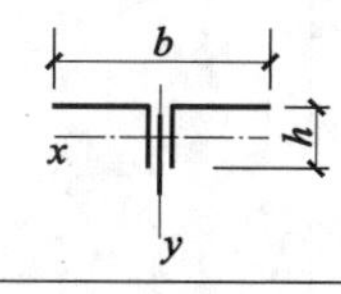 $i_x=0.30h$ $i_y=0.17b$	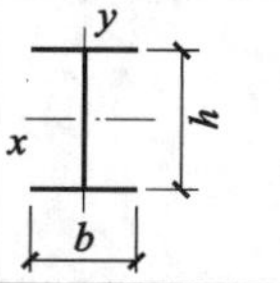 $i_x=0.43h$ $i_y=0.24b$	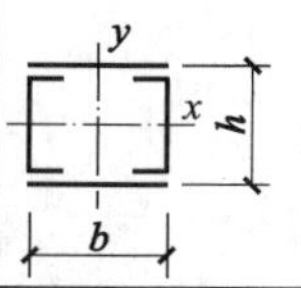 $i_x=0.44h$ $i_y=0.38b$	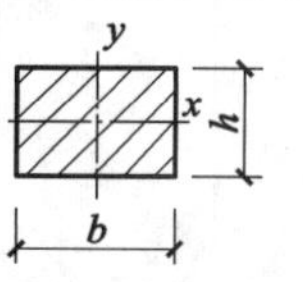 $i_x=0.29h$ $i_y=0.29b$
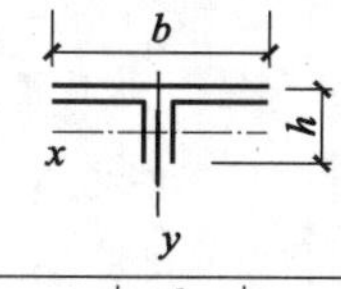 $i_x=0.28h$ $i_y=0.21b$	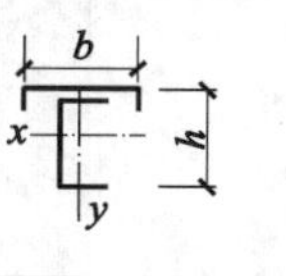 $i_x=0.365h$ $i_y=0.275b$	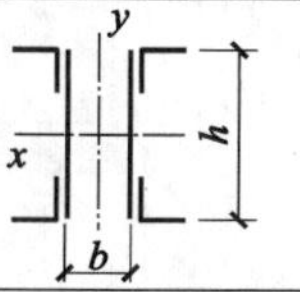 $i_x=0.37h$ $i_y=0.54b$	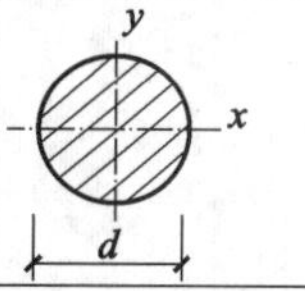 $i_x=0.25d$ $i_y=0.25d$
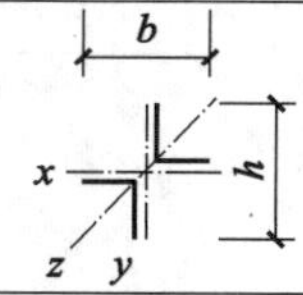 $i_x=0.21h$ $i_y=0.21b$ $i_z=0.185h$	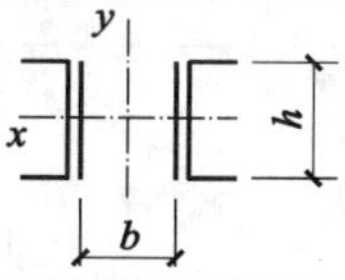 $i_x=0.35h$ $i_y=0.56b$	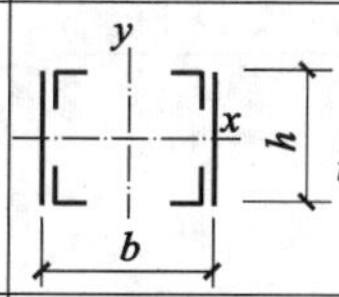 $i_x=0.37h$ $i_y=0.45b$	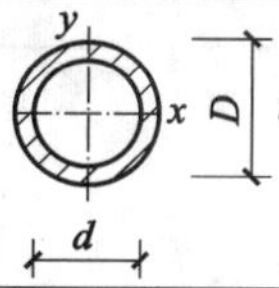 $i_x=i_y=0.175(D+d)$
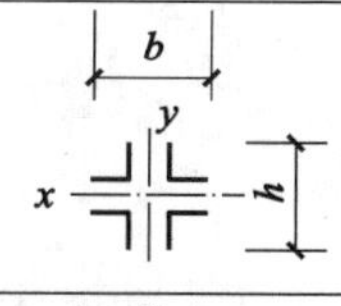 $i_x=0.21h$ $i_y=0.21b$	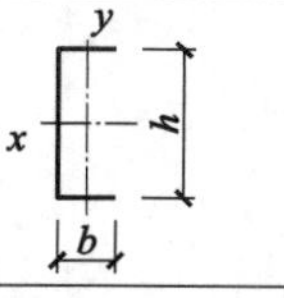 $i_x=0.39h$ $i_y=0.29b$	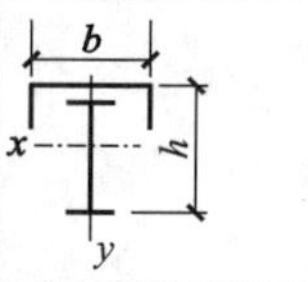 $i_x=0.40h$ $i_y=0.24b$	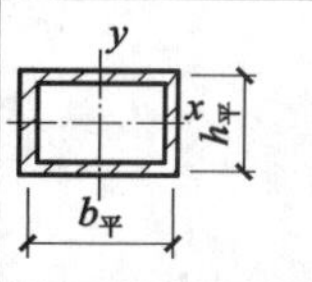 $i_x=0.40h_{平}$ $i_y=0.40b_{平}$
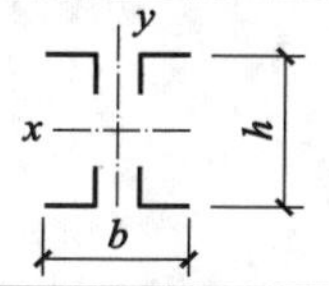 $i_x=0.45h$ $i_y=0.24b$	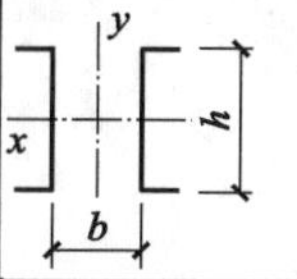 $i_x=0.38h$ $i_y=0.60b$	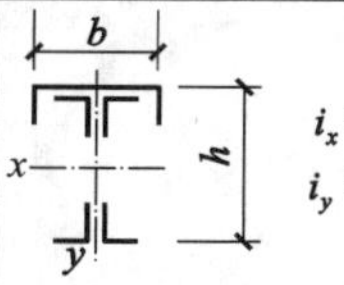 $i_x=0.41h$ $i_y=0.29b$	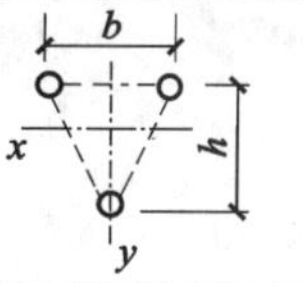 $i_x=0.47h$ $i_y=0.40b$

附录9 型钢螺栓线距表

附表 9-1　　热轧角钢的规线距离

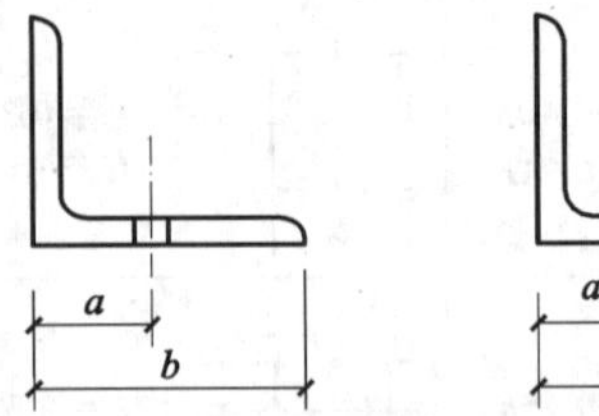

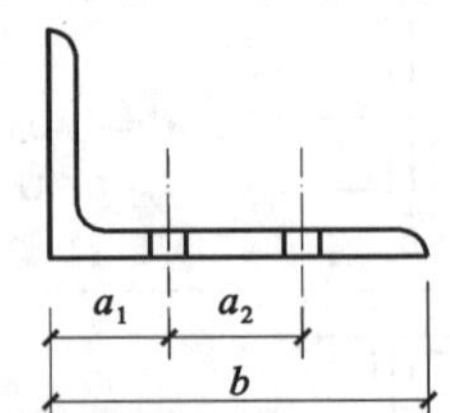

边宽 b/mm	单行排列		交错排列			双行排列		
	a/mm	孔的最大直径/mm	a_1/mm	a_2/mm	孔的最大直径/mm	a_1/mm	a_2/mm	孔的最大直径/mm
45	25	11	—	—	—	—	—	—
50	30	13	—	—	—	—	—	—
56	30	15	—	—	—	—	—	—
63	35	17	—	—	—	—	—	—
70	40	19	—	—	—	—	—	—
75	45	21.5	—	—	—	—	—	—
80	45	21.5	—	—	—	—	—	—
90	50	23.5	—	—	—	—	—	—
100	55	23.5	—	—	—	—	—	—
110	60	25.5	—	—	—	—	—	—
125	70	25.5	55	35	23.5	—	—	—
140	—	—	60	45	23.5	55	60	19
160	—	—	60	65	25.5	60	70	23.5
180	—	—	—	—	—	65	80	25.5
200	—	—	—	—	—	80	80	25.5

附表 9-2　　**热轧工字钢的规线距离**

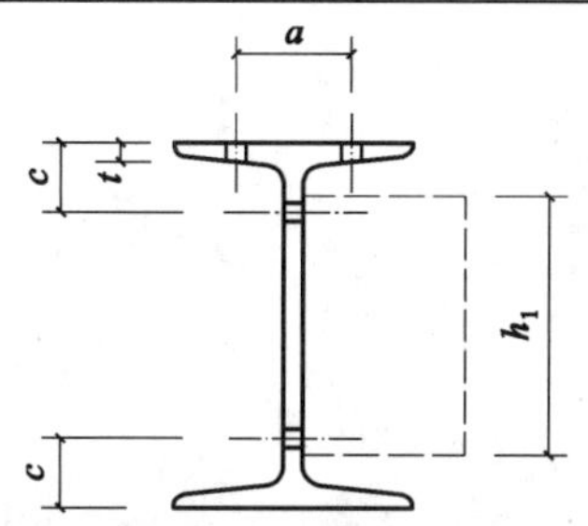

符号：t—翼缘在规线处的厚度；
h_1—连接件的最大高度

普通工字钢

型号	翼缘			腹板		
	a/mm	t/mm	最大孔径/mm	c/mm	h_1/mm	最大孔径/mm
10	36	7.6	11	35	63	9
12.6	42	8.2	11	35	89	11
14	44	9.2	13	40	103	13
16	44	10.2	15	45	119	15
18	50	10.7	17	50	137	17
20a 20b	54	11.5	17	50	155	17
22a 22b	54	12.8	19	50	171	19
25a 25b	65	13.0	21.5	60	197	21.5
28a 28b	64	13.9	21.5	60	226	21.5
32a 32b 32c	70	15.3	21.5	65	260	21.5
36a 36b 36c	74	16.1	23.5	65	298	23.5
40a 40b 40c	80	16.5	23.5	70	336	23.5
45a 45b 45c	84	18.1	25.5	75	380	25.5
50a 50b 50c	94	19.6	25.5	75	424	25.5
56a 56b 56c	104	20.1	25.5	80	480	25.5
63a 63b 63c	110	21.0	25.5	80	546	25.5

轻型工字钢

型号	翼缘			腹板		
	a/mm	t/mm	最大孔径/mm	c/mm	h_1/mm	最大孔径/mm
10	32	7.1	9	35	70	9
12	36	7.2	11	35	88	11
14	40	7.4	13	40	107	13
16	46	7.7	13	40	125	15
18	50	8.0	15	45	143	15
18a	54	8.2	17	45	142	15
20	54	8.3	17	50	161	17
20a	60	8.5	19	50	160	17
22	60	8.6	19	55	178	21.5
22a	64	8.8	21.5	55	178	21.5
24	60	9.5	19	55	196	21.5
24a	70	9.5	21.5	55	195	21.5
27	70	9.5	21.5	60	224	21.5
27a	70	9.9	23.5	60	222	23.5
30	70	9.9	23.5	65	251	23.5
30a	80	10.4	23.5	65	248	23.5
33	80	10.8	23.5	65	277	23.5
36	80	12.1	23.5	65	302	23.5
40	80	12.8	23.5	70	339	25.5
45	90	13.9	23.5	70	384	25.5
50	100	14.9	25.5	75	430	25.5
55	100	16.2	28.5	80	475	28.5
60	110	17.2	28.5	80	518	28.5
65	110	19.0	28.5	85	561	28.5
70	120	20.2	28.5	90	604	28.5
70a	120	23.5	28.5	100	598	28.5
70b	120	27.8	28.5	100	591	28.5

参考文献

[1] 丁阳.钢结构设计原理.天津:天津大学出版社,2004.

[2] 沈祖炎.钢结构基本原理.北京:中国建筑工业出版社,2000.

[3] 陈绍蕃.钢结构.北京:中国建筑工业出版社,1994.

[4] 《钢结构设计手册》编委会.钢结构设计手册.3版.北京:中国建筑工业出版社,2004.

[5] 包头钢铁设计研究总院,中国钢结构协会房屋建筑钢结构协会.钢结构设计与计算.2版.北京:机械工业出版社,2006.

[6] 周学军.钢结构设计规范GB50017应用指导.济南:山东科学技术出版社,2004.

[7] 夏志斌,姚谏.钢结构——原理与设计.北京:中国建筑工业出版社,2004.

[8] 周绥平.钢结构.武汉:武汉理工大学出版社,2003.

[9] 魏明钟.钢结构.武汉:武汉理工大学出版社,2002.

[10] 刘声扬.钢结构.北京:中国建筑工业出版社,1997.

[11] 徐占发.建筑钢结构与构件设计.北京:中国建材工业出版社,2003.

[12] 肖亚明.钢结构基本原理.合肥:合肥工业大学出版社,2005.

[13] 夏志斌,姚谏.钢结构设计——方法与例题.北京:中国建筑工业出版社,2006.

[14] Leonard Spiegel.钢结构.北京:清华大学出版社,2004.